오리온의 후예

ORION'S LEGACY
by Charles Bergman

Copyright ⓒ 1996 by Charles Bergman
Korean Translation Copyright ⓒ 2010 by Moonji Publishing Co., Ltd.
All Rights Reserved.

This Korean edition was published by arrangement with Dr. Charles Bergman, the author.

이 책의 한국어판 저작권은 지은이와 독점 계약한 (주)문학과지성사에 있습니다.
저작권법에 의해 보호받는 저작물이므로 무단 전재 및 복제를 금합니다.

오리온의 후예
사냥으로 본 남성의 역사

찰스 버그먼 지음 | 권복규 옮김

문학과지성사
2010

오리온의 후예
사냥으로 본 남성의 역사

펴낸날   2010년 2월 18일

지은이   찰스 버그먼
옮긴이   권복규
펴낸이   홍정선 김수영

펴낸곳   (주)문학과지성사
등록번호   제10-918호(1993. 12. 16)
주소   121-840 서울 마포구 서교동 395-2
전화   02) 338-7224
팩스   02) 323-4180(편집) 02) 338-7221(영업)
전자우편   moonji@moonji.com
홈페이지   www.moonji.com

ISBN 978-89-320-2038-9

온 세상이 사냥이다.
그리고 죽음은 승리한 사냥꾼이니.

—V. 벨리, 베니스, 1599

차례

1장 얼음 위의 인간   9
2장 기억보다 깊은 갈망   55
3장 마음속의 사냥꾼   117
4장 남성 욕망의 은유들   171
5장 사냥감과 함께 있는 신사들   225
6장 욕망의 발산과 위험   291
7장 독립된 남성다움, 그 위대한 창조   343
8장 장기간의 사냥   407
9장 그 이방인 남자   485

옮긴이의 말   533
미주   537
찾아보기   576

일러두기

1. 원주(原註)는 미주에, 옮긴이 주는 본문에 각주로 실었다.
2. 그리스-로마 신화의 표기는, 그리스 신화를 기본으로 하되 문맥에 따라 로마 신화를 의미할 때는 로마 신화명으로 표기했다.
   신화명은 국립국어연구원의 표기법을 기준으로 하고, 사전에 등재되지 않은 신화 표기의 경우 널리 쓰이는 표기를 찾아 번역했다. 단, '아폴론'은 책 전반에 걸쳐 자주 언급되므로 독자들의 혼동을 피하기 위해 한 가지 표기로 통일했음을 밝힌다.

1장 | 얼음 위의 인간

이것은 나의 노래, 강력한 노래이다
우나이자 — 우나이자
가을 이후로 나는 여기에 누워 있다
병들고 무력한 채
마치 내 아이처럼……

너희는 자신을 아는가?
네가 아는 부분은 얼마나 적은지!
장의자에 하릴없이 누워 있노라면
내 유일한 힘은 기억이니
우나이자 — 우나이자

사냥감! 거대한 사냥감
내 앞을 뛰쳐나가네!
그 삶을 다시 살았으면!
과거를 회상함으로
내 무력함을 잊었으면
우나이자 — 우나이자

그 커다란 하얀 놈이 떠오른다
뒷다리를 쳐들고, 코를 눈 속에 박은 채
다가오는 북극곰
우리 둘 중 자기가 유일한 수컷이라
확신하며
그놈은 다가왔다
자기가 이 근방의 유일한 수컷이라고……
그러나 나 역시 남자였다!
우나이자 — 우나이자
— 오르펑갈릭, 「나의 숨결」[1]

1

　밤새도록 고래들이 내 잠 속을 헤엄쳐 다닌다. 이따금 생생한 꿈에서 깨어날 때면 나는 실제로 그들의 부드러운 숨소리를 듣는다.
　내 텐트는 바로 바다를 향해 있다. 나는 플로 엣지(floe edge, 얼음과 바다가 만나는 해안)에 인접한 부빙(浮氷) 위에 누워 있으니, 여기는 바다와 얼음이 만나는 북극해의 풍요로운 지대이다.
　내 텐트 바로 뒤로는 압도적인 하얀 얼음 지대가 약 32킬로미터가량 뻗어가다가 바다 위로 솟아오른 산맥의 깎아지른 듯한 해안선에서 갑자기 뚝 끝난다. 바위투성이에 황량하기 짝이 없는 그 산들은 군데군데 눈이 녹아 얼룩덜룩하고, 광대한 거리와 황량한 순수함의 느낌은 거의 상상을 초월할 지경이다. 한 무리의 권운이 산맥의 정면을 따라 유유히 흘러간다. 구름 위로 솟은 산맥의 눈 덮인 봉우리는 마치 얼음 위를 배회하는 창백한 유령처럼 허공에 떠 있는 것 같다.
　배핀 군도 북서쪽 끝 부분의 가파른 해안선은, 깊이를 알 수 없는 심해, 배핀 만의 강한 조류 속으로 잠겨 들어간다. 그 위에서 나는 이뉴잇 사냥꾼들과 캠핑을 하고 있다. 나는 북극해의 수면 위 550미터쯤 되는 두께의 얼음 위에 누워 있다.
　때는 북극의 봄이다. 나는 북극으로부터 겨우 수백 킬로미터 정도 떨어져 있다. 태양은 냉혹하게도 하루 24시간 내내 빛난다. 지지도 않고 움직이지도 않는다. 빛을 피할 수는 없다. 한밤중에도 태양은 매우 얇은 구름의 아지랑이처럼 내 텐트의 엷은 천을 뚫고 들어온다. 나는 반짝이는 폴리우레탄의 구름으로 된 돔 아래에서 잠을 청한다. 너무나 투과력이 강해서 내 머리를 꿰뚫어버릴 것만 같은 그 빛은, 오싹함과 명징함 속에서 나를 홀로 깨어 있게 만들고, 잠을 쫓아버린다. 나는 잠을 이루지 못한다. 나는 희미하게 최면에 걸린 것 같은 상태로 얼음 위를 가볍게 떠다니면서 밤새도록 얕은 잠에 빠졌다가 깨어나기를 되풀이한다. 그렇게 나는 갖가지 꿈속을 둥둥 떠다닌다. 그 꿈들은 마치 수면 위로 떠올랐다 잠수하는 고래와 흡사하다.

밤중에, 나는 얼음이 갈라지는 소리를 듣는다. 부빙의 가장자리에 캠프를 쳤기 때문에 파도가 빙벽을 때리는 소리를 듣고, 밤에는 이따금 물결 위를 떠다니는 얼음덩어리들이 서로 부딪히는 소리도 듣는다. 그들은 쿵 부딪히거나 서로 쓸리면서 마치 울부짖는 거대한 짐승처럼 천천히 그리고 끊임없이 밤새도록 신음 소리를 울려 보낸다. 나는 얼음 위에 바로 슬리핑백을 깔고 그 속에 누워 밑에 있는 바다와 함께 아래위로 출렁인다.

나는 고래(일각고래)에게 귀를 기울인다. 도무지 이 세상 것 같지 않도록 놀랍게 큰 어금니를 지닌 그들은 한밤에 부빙의 가장자리에 매달린다. 내 아래서 헤엄치고, 내 옆에서 솟아오른다. 그들이 수면 위로 떠올라 공기를 내뿜을 때, 나는 그들의 신음 소리를 듣는다. 나는 얼음 위에서 잠이 들었다 깼다 하면서, 그 백야 내내 고래의 숨소리에 귀를 기울인다.

나는 라메치('롬-에-케이Lóm-e-key'로 발음된다) 카틀루와 함께 이곳에 왔다. 그는 여기 폰 후미Pond Inlet 마을에서 자란 젊은이로, 친척들과 함께 일각고래를 사냥하기 위해 이 부빙 가장자리의 사냥 캠프에 온 것이다. 봄에는 부빙이 갈라지기 때문에 북극권 동부의 일각고래들은 아직도 알려지지 않은 겨울나기 장소로부터 이곳 플로 엣지로 돌아온다. 플로 엣지는 먹잇감이 풍부한 곳이다. 일각고래들은 여기서 대구와 오징어 등을 먹고 살을 찌운 다음 배핀 군도를 가르고 있는 피오르의 깊은 검색으로, 깨져 들어가는 얼음을 따라 나간다. 거기서 그들은 여름 동안 짝을 짓고 새끼를 낳는다. 매년 봄 이뉴잇족(에스키모인들은 스스로를 그렇게 부른다)은 약 천 년 전 그들의 조상이 이곳에 도착한 때까지 거슬러 올라가는 전통적인 방식에 따라 별미인 일각고래를 사냥하러 온다.

나는 사냥을 연구하러 이곳에 왔는데, 이상하게도 선명하고 자극적인 신비의 중심으로 들어서고 있다는 느낌을 받는다. 여기, 생명과 대지가 친밀하게 연결된 장소인 플로 엣지에 왔다는 느낌과는 별도로, 이곳에 온 첫날 아침 나는 잠자리에서 일어나면서 내 의도, 즉 이 연구의 전망을 규정해버리는 경험을 하게 되었다.

아침에 텐트에서 나올 때면 일각고래들은 부빙 밑에서 막 수면으로 떠오른다. 햇빛은 몹시 한결같고 꾸준해서 밝기로는 시간을 구별할 수가 없다. 거의 시간이 정지된 느낌이다. 나는 시계를 본다. 오전 9시 5분이다.

라메치가 그의 숙부인 월리, 사촌인 엘리자와 토니를 대동하고 얼음 가장자리 위에 서 있다. 서른이 조금 안 된 라메치는 타는 듯한 붉은빛의 장식이 달린 녹색 오리털 파카에 금색 배트맨 로고가 새겨진 검은색 야구 모자 그리고 낮게 솟은 태양 아래서 진홍색으로 반짝이는 어두운 항공 선글라스 차림이다. 그는 북극에서 자랐지만 캐나다와 미국, 유럽을 널리 여행하였다. 그는 내가 만난 가장 따뜻한 사람 중 한 명이다. 게다가 친절하고 아주 매력적이기까지 해서 사람들은 말 그대로 그에게 달라붙는다. 나도 마찬가지다. 엷은 미소가 그의 그을린 얼굴을 스쳐 지나가는 순간, 그는 27미터쯤 떨어진 얼음의 한구석을 가리킨다. 부드러운 태양 때문에 부빙의 반짝반짝하고 거칠거칠한 언저리가 마치 레몬 아이스처럼 보인다.

그곳, 얼음으로부터 1.5미터도 떨어지지 않은 곳에 세 마리의 일각고래가 유유히 헤엄치고 있다. 그들은 아침의 대기 속으로 수증기 구름을 뿜어댄다. 태양이 그 가운데를 비추자 축축한 공기가 반짝이면서 마치 고래가 다이아몬드와 수정을 들이마시는 듯하다.

사냥꾼들이 이곳에 온 목적은 바로 그 고래다.

라메치는 그 장면을 감상한 다음 부드럽게 말한다.

"사냥하러 나갈까요? 그런데 여태 너무 밝지 않습니까?"

그는 종종 이런 농담을 한다. 그가 이 농담을 할 때마다 나는 매번 즐거워한다. 빛이야말로 우리가 결코 잃을 위험이 없는 유일한 것이니까. 나는 라메치를 바라본다. 검고 긴 머리카락이 야구 모자에 눌려 귀 위에서 뻗쳐 있다. 그의 미소와 농담에는 당해낼 수가 없다. 나도 미소를 보내고, 우리는 잠시 빙그레 웃는다.

그의 숙부인 윌리는 쓸데없이 말을 하거나 웃지 않는다. 그는 사냥꾼의 정수와도 같은 사람이다. 이미 그는 행동에 들어갔다. 그의 마른 체구, 날카로운 얼굴 그리고 단호한 제스처에서, 나는 새, 그중에서도 매를 떠올린다. 그는 아래로 묶지 않고 늘어뜨린 귀마개가 달린 털모자를 쓰고 있는데, 그것이 마치 날개처럼 보이면서 전체적으로 매의 이미지를 연상시킨다. 윌리는 한쪽 무릎을 꿇고서 왼쪽 팔꿈치를 왼쪽 무릎에 댄 다음 엽총을 겨냥한다. 엘리자와 토니도 각자의 엽총을 집어 들고 선 채로 목표를 겨냥한다.

라메치와 나는 지켜본다.

사냥꾼들은 발포를 하지 않는다. 일각고래들은 얕은 물속에서 헤엄치고 있지만 사냥꾼들은 더 좋은 위치를 잡을 때까지 기다린다.

일각고래들은 잠수하는 틈틈이 휴식을 취한다. 어두운색 가죽은 가까이서 보면 장미 송이 같은 소용돌이무늬로 가득 차 있다. 어린 고래들이다. 일각고래들은 대개 나이를 먹으면서 하얗게 변한다. 우리가 있는 각도에서 보면 그놈들은 환상적이고 전설적인 동물이라기보다는 물속을 미끄러지는 거무스름한 형체, 마치 기름이 밴 통나무 같다. 그놈들은 태연히 바닷속을 헤엄치고 있다. 일각수를 닮은 4미터쯤 되는 어금니는 우리

쪽에서는 보이지 않는다. 그것은 물속에 감추어져 있다. 그놈들은 유유히 미끄러지고, 뒹굴고, 원을 그리며 돈다. 한 놈의 이마가 시야에 들어온다. 뇌가 들어 있는 거대하고 밋밋한 부분이다. 물결이 그들의 옆구리를 씻고 태양빛을 반사하는 동심원을 그리며 각 고래마다 파문을 일으킨다. 그동안 고래들은 얼음 옆에서 헤엄을 치기보다는 넓은 등을 보이며 가만히 머물고 있다.

그러다가 그중 한 마리가 그 비길 데 없는 고래류의 움직임, 즉 그들의 모든 본성 중 가장 아름다운 운동인 잠수를 시작한다. 별의 반짝임보다도 더욱 육감적이고 관능적이며 자극적이다. 등이 구부러지더니 솟아오른다. 고래의 몸통은 물결을 가로지르며 미끄러져 나아가고, 진하게 반짝이는 거무스레한 색깔의 가죽을 활짝 편다. 등뼈의 튀어나온 관절 부위가 회전하며—고래는 등지느러미가 없다—꼬리는 거의 수면 위로 쳐들린다. 그 모습은 내가 생각했던 것 이상으로 작고 섬세하다. 표현할 수 없을 정도로 부드럽고 교묘한 그 본능적 운동은 동물적인 우아함과 욕망으로 충만해 있다.

첫번째 고래가 사라진다. 다른 두 마리가 같은 동작을 시작한다.

잠깐, 그리고 그 두 마리도 사라진다. 그리고 또 몇 마리들이 더. 그 순간, 총소리가 얼어붙은 대기 속에 둔탁하게 울려 퍼진다. 공허하고 매캐한 소리가 총신 둘레에 매달려 있는 것 같다.

고래 한 마리가 마치 저절로 폭발한 것처럼 보인다. 그놈이 상처를 입었는지, 아니면 총소리와 총알에 놀랐을 뿐인지 잘 모르겠다. 유탄이 수면 위로 튀어 오르는 것이 보인다.

고래는 더는 잠수하지 않고 공포에 질려 마구잡이로 달아난다. 물이 뿜어져 올라오고 태양을 배경으로 수증기가 한줄기 솟아오른다. 어렴풋이 중세 기사의 창과 닮은, 길고 로맨틱한 상아빛 어금니가 잠깐 드러난다. 머리와 꼬리가 경련하더니 수면에서 위아래로 뒤틀리며 떤다. 배를 뒤집는다. 순식간에 지나가는 광경, 그러고 나서 고래들은 모두 사라져버린다.

엽총이 불을 뿜는 속에서 내 프로젝트가 앞에 펼쳐진다. 나는 이곳에 사냥을 연구하러 온 것이 아니다. 아름답고 매력적인 그 동물들도 연구 대상은 아니다. 나의 관심사는 바로, 사냥꾼들 자신이다. 그리고 이 연구의 범위 하에서 사냥꾼이 쫓는 야생동물들에게 흥미를 느낀다. 그 동물들의 이미지를 통해 그는 자신을 인간으로 정의하기 때문이다.

관습적으로 수렵은 인간과 문화를 형성한 자연의 활동으로 간주된다. 나는 이런 전제를 무시하지 않으면서 그 관점을 뒤집어보았으면 한다. 사냥을 자연 속에서 일어나는 문화적인 활동으로 본다면 어떨까? 또 그 속에서 우리는 무엇을 배울 수 있을까? 사냥과 사냥꾼에 대한 탐구는 인간의 감정과 정신을 향해서 우리를 어떻게 이끌어갈 수 있을까?

이 책에서 나는 들판에서 사냥하는 실존 인물들을 쫓아 그들이 빚어내는 남성적인 정경을 지켜볼 것이다. 사냥에 대한 광범위한 문헌들을 살펴봄으로써 어떻게 사냥이 인간성humanity과 남성성masculinity의 이미지를 형성하는 주된 힘이 되었는지를 물을 것이다. 내 질문은 이것이다. 들판의 사냥꾼과 우리 머릿속에 있는 사냥꾼의 관계는 무엇인가. 사냥꾼과 인간의 관계는 무엇인가. 사냥꾼은 우리에게 인간에 대해 무엇을 말해주는가. 혹은 말해주지 않는가. 그리고 그들은 자신을 어떤 이미지로 바라보는가.

나는 사냥꾼과 열애에 빠졌다. 왜냐하면 사냥꾼은 자아에 대한 감각, 욕망에 대한 감각, 그리고 자기 환각self-delusion에 있어, 남성이 개인화된 것이기 때문이다.

이 장의 첫머리에 인용한 에스키모인 오르핑갈릭의 「나의 숨결」이란 시는 덴마크의 탐험가 쿤드 라스무센*이 20세기 초반에 북극권의 사람들에게서 채집한 것이다. 라스무센은 이 시들을 '이글루의 노래'라고 부른다. 어느 기록에 의하면, 이 사냥꾼은 자신의 노래가 자기에게는 호흡만큼이나 중요하다고 말했다고 한다. 그 노래는 흡사 호흡의 한 형태이다. 거기서 그는 사냥과 남자다움이라는 내 관심의 양극을 아름답고 감동적으로 이야기하고 있다. 남성의 자기인식과 사냥꾼의 자기창조 간에는 어떤 관계가 있는가? 어떻게 사냥꾼은 남성에게 하나의 유형적 앎, 일종의 인식(오르펑갈릭의 말대로 "나 역시 남자였다")을 부여하였을까? 이런 인식과 자기이해 사이의 관계는 무엇일까? 즉, 남성에 있어 행위와 존재, 행동과 사고, 외향적 인간과 내향적 인간 사이의 관계는 무엇일까?

사냥 활동과 '이글루의 노래' 사이의 관계는?

사냥꾼은 우리에게 문명과 자연의 경계를 제시하고, 좋든 나쁘든 우리에게 그 둘 사이에서 물러서고 나아가는 법을 가르친다. 역사적으로 살펴보면, 사냥꾼은 스스로의 의지로 사람들을 피조물──우리 자신을 규정하는 바로 그 피조물──들과 조우하는 그 영적인 장소로 데려간다.

고래들이 우리의 잠과 꿈속을 드나드는 바로 그곳으로 말이다.

갑자기 윌리가 펄쩍 뛴다. 그는 빙판 위를 가로질러 고래가 금방 있었던 곳으로 뛰어간다. 그리로 그들은 사라진다. 남은 이들은 잠시 제자리에 얼어붙은 듯 서 있다.

윌리는 우리 가운데 가장 정열적인 사냥꾼이다. 그는 사냥을 위해 산다. 아니면 사냥 속에서 산다고도 할 수도 있겠는데, 그는 그럴 때 가장 생기가 넘치고 활력이 있다. 가라앉는 고래를 쫓아 얼음 위를 달려 내려갈 때, 그는 글자 그대로 전형적인 사냥꾼이다.

우리는 고래가 총에 맞았는지 어떤지를 알지 못한다. 총알은 물 위를

---

* 쿤드 라스무센(Knud Johan Victor Rasmussen, 1879~1933) ; 그린란드의 탐험가, 인류학자.

튀어 사라졌을지도 모른다. 혹은 최소한 한 마리 정도가 부상을 입었을 수도 있다. 우리는 고래가 떠오르기를 기다리며 바다를 지켜보아야 한다. 그래야 사냥이 성공했는지 알 수 있을 것이다.

2

윌리가 빙판을 가로질러 가는 그 짧은 시간 동안, 나는 사슴 가죽 외투를 걸치고 서 있다. 나는 움직이지 않는다. 마치 그곳에 얼어붙은 것 같다. 얼음 위의 남자*이다.

이제는 많은 남자들이 위기의식을 느끼고 있다. 미국의 중산층 문화에서 남성성의 표준적인 양태는 도전받고 있으며, 지난 100년 동안 쭉 그래 왔다. 그러나 지난 20~30년간 페미니스트들이 우리 삶에서 젠더 gender의 역할을 점점 더 날카롭게 지적함에 따라 남성들은 점점 더 눈에 띄게 방어적이 되고 혼란에 빠졌다. 남성성이 다시 정의되고 있다는 느낌도 든다. 그러나 남성들은 종종 자신이 그 의미를 통제할 수 없다고 느낀다. 일부 남성들의 저항, 특정한 전통적 남성성을 공격적으로 주장하는 행위 역시 그 저변에 '남자다운 것' '남자답지 못한 것'에 대한 불안이 깔려 있다.

남성운동은 남성성에 대한 남성들의 불안이 가시적으로 드러난 것이다. 1991년 여름 내내 미국의 중년 백인 남성들을 대상으로 한 로버트 블라이의 책 『강철의 존: 남자들에 대하여』가 『뉴욕 타임스』 베스트셀러 목록의 정상에 올라 있었다. 모든 특권을 누렸음에도, 백인 남성들은 어느

---

* "Man on Ice"는 미국 속어로 위기의 남자, 혹은 뭔가를 준비하고 있는 남자라는 뜻도 있다.

정도 혼란스럽고, 어느 정도 무기력하고, 그리고 진실을 말하자면 절망적인 존재—대그우드 범스테드가 아니라 호머 심슨이나 앨 번디*처럼—보인다. 가부장제의 특권은 이미 그들을 떠났거나 공허하게 느껴지고 그의 에너지는 타협과 순응으로 피폐해졌다.

많은 미국인, 즉 남성과 여성들이 지혜와 스승을 찾아 다른 비유럽권 문화로 관심을 돌린다. 남자들에게 있어 그런 운동은 공상적인 원시주의로의 회귀와 관련을 맺고 있다. 잭 런던**의 소설들은 육식성 맹수로 회귀하려는 남자들에 대한 것이거나, 혹은 "벅"이라는 이름의 애완견이 자신의 타고난 육식성을 따라 무리의 리더가 되어 늑대로 돌아가는 이야기다. 에드거 라이스 버로스***는 우리에게 유인원들 속의 타잔이라는 이미지를 심어주었는데, 이는 사실 인간이 정글에서 축출당한 왕이었음을 시사한다. 많은 남성들이 계속해서 신비스러운 천부적 권리를 갈망한다. 우리는 원초적 남자, 동굴의 남자, 정글의 남자, 사바나(열대 초원)의 남자에 대한 개념을 지니고 있다. 원초적 남자는 진정한 남성이다. 그는 사냥꾼이다.

20세기 들어 사냥꾼으로서의 남성이라는 이미지에 대한 시인과 철학자의 사색, 그리고 문화인류학자들과 고고학자들의 발견이 등장하였다. 이런 관점에서, 북극의 수렵인들과 오스트레일리아의 부시맨 등은 자연에 근접한 인간이라는 우리들 원래의 삶의 흔적이자 인류 진화의 초기 단계를 보여준다.[2] 이런 시각에서 보자면, 남성은 사냥이 그의 유전자와

---

* 대그우드 범스테드는 미국 만화 「블론디」의 주인공이고 호머 심슨은 「심슨 가족」의 주인공, 앨 번디는 「Married… with Children」의 남자 주인공으로 제대로 하는 일이 하나도 없는 좌충우돌형 인간이다.
** 잭 런던(Jack London, 1876~1916) ; 미국의 저명한 소설가. 주요 작품 『황야의 절규 The Call of the Wild』 『바다의 이리 The Sea Wolf』 등.
*** 에드거 라이스 버로스(Edgar Rice Burroughs, 1875~1950) ; 미국의 작가, 타잔의 원작자이기도 하다.

그의 뼈와 그의 피를 빚어낸 성(性)이다. 글자 그대로, 신체적으로, 생물학적으로 그렇다. 사냥은 우리 DNA의 나선 속에 묶여 있고, 각각의 문화 속에 얽혀 있다. 그것은 자연과 진화의 추진력이며 인류의 모든 진화적 적응 중에서 가장 중요하다.

호세 오르테가 이 가세트는 20세기 스페인의 위대한 철학자이다. 그도 역시 사냥꾼들 가운데에 있었다. 그는 플라톤과 아리스토텔레스 이후로 사냥에 대하여 가장 심오한 철학적 저서를 남겼다. 그는 사냥이 '현실의 걱정거리들'로부터의 휴가이며, 사냥을 통해 남성은 탐욕스러운 비즈니스맨 아래에 숨겨져 있는 자연 그대로의 남성을 스스로 발견하게 된다고 썼다.

오르테가 이 가세트는 앞으로도 여러 번 인용될 것이다. 그는 "사냥은 대자연의 현실이며 세상에서 가장 진지한 행위이다. 즉, 이것은 인간만의 배타적인 작업이 아니라 거의 모든 동물의 영역에서 일어나는 일이다. 이런 광대한 현상을 통째로 포괄하며, 살육에 대한 야수의 정열은 물론 훌륭한 사냥꾼의 신비적인 열광까지를 포괄하는 사냥에 대한 정의만이 이 놀라운 현상의 뿌리에 닿을 수 있다"라고 썼다.

사냥꾼은 우리를 자연으로부터 문명으로 이끌어주는 존재이며 오늘날에는 다시 우리를 자연으로 거슬러 올라가게끔 해주는 존재이다. 로렌스 반 데어 포스트의 사랑스러운 시구처럼, 사냥꾼은 우리를 우리의 기원, 즉 '최초의 사물들'로 데려다 준다.[3]

나는 이런 생각을 마음에 품고 북극에 왔다. 시애틀 교외에서 보낸 어린 시절에 나는 숲에서 타잔놀이를 하며 글자 그대로 나무들 사이를 헤엄쳐 다녔다. 우연하게도 나는 이 연구를 구상하기 직전에 프랑스의 라스코 동굴 벽화에서 깊은 영감을 받은 일이 있다. 그것은 인류 진화의 초기, '원시적인 기원'이라는 로맨틱한 개념으로 나를 깊이 사로잡은 경험이었다. 나는 돌아가야 한다고 느꼈고, 실제로 프랑스와 스페인의 동굴로 돌아왔다. 남자다움에 대한 오늘날의 개념과 선사시대 사냥꾼들과의 관계, 그리고 사냥꾼이 우리의 마음과 문화를 사로잡았던 특권적인 장소였던 선사시대를 파악하기 위해서였다.

그리고 나는 다시 시작하기 위해 북극의 이곳으로 왔다. 나는 사냥꾼의 삶의 일관성을 깨뜨리지 않고 어떻게 사냥꾼이 우리에게 그런 중요성을 띠게 되었는지를 탐구하고 싶다. 우리의 상상 속에서 그의 지위는 사냥꾼으로서의 왕자, 혹은 사냥개와 여우를 쫓는 영국의 기사와 같은 모습들로서 선사시대를 연구하는 과학보다 앞서 있다. 사냥꾼의 겉모습은 세월을 거치는 동안 급격하게 변해왔다. 그러나 사냥꾼은 선사시대, 혹은 '원시시대'에 놓임으로써 역사 밖으로 벗어나게 된다. 어떤 면에서 그는 우리를 초월한다.

우리가 이 사냥꾼을, 남성으로서 역사 속에 위치시킨다면 어떨까? 선사시대의 사냥꾼은 거의 신격화되었고 충분한 증거는 없지만 남자다움과 동의어였다. 이제 그의 명성은 거의 사라졌고 구석기시대의 수렵인들은 일부 학술적인 논쟁의 대상이 되기는 하지만 인류의 기원을 연구하기 위한 생산적인 모델로는 가치가 없어졌다. 그러나 대중의 상상 속에서 최초의 창을 든 동굴인들은 여전히 왕으로 남아 있다.

남성은, 우리가 그렇게 믿고 싶어 하듯이, 직립한 야수erect predator*이다〔이 농담은 사냥에 대한 인류의 사고 속에서 자기 정체성과 성(性)이 얼마나 밀접하게 관련되어 있는지를 시사한다〕.

가장 힘센 사냥꾼은 타잔과 함께 콩고의 푸른 밀림 속에 살지 않는다. 그는 맹수를 쫓으며 아프리카의 사바나에 살지 않는다. 그는 미국의 변

---

* "발기한 야수"라는 뜻도 함께 가진다.

방이나 혹은 북극의 얼음 위에 살지 않는다. 가장 강력한 사냥꾼은 우리의 머리 한 귀퉁이, 남성 영혼의 일부로 고정되어 자리 잡고 있다.

내 의도는 사냥이 남성의 삶에 명백하고 구체적이고 물질적인 영향을 주었음을 주장하려는 것이 아니다. 총에 맞아본 동물들에게는 자명하겠지만 사냥꾼은 논쟁의 여지가 없는 현실이다. 나는 단지, 우리의 머릿속에 있는 사냥꾼이 스스로 무엇을 말하고 있는지를 알고 싶은 것이다. 사냥꾼의 개념이 우리의 위대한 지적 유산 중의 하나이며 가장 영향력 있는 정서적 현상임을 부인하는 것은 불가능하다. 나는 우리가 사냥을 자연의 한 모습이 아니라 자연에서 일어나는 문화적인 현상으로 바라본다면 과연 어떨지를 알고 싶다. 나는 사냥꾼을 인간의 창조에 대한 은유로 여기고 그 은유를 성(性)의 관점에서 바라보고 싶다.

관습적으로 사람들은 사냥이 자신을 창조하였다고 상상한다. 나는 우리가 사냥을 인간이 창조한 그 무엇으로 본다면 어떨지를 알고 싶다. 사냥을 남성의 일occupation이 아니라 남성의 집착preoccupation으로 본다면? 인간이 수행하는 어떤 것이 아니라 인간이 규정한 어떤 것이라면? 사냥꾼이 수없이 다양한 역사적인 현현 속에 나타난 인간 역사의 위대한 신화들 중 하나라고 한다면, 이 위대한 상상으로부터 우리는 인간에 대해 무엇을 배울 수 있는가?

'우리의 삶과 정체성이 사냥꾼이라는 은유에 의해 형성되는 방식'과 '언어가 부지불식간에 무의식에 정보를 입력하는 방식'이라는 나의 개념이 의미하는 바를 이해하려면 우리의 일상생활 속에서 뽑아낸 다음 단어들의 목록을 살펴보라.

이 단어들은 사냥꾼의 흔적이다. 한 번도 사냥을 해본 적이 없는 사람들조차 매일매일을 '사냥'으로 가득 채우고 있다. 그것은 신문과 잡지, 텔레비전을 채우고 일상생활에 스며들어 우리의 세계를 형성한다. 여기 사냥의 널리 알려진 본질을 보여주는 일상 언어에 있어서의 사냥 용어*가 있다.

buck(젊은이)/buck(달러, 수사슴껍질buckskin의 단축형, 변방에서의 인디언들과의 교역 단위)/pass the buck(벽을 다오, 사슴뿔 나이프buckhorn knife의 약자)/job hunt(구직)/witch hunt(마녀사냥)/fortune hunter(재산을 목적으로 한 구혼자)/Nazi hunter(나치 잔당 추적자)/bounty hunter(현상금 사냥꾼)/bargain hunter(바겐세일만 찾아다니는 사람)/headhunter(인력 사냥꾼)/manhunt(인간 사냥꾼)/hunt club(사냥클럽)/Easter egg hunt(부활절 달걀 찾기)/open season(수렵기)/closed season(금렵기)/fair game(공정한 게임)/sure as shooting(확실한 한 방)/shooting from the hip(뒤에서 노리기)/straight shooter(명사수)/long shot(롱 숏)/loaded for bear(싸울 준비가 된)/bull's eye(과녁)/cut to the chase(길을 트며 사냥을 하다)/thrill of the chase(사냥의 스릴)/beat the bushes(사방으로 인재를 찾다)/beat around the bush(에둘러 말하다)/take a stand(태도를 취하다)/ make a killing(죽이다)/move in for the kill(죽이러 가다)/kill or be killed(죽느냐 죽이느냐)/in the bag(확실히)/bag a big one(큰 놈을 잡다)/dead meat(죽은 고기, 시체)/the heart is a lonely hunter(마음은 외로운 사냥꾼)/hot on the trail(열을 내며 쫓다)/pick up the scent(단서를 잡다)/track down(쫓다)/nose out(킁킁대다)/hue and cry(고함)/full cry(환성)/run with the pack(무리와 함께 가다)/leader of the pack(무리의 우두머리)/play cat and mouse(희롱하다)/gunning for(노리다)/give

---

* 이 단어들은 제대로 번역하기 어렵다. 원문과 번역어들을 대조해보면 사냥의 분위기를 느낄 수 있을 것이다.

chase(추적하다)/chivvy(사냥)/whoop it up(응원하다)/dogged(완고한)/hounded(끈질긴)/on the wing(나는 듯)/winged(신속한)/flushed(의기양양한)/roused(몰다)/gamy(아슬아슬한)/to be game(사냥감이 되다)/bait(미끼)/vestige(흔적)/investigate(조사)/go for the jugular(급소를 찌르다)/killer instinct(살해 본능)

우리가 언어 속에서 사냥의 흔적을 쫓기를 바라는 정도에 따라 이 목록은 더 늘어날 수 있을 것이다. 그리고 독자들은 아마도 내가 가장 흥미로운 사냥에 대한 많은 속어(이성 사냥에 대한 것)들을 보류해놓았다는 사실을 알아차렸을 것이다.

어슬렁거리다(on the prowl)/음경(prick, '토끼 등을 쫓다'라는 뜻도 있음)/꼬드기다(poaching, 다른 사람의 배우자나 애인을 꼬드긴다는 뜻, 헤드헌팅의 의미도 있음)/딱 마주치다(hit on, 특히 젊은 여성을)/총각 파티(stag party, stag은 수사슴의 뜻)/내 덫에 걸리다(fall into my trap)/사랑의 화살(love gun)/시선이 머물다(set my sight on you)/빙충이(poon hound)/갈보 집에 가다(go on the game)/유혹(snare)

성적인 경우에 있어, 남성이 여성을 사냥감으로 언급하는 모든 비유를 포함시킨다면 이것만 가지고도 전적으로 에로틱한 동물 어휘 사전을 만들 수도 있을 것이다. 말하자면 다람쥐bunny, 산토끼hare, 병아리chicks, 비버beaver, 여우fox, 고양이pussy 등이다. 물론 그들은 암캐bitch도 될 수 있다.

나는 사냥에 대한 우리의 관점이 20세기 후반의 미국에 독특한 방식으로 미국인들의 상상력 속에 편입되었다고 생각하지만, 우리 삶에서 사냥의 역할을 이해하여야 하는 진정한 이유 중의 하나는 우리가 지금 성적(性的) 야수sexual predator*와 짐승 같은 범죄자들에 대해 이야기하고 있기 때문이다. 20년 전에 한 남자가 한 여자를 귀찮게 하면 우리는 그가 그녀를 '치근거린다hassling'고 했다. 이제 우리는 '성추행harassment'에 대해 이야기하는데, 그것은 사냥개harrier에 그 어원을 두고 있는 것으로 우리가 남성의 성에 대해 가지고 있는 깊이 각인된 야수적인 관념들을 암시한다.

남자는 사냥꾼, 여자는 사냥감.

장식적인 언어나 '유창한 연설'의 의미에서 은유를 언급하는 것은 아니다. 내가 말하는 은유는 한 사물(예를 들면 한 남성)을 다른 어떤 것(한 사냥꾼)에 비유하는 단순한 과정이다. 은유의 유형을 깊이 파고들지 않더라도 은유가 언어에 있어서뿐 아니라 사고에 있어서도 매우 중요한 과정임을 쉽게 알 수 있을 것이다. 비유를 통해 사람들은 미지의 대상을 감지하고, 이미 알고 있는 것과 그것을 비교한다. '남성성masculinity'과 같은 추상적인 개념에 얼굴과 형태를 부여함으로써 좀더 이해하기 쉽게 되는 것이다. 셰익스피어의 말을 빌리면, 은유는 우리가 '경박한 허무에 집과 이름을 주는' 방식이다.⁴

은유는 미지의 대상을 우리에게 제시하고 이해하도록 하므로 앎의 한 방식이라 할 수 있다. 그것은 실질적으로 지식을 생산한다. 즉, 은유가 없었다면 알지 못했을 것들에 대한 관점과, 이해를 위한 틀을 제공한다. 이는 은유에 대한 아리스토텔레스의 관점이다. 은유는 우리에게 사물의 이름을 제공하고, 우리 자신과 타인들, 신비스러운 세계에 이름을 부여한다. 즉, 은유의 중요한 기능 중 하나는 우리에게 정체성identity과 관계

---

* 살인을 저지르는 잔혹한 성범죄자를 의미한다.

에 대한 이름을 제공하는 것이다. 좀더 포스트모던하게 말하자면, 언어는 우리 사고의 핵심이며 우리는 언어 속에서 자신과 세계를 이해한다. 언어학자 벤저민 워프가 주장했듯이 단어를 통하여 우리는 사물과 접촉하고 '의식의 집House of Consciousness'을 구축한다.[5]

인간은 자신을 일컫는 많은 단어들, 즉 배관공, 연인, 죄수, 왕, 바보 등등 중에서 '사냥꾼'을 선택했다. 모든 사람이 사냥꾼이라는 얘기는 아니다. 그러나 어떤 사람이든지, 사냥을 하건 하지 않건 간에, 그는 사고하는 방식에 있어서 어느 정도는 사냥꾼이다. 그리고 스스로를 그렇게 상상한다.

자연 속에서의 활동으로서 사냥은 구체화된 은유라고 생각할 수 있다. 한편 문화 속에서의 은유로서 사냥은 심리적인 활동이다.

우리는 사냥꾼을 오렌지색 상의를 입고 자신이 응원하는 NFL팀 로고가 박힌 야구 모자를 쓴 사람으로 상상하기 쉽다. 그러나 역사 속에서의 다른 사냥꾼들은 어떤가? 18세기 영국의 시골 영주는? 12세기의 로빈후드는? 혹은 다른 모습, 이를테면 사냥 옷과 사냥샌들 차림으로 숲 속에서 님프를 쫓아다니는 사랑에 빠진 신은?

사냥꾼은 그저 픽업트럭을 타고 엽총을 든 사람을 말하는 게 아니다. 사냥꾼은 세계에서의 한 존재 양식이며 그 이상으로 인간에게 다양한 존재의 방식을 제공한다.

만약 사냥이 '남성들은 이미 만들어진 남자다움에 대한 시나리오를 따른다'는 점을 시사한다면, 이 연구는 또한 대단히 낙천적인 측면을 갖는다. 우리는 종종 매우 힘들기는 하지만 우리 언어의 저자이며, 또한 우리 자신의 저자이기도 한 것이다.

우리는 우리를 형성하는 은유를 재고해볼 수 있다. 우리는 사냥의 은유에 둘러싸여 있고, 거기에 익숙해져 있고, 사냥꾼을 자연과 문화 사이에 걸쳐진 인간으로 보는 경향이 있다. 때문에 그 은유는 오히려 진부하고, 심지어 잘 눈에 띄지 않는 것 같기도 하다.

우리가 언어를 통해 의식을 가지게 되었고 우리의 마음이 언어에 의해 형성된 것이 사실이라면, 우리가 사냥에 깊이 침잠되어 있다고 말하는 편이 공정하리라. 엘비스 프레슬리의 '토끼를 잡아 본 적이 없는ain't never caught a rabbit 사냥개'로부터 삐죽삐죽한 가죽 옷깃이 달린 옷을 입고서 자신을 단지 남성의 욕망의 대상이 아니라 '암캐 같은bitch' 여신으로 봐달라는 최근의 마돈나에 이르기까지, 사냥은 에로틱한 삶의 대중적인 개념을 창조한다. 그리고 문학에 있어서 최초의 미국적 국민 영웅인 레더스타킹*으로부터 헤밍웨이 같은 맹수 사냥꾼의 불안에 이르기까지, 다니엘 분**으로부터 포크너의 사려 깊은 남부 태생 백인 남성까지, 멜빌의 위대한 소설 『모비 딕』에 나오는 고래 사냥으로부터 T. 루스벨트와 같은 사냥꾼 작가들에 의해 정의된 남성성의 위기에 이르기까지, 사냥은 우리의 역사적 정체성의 일부이다.

미국 문화는 수렵 문화다. 사냥꾼과 자연, 그리고 문화를 잇는 연결고리는 일종의 촘촘한 마법의 원으로 우리를 감싸고 있다. 나는 그 고리에 끼어들어 우리가 자신에 대해 무엇을 배울 수 있는가를 보고 싶다. 부빙 위에 사는 이뉴잇족 사냥꾼과 같은 이방 문화 방문의 의의는 그것이 다른 가치관 속(외부)에서 우리 자신의 사냥을 바라보는 새로운 시각을 제시해준다는 것이다. 이방인에게는 다른 관점이라는 이점이 있다.

고래에 엽총 총격을 가한 것과 동시에 그 촘촘한 고리에는 약간의 구멍이 생겼다. 내가 제시하고 싶었던 것은 바로 사냥꾼의 불가피성에 대

---

* 쿠퍼(James Fenimore Cooper, 1789~1851)의 '레더스타킹 이야기Leatherstocking Tales' 시리즈에 등장하는 주인공. 서부 개척자의 상징이다.

** 다니엘 분(Daniel Boon, 1734~1820) ; 미국의 전설적인 탐험가이자 사냥꾼.

한 느낌이었고, 남자다움이 사냥꾼의 가면 뒤에서 걸어 나왔을 때 나는 남자에 대해 우리가 무엇을 배워야 하는지 알았다.

3

"윌리가 고래를 보았다고 생각해?"
라메치에게 내가 묻는다.
라메치는 바다를 잠시 응시하더니 윌리를 본다. 우리는 부빙의 언저리에 서 있다. 윌리는 부빙에서 떨어져 엘리자와 토니와 함께 작은 보트를 타고는 바다를 향해 나아간다. 라메치는 오래 걸리지 않을 거라고 말한다. 그리고 그는 머리를 내게 돌린다. 그의 광각 선글라스가 햇빛 아래서 진홍색으로 반짝인다.
"오, 그럼요, 그럼요."
그는 미소를 짓는다. 그러고는 그 순간을 음미하듯이 가장 좋아하는 말을 천천히 되풀이한다.
"아마도 고래를 봤을걸요."
우리는 이제 이 얼음 위에 하루 종일 서 있는 셈이다. 우리는 윌리가 아침 일찍 쏜 고래를 찾았다.
고래들이 잠수한 뒤 윌리가 우리에게 돌아왔을 때, 그는 한 놈에게 부상을 입혔을 거라고 확신하고 있었다. 정확히 오전 9시 35분, 세 마리의 고래가 사냥꾼을 피해 공포에 질려 달아난 후 윌리는 그의 작은 고래 사냥 보트를 타고 부빙을 떠나 바다를 향해 출발하였다. 엘리자와 토니가 그와 동행했다. 그들은 함께 고래가 다시 떠오르기를 기다리며 둥둥 떠다니는 부빙들 사이를 피해 나갔다. 일단 다시 그놈을 발견했다면 윌리는 작살을 꽂아 넣을 만큼 가까이 접근했을 것이다. 이것이 이뉴잇족이 오늘날 고래를 잡는 방식이다. 즉, 부빙 위에서 총을 쏜 후 보트로 다가가 작살을 꽂아 넣는다.

윌리의 성은 에누구다. 그는 친척들 중에서도 두드러질 만큼 인내력과 참을성이 대단한 사냥꾼이다. 하루 종일 나는 그가 고래를 잡는 모습을 바라보았다. 나는 막 빙벽의 가장자리에서 떨어져나간 세 개의 커다란 부빙들 사이로 그가 보트를 몰고 오는 모습을 지켜보았다. 가끔 그, 혹은 다른 이들은 부빙 위로 올라가 보트를 끌어당기곤 했고, 그 위에서 바다를 살피기도 했다. 보트를 옆에 두고 둥둥 떠다니는 얼음 조각 위에 올라 광대한 바다를 바라보는 윌리의 모습, 그것은 하나의 강력한 이미지였다.

그 이미지 속에서, 무한한 바다를 배경으로 깨끗하고 깊은 바다 위에 떠 있는 얼음 위에 선 그는 아주 조그맣고 연약한 존재로 보인다.

갑자기 그는 고래가 떠오르는 장면을 포착한다. 조용히 그는 보트에 다시 올라 친척들과 함께 바다 위로 나아간다. 내가 서 있는 곳에서 보면 그것은 느리고 무언극과도 같은 북극의 술래잡기 놀이다.

그들을 바라보다가 문득 나 자신은 빙원 위에 서 있고 윌리는 저기서 사냥을 하고 있다는 사실에 순간적으로 아찔해진다. 나는 진정으로 무슨 일이 일어나는지는 알지 못하며, 단지 지켜보고 이해하려 애쓸 뿐이다. 이는 조금 알고 있는 외국어를 들으며 몇몇 단어를 잡아내는 것과 비슷하다. 전체의 내용은 이해할 수 없는 것이다. 나는 집필 중인 소설을 살짝 엿보는 것 같다고 느낀다. 자연이 텍스트이며 나는 이 소리 없는 장면의 독자인 것이다. 다른 모든 독자들처럼 나는 그 메시지를 이해하려고 애쓴다. 그건 무슨 뜻일까? 이 사람들이 하는 일에 어디서부터 끼어들어야 할까? 내게 주는 의미는 무엇일까? '우리'에게는?

하루 종일 나는 고래가 나타나는지 경계를 계속하였다. 12시 30분이 되었을 때 한 마리를 힐끗 보았던 것 같다. 윌리는 그쪽으로 전진한다. 사냥꾼을 태운 보트는 쉬고 있는 고래를 향하여 다가간다. 그것은 수면에서는 아주 작고 회색빛으로 보였으나 조금 전 그 고래가 틀림없다. 나는 라메치가 자기네들이 겨누었다고 말한, 머리 뒤에 있는 총탄의 상흔을 볼 수 있다. 그 작은 구멍에서는 고래의 거무스레한 가죽이 배경이 되어 확실히 구별되는 크림색 지방이 스며 나온다. 윌리가 작살을 던질 만큼 충분히 가까이 다가가기 전에 고래는 다시 잠수해서 사라져버린다.

오후 내내 지켜보는 동안 우리는 점점 비관적이 되어가지만, 그래도 그 시간을 즐긴다. 지지 않는 북극의 태양 아래서 계속 집중하기란 매우 어렵다. 반짝이는 햇빛과 끊임없는 조류를 따라 흘러가는 부빙의 느린 움직임 사이에서 일종의 몽롱한 반수면 상태에 빠져들지 않기란 힘든 일이다.

여름이 오고 있음을 알리는 따뜻한 태양 아래서 우리 발밑의 얼음이 녹는다. 빙원의 맨 가장자리에서 나는 얼음이 녹는 소리를 듣는다. 오후 내내 나는 바다 위로 물방울이 떨어지며 내는 찰랑이는 소리를 듣는다. 이 거대한 빙원의 얼음 껍질도 한 방울 한 방울씩 녹고 있다.

이내 이 빙원의 표면은 우리 주변에서 온통 물과 얼음으로 뒤범벅인 진흙탕으로 변한다. 얼음은 부드러워진다. 우리는 오싹 몸을 떨며 그리로 빠져 들어간다. 조류와 태양의 열기로 인해 가끔은 커다란 얼음덩어리가 빙원 가장자리에서 떨어져 나와 바다를 둥둥 떠다닌다. 이제 주위에는 부빙이 수두룩하고, 우리는 얼음이 깨져나갈 때마다 뒤로 물러선다.

빙원의 가장자리는 매우 위험하기 때문에 나는 라메치의 인도에 따른다. 가장 큰 위험은 바다로 떨어져나간 부빙 위에 고립되어 떠다니는 것이다. 한 번은 새로운 위치를 잡기 위해 언저리에서 물러났을 때 부드러운 얼음을 밟고 그만 순식간에 푹 빠졌다. 오른발이 거의 무릎 있는 데까지 잠긴다. 순간적으로 두려움에 기절할 것 같다. 라메치는 동정적으로 웃는다.

"노인네들은 진실을 말하는 법이지요."

내가 그 구멍에서 간신히 빠져나오자 그는 말한다.

"노인네들 말로는 얼음이 어는 것보다 더 빨리 녹는다고 합니다."

오후 4시 30분, 윌리는 포기한 것처럼 보인다. 그는 빙원 가장자리로 보트를 몰고 와서는 물에서 끌어내어놓고 한마디의 말도 없이 텐트로 향한다. 거기서 저녁을 짓기 시작한다. 사냥은 끝났다.

갑자기, 그는 조용히 얼음으로 되돌아가더니 엘리자와 토니에게 보내는 신호판을 설치하고는 빙원 가장자리로 돌아간다. 그는 작은 보트 옆에서 두 젊은 사냥꾼들을 만난다. 그들은 보트로 뛰어오른다. 윌리는 얼음에서 보트로 흥분한 듯이 휙 뛰어 올라간다. 그들은 다시 아주 고요하고 거울처럼 잔잔한 바다로 저어 나간다. 윌리가 사냥을 재개하려고 보트로 돌아간 시각은 오후 5시 9분이다.

빙원의 가장자리에서 광대하고 차가운 바다로 작은 보트를 저어 나가는 것은 내게 엄청나게 용감한 일로 보인다. 그런 보트로 고래를 추적하러 뛰쳐나가는 것은 더욱더 용감한 일이다. 그 보트는 성인 세 명이 타기에도 너무 작은, 여기서 그는 썰매 위에 올려놓아도 될 만큼인 겨우 3.6미터 정도의 크기이다. 플라스틱으로 만들어진 그 보트의 공업제품다운 포스트모던한 야한 녹색의 모습이 북극의 미묘하게 창백한 청색 색조와 기괴하게 충돌한다. 그 빛은 마치 터키석 같은 하얀 얼음과 하늘과 바다의 빛깔이다. 그 색의 대비는 보트와 바다, 자연과 문화 사이에 있는 크기의 불균형을 더욱 심화시킨다. 모든 것이 인간을 왜소하고 의미 없는 존재로 만들어버리는 것 같다. 바다로 더 멀리 나아갈수록 사람들이 점점 더 작아져 나는 북극의 바다가 얼마나 깊고 추운지를 느끼게 된다.

곧 윌리, 엘리자 그리고 토니는 먼 수평선을 배경으로 보트 위의 작은 그림자가 되었다. 수평선은 멀리 나아가 텅 빈 바다를 거쳐 엘스미어 섬에 닿는데, 거기서 조금만 더 나아가면 북극이다.

그리고 나는 다시 라메치를 바라본다. 그도 열심히 윌리 일행을, 이번에는 조용하게 지켜보고 있다. 그리고 나는 또 묻는다.

"윌리가 그 고래를 보았다고 생각하나?"

이번에도 라메치는 미소를 짓는다.

"오, 그럼요."

그가 대답한다.

"그럼요, 아마도."

부지불식간에 질문이 터져 나온다.

"그런데 어떻게?"

윌리가 그 고래를 다시 보았다면, 정말로 놀라운 시력과 관찰력이다. 그는 바다로 점점 더 멀리 나아가 모습이 줄어든다. 최소한 1.6킬로미터는 나아간 것 같다. 그가 쫓는 고래는 길이가 4.5미터 미만인데, 물속을 배회하며 점점 더 멀리 도망가고 있다. 게다가 그놈은 태양의 반사광을 어지럽혀 추적을 곤란하게 하고 시야를 막는 물속에서 헤엄치고 있다. 게다가 고래 사냥꾼들에게는 교란 장치와도 같은 셀 수 없는 부빙들이 고래를 가려주고 구별하기 어렵게 하는 것이다.

라메치는 나를 보고 활짝 웃는다. 마치 뭔가를 알고 있는 사람 같은데 말하지는 않는다.

우리는 무슨 일이 일어나는지를 보아야 한다. 아주 멀리 떨어진 곳에 있는 사냥꾼들은 점점 더 바다로 나아간다. 황량하기 그지없지만 플로엣지에는 시간과 공간이 충분하다. 물론, 생명도 풍부하다. 그곳은 수백만 마리의 바닷새들이 모이는 장소이다. 수천 마리의 바다오리와 갈매기들이 캐나다의 국립환경보전지구인 바일로 섬의 거대한 절벽에 둥지를 틀고 빙원 위를 오고 간다. 몸 빛깔이 온통 검은색과 하얀색으로 비둘기와 펭귄의 잡종처럼 보이는 바다오리들은 바다 위에서 물고기를 낚는다. 녹색과 검은색 그리고 오렌지색 깃털의 화려한 치장으로 눈에 띄는 솜털오리들은 낮게 날며 우리 뒤에서 제 갈 길을 가고 있다. 그리고 가장 인상적이고 세계에서 가장 아름다운 상아갈매기도 여기에서는 흔히 볼 수 있다. 그들은 시끄럽고 깡패 같은 새들로서는 드물게 매우 우아하고 아름답다. 상아갈매기는 다른 새들과 비교해 품위 있는 놈들이다. 그들의 깃털은 은은하고 부드러운 밀랍 같은 흰색이며, 몸은 작고, 발과 부리는 검은색이다. 종종 그들은 내 머리 위를 날고 날개를 활짝 펴는데, 그러면 푸른 하늘이 그들의 투명한 날개를 통해 비치고 푸른 바다는 그 눈 같은 가슴을 가진 바닷새로부터 반짝인다.

　북극을 황량한 장소라고들 하지만 그곳은 비옥한 광야이다.

　나는 눈을 가늘게 뜨고 태양을 바라본다. 전체 풍경은 눈을 멀게 할 정도로 아름답다.

　윌리와 엘리자, 토니는 직진하고 있다. 만약 윌리가 고래를 보았다면 그놈은 빙벽으로부터 3~4킬로미터쯤 떨어져 있을 것이다.

　쌍안경을 가지고도 나는 고래를 볼 수 없다. 그러나 그들은 한 놈을 쫓고 있음이 틀림없다. 윌리는 뱃머리에 서서 한쪽 다리를 뱃전에 올려놓은 채 작살을 오른손에 들고 있다.

　"아, 그래요."

　라메치가 내 옆에서 말한다.

　"아 그래요. 저 사람들은 고래를 또 봤어요."

　"윌리가 아침에 부상을 입힌 그놈이라고 생각하나?"

내가 묻는다.

"오, 물론이죠. 윌리는 고래를 이만큼의 거리에서도 볼 수 있거든요."

라메치가 내 마음을 읽고 점잖게 대답한다.

"그런데 어떻게?"

"그야 당신이 찾는 게 고래는 아니니까요."

라메치는 내가 고래를 찾고 있는 동안 말한다.

"당신이 찾는 것은," 라메치가 말을 잇는다.

"고래의 등에서 반사된 그림자예요. 하지만 고래의 등에서는 빛이 물에서와 다르게 빛나지요. 그게 윌리가 고래를 보는 방법이에요."

윌리는 4~5킬로미터 떨어진 거리에서도 맨눈으로 고래를 포착할 수 있다.

나도 야생동물을 찾아보곤 하였다. 나는 동물들을 관찰하길 좋아하고, 또 매우 능숙하기도 하다. 그리고 나는 라메치가 동물 그 자체를 찾지 않는다고 한 말이 무엇을 의미하는지 약간은 안다. 예를 들어 숲 속의 야생동물을 찾으려 할 때면 나는 동물에는 큰 주의를 기울이지 않았다. 내가 진정으로 관찰하는 것은 그 움직임이었다. 그것은 내게는 거의 반사적인 일이 되었다. 대부분의 조류 관찰자들은 이것을 이해한다. 그래서 나도 관찰하는 것과 보는 것이 겉보기와 아주 다르다는 사실을 이해한다.

그러나 윌리의 묘기는 매우 강력한 교훈을 준다. 이 사람들은 특히 정련된 감수성, 즉 빛의 세계에서의 미묘한 흔들림, 그 그림자와 미광에 대한 감수성을 가지고 있다. 그들은 대단히 뛰어난 감각을 가지고 있어서 나는 갑자기 그들의 세계에 대해 질투를 느낄 정도가 되었다. 그들은 마치 사진 필름처럼 보인다. 수동적인 면은 제외하고, 그 단어(필름)가 의미하는 풍부한 감수성과 개방적인 면에서 말이다. 그들의 감수성은 내게 일종의 깨달음, 세계의 어떤 존재 방식에서 비롯된 충격을 준다. 마치 빛이 그들을 빚어내고 명암을 드리우는 것 같다.

대부분의 서양 사냥에서 추적chase은 짐승에 비중을 둔다. 시적으로 보일지도 모르지만 사실이다. 고래 사냥에서 이 사냥꾼들은 뭔가 다른 것을 발견한다. 즉, 동물 그 자체가 아니라 짐승의 몸에서 반사되는 빛인 것이다.

나는 그가 막 작살을 던지려 할 때 그 머리가 밋밋한 고래가 윌리의 보트 오른편에서 솟아오르는 것을 본다. 그놈은 수평선의 어렴풋한 점이나 물속의 어두운 점 같다. 그는 작살을 던진다. 고래는 잠수한다. 밝은 형광 오렌지색의 부표가 보트 위에서 날고 찌가 물 위로 떨어진다. 보트는 고래를 따라 흔들리며 나아간다.

그러나 이 모든 장면은 내게 절정으로 보이지 않는다. 이 고래 사냥의 진정한 절정은 서양의 이야기에서처럼 바다 위에서의 힘겨루기가 아니다. 아침의 엽총 충격도 극적이기는 했지만 그것도 절정은 아니었다. 진정한 절정은 보이지 않게 지나갔다. 그것은 윌리가 맨눈으로 3~4킬로미터 저편에 있는 고래를 포착했을 때였다. 이 사냥의 절정은 서구의 남자들이 사냥을 상상하고 그들 자신을 영웅적 사냥꾼으로 보는 것과는 다른 방식으로, 이야기의 핵심에 도달했다.

4

사냥을 하는 대부분의 문화 중에서 미국의 사냥은 압도적으로 남성과 관련되어 있지만 전적으로 그렇지만은 않다. 그러나 사냥은 주로 남성의 활동이며 남성의 언어다. 그것은 남성성과 연관된 활동이며 남자다움의 상징이 되었다. 그것에는 성별이 주어졌고 남자들 안의 특정 존재 양식을 포괄한다.

미국에서 남자들은 여자들보다 훨씬 더 사냥을 많이 한다. 가장 최근의 전국적인 조사에서 미국의 야생동물국은 1991년에 1,406만 3,000명의 사람들이 사냥을 했다고 추산하였다. 그것은 1980년의 1,700만 명에서 꾸준히 감소한 숫자이다. 모든 사냥꾼 중에서 여성은 3퍼센트에 불과했다. 즉 40만 7,000명만이 여성이었다.[6]

남성은 스스로를 사냥꾼이라 부른다. 나는 '남자'라는 말을 할 때 성적 구별이 있는 용어를 사용하고 있다. 남성은 사냥꾼으로 태어나지 않았다. 그것은 그가 스스로 붙인 이름이다. 그것은 또 그들이 전제하고 있는 자기 정체성이기도 하다.

여성은 사냥꾼이 아니라거나 사냥의 신화와 역사 속에서 여성이 별로 중요하지 않다고 말하는 것이 아니다. 그리스와 로마 신화의 가장 위대한 신들 중에서 그리스의 아르테미스, 로마의 디아나는 여성 사냥꾼이다. 르네상스기의 어떤 여성들은 스코틀랜드의 메리 여왕, 엘리자베스 1세 여왕, 그리고 푸아티에*처럼 정열적으로 사냥을 즐겼다. 그리고 우리 시대에도 여성의 사냥은 늘고 있는 것처럼 보인다. 제인 폰다는 분명히 이 스포츠에 참여한 인물이다.

여성이 사냥을 할 때는, 그것이 스포츠건 레크리에이션이건 혹은 직업이건 간에 결국 사냥의 남성적인 본성을 두드러지게 한다. 여성이 사냥을 한다면 그것은 분명 성에 대해 강력한 주장을 하고 있는 것이다.

유로-아메리칸적인 전통에서 사냥은 이뉴잇족의 고래 잡기와는 다르다. 서구의 사냥에 남성적 감수성이라는 동기가 있긴 하나 사냥의 주된

---

* 푸아티에(Diane de Poitiers, 1499~1566) : 16세기 프랑스 왕 앙리 2세의 애인이었다.

강조점과 존재 이유는 감수성과는 거의 무관하다. 그 기초는 권력에 대한 논의와 열망 속에 놓여 있다.

고대와 근대를 통틀어 사냥에 대한 중요한 정의들 속에는 권력이 가로 놓여 있다. 사냥을 생계유지나 스포츠, 혹은 레크리에이션으로 검토할 때 나는 오르테가 이 가세트와 플라톤, 아리스토텔레스의 사냥에 대한 정의를 사용할 것이다. 철학자로서의 차이점에도 불구하고 그들은 사냥에 대한 유사한 정의를 공유하고 있으며 남성의 힘과 '정력'을 증진시킨다는 이유로 그것을 옹호하였다. 그들은 모두 사냥을 아리스토텔레스의 문장에서처럼 '획득의 기술art of acquisition'로 보았다. 플라톤은 '사냥은, 잡은 다음에 어떻게 할 것인지와는 무관하게, 사냥감을 쫓고 사로잡는 일'이라고 말했다. 오르테가 이 가세트는 사냥을 '살아 있건 죽었건 간에 *사냥꾼 자신보다 기본적으로 열등하다고 여겨지는 종에 속한 다른 존재를 획득하려는 기도*'라고 정의한다.[7]

철학자들의 정의는 사냥을 정적인 것으로 보이게 한다. 그러나 사냥은 실제로는 권력을 위한 역동적인 경쟁이다. 즉, 그 안에서 권력이 행사되는 육체적 지적 혹은 정서적인 경쟁인 것이다. 총이나 트로피*를 든 사냥꾼의 사진 속에서 그 사냥은 단지 권력의 과시로 보일 수 있다. 그러나 본질적으로 그것은 권력의 과시 그 이상의 것이다. 그 가장 아름답고 미묘한 사냥의 순간, 그 서사 과정 내내 권력문제의 해결은 사실상 불분명해진다. 반면 그 소산인 서스펜스는 사냥에 심리적인 흥미를 부여한다. 추적이나 상호 경쟁, 혹은 쫓거나 사로잡는 속에서 우리는 끝까지 누가 사냥꾼이고 누가 사냥감인지를 확신할 수 없다.

사냥은 남성(때로는 여성)이 어떻게 권력을 획득하게 되었는지에 대한

---

* 트로피trophy; 전리품. 원래는 사냥에서 얻은 짐승의 뿔이나 머리와 같은 기념품을 의미했다.

이야기를 제시한다. 오르테가 이 가세트가 말하는 '열등한 종'은 다른 종류의 동물이거나, 환상적인 피조물이거나, 혹은 다른 민족, 다른 인종, 다른 성일 수도 있다. 플라톤의 말대로 동물에 대한 사냥이 있고, 그리고 우리가 아는 바대로 '인간 사냥'이 있다. 이처럼 사냥과 전쟁은 인간의 마음속에서 그토록 일찍, 그토록 긴밀하게 연결되었던 것이다. 아리스토텔레스는 사냥과 전쟁을 '정치적인' 개념으로 한데 묶었는데, 양자는 모두 동물과 '복종하도록 되어 있는 인간에 대해' 적절히 사용되어야 하는 '획득의 기술'이기 때문이었다.[8]

사냥꾼과 전사는 고대 인류에게 있어 모태를 공유한다. 이 사실은 어떻게 사냥이 그 은유의 범위를 그토록 넓힐 수 있었는지, 즉 서구인에게는 늘 '열등한' 종족에 대한 인종 사냥이라는 의미를 가지게 되었는지를 설명한다. 그 종족들을 사냥하는 능력은 그들을 열등하게 '만들고' 그들의 열등성을 확인하는 길처럼 보인다.

사냥은 그 대상이 무엇이든 간에 단순히 권력의 과시나 권력의 획득—누군가가 타자에 대해 행사하고, 한 종족이 타 종족에 대해 행사하는 권력—이 아니다. 그것은 권력과 우월성의 창조이다. 그리고 그것으로부터 사냥꾼과 사냥감의 정체성 모두가 나오게 된다. 이렇게 사냥은 '열등한' 민족, 다른 인종, 그리고 심지어는 여성들을 이해하는 하나의 모델이 되었다. '사냥꾼 남성 Man the Hunter'은 또한 '인간 사냥꾼 manhunter'인 것이다.

이 사냥의 이중적 행위, 즉 내적으로는 정체성을 확립하고, 외적으로는 관계를 구성하는 행위를 나는 다음 장들에서 탐구할 것이다. 가장 중요한 두 요점은 이것이다. 첫째, 사냥은 가장 오래된 정의에서도 은유적인 함축을 갖는다. 둘째, 서구의 상상력 속에서 사냥은 타자, 즉 열등하다는 정의에 의해 '타자'가 된 이와의 대립을 통한 남성 정체성의 획득

모델을 우리에게 제시한다.

내게 있어 그 중요성은 사냥이 우리의 문화적 기억과 개인적인 상상 속에 깊이 각인되어 있다는 점이다.

서구의 모든 사냥꾼들의 원형, 겨울 하늘에 빛나는 영리하고 민첩한 영웅 오리온을 생각해보자. 그는 원초적이고 영원한 우리의 사냥꾼이다.

대부분의 사람들처럼 나도 겨울 하늘에서 가장 밝고 아름답게 빛나는 오리온자리를 사랑한다. 그는 지평선 위로 떠서 한쪽 무릎을 세우고 하얀 별로 된 벨트에 비스듬히 칼을 차고 있다. 왼손에는 영웅의 사자 가죽을 들고 있고 오른손에는 위협적인 곤봉을 쥐고 있다. 밤하늘에서 가장 밝은 초신성들이 그의 몸을 이룬다. 그것은 붉은 베텔게우스와 청백색의 얼음처럼 빛나는 겨울의 별 리겔이다.

오리온은 가장 친숙하고 쉽게 구별할 수 있는 별자리 중의 하나이며, 우리 머릿속을 회전하는 사냥꾼이다. 오리온자리는 그의 위대함 때문에 하늘에서 신격화된 그리스 최초의 위대한 영웅의 이름을 따서 붙여졌다. 그는 여전히 영웅의 전형이자 현대 사냥꾼의 수호신이다.

사냥 문화의 선조인 그의 직업은 천상에서도 오래된 것이다.

역사의 전환점을 표시한 그 최초의 영웅들은 고기를 즐기는 거인들이었다. 거인 오리온은 이제는 하늘을 헤치고 다니지만, 한때는 바다와 육지를 성큼성큼 다닐 수 있었다. 그는 땅을 진동하게 만들었다. 그는 광적으로 사냥을 하였고, 영주와 왕들의 안전을 위해 섬 전체에서 모든 야생 동물을 없애버렸다. 대단한 미남이라서 여러 여성과 여신들이 그를 사랑했지만, 그는 욕정을 제어할 수 없었다.

그는 자신이 세계에서 가장 위대한 사냥꾼임을 자부하였다. 그는 바다에서 돌고래를 겨냥해 활을 쏘는 멀리 쏘기 내기에서 아폴론에게 도전하였고, 사냥의 여신 아르테미스의 정부였다. 그녀는 그를 사랑했을 것이다. 그들은 함께 델로스 섬으로 사냥을 하러 떠났다.

그러나 그는 성격에 문제가 있었다. 그는 뭐든지, 말조차도 지나치게 하는 영웅이었다. 아르테미스의 등장과 더불어 이야기가 혼란스러워지지만 그는 강간자로 돌변한 것 같다.

그는 아르테미스 여신이 직접, 혹은 대지의 여신 가이아가 그를 죽이려 했기 때문에 하늘로 날아올랐으나 여신의 부하들이 그를 죽였다. 그리고 영웅의 영예를 받고 하늘에 자리 잡았다.

그의 욕망은 고기와 여자에 대한 욕정이었다.

그토록 멀리 떨어져서 순수하게 있을 것 같은 하늘에서조차 그는 바로 앞에 있는 별자리인 황소자리를 곤봉을 높이 쳐들고서 쫓고 있다. 그러나 여기서도 역시 그의 욕망은 모호하다. 왜냐하면 황소자리의 어깨 쪽에는 플레이아데스의 자매들이 있는데, 야수 같은 오리온이 그녀들 역시 쫓고 있는 것처럼 보이기 때문이다.

이것이 오리온의 유산, 즉 초영웅적 사냥꾼의 아름다움, 욕망의 폭력성, 그리고 육적인 욕망이다. 이 밝게 빛나는 천상의 사냥꾼의 잔인한 본성은 이뉴잇 사냥꾼과 생생한 대조를 이룬다.

그 야수와의 투쟁은 서구에서는 자기규정 self-definition의 근원적인 형태이다. 오리온의 뒤를 이은 남성의 역사는 야수의 허식이었다. 오디세우스와 돼지로부터 페르세우스와 고르곤까지, 프랑수아 1세와 수사슴에서 성 조지와 용에 이르기까지, 남성의 직무는 그들이 쫓는 피조물들을 추적하는 것이었고 그 야수와의 투쟁으로부터 자기 정체성을 만들었다. 우리의 역사는 맹수들을 추적하는 이야기다.

내가 이 책에서 추구하는 것은 남성 자체라기보다 사냥꾼으로서의 남성과 연관된 일단의 신화나 이야기들 속에 등장하는 이런 이력이다. 내가 쫓는 것은 몇몇 남자들이 종사하는 특정한 직업으로서의 사냥이 아니다. 나의 관심은 어떻게 사냥꾼이 모든 남성들에게 친숙한 유형의 존재가 되었는가이다. 내가 기술하고자 하는 것은 남성의 기저에 깔려 있는 하나의 유형으로서의 사냥꾼의 신화이다.

나는 신화myth를 '허구'라는 일반적인 용법으로 쓰지 않는다. 내가 의미하는바 신화는 한 민족이나 문화에서 핵심적인 중요성을 갖는 정말로 중요한 이야기들이다. 이런 이야기들은 널리 유포되고 오랫동안 살아남는다. 신화의 가치는 그들이 한 문화의 정서적이고 심리적인 진실을 규정하는 허구라는 점에 있다. 이 이야기들은 그 민족의 역사적이고 고유한 경험의 중요한 측면과 떨어질 수 없기에 중요하다.

이런 이야기들은 전형적으로, 한 문화의 역사적 체험의 주요 특성들을 규정하고 그 체험을 단순화하거나 명료하게 하고 그것을 다시 그 민족에게 돌려보내 마침내는 그 체험을 이해하도록 사람들을 교육하는 데 쓰인다. 이 고유한 체험들의 정화된 반영인, 핵심적이고 중요한 이야기들에서 한 민족은 자신의 의미를 깨닫는 법을 배우고 행동을 위한 시나리오를 개발한다.

그 자신이나 아내를 위한 플롯의 발명은 모든 사람의 일이다. 신화는 우리에게 우리 자신의 경험을 적용시킬 수 있는 이야기와 플롯을 제시한다. 우리는 삶의 의미에 대한 어떤 감각이 없으면 살 수 없으며, 우리 삶에 있어서 신화나 전설은 이 정서적 의미에 대한 깊은 욕구를 만족시키는 기본적인 수단이다. 전설은 우리를 자신의 삶 속에, 이 세계 안에 위치시킨다. 전설은 우리의 정서적 삶의 가장 중요한 두 측면, 즉 '자기 정체성과 관계성'을 보여주는 이미지와 장면들을 제공한다.

예를 들어 사냥꾼의 신화는 개인의 정체성을 민족의 역사와 연결시켜 준다. 좀더 넓게 보면, 그 신화의 주된 문화적인 역할 중 하나는 우리에게 자연으로부터 문화로 이동하는 방식, 다시 말해 선사에서 역사로, 역사에서 운명으로 이행하는 방식을 보여주는 것이다.

더욱이 사냥꾼의 이야기는 우리의 주된 욕망의 구조들, 추적, 조우, 황야에서의 열정적 경쟁, 육체적인 절정 중 하나를 제공하는 여행이다.

또한 다른 전설들처럼 사냥은 광범위한 상징 영역을 설정해준다. 전설과 각 신화들은 종종 상호 모순될 수 있으며, 핵심 주제에 대해 다양하게 변형된 형태들을 제공하기도 한다. 그렇지만 중요한 것은 그 이야기들이 모두 같은 주제를 다루고 있다는 사실이다. 즉, 그들은 문화에 대한 핵심 정서의 주제를 규징하고 논리나 합리성으로는 풀 수 없는 해결 방식을 제공한다. 사냥꾼이 우리에게 자신의 정체를 말해주는 이야기는 아마도 다른 어떤 전설보다 더 중요할 것이다. 남성의 자기규정에 있어 사냥의 중요성은 그것이 욕망과 권력의 심리적인 상호 작용으로부터 정체성을 이끌어낸다는 사실에 근거를 둔다. 그리고 이제 사냥이 남성을 위한 이야기라는 사실이 점점 의심스럽게 되어간다면, 그리고 인간의 그 오랜 이야기가 더 이상 충분하고 만족스럽지 않다면 우리는 새로운 신화를 창조할 수 있는 새로운 이야기들을 찾아야 한다.[9]

나는 남성다움이 테스토스테론이라는 호르몬보다는 명칭, 즉 가족의 이름과 가족의 전통과 더 관계가 있음을 이야기하고 싶다. 사냥꾼의 신화는 남자다운 영웅주의가 영구적이고 불변이라고는 하지 않는다. 비록 사냥꾼이 겉보기에는 시대와 무관한 완강함을 가졌지만 말이다. 왜 이런 남성다움의 비전이 그토록 오래 유지되어왔고 그렇게 다양한 의상들, 그리스 튜닉, 사냥꾼의 녹의(로빈후드의 복장), 전방의 녹비 옷(남북전쟁 당시의 군복), 오렌지색 블레이즈와 붉은 플란넬 셔츠, 에디 바우어의 고어텍스 등을 낳았던 것일까?

오리온은 하나의 계보이고, 그의 전통은 남성의 계보학이다. 오리온은 남성이 그 안에서 자신을 규정하는 용어들을 설정한다. 그것은 하나의 사유 방식이다. 사냥꾼은 단순한 역할 모델 이상이다. 그는 스포츠맨이나 '엽사(獵師)'가 아니다. 그는 우리 모두가 다른 무엇보다도 바라고, 심장과 뱃속 깊숙이 필요로 하는 것들을 제공한다. 그는 우리의 가장 깊은 갈망의 이미지이다. 즉, 그는 우리에게 정체성을 부여한다.

오리온처럼 사냥꾼은 개념과 느낌과 그리고 태도의 명멸이다. 오늘날에조차 그는 하늘에서 황소자리와 플레이아데스의 오른편 뒤에서 영원한 추적을 계속하고 있다. 황소와 자매들은 막 벗어나려 하고 있고 그는 완성할 수도, 충족을 바랄 수도 없는 추적에 매여 있다. 오리온은 우리가 밤에, 그리고 전체 우주의 방향을 잡을 때 사용하는 가장 중요한 별자리이다. 그는 끊임없이 우리 머리 위를 돌면서 오래된 메시지를 우리에게 던진다.

오리온자리의 인광의 반짝임 속에서 얼마나 우리는 잘못된 이름으로 불려왔던 것일까?

5

그것은 진실로 이빨, 입에서 이마 위로 올라붙은 이빨이다. 그것은 마치 뿔처럼 보이지만 사실은 이빨이다. 일각고래 Monodon monoceros. 하나의 이빨, 하나의 뿔―이것이 그 라틴어 명칭이 의미하는 바이다. 마치 반복하면 더 낫다고 생각이나 하듯 똑같은 뜻의 이름을 하나 더 붙여 준 것이다. 일각수 unicorn의 두 배이다.

일각고래의 길쭉하고 구부러진 어금니의 진실은 그것과 관련된 전설과 마찬가지로 기괴하고 마술적으로 보인다. 나는 늘 그것이 환상의 산물처럼 보인다는 이유로 일각고래의 개념에 매혹되어 있었다. 그것이 내가 라메치와 그의 친척들과 함께 이곳 플로 엣지에 온 가장 큰 이유 중의 하나이다. 나는 아주 오랫동안 고래를 상상해왔다.

그리고 이제 윌리가 그의 보트에 한 마리의 일각고래를 붙들어 매고서 부빙을 헤치고 오는 중이다. 보트의 동체에 고래를 묶고서 말이다. 나는 쌍안경으로 그를 바라보지만 그가 성공적으로 고래를 잡은 뒤에는 그놈을 더 이상 볼 수 없다. 잠시 동안 난 그놈이 어디로 갔는지 의아했는데 곧 무슨 일이 진행되고 있는지 알아차린다. 나는 회청색의 바닷물 바로 위로 고래의 작은 꼬리지느러미를 볼 수 있다. 그것은 배의 이물의 양편 홈에 뒤집어진 인어처럼 매여 있다. 고래의 몸통은 보트 밑에 매달려 있고 머리와 뿔은 전면을 뒤로한 채 물에 잠겨 있다.

고래의 무게 때문에 보트와 그 승무원들은 더 작고 연약해 보인다. 그들은 뱃전이 수면에서 거의 5~10센티미터밖에 올라와 있지 않은 상태로 오고 있다. 마치 곧 가라앉을 것 같다.

일단 그들이 빙원으로 돌아오고 나서 우리는 모두 모였다. 이제부터가 진짜로 흥분된 시간이다. 고래는 얼음 바로 곁 투명하고 차가운 북극의 물속에 오렌지색 부표에 매달려 떠 있다. 우리는 나무로 만든 오래된 카무틱(이뉴잇 썰매)을 들어 고래 밑에 받친다. 나는 썰매에서 빠져나와 다른 이들이 몸통을 줄로 칭칭 감는 동안 어금니를 붙들어 고래를 고정한다. 그리고 우리는 그놈을 카무틱에 얹은 채로 바다에서 끌어낸다.

그러고는 윌리가 여전히 카무틱 위에 올려놓은 고래를 빙원 가장자리에서 떨어진 텐트 뒤에 있는 자기의 스노모빌 뒤로 끈다. 거기서 얼음 위로 굴려진 고래는 기름진 고무 같은 모양으로 자빠져 있다. 크림색 복부가 자신의 무게에 짓눌려 검고 납작해진 그 동물은 마치 공기가 빠져나간 큰 타이어 같다.

그놈은 암컷이다. 3미터 반쯤 되는 길이의 작은 암컷 일각고래다. 암컷이 어금니를 가진 것은 드문 일이다. 나는 검고 얼룩이 진 가죽에 홀연 깊은 인상을 받는다. 그 이상으로 그녀석의 눈과 작고 둥근 지느러미가 나를 놀라게 한다. 그것들은 너무 작아서 그런 커다란 고래에게는 어울리지 않아 보인다. 그로 인해 그놈은 우미하게 보인다. 나는 두꺼운 머리에 깊숙이 가라앉은, 이제는 푸른 막으로 덮인 눈을 본다.

우리는 고래를 저녁 6시 50분에 얼음 위에 내려놓는다. 우리는 이 고래를 오전 9시 5분에 처음 본 것이다.

엘리자는 고래를 해체하기 시작한다. 작살잡이로서 윌리가 어금니를 얻었는데 그는 그것을 상아 조각가에게 팔 것이다. 어금니는 75센티미터 정도의 길이였다.

그 어금니는 일각고래의 로맨스를 상징한다. 그것은 짝짓기 경쟁을 할 때의 무기 같은데 과학자들은 그것을 수컷들이 겨룰 때 유용한 '2차 성징'으로 생각한다. 르네상스기의 유럽인들은 이 동물을 발견했을 때 마상 창 시합tournament의 전통을 여기에 덧붙였다. 그들은 아마도 사냥에 있어서의 가장 신비적인 짐승인 일각수를 발견했다고 생각했을 것이다. 이 일각수는 그들이 상상한 것처럼 말이 아니라 해양 동물이었다. 이 믿음은 일각수에 대한 경이를 흩뜨리지 않았다. 고래에 달린 엄니는 백마 위에 달린 것보다 결코 덜 기적적인 것이 아니었다.

일각수의 전설과 송시에서는 가장 순결한 사냥꾼만이 이 동물을 잡을 수 있다. 남자들은 이 마법과 신비의 정원——유럽에서 만들어진 아름다운 태피스트리 속의 이야기와 같이——에서 이 잡기 힘든 동물을 쫓는다. 일각수 사냥을 묘사한, 여섯 장으로 된 태피스트리 가운데 가장 유명한 세트는 1499년 브리타니의 앤 공주와 루이 12세의 결혼을 기념하기 위해 만든 것으로 뉴욕의 메트로폴리탄 박물관에 있다. 꽃과 개울의 초록색을 배경으로 우아한 사냥꾼과 섬세한 숙녀들, 사로잡힌 일각수가 있다. 처녀만이 그 일각수를 얌전하게 할 수 있음이 드러나고 길들여진 하얀 일각수는 처녀의 무릎 위에서 사랑스런 금색 칼라와 목줄을 감고 쉬고 있다.

이것은 위대한 기사도적 갈망, 위대한 순결함과 위대한 욕망이 이루어질 수 없는 꿈속에서 보답받는 갈망이 혼재된 이야기이다. 일각수의 전설은 이 위대한 갈망, 이 위대하고 찌르는 듯한 욕망의 두 측면, 하나는 신비적이고 영적인, 다른 하나는 로맨틱하고 에로틱한 측면을 제시한다. 그것은 처녀인 신부, 혹은 성처녀 마리아를 기린다.[10]

이 상상적인 동물은 이미 강렬한 상상과 강렬한 영적 열망의 상징이 되었다.

공백의 노트만큼이나 하얀 북극의 광대한 공간에서는 어느덧 이 풍경에 대해 스스로의 언어로 글을 쓰는 자신의 모습을 발견하기 마련이다. 태양빛은 그토록 끈질기게 사방에 퍼져 사람과 몇몇 동물들만 빼고는 모든 것을 하얗게 만들어놓는다. 살아 있는 것들은 백지 위의 검은 글자처럼 하얀 배경으로부터 튀어나온다. 생물은 이 풍경의 의미론이며 그들 간의 관계는 구문론이다. 나는 고래를 바라볼 때마다 빙원의 가장자리에 서서 이 깊고 치솟아 오르는 열망, 이 내적인 욕망, 내가 그토록 불안정하게 위에 올라 있는 청명한 바다의 헤아릴 수 없는 깊이와도 같은 내면에서부터 올라오는 무언가를 느끼고 있는 자신을 발견한다.

나는 어떻게 사냥꾼이 이 욕망의 윤곽을 따라 우리를 쫓아왔는지, 또한 어떻게 이 영적인 열망이 불가능하고 아름다운 생물의 모습으로 우리에게 다가오게 되었는지를 알아내고 싶은 갈망에 사로잡힌다.

서구의 전통에서 영적인 사냥은 일각수라는 위대한 시적 개념에도 불구하고 상상력에 강한 영향을 미친 적이 거의 없었다. 기독교 정신은 사냥이 영혼의 가장 위대하고 고귀한 갈망에는 걸맞지 않는다고 보았고,

사냥을 대부분 유혹받고 타락한 영혼, 욕망의 화살로 괴로워하는 영혼을 묘사하는 수단으로 사용하였다. 그러나 대단히 빈약하고 사소하기는 하지만 사냥은 기독교의 상상 속에서도 모습을 드러낸다.

중세 후기로 깊이 들어가 보면 사냥은 정치적 권력과 남성적 정력에 대한 관심을 점점 더 많이 반영하게 되지만, 반면 이 사냥의 정신적 차원, 어떤 내적인 힘과 사냥의 관계는 희미해지는 것처럼 보인다. 20세기 초에 시인 라이너 마리아 릴케는 일각수를 상당 부분 위축되어 새로운 보살핌과 고양이 필요한 영적 존재의 이미지로 사용하였다.[11] 그것은 '빛나고 황량한 가슴속 공간'에 산다. 그것은 존재해본 적이 없으나 사랑으로부터 자란다. 즉 '순결한 짐승이 일어났다.' 릴케는 사냥꾼들이 곡물이 아니라 '그래야 한다는 생각을 가지고' 그 짐승을 먹였다고 말한다. 그리고

이마에서 뿔이 자란다. 하나의 뿔이.
그리고 그것은 처녀에게 다가간다, 희고—

사냥으로부터 내면으로 새로운 존재가 양육되고 존재하게 된다.

시인 필립 부스는 이 유니콘 사냥이 새로운 영적 소생을 찾는 '이 늦은 세계에' 오게 되었음을 다음과 같이 묘사한다.

어떻게 그것은
이 늦은 세계에,
우리 속의 그를 사냥하는 이 짐승 속에서
우리가 자신을 사냥해야 하는 이 세계에
오게 되었는지, 그는 우리를

선택하게 한다. 그는 우리를 보게끔 한다.

그 안에서 우리가 만나는, 만나는

부활한 즐거움,

우리가 거슬러 올라간 그 세계의 즐거움을…… [12]

경이와 몽상에 잠기는 것은 이 얼음 위에서는 대단한 일이다. 그리고 나는 종종 어떤 의미에서는 얼음과 빛과 영혼의 움직임에 따랐고, 자신을 그 셋 속에서 움직이게 두었다. 플로 엣지에서의 삶은 내가 사랑한 지리적 정신적인 정점에 사는 것이었고 나는 거기에 저항할 수가 없다.

나는 고래 몸뚱이의 덜컥거림과 함께 현실로 돌아온다. 그것은 이제 얼음 위에서 바로 해체되는 중이다. 가죽이 벗겨지고 있다. 그 가죽은 마치 오렌지 껍질처럼 몸뚱이에서 벗겨진다. 거무스레한 가죽은 긴 직사각형으로 잘려 고래의 몸뚱이 옆에 놓이는데, 이제는 스펀지와 계란 노른자로 된 얇은 판 같다. 고래는 여전히 기름과 피에 범벅이 되어 벌거벗은 것처럼 보인다. 이것이 짐승의 도살이다.

그 얇은 가죽은 어금니 말고도 고래 사냥의 또 다른 보상이다.

만약 어금니가 꿈을 지탱한다면 현실, 즉 좀더 구체적인 갈망을 지탱해주는 것은 그 가죽이다. 라메치는 내게 설명해준다.

"바다표범은 최상의 사냥감이죠. 바다표범을 잡으면 아무리 겨울바람이 추워도 그 고기를 끓여 먹지요. 그 수프를 마신답니다. 그놈의 정말 좋은 따스한 피가, 사냥 내내 우리를 따뜻하게 해줘요. 그 온기는 몸속에서 지속되지요. 바다표범이 우리를 내내 살려주는 거라고요."

그는 잠시 생각에 잠기더니 말한다.

"하지만 일각고래도 좋아요. 정말로 좋아요. 우리는 육지에서 넉 달은 고래를 잡습니다. 여름에 잡는 거죠. 묵툭(고래 가죽)을 아주 가늘게 잘

라요. 땅에 묻죠. 얼음이 언 12월에 그것을 도로 파낸답니다. 정말로 좋은 향이 나요. 봄이 되면 사람들은 정말로 고래를 원해요."

그는 얼음 위에 티백을 던지고 내게 웃어 보인다.

나는 농담이 튀어나올 것을 알았다.

"래브라도 차."

그가 웃는다. 그리고 나는 조류에 녹아들어가 언젠가 래브라도의 해안가에 닿을 그 티백을 사진 찍는다.

엘리자는 묵툭의 길고 가는 띠를 잘라낸다. 그것은 검고 가죽처럼 보인다. 그는 한 끝을 이빨로 물고 씹기 위해 나이프를 가지고 작은 조각으로 잘라낸다. 그는 불타는 빨간 무늬가 박힌 검은 재킷을 입고 있는데 씹을 때마다 얼굴이 번득인다.

"바로 이거야, 우후, 우후, 좋아, 좋아."

그가 노래 부른다.

그는 날것을 좋아한다. 그들은 모두 내게도 권하고 나도 맛을 본다. 연골을 씹을 때처럼 우두둑 소리가 난다. 내 생각에 고래 지방은 너무, 너무 기름기가 많다. 낯익은 맛이라고 나는 생각한다. 그들은 모두 나를 쳐다본다.

"묵툭을 처음 먹어봅니까?"

라메치가 웃는다.

다음 한 주간 동안 나는 라메치와 매우 친해졌다. 우리는 함께 해마와 고래를 발견했고 바다표범을 사냥하고 북극곰을 추적했다. 그는 나를 할머니의 여름 집으로 데리고 갔다. 그녀가 '여가'를 즐기는 집이다. 그리고 우리는 바이요 섬의 절벽을 등산하기도 했다. 우리는 많은 모험을 함께한다. 그러나 우리는 그 이상의 것을 공유한다. 우리는 서로 잘 알게 되고 서로서로 자아의 일부를 공유한다. 이 플로 엣지의 무언가가 우리를 이끌어 내적 자아의 일부를 밝히게 했다.

나는 우리가 공유하는 다른 것과 더불어 라메치의 영혼의 밝음에 매력을 느낀다. 바로 이런 수준에서 그는 무언가를 공유할 수 있어 보인다. 이 사냥꾼들이 우리와 공유한 것은 아마도 개인적인 투쟁의 소산일 이 내적인 지혜인 것이다. 진리라기보다도, 혹은 일종의 지식이라기보다도, 그것은 하나의 지향이다. 라메치는 그의 삶에 있어 자아를 향한 궤도 위에 있다.

라메치는 자신이 폰 후미로부터 많은 시간을 떨어져 보냈다고 내게 이야기한다. 그는 도시를 사랑하고 돈을 벌고 싶어 한다. 그는 북극의 유정에서 일한 적도 있다. 그리고 마약도 해보았다. 그러나 무언가가 그를 고향으로 이끌었다. 그의 말에 따르면 그것은 부분적으로는 예정된 일이었고 부분적으로는 자유로워지고 싶은 욕망이었다.

"나는 온종일 시계를 차고 유정에 있고 싶지는 않았어요."

그가 말한다.

"난 좀더 자유로워지고 싶었거든요."

그러나 그는 그 이상을 찾고 있다.

그는 커리 섬이라고 불리는 배핀 섬의 조그만 바윗덩어리에서 태어났다. 그때에 사람들은 아직 마을을 이루고 살기 전이었다. 그들은 온 땅 위에 거주할 곳을 가지고 있었는데 정부는 막 그들을 한데 모아 평범한 삶을 살게 만들려고 애쓰는 중이었다. 그때 라메치는 고등학생 나이였는데, 정부는 모든 소년을 이갈루이트의 학교에 보내려고 하였다. 그곳은 배핀 섬에서 남쪽으로 몇백 마일 떨어진 곳이었다.

라메치는 선택을 해야 했고 폰 후미에 남아 있는 편을 택했다.

"별로 유감은 없어요."

그는 신중하게 단어를 고르며 말한다.

"공부를 더 하지 못한 데 대해서는요. 나는 대신에 사냥꾼의 교육을 선택했습니다."

그는 마치 정확한 단어를, 그것들이 매우 중요하고 또 바른 단어를 고르기를 원하는 것처럼, 찾고 있다.

"나는 아버지에게 교육을 받았지요. 학교에 갔다면 나는 아버지와 함께 많은 사냥들을 놓쳤을 겁니다. 아버지 집에 여러 해 동안 살지도 않았을 거구요."

그는 꾸밈없이 마음속에서 우러나오는 바를 유창하게 이야기한다.

나는 그에게 아버지로부터 무엇을 배웠냐고 물었다.

"사냥을 배우기 위한 최상의 스승은," 그가 말한다.

"바로 아버지입니다. 그렇지 않으면 많은 일을 배우지 못하고 여러 차례 의외의 일을 당했을 테니까요. 예를 들어 플로 엣지의 바람을 보죠. 바람의 방향이 바뀐다면 금세 빙원에서 날려 바다로 떨어지겠지요. 게다가 내 목표는 지금 가급적 아버지처럼 되려고 애쓰는 거예요. 정말 훌륭한 분이셨고 나도 그런 남자가 되고 싶어요."

그는 폰 후미 공연단의 일원이고 그 때문에 유럽까지 여행하였다. 그 배우들은 함께 희곡을 쓰고 그것을 상연한다. 그 공연에서 그는 지금 샤먼을 연기하는데 그는 정령들과 접촉하는 사람 중 하나이다. 여기서 그는 그의 아버지뿐 아니라 조상들과도 연결된다. 그는 개인적인 영적 탐구의 도정에 있다.

"샤먼이 동물로 바뀔 수 있나?"

나는 그에게 묻는다. 나는 에스키모와 동물들 간에 영적인 교감이 있음을 책에서 읽은 적이 있다. 그 두 축은 백인 문화에서 그런 것처럼 그렇게 철저하게 분리되지 않는데 그런 생각은 내게는 수수께끼이다. 나는 전에 샤먼을 만난 적이 없다.

"오, 그럼요."

라메치가 대답한다.

"이뉴잇족은 샤먼을 '잉간쿡inankook'이라 부르지요. 그는 특정한 동물입니다. 그는 또 동물들로 변신할 수 있지요. 내 할아버지는 누군가가 귀에 불어넣은 저주 때문에 돌아가셨어요."

이뉴잇족에게는 매우 다양한 종류의 영적 존재들이 있고 일부는 얼음 속에 산다고 그는 말해준다. 라메치는 그들이 콸루필루이트qallupiluit라고 불리며, 얼음의 갈라진 틈으로 아이들을 납치하기 때문에 조심해야 한다는 말을 한다. 그 '입구'는 물결과 태양, 추위에 의해 이리저리 움직이다가 얼음 위에 난 틈이다.

"어떤 이들은 콸루필루이트를 보았다고 주장해요."

라메치는 말한다.

"길을 잃었던 사람들은 이런 정령들에게 사로잡혔다고 주장하지요. 그들은 땅딸하고 뚱뚱하고, 매우 털이 많고 여름엔 죽은 고래 같은 냄새가 난대요. 게다가 얼음 밑에서 두드리는 듯한 소리를 낸다고 하더군요. 『약속은 약속이다』[13]라는, 아이들을 위한 동화도 있어요."

얼음 밑에 사는 이런 종류의 생물을 상상하기란 그리 어렵지 않다. 우리는 어쨌든, 가장 상상하기 어려운 동물 중 하나인 일각고래를 잡았으니까.

나는 라메치와 즐겨 이야기를 나눈다. 북극의 사냥꾼들은 이 한 세기 동안 인류학자들의 연구라는 사냥의 대상이 되어왔다. 인류학자들은 인류의 기원 모델로서 그들에게 초점을 맞추고 인류의 초기 조상들과 그들을 동일시하였는데, 이는 그들의 사회가 수렵 문화였기 때문이었다. 미국에서 사냥은 점점 인기를 잃어갔다. 그리고 진화론적 모델로서의 사냥은 더 이상 인류학자들의 관심을 끌지 않는다. 사냥꾼에 대한 우리 자신의 신화는 유용함이 고갈되었고 폭력을 설명하는 모델 속에서 심각한 상흔만을 남겼다.

그러나 여전히 내게는 라메치가 그 극단에서 할아버지의 전통에 따라 샤먼 역을 하는 것이 사냥꾼으로서의 그의 감수성만큼이나 뛰어나고 의미 있는 일로 비친다.

해체작업이 끝났고 나는 시계를 들여다본다. 라메치는 시계를 차고 있지 않다. 저녁 9시 30분이다.

라메치는 뭔가 다른 일을 하고 싶어 한다.

"벼랑으로 가봅시다." 그가 말한다.

"바다오리 알이 아주 맛있어요."

벼랑으로 간다면, 우리는 거기서 밤을 새워야 할 것이다. 얼음 위를 비추는 빛은 일정하고 사방—하늘, 바다, 빙원—에서 내리쪼인다. 그것은 넘쳐흐르는 에너지로 우리를 채운다. 나는 가고 싶다. 수십만 마리의 새들이 알을 낳은 벼랑에는 그 고유한 과잉의 풍경이 펼쳐져 있을 것이다. 엄청난 수의 새들로 인한 조류의 과잉, 모든 생식력의 에너지와 끊임없는 새들의 울음소리가 밤새도록 오갈 것이다. 잠 못 드는, 들뜬 풍요의 밤이 될 것이다. 나는 그 고래 사냥이 단지 시작에 지나지 않음을 떠오르는 미소와 함께 알아차린다.

우리는 음식을 조금 싣고 스노모빌에 오른다. 라메치는 올라가면서 왼쪽 어깨 너머로 나를 바라본다. 주홍색 선글라스 아래로 여유 있는 승리자의 미소가 반짝인다.

나는 그의 뒤에서 그의 스노모빌에 올라서서 꽉 붙든다. 태양은 우리가 도착한 이후로 하늘을 빙빙 돌고 있다.

"지금 가야죠?" 그가 묻는다.

"해가 있는 동안 말이에요."

2장 │ 거억보다 깊은 갈망

> 신경과 원형질 깊숙이 물려받은 충동과 반응의 유형은 고생대의 해안가에서 비롯된 가장 오래된 초기 생명으로부터 현재의 혼란스러운 국제 관계에 이르기까지 오랜 역사를 지니고 있다. 처음부터 마지막까지 문제는 '사느냐 죽느냐'가 아니라 '먹느냐 먹히느냐'였으며, 그것에 욕망과 공포가 영향을……
> ── 조지프 캠벨[1]

> 인간은 육식동물이다. 인간 남성은 먹잇감을 뒤쫓고 공격하고 죽이도록 유전적으로 프로그램되어 있다. 인간이 그런 일을 하지 않는다면 완전한 인간이 아니다.
> ── 폴 셰퍼드[2]

1

사냥은, 말하자면 가장 오래된 남성의 직업이다. 최소한 사냥의 챔피언들은 그렇게 주장할 것이다. 그러나 그것은 의심스러운 주장인데, 곧 드러나게 되겠지만 그런 성 구분은 어쨌거나 불분명하다. 이는 세상에서 가장 오래된 직업이라는 주장만큼이나 의심스럽다.

스포츠, 전쟁과 함께 사냥은 남성을 의미하는 데 우리가 사용하는 가장 강력한 은유이다. 사냥 용어는 우리의 대화와 일상생활에 스며들어 있고, 사회적 관계와 남성의 자기 정체성을 규정한다. 이는 그 자체로는 특별히 독특하지 않다. 길가메시 이후 대부분의 서구 문화는 사냥이라는 용어를 이런 식으로 사용하였다. 20세기 이후로 우리가 사용하는 '사냥'의 용법의 차이점은 우리가 그 용어에 과학의 위계질서를 부여했다는 사실이다. 선사시대(홍적세로부터 구석기시대까지) 조상들의 일상생활에 대한 숙고를 통하여 20세기의 사냥은 과학적 숭고함의 아우라aura를 띠게 되었다. 고고학과 고인류학이 그렇게 승인한 것이었다. 미국에서는 사냥이 인기와 특권을 잃어가고 있지만, 그럼에도 그것은 인간의 최초의 직업이라는 지위로까지 격상되었다. 충분한 증거가 없는데도 고고학자와 인류학자들은 사냥꾼을 인류의 조상이자 형성자로 만들었다. 이들은 더 나아가 모든 남성이, 평원을 가로질러 매머드를 쫓고 규석으로 활촉을 만들며 어두운 벽에 사냥에서 잡은 동물들을 그리기 위해 동굴 속에서 점토를 주무르게 했던 바로 그 갈망에 의해 형성되었다고도 주장한다. 우리가 숲에서 도시로, 동물적인 탐욕에서 인간적인 영광으로 들어서는 길을 발견한 것도 사냥을 통해서였다. 과거에는 초식동물로서 풀을 뜯어 먹었지만, 우리는 사냥감이 풍성한 아프리카의 먼지투성이 초원을 향해 육식동물로서의 도약을 이루었고, 그 결과 인간성을 지향하게 되었다.

인간의 미래는 원인(猿人) 사냥꾼이 아프리카의 갈색 초원을 향해 최초로 던졌던 창의 휘어진 궤적 속에서 엿볼 수 있다.

인간이 사냥에 의해 형성되었다는 믿음의 과학적 기초는 전적으로 믿을 만한 것이 아니다. 그러나 그것은 여전히 폐기되지 않고 있다. 선사시대 사냥꾼은 그 신화의 풍경 속에 거주지를 마련하였고, 현대 남성은 여전히 자신의 계보를 뼈다귀를 휘두르던 오스트랄로피테쿠스의 동굴 속 캠프파이어까지 추적하고 있다. 사냥을 문화적인 은유로 보는 첫 단계, 사냥을 인간이 자신에 대한 관점을 형성하기 위해 역사 속에서 사용한 신화로 보는 첫 단계는 선사시대의 사냥꾼이 현대 남성의 모델이라고 주장하는 과학적인 근거들을 치워버리는 데 있다.

실제로 사냥을 하지 않는다 해도 현대의 남성이라면 아마도 자신을 일종의 선사시대 사냥꾼, 날카로운 이빨의 호랑이나 크고 검실검실한 매머드와 대결하는 원초적인 영웅으로 그려볼지도 모른다. 현대의 강박증인 선사시대 남성 사냥꾼의 신화는 우리의 마음속에 모두의 원초적 조상, 최초의 가부장으로 사냥꾼의 모습을 심어놓았다. 그것은 모든 사람이 의식적으로나 무의식적으로 비밀스러운 생각 속에서 자신을 평가하는 일종의 전형stereotype을 만든다. 선사시대 사냥꾼은 우리 남성성의 진정한 근원이며 현대의 남성은 자신의 계보를 뼈다귀를 휘두르던 야수의 동굴과 캠프파이어까지 추적하도록 배운다.

이런 관점에서 본다면 사냥은 우리의 진화적 유산이다. 코트와 넥타이 밑에 우리 각자는 골수와 피, 정열과 영혼 깊숙이 선사시대의 사냥꾼을 숨기고 다닌다. 이는 하나의 단일한 활동(사냥)이 우리가 인간적이라고 알고 있는 모든 것들을 창조하였다는 대담하고도 포괄적인 주장이다.

이 장의 첫머리에 인용한 폴 셰퍼드의 글이 암시하듯이, 우리는 사냥의 지시에 따라 진화가 우리의 종, 우리의 육체를 형성하였다고 생각한다. 그 주장은 나아가 현대의 남성을 규정하는 것처럼 보이는 모든 특질(공격성, 사려, 기억력, 직립 자세, 도구와 기술에 대한 편애)과 더불어 유전적으로 사냥과 긴밀히 연결되어 있다고까지 한다. 그것은 우리의 사회적 삶, 사회적 관계의 구도 속에 자리 잡은 일종의 인류학도 형성하였다. 그리고 그것은 우리의 영적이고 정서적인 삶도 형성하였다. 간단히 말해, 그것은 과학적인 모델이자 원형적인 신화로 기능하였다. 이 장의 첫머리에 있는 인용문에서 조지프 캠벨*은 살육 본능을 '고생대의 바다'라는 생명 자체의 기원에 두었다. 사냥은 우리의 말초신경과 본능, 두뇌와 몸속에 등록되어 있다. 이는 인간의 삶의 모습을 규정하는 가장 중요한 특징이며, 캠벨의 글 속에서는 약간 과장한다면 '먹느냐, 먹히느냐'라는 일종의 신화와 혼재되어 있다.

사냥은 인간의 삶에 내재한 이 깊숙한 갈망의 근원이다. 그 육체적인 갈망은 우리의 신경을 통해 정서적인 갈망으로 나아간다. 욕망은 이 사냥꾼의 갈망이다. 그러나 그것은 우리 조상들의 얼굴에서, 뼈와 그림에서는 더욱 알아보기 힘든 갈망이다. 현대의 사냥을 모든 인류의 삶을 결정한 원초적인 활동으로서 이 과거의 조상에 투영하면 그것은 우리에게 기억할 수 없는 기억을 되살려준다.

우리의 남성적 욕망은 깊고 강력하며 우리가 아는 이상으로 우리를 형성하는 강한 힘이다. 그러나 남성은 고생대의 바다에서 사냥꾼으로 솟아오르지 않았다. 그러므로 나는, 남성의 정체성과 욕망을 어떻게 거의 전적으로 살육과 사냥이라는 용어를 통해 이해하게끔 되었는지 재고해보고 싶다. 그리고 일단 우리가 사냥꾼으로서의 남성이 문화적인 은유, 주류

---

* 조지프 캠벨(Joseph Campbell, 1904~1987) ; 미국의 저명한 신화학자. 주저 『신의 가면 The Masks of God』 『신화의 이미지 The Power of Myth』 등.

를 이루는 남성에 대한 신화임을 알게 된다면 우리는 남성이 무엇인가를 재고할 수 있는 일종의 공간을 비워놓게 될 것이다. 우리는 전형적인 남성성의 경계를 초월하여 확장되는 공간을 가지게 되는 것이다.

  사냥은 우리 내면에서 깊이 작용한다. 하도 깊이 작용하여 우리는 그것을 핏줄에서 쉽게 분리해낼 수 없다. 남자들은 사냥이 육체에 내재한 것이라고 상상하기를 좋아한다. 남성은 핏줄에 의해 유대를 맺고 핏줄 속에 자리 잡고 싶어 한다. 즉, 피를 나눈 형제나 비슷한 혈통의 동료들 속에 말이다. 종종 사냥꾼들은 잡아 죽인 동물의 핏속에 함께 손을 담그고 있는 모습으로 자신을 그린다. 인간 야수에 의해 묘사된 욕망―선사시대에 쓰여 남성의 몸속에 자리 잡았다―은 깊숙이 느껴진다. 선사시대의 사냥꾼은 이 충동에 육체와 근거, 견고함과 정당성을 부여하였다. 그러나 강력하고 일관된 정체성을 남성에게 부여한 그 조직력에도 불구하고, 사냥꾼은 남성의 갈망 속에 어두운 매듭 또한 지어놓았다. 선사시대 사냥꾼의 이미지 안에서 우리는 무시무시하고 마귀 같은 눈초리 역시 볼 수 있다.

2

  평범한 진화론의 지혜는 자연이 먹는 자와 먹히는 자 사이에서 경쟁이 일어나는 정글이라고 주장한다. 평범한 환경보호론의 지혜는 자연이, 글쎄 일종의 국립공원이라고 주장한다. 그러나 나는 자연이 우리가 안에 들어가 자신의 욕망의 흔적을 쫓는 하나의 미로라고 생각한다. 자연 속을 걸을 때 우리는 자신의 내면을 걷는 것이다.

  나는 이 순간 그런 감정을 강하게 느낀다. 축축하고 어두운 복도의 미로를 빠져나온 후에 나는 한 좁은 동굴의 맨 한쪽 끝으로 기어들어왔다. 나는 벽에 난 좁은 틈을 통해 동굴에 붙은 작은 측면 공간으로 들어간다. 이곳은 눈높이의 큐폴라(둥근 지붕)가 있는 성당 부속 예배실과 비슷하다. 이 어두운 홈rincón 속에 이 동굴의 진정한 비밀이 놓여 있다. 신비스러운 희미함 속에서 고개를 들자 구석기시대의 동물들이 내 머리 주위를 떠돌아다닌다.

그들로 인해 나는 설명 불가능한 경이의 감정으로 가득 찬다. 임신한 것처럼 배가 불룩한 부드러운 표정의 조랑말, 임박한 움직임의 흥분으로 갈기를 휘날리는 턱이 커다란 말, 사랑스럽고 미묘한 선으로 새겨져 있는, 막 쫓기는 것처럼 놀란 표정과 경계하는 눈빛을 지닌, 가장 아름다운 목이 긴 암사슴들 그리고 공격을 하려고 불길하게 뿔을 숙인 황소들이 그것이다. 그들은 바위 위에 노랑과 빨강, 검정과 바이올렛 그리고 부드러운 황갈색의 풍부한 색채로 그려져 있다.

그들은 동물다운 기쁨으로 내 주위를 뛰어다니며, 아주 놀랍고, 아주 깊은 느낌으로 심장을 뛰게 만든다. 이 선사시대의 그림 속에서 우리의 꿈과 욕망의 기원을 발견하는 이유를 쉽사리 알 수 있다.

나는 스페인의 푸른 북쪽 해안을 따라 있는, 상당히 알려진 선사시대의 동굴 속에 있다. 이곳은 라 파시에가라고 불리는데, 칸타브리아 지방의 거친 바위산들 사이에 틈이 난 좁은 터널로 프랑스의 것보다는 좀 작다. 나는 선사시대 예술의 중심부, 초기 구석기시대의 중심지에서도 중심지에 있다. 스페인의 다른 동굴들처럼 이 동굴의 친밀함 때문에 동물의 그림들에서는 일종의 특별한 매력이 풍기고 나는 어떤 감각이 솟아오름을 느낀다. 그것은 내가 이 가슴 저미도록 아름다운 동굴을 방문했던 모든 사람들이 느낄 것이라고 이야기한 적이 있는 감각이다. 즉, 이 그림이 우리 내부에 있는 가장 깊숙한 동물적인 영혼을 불러일으킨다는 신비적인 느낌이다. 우리는 4만 년 전에서 2만 년 전까지의 시간, 구석기 시대의 여명으로 거슬러 올라간다. 각 개인이 전체 종의 역사를 되풀이 한다는 것이 사실이라면 우리는 인류 최초의 경험을 담고 있는 자신의 영혼의 어떤 한 부분으로 걸어 들어가는 것이다. 바위에 난 틈을 통해 우리는 최초로 간절히 원했던 꿈속으로 이끌려간다.

라 파시에가에는 실제로 두 개의 입구가 있는데, 두번째 입구가 동굴에서 가장 놀랍고 당혹스러운 그림들로 통해 있다. 이 사냥, 성 그리고 남성성과 혼합된 아름다운 들소의 그림은 선사시대 동굴 예술이 단순히 사냥꾼의 그림이 아니라 인간의 상징적 사고의 산파로 여겨져 왔던 까닭을 잘 보여준다. 우리는 그 동굴에 동물의 그림을 그린 이들이 남자인지, 여자인지 그 그림의 사회적 본성이 남성만의 것인지, 남성과 여성이 함께한 것인지, 아니면 여성만의 것인지도 알 수 없다. 사냥꾼과 소년의 어떤 제의적 입문 의식에 대한 개념은 늘 현대의 상상력을 어지럽혀왔다. 거의 증명이 불가능한 그 전제는 늘 남성 사냥꾼이 동물들을 그렸다는 것이다.

어느 청명한 가을 오후, 나는 이 두번째 입구로부터 동굴을 향하는 좁은 통로를 비집고 들어간다. 잠깐 걸어 나가자 굴은 작은 방으로 넓어진다. 옥좌의 형상을 한 거대한 바위가 이 공간을 압도하고 있는데 이 바위는 여러 세대에 걸친 구석기시대의 동굴 탐험가들이 기어오르는 바람에 반들반들해졌다. 아마도 어떤 의식이나 제의가 희미한 빛을 배경으로 떠오른 침침한 동물들의 이미지 속에서 행해졌을 것이다.

그 바위 옥좌의 뒤편에 있는 편편한 벽면에는 어떤 의미에서의 인간성을 지닌 선사시대의 화가가 생생하고 반항적인 황소의 프로필을 그려놓았다. 화가는 일종의 선사시대 루벤스라 할 만한 개성적인 화풍을 보이는데, 왜냐하면 그의 굽이치는 선이 구석기시대의 다른 그림에서는 보이지 않기 때문이다. 황소의 검은 몸통은 구부러진 근육 덩어리로 부풀어 있다. 가슴은 거대하고 어깨는 두껍고 튀어나왔다. 머리는 텁수룩한 갈기로 덮여 앞을 향한다. 뿔 하나가 눈으로 보이는 작은 점 뒤에서 위로 솟아올라 있다.

이 황소의 소용돌이치고 구부러진 형태는 일종의 관능적인 힘과 무게, 두께를 부여한다. 그는 남성적인 에너지로 가득 차 있다.

그는 마치 스페인 투우의 조상이라도 된 듯 부상을 입은 것 같다. 등에는 투우에 쓰이는 피카(작은 창) 같은 것이 비쭉 솟아 있다. 그것은 실제로는 한 줄의 검은 선이지만 세상에는 어떤 대담한 초창기의 사냥꾼이 그 황소를 창으로 찌른 것처럼 비친다. 그는 어쩌면 구석기시대의 강력한 샤먼일지도 모른다.

그 황소는 분명히 화가 나 있다. 엉덩이는 강하게 움츠리고 꼬리는 마치 공격을 하려는 것처럼 위로 솟아 있다.

셰마라는 애칭으로 불리는 호세 마리아 세바요는 이 칸타브리아 주 고고학 동굴의 엔카르가도encargado, 즉 감독관이다. 그와 나는 이 지역의 다른 여러 동굴에서와 같이 라 파시에가에서도 여러 번 함께 오후 나절을 보냈다. 그는 놀라울 만큼 사교적이고 재미있는, 수다스러운 털보이다. 그는 지저분한 농담을 좋아하는데, 늘 내 스페인어 실력을 시험한답시고 그것을 떠들어댄다. 점심시간 전에 그런 이야기를 하면서 그는 만차도스(붉은 빛이 감도는 백포도주) 병을 비우곤 한다. 그의 말로는 치켜든 꼬리가 황소의 '마초macho'라고 한다. 즉 발기했다는 뜻이다.

셰마는 일종의 승리감에 가득 찬 몸짓으로 뚜렷한 음경을 가리켜 보인다.

"로 베스, 카를로스(찰스, 저게 보입니까)?"

성과 사냥에의 충동은, 이 선사시대의 그림에서 하나가 되었다.

그러나 이 황소에는 더 큰 놀라움, 더 영리하고 흥미로운 비밀이 있다. 나는 그를 주의 깊게 살핀다. 그의 얼굴은 부드러운 검은 선으로 그려져 있다. 그의 얼굴은 황소의 얼굴이라기보다는 원숭이와 더 흡사하게 보인다. 작은 코, 섬세한 입술, 치켜든 턱 등이다. 입은 거의 히죽거리는 것 같다. 작은 원숭이의 눈도 또한 빼놓을 수 없다. 그는 소라기보다는 인류에 더 가깝다.

곧 나는 이 선사시대의 화가들이 즐겨 써먹었던 것 같은 시각적인 농담을 알아차린다. 나는 헐떡거리며 크게 웃는다. 이것은 황소의 얼굴이 아니다. 인간의 얼굴이다. 그리고 황소의 턱, 그것은 인간의 턱수염이다. 이것은 인간과 동물이 혼재된 구석기시대의 가장 아름다운 그림들 중 하나이다. 그들은 글자 그대로 하나가 되었다. 사냥꾼과 사냥감이 하나가 된 것이다.

사냥, 남성 그리고 성적 충동, 이것들은 모두 이 부상당한 황소의 그림 속에서 하나가 된다.

나는 최초의 남성의 초상, 턱수염을 기른 남성의 초상 하나를 주시하면서 이 타는 듯한 스페인의 땅속 깊이 들어와 있다. 그것은 우리의 어휘 속으로 들어온 선사시대 사냥꾼의 이미지이다. 현대의 주석가로서 독자들은 이 모피를 두른 모든 선사시대 남자들이 하던 짓은 사냥이라고 생각할지도 모른다. 그는 원초적인 '마초' 남성이다. 그리고 당신은 그가 남성의 정체성과 성을 정의하는 현대의 철학책 속에 튀어나와 있음을 알 수 있을 것이다.

호세 오르테가 이 가세트는 이 스페인 북부의 동굴 벽에 그려진 황소 같은, 흥분한 사냥꾼을 본질적인 남성으로 여긴다. 이 20세기 스페인의 실존 철학자에게 사냥꾼은 전통적 남성의 축도이다. 그 남성은 자신을 자신의 근원과 연결시키고 삶에 의미를 부여하는 충동의 근처에서 사는 사람이다. 『사냥에 대한 명상』에서 오르테가 이 가세트는 사냥의 충동이 구석기시대의 사냥꾼으로부터 유래하였다고 썼다. 그는 사냥이 '깊고 영원한 갈망'이자 보편적인 인간 조건의 일부라고 한다.

당신이 '이 20세기'라는 현재의 골치 아픈 문제들에 사로잡혀 있다면 총을 들고 개를 불러 모으고 산으로 가서 더 이상의 수고 없이도 몇 시간, 혹은 며칠 동안 '구석기인'이 되는 즐거움을 누려보라. 모든 시대의 남성들은 사용한 무기의 종류만을 제외하고는 별다른 차이가 없이 이 같은 일을 해왔다. 남성의 마음은 늘 현재로부터 벗어나 그 남성의 원초적 형태로 탈출을 기도했다. 그 형태는 최초의 형태이기 때문에 어떤 역사적인 전제도 없다. 역사는 그 형상과 더불어 시작하였다. 그 이전에는 결코 변하지 않는 것, 즉 영원한 '자연'만이 있었다. '자연'의 남성은 역사적인 남성의 변화하는 이면에 늘 존재한다. 우리가 부르면 그는 온다. 약간은 졸리고 멍한 상태로, 본능적 사냥꾼의 잃어버린 형상을 갖추지 않은 채로, 그러나 결국은 살아난다. '자연'의 남성은 최초의 '선사시대' 남성, 즉 사냥꾼이다.[3]

현재의 고고학자와 예술가, 과학자와 시인의 관점에서 오르테가 이 가세트는 사냥을 삶의 드라마 자체를 표현하는 위대한 드라마로 본다. 선사시대의 '자연의 남성'처럼 사냥꾼은 맞춤 양복의 이면에 자리 잡고 있으며, 남성 본성의 근본적인 진실은 역사와 역사적인 분기점epoch들을 초월한다. 원초적이고 진정한 남성은 사냥꾼이었고, 지금도 그렇다. 이 구석기시대의 사냥꾼은 망각되기는 했지만 변하지 않은 채로 각각의 현대 남성, 어리석은 문명의 얄팍한 껍질의 이면에 자리 잡고 있다. 우리의 본질적 자아는 이 선사시대의 사냥꾼, 즉 최초의, 그리고 가장 완전한 남성이다. 이 남성 본성에 대한 본질주의essentialism는 선사시대 사냥꾼의 이미지에 대한 현대적 용법의 가장 중요한 부분이다.

오르테가 이 가세트는 이 잠자는 자연의 남성을 잘못된 꿈과 나태로부터 깨워내고 싶어 했다. 왜냐하면 그에게 있어 그것은 변화와 유행을 따르는 것이 아니기 때문이다. 그것은 우리가 변화시키거나 뒤에 남겨놓거나 부인할 수 있는 남성의 어떤 측면이 아니다. 우리가 사냥꾼의 에너지를 포용하고 삶에 대한 그의 피투성이 진실과 맞설 수 있다면 더욱 좋은 것이다. 사냥에는 양식과 기법들이 있다. 그러나 모든 사냥에는 이 단 하나의 진실, 쫓는 자와 쫓기는 자라는 진실만이 있다. 이 구석기시대 사냥꾼이 남성의 이상화된 모델로 툭 튀어나왔음을 알기 위해서 그리 멀리 갈 필요는 없다. 미국의 남성운동은 그를 남성성의 어떤 측면, 특히 권력과 성에 대한 갈망을 정당화하기 위해 사용한다.

예를 들어 샘 킨은 『타오르는 배짱: 남자 됨에 대하여』에서 남성성의 최초의 위대한 모습은 선사시대의 사냥꾼이며 이 동굴미술이 '최초의 남성 선언'이라고 제시한다. 이 선사시대의 동굴 벽에 그려진 남성 선언은 정체성과 성이라는 남성의 두 집착을 증거한다. 킨의 이 그림의 의미에 대한 '가장 지적인 추측'은 남성이 동물, 즉 토템과의 관계를 통해 자신의 남성성을 확인했다는 것이다. 그 특별한 종의 동물은 남성의 자기 정체성을 제공하였고 그 특성은 개개 남성들이 자신을 알도록 도왔다.

킨의 책은 사냥 중에 날아가는 창의 힘, 그리고 그 힘이 어떻게 선사시대의 성에 대한 관념으로 전환되어야 하는지에 대한 자유 연상을 싣고 있다.

나는 사냥의 성공으로 붉게 상기된 최초의 사냥꾼(예술가)을 그려본다. 사냥감을 들고 자랑스럽게 돌아온 그는 음부에 있는 행위의 잠재력도 느겼음에 틀림없다. 발기되지 않았을 때조차 위를 향해 솟은 음경을 가진 부시맨처럼 그 사냥꾼은 자신의 남성성과 분리될 수 없는 동물적 힘을 느꼈을 것이다. 그리고 그는 친밀한 성교 행위 도중 같은 논리와 같은 신비를 느꼈을 것이다. 그는 이렇게 생각했음이 틀림없다. 창으로 동물을 찔러 죽여 삶을 유지하는 것처럼 음경도 생명을 창조하는 여성을 찌른다.⁴

이런 관점에서의 성은 여성 찌르기, 즉 성적 사냥의 절정이다. 1990년대에 나온 성의 기원에 관한 샘 킨의 이런 추측은, 비록 그가 외면적으로 그것들을 지지하고 있지는 않지만 성에 대한 살육의 개념이 현대 남성의 마음에 얼마나 깊게 각인되어 있는지를 보여준다.

나는 라 파시에가의 동굴에 있는 원숭이 얼굴을 한 황소의 그림 앞에 서 있던 기억이 난다. 여기에 인간이 사냥을 하였고 그들 자신이 누구인지에 대한, 그리고 그들 내면에 동물들이 불러일으킨 정열에 대한 사냥의 의미를 음미하였다는 증거가 있다. 현대의 남성은 구석기시대 미술을 둘러싼 모든 신화들에 하도 익숙해져서 이 부상당하고 흥분한 인간, 황소와 같은 이미지를 보지 못하고 이 사람들이 사냥 외에 뭔가 다른 일을 하고 있다고 상상한다. 우리의 상상력은 그들이 잡은 동물과 사냥꾼으로서의 그들 자신을 그려놓은 그림에 의해 지배를 받는다.

그러나 왜? 이것들이 그들이 남긴 유일한 종류의 그림일까?

이 동굴 속에서 나는 같은 사람이 그린 많은 다른 그림들을 보았다. 그러나 어디에서도 그들이 누구였는지, 혹은 자신들을 어떻게 생각했는지를 추측할 만한 것을 떠올릴 수 없었다. 그들은 최소한 우리가 보기에는, 사냥과 아무런 관계가 없어 보인다. 라 파시에가의 주변 함몰된 곳 중 한 군데에는 '앤스로모르포anthromorpho'라 불리는 신비하고 매력적인 작은 존재의 형상이 있다. 그는 세상에는 「세서미 스트리트」에서 튀어나온 구석기시대의 그로버*처럼 보인다. 그는 많은 동굴의 벽에 새겨져 있다. 하나는 라 파시에가의 작은 부속 통로 뒤편에 있다.

가장 이상한 것은 동굴의 깊숙한 벽 위쪽에 있는 뚜렷한 상형문자인데, 그 상징은 마치 외계인이 남겨놓은 것 같다. 대문자 E와 두 개의 곰의 발이다. 이들은 사냥과 무슨 관계가 있을까?

구석기시대 2만 5,000년여에 걸친 이 위대한 예술은 우리에게 강한 호소력을 지니는 것 같다. 그러나 우리와 그들 사이에 존재하는 의식의 균열이 그것을 신비로 갈라놓았다. 우리는 의미 있게 보이는 이미지들과 자신을 결부시키고 그런 의미들을 찾음과 동시에, 머리가 아닌 뱃속 깊숙한 곳에서 강력하게 말을 걸어오는 신비를 은폐한다.

우리는 이 선사시대 남성들이 최초의, 그리고 영원한 사냥꾼들이었다고 쉽사리 결론을 내린다. 이 그림들에서 사냥꾼을 식별하려는 충동은 선사시대의 화가에 대해서보다는 우리 자신에 대해 더 많은 것을 말해준다. 이 사람들의 삶에서 사냥이 보편적인 진리가 아님을 암시하는 다른 그림들도 동굴 안에는 많이 있다. 그들은 인근에 사는 동물들을 잘 알았고 그들로부터 교훈을 얻었을 것이다. 그러나 사냥은 그들의 상상력을 전적으로 지배하지 않았다. 기껏해야 그들에 대한 우리의 상상을 지배하는 정도였다. 사냥의 이미지가 살육과 쾌락이 연관되고 폭력을 관능적으로 만든 남성성의 관점을 정당화하는 데 사용되지도 않았을 것이다. 최소한 이것이 보편적인 진리는 아니었다.

아이로니컬하게도 초기 인류를 연구하는 인류학은 선사시대의 예술에 대한 해석과 함께 사냥에 대한 현대의 의미를 이해하는 최상의 길을 제시한다.

---

* 그로버Grover는 미국의 인기 있는 어린이 프로그램 「세서미 스트리트Sesame Street」에 등장하는 파란색 털북숭이이다.

왜 선사시대 남성의 특정한 이미지가 삶을 바라보는 우리의 관점을 지배하게 되었을까. 더불어 진화 자체에 대한 우리의 관점을 말이다. 이 문제에 대답하기 위해서 우리는 선사가 아니라 우리 자신의 역사로 되돌아가야 한다. 20세기에 사냥에 대한 강박증은 인간의 살육적 본성에 대한 우리 자신의 불안의 반영이다. 킨과 같은 남자들에게 선사시대의 사냥꾼-화가는 낭만적인, 심지어 고귀하기까지 한 모습이다. 그러나 우리 시대 중반에는 더욱 병적인 사냥꾼이 우리의 상상력을 사로잡았다. '살해자 원숭이killer ape'가 그것이다.

3

1924년 5월, 레이먼드 다트*라는 한 해부학자가 남아프리카 공화국 트란스발 주의 비트바테르스란트 의과대학에서 연구를 하고 있었다. 트란스발의 주요 산업은 광산업이었는데, 요하네스버그 남쪽의 타웅이라는 곳의 한 대리석 채석장에서 어떤 회사 사장이 단순한 호기심에 더해 그것을 서진으로 사용하면 좋겠다는 생각에 괜찮은 '원숭이' 해골을 집어 들었다. 있을 법하지 않은 우연의 연속으로 그 두개골은 의대생이던 조세핀 새먼스의 손에 들어갔고, 그녀는 그것을 해부학 교수에게 들고 갔다.

레이먼드 다트는 그것이 '원숭이 화석'이 아님을 알았다. 그것은 구멍이 난 바분baboon의 두개골 화석이었다. 이집트 남쪽 아프리카에서 발견된 최초의 영장류 화석이었으므로 다트는 좀더 많은 화석을 발견하기 위해 그 광산으로 갔다.

---

* 레이먼드 다트(Raymond Dart, 1893~1988): 오스트레일리아의 해부학자·인류학자로, 오스트랄로피테쿠스의 화석을 발견하였다.

일주일 뒤 다트는 상당한 양의 화석이 든 바위들을 그 광산에서 모았다. 그는 그것들을 쪼개보았고, 곧 과학사상 하나의 혁명(20세기의 가장 중요한 고고인류학적 발견)을 손에 쥐게 되었다.⁵

다트는 경이로운 발견을 하였다. 즉, 이제까지 발견된 것 중 가장 오래된 원시 인류를 발견한 것이다. 수십 년이 흐른 뒤 손에 '5~6세 된 유아의 놀라울 만큼 인간을 닮은 두개골'을 들었던 그 순간을 회상하면서, 그는 이상하리만치 침착하고 냉정한 열광으로 다음과 같이 썼다.

> 그것은 어떤 이가 이제는 멸종된 인간의 유인원 친척들 중 하나의 완전한 두개골을 정확히 재구성하고 그 완전한 얼굴 모습을 볼 수 있는 특전을 받은 순간이었다. 두개골 용적은 매우 크고 얼굴도 인간과 몹시 닮아서 나는 여기에 아프리카 대륙에 살았던 우리 조상들 중 하나가 있음을 진실로 확신하였다. 그리고 남아프리카가 고향이었기에 나는 그 이름을 오스트랄로피테쿠스 아프리카누스, 즉 남아프리카의 원숭이라고 붙였다.⁶

이 오스트랄로피테쿠스족의 '원인 유아'는 '타웅 두개골'로 알려졌으며, 세계적인 논쟁을 불러일으켰다. 자만심이 강하고 이기적인 다트는 과학적인 영예를 기대하며 이를 '잃어버린 고리 missing link'라 불렀다.

다트의 어린 호미니드*는 약 백만 년 전 홍적세 초반에 살았던 것 같다. 이 두개골의 치아를 분석하여 다트는 그 연령이 5~6세였을 거라고 추정하였다. 그것은 직립 보행을 했을 것이고 사람처럼 머리를 쳐들고 다녔을 것이다. 그는 그 성체가 약 120센티미터의 키에 32킬로그램 정도의 몸무게였고 칼라하리의 절벽 동굴에 살면서 세계 어디서나 볼 수 있

---

* 호미니드 hominid는 사람 과(科)의 동물을 말한다.

는 위험한 맹수들로 가득 찬 너른 평원을 바라보았을 것이라 추정하였다.

그 어린이의 두개골에 대해 생각하다가 다트는 조세핀 새먼스가 전에 가져온 바분의 두개골에 난 구멍에 생각이 미쳤다. 그는 이 원인이 뇌를 꺼내 먹으려고 바분의 해골에 구멍을 낼 수 있었을까 하는 의심을 품었다. 이 어린 원인의 친척인 오스트랄로피테쿠스 아프리카누스는 바분을 잡아먹었을까?

다트는 그의 '잃어버린 고리'가, 우리가 수풀에서 벗어나 동물들을 추적했을 때 인간이 되었다는 사실을 보여준다고 확신에 차서 주장하였다. 이 원인들은 고기를 먹고 뼈를 부수는 육식동물이었다. 그가 승리감에 젖어 선언한 대로 고기가 우리를 인간으로 만들었다.

"발견되는 모든 곳마다 선사시대의 가장 원시적인 원인들은 사냥꾼, 즉 육식동물이었다."[7]

광산과 트란스발의 언덕, 특히 1947년 마카판스가트 계곡의 대리석 채석장에서 더 많은 화석들이 발견됨에 따라 다트의 초기 인류에 대한 생각은 점점 끔찍해졌다. 그는 오스트랄로피테쿠스를 저 유명한 '살해자 원숭이 killer ape'라고 불렀다.

"야수의 습성은 그러므로 '식육'을 하는 것, 즉 동물을 사냥하여 잡아먹는 것이다. 이런 전제하에서 인간의 선조는 분명한 살육자였다는 점에서 현존하는 원숭이들과 구별된다. 그 육식 동물은 폭력으로 살아 있는 먹이를 잡고, 때려죽이고, 갈기갈기 찢어 희생자의 뜨거운 피로 게걸스러운 목마름을 달래고 펄떡펄떡 뛰는 살코기를 탐욕스레 먹었다."[8]

다트는 이 으스스한 폭력의 장면을 즐겼고 거의 즐거운 듯한 도착증으로 '게걸스러운 목마름' '펄떡펄떡 뛰는 살코기' 등의 단어를 사용하였다. 그의 수사학은 선하고 완전한 인간의 이미지에 대한 자유주의적 사고, 즉 디드로의 계몽주의적 인간이나 낭만주의자 루소의 고귀한 야만인의 개념을 뒤흔든다. 다트는 여기서 화석에 대한 글을 쓰고 있는 것이 아니라 인간의 본성에 대해 쓰고 있는 것이다.

우리의 출현 순간과 출현 방식은 우리에게 낙인을 찍었다. 우리는 유혈 속에서 태어났고, 폭력적인 영웅의 손에 양육되었다. 그것이 우리의 출생 표지이다. 다트 자신의 말을 빌리면 이 살해 충동은 '카인의 후예'라는 낙인을 우리에게 찍었다.

우리의 자연적인 본성은 무기를 들고 죽이는 것이다. 인간은 '상습적 살해자'라고 다트는 주장하였다.

이것은 일종의 과학적 캘비니즘calvinism이다. 우리는 분노한 진화의 손아귀에 놓인 죄인이다. 우리는 중앙아프리카의 숲 속에 사는 친절한 침팬지의 후손이 아니다. 우리는 남아프리카 사막의 황량함 속에서 태어나 무서운 야수들과의 경쟁으로 시험을 당하고 살해를 한 순간 인정을 받았다.

타웅과 스테르크폰테인, 그리고 마카판스가트에 있는 오스트랄로피테쿠스의 유적은 이런 식으로 채식의 숲을 사랑하는 원숭이가 아닌 유혈을 쫓고 육식 습성을 지닌 원인에 대한 일관된 이야기를 전해준다. 그들은 단순히 인간의 얼굴 형태와 치아를 가지고 있기 때문에 인간인 것이 아니다. 그들은 동굴 속에 살며 고기를 좋아하고 고기와 도구—사냥 도중에 죽이기 위해 휘두르든가, 아니면 뼈를 부수고 고기를 발라내기 위해 체계적으로 사용하였든가 했을 것이다—를 확보하기 위해 야생동물들을 쫓았기 때문에 인간이다. 이 프로크루스테스* 같은 원인 집단은 때려눕힌 사냥감을 찢어발기고 피로 갈증을 달래며 다른 육식동물들처럼 날고기를

---

* 그리스 신화에 나오는 악당으로 사람의 몸을 잡아 늘이거나 잘라냈다.

먹었을 것이다. 다른 초기 인류처럼 그들은 투창과 곤봉의 사용법뿐 아니라 불의 편리함도 이해하고 있었다.[9]

다트는 인류의 선사시대에 새로운 영웅을 등장시키는데, 그는 우리 자신의 어두운 자아와 이상하리만치 닮았다. 그는 식인조차 했을 것이다. 이 게으른 선조는 사냥감과 영적으로 연결된 사냥꾼, 동굴 거주 예술가로서의 영적인 탄생에 대한 우리의 낭만적인 관점과 정면으로 충돌한다.

살육 사냥꾼으로서 오스트랄로피테쿠스를 바라보는 다트의 관점은 증거를 제시했기 때문이 아니라 그것이 우리 자신의 어떤 측면을 설명해주었기 때문에 일반에게 받아들여졌다. 우리는 예기치 못했던 1차대전의 유혈이 촉발시킨 공포로 인하여 그것을 본능적으로 믿었던 것 같다. 그곳에는 두개골 화석은 있었지만 오스트랄로피테쿠스의 삶에 대한 다트의 황량한 사고를 뒷받침해줄 만한 증거는 어디에도 없었다. 다트는 뼈에서 피로 갑자기 건너뛰었다. 다트는 전혀 유보하지 않고, 자신이 뒤이어 발굴한 모든 두개골이 사냥감의 잔해 한가운데, 일종의 부엌 가운데서 남아 있었다고 믿었다. 그는 이 원인들이 발견할 수 있는 모든 동물들을 죽였음에 틀림없다고 확신하였다. 그 동물들은 불모의 칼라하리 사막이 아닌 훨씬 북쪽의 숲에서 과일과 견과류를 먹고 살았을 것이다. 이 바분의 뼈들 사이에서 발견된 잔해 외에 다트의 살육에 대한 상상적 도약을 뒷받침하는 실질적인 증거는 그들의 이빨이었다. 그 이빨은 우리들의 것과 마찬가지로 식물 섬유를 분쇄하도록 만들어진 것이 아니었다.

다트의 사색이 폭력의 수사학으로 점철되어 있다면 왜 그토록 설득력이 있었을까? 아마도 그가 절망적인 과학의 시대에 원초적 신화를 제공했기 때문일 것이다. 다트의 프로크루스테스적 인류는 자연스럽게 현대의 상상력의 황폐한 지평을 미끄러져 지나간다. 살육을 즐기는 다트의 원인은 남아프리카의 돌조각들 속에서 두 차례의 세계대전을 설명한다.

    인간에 대한 인간의 메스꺼운 잔인함은 그의 피할 수 없는 특징이자 뚜렷한 모습이다. 그리고 그것은 그의 살육적·식인적 기원에 의해서 설명이 가능하다. 고대 이집트와 수메르로부터 최근의 2차 세계대전까지 피로 점철되고 백정처럼 탐욕스러운 인류의 역사는 동물이나 인간의 희생 제의나 또는 양식화된 종교에서 그 대치물을 발견하지만, 세계 도처의 머리가죽 벗기기, 머리 사냥, 사체 훼손 그리고 사체 선호의 풍습들과 더불어 초기의 보편적인 식인풍습과 일치하며 이 야수적인 습성, 이 인간을 그의 유인원 사촌들과 구별해주는 카인의 표지는 그를 가장 흉포한 야수와 마찬가지로 만든다.[10]

피에 굶주린 오스트랄로피테쿠스는 역시 야만적인 이 20세기 안에서 그의 거주지와 새로운 생태학적 니치*를 발견한다.

    그러나 무의식적인 축약으로 인간 본성을 설명하기 시작한다면 손쉽게 공격성을 정당화하고 찬양하는 결과를 가져올 수 있다. 다트의 이상하리만치 비과학적이고 유혈 낭자한 문장은, 그가 인간 기원의 가장 극적인 장면이라는 이 살육의 묘사를 대단히 즐기고 있음을 시사한다. 이것은 과학자의 임상적인 자료 평가가 아니다. 다트는 거친 남성이자 무기를 든 살인자라고 여겨지는 '살해자 원숭이'에 대단히 열광한다.

    테스토스테론은 우리의 생물학적 승리의 주스이다. 공격성은 우리 생존의 더러운 비밀이다. 다트의 냉소적인 페시미즘에는 서글픈 위안이 있음에 틀림없다. 다트의 죄 많은 오스트랄로피테쿠스 사냥꾼은 20세기에

---

* 니치niche: 생태계에서 한 생물종이 차지하는 위치를 나타내는 개념.

들어와 엄청난 청중 앞에서 연기한다. 한때 극작가이기도 했던 로버트 아드리는 남아프리카 해부학자의 네 발 가진 야생인간을 가지고 세계적인 베스트셀러를 썼다. 1961년 『아프리카 창세기』는 우리의 동물적 기원에 대해 '비감상적인' 관점을 강요하여 그에게 명성을 안겨주었다. 그는 다트에 의거하여 우리 자신의 초상을 생물학적 필요성에 의한 살해자로 그린다. 우리는 창조의 죄 많은 영광이며 동물적 충동과 살육적 본능으로 세계에 우월성을 과시하는 군주이다. 우리는 홍적세 후반의 먼지 속에서 태어나 살해 기술을 완벽하게 습득하였기 때문에 오늘날 논란의 여지없는 승리를 거두었다.

로버트 아드리는 또한 다트의 심란한 이론을 20세기의 한가운데 위치시킨다. 오늘날 우리가 살고 있는 절망적인 시대 속에서 그는 다트에게 살해자로서 인간에 대한 이론을 개발하는 것을 어떻게 느꼈는지를 묻고 이를 자세히 설명한다.

나는 야수적 전이와 무기 제작이 인간의 유혈 낭자한 역사, 그의 끊임없는 공격성, 그의 광기, 죽음 그 자체가 목적인 죽음을 추구하는 자기 파괴 본능을 설명해준다는 그의 확신을 이해했다고 말했다. 그러나 나는 인간이 마침내 지구 전체를 파괴할 수 있는 무기를 손에 넣은 지금 귀를 기울이는 것이 과연 현명한지를 물었다.

다트는 창가에서 몸을 돌려 책상에 가서 앉았다. 그리고 어딘가에서, 1.5킬로미터 아래쪽에 동굴이 무너지고, 진열된 해골들이 흔들렸다. 그리고 그는 우리가 모든 것을 다 시도해봤으므로 우리는 마지막 수단으로 진리를 음미해보아야 한다고 말했다.[11]

오스트랄로피테쿠스는 도구가 아닌 기술, 투창기가 아닌 원자폭탄을 발명하였다. 남성의 운명은 그의 사냥꾼으로서의 기원에서 어렴풋이 드러난다. 아드리는 후에 이것을 '사냥 가설'이라 불렀다.

다트의 오스트랄로피테쿠스와 같은 선사시대의 어두운 초원은 스탠리 큐브릭의 1968년 영화 「2001년 스페이스 오디세이」에 나오는 풍광이다. 나는 이 영화를 대학생이었을 때 본 기억이 나는데, 우주 공간에서의 컴퓨터 장면보다도 거대하고 피비린내 나는 아프리카 초원 위로 밤이 오는 이미지에 사로잡혔다. 큐브릭은 다트의 겁에 질린 오스트랄로피테쿠스가 동굴 위로 울려 퍼지는 섬뜩한 짐승의 울음소리를 들으며 사바나 위의 벼랑에 매달려 있는 모습을 그린다. 이 털투성이 인간들은 짐승의 턱뼈를 무기로 들고 서로 싸운다. 그 턱뼈는 하늘로 날아가 신비스럽게도 궤도를 도는 우주 정거장으로 변한다. 원숭이는 그 최초의 무기를 통해 인간이 되었다. 여기에 인간이 되기 위한 살육적 전이가 있다. 우리가 싸웠던 과거는 우리의 미래이다.

다트는 우리에게 야수적 선조를 선물하였고 자신의 이론을 과학의 외피로 감쌌다. 다트에게 있어 인간 기원의 고고학은, 인간은 본성상 사냥꾼이며 사냥은 폭력과 공격 그리고 살해의 가학적 기쁨을 의미한다는 언명을 현대적으로 상상한 것에 불과하다. 그것은 인간의 본성과 남성의 본능에 대해 특히 서글픈 관점을 제시한다. 반세기가 지난 오늘날 바라보자면 그 관점은 이제는 매우 불안정한 정치적 근거 위에 서 있다. 그러나 우리는 이 고고학이 인간의 기원에 대한 다른 이론, 즉 사냥과 무관한 이론으로 대치되기 전에, 미국의 주요 지식인들이 어떻게 사냥의 신화를 합리화하고 남성 공격성에 대한 강조를 중산층의 품위에 걸맞은 용어로 완화시켰는지를 볼 필요가 있다. 이 지식인들은 송곳니가 튀어나오고 동굴에 사는 털북숭이 다트의 야만인을 우스티드 양복을 입은 모습으로 옮겨놓았다.

1960년대에 선사시대의 야수 부랑자는 길들여진 가장으로까지 밀려 내려왔다.

4

원숭이로부터 인간으로의 살육적 전이에 대한 다트의 논문이 나온 지 10년도 안 되어 사냥은 인간 진화의 '주요major' 행위로 보이게 되었다. 학계에서 인정을 받게 됨에 따라 선사시대의 사냥은 비합리적 흉포성의 기원을 설명하는 신화라기보다는 주의 깊게 계산된 도덕적 연극이 되었다. 사냥은 남성의 일만은 아니나 남성성의 신비를 푸는 열쇠가 되었다. 한때 그것은 지배자의 행동이자 남성성의 가면이 되었다. 새로운 이론에 따르면 이 가면을 쓴 남성은 합리적 폭력의 기술을 정복하였기 때문에 세계를 물려받는다.

1965년 '사냥꾼으로서의 남성'이란 제목이 붙은 국제 학술대회가 열렸을 때, 사냥은 단순히 음식을 얻는 방법, 고기를 얻는 수단으로만 묘사되지 않았다. 사냥은 생활방식으로 묘사되었다. 그리고 이 대회는 사냥이 인간이 성취한 것 중에 가장 성공적인 적응이라고 주장하였다. 그것은 우리가 인간적이라고 알고 있는 모든 것을 창조하였다. 200만 년 이상이나 인간은 지구 위에 살았다. 그 기간의 99퍼센트 이상의 인간이 사냥꾼, 채집자였다고 그들은 주장하였다.

다트는 인간이 사냥꾼으로서 등장하였다고 주장했지만, 이 학술대회에서 사냥은 인간 진화의 가장 강력한 추동력, 즉 인간으로서 우리 존재에 대한 모든 가능한 설명들을 포괄하는 힘이 되었다. 사냥은 모든 인간의 보편적인 행동이며 우리의 유전자와 지능 속에는 과거 사냥의 결과물들이 들어 있다고 참석자들은 주장하였다. 예컨대 윌리엄 S. 로플린은 사냥이 '상대적으로 빠른 문명 발달의 속도' 속에서 절정에 달한 '우리 종의 주된 통합 유형' 그 자체라고 주장하였다.[12]

셔우드 L. 워시번과 C. S. 랭커스터는 진화에 있어 사냥의 세계사적 중요성을 다음과 같이 보았다.

인간의 사냥은 대개 도구에 의해 이루어지지만, 그것은 하나의 기술, 심지어 여러 다양한 기술의 모음 이상의 것이다. 그것은 하나의 생존방식이며 그 성공적인 적응(그 전체 사회적 기술적 그리고 심리적 차원에서의)은 수십만 년 동안 인류 진화의 도정을 지배해왔다. 매우 현실적인 의미에서 우리의 지성, 관심, 정서 그리고 기본적인 사회생활 그 모두는 사냥이라는 성공적인 적응의 진화론적 산물이다. 인류의 단일성에 대해 이야기할 때 인류학자들은 사냥과 채집이라는 생존 방식의 선택적 압력이 매우 유사하고 그 결과가 매우 성공적이기 때문에 호모 사피엔스의 집단은 아직도 모든 곳에서 기본적으로 동일하다는 점을 말하고 있는 것이다.

워시번과 랭커스터는 '우리 종의 생물학은 오랜 사냥과 채집의 시기에 창조되었다'라고 결론을 내린다.[13]

이념으로서의 사냥은 인간의 진화를 남성이 영웅으로 등장하는 어떤 단일한 거대 서사 설화로 조직하였다. 우리의 진화에 대한 그 서사적 사냥 설화는 도구의 사용과 사냥감의 추적을 완전한 인간성의 출현이라는 이야기로 짜 맞추었다.

오스트랄로피테쿠스는 400만 년 전인 선신세 후기에 출현한 것으로 생각된다. 구석기 문화는 여전히 선신세인 약 300만 년 전에 부싯돌 도구와 더불어 출현하였고, 150만 년 전에는 오스트랄로피테쿠스 아프리카누스가 등장하였다. 최초의 진정한 인류인 호모 하빌리스는 100만 년 전쯤 나타났는데, 양날석기를 사용하였으며 동굴에서 살고 적당한 크기의 동물들을 사냥했다. 호모 에렉투스(자바인, 베이징원인, 하이델베르크인)는 70만 년 전쯤 나타났으며 다양한 도구들을 사용하였고 커다란 동물들을 사냥하였다. 호모 사피엔스는 약 20만 년 전쯤 출현하였다. 호모 사피엔스는 네안데르탈인과 크로마뇽인으로 분화하였다. 네안데르탈인, 즉 호모 사피엔스 네안데르탈리스라는 이 험상궂은 털북숭이 친척은 진화하는 과정에서 그 강인함을 잃어버린 우리의 불쌍한 먼 사촌인지, 아니면 우리의 보다 직접적인 조상인지에 관해 전문가들이 여전히 싸우고 있는 논쟁의 대상이다. 그러나 호모 사피엔스사피엔스, 즉 크로마뇽인은 240여 종의 도구를 사용하는 우월한 지능과 기술로 사냥터에서 그들을 몰아내었고 오리냐크 문화(4만 년 전)에서 솔루트레안 문화(2만 년 전)를 거쳐 마그달레니안 문화(1만 년 전)에 이르는 동안 번성하였다. 그들의 도구 중에는 매우 얇은 부싯돌 칼날, 월계수 이파리 같은 모양으로 생긴 창날 등이 있는데, 마그달레니안 문화의 특징인 매우 정교하고 섬세한 버드나무 잎 모양의 석기에서 정점에 도달하였다.[14]

사냥은 어떻게 인간을 창조하였고 남성의 세계 지배를 가능하게 하였을까. 우리는 육식성 야수predator라기보다는 사냥꾼hunter이 되었는데, 자신보다 커다란 동물들을 함정에 빠뜨리고 속일 필요가 있었으므로 더 영리해졌다. 그래서 두뇌는 선신세의 초기 크기보다 네 배 이상으로 부풀었다. 게다가 우리의 기억력은 상당한 저장 용량을 확보하였는데, 어제는, 혹은 작년에는 동물이 어디에 있었는지를 기억하기 위해서였다. 우리의 몸도 사냥의 압력이 남긴 흔적을 지니고 있다. 우리는 더 나은 살해자가 되기 위해서 똑바로 섰다. 그리고 우리의 손은 지능의 신체적인 표징이다. 즉, 아름답고 섬세한 손가락 덕분에 우리는 도구(무기)를 집을 수 있었고 그것으로 세계를 정복하였다. 지성과 직립 보행 그리고 털북숭이의 단단한 가슴, 즉 동물을 잡는 데 있어 사냥은 동물에 대해 남성이 가지는 신체적 정신적 우월성의 기원이자 패러다임이다. 그것은 강인함과 지성을 통해 궁극적으로 세계를 정복한 남성의 전조이다.

무기의 발명과 사용 덕분에 뇌는 더욱 성장하고 힘을 얻었다. 우리는 선사시대의 사이버네틱스, 즉 서로 되먹임 작용을 하여 우리를 미래로 향하게 만든 시스템 속에 꽉 끼어 있었다.

심지어 이성 및 과학과 가장 긴밀하게 연결된 감각인 눈조차도 파노라마 같은 전경을 볼 수 있도록 그 능력을 발달시켰다. 그 시야를 통해 우리는 황색 사바나와 거기에 숨은 동물을 포착할 수 있었다. 동물을 찾기 위해 수풀을 훑어보는 것은 인류의 정보 수집의 기원이다.

이론은 그렇다. 워시번과 랭커스터는 "살육을 위한 생물학적 기반이 인류의 심리에 통합된 정도는 소년들이 얼마나 쉽게 사냥과 낚시, 격투 그리고 전쟁놀이에 흥미를 보이는지에 의해 측정될 수 있다"[15]라고 썼다.

사냥은 남성과 동물, 자연과 인간 사이에 근본적인 관계를 설정했을 뿐 아니라 문화 그 자체, 사회적 관계의 심리를 형성하였다. 우리는 동물들이 우리로부터 달아나는 모습을 보리라고 기대한다. "여기서 사냥은 자연에 대한 우리의 관계를 형성한 것이다"라고 랭커스터와 워시번은 썼다. 남자들은 사냥 캠프의 화톳불 주위에서 사냥에 대한 이야기를 나누며 남성의 유대감을 배운다. 친척들로 이루어진 부족의 밴드(수렵채집인의 작은 무리)는 추적의 시도 속에서 단련되고 살해의 순간에 분출되는 감정 속에서 견고해진다. 이는 현대 남성 관계의 특징인 감정과 무관심의 이상한 혼합물을 설명해준다.

이 신화적인 기원 부족original tribe에서 여자들은 베이스캠프에 머물며 아이들을 돌본다. 워시번과 랭커스터가 쓴 것처럼 문화는 '노동 분화의 견고화'에 기반을 두게 되었다.

사냥을 통해 남성과 여성은 그들의 노동을 세분화하였다. 남성은 동물을 쫓고 여성은 채집을 하거나 집에서 아이들을 돌본다. 남자들은 여자와 아이들과 나누려고 고기를 가져간다. 여자들과 어린이들은 사냥하는 남자들에게 의존하게 되었으며 남성은 경제적 책임을 지게 되었다. 즉, '사회적으로 책임 있는 공급자의 역할'을 수행하게 되었다. 이 생각은 성의 인류학을 구성하며 인간 가족의 기원을 여자와 어린이를 위해 동물을 죽이는 충동 속에 위치시킨다. 남성이 사냥을 하고 여성이 채집을 하면 그 성과물은 분배되어 아이들에게 전해지며 이 남성과 여성, 그 자식 사이의 습관적인 공유는 인간 가족의 기초가 되었다. 이런 관점에 따르면, 인간 가족은 사냥의 호혜관계의 결과이며 원숭이와 유인원의 모계 사회에 남성이 부가된 결과인 것이다.[16]

남성은 사냥을 하고 여성은 채집을 한다. 그리고 그들 사이의 나눔과 자식들과의 나눔은 가정의 기초가 된다. 남성은 광활한 아프리카의 하늘 아래 흑멧돼지와 마스토돈을 쫓는다. 여성은 집의 화톳불 가에서 아이들을 쫓는다.

워시번과 랭커스터에 따르면 선사시대의 사냥은 경제의 유형 역시 창조하였다.

"사냥과 채집물을 분배하는 모든 유형은 인간 삶의 많은 부분을 지배하는 복잡한 경제적 호혜관계인데, 인간에게 고유한 것이다. 우리는 커다란 동물을 사냥하는 게 인간을 다른 영장류로부터 분명하게 구분해주는 이런 행동의 모든 측면을 요구한다고 믿는다. 만약 그렇다면 인간다운 행동방식은 호모 에렉투스만큼이나 오래된 것이다."[17]

즉, 150만 년 전과 7만 년 전 사이에 호모 에렉투스는 19세기의 자본가마냥 행동했던 것이다.

사냥은 마찬가지로 성의 생물학도 창조하였다.

이런 관점에서 성 자체는 일종의 여성적 기만으로까지 여겨진다. 즉 여성의 몸은 시골길을 함께 걷는 것 이상을 원하는 남성을 사로잡는 일종의 유혹이나 (사냥의 용어를 빌리자면) 함정으로 기능한다. '집'에서 좀 더 많은 시간을 보내며 아이를 돌보는 일을 돕는 대가로 남성은 여성과 언제든 성교를 할 수 있는 기회를 얻었다. 여성의 '대응하는 호혜성'은 매달의 생리 주기와 발정기의 상실이며, 이는 남성이 임신시키지 않고도 여성과 성교를 할 수 있음을 의미한다. 섹스는 욕망과 더욱 밀접히 연관되었고 번식과는 점점 거리가 멀어졌다. 사냥은 욕망의 구조, 즉 남성과 여성이 성적 유희를 통해 정서적인 욕구를 충족시키려는 전략적 수단들 가운데 생물학적으로 위치한다. 인류학적인 사냥꾼으로 남성을 바라보는 자유주의적인 페미니스트들은 같은 패러다임을 사용하나 여성의 역할과 여성의 성 가운데서 권력을 발견한다.

그렇지만 상당한 반향을 일으킨 두 연결된 발전이 일어났다. 즉 여성의 발정기와 배란의 형태학적 징후의 상실이다. 침팬지 수컷은 배란에 선행하는, 회음부 팽창과 함께 성적 수용성이 최대가 되는 시기를 제외하고는 암컷을 무시한다. 인류의 여성들은 진화 과정에서 스스로 주기적인 발정기와 회음부 팽창 및 빛깔의 변화를 떨쳐버렸고 그 결과로 배우자의 끊임없는 주목을 끌게 되었다[생식 가능한 주기의 유일하게 남은 의지할 만한 징후인 생리 출혈은 양성(兩性)에 일치하지만은 않은 의미를 띠게 되었다]. 여성적 신비의 진화적 기원은 인류 남성에게 부과된 불확실성의 무게(즉 잠재적 서방질) 속에 놓여 있다.[18]

사냥을 통해서 우리가 원초적 드라마, 우리의 유전자에 새겨진 성별을 통한 권력의 싸움으로서 두 성 간의 전투를 어떻게 이해하는가를 쉽게 알아볼 수 있다. 사냥은 선사시대에 있어 두 성 간의 권력 싸움을 이해할 수 있는 용어들을 제공한다. 남성은 쾌감을 얻고 여성은 자녀 양육에 도움을 얻었다. 그러나 남성은 여성을 불신했으며 남성은 그들의 관점에서는 스스로에 대한 통제력을 상실하였다. 이런 관점에서 예를 들자면 향수와 란제리는 여성의 사냥 무기이며, 그들이 쫓는 사냥감은 배우자이다. 그들은 또한 남성 사냥의 사회적 지리학에 의해 창조된 사냥의 산물이기도 하다.

그리고 남성적 관점에서 섹스는 이 새로운 종류의 사냥에 있어 여성의 함정이 되었다. 남성을 그들의 사냥 친구들을 떠나 여성이 있는 집으로 오게끔 만들기 위해서는 섹스라는 강력한 무엇이 필요했다. 이런 관점에서 사냥은 성행위 그 자체를 창조하기보다는 성적 역동성을 만들었다. 그것은 일부일처제 섹스를 위한 가정적 구도를 창조하였고 배신과 불신의 기반을 낳았다.

'사냥꾼 남성'은 남성의 자기 정체성, 여성과의 관계 그리고 사회에서의 그들의 자리를 설명해주는 것 같다. 남자들이 사냥에 대한 글을 쓰고 사냥과 인간 진화에서의 그 중요성을 이론화하면서 획득한 것은 현대 남성에 있어 사냥의 의미에 대한 서술이다. '여기'의 사냥은 그러므로 과거의 시간으로 투사되어 마법적인 순환 속에서 원초적 사냥을 기술하게 된다. 인류학자 클로드 레비-스트로스*가 쓴 것처럼 이런 식으로 우리 자신의 가치는 과학에 의해 "발견"되고 한 문화는 그 자신을 잘못 정당

---

* 클로드 레비-스트로스(Claude Lévi-Strauss, 1908~1991) : 프랑스의 구조주의 인류학자. 주저 『슬픈 열대』 『신화학』 등.

화한다.

 사냥은 스스로 만들어낸 가설들을 뒷받침할 증거는 제시 못하지만, 광범위한 설명 능력을 가지고 있다. 사냥이 설명하지 못하는 것은 아무것도 없다. 아마도 그 가장 큰 가치는 남성의 가장 문제 있는 모습인 폭력에서 얻는 쾌감을 설명하는 것이다. '남자들은 사냥과 살육을 즐긴다'고 워시번과 랭커스터는 쓴다.

> 그리고 이 활동들이 더 이상 경제적으로 유용하지 않게 되자 스포츠로서 지속되는 중이다. 사냥꾼이 얻는 직접적인 즐거움이 사냥의 동기에 일부로 기능하며 또 살해자 인간은 고양이가 그 먹이에게 보이는 것만큼의 동정도 사냥감에게 가지지 않는다. 진화는 생물학과 심리학 그리고 행동 간에 일종의 관계를 구축하였으며 사냥의 진화적 성공은 인간의 심리에 심대한 영향을 주었다. 아마도 이는 스포츠라는 이름으로 살육 행위를 유지하는 데 쓰이는 노력의 정도를 보면 가장 쉽게 드러날 것이다. 아주 최근까지 전쟁은 사냥과 같은 방식으로 보였다. 전쟁은 인간의 역사에서 너무나 중요한데 참여한 남성들에게 이는 단지 오락 이상의 것이기 때문이다.[19]

 우리가 앞으로 보게 될 것처럼 전쟁과 사냥의 연계는 서구 역사 전체를 통해서 드러나지만, 그 연계는 그리 보편적이지는 않다. 예컨대 에스키모 사냥꾼들은 사냥을 하기는 하지만 전쟁을 즐기지는 않는다. 이 이론가들은 사냥이 폭력을 의미한다고 별다른 의심 없이 단순한 가정을 하는 것 같다. 당신은 배가 고프면 메추라기를 죽일 수는 있다. 그렇다고 그 살육이 폭력과 공격성으로 충만하다는 사실이 증명되지는 않는데, 그런 감정은 서구 남성들이 사냥을 하면서 사냥감을 찾을 때 특히 느끼는 감정이다. 사냥은 남성 안에 내재한 폭력성을 전달하는 수단이자 그에 대한 변명이 되었다.

그 이론에서 인류학적인 치장을 벗겨내면 벌거벗은 채 노출된 현대 남성의 모습을 찾을 수 있을 것이다. 원초적인 남성 사냥꾼, 그는 현대 남성의 간략하고, 거칠고, 투박한, 있는 그대로의 이미지이다. 선사시대는 우리에게 현대 남성의 승리를 정당화하는 일련의 '그렇고 그런 이야기'들을 제공한다. 호모 에렉투스가 발명해내지 못한 유일한 것은 증권 시장뿐이다.

여기에 선사시대와 현대 남성 사이의 절망적인 융합이 있다.

데즈먼드 모리스*는 그 누구보다도 명료하고 간결하게 선사시대의 사냥꾼을 현대의 남성으로 번역해내었다. 사냥꾼으로서 인간이 진화했다는 가설은 『벌거벗은 원숭이』에서처럼 현대의 삶을 합리화한다. 로버트 아드리의 책처럼 데즈먼드 모리스의 연구는 폭력적이고 영토 확장적이고, 야수적인 초기 인류에 대한 인류학적 생물학적 관점을 담은, 엄청나게 인기 있는 패키지이다.

현대 도시적 삶의 표면 아래는 바로 그 오래된 벌거벗은 원숭이가 있다. 이름만이 바뀌었을 뿐이다. 사냥은 사업으로, 사냥터는 사업장으로, 소굴은 집으로, 짝짓기는 결혼으로, 짝은 아내로 등등의 그런 식으로 말이다.[20]

아마도 인간 기원에 대한 이론에서 사냥이 그렇게 강한 힘을 갖는 진정한 이유는 그것이 과거에도, 그리고 오늘날에도 여전히 우리에게 그토록 자명하게 보인다는 데 있을 것이다. 그것은 우리가 우리 스스로를 인

---

* 데즈먼드 모리스Desmond Morris; 영국의 동물학자이자 작가.

식하는 가면이다. 그것은 단순성과 설명의 포괄성, 그리고 서술적 틀의 명료함을 가지고 우리에게 다가온다. 선사시대 사냥꾼의 신화는 과학적 사실이라는 힘을 통해 대중의 마음속에 들어왔고 남성을 한 가정의 남편, 동물과 경쟁자들을 공격적으로 사냥하는 최후의 승리자, 수동적인 여성과 아이들의 보호자로 보는 현대적 관점의 과학적 기초를 형성하였다.

사냥꾼의 개념은 과거를 향해 뚫린 창처럼 보인다. 그러나 당신의 시선을 약간만 옮기면 갑자기 거울 속에서 당신을 바라보는 당신 자신의 이미지에 깜짝 놀랄 것이다. 고인류학의 창을 통해 바라볼 때 우리가 선사시대의 사냥꾼에서 볼 수 없는 것은 뒤에서 우리에게 미소를 보내는 우리 자신과 놀라울 만큼 닮은 이미지이다.

5

나는 4미터 정도의 두께로 구석기시대의 뼈가 쌓여 있는 곳 위에 앉아 인류가 정말 살육을 통해 진화했는지 의심해본다. 홍적세의 내 위대한 조상은 불굴의 매머드 사냥꾼이었을까? 혹은 '사냥꾼 남성'은 숨 막힐 듯한 양복을 입은 남성의 신화일까? 그들은 그 유토피아적 시대, 좀더 자유와 흥분을 느꼈던 위험한 시대를 믿기 원하며, 세계를 정복하는 법을 배웠음에도 자신을 상실하였다고 느낀다. 선사시대에 대한 미국의 신화에서 사냥은 문명을 탄생시켰고 심오하고 폭력적인 과거의 진실과 우리를 연결하는 고리로 남아 있다. 그 전이의 순간은 살해자 원숭이가 가족 부양자가 된 강렬한 매력의 십자로에 가로놓여 있다. 아마도 이것이 우리가 킹콩 같은 영장류에 끌리는 매혹의 원천일 것이다. 내면의 잃어버린 원숭이, 현대 사회의 원숭이, 거대한 빌딩 숲에서 울부짖는 원숭이, 괴롭힘을 당하고 죽임을 당하는 원숭이가 바로 그다. 그는 우리가 겁에 질리고 길바닥에서 멍하니 향수에 젖어 잃어버린 드높은 자아를 지켜보는 동안 여자를 사로잡는다.

고고학적 권위의 무게로 인해 특히 20세기에는 우리 자신의 뿌리를 사냥꾼이 아닌 다른 존재로 상상하는 것이 거의 불가능하게 되었다. 1만 4,000년 전의 구석기시대 주거지를 발굴하면서 좁다란 판자 위에 앉아 있으면 인간이 사냥을 했다는 증거는 압도적이다. 이 작지만 여유 있는 동굴에 살던 가족들은(그 시대에는 한 번에 단 한 가족만이 거기에 살았다) 많은 동물들을 사냥하였다. 나는 거대한 뼈의 집적물 위에 걸터앉아 있다. 어느 대학원생은 내게 무표정한 얼굴로 "쓰레기장을 뒤지는 것 같아요. 이 동굴은 전기 구석기시대의 뉴저지 주였음이 분명해요"라고 농담하듯 말했다.

이곳은 무수한 저녁식사의 쓰레기가 버려진 거대한 쓰레기 매립지였다.

문제는 '인간이 사냥을 하였을까?'가 아니다. '그들의 삶에서 사냥이 어떤 역할을 수행했느냐'이다. 그리고 또 다른 문제는, 어떤 목적이 사냥을 유일한 결정인자, 그것을 고안한 사람들에게 쓸모 있는 인간 진화에 대한 유일하게 편리한 설명으로 만들었느냐는 것이다.

나는 먼지투성이의 좁은 공간 위에 있는 판자에 무릎을 꿇고 온종일 셀 수 없는 죽은 동물들의 뼈를 솔질하며 보낸다. 이 발굴의 책임자인 시카고 대학의 인류학 교수 레슬리 프리먼 박사는 스페인 북부 전기 구석기시대에 관한 뛰어난 전문가 중 한 사람이다. 그는 거의 10년가량이나 '엘 후요'라고 불리는 이 작은 동굴을 발굴하고 있다.

엘 후요에는 마그달레니안 문화에 속하는, 1만 5,000년 전에서 1만 4,000년 전 사이 약 천 년간 사람들이 거주했었다. 여기에 살던 무리는 그들의 유산을 동굴의 붉은 먼지 바닥 위에 남겨놓았는데, 그곳은 큰 거실 정도의 크기다. 우리는 분해된 동물들과 헝클어진 뼈가 섞인 끈끈한 먼지를 파 들어간다. 대부분 발견된 뼈는 그들이 좋아하던 사냥감인 붉은 사슴(미국에서는 엘크이다)의 것이다. 그러나 가끔 말과 들소의 뼈, 혹은 새의 길고 얇은 뼈를 들어 올릴 때도 있다. 아마도 늪지대의 어귀에서 날아온 왜가리일 것이다. 왜냐하면 구석기시대의 이베리아 반도는 16킬로미터쯤 떨어져 있는 지금보다도 해변이 엘 후요에 훨씬 더 가까웠기 때문이다.

프리먼은 내게 이 사람들이 1만 4,000년 전에 거의 현대적인 방식으로 그 지역을 탐험했다고 말했다. 붉은 사슴은 특히 그들이 무리를 지어 있을 때에 사냥하였다.

당시의 전략은 한 지역을 싹쓸이할 때까지 사냥을 지속하는 것이었고 그다음에는 다른 곳으로 옮겨갔다. 사냥감이 다시 번성하면 한 무리의 사람들이 다시금 돌아와 또 사라질 때까지 붉은 사슴을 잡아먹었다. 동굴에서 그들은 모닥불 둘레의 어둠 속에 다 먹은 뼈를 집어던졌을 것이다. 그들은 글자 그대로 쓰레기통 위에 살았다.

그러므로 이 사람들은 사냥꾼이었다. 그러나 그들이 했음에 틀림없는 엄청난 양의 사냥에도 불구하고 사냥이 초기 인류의 '통합적' 행동이었거나 보편적이었다는 증거는 거기에 없다.

『사냥꾼 인간』이라는 책을 편찬한 이들은 그들이 사냥에 지탱하기 어려울 정도의 의미를 부여하였음을 알아차렸다. 그 때문에 그 이론은 출현한 순간부터 삐걱거렸고, 거의 무너질 지경까지 갔다. 그 책의 한 논문에서 대회 조직자인 R. B. 리는 아프리카 남부 칼라하리 사막의 쿵 부시맨에 대한 연구를 보고하였다. 이 사람들은 황량한 환경 속에서 분명히 사냥으로 생계를 유지하고 있음에도 사냥에 많은 시간을 바치지 않는다. 리는 부시맨들이 '일주일에 열두 시간에서 열아홉 시간 정도를 식량을 얻는 데 쓴다'고 추정하였다. 남자들은 종종 일주일 동안 열심히 사냥하고 3주일은 집에서 보낸다. 그들은 무엇을 하는 것일까? 그들은 대부분의 시간을 서로 방문하고, 놀고, 특히 춤을 추며 보낸다.[21]

춤! 그것은 지적인 사람들이 이론화해내기 힘든, 좀더 어려운 활동이었다.

그러나 사냥은 지적인 사람들이 이론화하기에 그렇게 어렵지 않고, 상식적인 지혜로는 이 활동, 즉 사냥이 남성성을 형성하는 주된 동력이라고 말할 수 있다. 남자들이 사냥에 쓰는 시간이 전체의 4분의 1도 안 되는데 말이다.

게다가 리는 육류가 쿵 부시맨의 칼로리 섭취량 중 겨우 20~33퍼센트 정도만을 차지하고 있음을 보여주었다. 육류보다는 몽공고 견과가 그들이 섭취한 칼로리의 대부분을 차지한다. 북극에서만이 사냥이 주된 생계 수단이다. 사냥은 극적인 활동이고 사냥의 드라마에 상상력을 고정하기란 쉽다. 그 때문에 사냥에 주의를 기울이고 다른 현상들을 설명하는 활동 내지 은유로서 사냥을 과대평가하고 특권을 부여하기가 쉬운 것이다.

그러나 사냥을 남성 삶의 주된 동력, 혹은 일차적 은유로 만드는 것은 오해의 소지가 있다. 리가 쓴 것처럼 사냥을 남성성의 비밀로 만들면서 이 극적인 상황을 강조하는 것은 교육적으로는 유용하지만 불행히도 사냥에 의한 생계유지가 모든 홍적세 문화의 특징이라는, 근거가 의심스러운 가정을 낳게 된다. 이런 고대와 현대의 사냥꾼에 대한 관점은 재고되어야만 한다.[22]

프리먼의 목표 중 하나가 이 구석기시대 사람들이 식량으로 무엇을 구했는지에 대한 보다 정확한 연구였기에 나는 엘 후요의 발굴 현장을 찾았다. 그들은 특히 딸기와 인근 바다의 조개 같은 것들을 채집하였을 것이다. 발굴 현장에서 우리는 종종 모자처럼 생긴 삿갓조개와 고둥 같은 조개껍질의 커다란 더미와 마주쳤다. 프리먼은 이제까지 약 200만 개의 조개껍질을 파냈을 거라고 추정하였다. 조개껍질은 이 사냥꾼의 식량 중 상당한 부분을 차지하였다. 그것은 다른 어떤 구석기시대의 유적으로부터 발굴된 조개껍질보다도 많다.

게다가 대학원생 중 한 명이 선사시대의 먼지층에서 우리가 발견한 씨앗들을 조사하고 있다. 동굴 바닥에서부터 한 양동이의 흙을 파낼 때마다 우리는 체로 거르고 물속에서 씻는다. 그러고는 작고 촘촘한 망으로 시간을 잊고 부유하는 씨앗을 물속으로부터 떠낸다. 그 씨들은 일단 건조시킨 뒤에 분류되어 그들의 식량 중에 얼마나 많은 부분을 차지했는지를 알려준다.

이 연구들은 고대에 관한 일종의 온건한 재구성이다. 사냥에 대한 보다 급진적이며 혁명적인 관점은 20년 전에 등장하여 인간 진화 속에서 차지하는 오랜 사냥의 신화를 뒤흔들고 반박하였다. 그것은 또한 우리들에게 훨씬 덜 고상하지만 덜 야만적인 선사 인류에 대한 관점을 제시하였다. '살해자 원숭이'도 아니고 '가족 단위 사냥꾼'도 아닌 현재의 이론은 초기 인류를 선신세 한구석의 야바위꾼, 늘 기회를 노리는 눈을 한 선사시대의 페긴*처럼 보이게 만든다. 우리는 그처럼 역사의 단계를 곧추서서 힘차게 뛰어넘지 않았다. 오히려 우리는 주요 장면의 한구석에서, 노골적으로 말하자면 스캐빈저scavenger**로서 무대에 숨어들어왔다.

다트는 초기 호미니드가 예컨대 바분의 두개골을 뇌를 꺼내 먹기 위해 깨부수었다고 생각했다. 그러나 그 주장은 엄밀한 연구에 버텨낼 수 없었다. 1960년대와 1970년대에 C. K. 브레인은 남아프리카의 동굴에서 발견된 수천 개의 동물 유해를 끈기 있고 꾸준하게 분석하였다. 브레인

---

* 찰스 디킨스의 소설 『올리버 트위스트』에 나오는 사기꾼.
** 스캐빈저: 이미 죽은 고기를 먹는 독수리, 하이에나와 같은 동물.

에 의하면 바분의 두개골에 남겨진 둥근 구멍은 인간이 만든 단검이 아닌 표범의 송곳니에 정확히 들어맞는다고 한다.[23]

그녀는 다트와는 정반대의 결론을 끌어내었다. 우리는 엄청나게 살육을 좋아하는 강인한 사냥꾼이 아니었다. 오히려 겁에 질린 사냥감이었다. 동굴 속에 있던 뼈와 그 뼈 위에 난 자국으로부터 브레인은 초기 인류의 유골이 이 동굴에서 많이 발견된 까닭은 그들이 바분처럼 사냥꾼이 아니었기 때문이라는 결론을 내렸다. 초기의 표범과 선사시대의 고양이과 동물이 이 동굴에 와서 잠자는 영장류를 발견하고는 그들을 사냥하였던 것이다. 살육자가 아니라 실은 먹이였음이 판명되었다. 그들은 사냥 당했던 것이다.

그녀는 다트의 '선사시대 전이'를 부인한다.

대신에 브레인의 연구는 엘리자베스 브르바의 연구와 궤를 같이한다. 그녀는 동굴에 흩어진 뼈의 각 부분이 매우 선택적임을 발견하였는데, 이는 스테르크폰테인(다트의 동굴 중 하나)에 살던 인류가 커다란 동물을 죽여 집으로 끌고 온 것이 아니라 이미 다른 동물이 죽인 시체의 일부분을 집으로 가지고 왔음을 시사했다. 초기 인류는 무기를 날리며 미래를 향해 도약한 위대한 극적 순간에 출현한 영웅이 아니다. 그들은 오히려 초원의 겁에 질린 동물이며 다른 맹수가 죽인 동물의 스캐빈저이다. 이것이 브레인의 오랜 연구의 산물인 남아프리카 동굴의 유골에 관한 책 『사냥꾼, 아니면 사냥감?』의 결론이다. "그러나 엘리자베스 브르바의 최초의 연구에서 나온 증거는 스테르크폰테인에 살았던 최초의 인간이 아마추어 사냥꾼에 불과한 존재임을 시사한다. 동굴의 상부 지층에 보존되어 있는 영양은 그들이 사냥꾼으로서의 솜씨를 개발하기 이전에 좀더 전문적인 육식동물에 의한 살육에 상당히 의존했음을 보여준다. 이 흥미 있고 중요한 결론은 이 책에 기술된 화석의 연구에 의해 확증될 것이다."[24]

인류는 이따금 밤에 그들을 잡아먹으러 동굴에 기어들어오곤 했던 바로 그 맹수에 의해 사냥을 당했다. 사자에게 오스트랄로피테쿠스는 바분과 다를 바가 없었다.

문제는 어떻게 사냥이 인간을 만들었느냐가 아니다. 문제는 언제 인간이 사냥을 당하는 존재에서 사냥을 하는 존재로 전이를 이루었느냐 하는 것이다.

이것과 또 다른 연구들을 통해 보면 사냥은 더 이상 과거 우리 진화의 '과학적 사실'이 아니다. 그것은 도전을 받고, 검증되고, 그리고는 거부된 모델이다. 도전이 거세짐에 따라 그것은 근거를 잃어버렸다. 점진적으로 사냥은 인간 진화의 모델, 혹은 최소한 인간 진화의 단일한 설명적 개념이라는 틀이 무너져왔다. 확실히, '사냥 습관'은 인간 행동의 기원을 설명하는 단일한 분석의 틀로 사용되지 않는다. 그것은 특권적 위치에서 밀려났다.

1980년대에 초기 인류가 스캐빈저였다는 새로운 합의가 등장하였다. 예를 들어 1981년 화석 유골의 '절단면'을 연구한 루이스 빈포드는 올두바이 협곡의 동물들이 자연사하였다는 주장을 하였다. 이 동물들과 연관이 있던 인류는 아마도 그들을 살육하지 않았을 것이다. 그의 말로는 고기가 별로 없는 뼈들의 빈번한 출현이 뼈의 손상 및 골절의 유형과 더불어 호미니드의 스캐빈저 행위를 반영한다고 한다. 사냥이 아니라는 이야기다.

우리 조상에 대한 이런 관점—우락부락한 인류가 아닌 스캐빈저—은 여전히 대중적인 상상력에 침투하지 못하고 있다. 아마도 그것은 앞으로도 그럴 수밖에 없을 텐데, 왜냐하면 우리 자신에 대한 현대적인 관점에 부합하는 어떤 신화도 제공해주지 못하기 때문이다. 그러나 그것은 네 겹의 증거에 의해 뒷받침되고 있다. 즉, 고기가 없는 유골에 나 있는 절단 자국, 죽은 야수가 도살되지 않았음을 보여주는 절단 자국, 도구들이 식물성 식품을 처리하는 데 사용하였음을 보여주는 초단파 연구, 그리고 주식이 과일과 야채였음을 보여주는 초기 호미니드 치아에 대한 초단파 연구가 그것이다. 인간이 '뛰어난 사냥꾼이라기보다는 스캐빈저'라는 관점을 개발한 핵심 인물 중 한 명인 팻 십먼은 1984년에 인간은 150만 년 전에서 70만 년 전 사이에 사냥을 배웠다고 썼다.

그때에 우리는 식품 중에서 고기가 차지하는 보다 큰 비중과 더불어 잡식동물로의 전이를 볼 수 있다. 이보다 영웅적인 조상은 아슐기 스타일의 석기와 그리고 흥미롭게는 불로 무장한 호모 에렉투스였다. 우리가 과거를 더 깊이 들여다보기 바란다면 우리는 우리의 유산에 관한 보다 덜 근사한 이미지에 익숙해져야 할 것이다.[25]

'스캐빈저 가설 scavenger hypothesis'의 함의는 모두부터 사냥의 신화에 대항한다. 누가 진정으로 스캐빈저 개념을 발견했는가에 대한 십먼과의 인류학적 논쟁 끝에 루이스 빈포드는 1985년 그 중요성을 다음과 같이 요약하였다.

당신은 당신 자신의 조상일 수가 없다. 중간 크기나 큰 동물에 대한 체계적인 사냥은 현대적 정황에서 비롯된 일부일 뿐, 원인이 아니다.[26]

다른 말로 하면, 사냥은 우리를 형성하지 않았다. 우리가 사냥을 만들었다. 그것은 우리가 더 이상 우리 자신의 이론의 포로가 아님을 의미한다. 우리는 사냥이 우리에게 무엇을 의미하는지를 다시 생각해볼 수 있다. 우리는 우리가 어떤 존재인지를 재고할 공간을 다시 치워둔 것이다.

아마도 우리는 처음부터 기회주의적이고 기민한 스캐빈저이었을 것이다. 분명히 인류는 어떤 단계에서 사냥을 배웠으며, 인류학자들은 그것을 150만 년 전쯤 살았던 호모 에렉투스에게 돌리는 경향이 있다. 그러나 인간이 사냥꾼이었다 해도 그것이 우리 삶의 모든 결정적 요인이라고는 보기 어렵다. 사냥이 보편적인 것은 아니었고, 우리는 그 결정론과 더불어 살지 않는다. 그것이 우리의 DNA에 반드시 새겨질 필요도 없었다. 선사시대 사냥의 개념은 현대 남성의 어떤 이데올로기로 기능한다. 교양 있는 남성은 여전히 선사시대의 사냥을 동물과의 관계에 있어 더 민감하고 더 친근하고 더 분명한 남성성에 대한 일종의 묘사와 정당화로서 사용한다. 그것은 고기와 살육에 뿌리를 내리고 있다. 테드 케러소트는 생물학적 선사시대적 충동에 뿌리 내린, 동물 사냥에 대한 경외의 이야기를 만들어낸다.

손가락에서 나는 아침 식사용 엘크 소시지 냄새를 맡을 수 있다. 그리고 나는 소화된 그의 근육의 일부가 내가 손을 키보드 위로 옮길 때 신경의 시냅스를 충전시킨다고 상상한다. 나는 내-안의-그가 측정될 수 있는지 알고 싶다. 이제 독성물질 검사기술은 매우 정교해져서 EPA(미국 환경 보호국)는 10조분의 1의 농도도 측정할 수 있다. 이는 오대호에 한 숟가락 정도의 물질을 집어넣은 것보다 작은 양이다. 우리는 내 뼈 속에 있을 나의 태곳적 할아버지가 먹은 사슴고기를 측정할 수 있는 도구를 개발할 수 있을까? 혹은 어떤 고대의 사냥 충동을 DNA 나선의 이면에서 자라고 있는 특정 영역에 대응시킬 수 있을까?[27]

이 문장에서 과학과 생물학, 기술 그리고 뼈의 분자들 속에서 사냥이라는 부제를 둘러싸고 전승되는 남성의 계보가 뒤엉켜 있음을 주목하라.

나중에 그는 사냥을 '동물과의 최초의 조화'라고 일컫는데, 이는 선사시대 사냥에 대한 조지프 캠벨의 거의 신비적인 관점을 반영한다.

그러나 과학은 일종의 가면이다. 그리고 선사시대에 대한 과학적 용어로 자신을 치장하고 있는 남성성의 의미는 실제로 어떤 근거도 없다. 이는 남성의 판타지에 불과하다.

과학적 근거를 벗겨버리면 사냥은 문화적 현상으로 생각될 수 있는데, 사냥꾼의 가면 아래 행진하고 있는 남성성의 의미도 마찬가지다. 사냥은 공격성과 폭력, 권력과 성에 뿌리 내린 남성을 생물학적으로 정당화한다. 그리고 사냥의 치장 아래 남성의 개념은 문화적 현상으로서 드러날 수 있다.

더 중요하게도 우리는 남성성이 전제할 수 있는 새로운 형태를 다시 생각하기 시작하였다. 그것이 단일한 이미지, 단일한 은유와 일치해야 할 필요는 없다.

우리의 기원을 재고하려는 노력은 일정 부분 우리 자신의 이미지를 다시 구성하려는 시도라 할 수 있겠다. 그것은 인간의 정서적 지적 실재 내에서, 욕망과 결단의 세계 속에서, 인간 진화의 복잡한 세계 속에서 기능하고 있는 것들에 대한 새로운 개념을 구축하려는 시도이다. 그것은 한때 이들이 영위했던 삶의 귀중하고 희소한 흔적인 뼈와 돌들 위에 자리 잡고 있다. 페미니스트 사학자들은 특히 과거의 삶을 능동적으로 재상상하였다. 프랜시스 달버그는 『채집자 여성』에서 사냥 가설이 선사시대 삶에 대한 시야를 지나치게 한정 짓는다는 결론을 내렸다.

초기 호미니드 삶의 정확한 재구성은 사냥꾼 남성의 드라마를 제외하고는 여전히 형성 중에 있다. 영웅적 자질은 메기나 흰개미, 달팽이, 게르빌루스 쥐, 바쁜 새끼로부터 단백질을 확보하는 데에는 별로 필요치 않았다.

그러나 드라마에서 잃어버린 것은 다양성과 복합성 내에서 획득된다.[28]

우리는 선사시대 사람들의 삶, 특히 사냥뿐 아니라 대부분의 시간을 보냈던 동굴의 모닥불 둘레의 삶에 대해 다시 상상해보도록 초대받았다.
엘 후요의 발굴을 하는 동안 나는 그 사람들이 집, 즉 동굴에서 무엇을 했을까를 생각하는 경험을 하였다. 나는 우리 조상들의 삶의 잔해들을 쑤시며 먼지를 긁고 있었다. 프로젝트 책임자인 프리먼은 내 옆에 앉아 일종의 성소로 생각되는 부분을 파내고 있었다. 나는 거대한 조개껍질 더미를 차례로 제거하였다.
이 사람들은 사냥뿐 아니라 채집도 하였다. 그리고 프리먼에 의하면 조개를 모으는 모든 사회에서 그 일을 하는 것은 여성이다. 그러나 페미니스트들은 여성이 사냥을 하고 남성이 채집을 하는 부족들에 관해 이야기하며 이를 부인한다.
나는 브러시와 나이프를 가지고 썩은 고라니의 잔해가 풍부한 끈끈한 먼지 흙을 조심스럽게 치워나갔다. 나는 길고 가는 뼈 하나를 그 근처에서 발견하였다. 그것은 흙 속에 큰 사슴의 무릎과 관절 뼈 사이에 수직으로 세워져 있었다. 이것은 매우 섬세하고 가늘어서 나는 아마도 그것이 왜가리의 다리 같은 새의 뼈라고 생각하였다.
나는 그것을 뽑아 올렸고 그 뼈는 케이스에서 나오는 보석처럼 흙 속에서 빠져나왔다.
그것은 무기가 아니었다.
나는 그것이 무엇인지 알지 못했다. 나는 그것을 손가락으로 집어 프리먼에게 보여주었다. 그 뼈는 얇고 우아하게 구부러져 있었다.
탄성 소리가 동굴을 가득 채웠다.
"당신은 완벽히 보존된 바늘을 발견했군요."

나는 깜짝 놀랐다. 분명히 그것은 끝이 가늘었고 붉은 먼지가 낀 바늘귀도 있었다. 그 바늘은 10센티미터쯤 되었는데, 동물 가죽을 꿰매는 데 그것을 사용한 사람이 1만 4,000년 전 조개껍질과 뼈들 사이에 던져둔 이후 아무도 손대지 않았을 것이다.

바늘은 매우 연약해서 완전한 상태로 발견된 적이 드물다. 엘 후요에서는 70개가 발견되었는데 대부분이 10센티미터도 못 되었고 완전한 형태도 아니었다.

이 바늘은 여자들만 사용하였을까? 남자가 사용하지는 않았을까? 이것을 가죽 신발이나 모피 셔츠를 만드는 데 사용하지는 않았을까?

바늘을 들여다보며 나는 우리의 현대적인 사회-정치학이 그 우아한 곡선 속에 응축돼 있다고 느꼈다. 내 생각에 선사시대의 사냥터는 현대의 성-정치학sexual politics의 전쟁터가 되었다. 이 기원 회귀의 가치는 원초적 진실로 되돌아간 데 있는 게 아니라고 나는 생각했다. 그것은 우리가 영원히 재출발해야 할 장소로 되돌아간 것이다.

바늘은 그 부드러운 곡선과 완만한 뼈, 그리고 바늘귀가 있는 강력하고 친숙한 도구이다. 그것은 그 사람들의 가정생활의 흔적이며 그 가정적이고 정서적인 삶은 인간을 사냥꾼으로 여기는 어떤 이론의 흔적도 암시하고 있지 않다. 그로 인해 나는 고대의 남성이 이 동굴에 앉아 먹고, 바느질하고, 노래하고 웃는 모습을 상상하게 되었다.

사냥꾼은 집에서 무슨 일을 했을까? 어떻게 그는 그의 삶과 남성다움을 측량하였을까? 그 사냥이라는 고도의 드라마 속에서? 혹은 사로잡은 짐승과 자신의 욕구에 순종하는 여성이라는 위대한 성취를 능가하는 다른 어떤 특징 속에서? 아마도 그의 삶은 날아가는 창이나 격돌하는 곤봉 이상의 다른 이미지 속에서 그에게 의미를 지녔을 것이다. 그랬음이 틀림없다. 그의 전문 기술은 오로지 창을 던지는 커다란 몸짓을 통해서만 알려졌을까? 남자들이 여전히 자신을 위대한 성취와 가혹한 좌절이라는 말로 자신들을 정의하고 있는 오늘날에조차 우리의 삶은 더 작고 더 친숙한 리듬 속에서 또한 평가된다. 그것은 결코 영웅적이지는 않지만, 그것이 없으면 삶이 모든 의미를 잃어버리게 되는, 거의 보이지 않는 보살핌과 사랑의 몸짓이다. 우리의 삶은 바늘과 실의 움직임 속에 그 흔적이 남아 있다.

사냥꾼으로서의 남성의 이미지 속에는 분명히 이런 상상, 즉 조개껍질과 딸기 씨들, 바늘과 부드러운 말들 등등이 설 자리가 별로 없다. 그러나 집의 모닥불 곁에 앉은 사냥꾼의 모습을 그려보라. 아마도 그의 삶은 그의 육체와 영혼, 이성과 정열을 한데 엮어놓은 바느질에 의해서 가장 진실하게 평가되었을 것이다.

6

나는 이제까지 알려진 모든 선사시대의 그림 가운데 단 두 개에 불과한 교미 그림 중 하나를 바라보며 알타미라의 자궁 같은 동굴 속에 서 있다. 다른 하나는 이것과 비슷한데 역시 알타미라에 있다. 그것은 들어가기 어렵지만 더욱 놀라운 이미지들로 가득 찬 동굴 뒤편의 좁은 굴속에 있다. 이 놀랄 만한 중앙 살롱을 떠난 후에 나는 콜라데카발로(말꼬리)라 불리는 그 굴에 들어갈 수 있는 허가를 받아냈다.

세상에서 인간이 상상할 수 있는 가장 기적적인 장소들 중 하나인 알타미라('좋은 전망,' 혹은 '놀랄 만한 광경'이라는 뜻이다)는 그 중앙 살롱의 천장에 그려진 들소의 그림으로 유명하다. 그러나 그 그림 속의 모든 동물들은 남근이나 여근처럼 보이는 다양한 자극적인 상징들과 더불어 현대의 관찰자와 주석가들에게 강력한 성적 느낌을 풍긴다. 그러나 실제적인 성교 장면은 단 두 개가 있을 뿐이고 다른 것들은 여전히 논쟁 중이다. 하지만 우리는 사냥과 성의 융합을 이 선사시대 동굴의 어둠 속에 위치시키기를 고집한다.

이번 방문에서 나는 이 장소에 있다. 교미 장면을 더 자세히 살펴보고 싶어서이다. 그것은 살육과 남성의 욕망, 사냥과 성 사이의 고리에 대한 실마리를 던지는데, 이들은 우리를 여러 세기 동안 성가시게 하였다. 알타미라에서 우리는 자연 그대로인 선사시대 욕망의 얼굴을 살짝 엿볼 수 있다.

과장된 국가적 자부심에서 나의 입심 좋은 스페인인 가이드는 그 작은 공간의 천장을 구석기시대 미술의 '시스티나 성당'이라고 부른다. 물론 상당한 근거가 있다. 이 비좁은 방의 낮고 갑갑한 공간 속에서 천장의 그림은 동물적인 기쁨으로 춤추고 있다.

그 천장은 스무 마리 이상의 동물들의 그림으로 붐빈다. 그 채색 동물들은 어슬렁대고, 뛰고, 걷고, 붉은 바위를 건너뛴다. 한쪽 끝에는 엉덩이가 큰 한 사슴이 다른 무리의 동물들로부터 벗어나 풀밭 위를 걷고 있는 것처럼 보인다. 왼쪽 위에서는 작은 조랑말이 부드럽고 달콤한 평화 속에서 차분한 위엄으로 서 있다. 그러나 대부분의 동물들은 강력한 힘과 영감을 가지고 유채색으로 그려진 거대한 열여섯 마리의 암컷과 수컷 들소들에 의해 압도되고 있다. 수컷들 대부분은 드러누운 것처럼 보이는 한 무리의 암컷들 가운데 서 있다. 몇 개의 커다란 바위 돌기가 천장에 매달려 있는데 암컷 들소들은 이 돌 덩어리 둘레를 꼬리를 잇대고 마치 들판에서처럼 뒹굴며 쉬는 것 같다. 들소 한 마리는 탱탱한 젖통을 드러내며 다리를 들고 있다. 그 효과는 놀랍게 생생해서 그들은 마치 조각된 것처럼 보인다.

이 동물들은 동물들을 잘 알고, 그들을 사랑하고, 그 동물들과의 관계 속에서 자신들과 삶을 이해한 사람들에 의해 그려졌다. 동물들은 분명히 우리가 가진 최초의 시각적 어휘 중 하나였고, 그 이미지들은 인간의 정신을 형성하였다. 우리는 동물을 통해 생각하고 느낀다. 들소 무리의 위쪽에는 한 암소가 네 다리를 딛고 서 있다. 그 소는 울고 있다. 힘차게 그려진 그 꼬리는 위로 치켜 올라가고 등은 구부러지고 갈색 몸뚱이는 흥분으로 팽팽해져 있다. 그녀는 훌륭한 검은 발굽으로 서 있는 것처럼 보인다. 턱은 위로 치켜 올라갔고 주름 잡힌 입에서는 마치 당장이라도 음매 하는 소리가 들릴 것 같다. 이 힘찬 암소의 바로 아래에는 수소가 있다. 그 황소의 머리와 뿔은 검은색으로 힘차게 그려져 있다. 그 날씬한 몸은 울고 있는 암소의 몸 뒷부분과 뒤섞여 있다.

레슬리 프리먼은 그 그림이 암컷이 수컷을 올라타고 있는 장면이라고 믿는다. 전에는 이해되지 않았던 그 그림을 재해석한 이가 바로 그다. 콜라데카발로의 부조는 같은 동작을 나타낸 것 같다. 프리먼에 따르면 이것은 소의 특징적인 교미 자세이다. 발정기에 암컷들은 종종 매우 흥분하여 수컷들을 올라탄다. 이것은 일종의 전희인데, 하도 흔해서 아리스토텔레스의 소에 관한 글에서도 보인다.

레슬리 프리먼은 구석기시대 미술에 강력한 상징이 있다고 믿는다. 그러나 그 두 교미하는, 혹은 전희 중인 들소의 경우에서도 그 상징은 우리에게 불분명하다. 프리먼에게 그 이미지는 구석기시대 자연주의, 즉 동물을 주의 깊게 관찰하고 보이는 대로 그것들을 그린 사람들의 예술의 한 예이다. 그러나 구석기시대 동굴미술의 대부분의 해석자들에게 동물들은 사냥과 성이 인간의 마음에서 연결되는 상징들이었다. 우리는 이 그림을 통해 그것들을 내면화하고 스스로에 대해 생각하는 법을 배우며 그들의 이미지를 '타자'로 만듦으로 해서 우리 인간의 정체성을 확립한다.

가장 잘 알려졌으나 상당 부분 폐기된 이론은 사냥과 성을 원시 마술을 통해 연결시킨다. 허버트 리드는 사냥과 성이 이 그림을 그린 원시 인류에게 있어 어떻게 마술적으로 연결되는지를 가치 있게 요약한 미술사가이다. 그 그림에서 동물에 대한 관심은, 그의 주장으로는, 고기를 확보하려는 그 사람들의 집착의 결과이다. 수많은 시간을 통해 그 집착은 핵심적인 원형으로 남성의 상상력을 뚫고 들어와 강력하고 보편적인 인간성에 대한 의미가 되었다. 그 동굴의 그림들은 그의 생각으로는 '심리적 에너지'로 가득 차 있다. 그것은 즉각적으로 '선사시대 사람들의 마음속에서는 무슨 일이 일어났는가?'라는 질문을 생각하게끔 한다. 그의 의식적인 사고 과정은 어땠을까? 그의 무의식적인 '꿈'의 과정은 어땠을까?[29]

리드에 의하면, 원시적인 마음은 이미지와 실재의 마술적인 동일화를 통해 기능한다. 동굴미술이 반영하는 우리 진화의 초기 단계에 있어서 이미지와 실재는 우리의 마음속에서 뚜렷이 구분되지 않는다. 그 결과 그려진 이미지는 실재의 산출을 돕는다고 그는 주장한다. 마찬가지로 성적 이미지도 동물의 성공적인 번식을 보장하게 되며, 그로 인해 풍부해진 들소와 사슴의 무리는 그들을 사냥하는 부족이나 씨족의 생존을 의미하게 되는 것이다.

이 마술적인 풍경 속에서 사냥과 성은 예술에 있어서 우리의 핵심적인 문제를 규정한다. 우리가 역사의 어두운 가장자리에 자리 잡았을 때 그들은 우리 상상력의 원초적 핵심에서 서로 연결되었다. 그들은 단순히 벽에 그려졌을 뿐 아니라, 우리의 마음속에서 실제적으로 전개되는 우리 의식의 원형, 상상적 유산의 한 부분인 것이다.

그리고 의심의 여지없이 몇몇 이미지들은 이 발전(특히 인간 지성의 발전)에 있어 우선권을 가졌다. 그 이미지들은 식량 확보와 성의 원초적 본능과 연결된 것들이다. 그리고 인간이 이 유형에 걸맞은 이미지들을 향한 육체적인 편향을 계승하였다는 가정을 한다면 우리는 카를 융의 '원형 archetype' 개념에 도달한다. 융 심리학에서 그 용어는 특정한 종류의 상징의 발명, 혹은 특정한 신화적인 인물의 창조를 위해 어떤 특정 시기에 인류에게 부여된 두뇌 구조의 유산을 의미한다. 이 심리의 구조적 틀은 아주 오랜 지속 시간과 엄청난 강도와 통일성을 가진 집합적 경험에 의해서만 진화가 가능하다. 융의 가설에 따르면, 인류가 생존을 위해 동물의 사냥에 의존해야 했던 특정 지질 시기에 동물과 벌인 죽느냐 사느냐 하는 투쟁은 분명 어떤 원형을 창조할 만한 이 심오한 사회적 경험 중 하나이다.[30]

이런 관점에서 성과 사냥은 아주 오래전부터 우리 상상력을 사로잡은 중심적인 문제였다.

이런 주장은 남성들에게 강한 호소력이 있다. 그것은 융의 개념에 상당 부분을 의존하고 있는 남성운동을 통해서도 살아남았다. 그리고 그것은 종종 이 동굴 깊숙한 곳에서 행해졌던 입문 의례, 혹은 마술의식을 상상하며 종종 동굴미술을 남성성의 개념과 결부시키려고 한다. 이 마술 제의들은 사냥에만 초점을 맞춘 것이 아니었다. 차라리 어린 소년들에게 남성성의 신비를 전해주려는 것이었다고 보아야 한다. 그러나 이 동굴에서 제의가 행해졌다는 어떤 증거도 없다. 이는 인류학자들이 의심의 여지없이 받아들일 만한 증거가 하나도 없다는 뜻이다.[31]

사냥 마술을 위해 그 그림들을 이용하였을까? 분명히 그것은 가끔 사용되었을 것이다. 나는 어떤 동굴, 바로 라 파시에가에서 덫에 걸린 황소를 그린 그림 하나를 본 적이 있다. 이것은 유럽의 동굴미술을 통틀어 사로잡힌 동물을 그린 단 하나의 그림이다. 희소성으로 인해 그것은 중요하다. 그 그림은 사냥 제의를 위해 사용되었을 것이다. 우리는 뼈의 잔해로부터 순록이 위대한 동굴미술 시대 동안 사냥꾼의 주식이었음을 안다. 그때는 1만 7,000년 전에서 1만 년 전까지인 전기 구석기의 마그달레니안 시대였다. 그러나 순록은 구석기시대 그림에는 매우 드물다. 그리고 모든 동물 중 어쨌든 부상을 입은 것은 10퍼센트도 되지 않는다.[32]

또 다른 이론은 성심리학의 기원을 설명하기 위해 이 사냥꾼 미술을 사용한 예를 제공한다. 『부드러운 육식동물과 신성한 사냥감』에서 폴 셰퍼드는 성과 사냥 간의 관계를 이상화한다. 그의 주장으로는 그것이 남성의 정서적 삶을 형성한 원초적 실재이다.

> 사냥과 사랑, 살육과 성교의 상징적 상호작용은 분명 문자 이전의 원초적 모티프이자 탄생과 죽음의 주기성, 생명의 쇠퇴에 대한 재생 그리고 삶의 근원으로서의 죽음이라는 농경문화의 주제보다 더 오래된 것이다. 새로운 생명의 근원으로서 육체와 살을 뚫고 들어간 살은 성교의 표징이며 사랑과 사냥감의 추구를 하나로 만든다⋯⋯ 양자는 삶의 가장 깊은 정열, 살해와 오르가슴의 악마적인 순간과 관계가 있다. 이 두 강력한 표현은 서로 연관되어 있다. 양자는 삶과 죽음으로 이끌며 그것은 남성성과 여성성처럼 근원적 양극성을 표현한다.[33]

이 대목은 이 내용이 들어 있는 전체 문단 중에 가장 눈에 띄는 문장이다. 그의 책은 선사시대의 사냥과 성 사이의 연관성에 대한 자유주의적인 다시 읽기이며 약간 완화된 남성 우위의 표현이다.

그는 생리혈과 피가 흐르는 상처의 개념을 연결시킨다. 이것은 그의 주장에 따르면 남성의 상상력에 있어 '불가피한' 개념이다. 그는 '생식기 해부학'이 또한 사냥과 섹스, 사랑과 죽음, 살해와 오르가슴의 상징을 뒷받침한다고 주장한다. 섹스에서의 여성의 역할은 '거친 사냥꾼 남성의 성적 사냥감'으로 행동하는 것이다. 여성은 마술적으로, 또 기술적으로 그의 폭력을 편향시키고 그것을 즐긴다. 셰퍼드는 성과 사냥 사이의 고리가 상징적이지 '않다'고 주장한다. 성행위는 남성이 여성을 사랑 속에서 죽이는 악마적인 순간, '살해와 오르가슴의 순간'이다.[34]

그러나 그녀의 굴복은 남성 안에서 새로운 무엇, '새로운 민감성'을 창조한다. 이 모델에서는 여성이 그녀들에 대한 남성의 폭력에 책임이 있는데, 왜냐하면 그녀들이 남성을 충분히 '달래지appease' 못했기 때문이다. "구애에 있어" 셰퍼드는 다음과 같이 말한다.

"달래는 사람은 진짜 사냥감이 아니라 인간 여성이다."

그는 그의 타고난 공격성을 새로운 부드러움의 경이로 치장한다. 이 부드러운 느낌, 이 사랑은 반대로 그의 사냥의 일부, 야수를 죽이는 그의 행동의 일부가 된다. "이 장(場)에서 인간 사냥꾼은 단순한 살육자가 아니다. 왜냐하면 수백 세기 동안 사랑으로 여성-사냥감을 다루어온 경험이 있기 때문이다."[35] 이는 사냥꾼이 그가 죽이는 대상을 사랑하는 방식이다.

우리는 여기서 특정한 남성성의 관점을 사냥 안에서 보편화하려는 잘 알려진 시도, 주의 깊게 정의되고 유지되는 성역할들, 그리고 더욱 놀랍게는 '대면위'로서의 '정상적' 섹스에 대한 정의를 본다. 셰퍼드는 이 새로운 성교 체위가 영장류에게만 공통적이며 새로운 관계의 심리학을 정의한다고 말한다. '성교는 상상 가능한 가장 강력한 관계의 경험이 되었다'고 셰퍼드는 결론을 내린다. 그 동굴미술은 성적 행동을 재현한다.

"그 행위에서 위를 보고 누움으로써 여성은 성적 대상이 아닌 파트너가 된다. 남성은 단순히 꿰뚫는 것이 아니다. 그는 삼켜진다. 그는 또 그 신성한 동굴에, 동물 그림의 상징적인 성과의 의식적인 대면 속에 삼켜진다."[36]

성적 행위에 대한 셰퍼드의 이론은 순전히 공상적이고 남성 우위를 성스럽게 낭만화한 것이다. 그는 어떤 증거도 내놓지 못했다. 아무런 증거가 없기 때문이다. 그러나 그는 여성과 사냥감의 관계, 욕망과 살육이 현대 남성의 심리에 얼마나 깊이 각인되어 있는지를 우리에게 들려준다.

그는 유대-기독교적 체위를 모든 인간의 성에 대한 은유로 만든다. 이것과 평행선을 달리는 사냥의 이론만큼이나 여기에는 누락한 것이 너무 많기에 이를 쉽게 무시할 수 있다. 남성 상위가 누락한 것은 섹스를 흥미롭게 만드는 모든 요소이다. 셰퍼드의 이론은 단지 남성 우위 이론일뿐더러 성에 대한 농담도 되지 못한다. 물론 섹스는 우리가 느끼고 실체를 부여하고 이름을 붙이는 욕망의 육체적 재현이다. 당신을 흥분시키는 것은 어떻게 당신이 연관되어 있는지를 기술한다.

그런 성행위의 이미지는 이제는 진실이 아니다. 그리고 선사시대의 사람들에게도 역시 진실이 아니다. 최소한 그들은 그들이 그린 유일하게 외면적인 성행위의 묘사인 알타미라 동굴 그림에서 암소가 황소를 타고 있다는 사실을 인식할 만큼 충분한 상상력이 있었다.

셰퍼드에게 여성은 동물과 교환 가능한 존재이다. 즉, 그 둘 사이의 관계는 사냥꾼으로서 남성의 마음속에서 뒤섞인다. 섹스와 죽음, 권력과 사랑, 살해와 오르가슴, 즉 사냥은 에로틱한 지배의 모습이다. 다른 어떤 성에 대한 은유와 성에 대한 심리학보다도 사냥을 통해 이 혼동은 발전하고 영속하게 된다.

신뢰할 만한 증거에 의해 사냥과 성을 연결시키려는 가장 중요한 시도는 1960년대와 1970년대에 등장하였는데, 이는 마술에 대한 이론이 아니라 유명한 프랑스 과학자 앙드레 르로이-구랭의 모든 동굴 예술에 대한 주의 깊은 검토를 통해서였다.[37] 이 그림의 의미는, 그의 주장으로는 특정한 이미지에 자리 잡고 있지 않다. 오히려 그것은 동굴의 미술적 조성에 내재되어 있는 구조의 일부이다. 남성과 여성, 남근과 여근, 창과 상처의 이미지, 이들은 인간의 마음에 의미의 구조를 조직화한다.

르로이-구랭은 프랑스와 스페인에 있는 66개 동굴의 그림을 샅샅이 조사하여 주의 깊게 위치를 기록하고 위치와 관계를 통계적으로 분석하였다. 그는 특정 그림이나 특정 면의 의미보다 더 깊은 것을 발견하는 데 관심이 있었다. 그는 구석기시대 미술을 사용하여 인간의 마음 그 자체의 근원적 구조를 해독해내려고 시도하였다. 이 때문에 그는 '구조주의자'가 되었다. 테런스 호크가 묘사한 대로, 구조주의적 사고의 궁극적 원천은 인간의 활동과 지각이 들어맞는 영구적인 구조이다.[38] 그것은 그 안에서 행동과 이미지, 사상과 행위가 자신들의 의미를 발견하는 인간 마음의 보편적 구조를 추구하는 것이다.

르로이-구랭은 마법에 대한 관심을 날려버렸고 대신에 전체적인 구석기시대 사람들의 미술 속에서 우리가 사고의 보편적인 '신화소mythogram' 를 읽을 수 있다는 개념을 제시하였다. 그의 연구는 강력하고, 혁명적이고, 자극적이다. 동굴미술의 배치 구조를 통해 그는 동굴을 '신화적 용기,' 그것을 통해 우리가 우리의 가장 깊은 형이상학적 사고에 접근할 수 있는 텍스트로서 취급한다. 그가 발견한 것은 이미지 속에 있는 일종의 '구문론syntax,' 의미를 띤 동물과 상징 간의 일련의 관계이다. 동굴은 마법에 대한 것이 아니었다. 그들은 인간의 마음에 대한 것이다.

그들은 무엇을 드러내는가? "그 형상들이 마법, 혹은 어떤 종류의 종교적 의도에 조응하든 간에 이 형상들의 빈도와 질서는, 무의식적이고 불완전하게 형식화될지라도, 그 제작자가 그 행위들이 적용된 세상에 대해 갖고 있는 이미지를 표현한다"[39]라고 그는 쓴다.

구석기시대 동물 우화에서 그 제작자들의 이데올로기와 형이상학 속의 동물의 의미는 성적인 것이다. 르로이-구랭은 그 그림들이 두 집단으로 갈라짐을 발견하였다. 즉, 동물들과 상징 기호이다. 동물들 중에 60퍼센트 이상의 그림은 말과 들소/오록스(들소의 일종)이다. 상징들과 관련하여 말은 우리가 남근과 남성이라 보는 이미지들과 연관된다. 들소/오록스 이미지는 우리가 전형적으로 여근과 여성이라 보는 이미지와 연관된다. 그러므로 동물들은 두 계층을 정의하는데 르로이-구랭은 이 두 범주에 구석기시대의 모든 의미를 배열할 수 있다고 믿는다. 비록 성교 자체의 묘사는 매우 드물지만 그 그림들은 성적 '짝짓기'에 대한 것이다. 그 동굴들은 '성적 양극화'에 대한 것이다.

르로이-구랭에 따르면, 이 그림의 고전적인 구조적 의미는 그 동굴들이 삶과 죽음의 상호 의존에 대한 진술을 포함하고 있다는 것이다. 남성들, 말들, 무기들 그리고 죽은 동물들은 여성들, 전통적으로 구석기시대 사람들이 사냥한 동물들, 그리고 부상당하고 죽어가는 동물들에 대응한다.

르로이-구랭은 그의 고전적이고 개괄적인 저서 『선사시대 미술의 보고』에서 다음과 같이 쓰고 있다.

강력한 증거는 없지만 우리는 전반적인 구석기시대 조형예술이 생활 세계의 자연적 초자연적 조직화(그 양자는 구석기인들의 사고 속에서 하나가 되었을 것이다)와 관련이 있는 개념의 표현이라고 볼 수 있다. 더 나아갈 수 있을까? 그 진리가 아직도 광범위한 이 준거에 조응하고 있음은 가능한 일이다. 동굴미술의 역동적인 이해를 위해서 우리는 이 준거 속에 창과 상처의 상징주의를 통합시킬 필요가 있다. 성적 합일과 죽음의 상징으로 여겨지는 창과 상처는 삶의 재생의 사이클로 통합된다. 그 안에서 배우는 두 대립되는 개념과 상보적인 연결을 형성하기 마련이다. 즉 '남자/말/창 대 여자/들소/상처'라는 식이다.

최후의 분석(여전히 추측이기는 하다)에서 우리는 구석기시대 사람들이 동굴에 삶의 두 거대한 범주, 남성과 여성의 상징에 대한 그들의 조응, 그리고 사냥꾼을 집어삼키는 죽음의 상징을 표현했다는 결론을 내릴 수 있다. 그 중심 영역(그림이 그려진 동굴 벽)에서 그 체계는 여성의 주요 형상들 둘레에 모여 있는 남성 상징들에 의해 표현된다. 반면 그 성소의 다른 부분에서는 남성의 재현이 배타적이고 동굴 그 자체에 대한 상보적 관계에 있다.[40]

다시 한 번 동굴미술은 성과 죽음, 사냥과 사랑, 창과 상처에 관련된다. 그리고 이들은 남성의 심리에 대해 근본적인 것으로 남성적 삶의 보편적 구조 내에 자리 잡고 있다.

르로이-구랭의 구조주의적 연구는 그 그림을 일종의 '언어'로 취급하는 이론으로 고고학의 초점을 다시 설정하는 데에 영향을 미쳐왔다. 그러나 그 보편성에 대한 강조로 인해 더 이상 선호되지 않는다. 테런스 잉글턴이 쓴 대로 그것은 '비역사적인' 것이다. 그것은 또한 비논리적이기도 한데, 르로이-구랭에게는 말이 남성의 이미지이지만 그 특정한 이미지가 어떻게 남성, 혹은 여성을 대변할 수 있겠는가. 그리고 들소는 여성적 이미지이나 그것은 사실 황소이다. 무의식적이기조차 한 그 화가의 사고를 이런 식으로 상상하기는 어렵다.

버클리 소재 캘리포니아 대학의 마거릿 콘케이는 가장 강력하고 간결하게 동굴미술에 대한 이 모든 논의를 거부한다. 사냥의 관점에서 모든 동굴미술을 설명하려는 기도에 대해 그녀는 적어도 2만 5,000년에 걸친 그 미술의 숱한 양식들에도 불구하고 우리가 유일한 이론을 찾으려 한다고 주장한다. 이 그림이 묘사하고 있는 믿을 수 없으리만큼 많은 양식과 주제에 대해 어떤 단일한 이론, 어떤 단일한 주제도 있을 법하지 않다.

예를 들어 말을 소재로 하여 그린, 구석기시대의 그림에는 최소한 22개의 쉽게 구별할 수 있는 양식이 있다.⁴¹

여성을 사냥감으로, 성교를 상처내기로, 오르가슴을 죽음으로, 사랑을 일종의 사냥으로 보는 태도는 주의 깊게 조사하여 해체시킬 필요가 있는 '관계의 심리학'을 남성의 마음속에 설정한다. 그것은 남성의 대뇌피질에 폭력과 성이 불가피한 단일체로 자리 잡고 있는 에로틱한 지배의 모델이다. 어떻게 그것은 우리 안에 그토록 깊숙이 인각되어, 쉽사리 선사시대의 욕망의 본성에 대한 단일한 설명으로 자리 잡게 되었을까?

현재 동굴미술에 대한 연구에서 강조되는 것은 이 그림들 모두를 설명하기 위한 단일한 이론을 찾으려는 시도가 아니라 그림 자체보다 동굴에 대한 정보를 제공하는 양식과 의미의 다양성이다.

예를 들어 레슬리 프리먼은 각각의 동굴을 개별적으로 조사하고 특정 동굴과 특정 거주자라는 맥락 속에서 그 그림을 이해해야 한다고 믿는다. 그가 생각하기에 이는 르로이-구랭의 위대한 공헌이다. 그는 정확하고 독특한 이미지의 분포를 알기 위해 각 동굴을 끈질기게 연구하였다. 예를 들어 알타미라는 대부분 들소의 이미지를 담고 있는데 그것은 평화로운 부족이나 시대상의 반영인 것 같다. 그 동굴의 그림들에는 격렬함이 거의 없다. 그러나 콜라데카발로의 그림들은 무심하게 죽일 수 있는 동물들을 통해 스스로를 상상하는 법을 배운 이 사냥꾼들의 모습을 보여주는 전율적인 이미지들을 포함하고 있다.

7

대천장Great Ceiling으로 덮인 공간 위로 작은 통로가 바위 절벽을 통해 눈에 잘 띄지 않는 암붕의 꼭대기까지 향하고 있다. 관광객들은 여기까지는 오지 않는다. 레슬리 프리먼은 최근의 연구를 통해 여기서 몇 개의 커다란 그림들을 새로 발견하였다. 그곳은 바위 위에 난 틈인 작고 비좁고 끝이 막힌 복도이다.

이 바위의 좁은 틈에서 크로마뇽인들은 자신들을 사냥꾼으로 상상하기 위해 동물들을 이용했음을 보여주는 일련의 이미지들을 새겨놓았다. 그들은 상처의 측면에서가 아니라 변형transformation의 측면에서 욕망을 그렸다.

이 통로를 지나가려면 몸을 잔뜩 구부리고 거의 기어야 한다. 그 통로는 길지만 폭이 2미터쯤 되고 어떤 곳은 높이가 가슴 높이밖에 안 된다. 크고 날카로운 바위가 벽에서 튀어나와 바닥을 만들고 있어 여행을 좀 편하게 해준다.

콜라데카발로의 입구에는 손가락 자국처럼 보이는 희미한 원시적 형상이 찍혀 있다. 연구자들은 이 해독불가능한 선을 '마카로니'라고 부른다. 이상한 검은 마크가 붙어 있는 염소와 사슴 그림이 다양한 지점에 새겨져 있다. 이 선들에 대해서는 격렬한 논쟁이 벌어졌지만 아직도 결정은 내려지지 못했다. 이 장소가 그곳을 꾸민 이들에게 어떤 기능을 했던 간에 그곳은 의미로 충만한 암흑이다.

콜라데카발로의 복도에 그려진 분명한 이미지는 들소들이다. 그 얼굴은 천장과 벽에 박힌 커다란 돌 위에 새겨졌다. 선사시대 미술에서 종종 그렇듯이, 또 매우 아름답게도 바위와 동굴의 형태들은 그림의 한 부분을 이루도록 짜였다. 그 예술가들은 튀어나온 바위의 긴 홈을 따라 그것을 더 길게 새기고 그 위에 코를 만들었다. 혹은 바위의 구멍에 눈을 강조하기 위해 검은 페인트를 문질렀다.

이 얼굴들은 비좁은 복도를 따라 극적인 지점에서 나타난다.

그들은 단순한 얼굴이거나 혹은 '가면'이라서, 그리고 처음에는 거의 알아볼 수 없던 바위에서 바로 튀어나오기 때문에 일단 보면 착각할 수 없고 잊을 수가 없기 때문에 엄청나게 매혹적이다. 그들은 마치 광학적인 환영처럼 동굴의 어둠 속에서 바로 튀어나오는 듯하다. 나는 갈라진 홈, 틈새, 검은 페인트의 줄로 강조된 바위의 자연적인 윤곽에서 얼굴이 형태를 갖출 때까지 그들을 하나하나 노려본다.

첫번째 들소 그림은 입구에서 10미터도 안 되는 곳인 사각형 바위 위에 있는데, 그 수수께끼 같은 표정의 눈은 검은색으로 거칠게 그려져 있고 바위의 긴 갈라진 틈이 코를 나타낸다. 그 돌의 바닥에는 오른쪽에서 왼쪽으로 줄이 가 있는데 같은 도구로 긁어 입을 나타내었다. 그것은 짐승의 그림이지만 그러나 얼굴은 또한 불가사의한 인간의 형태이다. 그것은 반인반수, 즉 인간과 동물이 하나가 된 것이다.

콜라데카발로에는 모두 아홉 개의 얼굴 그림이 있다. 끝에 가서 그 통로는 넓어져 레슬리 프리먼이 '얼굴의 방'이라고 부르는 것이 된다. 이 공간에 선사시대의 조각가들은 다섯 개의 얼굴을 새겨놓았다. 두 개는 분명히 짐승, 즉 들소의 그림으로 그 긴 코로써 구별된다. 다른 두 들소는 그러나 인간의 모습과 짐승의 모습이 한데 섞여 있다. 이들 중 하나는 천장에서 내려온 거의 떨어져 내릴 것 같은 긴 바위에 새겨져 있다. 코 구실을 하는 바위의 길고 날카로운 수직 등선 양편에는 할러윈데이의 유령 가면 위에 찍힌 눈처럼 두 검은 원이 그려져 있다.

바닥에 있는 구부러진 홈이 무겁고 약간 벌어진, 그러나 침묵하고 있는 입의 구실을 한다. 인간-짐승 이중체는 기술적으로 정교하게 그려진 그 커다란 방의 들소와는 어울리지 않게 그 거침으로 인해 강한 인상을 준다. 그 그림에는 일종의 불확실성, 인간과 동물의 어두운 경계 가운데서 흔들리는 무엇인가가 있다. 인간의 주체성이 형성되고, 동물의 이미지로부터 벗어나고, 그것으로부터 갈라져 나온 것은 이 어둠 속에서이다.

이 인간-짐승 이중체 바로 위에 놀랄 만한 얼굴 그림의 극치가 놓여 있다. 나는 그것을 보기 위해 터널 속에서 힘들게 몸을 돌려야 한다. 안내원은 내가 필요한 전망을 갖추기 위해 몇 미터 떨어진 벽에 꼭 붙어 있는 동안 바로 아래로부터 그 돌 위에 플래시를 비춘다. 그림자와 바위와 불빛이 서로 희롱하는 속에서 떠오른 낯선 빛 사이로 그 이미지는 서서히 나타나기 시작한다.

자주 끊기는 약한 플래시의 빛 속에서 나는 바위 위에 새겨진 인간의 얼굴을 뚜렷이 알아볼 수 있었다. 무겁고 생각에 잠긴 듯한 눈썹이 깊게 파인 검은 눈 위에 붙어 있다. 커다란 눈 하나는 바위 위에 뚫려 있다. 다른 하나는 작고 타이트한데, 마치 사팔뜨기거나 윙크를 하고 있는 것 같다. 코는 다른 얼굴들보다 더욱 섬세하고 입은 작은 인간의 입술로 마치 입을 꼭 다물고, 심지어는 찌푸리고 있는 듯한 고딕 그림의 소녀 입술과 희미하게 닮았다. 그것은 고독하고 팽팽하고 생각에 잠긴 얼굴이다.

프리먼은 초기의 호모 사피엔스들에게 있어 상징 능력이 이미 완전히 발달하였고 물질문화만큼이나 진화에 뚜렷한 역할을 수행하였다는 사실을 이 얼굴들이 보여준다고 믿는다. 이 사람들은 그들 자신과 들소, 인간과 짐승 사이에 은유적인 관계를 만들고 있었다. 의심할 바 없이 이는 사냥꾼으로서 사냥감에 대해 가지고 있는 관계로부터 나온 것이다. 그리고 프리먼의 주장대로라면, 콜라데카발로를 들어갔다 떠날 때 당신은 동물에서 인간으로, 그리고 다시 그 역으로의 변형 과정을 겪는다.

나는 이 사람들, 즉 크로마뇽인들이 그들 자신의 이미지를 알기 위해 어떻게 일종의 어두운 욕망 사이를 더듬어나갔는가에 충격을 받는다. 이는 아마도 궁극적인 인간의 욕망, 즉 삶으로부터 의미 자체를 끌어내려 한 것일 터이다. 만약 욕망이 존재하지 않는 것으로부터 떠오른다면, 그것이 취하는 하나의 형태는 자의식이 형태를 부여하는 그 연결 속에 있다.

벽에 기대 쪼그리고 있는 동안 나는 동물 '얼굴'에서 인간의 이미지를 갑자기 발견하고는 깜짝 놀란다. 두 이미지는 불안정하게 양자 속에서 흔들리고 있다. 인간적 존재의 의식은 동물의 의식으로부터 등장한다. 그리고 그것은 어두움 속에 가라앉는다. 나는 전에 선사시대 동굴의 이미지들에 놀란 적이 있다. 나는 내가 사물을 바라보는 방식, 심지어 내 자신을 바라보는 방식을 바꾼 그 동물들과의 조우에 의해 깊은 감동을 받았다. 나는 영국의 사우스웰 성당의 챕터 하우스 기둥에 새겨진 그린 맨*을 생각하는 나 스스로를 발견한다. 그것은 역동적이고 불안정한 자아의 감각, 자연과 연결된 인간의 모습이다. 그러나 나는 바로 이 순간, 자연 속에 있는 예술 속에서의 숨을 멈추게 하는 이 순간처럼 그런 강력한 느낌을 받아본 적이 없다.

그러나 이것은 다르다. 단지 내가 동굴 속 깊이 있기 때문만은 아니다. 그리고 이 이미지들이 중세 성당보다는 적어도 1만 5,000년이나 오래되었기 때문도 아니다.

이 형상들은 사냥꾼들이 그렸을 것이나 어쩌면 사냥에 대한 그림이 아닐 수도 있다. 우리는 사냥꾼이 이 그림들을 그렸는지, 아니면 스스로 사냥은 하지 않고 사냥꾼 이웃에 살던 주민들이 그렸는지 실제로는 알 수가 없다. 그러나 그 관심사는 동물들을 통해 그들 자신을 아는 것이다. 우리는 우리 스스로를 동물들을 통해 본다. 그들이 없이 우리는 자신의 모습을 그려볼 수 없다.

동물들은 이 초창기 인간 이미지의 언어이다. 동물들은 인간이 자기 탐구와 자기 발견을 위해 사용했던 원래의 어휘들이다.

---

* 그린 맨Green Man; 켈트 신화의 등장인물로 자연의 재생과 부활을 상징함.

거친 선과 긁힌 자국으로 만들어진 그 이미지의 조악함은 곧 그 힘의 일부이다. 작은 바위 조각, 검은 페인트 자국, 눈을 그린 희미한 원도 마찬가지다. 이 출현의 순간, 이 변형의 과정, 이 짐승과 인간 사이의 관계는 바위 위, 동굴 속, 개념 속에 있다. 안정된 정체성에 대한 우리의 모든 갈망, 자아에 대한 강력하고 고정된 감각은 스스로와 동일시하는 피조물로부터 자신의 이미지를 창조하려는 노력의 역동성을 부풀게 한다. 그 동물들은 바위 위에 새겨진 인간의 이미지만큼이나 분명히 우리의 뇌에 새겨졌다. 그것은 동물들과의 관계로부터 우리 자신을 상상하는 우리 심리학의 일부이다.

우리는 우리가 찬미하는 피조물들의 모습으로 거칠게 새겨졌다. 자아는 단일한 실체가 아니라 복잡하고 불안정한 관계의 묶음이다. 우리는 다른 존재들의 눈 속에서 우리 자신의 모습을 보고 고통을 겪는다. 이 '얼굴'을 그리고 새긴 예술가들처럼 우리는 늘 자아를 사이에 두고 오락가락한다. 앞뒤로 미끄러지고, 잠시 동안 자신을 주시하다가 또 암흑 속으로 미끄러져 빠진다. 의식 속으로의 자아의 등장은 지배가 아니라 동일시와 더불어 왔다. 더욱이 그것은 우리 자신을 타자의 이미지 속에 놓으려는 시도와 함께 왔다. 그 피조물은 우리 안에 깊이 각인되고 스스로에 대한 우리의 비전은 긁힌 자국과 물감 속에서 자아로부터 떨어져 나와 조각되고 새겨졌다.

우리는 영원히 계속해서 우리 자신을 형성해간다. 우리는 사물이 분명하고, 견고하고, 결정적이기를 원한다. 우리는 우리 자신에 대한 느낌을 지배하기 원한다. 우리는 안정되고 실체가 있는 자아를 믿고 싶어 한다. 사냥이 동물들을 제어하고, 세계를 제어하고, 우리 자신을 제어하는 자아의 이미지를 주기 때문에 우리는 사냥을 믿고 싶어 한다. 이것들은 변형과 변화의 이미지이다. 우리의 제어력에 대한 이미지 아래에는 좀더 미묘하고 다치기 쉬운 인간 얼굴의 이미지가 언제나 형태를 갖추고 있다. 당신이 그것을 실제로 본다면 늘 어떤 경이로 다가올 것이다.

콜라데카발로에서의 인간 이미지의 출현에 대한 시각은 사냥 모티프에 기반을 두고 있는가? 중요한 사실은 이 들소들이 사냥을 당했다는 것도, 그들이 먹혔다는 것도 아니다. 관건은 그들이 사고를 위한 재료였다는 사실이다. 이 들소들은 사색하려는 용기, 마침내 우리 자신을 직면하기 위해서 인간의 얼굴을 그리려는 깊숙한 욕망을 나타내는 최초의 은유인 것이다.

그것도 잠깐 동안이다. 그러고는 우리 자신의 일상생활로 회귀한다. 그러나 우리 깊숙한 곳에, 이 동굴 깊숙이 새겨진 얼굴처럼 짐승이 존재함을 알게 된 고양된 깨달음의 감각과 함께 돌아오는 것이다.

나는 이미지로 들끓는 알타미라 동굴의 내부에서 변화되어 나왔다. 나는 어두운 동굴로부터 찬란한 스페인의 태양 속으로 걸어 들어갔다. 엷은 안개가 들판 위에 깔려 있었다. 그 동물들과 인간의 이미지는 내 안에 있다. 그들은 내게 우리가 존재하며, 기억과 욕망 사이의 어떤 곳에서 우리 자신을 발명하였음을 상기시킨다. 우리는 인간과 짐승 사이의 내적인 경계를 따라 미끄러진다. 이 내면의 공간에서 우리의 지적인 진화가 이루어졌다. 그 경계는 과거와 미래, 동물과 인간 사이에서 점점 덜 분명해진다. 자기 정체성은 우리의 고립된 자아의 문제를 넘어 더욱더 관계의 문제가 되어간다.

내가 사색에 잠겨 그늘진 아름다운 얼굴들에 의해 충만하여 나왔을 때, 태양은 환하고 짙은 안개가 끼어 있다.

3장 마음속의 사냥꾼

네가 북두칠성에게 굴레라도 씌우고 오리온성좌의 사슬을 풀어주기라도 한단 말이냐?

── 「욥기」 38:31 [1]

오리온은 크레타로 가서 아르테미스와 레토와 함께 어울려 사냥을 하며 시간을 보냈다. 그는 대지 위에 사는 모든 동물을 죽이겠다고 협박한 것 같다. 때문에 분노한 대지는 커다란 전갈을 보내어 그를 물어죽였다. 이후 제우스는 아르테미스와 레토의 기도를 들어 그를 별들 사이에 올리고 그와 일어난 일들을 기억하기 위해 전갈 역시 하늘로 들어 올렸다.

── 헤시오도스, 『천문학』 [2]

1

　기원전 395년, 뛰어난 장군 크세노폰이 아테네로 돌아와 보니 도시가 몰라보게 변해 있었다. 1만 명의 그리스 용병부대와 함께 그는 페르시아 왕좌의 찬탈자인 키로스를 위해 싸웠다. 크세노폰의 활약 중에서도 특히 그리스로의 귀환 작전은 다른 승리보다 더 유명하게 되었는데, 그는 아테네로 돌아와 친구인 소크라테스가 기원전 399년에 사형에 처해졌음을 알았다. 이어 새로 등장한 퇴폐적인 무리가 그 도시를 물려받았다. 크세노폰의 눈에 그 소피스트들과 수사학자들은 젊은이들을 오염시키고 국가를 파괴하고 있었다.
　그는 스파르타 왕인 친구 아게실라오스와 함께 아테네를 떠났으며 기원전 394년 공식적으로 추방되었다. 그는 태양이 빛나는 펠로폰네소스 스킬루스에 있는 올림피아 근처의 농장으로 은퇴하여 사냥과 저술로 소일하였다.
　스킬루스에서의 휴식기 동안 크세노폰은 아마도 이제까지 알려진 것 중 최초일 사냥에 대한 논문을 썼다. 그의 논문은 『사냥에 대하여』, 혹은 '개를 모는 방법'[3]을 의미하는 그리스 단어인 '시네게티쿠스Cynegeticus' 라고 불린다. 이는 성인이 되면 지배 계층에 편입될 아테네의 귀족 젊은이들을 위한 훈련용 편람이다. 이는 또한 읽기 재미있고 실용적인 글이며 아테네 외곽 교외에서 그가 즐기던 스포츠인 토끼 사냥에 대한 특별한 편애를 무의식중에 드러낸다. 이 논문은 모든 장비와 의복, 기술 들을 열거하고 있다. 그러나 이는 단순한 의장과 기술의 목록을 훨씬 능가한다. 그것은 또한 사냥꾼 자신에 대한 묘사를 하였다. 즉 사냥꾼이 어떤 존재가 되어야만 하는지를 서술한 것이다.

크세노폰과 기타 뛰어난 그리스 사상가들에게 사냥은 문자를 쓰는 것이 아닌, 근육과 그 이상의 것들이 필요한 교육적 프로그램이었다. 크세노폰에게 있어 사냥은 젊은이들에게 덕을 가르치는 것인데, 여기서 덕이란 일종의 남성적 윤리를 의미하는 것이다.

크세노폰은 그것을 통해 남성으로 성장하는, 소년들을 위한 일종의 교육 기술로서 사냥을 묘사하였다. 그것은 사회적으로 책임 있는 시민의 양성을 목적으로 하는 포괄적이고 보수적인 사회적 협약 안에서 하나의 핵심적인 전략이었다. 사냥은 일종의 실천이자 신체적인 처방이었다. 그러나 한술 더 떠 그것은 사회적 직관과 사회적 실천, 심지어는 그것을 통해 그리스의 지배계급이 그들이 원하는 종류의 남성들을 양성하는 사회적 기술이었다.

이런 구도 하에서는 저녁식사용 토끼고기를 제공하는 것이 사냥에 그리 중요하지 않다. 민가를 약탈하는 야수들로부터 거주지를 보호하는 것도 실제로는 그리 중요하지 않았다. 크세노폰의 토끼 사냥 애호는 거의 도시를 방어하기 위해서 필요한 게 아니었다. 식량을 얻고 농지를 보호하는 것은 현존하는 문명사회가 필요로 하는 사냥의 중요한 이유였다. 그러나 고대 그리스의 철학자들과 사회사상가들이 그것을 다루었을 때 사냥의 가치는 레크리에이션, 그리고 더욱 중요하게는 정치와 윤리 속에 있었다. 마음속의 사냥꾼은 사회적 의미를 가지고 있었고 사회적 존재였다.

사냥은 크세노폰 훨씬 이전부터 영웅에게 걸맞은 직업으로 오랜 계보를 가지고 있었다. 그러므로 그것은 쉽게 남성다움의 이미지로 여겨질 수 있었다. J. K. 앤더슨이 설명한 바와 같이 고대와 고전 그리스 시대의 사냥은 '남성적인, 그리고 어떤 의미로는 남성의 활동'[4]이었다.

고대 지리학자인 스트라본은 기원전 4세기에 크레타 민회의 남자들이 나이 든 사람을 리더로 하여 어떻게 소년들의 '부대'를 만들었는지를 기술한다. 이 '부대'는 사냥과 경주를 하고, 전투대형을 만드는 방법을 배우기 위한 것이었다. 복종하지 않으면 그들은 매를 맞았다. 그들의 사냥에서 '특별한 풍습'은 '연애'와 관계가 있다. 귀족 소년들은 그 섬의 나이든 남자들에 의해 "의례적인 유괴"를 당했다. 그 유괴범은 소년에게 선물을 주고 그를 시골로 데리고 가서 축제와 사냥을 소개하였다. 그 성인 남성은 에라스테스(연인)로 불리고 소년은 에로메노스(연애 상대)로 불린다. 두 달 뒤 그들은 도시로 돌아오는데, 이때 소년은 풀려나고 많은 선물을 받는다. 법률에 의하면 선물로 제우스에게 바치는 암소 한 마리, 컵 한 개 그리고 무기를 요구하였으나 실제로는 물론 이보다 훨씬 많았다. 이 의식적이고 에로틱한 사냥은 크레타 소년들이 성인 전사의 세계로 들어가는 입문 의식으로 기능하였다.

마케도니아에서 멧돼지 사냥은 남자다움을 겨루는 시험장이었다. 그물 없이 멧돼지를 잡을 수 있는 귀족들만이, 즉 창을 들고 멧돼지와 직접 맞서는 영웅적인 행동을 과시해야만 연회에서 편안하게 자리에 기대 누울 수 있었다. 한 왕자는 서른다섯이라는 불명예스러운 나이가 될 때까지 마치 아이들처럼 의자에 앉아 있어야 했다.[5]

사회적 의례, 교육 프로그램 그리고 문학적 모티프로서 사냥은 진정한 거처를 시골에서 도시로 옮겼다. 실제로 사냥꾼들은 도시의 성벽 바깥 들판에서 사냥을 했을 것이다. 그러나 사냥의 진정한 자리, 그 의미와 목적은 도시 안에서 형성되었다. 그리고 사냥은 고대 세계의 완전한 남자다움의 영역을 표시하는 데 있어 그 상징적 범위를 전제하면서도 어둡고 파괴적인 측면 또한 전제하였다. 그것은 동시에 사회적 책임과 사회적 타락, 합리적인 정치질서와 위험한 야만의 이미지가 되었다.

그러나 이 사냥꾼은 그가 공격한 맹수에 의해서뿐 아니라 그가 사냥한 인간에 의해서도 알려졌다. 그는 정치적 이미지, 즉 어떤 종류의 남자다움에는 긍정적이고 다른 종류의 남자다움에는 부정적인 이미지이다. 사냥은 특정한 남자다움의 이미지를 증진시킨다. 크세노폰의 『사냥에 대하여』뿐 아니라 사냥이 특별한 종류의 남성성의 이미지로서 남자들을 훈련하는 사회적 책무를 지닌 모든 곳에서 사냥은 사회적 권력에 대한 것이다. 사냥은 남성성에 대한 논쟁 속에서 사회적으로 전개되며, 사회적 협약의 일부가 될 때 그것은 자기동일성의 정치학과 사회적 지배의 정치학을 분명히 표현한다. 그것은 소년들에게 주어진 선택을 정치화한다. 예를 들어 크세노폰에게 짐승을 쫓고, 그리스 군대의 장갑기병으로 싸우는 고결한 사냥꾼은 경멸할 만한 인간, 즉 '소피스트'나 '정치꾼' 등으로 다양하게 불리는 이들과 대비되었다. 이들과 대조적으로 사냥꾼은 노고와 덕의 찬미자이다. 그는 철학자이거나 장군이다. 진실과 행동으로 충만한 남성이다. 소피스트는 수사학과 정치적 변론술을 가르친다. 그는 오락과 게으름을 좋아한다. 크세노폰의 말대로 소피스트와 정치꾼은 "자기 친구들에 대한 승리"를 추구하며 "부자와 젊은이들을 사냥"한다. 그러나 진정한 사냥꾼은 시민에의 봉사를 위해 자신의 생명과 소유를 내놓는다. 이들은 야수를 공격하나 다른 이들(소피스트와 정치꾼)은 친구들을 공격한다. 사냥꾼은 전체 도시를 방어하는 고결한 군인의 이미지이다.[6]

특별히 크세노폰은 사냥이 이상적인 젊은이들을 배출한다고 믿었기 때문에 그것을 정당화하였다. 크세노폰은 사냥을 신들의 계보 가운데에 위치시킨 뒤 소년들의 교육을 위해 사냥을 사용하는 것을 간결하게 정당화한다.

그러므로 나는 젊은이들이 사냥이나 다른 모임들을 경멸하지 말아야 한다고 주장한다. 이들은 남자들이 전쟁과 여타 모든 일에서 훌륭하게 될 수 있는 수단이기 때문이다. 이런 일들에서는 우월성이 드러나야만 한다.

그러므로 막 어린애를 벗어난 한 젊은이가 마땅히 수행해야 할 최초의 임무는 사냥이며, 그 뒤에 다른 교육 분야로 가야 할 것이다. 만약 그 수단들을 갖추었다면 말이다.[7]

사냥은 지식과 윤리적 행위의 기반이면서 동시에 이들을 위한 수단으로 작용한다. 젊은 사냥꾼은 그의 대오가 요구하는 의무와 훈련들을 배웠다.

크세노폰이 찬미한 젊은 그리스 사냥꾼은 또한 자신의 사회적 지위에서 유래하는 권력과 특전을 배웠다. 그리고 그는 의무와 단련을 배웠다. 그는 군인이자 투표권이 있는 시민이 될 것이다. 아테네 젊은이들을 차지하려는 소피스트와의 경쟁, 다시 말해 누구의 교육학이 더 유행인가 경쟁하는 속에서 사회적 정치학과 관련되었던 고결한 사냥은 계급적 관심을 분명히 드러냈다. 계급적 우려 역시 분명히 하였다. 사냥의 상징적 내용이 이데올로기적 카스트 형태를 가짐에 따라 생계유지 활동으로서의 가치는 위축되었을 뿐 아니라 사실상 억압당했다. 자신들에게는 일종의 윤리적 행위의 훈련인 사냥이 하류 계층에서는 실제적인 목적을 위해 행해지자, 엘리트 사냥꾼들이 이러한 사냥 행위를 경멸해온 것은 사냥의 역사에서 공통적으로 나타나는 주제이다. 그 논문의 끝에서 크세노폰은 이상적인 남성이 스포츠에 의해 어떻게 고양되는지, 어떻게 그가 국가에 봉사하는지, 그리고 어떻게 이것이 사냥감을 쫓아 도시 주변을 돌아다니는 농부들과 야행 사냥꾼들에 대한 도시 사냥꾼들의 우월성을 정당화하는지를 설명한다.

그러나 이 업무(사냥)에 매혹된 이들이 얻는 이점은 많다. 그것은 신체를 건강하게 하고, 시력과 청력을 증강시키고, 노화를 방지한다. 그리고 그것은 전쟁에 대비한 최상의 훈련이다. 몸과 마음이 건강한 남성은 늘 성공의 문턱에 서 있다. 그것은 그들이 그들의 적에 대한 성공이 우리 조상들이 젊은이들에게 바랐던 그런 특질들에 달려 있음을 알고 있기 때문이다. 비록 옥수수가 부족할지라도 오래전부터 자라는 곡식밭에 사냥꾼을 못 들어가게 하지 않는 게 그들의 관습이었다. 게다가 도시로부터 상당한 반경 내에서는 사냥을 금지하였는데, 이는 전문 사냥꾼들이 젊은이들로부터 그들의 사냥감을 앗아가지 못하게 하기 위함이었다. 사냥은 그들을 침착하고 바른 남자로 만드는데, 그들은 진리의 학교(그들은 다른 일들에서뿐 아니라 전쟁에서의 승리를 위해 사냥에게 의존해야 함을 알았다)에서 훈련을 받았기 때문이다. 그것은 그들이 배워서는 안 될 다른 사악한 오락들처럼 얻고 싶어 하는 다른 명예로운 직업으로부터 그들을 떼어놓지도 않는다. 그러므로 그런 남자들로부터 훌륭한 전사와 장군들이 만들어진다. 그 뿌리를 튼튼하게 내린 이들의 마음과 몸으로부터 나오는 것은 무엇이든지 덕에 대한 갈망을 그 자리에서 번성하게 만든다. 그들은 최상의 인간이며 조국에 불공정한 일을 하지도, 그 대지에 손해를 끼치지도 않는다.[8]

사냥은 이미 자기 단련과 국가 보존을 연결시키는 영웅적인 이야기가 되었다. 이 가치들은 들판을 달리는 활동적인 젊은이의 이미지 속에 응축되었다. 사냥은 도시국가의 기초를 세우고 보전하는 활동이었다. 그래서 그것은 특권 계급의 특권적인 활동이었다.

많은 경우 공익의 목적을 위한 사냥은 열등한 지위의 표징으로 경멸을 받았다. 그 무용함은—남자들은 공개적으로 식량을 얻기 위해 사냥을 하지 않았다—사회적 우월성의 표시가 되었다. 그것은 우월성의 상징, 인격 도야의 수단으로서 추구되었다. 사냥과 엘리트 계급과의 관련, 그리고 그 계급의 전형으로 젊은이들을 교육시키려는 용도는 페르시아와 몽골의 전통, 르네상스의 귀족적 사냥과 19세기의 맹수사냥에서도 드러난다.[9]

플라톤은 사냥을 교육 프로그램이자 사회적 기구로 격상시키는 데 있어 크세노폰의 편에 서 있다. 그의 저서 『법률학』에서 플라톤은 '너무 무식한' 어떤 종류의 사냥도 충분히 신사답지 못한 것으로 일축하였다. 그의 목적은 사냥을 규제하는 법률과 사냥이 고취하는 도덕심 모두에 있었으며 '완전한 시민'을 창조하려는 것이었다. 플라톤은 사냥을 사회학 이론과 동등한 사회적 은유이자 사회 정책의 형태로 보았다. '사냥은 규모가 크고 복잡한 사건이다'라고 플라톤은 썼고 많은 다른 유형의 사회적 사냥(친구, 부, 명성, 기타 등등)으로 구성된 것으로서 사회를 분석하였으며 사냥 속에서 일련의 구별들을 제안하였다.

하지만 가장 중요한 것은 건전한 사냥의 형식을 통해서 젊은이들을 교육하는 것이었다. 건전한 사냥은 '젊은이의 영혼을 개선시키는' 능력에 의해 결정되었다. 낚시, 새총 쏘기, 야간 사냥——플라톤은 이 모든 것들을 천하다고 무시하였는데, 모두가 게으름과 실용성의 냄새를 풍긴다. 그의 관점에서는 오로지 육상 동물의 추적 나포만이 소년들에게 덕을 가르칠 만큼 충분히 솔직하고 용기 있는 것이었다. 그의 관심사는 주로 운동선수들과 신체적 경쟁을 통해 어떻게 용기를 기를 수 있는지였다.

남성은 사냥 기술에 의해 알려진다고 플라톤은 주장하였다. 그것은 그의 영혼을 드러낸다. 그는 '수고를 사랑하는 영혼의 승리에 가득한 힘'을 통해 야수를 정복하는 것만이 최상의 사냥이라고 썼다. 플라톤은 '말과 개, 그리고 사냥꾼 자신의 사지로 네발 동물을' 사냥하는 것만을 인정하였다. 그런 사냥은 남성을 '신과 같이 남자답게'[10] 고양시킨다.

사냥은 사회적 개념으로 변형되었다. 들판에서 짐승들과 상대한다는 그 윤리에도 불구하고 사냥은 자연에서의 자기 정체성의 발견이라는 자아의 개념과는 연결되지 않는다. 사냥은 소년들을 의식적으로 주의 깊게 근대의 시민으로 만드는 형성과정을 대변한다. 그것은 문화적 목적을 지니며 의식적으로 정치적이고 사회적인 관심사를 반영한다. 그것은 남성을 지배하는 특정한 코드의 기반이었다. 그 윤리는 남자들을 위해 남자들이 만든 것이다.

사냥은 사회적 권력의 표지이자 생산자로 생각되었다.

더욱 근본적으로 사냥은 자연의 활동으로부터 상징적 활동으로 전환되었다. 그것은 이제 남성의 상상력 내면에 있다. 그리고 사냥의 실용적 기능으로부터 상징을 분리해내는 것이, 비록 문화와 역사적 상황에 따라 다양하기는 하지만, 전에 가능하지 않았다면 적어도 서구 사회에서는 미래에도 가능하지 않을 것이다. 게다가 서구의 사냥꾼들은 늘 상징적 구획의 표시가 찍힌 사냥 영역으로 들어왔다. 사냥꾼은 남성의 머릿속에 둥지를 틀었다.

여전히 이 철학적 사냥, 이 플라톤과 크세노폰의 훌륭한 시민-사냥꾼 사상은 고대로부터 물려받은 사냥꾼 신화 위에 덧씌워진 일종의 틀이다. 고대 그리스 문화에서 발달하여 호메로스 이전까지 올라가는 이 신화들은 사냥꾼과 남성의 초기 계보를 제공한다. 사냥꾼의 계보는 플라톤과 크세노폰이 신화적인 유산을 합리화했을 당시부터 남성의 계보가 되었다. 사냥꾼의 철학적이고 군사적인 가치, 훌륭한 사냥꾼-시민에 대한 크세노폰과 플라톤의 개념은 문화와 자연의 경계선상에 거주하던 이보다 여명기의 사냥꾼-영웅에게 덧붙여진 틀이다. 만약 철학자들이 영웅이나 신(크세노폰은 그들이 이 스포츠를 발명했다고 말했다)의 인가를 가지고 있다면 많을수록 더욱 좋다. 그러나 그 신화들은 훌륭한 시민의 훈련을 그렇게 많이 기술하지 않았다. 그들은 영웅의 등장과 임무를 기술하는

데, 그들에게는 뭔가 제멋대로인 구석, 사냥이 남성의 심리 안에서 서술하는 좀더 위험하고 원시적인 충동 같은 무엇인가가 있다. 철학자들은 그 이미지를 길들이고 사냥꾼을 달래어 짐승의 세계를 떠나 도시에 그 거처를 마련하게 하였다.

그 위대한 신화들 속에서 모든 영웅들은 사냥꾼이었고 모든 위대한 사냥꾼들은 영웅이었다.[11]

신화와 철학자들이 남성을 사냥꾼으로 보는 개념의 근본적인 점은 그가 역경에 의해 창조되었다는 것이다. 어쨌거나 남성은 창조되었고 여하튼 그는 역경과의 투쟁 속에서 자신의 정체성을 깨달았다. 남성의 정체성은 대립을 요구하고 그 전투는 우리가 앞으로 영웅으로서의 사냥꾼에 대한 중요한 신화들 속에서 보게 될 것처럼 실제로 발생적으로 기능한다.

이 사냥꾼 모델에서의 정체성은 '그것이 무엇인가'에 의해서가 아니라 '그것은 무엇이 아닌가'에 의해 거의 동시에 결정된다.

장군과 철학자, 영웅과 신들이 모두 남성성의 모델로서 이 고귀한 사냥꾼의 이미지를 인정한다면 우리가 그 집요함에 놀랄 수 있는가? 결국 우리는 제우스와 크세노폰, 아폴론과 플라톤으로부터 그것을 얻었다.

2

반짝이고 영웅적인, 밝은 별들로 띠를 두른 오리온자리는 매년 가을과 겨울에 우리의 머리 위를 회전한다. 많은 이들에게 오리온자리는 하늘에서 가장 쉽게 알아볼 수 있는, 가장 잘 알려진 별자리들 가운데 하나이다. 그것은 많은 이들이 밤에 방위를 알기 위해 사용하는 별들의 무리이다. 오리온은 고대 그리스의 위대한 영웅이며 사냥꾼, 야음의 밀렵꾼이다. 그는 여전히 황소자리의 바로 뒤에서 한 손에 곤봉을, 다른 손에는 가죽을 들고는 살금살금 밤하늘을 걷고 있다. 그는 하늘에서부터 우리에게 어떤 메시지, 즉 초기 그리스 영웅들의 위대함을 이야기한 고대의 신화에서부터 비롯된 오랜 메시지를 내려 보낸다. 그리스인들은 최초로 사냥에 의해 남자다움의 방식에 대한 이야기들을 정의하였다. 그는 밤에 우리의 머리 위를 돌며 친숙하나 약간은 멀고 낯선 모습으로 현존한다. 그의 이야기를 알고 있는 이는 별로 없고, 이 거대하고 무서운 하늘의 사냥꾼에 의해 남성성이 어떻게 형성되었는지를 인식한 이들도 별로 없다.

그 사냥꾼이 남성 심리의 심층 구조 내에 어떻게 그런 폭력과 약탈의 개념을 심어놓았는지를 설명하는 데 사냥보다 나은 것은 없을 것이다.

나는 즐겨 겨울 하늘에서 오리온자리를 찾는다. 늦가을, 남자들이 오렌지색 사냥 모자를 쓰고 중서부의 활엽 숲 속을 흰꼬리사슴과 검은 곰을 찾아 걷고 있을 때면 나는 가끔 미네소타 숲의 외진 호숫가에 있는 통나무집의 어느 방에서 휴식을 취하곤 한다. 그곳은 얕은 호숫가에 있는 외딴 오두막이어서 나는 완벽히 프라이버시를 침해받지 않고 즐길 수 있다. 나는 하루 종일 글을 쓰고 쇠오리들이 떼를 지어 옮겨가는 하늘을 바라본다. 공기가 차갑고 깨끗해진 밤이면 별들이 하늘에서 반짝인다.

어두워지면 종종 어두운 호수로 카누를 저어 나간다. 나는 카누의 바닥에 드러누워 플래시라이트와 천문학 책을 가지고 별자리를 살피며 은하수의 하얀 길을 따라 떠돈다. 하늘에서 길을 찾아보면서 나는 그 호수에서 점점 더 편안해짐을 느낀다. 내가 알게 된 별자리가 고대인들이 보고, 또 이름 붙인 것과 동일한 것임을 알면 어느 정도 위안이 된다.

사냥꾼 오리온은 가을을 알리고 겨울을 예고한다. 나는 그가 호수의 축축한 가장자리에서 낮게 떠오르고 아비 새의 둥지가 있는 쪽으로 지는 모습을 즐겨 바라본다. 비스듬한 허리띠, 매달린 칼, 막 황소를 내리치려는 듯 머리 위로 치켜든 곤봉, 그는 하얗고 차갑게 반짝이는 별들의 무리이며 하늘에서 나의 진로를 잡아주는 가장 믿음직한 길잡이이다. 나는 늘 오리온과 함께 시작한다.

오리온은 아마도 가장 고전적인 그리스의 영웅일 것이다. 그의 이야기는 글로 쓰여지지 않았고 나중에는 다른 영웅들, 헤라클레스, 테세우스, 페르세우스 등등이 그의 빛을 가려버렸다. 그는 매우 다양하고 모순되는 단편적 이야기들을 통해 우리에게 전해진다. 그는 거칠고 세련되지 못한 시대의 영웅이며, 하도 오래되어서 우리에겐 단지 단편과 인용들로만 전해지는 것이다. 호메로스는 『오디세이아』에서 그를 언급하는데, 새벽의 여신이 어떻게 그를 유혹해서 그녀의 사랑스러운 침대로 데리고 갔는지, 아름답게 기술하고 있다.

오리온의 명성은 우선 사냥꾼으로서의 용맹성에 있다. 하늘에서조차 그는 정면에 얼어붙은 듯 서 있는 황소를 사냥한다. 왼손에 그는 어떤 사냥감, 아마도 사자의 가죽을 들고 있다. 고전적 신화의 원형적 영웅으로 오리온을 사냥꾼으로서 묘사한 것은 그에게 위대함과 명성을 안겨주었고, 그는 신격화된 사냥꾼으로서 하늘로 들어 올려졌다. 헤라클레스에서도 마찬가지로 그리스 사냥꾼은 자연과 문화의 사이에서 움직였을 뿐 아니라 그의 진정한 경계는 인간과 신의 중간 영역이었다.

그는 이상화된 형상이며, 겨울 하늘에서 푸르고 희게 빛나는 훌륭한 별들이 그 이미지의 윤곽을 그려놓았다. 하늘을 볼 때 느껴지는 그의 친밀함은 그가 남성의 자의식을 형성하는 데 미친 힘을 암시한다. 그러나 오리온의 일화들은 이상적인 영웅을 시사하지 않는다. 물론 그가 문화적 영웅이었으며, 야생 맹수로부터 왕을 보호하였다는 몇몇 이야기들도 있다. 그는 또한 카리스마와 권력을 가진 남성으로서 여신들의 사랑을 받았다. 그러나 그는 어둡고 공격적인 욕망을 가진 남성으로서 가장 생생하게 삶에 접근한다. 사냥꾼 오리온의 정신은 경계를 건너뛰고, 규칙을 파괴하고, 예절을 무시하는 격렬한 정열 속에서 드러난다. 그는 모든 형태의 사냥을 활용하였는데, 플라톤은 그 일부를 아테네 소년들을 위한 교육 계획에서 받아들일 수 없는 것으로 비난하였다. 오리온은 야음의 사냥꾼이며 잔기술, 특히 덫으로 사냥하기 좋아했다. 그리고 그는 거인이었다. 그는 대지를 가로지르고, 심지어 바다를 뛰어넘을 수도 있었다. 그는 걸을 때면 엄청난 그림자를 남겼고 때로는 지진을 일으키기도 하였다. 그의 별자리는 아름답고 여신들은 그와 사랑에 빠졌다. 그는 강력한 인물이었음이 분명하다. 그러나 그에 대한 단편적인 이야기 속에서 일종의 무법자적 카리스마가 아닌 다른 것을 찾아보기는 어렵다. 그의 매력의 원천이 바로 그것이었다. 그에 대한 모든 이야기는 파괴적인 어둠, 왕과 여자들, 그리고 그를 사랑한 여신들까지 겁에 질리게 하였던 탐욕스러운 욕망을 강조하고 있다.[12]

어떤 자연의 힘, 사회적 관계의 안정성을 위협하는 존재로서 사냥꾼 오리온은 문명의 문턱을 넘나든다. 그는 인간이라기보다는 짐승이며 지하에 사는 마신-거인처럼 육지와 바다를 가로지르는 야밤의 사냥꾼이다. 이상하게도 오리온의 약탈은 그 본성상 주로 사회적이고 그의 폭력은 일종의 사회적 일탈이다. 오리온 설화는 예컨대 사냥보다는 성적 폭력, 사냥꾼과 영웅으로서 그에게 생기를 불어넣는 정열에 대해 더 많은 것을 이야기하며, 그의 죄는 일종의 격투가 아니라 일종의 강간이다. 사냥은 몇 가지의 위장 속에서 이 강탈을 암시한다. 나는 첫 장에서 오리온을 논했지만 그의 이야기는 더 상세히 조사해볼 가치가 있다. 왜냐하면, 이 조사는 사냥꾼이 신화에서 어떻게 영웅이 되었는지를 추적하면서 우리 안에 잠재돼 있는 영웅적 남성상의 모순과 역설을 드러내줄 것이기 때문이다.

그 이야기들에서 오리온의 부모는 제각기 다르다. 대부분 이야기들은 포세이돈이 아버지라는 데 일치를 보고 있지만, 몇몇 중요한 자료들에서는 그의 어머니가 가이아, 즉 대지의 여신이라고 한다. 오리온이 땅과 바다와 육체의 근본 원소에 관련되어 있음은 분명한 것이다. 어떤 한 전승에서는 그가 포세이돈, 제우스 그리고 헤르메스가 어느 암소의 뒤에서 오줌을 누었을 때 잉태되었다고 한다. 암소는 땅에 묻혔다. 적당한 시간이 지나자 오리온은 그 무덤, 즉 대지와 '물'로부터 태어났다. 그는 오줌을 눈다는 뜻인 '우론ouron'에서 '우리온urion'이라는 이름을 얻었고 나중에 '오리온orion'이 되었다.

그는 시드라는 여성과 결혼하였다. 여신 헤라와 미모를 가지고 경쟁하다가 지하로 유배된 여성인데, 그녀가 사라지자 오리온은 키오스 섬을 여행하였고, 거기서 메로페 공주와 결혼하기를 희망하였다. 그는 그녀의 아버지 오이노피온에게 그녀를 달라고 요구하였고, 그 왕은 그에게 섬에서 맹수를 박멸하는 임무를 부여하였다. 오리온은 성공적으로 사냥을 함으로써 그의 기술을 증명하였다. 사냥은 그에게 영웅, 혹은 위대한 인물이라는 보증을 해주었다.

그러나 오이노피온은 이 영웅에 대한 보상으로 주어지기로 했던 결혼식 날짜를 계속 연기하며 그 약속에서 한 걸음 발을 빼는 것 같았다. 참을 수 없어진 오리온은 어느 날 밤 술에 취해 그는 메로페가 잘 때 그녀의 방으로 들어가 그녀를 강간하였다.

오이노피온은 화가 치밀었다. 오리온이 술로 곯아떨어진 날 왕은 그의 눈을 불로 지지고 성 밖으로 내던졌다. 눈먼 오리온은 구약성서에 나오는 또 다른 고대의 사냥꾼인 삼손처럼 숲과 해변을 떠돌았다. 그러다가 오리온은 케달리온이라는 소년을 발견하여 그를 어깨 위에 태우고 다녔다. 소년은 눈먼 사냥꾼을 동쪽으로 인도하였는데, 거기서 헬리오스(태양) 신이 그의 눈을 낫게 해주었다.

잉태에서 강간에 이르기까지, 이 이야기는 놀라운 잠재력의 판타지이다. 즉, 이는 여성이 없이 암소의 엉덩이에 오줌을 눈 것으로 잉태된 사나이의 이야기로부터, 섬에서 모든 맹수들을 제거하는 위업을 통해 진행되어 왕의 딸에 대한 강간으로 나아간다. 이 사냥꾼과 강간자, 사냥꾼 영웅과 성적 탐욕의 교차점은 불유쾌하다. 동물들에 대한 살육, 여인의 유괴, 드러나지는 않았지만 오해할 수 없는 생략elision에 의해 그 두 모습은 이야기 속에서 서로에게 미끄러져 들어간다. 양자는 지나친 리비도적 충동을 드러내는 것 같다. 살해는 에로틱해지고 성은 야만화된다. 그 사라진 '생략'은, 바로 위대한 사냥꾼의 심리 속에서 일어날 수 있다. 왜냐하면, 자기 정체성이란 모든 타자들이 그의 욕망에 봉사해야만 함을 의미하기 때문이다. 사냥과 성, 이 둘은 에로틱한 지배의 맥락 속에서 일치한다.

사냥과 성, 욕망과 죽음은 이 초기의 신화에서 연결되어 있다. 오리온은 남성 심리의 어두운 영역, 잠재력의 신화의 이면을 지배한다. 많은 남성들은, 내 생각에, 그들이 정직하다면 영혼의 깊숙한 곳으로부터 오리온과 같은 모습—난폭하고 술 취하고, 폭력적인 모습—이 튀어나올까 봐 두려워함을 인정할 것이다. 윌리엄 골딩의 소설들은 이 원시적인 폭력을 향해 허우적거리며 빠져 들어가는 것이 또한 현대인의 강박관념이며 문명의 얇은 껍질 아래에는 이 원시 사냥꾼의 폭력과 탐욕이 묻혀 있음을 시사한다.

오리온 이야기의 또 다른 판은 좀더 감동적이다. 오리온은 여기서도 역시 장님으로 나타난다.

그는 눈이 먼 채로 소년을 어깨에 태우고 여명의 태양의 치유력을 찾아 섬을 건넜다.

오리온의 시각장애는 남성이 갖는 혼란스러움의 웅변적인 이미지이다. 권력의 모티프 위에 세워진 남성다움의 이미지라는 면에서 그의 장님 됨은 처벌과 거세의 동시적인 이미지이다. 내 생각에 그것은 남성이 고발당하고 공격을 받을 때 자신의 어떤 깊은 내부에 있는 죄의식을 느끼는 방식이다. 그것은 아마도 남성의 성과 욕망이 그의 공격성에 깊이 물들어 있기 때문일 것이다. 그리고 마찬가지로 남성답지 못함을 느끼는 것은 어떤 힘을 잃었다는 의미이다. 즉, 장님과 불임이 되어 방랑하는 것이다.

영웅은 항상 자신을, 배우는 사람이 아닌 알고 있는 사람으로 생각하고 싶어 한다. 그러나 우리는 지금도 새로운 광경에 대해서 일종의 장님인 채로 더듬거리는 그런 단계에 있을지도 모른다.

그리고 장면은 키오스 섬에서 델로스 섬으로 바뀐다. 여기서 두번째 이야기가 일어난다. 그들은 첫번째 것—사냥과 성적 욕망, 사냥과 성적 폭력의 주제를 되풀이한다. 이 이야기에서 남성의 우월성은 여성의 저항과 마주친다. 델로스 섬에서 아르테미스 여신은 복수를 쟁취한다. 오리온이 시력을 되찾자 그는 새벽의 여신에게 납치되었다. 새벽의 여신 에오스는 그와 사랑에 빠진다. "빛나는 여명이"라고 호메로스는 『오디세이아』에서 쓰고 있다.

"오리온을 침대로 데려갔네."

호메로스에 의하면 오리온은 무엄하게도 여신과 잠자리를 같이하려 했기 때문에 아르테미스에게 살해당했다. 다른 신들은 여신과의 연애를 질투하였고 아르테미스는 그들을 대변하여 "델로스 섬에서 화살로"[13] 오리온을 사냥하였다.

에오스와의 연애 사건에도 불구하고 오리온의 폭력성은 대부분의 화자들에게 구제불능의 것으로 보인다. 델로스 섬에서 그는 사냥꾼/강간자로 돌아왔다.

이 이야기의 많은 변형들에도 불구하고, 남자 사냥꾼과 여자 사냥꾼의 개념이 남성과 여성의 복잡한 관계를 탐구하기 위해 사용되었다. 가장 잘 알려진 판본에서는 오리온과 아르테미스를 사냥 동료로 만들었고 신중한 어조로 그들이 연인이었거나 아니면 연인이 되려는 사이였음을 암시한다. 오리온은 여신에게 청혼하려 했으나 아르테미스는 그녀가 내킬 때만 그와 함께 사냥을 하려 했다. 아르테미스는 아폴론의 누이이며, 순결과 사냥의 여신이다. 크세노폰은 그들 둘이 사냥을 발명했고 이를 켄타우로스인 케이론에게 가르쳤으며 그가 인간에게 이를 가르쳤다고 했다.[14] 비록 아르테미스는 순결의 수호자였고 남자보다는 님프 친구들이나 동물들과 함께 있는 것을 더 좋아했지만, 이 황금 허리띠와 은 활을 가진 여신은 인간 중에서 가장 위대한 사냥꾼과 사랑에 빠졌다.

오리온과 아르테미스는 함께 동물들을 쫓았고 사자를 잡을 정도로 용맹한, 귀가 늘어진 사냥개를 데리고 그 섬을 휩쓸었다. 자신도 주체할 수 없는 정열로 인해 그는 여신의 튜닉, 즉 무릎까지 오는 소매 없는 겉옷을 붙잡고 그녀를 강간하려 했다.

무장한 여신은 맞서 싸웠다. 아폴로도로스에 의하면 그녀는 그의 손아귀를 벗어나 활을 들어 겨냥하고 그를 쏘았다.

그는 죽었고 그녀는 갑자기 그의 죽음을 후회하였다. 적어도 한 판본에서는 그렇다. 그녀는 아버지 제우스에게 죽은 사냥꾼-영웅을 구해달라고 빌었다. 그는 딸의 청을 들어주어 그를 밤하늘의 별자리로 끌어올렸다.

헤시오도스*와 오비디우스**에게서는 강간의 기도는 없었다. 대신에 오리온은 자기가 가장 위대한 사냥꾼이라고 뽐냈는데, 여자친구에게 강한 인상을 주려는 치기 어린 시도였다. 그는 자신이 지상의 모든 맹수들을 다 죽일 것이라고 말했다. 그는 아르테미스에 대해서조차도 경멸감을 가진 것 같았고 그녀를 무시하고 그가 더 훌륭한 사냥꾼이라고 과시하였다. 지구 자신, 즉 가이아 여신이 오리온의 동물과 여신에 대한 무시에 분개하였고 전갈을 보내어 그를 죽였다. 그 치명적인 독은 그가 지상의 모든 동물들을 죽이겠다고 했던 것에 대한 복수였다.

 이야기의 세부가 어쨌든 간에, 그리고 오비디우스가 그를 아르테미스의 사냥 친구로 만듦으로써 죄를 좀 덜려 했을 때조차 그 사냥꾼은 사납고 난폭한 존재였다. 그의 욕망은 그 양자, 즉 동물과 여성에 대한 것이었다. 사냥은 영웅들의 경쟁으로 그려지고 그 경쟁은 지구와 여성을 동시에 의미하는 자연의 여신과 쉽게 연결된다. 가이아와 아르테미스는 이 이야기에서 같은 기능을 수행한다.

 또 다른 판본의 신화에 의하면, 아르테미스는 오리온을 죽일 의도는 없었다. 그녀는 그를 사랑하고 결혼하려 하였다. 두 사냥꾼은 한 침대를 같이 썼다. 그러나 그녀는 마찬가지로 사냥꾼인 오빠 아폴론에게 속았다. 그는 오리온에 대한 그녀의 사랑을 질투하였다. 어느 날 그를 단지 점 정도로 보일 때까지 먼 바다로 헤엄쳐 나가게 하고는, 동생에게—그는 교활한 신이었다—그녀가 저 멀리 있는 검은 물체를 화살로 맞출 수 있는지 모르겠다고 하였다. 아르테미스는 활을 들어 도전에 응했고, 이겼으나, 오리온은 죽고 말았다. 경쟁자들 간의 에로틱한 매혹을 암시하는 데 덧붙여, 이 이야기는 그렇지 않았다면 구제불능이었을 오리온을 구제하는 데 한몫을 하였다.

---

* 헤시오도스(Hesiodos, B. C. 8세기 말) ; 고대 그리스의 서사시인. 대표작 『신통기』『노동과 나날』 등.
** 오비디우스(Ovidius, B. C. 43~A. D. 17) ; 고대 로마의 시인. 대표작 『변신이야기』『애가』.

종합하면 오리온은 위대한 사냥꾼이었으며, 여신과의 관계로 인해 신을 질투하게 만들었으며, 섬에서 야수를 근절하였고, 사냥 기술을 뽐내었으며, 여성과 여신들을 강간하려 하였고, 대지에 도전하였으며 그러고는 아르테미스의 화살, 혹은 대지가 보낸 전갈에 의해 죽었다.

그런 뒤 하늘에 올라간 그는 사냥꾼으로 남아 있다. 좀 다른 훗날의 이야기는 그가 신이 된 장면을 보충한다. 지구에 있을 때 그는 플레이오네의 딸들과(이들이 플레이아데스이다) 사랑에 빠졌다. 그들은 그의 색욕을 불러일으켰고 그녀들은 도망갔다. 사냥꾼은 그를 쫓았다. 이 소녀들을 불쌍히 여긴 제우스는 플레이아데스 자매들을 별로 만들어 하늘에서 오리온자리 바로 앞에 놓았다.

그들은 타우루스(황소자리)의 어깨쯤에 있는 희미하고 아름다운 별들의 무리로 보인다. 오리온은 하늘에서 그녀들을 여전히 뒤쫓는다. 차갑고 환하게 반짝이며 영원히. 그것은 충족 불가능하고 탐욕스러운, 그리고 그 자신의 불가능성 위에 세워진 욕망의 이미지이다.

여자들에 대한 사냥 이야기는 별도로 하고, 이 원초적 사냥꾼의 이야기들에서 강하게 다가오는 것은 오리온이 대립과 갈등의 규범에 의해 자신을 정의하였고 사냥꾼으로서의 정체성과 신격화를 달성하였다는 사실이다. 심리학적으로 말해서, 그는 남성의 자기 정체성의 중요하고 근본적인 유형을 규정한다. 그는 자신이 누구인지를 알고, 타자와의 대립을 통해 영웅과 남성의 존재를 획득한다. 욕망 자신이 이 대립에 뿌리박고 있는데, 그것은 관계가 아닌 그 자신의 탐욕을 추구한다. 이 모델에서 정체성은 어떤 의미로는 관계와 대립한다. 이 모델은 단순히 규범과 행동의 그것이 아니라 의식의 모델이다. 그가 다른 대상—그의 세계의 '타자'—들과 이룩한 관계는 이 정체성 형성의 영웅에 있어 좀더 중요한 사업에 의해 실제로 포섭되었다. 남성은 '타자'를 굴복시킴으로써 자신을 창조한다.

여성이 스스로를 '관계적으로relationally' 정의한다면 남성은 이 신화의 모델에서는 자신을 개인적 정체성——(정체성 확립 과정에서 열등한 자나 낯선 타자가 되는 다른 인간이나 동물과의 대립 속에서 응축되는 개인적 정체성)——을 통해 정의한다. 다른 말로 하면, 이 자아의 감각은 정복해야 할 적을 만났을 때 가장 힘차게 살아나고 집중적으로 인식된다. 짐승, 야만인, 여성, 혹은 노예 등으로 적들은 다양할 수 있다.[15]

우리에게 남겨진 오리온의 유산은 정체성과 욕망 그리고 권력이라는 주제를 조합한다. 그는 하늘에서 황소와 더불어 플레이아데스를 쫓는다. 그리고 그는 전갈에 의해 쫓기고 있다. 나는 오리온이 늘 손에 닿을 수 없는 먹이——황소와 자매들——를 갈망한다고 상상한다. 곤봉을 치켜든 채 그는 그 자신의 겨울과, 밤의 욕망의 차가움에 대하여 영원한 사냥을 하도록, 자신의 욕망을 영원히 되풀이하도록 선고를 받았다. 그는 밝게 빛나는 칼을 옆구리에 차고 있고, 벨트는 엉덩이에서 비스듬히 기울어져 있다. 겨울 밤하늘에서 가장 밝은 두 별인 베텔게우스와 리겔이 그의 몸에서 빛난다. 그리고 그는 하늘에서도 개(시리우스)를 데리고 있다.

오리온은 우리 최초의 영웅들 중 한 명이다. 그리고 그의 드라마는 매년 우리의 머리 둘레를 돌며 밤하늘에 아로새겨진 조용한 메시지를 전해준다. 자신만의 영원한 추적에 갇힌 오리온은 자신을 사로잡은 사냥꾼적 욕망의 희생자로 보일 수도 있다. 남성성을 정의하는 이야기들에 대해 더 잘 알게 되고 남성의 정체성에 대한 보다 나은 설화들을 꾸밀 때까지 남자들은 오리온처럼 맹목적인 반복의 주기에 사로잡혀 있을 것이다.

3

아르테미스가 여신이자 여자 사냥꾼이기는 했지만 아마도 여성들은 고대 세계에서 그리 많이 사냥을 한 것은 아니었을 게다. 아우구스투스 치하의 로마 시인 오비디우스는 애인 레안드로스에게 편지를 쓰는 아름다운 여성 헤로를 상상하였다. 그는 그녀의 편지를 전설적이고 신화적인 연인들이 쓴 연애 서간집인 『여류의 편지 Heroides』에 포함시켰다. 대부분이 애가(哀歌)이며 연인을 잃은 여성들이 쓴 것이다. 헤로는 레안드로스에게 애타는 편지를 쓴다. 그녀는 젊은이다운 로맨스로 충만해 있다. 그러나 그녀는 긴 이별 기간 동안 그가 즐기는 오락을 자기도 할 수 있었으면 하고 바라며 불평하고 있다. 그녀의 말로는 그가 말을 타고 사냥을 하며, 낚시를 하고 새총으로 새를 잡는다고 한다. 그러나 그녀는 여자이므로 이런 일이 금지되어 있다. 그가 없는 동안 그녀가 할 수 있는 일은? "사랑 말고는 남겨진 게 아무것도 없어요"라고 그녀는 한숨을 쉰다.[16]

아마도 남성은 사냥을 하고 여성은 사랑을 하리라.

사냥은 남자들을 독특하게 남성적이고, 독특하게 사적인 남성적 영역으로 옮겨놓았으나, 여기서 여성들은 대개 배제되었다. 그 기능은 비록 그렇게 되기는 했지만 단순히 여성을 남성의 활동에서 제외시키는 것이 아니었다. 즉, 개괄적으로 말해 사냥은 사회적 영역, 사회적 역할을 구별 지었다. 남성은 대체로 사랑을 통해서는 자신의 정체성을 발견하지 않았다. 그들은 정체성을 발견하고 확립하는 방법으로 사냥을 이용하였다. 이것은 남성의 영역, 남성의 활동으로 표시된다. 남성은 처음에는 그것을 여성들로부터 벗어날 수 있는 공간을 만드는 데 사용하였고, 두 번째로 더욱 중요하게도 집과 심지어는 문명(가정과 도시) 밖을 벗어난 공간을 창조하였다. 거기서 그들은 자신들의 기개를 시험하고 자신들에게 도전하고 정체성을 증명하였다.

사냥은 사람들이 그들의 성과 정체성에 대해 생각하는 방식을 제어하는 동시에 양성의 행동을 규정한다.

여성들이 자신을 사냥꾼으로 묘사하지 않았던 것은 아니다. 카르타고의 디도는 아이네이아스와 함께 사냥을 하러 나갔고 파이드라도 사냥을 하였다. 게다가 아르테미스와 연관된 신화는 많은 여신과 님프들이 사냥을 했음을 보여준다. 그러나 그들은 예외적인 여성이었다. J. K. 앤더슨이 고대의 사냥을 다룬 책에서 쓴 대로 고대 그리스의 사냥은 남성적이고, 어떤 의미에서는 남자다운 활동이었다.[17]

그리스 도시 국가 중 가장 정력적이고 엄격했던 스파르타에서도 그는 여자들이 실제로 사냥을 했다는 증거를 찾을 수 없었다. 사냥은 부분적으로는 남성이 군사 훈련을 받는 방법이었다. 아르테미스는 신화적인 존재이다.

"타이게투스의 산등성이에서 벌어진 사냥에서 아르테미스의 마음을 기쁘게 한 제우스의 딸들, 님프들이 스파르타에서도 그 피비린내 나는 짝을 구하지 못했다면, 훨씬 더 느슨한 생활방식을 추구했던 다른 도시 국가들에서는 여자 사냥꾼들은 더더욱 필요 없었을 것이다."[18]

사냥의 사회적 가치는 소년들에게 그들에게서 기대되는 책임감들을 훈련시키는 데 있었다. 사냥의 은유적인 가치는 남자들에게 그들 자신을 영웅으로 인식하는 방법들을 제공하는 데 있었다. 영웅의 규범은 그 본질상 일관된 정체성에 이르는 통로였다.

그렇지만 사냥이 늘 남자가 영웅이 되는 방법으로 기능하는 것은 아니었다. 오리온은 어느 정도 그의 사냥 능력, 즉 지상의 동물들을 살해하는 능력으로 그 문화에서 자신이 영웅임을 보여주었을지 모른다. 그러나 좀더 전형적으로는 사냥이 고전시대 영웅의 가장 큰 공헌은 아니다. 차라리 영웅이 그의 타고난 위대함을 사냥을 통해서 공표하는 것이라고 말하는 편이 나을 것이다. 사냥에 있어 그는 자신의 성숙한 기술을 사람들이 인식하게끔 한다. 가장 순수한 형태로 이 고전적인 사냥꾼의 기술이란, 지치지 않는 체력이다. 그러나 사냥에서 영웅의 규범은 위대한 묘기나 행위의 성취 이상의 것이다. 영웅으로서 사냥꾼의 규범에서 가장 중요한 것은 대립과 정복을 통해 그의 정체성을 획득하는 것이다. 남성의 정체성은 뭔가 다른 것과의 대립을 통해 이룩된다. 동물들은 실제로는 영웅이 그들에 맞서 자신을 창조하는 법을 배우게 되는 '타자'의 상징이다. 그는 타자가 없이 존재하는 법을 알지 못한다. 사냥은 이 정체성의 심리적 역학 속에서 기능하는데, 그것은 인간을 동물과 대립되는 자리에 놓기 때문이다. 좀더 정확하게 이 고전적 영웅의 규범은 동물에 대한 대립적인 감각을 발전시키는데, 서구에서는 사냥이 바로 그것을 의미한다.

이 정체성의 창조는 사냥꾼들에 있어 통계적으로 나타나는 사실이 아니라 사냥꾼의 심리에서 일어나는 역동이다. 동물이나 다른 이들을 패배시키는 행위 속에서 정체성은 획득된다. 그것은 역동적인 과정이므로 꾸준히 수행되고 그래서 사냥꾼-영웅은 자아의 감각을 유지할 수 있다. 사냥꾼으로서 남성은 자신을 끊임없이 재창조하기 위해 사냥을 계속한다.

영웅의 정체성을 놓고 본다면 원형적인 그리스 영웅인 오디세우스에서보다 사냥의 힘을 더 잘 드러내는 이야기도 없을 것이다. 호메로스는 20년 만에 집에 돌아온 이 늙은 영웅과 어린 시절 유모였던 유리클레이아 간의 그 유명한 장면에서 파르나소스 산으로 사냥 원정을 간 오디세우스의 이야기를 전해준다.[19]

오디세우스는 그리스의 영리한 영웅이자 계략이 뛰어나고 교활한 인물이었다. 그러나 영웅으로서의 그의 정체성은 지성이 아니라 육체에 의해 수행되고 드러난다. 우리는 허벅지 위의 흉터 때문에 그를 영웅으로 알아본다. 그가 트로이 전쟁 후 오랜 세월이 흘러 집으로 돌아왔을 때 늙은 유모는 이 흉터를 통해 그를 알아보는 것이다. 그는 어릴 때 허벅지에 그 흉터를 입었다.

"오래된 상처, 멧돼지의 하얀 엄니가 깨물었지요."

성인이 되자 그 사냥의 흉터는 오디세우스의 소년 시절을 드러내고 동시에 그가 돌아온 영웅임을 알려준다.

오디세우스는 트로이 전쟁에서 10년, 여러 모험들로 10년을 보낸 뒤 집에 돌아온다. 그는 여러 구혼자들이 아내를 괴롭히고 있음을 알게 되었다. 그 구혼자들은 그의 성을 점거하고 그의 재산을 축내고 있었다. 그는 정체를 가장하기 위해 늙은 거지로 분한다. 이야기의 설정에서 그는 성 안으로 들어가는데, 어린 시절 유모였던 늙은 여인이 목욕을 하라고 권한다. 그녀는 자신이 친절을 베푼 늙은 거지가 주인인 줄을 모르고 있다. 오디세우스 또한 자기도 모르게 그녀가 몸을 씻기는 데 동의한다. 불을 피워놓은 따뜻한 방에 들어간 뒤 그녀는 불빛에 반짝이는 청동 욕조 위로 그의 다리를 들어올린다. 그녀의 손가락은 오랜 상처 위를 문지른다. 오래된 흉터이다.

그녀는 주인의 다리를 다 드러나게 하고 가까이로 몸을 굽히는 순간 그 상처를 바로 알아본다. 오디세우스의 정체와 그 상처의 모든 내력이 그녀의 마음속에 밀려들어온다.

유리클레이아는 파르나소스 산정, 할아버지의 성에서 있었던 오디세우스의 사냥을 기억한다. 그는 어느 날 아침 일찍 숙부와 함께 나가 난폭한 맹수인 멧돼지를 사냥하러 낮은 산등성이의 푸른 숲 속을 헤치고 나갔다. 멧돼지는 그들을 피해 우거진 수풀 속에 숨어 그 덤불 아래서 태양의 열기를 피하여 잠을 자고 있었다.

오디세우스는 부하들을 지휘하였다. 그가 선두를 맡았다. 짖어대는 개들의 선두에서 그는 젊은이의 남성다움의 상징인 긴 창을 들고 있었다.

정오에 오디세우스와 부하들은 선선하고 풀이 우거진 계곡으로 들어갔다. 그들은 아주 멀리서 반짝이는 지중해를 볼 수 있었다. 수풀 속에서 잠자던 커다란 멧돼지가 소리에 놀라 일어나서 그들에게 달려들었다.

> 개의 발자국, 사람의 발자국은
> 멧돼지를 깨웠다. 그리고 수풀 속에서
> 날카로운 등의 갈기를 곧추세우고 불타는 눈빛으로
> 그놈은 뛰어나와 평지에 섰다. 오디세우스는
> 그놈 위에 올라타 일격을 가했다. 그러나 멧돼지는
> 이미 긴 창 아래서 노리고 있다가
> 하얀 송곳니를 곧추세워 무릎 위의 살점을 날렸다.
> 그러나 뼈는 피해갔다.
> 오디세우스의 두번째 일격은 다행히 제자리에 맞아
> 날카로운 창이 어깨 사이를 찔러 들어가
> 그 짐승은 쓰러져 신음하며 생명이 사라졌다.

그 순간이 오디세우스의 다리를 씻기던 유모에게 순식간에 떠올랐다. 그녀는 손으로 그 흉터를 더듬다가 손을 대어 그것이 무엇인지 알고는 다리를 떨어뜨렸다. 물이 튀었다. 그녀는 감격하여 그에게 속삭였다.

"오디세우스 님이군요. 저는 지금까지 몰랐어요."

그녀는 말한다.

"내 손으로 주인님의 몸을 다시 만질 때까지는요."

그의 정체성은 사냥을 통해 숙부 아래 있던 젊은이, 그리고 영웅으로 돌아온 원숙한 남자로서 드러난다. 아주 가정적인 이 순간, 영웅의 정체성이 드러나며 그 공명하는 방식은 오디세우스의 다리가 청동 욕조로 떨어지는 단순한 이미지를 통해 이루어진다. 욕조가 쨍 울리고 물이 튄다.

성인으로서 오디세우스의 정체성은 글자 그대로 육신 위에 새겨져 있다. 그는 오래된 사냥 흉터에 의해 표시가 되었고 그것은 그가 누구인지를 유모에게 알려주었다. 정체성의 표지로서 사냥의 호소력은 대부분 두 몸, 즉 인간과 짐승 간의 대립, 그리고 그 대립의 대단히 물질적인 본성에 놓여 있다. 대립관계에 있는 육체로서의 사냥은 어느 정도는 드라마틱하고 서사적으로 보인다. 그것은 어떻든 논란의 여지없이 현실적인 것이다. 상처에는, 그런 부가적인 이야기를 전달하며 그 남자 자신의 신체 조직에 감겨들어간 무엇인가 확신을 주는 것이 있다.

사냥은 상처를 입고 흉터가 남은 남성 육체의 담론이다. 그리고 남성의 정체성은 뚜렷하고 불가피한 육체의 견고함 속에 주어진다. 그것은 사냥의 힘이며 그 힘은 우리가 고고학의 과학적 담론을 통해 본 바와 같이 사냥을 남성의 규범으로 채용한 문화의 가치체계 속에서 그것에 매우 사실적인 감촉을 부여하는 언어를 사용한다. 20세기는 사냥에 과학적인 승인, 즉 사냥에 일종의 사실성을 부과하는 언어를 부여하였다. 그리스인들은 사냥에 대해 육체에 대한 승인을 부여하였다. 육체의 접촉과 반짝임, 두 육체 사이의 경쟁, 상처 입은 살 속에 매몰된 자아, 이것들은 뭔가 현실적인 것의 무게와 부피를 지니고 있다.

이와 똑같은 규범이 그 서사시의 클라이맥스에서 드러난다. 즉, 사냥 은유의 회오리 속에서 오디세우스는 그의 아내를 빼앗으려는 구혼자들을 쓸어버린다. 이 이야기에서 가장 감동적인 부분은 이타카로 돌아왔을 때 그를 처음 알아본 존재가 어떤 사람도 아닌 늙은 애견(사냥개)이었다는 점이다.

문학적이자 은유적인 이 고전적 사냥꾼들은 어떤 근본적인 방식을 통해 야수를 죽이는 행위 가운데서 창조되었다. 영웅은 죽일 맹수를 필요로 한다.

영웅이 좋아하는 사냥감은 멧돼지나 사자이다. 그리스 요새의 문에 새겨진 사자는 그 영웅들의 용맹함을 증거하며 여기서는 정체성과 사냥꾼이 아주 밀접하게 연관되어 있다. 헤라클레스는 가장 위대한 그리스 영웅들 중 한 명이며 단연 뛰어난 사냥꾼이었다. 예컨대 초서*는 그를 하늘에 오른 사냥꾼의 모델로 여겼다. 사냥꾼으로서 그는 강인한 남성의 완전한 이미지였다. 초서는 헤라클레스의 열두 모험을 사냥의 형태로 요약하였다. 에리만투스의 멧돼지, 괴물 카쿠스, 네메아의 사자(헤라클레스가 그 가죽을 걸치고 다녔다), 크레타의 황소, 머리가 자꾸 생기는 히드라, 아르테미스에게 바쳐진 황금 뿔 등이다. 그는 마침내 신이 되었다. "그 강한 남자"라고 초서는 쓴다. "헤라클레스는 위대한 행위가 어떻게 천상의 영예를 얻는지 보여주는 위대한 본보기의 드높은 예이다."

멜레아그로스는 다른 모든 영웅들이 실패했던 칼리돈의 멧돼지를 잡은 것으로 유명한 또 다른 영웅이다. 아킬레우스 역시 사냥꾼이었다. 크세노폰은 그가 켄타우로스 케이론에게 사냥을 배웠다고 말했다. 일리아스 18장에서 위대한 영웅 아킬레우스는 신이 만들어준 그의 방패에 단 한 명의 영웅, 즉 오리온을 그려 가지고 있었다. 그것은 사냥꾼과 개들이 괴물 같은 한 쌍의 사자와 멧돼지를 공격 중인 장면이었다. 사냥꾼들은 또한 괴상하고 신화적인 짐승들을 물리쳐야 했다. 예를 들어 벨레로폰은 불을 내뿜는 키메라(일부분은 구렁이, 일부는 사자, 일부는 염소인 여성 괴물)를 죽였다. 페르세우스는 고르곤, 즉 뱀 머리카락을 한 메두사를

---

* 초서(Geoffrey Chaucer, 1340?~1400); 영국의 저명한 작가, 주요 작품 『켄터베리 이야기』 등.

죽였다.[20]

　이런 이야기들은 어디까지라도 갈 수 있다. 참으로 많은 예들이 있고 이들은 그 이야기와 심리학의 측면에서 대단히 매혹적이다. 그것은 야릇한 가계이며 남자들이 사냥을 통해 영웅의 전당으로 가는 길이다. 이 특정한 사냥 이야기, 맨손으로 야수와 맞서는 이런 이야기들은 오늘날 남성의 상상력에서 그리 지배적이지는 않은데, 남자들이 먼 거리에서 강력한 엽총을 가지고 하는 사냥에 아주 익숙해졌기 때문이다. 현대적인 사냥의 의미에서는 기술이 더 지배적이다. 즉, 무기를 사용하고 자연과 야수들을 다루는 다른 능력들 말이다. 그러나 엽총을 가지고도, 우리는 여전히 개별 남성들이 강하고 사나운 맹수와 맞서는 사냥 이야기들이 가장 호소력이 있다고 여긴다. 맹수들은 가장 남성적인 사냥감이다. 우리는 고대의 영웅들처럼 사냥을 하지는 않지만 그러나 남자들은 여전히 상상력을 통해 자신들의 서로 다른 이야기들을 뭔가 영웅처럼 보이는 틀 속으로 꿰어 맞추려고 한다. 그 이야기들은 남성들에게 사냥의 정서적이고 상상적인 의미를 제공한다. 그 이야기들은 그들이 사냥을 어떻게 내면에 받아들였는지를 보여준다.

　영웅적인 맞대결은 남성성에 대한 현대적 의미의 중심에 있다. 남자들은 여전히 머리에 뭔가를 이고, 문제를 떠맡고, 적들과 씨름할 때 자신이 남자임을 느낀다. 우리는 굴 속에서 맹수와 맞서고 싶어 한다. 이런 은유들은 사냥의 멀고 희미한 향기를 풍기고 있다.

4

　한때 나는 문학과 멧돼지 사냥의 경험을 비교하기 위해 스페인 산지에서의 멧돼지 사냥에 동참하려고 결심했었다. 오늘은 아주 아름다운 일요일 오전이다. 그리고 온종일의 경험을 통해 나는 그 특별한 사냥 이야기가 얼마나 생생히 살아 있는지를 알게 된다. 맹수와 맞서는 영웅은 여전히 존재한다. 우리는 칸타브리아의 거친 산야에서 사냥을 했는데, 눈 덮인 피코스데에우로파의 위엄 있는 전경이 바로 뒤에 깔려 있다. 날은 따뜻했고 공기는 축축했으며 오후가 지나 저녁이 되어 쌀쌀해지자 무거운 안개가 깔리고 기울어지는 햇빛 속에서 황금색으로 빛난다. 멧돼지 사냥 caza jabali은 스페인에서는 고전적인 남자다운 사냥이다.

대부분의 유럽 지역에서 현대의 멧돼지 사냥은 준군사적인 작전이다. 남자들은 군대 유니폼처럼 녹색의 스웨터와 바지를 입고 팀eqipos을 짜서 전략적인 위치에 따라 언덕배기에 배치된다. 그들은 사냥의 진행 과정 중에 무전기를 사용하여 연락을 취한다. 나는 호세 루이스 곤잘레스와 동행했다. 그는 마르고 수염을 기른, 눈빛이 날카로운 남자다. 그는 사하보호구역의 구아르다guarda인데 이는 정부 관리로 미국 야생동물보호국의 국립공원 관리인과 비슷한 직책이다. 그러나 호세는 사냥을 통제하려 하기보다는 이를 지도하려고 한다. 내 작은 오렌지색 르노 친코를 그와 함께 타고 사냥꾼들 사이를 이동하는데, 그들은 산등성이에 자리를 잡고 대기하고 있었다. 우리도 그들과 함께 기다린다. 호세는 멧돼지의 움직임을 따라 무전기에 귀를 기울이고 있다.

아래쪽으로부터 우리는 개가 짖는 소리를 들을 수 있다. 몇몇 사람들이 개를 데리고 능선의 아래쪽에서 피나레(솔밭 몰이)를 한다. 그곳에서 멧돼지들은 낮에 몸을 숨기고 잠을 잔다. 그 목적은 개가 멧돼지를 놀라게 하여 언덕 위쪽으로 몰아 사냥꾼들이 기다리고 있는 지점 사이를 지나가게 하려는 것이다. 운이 좋은 사냥꾼이라면 멧돼지가 앞을 가로질러 도망갈 때 쏘아 맞출 수 있을 것이다.

나는 친구들로부터 이미 여러 번 송곳니가 뾰족한 멧돼지는 매우 위험하며, 그놈들을 보면 바로 나무 위로 기어 올라가야 한다는 말을 들었다. 일종의 영웅적인 아우라가 멧돼지 사냥의 전통을 둘러싸고 있다. 점심때쯤 호세 루이스와 나는 아래로 솔밭 몰이를 내려다보며 한 높은 봉우리로 차를 몰고 갔다. 우리는 샌드위치를 나눠 먹고 호세 루이스는 아침 일찍 멧돼지 한 마리가 자신을 쫓던 개를 공격하였다는 사실을 무전으로 들었다. 그놈은 개 한 마리를 들이받아 쫓아버렸다.

오후 늦도록 우리가 멧돼지를 잡을 가능성은 점점 더 희박해 보인다. 호세 루이스는 지겨워진다. 우리는 카르모나라는 이름의 마을 위 고지에 있는 아름다운 장소로 옮긴다. 그 주민들은 여전히 집의 2층에 살고 짐승들은 1층의 마구간에 산다. 우리는 마른 골짜기의 꼭대기에 있었고 사냥꾼들은 우리 아래 있다.

갑자기 저 끝에서 개들이 골짜기의 갈색 덤불 사이를 뚫고 우리 쪽으로 멧돼지 한 마리를 몰고 온다. 개들은 골짜기의 두껍게 깔린 풀들을 헤치며 무섭게 짖으면서 달려온다. 호세 루이스도 흥분해서 무전기에 대고 소리를 지른다.

"아탕시옹, 아탕시옹, 자발리(조심해, 조심해, 돼지다)!"

멧돼지 한 마리가 달려 들어왔고, 우리는 사냥이 벌어지는 것을 보기에는 완벽한 장소에 있다.

우리는 사실상 사냥 본부가 되었고 호세 루이스가 무전기로 사냥꾼들을 지휘한다.

나는 처음에는 그 동물을 보지 못했다. 호세 루이스는 우리 바로 아래 있는 사람이 그놈을 쏘려 한다고 경고한다.

나는 여전히 못 보고 있었는데, 멧돼지는 골짜기를 달려 올라와 덤불 속을 뚫고는 우리 바로 아래 있는 골짜기의 바닥을 따라 나아가기 시작한다. 이쯤 되자 개들은 거의 흥분으로 미쳐버렸고 광란에 빠져 짖어댄다. 그들은 헐떡거리는 주인을 뒤에 남겨두고는 골짜기의 한쪽 끝에서 덤불숲을 헤치며 오고 있다.

호세 루이스는 한 번 더 무전기에 대고 우리 아래 있는 사람들에게 멧돼지가 온다고 소리를 지른다. 그는 우리 쪽으로 오고 있는 정확한 위치를 일러준다. 나는 그놈이 사냥꾼들을 스쳐갈 때 본다.

나는 총소리를 듣는다. 그 멧돼지는 돼지처럼 비명을 지른다.

멧돼지는 사실 돼지처럼 보인다. 그것은 그리 크지도 않고, 사실대로 말하자면 스파니엘 종만 한 크기이다. 어린놈이다. 영웅적 대결의 적수로는 보이지 않는다.

이제 그놈은 우리로부터 도망쳐 골짜기 아래로 내려간다. 다음 한 방에 뒷다리가 쓰러졌다. 그놈은 언덕의 먼지투성이 밭 위에서 쓰러진다. 그러나 다시 뛰어오르더니 위로 기어올라 죽은 양치류 식물들을 뚫고 달려 우리들로부터 도망가려고 시도한다. 총소리가 여러 번 울린다. 그리고 돼지의 비명도.

이제 그놈은 영원히 쓰러졌다.

그 군사적인 형식성과 차가운 효율성이라는 면에서 이 사냥에는 뭔가 심오하게 남성적인 것이 있다. 나는 그 멧돼지와 사냥의 광경을 보며 매우 흥분했다. 멧돼지가 쓰러진 후 나는 언덕 위를 달려 내려가 그놈을 자세히 바라본다. 개 몇 마리가 달려들었고, 세 사냥꾼이 기뻐 날뛰며 도착한다.

그러나 그 작은 멧돼지는 우리를 좀 당혹스럽게 한다. 너무 어리다. 송곳니도 없다. 그놈은 작은 코와 어두운 갈색의 억센 털을 가졌다. 그러나 거기에는 영웅을 병원으로 보낼 만한 것이 아무것도 없다. 어떤 위험도 말이다. 가장 커다란 육체적 갈등의 순간은 개들이 그 돼지를 물어

뜯고 마치 그 몸뚱이에 사후의 복수라도 하듯이 그 주변의 땅을 파헤치게끔 사냥꾼들이 내버려두었을 때 온다.

어쨌거나, 남자다움과 준영웅적이라 할 멧돼지 사냥의, 그 남성성이 구체적 진술을 획득하는 방식에는, 사냥의 '느낌'이 구석구석 충만해 있다. 그것은 내가 호세 루이스와 나눈 마지막 대화에서 살짝 드러난다. 신체적 강인함은 그 사냥의 가치의 일부로 남아 있다. 비록 그 서술 양식이 그런 메시지를 아주 희미하게 보존하고 있기는 하지만 말이다. 나는 호세에게 그가 그 멧돼지를 그렇게 금방 발견한 데 대해 대단히 깊은 인상을 받았다고 말한다. 당신은 "눈이 좋군요ojos fuertes"라고 나는 말한다. 그는 한바탕 웃고는 눈에 교활한 장난기를 머금고 다른 친구들에게 이 말을 반복한다. 그때서야 나는 '좋은 눈ojos fuertes'이 정력이 센 불알을 의미한다는 사실을 알게 된다.

그는 내게 눈을 찡긋해 보인다. 답례로서 그는 내가 스페인어를 잘한다고 말해준다. 그는 또 한 번 웃는다. 그 순간 멧돼지와는 간접적인 관계이지만 함께 사냥을 했다는 사실과 전적으로 관계있는 어떤 유대가 형성된다. 그리고 호세 루이스는 내 스페인어를 들으면 내가 강한 불알cojones fuertes의 소유자임을 알 수 있다고 말한다.

5

아폴론은 델로스 섬에서 미숙아로 태어났다. 칠삭둥이로 태어난 것이다. 그의 어머니는 레토였고 아버지는 제우스였다. 넥타르와 암브로시아(신의 음료와 음식)를 먹고 아기 신은 빨리 자랐다. 나흘째 되는 날 새벽, 아기 아폴론은 활과 화살을 요구하였다. 그는 종종 엄마 품에 안겨

무기를 들고 사냥을 하는 모습으로 도자기에 그려진다.

사냥은 남성의 스포츠이지만 신의 발명품이다. 그리스인들은 사냥에 기독교적 전통에서 그래 왔던 것보다 더욱 신적인 위치를 부여하였다.[21] 『사냥에 대하여』에서 크세노폰은 아폴론과 아르테미스가 사냥을 발명했다고 말한다. 아득한 곳에서 활을 쏘는 궁수이자 빛과 영광의 신인 아폴론이 몸소 사냥에 남성적인 광채의 낙인을 찍었다. 그는 사냥을 축복하였다. 마신적인 오리온, 영웅적인 오디세우스, 신 아폴론은 함께 사냥의 지평을 향한 독립된 세 가지 길을 제시한다. 사냥꾼의 한 유형으로서 아폴론의 재능은 동물들을 물리치는 행동이 특별한 남성적 활동임을 확증하는데, 조지프 폰텐로즈가 전투에 대한 그리스 신화의 연구서인 『파에톤: 델포이 신화와 그 근원에 대한 연구』에서 주장한 대로 그것은 그 적수가 성(性)이나 종(種)에 무관하게 변화할 수 있는 존재였다.[22] 아폴론과 파에톤의 이야기에서 핵심 부분은 그 남성 신이 사냥꾼으로 등장하여 동물들을 물리치고 자신의 제단을 만들었음을 시사한다.

사냥과 아폴론의 관계는 그가 점점 더 기예와 합리성, 음악과 태양에 결부됨에 따라 우리 마음속에서 희미해졌다. 그는 반짝이는 신을 의미하는 포이보스라고 불리기도 하였으나 활과 화살 통을 잊은 적이 없었다. 그의 별칭은 '먼 곳에서 활을 쏘는 이'였고 그는 다른 신들을 떨게 만들었다. 그의 초창기 별칭 중 하나는 리케이오스Lykeios인데, 그 기원과 의미는 불확실하지만 리코스lycos, 즉 늑대를 암시하며 아폴론을 양치기와 야수들과 연관시킨다.

「퓌토의 아폴론 찬가To Pythian Apollo」라는 호메로스의 송시에 따르면, 그 신은 자신을 위한 적당한 신전 자리를 찾기 위해 델로스를 떠나 바로 파르나소스 산으로 갔다. 그 산은 오디세우스가 멧돼지 사냥꾼으로서 그의 젊은 용맹을 떨쳤던 곳이다. 산의 바위투성이 언저리에서 그는 고대 그리스의 성소였던 델포이를 발견하였다. 대지모신 가이아가 그 장소를 성화하였는데 그녀는 동굴 속에서 울림을 듣고 예언을 하였다. 커다란 돌인 옴파로스가 그곳이 세계의 중심, 혹은 배꼽임을 표시하였다. 대지모신 가이아와 함께 커다란 암용이 있어서 그녀를 보호하고 수호하였다. 반짝이는 아폴론은 인간을 보호하기 위해 그 암용을 죽였다.

그러나 부드러운 꽃이 만발한 봄이 올 무렵 강한 활로 제우스의 아들인 그분은 커다란 암용을 죽였다. 그 무서운 괴물은 지구 위의 인간들에게, 인간들은 물론 종아리가 홀쭉한 양들에게도 커다란 해를 끼쳐왔다. 그 용은 유혈이 낭자한 재앙이었다…… 그 용과 맞서는 이마다 종말의 시간이 덮쳐들었고, 이는 먼 곳에서 죽음을 불러오는 아폴론 님이 강한 화살로 그를 쏘아 죽일 때까지 그랬다. 그러자 그 용은 격렬한 고통으로 몸을 뒤틀며 커다란 숨을 몰아쉬며 그곳에서 뒹굴었다. 말할 수 없이 끔찍스러운 신음이 용이 몸을 뒤틀 때마다 숲의 한가운데서 솟아올랐다. 그리고 그 용은 핏속에서 숨을 몰아쉬며 생명을 잃었다.[23]

영웅임이 증명된 아폴론은 그 암용의 시체 위에서 뽐냈다. "이제 인간을 양육하는 대지 위에서 썩어라. 너는 더 이상 풍요한 대지 위에서 과실을 따먹는 인간에게 해를 끼치며 살지 못하리라. 그들은 이곳에 황소 백 마리의 제물을 바칠 것이다"라고 포이보스는 기뻐하며 말했다. 그리고 어둠이 그 용의 눈을 덮었다. 헬리오스(태양)의 거룩한 힘이 그를 그곳에서 썩게 하였다. 그 후로 그곳은 퓌토(썩다)라고 불리며 사람들은 주님 아폴론을 또 다른 이름 퓌티안Pythian이라 불렀다. 왜냐하면 그곳에서 무서운 헬리오스의 힘이 그 괴물을 썩게 만들었기 때문이다.[24]

빛과 광명의 신, 태양의 신이자 젊은 사냥꾼 아폴론은 암용을 죽이고 대지모신 가이아의 성소를 차지하였다. 그는 명료함과 이성, 헬리오스와 무기를 가져왔고 지상에서 위험한 괴물을 쓸어버렸다. 오리온처럼 아폴론의 이야기는 사냥꾼이 남성의 문화, 남성의 질서를 세계에 전해주었음을 암시한다. 그 송가는 농경 사회를 보호하는 신의 공덕을 기린다. 그러나 그 이상으로 아폴론은 남성적 정력의 신이며 자신의 힘과 폭력으로 델포이에 왕좌를 세웠다.

사냥꾼의 정열의 어두운 면을 강조한 오리온 신화와는 달리 델포이의 아폴론 신화는 사냥꾼의 합리화된 폭력을 보여준다. 그는 문명을 전하였거나 적어도 문명을 보호하였다. 이 모든 사냥꾼의 이야기들에서 알아야만 할 가장 중요하고 가장 근본적인 포인트는, 남성의 정체성이 무엇인가에 대한 대립으로서 정의된다는 점이다. 최소한 그것은 '그것은 무엇인가'에 의해서뿐 아니라 '그것은 무엇이 아닌가'에 의해 정의된다. 타자는 동물이거나 여성, 자연이거나 감정일 수 있으나, 어쨌든 영웅은 적수를 가지고 있다. 남성 심리의 역사 초기에 그들은 남자가 되기 위해 영웅이 되어야 함을 배웠다. 더욱 교활하게도 그들은 영웅이 또 다른 피조물의 복종으로부터 자신의 정체성을 힘들여 끌어냄을 알았다.

아폴론 이야기는 델포이가 가이아라 불리는 대지모신에 대한 숭배를 일찍이 갈아치웠음을 시사한다. 그 여신은 또 다른 여신인 테미스와 관계가 있었다. H. W. 파크는 그의 델포이 신화에 대한 책에서 다음과 같이 말한다.

그러므로 델포이는 원래 그리스인들이 게Ge라 부르던 대지 여신의 숭배 장소였다. 그녀와 관계가 있었던 테미스는 같은 신성의 또 다른 발현 형태였다. 하나였든 혹은 구별된 존재였든, 이 두 여신들의 숭배는 아폴론의 등장에 의해 자리를 옮겼다. 그의 기원에 대해서는 많은 논란이 있다. 우리의 목적을 위해서는 호메로스의 서사시에 나온 대로 그를 북쪽 지방으로부터 들어온 신으로 간주하면 충분하다. 숭배 장소를 둘러싼 게와의 대립은 그의 구렁이(암구렁이)에 대한 전설에 반영되어 있다. 용을 죽인 그 젊은 신의 동기는 델포이와의 직접적인 관련보다도 더욱 원시적이다. 그러나 그것은 또 특별한 의미가 있다. 뱀은 일반적으로 땅으로부터 태어나므로 이 암구렁이는 원래는 게 자신의 가시적 현현이었다. 그 신앙은 미노아 시대의 종교에까지 거슬러 올라간다.[25]

오리온과 아폴론 같은 이 위대한 고전적 사냥꾼의 이야기들은, 남성이 그 자신의 외부에 있는 무언가를 복속시키는 데서 자신이 되는 법을 배운다는 점을 개인적이고 문화적인 의미에서 암시한다. 따라서 페미니스트들이 이 신화들에 대해 거부감을 갖는 것은 쉽게 이해될 수 있다. 사냥은 단순히 남성적인 사회적 공간을 묘사하지는 않는다. 거기서는 남자들이 여자들로부터 떨어져서 자기 자신이 될 수 있다. 신화와 은유로서 그것은 더 깊이 나아가 자아의 형성 과정에서 심리적 역동을 기술하는데, 여기서 통일된 자아는 무엇인가 다른 존재(짐승이거나 여성)를 물리침으로써 자기 존재를 실현한다. 대지 여신 가이아의 성소였던 델포이의 신탁을 지키는 암용은 이를 요약한다. 사냥꾼은 그가 여성화된 대지를 물리쳤기 때문에 원초적인 사냥꾼의 역할을 한다.

셰리 B. 오트너는 『여성은 자연, 남성은 문화?』라는 에세이에서 자연, 야수 그리고 여성이 우리의 심리 속에서 어떻게 하나로 묶이는지를 살핀 페미니스트이다. 그녀는 사냥이 전쟁처럼 남자들이 자연에 대해서 문화를, 몸에 대해서 마음을 선호하고 자연을 제어하려는 방식이라고 주장한다. 남성의 심리 속에서 사냥의 기능은, 단순히 남자를 여자로부터, 남성성을 여성성으로부터 구분하는 것이 아니라 여성에 대한 초월 속에서 남성을 창조하는 것이다.

다른 말로 하면 여성의 몸은 그녀에게 생명의 창조를 위한 운명처럼 보인다. 반면 남성들은 자연의 창조 기능을 결여하고 있으며 따라서 그의 창조성을 외부적이고 '인위적으로' 기술과 상징들을 통해 주장해야만 한다. 그렇게 함으로써 그는 상대적으로 지속적이고 영구하며 초월적인 대상들을 창조하나 여성들은 한시적인 것, 인간 존재만을 창조한다. 이것은, 예를 들면 생명의 파괴와 관련된 남성의 활동(사냥이나 전쟁)이 종종 생명을 낳는 여성의 능력보다 왜 더 특권적인 것으로 여겨지는지에 대한 이상한 수수께끼에 대해 말하고 있다. 우리는 사냥, 혹은 전쟁과 관련한 가치 있는 측면이 살해가 아니라 오히려 이 활동들의 초월적(사회적 문화적) 본성임을 안다. 그것은 삶의 과정의 자연스러움과 상반되는 것이다.[26]

그녀의 주장에 의하면, 남자들은 생명을 대가로 죽음과 어떤 의미에서 사실적으로 맞서고 자신을 자연과 그 삶과 죽음의 주기로부터 떼어 떠돌아다니게 한다. 그들은 죽음을 촉발하나 진정한 성취는 일종의 초월이다. 남자들은 스포츠나 살육을 위해 동물을 사냥하지 않는다고 그녀는 주장한다. 오히려 그들은 자연에 대한 자신들의 우위를 내세우기 위해 그렇게 하는 것이다. 이 관점은 사냥을 결코 '자연적'이지 않은 심오하게 문화적인 활동으로 만든다. 그것은 문화의 재확인이자 자연과 여성성에 대한 가부장제의 확인이다. 이는 이성과 폭력을 통해 성취되는 것이다.

사냥 심층심리의 중요성에 대한 이런 종류의 관찰은 많은 사냥꾼들을 혼란시킬지도 모른다. 그것은 대개 사냥꾼이나 영웅들이 자신을 이해하는 방식은 아니다. 모든 남자들은 사냥 이야기가 어떻게 남성의 상상력을 구조화하는지를 이해한다. 즉, 우리는 적을 정복하고, 적과 조우하고, 적에 대해 승리를 거둔다. 그리고 뭔가 위대함을 성취한다. 우리는 영웅이 된다. 분명히 나는 이 오래된 유형의 승리 속에서 영웅이 되는 많은 판타지를 꿈꾸었다.

그러나 이 사냥의 심층 구조는 전쟁이나 혹은 레슬링 같은 다른 경쟁적인 남성의 게임에는 없는 은근한 차원을 포함한다. 전쟁과 스포츠에서 적은 대개 다른 남자들이다. 세계는 남성이고 희생자도 마찬가지다. 그러나 사냥은 그 만남에 있어 더 원초적인 것 같다. 그것이 이 신화적인 이야기 속에 있는 매력이다. 영웅은 인간적인 뿌리, 땅 그리고 동물들과 긴밀한 연관 속에서 움직인다. 그러나 사냥은 동물들을 마신화하는 위험을 수반한다. 상상 속의 용으로 출발한 것은 또한 농부의 밭을 가로질러 도망가는 산토끼이기도 하다. 그리고 사냥의 신화가 우리의 심리를 구조화하는 방식은 더욱 미묘하다. 그래서 우리는 다른 종뿐 아니라 다른 성 내에서 마신을 발견하게 된다. 위대함에 대한 우리 개념의 뿌리에는 우리 마음속에 심어진 남성을 영웅화하는 이 심오한 이야기들이 있다. 이 초기 사냥꾼의 이야기들은 한 이야기가 얼마나 우리가 자신을 상상하는 방식에 강력한 영향을 미칠 수 있는지를 시사한다.

이야기를 신중하게 고르는 것은 정말 중요하다.

6

위대한 프랑스의 인류학자 클로드 레비-스트로스는 아폴론의 승리를 우리 역사의 결정적인 순간으로 만든다. 아폴론은 여러 면에서 합리적인 신이고 레비-스트로스에 따르면 전대(前代)의 신에 대한 그의 '승리'는 과학적인 사고의 출현, 철학의 시작과 합리적 사고의 확립을 가능하게 하였다. 이성이 일종의 사냥꾼이며, 그 마음속에서의 움직임이 일종의 추적과 몰이라는 개념은 공식적인 철학만큼이나 오래된 것이다. 유명한 헉슬리는 데이비드 흄을 다음과 같이 인용한다.

"사냥과 철학만큼이나 서로 가까운 두 정열은 없다."

진리와 지식의 추적에 대한 우리의 관념은 사냥의 개념과 친숙하게 연결되어 있다. 예를 들어 영어의 'investigate(조사하다)'라는 말은 라틴어 vestigum에서 기원하였는데, 이는 발자국, 흔적, 혹은 자취라는 뜻이다. 사냥꾼 아폴론은 우리의 이성에 대한 개념 속에 살아 있다.[27]

그리스인들에게 철학자-사냥꾼은 전형적인 모습이었다. 플라톤은 철학자들을 의미하는 말로 테레우테스thereutes를 사용하였는데, 이는 야생 짐승을 의미하는 'thera'라는 단어에서 기원하였다. '사냥꾼'은 플라톤이 선호한 철학자의 이미지였다. 철학자는 다듬어지지 않고 잡기 어려운 지식을 추적하는 사람이다. 『에우티데모스Euthydemus』에서 플라톤은 사고의 가장 중요한 부분이 사냥에서처럼 쫓고 움켜쥐는 것이지 그 뒤에 노획품을 실제적으로 사용하는 것은 아니라고 썼다.[28]

『국가론』에서 플라톤은 대화를 통한 철학적 추론법을 기술하면서 추적과 사냥의 이미지를 사용한다. 소크라테스가 말하길 철학자가 정의의 오묘한 개념을 정의하기 원한다면 사냥꾼처럼 되어야 한다는 것이다.

"자, 글라우콘이여, 우리가 이제 은신처를 에워싸고 바짝 경계를 서는 사냥꾼들처럼 정의가 우리로부터 빠져나가 시야에서 벗어나지 않도록 할 때가 되었네. 그것은 쉽게 이 부근에서 시작해야 하지. 그것은 이 부근 어딘가에 있을 게야. 눈을 크게 뜨고 발견하도록 최선을 다하게. 내가 자네에게 그것을 가리키기 전에 알 수도 있을 게야."

"그러면 좋겠군요."

그는 말했다.

"그러나 저는 선생님이 제 안에서 당신을 따르고 당신이 가리키는 것을 분별할 수 있는 이를 발견한다면 저를 매우 합당하게 취급하실 거라고 생각하고 싶군요."

"성공을 기도하게." 소크라테스가 말했다.

"그리고 나를 따라와."

"그렇게 하겠습니다. 이끌어주십시오." 그가 말했다.

"그리고 진정으로."

소크라테스가 말했다.

"그것은 매우 깊은 어둠 속에 있는 접근 불가능한 장소로 보일지도 몰라."

"극복하기 쉽지 않은 어두운 장소일 것일세."

"하지만 우리는 나아가야지."

"예, 그렇습니다."

그리고 소크라테스는 둘러보고 고함을 지르며 말했다.

"글라우콘, 나는 우리가 흔적을 발견한 것 같네. 우리로부터 달아났다고는 생각지 않아."[29]

소크라테스의 대화 자체는 사냥의 모델을 따르고 있으며 깨달은 철학자는 그의 지적인 인도를 따르는 이들에게 사냥 가이드처럼 행동한다. 글라우콘은 어떻게 보면 그 철학자-사냥꾼의 시종이다.

사실 플라톤은 모든 사회 활동과 사냥을 연결 지었다. 그 모두는 『소피스테스』에서 '강압'과 '획득'에 대한 강조에 의해 정의되었다. 창조적인 예술을 논한 뒤에 그는 말한다. "그리고 이 뒤에는 학문을 하는 계급, 지식을 얻는 계급 그리고 돈을 벌고 전쟁을 하고 사냥하는 모든 계급이 온다. 이들 중 어느 것도 창조적은 아니지만 그러나 그들은 모두 행위나 말에 의해 이미 존재하고 생산된 것들을 강제하거나 그것을 강제하지 않도록 다른 이들을 막는 일에 종사한다. 그러므로 이 모든 영역은 함께 획득의 기술이라 부르면 적당할 것이다." 플라톤은 여기서 사회 속에서 사냥의 은유가 확산되는 본성에 대한 긴 연구와 더불어 이를 따르며 전쟁으로부터 사냥에 이르는 모든 인간의 관계를 구조화하고 있다. 이것은 그가 '인간의 사냥'이라 부르는 것이다.[30]

그 철학자-사냥꾼은 또한 그리스의 독특한 극적 인물이다. 오이디푸스는 말 그대로의 철학자는 아니지만 소포클레스는 심오한 철학적 극작가이다. 『오이디푸스 왕』에서 오이디푸스는 종종 사냥꾼으로 묘사되며 그의 여정은 사냥의 언어로 구성되어 있다. 그는 진리의 사냥꾼이다. 그는 자신이 테베의 전 왕의 살인자를 찾고 있다고 생각한다. 그런데 스스로도 알지 못하는 사이 그가 찾아나선 진리는 자신의 정체성에 대한 인식이다. 그것은 자아-인식의 사냥이고, 이 추리소설에서 그가 글자 그대로 자신을 쫓고 있었음이 드러났을 때 그 사실은 아이러니를 한층 강화한다. 자아-인식에 대한 사냥은 종종 사람을 자아에 대해 위험한 경로로 탈선시킨다. 자신의 죄의 여정을 따라가는 오이디푸스는 사냥꾼이자 사냥감, 철학자-사냥꾼이자 사냥당한 짐승, 왕이자 겁에 질린 죄수이다. '신중하게 사냥을 하는 자는 다른 사람이 놓친 것을 종종 발견하는 법이다'라고 소포클레스는 그 희곡의 첫 부분에서 쓰고 있다.[31]

아리스토파네스의 희극에서 철학자-사냥꾼은 매우 친숙한 인물이 되어 일종의 조크로 무대에 오른다. 『구름』에서 구름 속에 머리를 묻고 있는 바보 스트레프시아데스는 난해하고 경박한 개념 속에 빠져 있다. "우리는 당신을 환영합니다"라고 합창단은 노래한다. "뮤즈의 지식의 사냥꾼이여!"[32]

지식의 사냥이라는 은유는 로마 시대까지 일반적인 것으로 지속되었다. 키케로*는 『자연의 사냥꾼이자 탐구자』에 대해 이야기하는데 거기서 사냥은 자연을 소유하고 이해하려는 시도의 은유이며, 바로 그것이 언제나 사냥의 목적이다. 중세에 성 토마스 아퀴나스는 철학자를 의미하는 말로 "venator(사냥꾼)"를 사용하였다.[33]

오르테가 이 가세트는 그 개념을 우리 시대에 끌어들였다. 이 사냥의 철학자는 사냥의 은유를 사용하여 개념과 무지의 무서운 정글로의 탈선을 피해 사냥감을 잡아오듯 사물의 개념, 본성 그리고 지식을 어떻게 실제로 획득하는지를 기술하였다.

"외딴 들판의 사냥꾼처럼 철학자는 개념의 외딴 내면에서 잔뜩 긴장을 한 채 있는 사람이다. 그곳은 또한 정복 불가능하고 위험한 정글이기도 하다. 사냥처럼 힘든 임무인 사색에는 늘 빈손으로 돌아올 위험이 있다."[34]

사냥의 은유는 이 사고, 합리성, 경쟁과 구조의 개념 속에 가로놓여 있다.

이성의 사용에 있어 사냥의 은유가 가지는 하나의 함축은 플라톤이 시사한 대로 사유 대상에 대한 우리의 관계까지도 대립으로 구조화되는 것이다. 사고는 어떤 의미에서 개념을 사로잡고 그것을 획득하는 과정이 된다. 아폴론과 철학자들의 이성은 우리가 세계를 소유하도록 하나, 사냥의 은유는 이성의 한가운데 폭력을 심어놓는다.

7

두 우화가 있다. 하나는 현대의 남성에 의한 것, 다른 하나는 현대의

---

* 키케로(Marcus Cicero, B.C. 106~B.C. 43) : 로마의 정치가이자 작가, 철학자. 주저 『국가론』 『의무론』 등.

여성에 의한 것이다. 이들은 고전적인 영웅이 얼마나 영향을 미쳤는가를 표시하며, 이 멀리 떨어진 곳에서 야성적 남성, 정복자, 철학자로서의 사냥꾼의 이미지가 어떻게 우리의 마음과 문화 속에 지속적으로 살아 있는 지를 보여준다. 마찬가지로 그들은 어떻게 사냥꾼의 개념이 사용되고 있는지를 표시하고 서로 다른 성의 역할뿐 아니라 다른 심리학도 표시한다.

로버트 블라이의 『강철의 존』은 현재의 '남성운동,' 남성이 자신을 새로운 남성성의 이미지 속에서 찾으려는 시도에 있어 핵심적인 문헌이라 일컬어진다. 블라이의 글은 남성이 자신의 무언가 잃어버린 의미를 되찾도록 도와준다. 그는 남성들이 오랫동안 잊고 있었던 원시적이고 거친 자아로 돌아가기를 바란다. 『강철의 존』에서 사냥꾼은 이 잃어버린 남성성을 발견하는 인물——우리를 그 주변으로 이끌어가고, 우리가 자신을 발견하도록 돕고, 좀더 영웅적인 운명을 가져다주는 그 오래된 사냥꾼의 개념을 여전히 사용하고 있다. 이 우화에서 숲으로 들어간 사냥꾼은 모두 사라져 돌아오지 않았다. 어느 날 한 '미지의 사냥꾼'이 성에 나타나 왕에게 이 신비를 풀어주고는 개와 함께 숲으로 사라졌다. 거기서 사냥꾼들은 한 연못을 발견하였는데, 그곳에는 원시적인 야성의 남자 강철의 존이 있었다. 잃어버린 남성적 에너지의 상징인 그 거친 털북숭이 남성은 '여성적' 연못의 다른 한편에 누워 있었다. 블라이는 언젠가 그를 '심오한 남성deep male'이라 불렀는데, 이는 사냥꾼에 의해 예시되기보다는 여성적 자연 안의 체류 속에서 사냥꾼들에 의해 발견된 것이다. 강철의 존은 야성의 남성이다.

이 강철의 남성을 블라이는 오디세우스와 결부시킨다. 그는 강철의 존 이야기를 오디세우스와 키르케의 이야기와 함께 소개한다. 날개 달린 신 헤르메스는 오디세우스에게 키르케를 다루는 법을 가르쳐주었다고 블라이는 쓴다. 그녀는 남자들을 짐승으로 변하게 하는 마녀였다.

"헤르메스는 오디세우스에게 언제 키르케에게 다가가야 할지를 가르쳐주었다. 그녀는 일종의 여족장다운 에너지를 풍기며 서 있었는데, 그가 칼을 뽑아들었다. 이 초기의 세션에서 (그는 남성성에 관한 초창기 워크숍에 대해 이야기하는 중이다) 많은 젊은 남성들이 칼을 뽑는 것과 누군가를 상처 입히는 것을 구별하기 힘들어했다. 한 남자는…… 칼을 집어야 할 때도 팔을 뻗치기 불가능함을 알게 되었다. 그는 누군가를 해치기에는 너무 교양이 있었고 칼을 들 수 없었을뿐더러 그 위를 비추는 햇빛도 보지 못했다."[35]

키르케는 남자를 짐승으로 변하게 하는 여성이다. 오디세우스는 생식기(무기)를 써서 키르케를 패배시킬 수 있었다. 그녀를 정복하고 그 특유의 표현으로 굴복시켰으며 동시에 짐승이 되는 것을 피하였다. 그것은 사냥의 모든 요소를 담고 있으나 실제로 동물을 쫓지는 않았다.

블라이의 우화, 그의 남성적 힘의 표현에서 문제가 되는 것은 그것이 사냥꾼 신화 속에 자리 잡은 이 상반된 구조에 정확히 의존하고 있다는 것이다. 우리는 무기를 통해 힘을 얻는다. 여기서 남자들은 여전히 이길 수 있는 대상에 의해 정의된다. 즉, '칼을 뽑음'을 통해서. 블라이의 남성성의 심층적 경험, 현대 남성의 내면 성격에 대한 탐구는 상실감을 느끼고 자아와의 접촉을 상실한 남자들에게 강력하게 호소한다. 남성의 정체성은 이제는 상당히 논란이 되고 있는 주제이다. 오랜 남성성의 이미지가 닳아 없어져버렸다는 그의 호소에는 공감하지 않을 수 없다. 그러나 블라이는 어떤 해답을 제공하기 위해 영웅으로서의 사냥꾼이라는 우리 문화의 신화에 의존하였다. 이는 같은 이미지들, 같은 유형들이며, 우리를 현재의 장애물에 봉착하게끔 한다. 그들은 특권과 우월성, 권력과 특전의 영원히 되풀이되는 신화를 강화한다. 그리고 그것들은 전투와 부상, 폭력과 손상의 주기를 강화한다. 그런데 바로 그런 유형으로부터 많은 남성들은 벗어나기를 원하는 것이다.

마거릿 애투드는 와일드한 남자이자 정복자가 아닌, 철학자다운 사냥꾼으로서 남성에 대한 색다른 이야기를 들려주었다. 그녀는 여성의 두뇌를 논한 뒤에 남성의 두뇌는 그 자체로 무기와 같다고 말한다.

> 남성의 두뇌는, 이제, 별개의 문제이다. (두 반구 사이에는) 단지 얄팍한 연결만이 있다. 여기에는 공간이, 저기에는 시간이, 음악과 수학은 그들 자체의 폐쇄된 분할 구역 안에 있다. 뇌의 우반구는 좌반구가 무엇을 하는지 모른다. 그러나 겨냥을 하기에는 좋고 방아쇠를 당겨 표적을 맞추기에도 좋다. 무엇이 표적인가? 누가 표적인가? 누가 중요한가? 중요한 것은 그것을 맞춘다는 것이다. 그것이 당신의 남성적 두뇌— 객관적 두뇌— 이다.
>
> 이는 남성들이 왜 그렇게 슬프고, 왜 그렇게 단절감을 느끼고, 자신을 깊은 허무 속에서 길을 잃고 안내자를 잃어 떠도는 고아로 느끼는지에 대한 이유이다. 무엇이 공허해요? 하고 여자들은 묻는다. 무슨 말을 하는 거예요? 우주의 공허지, 그는 대답한다. 그러면 그녀는 말한다. 오, 그러면 창밖을 보고 무슨 일 좀 해봐요. 소용없어. 너무 많은 일들이 있고, 너무 많은 잎들이 바삭거리고, 너무 많은 목소리들이 있지. 그러면 그녀는 말한다. 치즈샌드위치 좀 드실래요? 케이크 한 조각은? 차 한 잔은요? 그러면 그는 그녀가 이해를 못한다고 씩 웃으며 나가버릴 것이다. 혼자가 아니지만 혼자서. 어둠 속으로, 두개골 속으로, 다른 반구를 찾아서. 그 짝만이 그를 완성시킬 수 있기에.[36]

블라이와 애투드 양자는 모두 현대의 남성을 외롭고 자신으로부터 소외된 존재, 방황하고, 뭔가를 찾아 헤매고, 여전히 사냥하는 존재로 여긴다. 블라이는 남성이 사냥과 무기의 추구, 어떤 광폭함을 통해 야성적인 힘을 발견할 수 있다고 상상한다. 그는 신화를 마치 변하지 않는 것처럼, 그리고 우리의 문제가 이 깊은 무의식의 삶으로부터 멀어져서 생긴 것처럼 취급한다. 애투드는 남성이 사냥꾼이었기 때문에 방황한다고 상상한다. 사냥은 신화 속에서 남성의 정체성을 표시하는 강력하고 명료한 수단으로 발명되었다.

그들은 모두 고전적인 사냥꾼의 이미지에 의존한다. 거친 털북숭이인 오리온형, 혹은 냉정한 이성과 강철 덫 같은 마음을 가진 아폴론형.

고대의 어떤 영웅주의적 의미를 우리가 단순히 반복할 필요는 없다. 거기서는 남자들이 그들이 싸워 이긴 대상에 의해 규정된다. 그러나 신화는 단순히 원형일 뿐이고 두뇌의 어떤 특별하고 보편적인 부분에 살아 있는 이미지일 뿐이다. 그러므로 신화는 단순히 계승되는 것이 아니다. 그들은 형성되는 것이다. 즉, 성과 정체성 같은 문제들과 씨름하는 문화의 어떤 반응인 것이다. 우리는 우리의 남성성의 신화의 일부를 다시 쓸 필요가 있으며, 새로운 모델을 발견해야 한다.

8

남성의 새로운 이미지를 발전시키는 하나의 방법은 새로운 가능성을 규정하는 오래된 이미지들을 발견하는 것이다. 이들은 파괴되지 않는 강력하고 정서적인 남성의 이미지들이다. 잘 통제된 마음을 소유한 냉정하고 객관적인 남성은 쉬운 목표이지만, 이 인물은 남자들의 상상력을 강력하게 사로잡는다. 거기에는 몇 가지 이유가 있다. 그중 상당 부분은 많은 남성들이 그것을 넘어서서 볼 수 없기 때문이다. 그는 합리성 때문에 자신의 비전의 한계를 경험할 수 없다. 그러나 남성들이 자신을 이성에 묶어놓는 이유, 오디세우스가 돛대에 자신을 묶어놓은 것처럼 자신을 이성에 묶어놓는 이유는 세상의 노래가 그들에게는 아주 위험하기 때문이다. 그들은 그 위험이 대개는 스스로 만든 것임을, 주로 자연의 표면에 대해 자신이 부여한 가치들로부터 투사되는 것임을 간신히 볼 수 있다. 그 야수는 자연 안에 있는 야수들을 본다.

그러나 또 다른 이유는 합리주의자의 이면이 두렵게 보이기 때문이다. 멀리서 활을 쏘는 아폴론의 침착한 냉정함 아래에는 오리온의 혼란과 파괴가 있다. 그러나 그 위대한 사냥꾼(아폴론)이 남성성을 정의하기 전에 자연과 남성의 관계에 대한 또 다른 이미지는 자연과의 관계에 있어 무엇이 가능한지를 우리에게 시사해준다.

기원전 2000년 전에 씌어진 길가메시 서사시는 메소포타미아의 바빌로니아인들이 남긴 위대한 구전 전승 시가이다. 주인공인 영웅 길가메시의 이름을 딴 이 시가는 사냥꾼으로서 그의 위대한 승리를 찬양한다. 길가메시는 사냥을 통해 자신의 남성다움과 힘을 증명하였는데, 거창한 사냥 의식은 그 고대세계의 지배자들에게는 공통적인 것이었다. 구약성서의 '힘센 사냥꾼' 님로드, 자신을 우주의 지배자로 상상한 아시리아의 아슈르바니팔, 크세노폰이 찬양한 페르시아의 태수들, 콜로세움에서 대규모 사냥 게임을 펼친 카이사르와 같은 로마의 지배자들, 이들은 모두 지배자의 권력을 강화하는 사냥의 가치를 증명해 보인다.[37] 길가메시 서사시는 대개 우루크 왕조의 위대한 영웅에게 바친 찬양시로 읽힌다. "나는 곰을 죽였다"고 그는 뽐낸다. "하이에나, 사자, 표범, 수사슴, 산양 그리고 모든 종류의 크고 작은 야생동물들도." 그의 위대한 업적은 신화적인 존재인 훔바바, 즉 일곱 겹의 공포를 가진 괴물을 물리친 것이다. 훔바바는 삼나무 숲을 지키는 존재이다. 그는 '숲의 감시인'이다.

길가메시와 그의 경이로운 친구이자 사냥 동료인 엔키두와의 관계는 이 신화의 초점을 거의 벗어난다. 그들의 우정은 위대한 인물들의 경우에서 대개 그런 것처럼 경쟁을 통해 시작되었다. 길가메시가 처음 우루크에 왔을 때 그는 오리온과 비슷하였다. 그는 엄청나게 탐욕스러웠다. 그의 정욕은 어떤 처녀도 연인에게 남겨주지 않았다. 길가메시에 대항해 일어선 이가 엔키두였는데, 비록 패배했지만 우리는 그의 내면에서 무엇인가 아주 오래된 남성성의 위계를 엿볼 수 있다.[38]

엔키두는 물과 진흙으로 창조되었다. 그의 육체는 거칠었고, 야생과 정력의 상징인 털로 덮여 있었다. 그것은 마치 소의 신 사마우칸의 털처럼 엉클어져 있었다. 엔키두는 동물과 밀접한 사이였다. 그는 농업과 밭의 경작에 대해서는 아무것도 몰랐고, 남자였지만 문명화되지 않았다.

대신 엔키두는 산양처럼 언덕에서 풀을 뜯어 먹었고 연못가에서 짐승들과 함께 살금살금 걸었다. 그는 야생 짐승 무리와 함께 물장난을 치기 좋아했다. 엔키두는 이 동물들을 사냥꾼과 덫을 놓는 이들로부터 보호했다. 어떤 사냥꾼이 가젤을 잡았을 때 그는 엔키두를 보고 두려움에 질렸다. 엔키두는 공포에 사로잡혀 덫을 부수고 사랑하는 동물들을 풀어주며 사냥꾼을 쫓아버린다.

한 사냥꾼은 엔키두를 보고 '마치 긴 여행을 한 사람처럼' 사냥으로부터 돌아온다. 그는 놀라움에 사로잡혀 아버지에게 엔키두에 대해 말한다.

"언덕에서 내려왔어요. 그는 세상에서 가장 강한 사내이고 하늘에서 내려온 불멸의 신 같아요. 그는 맹수들과 언덕을 뛰어다니고 풀을 뜯어 먹어요. 아버지 땅을 가로질러 우물까지 올 겁니다. 그에게 가까이 가고 싶지 않아요. 그는 제가 판 웅덩이를 메우고 제가 놓은 덫을 부숴버려요. 그는 짐승들을 달아나게 도와주는데, 그래서 그놈들은 제 손아귀에서 벗어나지요."

엔키두는 길가메시에게 패했다. 길가메시는 그를 '매춘부, 기생'의 이미지로 유혹한다. 엔키두는 이제 예전과 같지 않다. 여자와 성교를 한 뒤 그는 동물들을 잊고 동물들은 이제 그로부터 달아난다. 그 후에 그는 밤에 양 떼들을 지키고, 사자와 늑대들로부터 보호하는 법을 배운다. 그리고 그는 길가메시와 함께 훔바바를 사냥하러 가서 황소와의 싸움에서 결국 죽는다.

문명화되고 사냥을 배우기 전에 엔키두는 덫꾼들로부터 짐승들을 보호하며 그들과 함께 들판에서 평화로운 삶을 살았다. 크세노폰과 같은 사냥꾼과 플라톤 같은 철학자들은 남자들이 얼마나 고결하게, 즉 남자답게 재현될 수 있는지를 관장해왔다. 엔키두는 다른 재현, 즉 살육자로서의 남성의 지배적인 이미지에 반하는 평화로운 남자의 모습을 보이기 때문에 어떤 의미에서 자유롭다. 그러나 그는 강하다. 그는 우리에게 일종의 모순, 즉 채식주의자인 강한 남자이다.

엔키두는 가젤과 함께 언덕에서 풀을 뜯는데, 이는 아마도 남성에게 지배력을 증명하지 않고도 다른 힘과 권력의 모델이 존재할 수 있음을 암시할 것이다. 엔키두는 남성의 보다 예전의 이미지였을 것이나 그 이미지는 사냥꾼에게 패배했다. 이것이 엔키두의 유산이다. 우리는 그것을 다시 생각해볼 수 있을 것이다. 즉, 세계에서 가장 강한 남자가 풀을 먹고 동물들을 보호한다.

9

나는 한때 절친한 사이인 한 철학자와 함께 파르나소스 산 위로 델포이를 방문한 적이 있다. 영국의 케임브리지에서 공부한 그는 확신에 찬 합리주의자였다. 무너진 기둥과 신전 사이를 걸으면서 우리는 아폴론과 고대 그리스의 유산에 관해 이야기를 나누었다. 그는 아폴론과 그리스의 합리주의를 문명에 대한 비할 바 없는 혜택이라고 보았다. 그것을 보전하고 다음 세대에 물려주는 것이 우리 교육자들의 임무라는 것이었다. 아폴론에 대한 그의 관점은 전적으로 존경스러운 것이었다.

그는 오디세우스를 절제와 합리의 미덕을 갖춘 인물이라서 사랑했다. 세이렌의 노래에 유혹되지 않으려고 돛대에 몸을 묶어놓은 것은 나의 철학자 친구에게는 이성의 가치에 대한 이미지였다. 그것은 우리를 묶어놓는다.

나는 좀더 복잡하고 문젯거리의 관점을 지녔다. 고대의 신전 틈을 지나 언덕 위로 느릿느릿 걷다가 우리는 대지모신 가이아의 원래 신전이 있던 자리가 잘 내려다보이는 지점에 도달하였다. 아폴론이 그녀와 용을 굴복시킨 장소였다. 나는 합리주의자 친구에게 아폴론의 신전 강탈 이야기와 내가 그의 억압성과 폭력을 좋아하지 않는다는 이야기를 해주었다. 내 친구는 별로 감명을 받지 않았고, 우리 삶을 지배하는 이성의 올바름에 대한 자신의 감각에 젖어 평화롭게 보였다.

그와 나는 돌투성이의 산길을 걸어 올라가며 잠시 동안 헤어졌다. 나는 올리브색 이파리들이 매달린 듬성듬성한 나무들 틈을 지나 그 성소의 꼭대기로 올라가다가 날카로운 벼랑에 당도했다. 내 친구의 합리성에 대한 옹호에도 불구하고, 내게는 많은 남성들이 무엇인가를 잃어버린 것처럼, 내가 가장 존경하는 남성들도 일상생활에서 무엇인가 강력한 것에 대한 감각을 잃어버린 것처럼 보였다. 벼랑으로 다가가며 나는 등을 돌리지 않으려고 애썼다. 그 검은 바위는 따뜻했다. 나는 새 한 마리가 벼랑 꼭대기에서 울고 있는 소리를 들을 수 있었다. 그 부드러운 노래는 내게 내려왔다. 나는 아주 까마득히 보이는 지중해를 보았다. 나는 그 성소의 아름다운 신전도 내려다보았다.

나는 그 성소를 고대 그리스인들의 순례 장소로 생각하였다. 그들은 거기서 아폴론을 섬기는 여사제들의 예언을 들으려 왔다. 그 사제들은 일종의 무아지경에 빠져 예언과 수수께끼를 주고 지혜를 풀어놓았다. 때로 그 여사제들은 어떤 구덩이로 내려갔는데, 가이아에 대한 오랜 신앙의 잔재인 이곳에서 그녀들은 순례자들이 내놓은 문제들에 대한 수수께끼 같은 해답을 가지고 돌아왔다.[39]

나는 남자들이 어떤 새로운 지혜, 새로운 권력을 갈망함을 알고 있다. 나도 한동안 그런 남자들 중 하나였다. 그리고 나는 이 남자들이 머리로부터 벗어나 가슴과 영혼으로 새로운 길을 찾으려 얼마나 함께 노력하는지를 찬미한다. 나는 그들로부터 배울 수 있는지를 알고 싶다. 델포이의 솟아오른 벼랑에 기대어, 나는 눈먼 오리온을 생각하였다. 그리고 나는 오디세우스의 방랑과 달려드는 멧돼지가 그의 무릎에 남긴 상처를 생각하였다. 그리고 나는 파에톤에 대한 아폴론의 승리, 태양이 날려버린 암용에 대해 생각하였다.

남자들은 그 자신들의 외부와 내부에서 '타자'에 대해 승리를 거두었다. 그들은 스스로를 강력한 사냥꾼의 이미지로 창조하였다. 그러나 거기에는 어떤 상처, 문화적인 상처가 수반되었고, 우리는 지금 그것을 치유하려 애쓰고 있다. 그것은 우리 영혼에 남겨진 상처이다. 그 성소를 내려다보며 나는, 우리가 우리 자신 속에 있는 무엇인가를 죽이지 못하면 그 야수를 죽일 수 없음을 알았다.

그 대가는 우리를 삶과 연결시켜주는 동물적 생명력이다. 아폴론이 파에톤을 죽였을 때 그 자신의 느낌 중 일부도 죽었다. 아폴론처럼 우리는 늘 그 감정들을 가르쳐달라고, 우리가 자신을 분리시켜놓은 감정적인 세계를 안내해달라고 여자들에게 돌아간다. 우리는 잃어버린 자신을 여자들 속에서 찾아왔다.

갑자기 내 자신이 문제와 질문을 가지고 그 성소에 온 순례자처럼 느껴졌다.

새 한 마리가 벼랑 위에서 내 머리 위로 날아올랐다. 나는 그 새가 어떤 종류인지 알아보려고 했다. 그놈은 개똥지빠귀처럼 벼랑 전면을 돌아 날며 노래를 불렀다. 그 꼭대기에서 회색 몸통의 새가 벼랑으로부터 솟구쳤다. 그 검은 날개는 뜨거운 오후의 기류를 타기 위해 펼쳐졌다. 그것은 푸른바위개똥지빠귀였다. 나는 만족해서 다시 주저앉았다.

남자들은 어떻게 존재에 대한 새로운 이미지를 찾을까? 나는 신탁이 내 아래 있다고 생각했다. 동물들에게 귀를 기울이는 것이 한 방법임을 나는 알았다. 귀를 기울인다. 그리고 나는 아래를 내려다보았다. 철학자 친구가 신전 한가운데서 나를 기다리고 있었다. 잠깐 동안의 행복한 순간에 나는 그가 한때 정복한 피조물의 목소리에 귀를 기울이며 새로운 대답을 찾으려 퓌토의 땅에 귀를 댄 사냥꾼 아폴론의 생생한 이미지를 떠올렸다.

그리스 오후의 뜨거운 태양 속에서 그 푸른바위개똥지빠귀는 아폴론의 신전 위에 솟은 벼랑에서 노래 부르고 있었다. 여기가, 바로 지금, 당장, 노래 부를 때다. 당신은 혼자가 아니다.

4장 | 남성 욕망의 은유들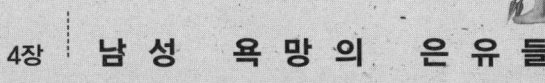

오, 큐피드여, 사냥꾼은 도망치는 사냥감을 쫓는다. 무엇을 잡든, 그는 늘 포기하고 다른 사냥감을 찾아 나선다. 그리고 네게 굴복한 우리 중의 그들은, 큐피드여, 너의 화살을 느낀다.
― 오비디우스, 『애가 Amores』, 2.9.9~11.[1]

술피시아는 집에서 연인 케린투스를 생각한다. 그는 사냥을 하는 중이다. 그래도 저는 당신과 함께 갈 거예요, 케린투스, 그리고 험한 산지에서 당신을 위해 그물을 나를 거예요. 저는 달아나는 수사슴의 흔적을 쫓을 거예요. 그리고 저는 당신의 발 빠른 개들에게서 목줄을 풀어줄 거예요. 제가 당신과 함께 있을 수 있다면 야생의 숲도 제겐 기쁨이고 빛이죠. 그리고 저는 행복하게 당신의 곁에 누울 거예요, 사냥 그물 바로 앞에서 사랑에 사로잡힌 채로. 그러다가 멧돼지가, 만약 와서 그물에 걸린다면, 달아나려 하겠지요, 그러나 장담하건대 사랑의 욕망에 빠져 우리가 나누는 즐거움을 방해하지 못할 거예요. 당신의 유일한 베누스가 되게 해주세요……
― 티불루스, 『티불루스 전집』, 4.3.11~19.[2]

1

샌디는 부드럽고, 동시에 불길하게 그녀의 총을 닦는다. 그녀가 그 무기에 부여한 애정은 위험하고 자리를 잘못 잡은 것 같다.

그녀는 노드스트롬 백화점에서 바로 빠져나온 듯한 A라인 스커트와 느슨한 블라우스를 입고 무대 위에 서 있다. 그녀는 힘이 넘치는 조랑말 꼬리처럼 머리채를 뒤로 돌려 묶었다. 이것은 하나의 퍼포먼스이다. 그리고 샌디는 바로 알아볼 수 있는 인물을 연기한다. 직장에 다니는 현대 여성에다가 남에게 해를 끼치지 않는 귀여운 은행 출납계 여직원처럼 입고 있다. 그녀에게 차가 있다면 아마도 혼다 프렐류드일 것이다. 이런 유형의 미국 여성의 귀여움은 무해할뿐더러 심지어 소심하기조차 하다. 샌디가 총에 쏟는 사랑은 정상적으로는, 예컨대 아기나 애완용 개를 향할 것이다.

그러나 샌디는 무대 위에 서서 총을 닦는다.

시애틀의 잘 알려진 행위예술가인 샌디는, 성추행에 대한 이야기를 하는 깔끔한 은행 여직원을 연기하며 무대 위에 서 있다. 그 퍼포먼스는 처음에는 무해한 것처럼 보였다. 거기에는 총도 없다. 샌디는 단순히 부끄러운 듯이 이야기하며 서 있었다. 그러나 갑자기 그녀는 지갑에 손을 넣어 총을 꺼냈다. 청중들은 숨을 멈추었다.

샌디는 눈을 칼날같이 날카롭고 가늘게 떴다. 무대 위의 인물은 막 변화하고 있었다. 목소리는 조롱하는 듯이 들렸다. 그것으로 충분했다. 그녀는 성추행의 희생자이다. 그녀는 시애틀 북부에서 일어난 최근의 강간에 대해 말하였다. 그녀는 기꺼이 싸울 준비가 되어 있다. 그녀는 총을 사용할 것이다. 왜 안 되는가?

왜냐하면, 그녀가 청중에게 눈을 빛내며 말하듯이 '여자들은 사냥감이기 때문'이다.

나는 샌디를 개인적으로 알고 있다. 그녀는 폭력을 싫어하고 여태껏 총 한 자루 이상을 가져본 적이 없다. 그녀는 자기 기술에 자부심을 느끼는 명사수이다. 내가 아는 다른 여자들같이 그녀는 내게 사격장에 함께 가지 않겠냐고 물었다. 그녀는 성적 폭력에 매혹되어 있다. 그녀는 워싱턴에 있는 사형수인 찰스 캠벨이라는 한 남자와 친구관계, 적어도 아는 사이이다. 그녀는 교도소로 면회를 갔고, 전화로 대화를 나누었다. 그는 나를 그에게 소개시켜주기도 했다. 그는 그 뒤로 두 여성을 강간하고 살해한 혐의로 사형을 당했다. 그녀는 분노와 동시에 매력을 느끼고 있었다.

사냥감으로서의 여성, 그것은 우리의 욕망 속에서 사냥의 언어와 사냥의 개념이 내재해 있는 방식 중 하나이다. 샌디는 아주 매력적으로 무대에서 총을 닦으면서 여성적 분노와 여성적 갈망에 거의 중독되어 있는 듯 보였다. 그러나 '사냥감으로서의 여성'과 같은 사냥의 은유가 어떻게 남성의 욕망에 대한 관념 속에서 그렇게 중심을 차지하고 널리 퍼졌을까? 그것들은 부차적인가 아니면 우리 욕망에 대한 관념, 특히 남성적 욕망에 대한 관념 속에서 핵심적인 것인가? 나는 남자들이 자신의 욕망과 성에 대한 감각을 어떻게 정의하는지를 알고 싶다. 나는 그것들이 핵심이라고 생각한다. 그리고 나는 어떻게 그들이 자신의 성에 대한 남성의 환상을 형성하며 그 결과로 여성뿐 아니라 자아에 대한 남자들의 관계마저 정의하는지를 검토하고 싶다.

이를 위해 우리는 성과 사냥 간의 관계의 원천을 살펴볼 필요가 있다.

살육의 언어는 오늘날에는 충분히 상식적이며 사실 대부분의 서구 문학에서 충분히 그렇다. 많은 고대의 시인들은 그들의 욕망을 정의하기 위해 사냥 속에서 가능성들을 찾아내었고, 자랑스럽게 그렇게 하였으며, 심지어 그들이 사냥꾼임을 뽐내기도 하였다. 이제 남성의 성에 대한 전망은 변해가지만 사냥의 수렵적 언어는 최소한 좀더 혼란스러워졌고 더 나쁘게는 끔찍해졌다. 사냥은 일종의 추문으로 남성의 욕망에 대한 대중의 여론 속에 등장한다. O. J. 심슨이 재판을 받았고* 그가 전처를 살해했든 아니든 간에 그녀를 때리고 감시한 것은 분명하다. 그리고 그녀는 그가 자신을 죽일까 봐 두려워했다. 미국의 전 상원의원인 로버트 팩우드**는 성 추문으로 상원에서 쫓겨났고 심지어는 빌 클린턴 대통령마저 자신을 간통과 성추행의 혐의로부터 방어해야만 했다. 이런 예들은 직설적이고 이성애적인 남성의 성이 어떻게 심판 중에 있는지, 그리고 많은 남성들이 피해의식을 느낄 만큼 엄격한 조사 아래에 놓여 있는지를 시사하고 있다.

그러나 모든 (미국) 여성들의 40퍼센트가량이 삶의 어떤 시기에 강간의 피해자가 될 수 있다고 한다면, 그 문제는 욕망의 깊은 문화적 관념과 관련된 것 같다.

널리 알려진 서구의 신화와 같은 강력하고 고전적인 이야기들은 남성에 의한 여성 사냥으로 욕망을 구축한다. 분명히 여성은 에로틱한 사냥꾼이나 그것은 그 은유가 작동하는 주된 방식은 아니다. 이 장의 첫머리에 인용한 티불루스는 술피시아로 하여금 애인 케린투스가 사냥을 끝내고 집으로 돌아오도록 애원하게 만들고 있다. 그녀는 단지 그와 함께 있기를 바라고, 섬세하고 도시적인 위트로 그와 함께 그물 속에서 누웠으

---

* 미식축구선수 출신 영화배우 O. J. 심슨이 전처와 그녀의 정부를 살해한 혐의로 기소된 사건. 논란 끝에 무죄 판결을 받았지만 미국의 인종, 사법제도 등에 대해 다양한 문제를 제기하였다.
** 미국 오리건 주의 상원의원이었으나 1992년 『워싱턴 포스트』가 폭로한 성추행 사건으로 인해 의원직을 사임하였다.

면 좋겠다고 말한다. 그 은유가 여성을 사냥꾼으로 만든다면 그 역할의 전도는 그 이야기에 부가적인 힘과 위협, 심지어는 공포까지도 부여한다. 사냥의 은유가 우리가 사냥에 대해 가지고 있는 가장 일반적이고 비유적인 언어가 아니라면 나는 놀라게 될 것이다. 사냥의 은유는 전체 신화들 중 가장 호소력 있고 분명한 이야기들 다수를 규정하는데, 그 안에서 서구 사회는 욕망의 목소리와 의미를 전달한다. 그 안에는 바쿠스에서 오비디우스의 많은 신화, 베르길리우스(Vergilius, B. C. 70~B. C. 19)의 『아이네이스』와 디도의 서사시에 이르는 고대 세계의 가장 위대한 이야기들을 포함한다.

우리 대부분은 욕망을 강력하고 독특하게 개인적인 느낌으로 경험한다. 우리를 개인으로 정의해주는 그 욕망은 가장 깊은 자아, 즉 우리의 세포와 피와 심장 자체로부터 직접 유도된 것 같다. 그러나 신화들은 개인적일 뿐 아니라 문화적이다. 욕망은 문화적 이미지들에 의해 발생하고 구성된다. 그 이미지들은 은유 이상이자 단순한 언어 이상이다. 그들은 우리가 느끼고 생각하는 법을 정의한다. 우리는 자신을 이해하기 위해 사용하는 이미지와 이야기들을 들여다볼 수 있다. 위대한 시인의 임무는 우리가 어떻게 느끼는지를 가르쳐주는 것, 혹은 좀더 정확하게 우리의 느낌을 해석할 언어를 제공하는 것이다. 몰이의 언어는 우리의 욕망에 대한 이해 속에서 하도 널리 퍼져 있고 너무 철저하게 원초적인 갈망의 신화들로 통합되어서 언어 이상의 것이 되었다. 그것들은 느낌의 형상이다. 그것들은 사고의 문채(文彩)이다.

우리는 언어의 렌즈를 통해 자신을 경험한다.

우리 욕망의 위대한 상징 중 하나인 사냥꾼 나르키소스는 에코Echo의 유혹을 받아 자신의 그림자를 들여다보게 되었다. 우리의 추적은 이제 자신의 이미지를 향해 자신의 언어를 좇는 것이다.

사냥의 서사시는 정체성, 영웅적인 정체성에 대한 것이다. 그것은 영웅들——오디세우스나 헤라클레스, 혹은 오리온——을 대개 외롭고 독립적인 존재로, 의지와 욕망의 행위자로, 적과 여인들을 정복하는 자로 상상한다. 그것은 이런 정체성 개념이 대립에 기반을 둔 관계성에 기반한다는 사실을 인식하지 못한 채 영웅이 관계로부터 벗어나 산다고 상상한다.

에로틱한 사냥은 욕망에 대한 것이다. 그것은 대부분 관계에 대한 것처럼 보인다. 그러나 초기에는 구체화 과정에서 에로틱한 사냥은 정체성과는 상대적으로 무관하다고 상상되었다. 욕망은 권력과 갈망에 대한 것이다. 그것은 우리가 성을 지배와 욕망, 추적과 권력, 경쟁과 정복의 용어로 상상하도록 배워온 방식에 대한 것이다. 그것은, 최소한 처음에는 정체성과 무관한 것으로 보였다. 그것은 외부적인 힘, 저항할 수 없는 신에게서 분출되는 권력, 사랑에 있어서의 승리와 패배였다. 그것은 전투와 승리, 쫓고 쫓김에 대한 것이다. 그러나 옛 이야기들에서의 욕망은 약간은 일반적이고 영웅과는 동떨어져 보이는데, 그의 관심은 늘 사냥꾼이 되는 데에 있지 사냥당하는 데 있지는 않기 때문이다. 욕망의 힘은 그를 굴복시키고 영웅을 파괴할 수 있을지라도 영웅의 내면에서 나오지는 않았다. 그러나 그 위협은 욕망의 힘이 정체성과 밀접하게 관련되어 있음을 시사한다. 그것이 나르키소스가 자신의 욕망이 스스로의 이미지로 도로 데려갔음을 알아차렸을 때 물에 빠져 죽은 이유이다. 고대인들은 그 자아에 빠져 죽는 이미지와 함께 정체성과 욕망 간의 관계에 대한 좀더 현대적인 관념을 거의 인식하고 있었다.

욕망에 대한 서술적인 구조, 즉 잘 도망치는 사냥감을 찾고 갈망하는 이야기를 제공하는 데에 덧붙여, 사냥은 또한 권력이 관계 속에서 어떻게 구조화되는지에 대한 핵심적인 질문을 제기한다. 즉, 누가 누구를 쫓는가?

2

로마의 시인 오비디우스는 세상에 사랑하는 법을 가르쳤다. 그것은 적어도 합의와 전통이 지지하는 주장이다. 이는 분명히, 오비디우스 이전의 사람들이 사랑하지 않았음을 의미하는 것은 아니다. 그러나 그 자신의 주장과 후대의 연애시인들에게 그가 미친 거대한 영향, 그리고 일반 비평가들의 동의에 따르자면 오비디우스는 우리에게 2,000년 동안이나 에로틱한 느낌의 주된 자세와 태도를 요약한 구체적인 이미지——욕망 경험의 변수들——를 제공해주었다.

오비디우스는 기원전 43년에 태어나 아우구스티누스 황제 치하에서 글을 썼다. 교양이 풍부하고 도시적인 인물인 그는 아이러니를 뛰어나게 구사하였다. 한 재미있는 위트에서, 오비디우스는 자신을 다른 남자들에게 사랑하는 법을 가르칠 수 있는 로마의 유일한 인물로 묘사한다. 그는 자신을 실제로 '사랑의 교사praeceptor amoris,' 심지어는 '사랑의 위대한 교사magister amoris maximus'라고 하였다. 어떤 의미에서 보면, 그는 자신이 아는 이상으로 자신에 대한 평가에서 옳았다. 그는 셰익스피어가 애호한 욕망의 시인이었으며, 『런던 타임스』는 이 시인에 대한 한 평설에서 그가 '다른 모든 고대인보다 유럽 문학의 내용에 많은 영향을 미쳤다'는 일반적인 상식을 재차 확인한다.[3]

이 시인은 연애의 복잡한 상황과 욕망의 괴상한 미로를 사랑했고 전문적 지식을 가지고 에로틱한 지혜를 장래의 로마의 연인들을 위한 한 권의 책에 담았다. 세 권짜리로 된 시집인 그 책 『사랑의 기술』은 그의 주장에 따르면 오랜 경험의 산물이며 로마의 젊은이들을 위한 일종의 사냥 편람이다.[4] 그것은, 독자가 이해할 수 있다면, 사랑에 대한 완벽한 교육을 약속하는 조롱과 교훈이 섞인 안내서로서 매우 구체적인 특정 상황까지 다루고 있다. 그것은 젊은이들에게 어떤 거리에서 가장 아름다운 여인을 만날 수 있는지, 어떻게 연애편지를 전달하는지, 지루한 남편들은 어떻게 다루는지, 어떻게 옷을 입고 향수를 뿌리는지, 언제 최상의 행동을 취하는지를 말해준다. 그것은 실용적이고 비꼬는 듯한 소책자이고 크세노폰이 아테네의 부유한 젊은 사냥꾼들에게 『사냥에 대하여』에서 한 일을 에로틱한 사냥에 대해 하고 있다. 오비디우스에게 사냥은 남성 욕망의 은유이다. 크세노폰에게 사냥은 남성 덕목의 은유이다.

이 책에서 사냥의 은유는 오비디우스의 욕망에 대한 관념을 지배한다. 그는 사냥과 스포츠, 그리고 군대를 욕망의 여성적 대상에 갖다 붙이는 한 단어로 연결시킨다. 그녀는 즉 '사냥감(praeda, 프라이다)'이다. 그 라틴어는 사냥감을 모든 형태의 성적 욕망을 포괄하는 사냥의 은유 내에 위치시킨다. '프라이다'는 야수predator의 희생물이다. 그리고 그 단어는 영어나 라틴어나 모두 사냥꾼을 의미한다.

사냥감으로서의 여성은 남성의 심리 안에서 욕망을 구조화하는 보다 큰 은유 속에서 단지 한 단면에 불과하다. 오비디우스는 『사랑의 기술』에서 두 종류의 기술이 에로틱한 사냥에 쓰인다고 조언한다. 우선 젊은 로마의 남성들은 어떻게 뒤를 쫓고, 어디서 추적을 할지를 알아야만 한다. 두번째로 그들은 여자들을 어떻게 잡는지를 알아야 한다. 남성들은 함정을 만들어야 한다고 그는 1권에서 충고한다. 거기서 그들은 사냥감을 잡을 최상의 기회를 잡는다.

당신이 자유롭고 어디든지 갈 수 있다면, 누구에게 '당신만이 내 기쁨이오'라고 말을 걸지를 선택해야 한다. 그녀는 엷은 공기를 날아와 당신의 무릎에 몸을 던지지 않는다. 당신은 가장 눈에 띄는 소녀를 찾으러 나가야 한다. 사냥꾼은 사슴의 굴을, 어디에 그물을 던져야 하는지를 잘 안다. 사냥꾼은 어떤 계곡에서 이빨이 툭 튀어나온 멧돼지를 잡을 수 있는지 잘 안다. 새 사냥꾼은 좋아하는 새들이 있는 덤불을 안다. 그리고 낚싯바늘을 가진 어부는 어디에 물고기 무리가 다니는지를 정확히 안다. 당신 또한 사랑의 대상을 찾으려면 우선 소녀들이 다니는 장소를 알아야 한다. (1.41~50.)

오비디우스에 따르면, 고대 로마에서 이 사랑 사냥의 최상의 장소는 원형극장이다. 거기서 그는 젊은 학생들의 사냥을 인도한다.

일단 당신의 상상력을 자극하는 여인을 발견하면 그녀를 어떻게 사로잡을 것인지를 생각하라고 오비디우스는 말한다. 오비디우스는 그 방면에도 전문가이다. 오비디우스가 한 소녀를 잡았을 때 그는 그 생각에 황홀해진다.

"승리의 노래를 불러라, '야호' 하고 외쳐라, 되풀이 되풀이 소리 질러라. 내가 쫓던 사냥감이 덫에 걸려들었다." (2.1~2.)

이 책 2권의 서두는 추적의 두번째 단계——사랑 사냥꾼이 욕망의 대상을 어떻게 사로잡을 수 있는지——를 보여준다.

최상의 방법은 그물을 쓰는 것과 같다. 그물은 이 재치 있는 소책자에서 그가 좋아하는 사냥의 은유이다. 오비디우스는 그물의 은유에 의존하여 좀더 그로테스크한 생포의 가능성, 즉 강간으로부터 벗어난다. 사냥의 은유가 구획 짓는 모든 영토는——사냥의 은유에 의해 그려지는 욕망이며——고대로부터 다른 여러 신화와 이야기들에서 좀더 상세하게 탐구되었다.

모든 여인은 트로피라고 오비디우스는 말한다. 가장 정숙한 여인이라도 사로잡히기를 원하며, 최소한 사로잡힐 수 있다. 그들은 남자들로부터 떨어진 장소에서 무리를 지어 함께 모여 있다. 그들은 순결의 여신 디아나처럼 남자들의 무리를 물리치고 순결을 선호한다. 그러나 이것은 '최상의 사냥 지점'(1.258.)일 뿐이다. 이는 그물을 펼칠 지점이다. 로마 인근 네미 호 부근의 디아나 숲은 고대의 연인들이 선호하던 밀애 장소였다. 이 사냥의 중요한 단계에서 남자들이 기억해야 할 중요한 사실은, 모든 여성들이 사로잡히기를 원하는 것이라고 오비디우스는 말한다.

"우선, 그 여자의 전부를 사로잡을 수 있다는 확신을 가져라. 너는 그들을 쉽게 잡을 수 있고, 네가 할 모든 일은 단지 덫을 놓는 것이다. 쉽게 유혹되는 한 여인이 젊은 연인에 저항하느니 새들은 봄에 침묵하고 메뚜기는 여름에 침묵하고 마에날루스의 개는 토끼에게 쫓길 것이다." (1.269~73.)

추적과 나포는 간통의 표현이다. 그물은 전략과 책략의 은유로 아주 적당하기 때문에 선호되는 이미지이다. 그물은 시(詩)나 포도주, 선물, 토끼와 같이 사로잡은 동물이나 혹은 카툴루스의 여자친구가 질투한 유명한 작은 제비일 수도 있다.

여성에 대한 오비디우스의 관점에서 기억할 만한 핵심은, 단지 여성에 대한 남성의 강요가 당연하다는 것이 아니다. 그런 생각은 여자들이 '안 돼요'라고 할 때면 사실 '좋아요'를 의미한다고 남자들이 주장하기 마련인 우리 시대에 정점에 올랐다. 오히려 그것은 사냥의 은유가 참조점, 즉 이 욕망의 관념을 자연스러운 것으로 만드는 근거로 사용되는 방식이다. 내키지 않아 하는 여자는 자연에 반하는 자연의 변종이라고 오비디우스는 말한다. 사냥의 은유는 욕망의 야수적인 관념으로 향하는 이런 문장에 권위를 부여한다. 그것은 여성의 주저함과 남성의 공격성을 '자연스러운' 욕망의 문제로 잡아넣는다. 덕목과 욕망의 두 관념을 자연스럽게 빚어내기 위해 사냥의 은유를 사용하는 이런 방식은 역사를 통해 가장 일관된 기능 중에 하나였다.

『사랑의 기술』에서 우리는 욕망의 야수적인 관념 속에서 남성이 실제로 교육받는 모습을 바라볼 수 있는 행운을 얻게 되었다. 여성이 사냥감이라는 고대의 생각은 존중할 만한 계보이다. 야수로서의 욕망은 탈선이 아니라 욕망의 개념에 절대적으로 중요한 것으로 여겨진다. 에로틱한 사냥은 욕망을 정의하고 대부분의 남성에게 사랑Amor이 무엇인지를 정의한다. 그 개념은 욕망이 우리의 낭만적인 사랑 개념이 의미하는 것 이상임을 의미한다. 간통 교과서의 일부인 오비디우스의 은유는 사랑과 욕망 사이의 관계를 구성하는 개념이다. 남자들은 대개 사냥꾼(비록 3권에서는 여자들에 대한 충고도 있지만)이며 여자들은 도망치는 사냥감fugaces이다. 욕망의 대상으로 상상되는 여자들은 때로는 그들 자신이 욕망하는 대상이기도 하다.

두번째로 남자들은 이런 욕망의 개념을 배워야 한다. 현재 우리는 우리의 자아에 대한 감각 속에서 욕망에 특권적인 지위를 부여하고 그것을 공포와 함께 원초적 경험으로 보고 있다. 그것은 육체로부터 바로 분출되는 것 같다. 그러나 오비디우스는 추적으로서의 욕망 개념으로 남자들을 가르친다. 사냥의 언어는 이런 에로티시즘이 자연스러운 배경이자 기원인 것같이 꾸미지만 실제로 그것은 도시와 문명의 개념이다. 아이로니컬하게도 사냥은 욕망에게 문화적 위치와 틀을 부여한다. 그렇게 체계적으로 가르쳐져야만 하는 것은, 욕망 안에서조차 자연스럽게 온다고는 말할 수 없다. 욕망은 본능적일지 모르지만 그러나 우리가 욕망을 어떻게 표현하는가는 습득되고 가르침 받은 것이다.

사냥은 우리의 성적 욕망에 있어 선호되는 유비 중 하나이며 우리는 그것을 오비디우스와 같은 고대의 원천으로부터 계승하였다. 매력적인 시구와 솔직함을 통해 오비디우스는 성적 욕망과 추적 간의 관계에 강력한 권위를 부여한다. 사랑은 욕망이다. 중세에 세비야의 이시도르(St. Isidore of Seville, 560?~636)와 같은 이는 그 단어가 낚싯바늘hamus로부터 기인하였으며, 산스크리트어에 유사한 단어가 있다고 주장하였다.[5]

　에로틱한 사냥은 일종의 토포스topos, 언어에 있어 느낌의 위치이다. 서술적 구조로서 사냥은 에로스의 엉뚱한 본성, 그 부산스러움과 방랑에 대한 감각을 부여한다. 그것은 일종의 황야를 향한 여행이자 이야기의 완전한 전달수단이며 대립, 혹은 절정에서 극에 달한다. 사냥꾼은 깊은 심리적 충동과 힘을 기만한다. 에로틱한 사냥꾼은 남자들에게 욕망이 사랑보다 앞서며 욕망은 게임이고 여자들은 전적으로 사냥감game이며 그 사냥의 목적은 가능한 한 여자들에게 점수를 많이 따는 것이라고 가르친다.

　에로틱한 사냥의 깊숙한 심리적 차원으로 들어가는 오비디우스의 다른 많은 이야기들 속에서도 그것은 마찬가지다. 고대로부터 내려온 일급 신화들 중 대다수는 사랑을 에로틱한 사냥으로 정의한다. 내가 읽은 고대 신화들 중에 가장 중요한 사랑의 표현들은 사실 에로틱한 욕망의 이야기들이지 오늘날 우리가 생각하는 사랑 이야기가 아니다. 혹은 그것들은 에로스와 사랑의 융합이다. 이런 사냥으로서의 욕망의 유산은 여전히 매우 많이 존재한다. 로맨틱한 사랑은 이 에로스의 관념을 대체하지 못했고, 샌디와 같은 여성들은 무대 위에서 화난 목소리로 '여자들은 사냥감'이라고 말할 것이다. 로맨틱한 이상이며 지속적인 관계의 원천으로 우리가 생각하는 사랑은 고대의 문헌에서는 발견하기 어렵다. 그러나 우리의 사랑 관념은 여전히 이 야수적인 욕망이라는 고대적 관념의 흔적을 간직하고 있고 우리의 정서적인 진화는 이런 욕망의 관념에 의해 표시된다. 여전히 우리는 사랑을 욕망으로부터 떠오르는 것으로 상상한다. 예컨대 욕망은 사랑의 중요한 표시이며 사랑의 시작이다.

그러나 우리는 여전히 대립 속에서 욕망과 사랑을 바라본다. 욕망과 사랑은 상호 배타적인 것으로 쉽게 상상할 수 있다. 로맨틱한 사랑은 욕망 속에서 시작하며 결혼에서 절정에 달한다. 그러나 우리는 결혼을 위대한 정열의 장면이라고는 대개 생각지 않는다. 고전 시대의 결혼은 로맨틱한 사랑에 기초하지 않았고 대개 욕망에 적대적이었다. 예컨대 고대 신화에서 에로스는 유부남이지만 사랑에 빠진 제우스를 자극하여 돌이킬 수 없는 돌진, 유혹 그리고 강간을 하도록 하였다. 고대의 위대한 신화들은 우리에게 에로틱한 사냥꾼을 제공하고 욕망의 교훈, 우리가 뒤에 남겨두지만은 않은 욕망을 가르친다. 사냥꾼에 의해 정의된 욕망의 개념이 만든 이 도전은 남성의 성이라고 우리가 이해하고 있는 것을 직면하여 이를 재상상하려는 것이다.

3

사냥은 남성 욕망의 심리학에서 이중의 방식으로 작용한다. 즉, 그것은 자연을 관능화하고 권력의 관능을 중화시킨다. 사냥의 이미지는 서두에 묘사한 술피시아가 사냥 중인 애인에게 보낸 편지의 경우에서처럼 실제의 사냥 이야기들을 묘사할 때도 에로틱한 향취를 지닌다. 멧돼지 잡는 그물은 사랑을 나누는 숲 속의 지점이 된다. 반면 신화 속의 사냥꾼들은 내면의 황야, 즉 정열의 황야 속으로 들어간다. 남자들은 사냥꾼의 자격으로 욕망에 의해 가슴의 풍경 속을 뚫고 지나간다. 선호되는 이야기인 에로틱한 사냥은 욕망의 움직임과 더불어 맥박 친다.

사냥 이야기는 남자들에게 욕망의 구조와 심리학을 제공한다.

나는 에로틱한 사냥이 우리가 욕망을 경험하는 두 가지 방식과 조응한다고 생각한다. 그들은 욕망은 단순한 본능, 혹은 생물학적 충동으로서 신체에 매우 깊이 뿌리박고 있다는 관념에 도전한다. 에로틱한 추적과 나포는 에로스의 가장 강력한 모습을 묘사한다. 우리는 꼭 필요한 어떤 것을 추구할 때처럼 그것을 경험한다. 그것은 우리가 채우고 싶어 하는 부재, 공허, 결핍이다.[6] 추적과 나포는 이 결핍으로서의 욕망의 개념에 완벽하게 조응한다. 무엇인가를 갖지 않은 상태로 경험된 욕망은 사냥꾼/연인으로 하여금 교묘히 빠져 달아나는 피조물을 쫓도록 만든다. 그러나 추적을 당하는 대상은 나포 순간 사라져버린다. 서두의 오비디우스처럼 사냥꾼/연인은 늘 다음의 대상을 쫓아야만 함을 안다.

"사냥꾼은 쫓고 사냥감은 달아난다. 그리고 사냥꾼은 늘 잡은 것을 뒤에 남겨두고 다음 먹이의 뒤를 쫓는다."

힘으로 충만한 다른 욕망의 유형은 지배하는 제우스와 전복하는 디오니소스 같은 다양한 사냥꾼의 신화에서 특출하게 드러난다. 에로틱한 사냥은 억압과 해방의 이야기를 통해 욕망을 정의한다. 그것은 전통적인 권력(신, 국가)을 강화하거나 혹은 좀더 흥미롭게도 그것을 전복시킨다. 욕망은 그 시선을 금지된 대상, 불법적인 목표물 위로 돌린다. 이것은 수많은 신화에서 제우스가 사냥꾼의 가면을 하고 아프로디테의 순결한 님프들을 쫓는 바로 그 방식이다. 프랑스의 후기구조주의 이론가 미셸 푸코는 이런 유형의 욕망을 묘사하였다. 에로틱한 사냥꾼은 문명과 자연의 경계를 넘나들며 성의 전통적인 형태와 이상들, 특히 순결과 결혼의 성을 전복적으로 잠식한다. 이것은 폭력, 혹은 경쟁으로 상상된 욕망이며 어떻든 새로운 형식과 직관의 양식으로서 생산적이다. 싸움의 이미지, 한 걸음 더 나가 강간의 이미지는 폭력 그 자체이며 저항과 지배 모두의 표식이다.[7]

사냥이 이 심리적 정치적 수준에서 어떻게 욕망을 가로지르는지를 보는 데는 오비디우스가 좋은 안내자이다. 『변신이야기 Metamorphoses』는 고대 로마와 그리스의 거의 모든 위대한 신화들을 장려한 시가로 노래한 것이다. 그는 기원 7년쯤에 이 모음집을 완성하였는데, 이 신화는 다른 어떤 작품보다도 더 복잡하게 인간 욕망의 풍경을 따라간다. 오비디우스의 수풀이 우거진 풍경은 사냥꾼들로 채워져 있지만 그들은 우연하게도 동물만을 사냥한다. 진짜 사냥감은 섹스이다. 그중 하나는 추적과 경쟁, 잃어버린 것에 대한 갈망과 권력 투쟁으로서 욕망을 묘사하는 많은 신화들을 대표한다. 다프네와 아폴론의 이야기이다.[8]

오비디우스에 따르면, 아폴론 신은 델포이에서 파에톤에 위대한 승리를 거둔 후 신들의 고향 올림포스로 막 돌아왔다. 이 승리 이전에 '반짝이는 활의 신'은 화살을 '도망치는 염소를 사냥하는 데'만 사용하였다. 그러나 이제 영웅이 된 그는 스스로 자부심을 느낀다. 어린 큐피드가 활을 매기려고 낑낑대는 모습을 보자 아폴론은 그를 비웃지 않을 수 없었다. "그 무서운 무기로 뭘 하려느냐, 이 난잡한 꼬마 녀석아"라고 아폴론은 말한다.

"이 무기는 내 팔을 위한 거란다. 맹수들을 죽이기에 충분히 힘센 이 팔 말이지. 난 지금 셀 수 없이 많은 화살로 파에톤을 죽였다. 그 지독한 구렁이는 하도 커서 시체만 해도 수 에이커 넓이는 될 거다." (456~60)

사냥꾼으로서 큐피드는 위대한 아폴론의 경쟁 상대가 못 되었다. 혹은 그렇다고 잘난 척하는 아폴론은 생각한다.

큐피드는 다른 방법을 가지고 있었다. 장난꾸러기 소년인 그에게 전복적인 욕망이 번득였다. 이런 모욕에도 불구하고 큐피드는 아폴론에게 자신이 이길 거라고 말한다. 아폴론은 그의 화살로 세계의 모든 것을 잡을 수 있다. 그러나 큐피드는 그의 작은 화살로 아폴론을 잡을 수 있다. 아폴론은 살아 있는 피조물만을 잡을 수 있다. 큐피드는 신까지도 잡을 수 있다. 그래서 큐피드의 영광이 아폴론보다 훨씬 큰 것이다.

큐피드는 파르나소스 산으로 날아올라간다. 그는 한 개는 금, 한 개는 납인 두 개의 화살을 꺼내 든다. 뾰족한 금화살은 욕망을 불러일으킨다. 무딘 납화살은 사랑으로부터 도망치게 만든다. 큐피드는 금화살로 아폴론을 쏘아 그를 뼛속 깊이 괴로워하게 만든다. 그는 갑자기 강의 신 페네오스의 딸인 다프네에 대한 사랑으로 불타오른다.

큐피드는 납 화살로 다프네를 쏘아 그녀가 아폴론을 혐오하게끔 만든다. 이는 오비디우스에서 드러난 최초의 위대한 교훈이다. 에로스에는 저항할 수 없다. 아폴론은 다프네를 보자마자 뒤를 쫓으려 한다. 그의 정열은 먹이를 앞에 둔 야수의 식욕과도 같은 굶주림이다. 그는 그녀에게 사랑을 내보이려 하지만 그녀는 관심이 없다. 그는 그녀에게 달아나지 말아달라고 애원하나 그녀는 어떻게든 도망친다.

그는 더 말을 하고 싶었다. 그러나 가냘픈 님프는 달아나고 그는 말을 채 끝맺지도 못한 채 당황한다. 그녀는 달아날 때 더욱 아름답게 보인다. 바람은 그녀의 맨몸을 거의 다 드러내준다. 그녀의 가운은 산들바람 속에서 사랑스럽게 날린다. 그녀의 섬세한 머리칼은 부드러운 공기를 타고 흐른다. 그녀는 도망칠 때 더욱 아름답다. 젊은 신은 말을 포기했다. 큐피드에 의해 마음이 동한 아폴론은 그녀의 자취를 쫓는다. 넓은 들판에서 토끼를 쫓는 사냥개처럼 그는 맨발로 사냥감을 뒤쫓는다. 이 토끼는 안전을 원한다. 그 사냥개는 주둥이를 그녀에게 대고 거의 다 잡았다고 생각한다. 그녀는 자신이 정말로 잡혔는지를 모르는 상태에서 그의 입으로부터 간신히 몸을 빼 달아난다. 아폴론과 다프네는 사냥개와 토끼처럼 뛰었다. 그가 더 빨라 그녀는 겁에 질렸다. 그는 큐피드의 날개를 타고 있었기 때문에 더 빨랐다. 그녀는 간신히 달아날 수 있기만을 바랐다. 머리카락은 어

깨 위에 나부끼고 엄청난 속도에 지쳐서……(525~44)

이것은 추적으로서의 사냥의 '고전적 지점 locus classicus'이다. 이성의 신은 '늑대로부터 달아나는 양, 혹은 사자로부터 달아나는 사슴'(505)처럼 도망치는 님프를 쫓는다.

다프네는 여자 사냥꾼이다. 큐피드의 납 화살에 맞기 전부터도 그녀는 디아나와 마찬가지였다. 그녀는 남자를 원하지 않았다. 오비디우스는 다프네가 "사랑이라는 것으로부터 달아나 깊은 숲 속에서 야생 동물들을 사냥하기를 즐겼다"라고 말한다. 그녀의 사랑스런 머리카락에는 머리띠 한 개만이 묶여 있을 뿐이었다. 많은 남자들이 그녀를 쫓았다. 그러나 그녀는 그들을 모두 무시했고 '남자들, 결혼의 신, 혹은 큐피드에 대한 생각 없이'(474~80) 깊은 숲 속으로 들어갔다. 그러나 처녀 사냥꾼인 그녀는 아폴론으로부터 달아날 수는 없었다.

아폴론의 숨결이 막 그녀의 어깨에 닿고 그가 막 그녀를 붙잡으려 했을 때 그녀는 아버지 페네오스에게 기도한다. 그녀는 그에게 아폴론으로부터 구해달라고 청한다.

"제 육신의 아름다움을 없애주셔요."

그녀는 간청한다.

"너무 많은 기쁨을 주는 그것을요."

빌고 있는 동안 그녀는 변하기 시작한다. 아버지는 그녀를 월계수 나무로 바꾸어 구해준다. 그녀의 피부는 아름다운 가슴을 감싼 나무껍질이 되고 손가락은 작은 가지가 되며 머리카락은 이파리가 되고 발가락은 덩굴과 뿌리가 된다.

아폴론은 나무 둥치에 손을 올려놓고 그녀의 가슴이 아직도 숨 쉬고 있음을 느낀다.

그의 사랑은 이 새로운 모습에도 불구하고 여전하다. 그녀를 잃는 대신에 그는 그 이파리를 머리 위에 쓸 것을 약속한다. 그녀는 늘 아폴론의 나무가 될 것이고 시와 전쟁에서의 승리자는 성공의 표식으로 월계관을 쓸 것이다. 늘 젊은이인 그는 마찬가지로 그녀의 잎을 늘 푸르게 만들었다.

나는 로마의 빌라 보르게세에서 본, 베르니니가 조각한 「아폴론과 다프네」를 기억한다. 이 이야기의 절정 부분으로 아폴론 신은 젊은 님프의 몸에 막 손이 닿으려 하고 있다. 대리석은 놀라우리만치 섬세하게 깎여 있다. 다프네는 막 나무로 변하는 중이다. 그녀의 손가락에서는 잎이 돋아나고 나무껍질은 몸을 막 덮으려 한다. 그것은 매우 아름답고 매우 이상화되어 있다. 나는 늘 이 조각만 보면 매혹된다. 그리고 동시에 당황한다. 그 이유는 종종 분명치 않지만 말이다. 오비디우스는 다프네의 변형을 오랫동안 숙고한다. 그는 그 이야기에 홀딱 빠졌다. 달아나려 할 때도, 저항할 때도 그녀는 사랑스럽기만 하다. 도망치는 다프네!

이 이야기는 남성 욕망의 한 형태의 역동성과 구조를 잘 보여준다. 많은 사냥 이야기들은 남성 대 여성의 역할을 공개적으로 표현한다. 예를 들어 칼레도니아의 멧돼지를 잡은 여자 사냥꾼 아탈란테는 성별이 모호하다.

"그녀는 사실 처녀 같은 소년, 혹은 소년 같은 처녀처럼 보였다." (8. 323.)

그녀는 멜레아그로스에 대한 사랑에서 사냥과 성의 성적 역할을 파괴한다.[9] 남성은 사냥꾼이고 여성은 사냥감이다. 남성은 욕망하고 쫓고, 사로잡는다. 여성은 도망친다. 욕망은 대개 남성적인 것, 여성은 피해야 할 어떤 것으로 받아들여진다. 그녀는 기껏해야 사냥감이고 도망치지만 벗어날 수는 없다. 그녀는 변형 중에도 아폴론으로부터 벗어날 수 없다.

그는 그녀를 여성의 모습으로 소유할 수는 없지만 월계수 나무의 형태로 자신의 것으로 만들 수 있다. 그녀는 죽든 살든 그에게 속한다. 욕망은 결핍한 것의 획득에 대한 것이다. 그녀는 그가 쫓고 소유할 수 있는 어떤 것, 그 어떤 것으로 모습을 바꾸었다. 그녀는 월계수 가지가 되었고 그 나무는 아폴론에게 바쳐졌다. 그 이미지는 오비디우스와 베르니니에서 이상화되었지만, 그러나 그것은 소유와 획득의 이미지이다. 여성은 자연과 완전히 동일시된다. 즉 많은 이야기에서 그녀는 산토끼나 산양, 사슴, 암소 혹은 나무이다. 어떤 모습을 취하든 에로틱한 사냥꾼은 소유자의 특권을 강조한다.

오비디우스의 길이 없는 숲은 아폴론과 다프네식의 다양한 관계를 간직한 사냥꾼들로 충만하다. 그 사랑에 빠진 사냥꾼이나 여자 사냥꾼의 이야기는 무수한 형태를 전제할 수 있지만, 그리고 이 이야기에서 다프네는 어떻든 벗어나는 데 성공하지만 아폴론이 자기 특권으로 여기는 것을 기꺼이 주장하려 함은 분명하다. 그는 추적할 뿐 아니라 가능하다면 그녀를 소유할 것이다. 다프네의 월계수 잎을 아폴론의 문양으로 만든 것은 어떻게 '이상화Idealization'가 더 깊은 어둠을 덮어버렸는가를 상징한다. 이 욕망에는 신적인 성스러움이 부여되었다. 오비디우스 이야기의 영광의 이면에서 욕망은 야수적이고 탐욕스럽다. 에로틱한 추적의 숨겨진 비밀은 아폴론이 주어지지 않은 것을 기꺼이 획득하려 한다는 것, 나무가 된 다프네가 여성과 자연에 대한 남성의 상상 속에서 동시에 작동하는 욕망과 지배의 상징이라는 것이다. 이것은 강간이라는 에로스의 경계이다.

고대의 신화에서 욕망은 추적, 도망치는 것에 대한 갈망, 쫓는 자와 쫓기는 자의 이야기이다. 욕망은 우리가 무언가 잃어버렸음을, 무엇인가 떠났음을, 무엇인가 우리의 영역 밖으로 달아났음을 알아차렸을 때, 바로 그 도주의 순간에 태어난다. 그리고 우리가 욕망하는 것은 늘 어떻게든 우리로부터 달아나며 우리가 성공한 바로 그 순간에 이의를 제기한다. 그 정의상 욕망 속에서 우리는 잃어버린 것을 결코 되찾을 수 없다.

아폴론의 욕망으로부터 벗어나기 위해 그 여성이 어떤 물건으로, 나무로 변형된 것만은 아니다. 욕망이 도망치는 것에 대한 추적이라면 만족은 늘 닿을 수 없는 곳에 있다. 아폴론은 갈망하는 바로 그것을 잃었다. 상실과 갈망은 추적의 양면이다. 욕망의 중심부에는 뭔가 달콤한 향수가 있다. 아름다움은 바로 우리 앞에서 달아나고 우리의 손끝에서 영원히 닿을 수 없는 곳으로, 늘 달아난다. 우리가 할 수 있는 최상의 것은 여성을 소유하는 것이라고 남성들은 배웠다. 그녀는 그의 권력과 승리의 상징이 된다. 그녀는 다프네처럼 영웅의 승리의 상징이 된다. 그는 그녀를 이상화하는데, 그녀의 이상화는 피조물을 상징으로, 자연을 기예art로 만드는 변형이다. 여성과 자연, 그 둘은 그의 것이다. 아폴론은 기예와 문화와 동일시된다. 아폴론은 자연 속에서 잡은 여성을 소유한다. 이어서 그는 사랑하는 대상을 잃는다.

4

『변신이야기』에서 오비디우스는 약 백여 가지의 신화와 전설을 들려준다. 물론 그것은 어떻게 세느냐에 달려 있는데, 겉보기에는 수도 없는 부수적인 이야기들이 있기 때문이다. 그 이야기는 세계의 창조와 황금시대로부터 율리우스 카이사르의 신격화에까지 나아간다. 즉, 지상(地上)의 시로 쓴 역사이다. 욕망과 갈망은 분명히 드러나는 주제이며 대개 사냥에 의해 정의되어 있다. 최소한 20가지 이야기에서 사냥꾼은 숲 속 연인의 이미지이다. 이는 다른 이미지보다 훨씬 더 흔하게 보인다. 또 다른 여덟 개의 이야기에서 사냥이나 살육은 이미 형성된 관계의 핵심적인 은유이다.

다음 이야기들은 욕망 속에 자리한 남성의 어떤 상상적인 자세를 탐구하는 도구로 사냥을 신비화한 것을 보여준다. 이 신들과 그들의 이야기들은 우리에게 매우 친숙하다. 『변신이야기』에 나온 대로 열거하자면, 그 이야기들은 다음과 같다. 아폴론과 다프네, 판과 시링스, 유피테르와 칼리스토(유피테르는 여자 사냥꾼인 님프 칼리스토를 유혹하기 위해 디아나로 변장했고 급기야는 칼리스토가 곰이 되었는데 이것이 하늘의 큰곰자리이다), 악타이온과 디아나, 에코와 나르키소스(나르키소스는 공허한 메아리 속으로 사라진 여인을 쫓는 사냥꾼이다), 펜테우스와 바쿠스(바쿠스, 혹은 디오니소스는 사냥의 신이다), 베누스와 마르스, 살라마치스(님프에게 사랑을 받아 자웅동체가 되었다), 아레투사와 케팔로스 그리고 프로크리스(케팔로스는 새벽, 혹은 오로라와 사랑에 빠진 사냥꾼이고 그의 아내 프로크리스는 오로라에 대한 남편의 연정을 엿듣고 그를 죽인다), 멜레아그로스와 아탈란테(그는 칼레도니아의 멧돼지를 죽이고 사랑을 쟁취한다), 키파리소스(그는 황금 뿔을 가진 사슴을 사랑했는데 우연히 그를 죽이고 슬픔에 잠겨 사이프러스 나무가 되었다), 아폴론과 히아킨토스(아폴론은 그가 사랑했던 젊은이를 사고로 죽인다), 베누스와 아도니스(둘 다 사냥꾼이다), 오르페우스와 마이나데스(이 거친 사냥꾼 여성은 오르페우스를 마치 사냥개처럼 죽인다), 갈라테이아와 폴리페모스, 키르케와 피쿠스(멧돼지 사냥꾼 피쿠스는 키르케를 피해 달아나다 정신이 나간 나무꾼이 된다), 히폴리투스(사냥 때문에 사랑을 거부한 사람) 그리고 유피테르와 가니메데스(유피테르는 사랑하는 소년을 하늘로 납치하기 위해 독수리로 변한다).

이 모든 경우에 욕망은 주로 갈망과 두려움, 갈망과 도주, 정욕과 순결의 용어로 이해된다. 오비디우스에서 사냥의 모티프는 단일한 이미지 속에 그의 시간과 삶에 대한 관점을 응축하고 있기 때문에 욕망을 정의하는 데 있어 대단히 널리 쓰이고 있고 매우 중요하다. 즉, 쫓고 쫓기고, 언제나 도망가며 언제나 새롭다. 우리는 늘 변화하기 마련이다. 그는 『변신이야기』에서 다음과 같이 쓰고 있다.

만물은 유전하고, 만물은 방황하는 삶 속으로 태어난다. 시간은 강물처럼 흐르고 시간도 강도 흐름을 멈추지 않는다. 물결은 또 다른 물결을 일으키고 한 파도가 밀려오면 또 다른 파도가 밀려오듯이 도망치는 시간은 언제나 똑같이 따라오고 언제나 새롭다. 전에 있었던 것은 뒤에 남겨지고 존재하지 않았던 것은 지금 있다. 시간과 만물은 언제나 새로 태어난다. (15. 178~84)

사냥은 삶 자체의 이미지, 시간의 흐름 속에 있는 삶의 이미지다. 욕망은 자연의 중심에 있다.

그러나 더욱 중요하게도 욕망은 권력의 구조, 대개는 지배이고 오비디우스에서는 도주인 구조와 연결될 때 힘을 얻게 된다. 오비디우스에서, 그리고 우리가 대개 이해하는 바로는 욕망에 있어서 사냥은 핵심적인 은유인데, 그것은 권력이 섹슈얼리티 속에서 어떻게 사용되는가를 탐구할 수 있게 해주기 때문이다. 그 추적은 대개 남성적 지배의 측면을 가진 에로스를 함축한다. 그러나 지배의 이야기들—침입, 관통, 관음증—은 명백히, 그리고 갑자기, 전복되고 역전된다. 사냥꾼은 자신의 성적 정치학의 희생물이 될 수 있다. 그는 갑자기 사냥감이 된다.

이런 면에서 악타이온과 디아나의 이야기는 어떤 이야기보다 더 유명하다.

오비디우스에서 인용한 이 이야기를 하기 전에 나는 디아나, 즉 그리스 이름으로는 아르테미스 여신에 대해 이야기해야 하겠다. 디아나는 사냥의 신이고 전형적으로 순결을 추구하는 처녀이며 님프의 친구이고 야생 동물들을 사냥한다. 우리는 이미 오리온의 이야기에서 디아나를 언급하였는데, 거기서 그녀는 그가 함께 사냥하고, 원하고, 강간하려 했던 사냥의 여신이다. 오리온과 아르테미스의 이야기는 사냥꾼과 여자 사냥꾼에 대한 많은 이야기의 원형인데, 그것을 통해 고전 시대에서는 남성과 여성의 복잡한 에로틱한 상호작용이 정의되고 탐구되었다. 아폴론과 다프네는 이 원형으로부터 유래했다. 다프네는 숲 속에서 사냥을 하는 순결한 님프이며 남자들을 피해 달아난다. 제우스와 칼리스토의 이야기, 케팔로스와 프로크리스의 이야기, 멜레아그로스와 아탈란테의 이야기 역시 이 원형으로부터 나왔다. 가장 유명한 사냥꾼과 여신의 이야기인 악타이온과 디아나의 이야기는 역시 이 이야기군에서 유래했다. 여신 아르테미스, 혹은 디아나는 처녀 사냥꾼이고 그녀의 이미지는 사냥의 이미지 속에서 도덕적 순수함과 순결의 강렬한 비전에 초점을 맞춘다. 그것은 윤리적인 순수함, 즉 크세노폰과 플라톤이 권했던 종류의 윤리적인 순수함을 위한 섹슈얼리티의 포기인 것처럼 보인다. 이런 포기의 남성판도 있다. 즉, 아리스토파네스가 『리시스트라타 *Lysistrata*』에서 언급한, 여자를 싫어하는 '검은 사냥꾼'인 멜라니온처럼 숲 속에서의 사냥을 위해 여성을 포기한 이도 있다.

그러나 아르테미스의 이상은 그녀를 더욱 사랑스럽게 했고 그리스의 판테온에서 가장 사랑스러운 신들 중 하나로 만들었다. 그녀는 심오하고 아름다운 영적 비전을 표현한다. 그녀는 자유롭고 길들여지지 않았으며 여성의 어떤 이미지 속에서 순결과 욕망을 결합시킨다. 그녀는 자연 속 어디에나 있으며 곰이나 암사슴으로도 나타난다. 그녀와 꼭 닮은 님프

칼리스토는 곰으로 나타나며 오늘날 하늘에서 원을 그리며 돌고 있다. 젊은 아테네 소녀들은 아르테미스를 찬미하며 곰의 모습으로 춤을 추었고 입문 의식에서 곰이 되었다. 아름다운 님프들이 그녀를 둘러쌌고 사슴과 다른 야생 동물들이 그녀를 수행하였으며 여자 사냥꾼으로서 사냥의 여주인이 되었다. 이 여신에 대한 최상의 찬사 중 하나에서 디아나에게는 그녀를 순결한 여성이자 '동물들의 여주인'으로 만든 순수한 영적인 갈망의 이미지가 부여된다. 그녀는 아폴론의 쌍둥이 누이이고 기원전 3세기 시인 칼리마코스*는 그녀를 이상화된 모습으로 묘사하였다.

그녀는 세 살 된 소녀 때 벌써 아버지와 오빠에게 도전할 만했다. 그녀는 아버지 제우스의 턱밑에까지 자랐고 그가 이미 오빠에게 주었던 모든 재능에다 한 가지— 즉 처녀성—를 더 요구하였다.

"제가 언제나 처녀일 수 있게 해주세요, 아버님, 영원히."

그녀는 기도한다.

그리고 제게도 많은 이름들을 주세요, 포이보스(아폴론)가 저와 경쟁하지 못하게요. 그리고 활과 화살을 주세요. 아버님, 화살 통이나 전능한 활을 요구하는 게 아니에요. 저를 위해 사이클롭스가 화살과 잘 구부러지는 활을 만들어 줄 거예요. 그러나 제가 '빛을 가져다주는 자'가 되게 하시고 무릎까지 닿는 수를 놓은 튜닉을 입게 해주세요. 저는 짐승들을 사냥할 거예요. 그리고 오케아노스의 여섯 딸들을 제 합창단으로 주세요. 모두 아홉 살이고 아직 허리띠를 매지 않았어요. 그리고 안미수스의 스무 명 님프들을 하녀로 주시어 제 장화를 잘 닦아놓게 해주세요. 그리고 제가 스라소니나 사슴을 쏘지 않을 때는 재빠른 사냥개를 돌보게 해주세요.

---

* 칼리마코스(Callimachus, B. C. 310~B. C. 240) : 키레네에서 태어난 고대 그리스의 시인.

그리고 제게 모든 산을 주세요. 그리고 도시를 주시려면 제일 보잘것없는 것으로 주셔도 좋아요. 아르테미스가 도시로 내려갈 일은 거의 없을 테니까요.

그녀는 늘 사냥개와 님프들과 살았고 황금 뿔이 솟은 한 무리의 사슴을 거느리고 있었다.[10]

그러나 처녀와 여자 사냥꾼의 모습을 한 디아나와 같은 여신을 사냥의 남성적 관념 속에서 중요한 요소인 욕망에 대한 단순한 거부로 상상하는 것은 착각이다. 반대로, 그녀는 순결함 속에 감추어진 욕망을 드러낸다. 사냥의 여신으로서 디아나는 두 주제를 강조한다. 순결의 욕망과 남성의 침범에 대응하는 여성적 힘이다. 그 양자는 사냥의 렌즈를 통해 초점이 모아진다. 디아나의 내부에서 순결과 욕망의 두 대립적인 원리는 융화한다. 어떤 지방에서는 그녀를 기리기 위해 광란의 춤판이 벌어졌고 때로 뚱뚱한 남자들이 이 풍요 축제에 끼어들었다. 생명의 수호자로서 그녀는 순결의 여신일 뿐 아니라 번식의 여신이다. 그리고 어떤 제의에서는 과일과 여러 종류의 동물들뿐 아니라 남근이 그녀에게 바쳐지기도 하였다. 그녀는 자연의 내부, 그 황량함과 낯섦, 그 순수함과 타자성의 내부에 있는 신적 여성성이다. 그녀는 힘을 여성의 이미지로 한데 모으고 화가 날 때는 동물과 사냥꾼들을 쳐 죽일 수 있다.

이 여신들과 님프들은 남성적 풍경 속에서 활동하며 그들의 땅이 남성 사냥꾼들에 의해 짓밟힘을 목격한다. 그들은 위협하고 경쟁하고 강간한다. 예를 들어 헤라클레스는 그의 세번째 모험에서 아르테미스의 세계를 침범하고 그녀에게 바쳐진 케리네이아의 사슴을 사로잡았다.

순결한 여성은 남성과 여성 모두에게 이상형을 제시한다. 남성에게 있어서 그것은 순결하게 정화된 욕망을 제공하며 여성에게는 남성 욕망에 대한 거부를 제공한다. 그리고 거절하는 여자 사냥꾼만큼이나 맞받아 싸우는 여자 사냥꾼은 여성의 이미지 속에 자기 결정권이라는 힘을 부여한다. 이 여자 사냥꾼들이 성취한 일이 무엇이든 간에 그녀들은 여전히 추적하는 남성들에게 중요한 대상이며 자신과 사냥감에 대한 문젯거리로서 욕망을 경험하는 방식을 정의한다.

디아나의 성적 욕망에 대한 군사적 혹은 수렵적 거부——동물과 사냥으로 관심사를 돌렸다——는 어떤 모순이 그 문제의 중요성을 반증하는 방식의 징후이다. 그 거절은 영적이고 정서적인 이상이지만 그녀의 순결은 남성 욕망을 자극한다. 욕망과 거부는 디아나 안에서 하나로 연결된다. 마치 쫓는 자와 쫓기는 자처럼.

몇몇 이야기에서 디아나가 오리온을 사랑한 것처럼 다른 이야기들에서 그녀는 그의 경쟁자가 된다. 그녀는 남성 사냥꾼들에게 애인과 적 모두가 된다.

그녀의 임무 중 하나는 사냥꾼의 욕망에 경계를 짓는 것이다. 디아나는 고도로 문명화된 문화의 황금 같은 상징이다. 즉, 여성은 강력한 여성적 이미지를 본뜨려 하고 남성은 금욕적인 여성적 이미지를 제멋대로인 자신의 야수적 욕망을 길들이는 데 이용한다. 아가멤논이 깨달았듯이, 그녀의 성소를 침범하는 것은 여신의 머리를 가격하는 것이다. 그녀의 신성한 땅에서 '얼룩무늬 사슴'을 죽이고 사냥 기술을 과시한 아가멤논은 아르테미스의 분노를 촉발하여 트로이로 향하는 순풍을 얻기 위해 딸 이피게네이아를 아울리스에서 제물로 바쳐야 했다. 악타이온은 좀더 확실한 잘못을 저질렀고 그 대가를 비싸게 치러야 했다.

5

악타이온과 디아나에 대한 이야기의 많은 판본들 중에 여신의 알몸을 본 그 사냥꾼에 대한 오비디우스의 이야기가 가장 유명하다. 그는 『변신 이야기』 3권에서 이 이야기를 한다.[1] 테베의 설립자 카드모스의 손자 악타이온은 산기슭에서 친구들과 함께 사냥하기를 즐겼다. 어느 날 정오 악타이온과 부하들은 많은 짐승들을 죽였다. 그물과 '성공적인 사냥의 피로' 물든 창을 들고 악타이온은 남은 시간은 쉬도록 명령했다.

"내일, 우리는 다시 시작할 것이다."

그는 부하들에게 말한다.

산을 내려가는 길에 그는 디아나에게 바쳐진 가르가피에라는 계곡을 건넌다. 그곳은 매우 여성적으로 묘사된 어둡고 그늘진 '신성한 동굴'이다. 바위틈에 난 가느다란 길은 둘레에 잔디가 무성한 수정 같은 연못으로 향한다. 악타이온은 동물들을 쫓다가 숲에서 벌거벗은 여자와 우연히 마주친다. 이 연못에서 사냥을 끝내고 비밀스러운 장소에서 목욕을 하던 디아나를 발견한 것이다. 그는 그녀의 벗은 모습을 본다. 운 좋은 인간이 신의 알몸을 엿본 것이다. 그녀는 활과 화살 통, 창을 치워놓는다. 그녀는 로브를 벗고 님프 중 하나에게 건네준다. 한 님프가 그녀의 신발끈을 푼다. 다른 님프 크로칼레는 여신의 머리카락을 땋아 묶는다. 나머지 님프들은 항아리에 물을 떠와 여신의 사랑스런 팔다리에 붓는다.

오비디우스는 악타이온을 길을 잃고 우연히 벌거벗은 여자들의 비밀스러운 세계에 뛰어들게 된 순진한 사람으로 만든다. 그는 에로틱하다기보다는 엉뚱하다. 다른 판본에서는 악타이온이 나무에 매달려 보았다고 이야기하는데, 이는 여인의 비밀스럽고 사적인 순간에 대한 좀더 죄가 큰 엿보기 행위이다. 어떤 경우였든 그는 초대받지 않고 '서늘하고 물이 떨어지는 동굴'로 뛰어들었다. 자연은 여성화되어왔고 여성은 자연화되어왔다. 이는 그녀의 자연스러운 거처, 비밀스러운 욕망의 동굴—여신과 님프들이 숲 속의 연못에 있다—이다. 그는 여자만 있는 땅의 유일한 남자이다. 이는 남성과 여성의 존재에 대해 많은 것을 시사한다. 그는 숲 속에 침입하였고, 그 순간 님프들이 그를 보았다. 그녀들은 벗은 가슴을 감싸고 소리를 지르기 시작했다.

"그녀들은 벌거벗었다. 님프들이 그 남자를 보고 가슴을 치고 울부짖는 소리로 숲이 가득 찼다. 그리고 자신들의 몸으로 디아나를 감추기 위해 둘러쌌다. 그러나 여신은 그녀들보다 키가 컸으므로 가슴 위로는 다 드러났다." (3.178~82.)

성감대를 감출 수 없게 된 디아나는 '들킨 것 때문에 상기'되었다. 그녀는 무기를 찾았으나 이미 멀리 던져놓은 채였다. 그래서 화살 대신에 물을 한줌 움켜쥐고 이 당황한 젊은 사냥꾼의 얼굴에 뿌렸다. 여성적 이미저리, 여성적 무기, 즉 그의 '남성적 얼굴'에 대한 '물'이었다. 그는 아무 해도 끼치지 않았으나 디아나에게 이것은 '복수의 물'이었다. 그녀는 예언적인 분노에 차 그에게 쏘아붙인다.

"이제 말할 수 있다면 네가 벌거벗은 내 모습을 보았다는 사실을 아무에게나 말해보아라." (3.192~93.)

그는 말할 수 없었다. 그는 자신이 본 것을 결코 이야기하지 못하게 되었다.

그 물은 그를 짐승으로 변화시켰다. 그는 차례로 사슴으로 변하였다. 그는 물이 튄 이마에서 뿔이 솟아오르는 것을 느낀다. 코는 사슴의 그것처럼 삐죽하게 튀어나온다. 목은 길어진다. 귀는 길게 자라고 뾰족해지며 피부는 얼룩얼룩한 모피로 변한다. 그는 자신이 즐겨 사냥했던 짐승이 되었다. 마지막으로 여신은 젊은 영웅의 가슴에 두려움을 심어놓았다. 갑자기 그는 뛰어 달아났는데, 이전에는 그렇게 빨리 뛰어본 적이 없었다.

그는 연못으로 뛰어와 이마에 뿔이 돋아난 자신의 모습을 본다. 악타이온은 신음하려고 하나 이미 벙어리가 되었다. 그는 더 이상 말할 수 없고 더 이상 그가 본 것을 이야기할 수도 없다. 그의 정체성은 물속에 녹아버렸다. 그는 몸과 말, 위엄과 언어를 잃었다. 사냥꾼의 힘은 사냥감의 무기력으로 축소되었다.

언어는 힘이다. 언어를 통해 남자는 그가 자신을 바라보는 방식을 통제할 수 있다. 악타이온의 언어 상실은 직접적으로 그의 자아의 상실과 연결된다. 어떤 면에서 그는 녹아 없어졌다. 어디로 갈까 망설이는 동안 그의 사냥개들이 언덕으로부터 피에 대한 굶주림으로 가득 차 큰 소리로 짖으며 달려 내려왔다. 그들이 이제 사슴이 되어버린 그를 보았을 때, 그는 자신이 주인임을 말할 수 없었다. 그는 자신이 누구인지 말하려 한다. 그러나 말이 나오지 않는다.

"그는 설명할 수 있기를 간절히 원한다. '나는 악타이온, 너희들의 주인이다!' 그러나 말은 그의 바람을 저버린다." (3.230~31.)

그는 더 이상 개들의 이름을 부르거나 명령할 수 없다. 말이 없이, 그는 무력하다. 자신을 주인이라 명명할 수 있는 능력인 언어만이 사냥감을 사냥꾼으로부터 갈라놓는다.

"그렇게 자주 이 장소에서 검투사처럼 사냥감을 쫓던 악타이온이, 바로 그가 자신의 하인들에게 쫓기고 있다." (3.227~28.)

개들은 악타이온을 벌판으로 몰아 깨물고 할퀴고 때린다. 악타이온의 신음 소리는 산에 가득 찼으나 그것은 인간의 것도, 사슴의 것도 아닌 소리다. 그는 기도하는 사람처럼 무릎을 꿇는다. 그는 침묵으로 간청하며 개들에게 쓰러진다. 그는 애원할 어떤 방법도 없었으나 눈은 조용한 간청으로 가득 차 있다. 개들은 이전 주인의 몸을 조각조각 찢는다.

"그들은 사방에서 그를 에워싸고 이빨로 물어뜯고 주인을 조각내고 난도질한다. 사슴의 모습 아래 있는 그를 알아보지 못한다. 수많은 부상으로 결국 숨이 끊어지자 화살 통을 든 디아나의 분노가 겨우 달래진다." (3.249~52.)

이 이야기 속에서 무엇이 은유이고 무엇이 의미인지 알아내기란 쉽지 않다. 즉, 자연과 남성의 관계, 혹은 여성과 남성의 관계, 이 둘은 남성의 상상력 속에서 너무나 깊숙이 꼬여 있다. 우리가 그들을 상상할 때면 그들은 우리의 몸속에서 경쟁한다. 여성의 몸—순결, 감추어지고 보호받으며 노출되고 폭력을 당한다. 남성의 몸—유죄, 방황하고 침범하며 공격하고 부서진다.

이는 욕망의 정치학이다. 사냥꾼의 신화는 욕망 속에서 다양한 자세와 위치들에 대한 탐구를 가능하게 한다. 사냥은 섹스의 언어이다. 그것은 섹스의 지식이다.

사냥은 욕망 속에서 지배를 중성화함으로써 섹스의 특정한 지식을 창조했다.[12] 권력은 동굴 속에 있는 여성의, 무기와 개를 가진 남성의 자연적 이미저리 속에서 철저히 분절된다. 이것은 역할과 권력을 배분한다. 남성은 능동적이고 여성은 수동적이다. 남성은 침입적이고 여성은 몸을 사린다. 이 이야기에서 경쟁은 누가 주인이고 누가 (말하자면) 여주인인가 하는 점이다. 재미있는 것은 그것이 또한 누가 그 자신, 혹은 그녀 자신을 대변하는가, 누가 각자의 정체를 묘사하는가에 대한 싸움이라는 것이다. 그것은 몸과 정체성, 비전과 목소리에 대한 전투이다. 디아나는 악타이온이 그가 본 것, 즉 그녀의 알몸을 다른 이들에게 누설하기를 원하지 않는다. 그녀 홀로 그것을 통제한다. 그리고 악타이온은 그가 누구인지, 사슴의 몸속에 누가 있는지를 더 이상 말할 수 없다.

사냥은 욕망 속에 내재한 권력의 지식이다. 여기서 권력, 사냥 무기가 아니라 물과 말로 수행되는 몸들 사이의 지배에 대한 것이다. 사냥이 남성에게 있어 권력에 대한 것이라면 그것은 또한 무력impotence*에 대한 것이기도 하다. 권력에 대한 그런 편집증적인 관심 안에서 사냥은 권력의 한계를 탐구하며, 그 신화 속에 그 자체의 전복을 포함하고 있다. 악타이온은 경계를 침범하고, 여신의 알몸을 보았으며, 짐승으로 변한다. 욕망의 원천인 그의 몸은 조각조각 찢긴다. 그는 사냥꾼들 중 가장 위대한 자의 이미지를 가지고 있으나 갈기갈기 찢긴다. 그는 사냥감이 됨으로써 사냥꾼으로서의 자아를 상실한다. 이 순결한 사냥꾼이 드러내 보이는 권력과 자기 보존에 대한 집착은 이 단일 신화 속에서 글자 그대로 강조되고 해체된다.

권력은 남성적 주인과 침범 받은 여성적 사냥감 사이에서 찢기고 재분배된다. 악타이온은 남성의 부서진 육체, 더는 욕망을 표현할 수 없는 육체이다. 그는 더 이상 이름을 말할 수 없다. 아마도 두 이상ideal——위대한 사냥꾼과 순결한 여신——을, 사냥의 가치를 강조하며 또한 동시에 그것을 파괴하는 방식으로 한데 묶어놓은 이 이야기의 구성이 그 지속적인 인기의 원천일 것이다. 그것은 사냥꾼으로서의 남성 내부에 놓여 있는 현실적이고 깊은 불안감에 접근하는 것처럼 보인다.

악타이온은 일군의 다른 사냥꾼들의 전형이며 그들의 사냥은 사냥꾼의 에토스ethos와 에로틱스erotics를 강조하는 수단이다. 사냥꾼 디오니소스는 모든 영웅적 남성적 사냥꾼의 원칙을 전복시킨다. 에우리피데스(Euripides, B. C. 480~B. C. 406)의 『바카이』에서 이 신은 동쪽으로부

---

* '발기부전'의 뜻도 있다.

터 새끼사슴 가죽을 입고 디오니소스의 지팡이 티르소스thyrsus——끝에 솔방울이 달리고 담쟁이덩굴과 포도덩굴이 감긴 남근 모양의 지팡이—— 를 들고 왔다. 그는 팬더(Panphter, 그리스 속어로 창녀라는 뜻도 있다) 를 좋아하며 향기로운 숨결로 사냥감을 유혹한다. 디오니소스는 "산 위의 달콤함이다. 그는 질주하는 무리에서 지상으로 떨어진다. 그는 신성한 새끼사슴 가죽을 입었다. 그는 야생 염소를 사냥하고 죽인다. 그는 알몸으로 환희에 차 있다."[13]

이 새로운 신은 야만스러운 정열의 사냥꾼이다. 그는 성역할gender-role을 침해하며 영웅이 아닌 '나약한 이방인'으로 묘사된다. 그는 대부분이 여성인 추종자들에게 신비적이고 마술적인 힘을 부여한다. 그들은 주신제의 난폭함 속에서 산 속에서 동물들을 쫓고 그들을 갈기갈기 찢는다. 이 디오니소스의 무녀들(마이나데스)은 방종한 여성들로 여겨지나 이는 지나친 단순화이다. 그녀들의 난폭함은 그리스 도시들의 모순된 가치관 속에서 자신을 표현하는, 연극에 등장하는 합창단의 가치가 전복된 형태이다. 그녀들은 법을 초월하여 새로운 신을 섬긴다.

한 디오니소스 이야기에서 테베인 펜테우스는 그를 숭배하려 하지 않았다. 디오니소스는 순진하고 점잖은 이 젊은이에게 몰래 접근하여 변장을 시키고 언덕에 있는 무녀들에게 데려간다. 펜테우스는 악타이온 같은 모습으로 변하여 사냥 제의를 올리는 그 여자들을 본다. 그녀들은 젊은 펜테우스를 사자로 오인하여 갈기갈기 찢는다. 그는 조각난 또 하나의 사냥 영웅이다.

순결과 폭력적 색욕, 양자는 에로틱한 사냥의 비유이다. 에로틱한 사냥의 또 다른 표준적인 주제는 사냥꾼과 여자 사냥꾼 사이의 경쟁이다. 사냥감이 된 사냥꾼은 또 다른 주제이다. 그리고 영웅적 사냥꾼도 마찬가지다. 때로는 고결하고 때로는 그렇지 않지만 복수심에 찬 여인들에 의해 찢기거나 죽임당한다. 아폴론이나 펜테우스처럼 영웅적인 사냥꾼은 에로틱한 사냥의 희생물이면서 동시에 또 다른 표준적인 모티프를 형성한다. 이 비유들은 우리의 심리 속에 자리 잡는다. 그들은 우리의 심리적 풍경의 중요한 형상을 규정한다.

추측건대, 나는 오늘날 대부분의 남성들이 오리온보다는 악타이온으로 자신을 정의 내리고 싶어 한다고 말하고 싶다. 지나치게 순진하고 여성화된 남성들이 많아져서가 아니라, 전자가 별로 매력적이지 않고 더욱 받아들이기가 어렵기 때문이다. 디오니소스와 같은 남성적 난폭함은 성적 에너지에도 불구하고 그 야만적 폭력 때문에 오늘날 점점 문제시되고 있다. 악타이온은 남성의 욕망이 어떻게 일종의 죄의식에 물들어 있는지를 시사한다. 이를 공개적으로 인정하는 남자들은 거의 없다. 그러나 오늘날처럼 모든 여성들이 자신을 여신으로 여기고 싶어 하는 시대에 남성들은 말을 잃고 벙어리가 된 것 같다. 남자들은 방어적인 것처럼 보인다. 남자들은 그들의 이름을 분명하게 말할 수 없어 보인다.

그들은 악타이온처럼 복수심 때문에 자신이 갈기갈기 찢겼다고 느낀다. 그들의 몸은 난도질당했다. 그리고 그들은 자신의 욕망을 명명할 수 있는 능력, 자신이 누구인지를 분명히 알 능력이 사라졌다고 느끼는 것 같다. 혹은 디오니소스처럼 자신의 환상 속에서 야생의 희미한 개념에 매달려 있을지도 모른다. 내 생각에 남성들은 그들을 살육자로 만드는 사냥꾼의 은유를 포기하고 싶어 한다. 그러나 그들 자신을 동시에 사냥꾼이자 사냥감으로 느끼게 하는 그 은유는 아직 아니다. 그들은 진정 자신의 은유의 희생물이 되었다.

오늘날 남성의 욕망 주위에 걸린 침묵 속에서, 최소한 남자들의 침묵 속에서 우리는 욕망에 대한 새로운 언어의 발전을 위한 조건들을 본다. 이 남성들이 느끼는 침묵은 아마도 섹스에 대한 새로운 생각, 무기와 상처에 대한 남성적 은유, 살육과 관통에 보다 덜 사로잡혀 있는 사고방식의 시발점일 것이다.

6

사냥은 책임감에 충만한, 심지어 영웅적 정체성을 지향하는 젊은이들의 특권적이고 윤리적인 활동이다. 그것은 크세노폰과 플라톤의 언어—자부심에 찬 아폴론과, 디아나를 만나기 이전에는 영웅이었던 악타이온의 언어이다. 그것은 숲 속에 살고 있는 디아나와 모든 처녀 님프들의 순결함과 은총의 언어이다.

사냥은 또한 남자처럼 차려입고 헤라클레스와 같은 위대한 영웅을 위협하는 아마존 여자들의 언어이다. 에로틱한 사냥은 또한 여자처럼 치장한 제우스와 디오니소스 같은 신들에 대한 것이다. 그것은 남자들이 어떻게 파에톤을 죽인 아폴론처럼 위대해질 수 있는지를 보여준다. 그리고 마찬가지로 이 똑같은 남자들이 타락할 수 있는지도 말이다. 히폴리투스와 펜테우스는 아프로디테에게 사냥당해 죽은 순결한 영웅적 사냥꾼들이다. 악타이온은 디아나의 복수를 촉발하였고, 아폴론은 큐피드의 화살에 맞았다. 이 모든 영웅적 사냥꾼들은 에로틱한 사냥의 희생물이다. 표준적인 모티프는 다음과 같다: 사냥꾼이 사냥당했다.

사냥은 이 모순적인 인간 영혼의 충동, 즉 정욕과 순결, 책임과 자유의 주변을 에워싸기 때문에 매우 강력하고 지속적인 신화이다. 집합적인 사회의 판타지를 신화라 한다면 지속적인 신화는 꾸준히 다시 씌어지고 다시 형태를 갖추기 마련이다. 신화는 일견 해결 불가능하고 모순적인 관점으로부터 접근이 필요한 문제들을 다루고 있기 때문에 이 과정이 필요하다. 뿐만 아니라 이 사냥 신화의 존속은 지속적인 문제들인 심리학과 윤리학의 우울한 수수께끼에 대한 증언이다. 사냥 신화는 그 문제들을 이 이미저리 안에서 감싸려 한다.

큐피드, 혹은 에로스는 위대한 사냥꾼이다. 베누스의 사냥꾼 아들의 개념은 오랜 역사를 가지고 있다. 활을 든 소년은 쉽사리 사냥과 결부된다. 위대한 그리스 시인 비온Bion은 새잡이에 대한 그의 시에서 에로스와 사냥을 연관 짓고 있다.

"새잡이는 아직도 수풀에 사는 소년이다/날개 달린 에로스를 보았을 때 새를 사냥 중이었다/그는 싹이 트는 회양목 나무 위에 앉아 있었다."[14]

로마의 티불루스와 프로페르티우스Propertius는 어린 사냥꾼인 큐피드 신화를 반복한다. 르네상스 시기의 많은 시인 또한 이 모티프에 의존한다. 에드먼드 스펜서Edmund Spenser는 '정욕에 찬 사랑'(혹은 에로스)을 '그의 사냥감을 쏘는' '남자다운' 공격적 사냥꾼이자 '새 그물에 잡힌' 어린 새로 묘사한다. 셰익스피어의 「헛소동」에서 히어로는 베아트리체로 하여금 베네디크를 향한 그녀의 사랑을 고백하게 하기 위해 이렇게 말한다.

"어떤 큐피드는 화살을 가지고 있고 다른 큐피드는 덫을 가지고 있지."[15]

그러나 이 개념의 뿌리는 플라톤의 『향연』, 그의 사랑에 대한 대화 속에 있다. 우리의 에로스에 대한 바로 그 욕망은 사냥에 근거를 둔다.

활과 화살을 가진 큐피드는 자신이 사냥꾼이다.

소크라테스는 자신이 늘 연인이었다고 고백하는데, 이는 참으로 매력적인 언급이다. 그는 예언자인 디오티마라는 노파로부터 배웠다고 고백한 교훈들을 이야기한다. 디오티마는 소크라테스에게 우리가 사랑(에로스를 의미한다)을 그의 가계를 통해 이해할 수 있다고 말한다.

에로스는, 그녀의 말에 따르자면 페니아(가난, 결핍, 부족 따위를 의미한다)라는 이름의 어머니에게서 태어났다. 그리고 에로스는 포로스(전략

혹은 교활)라는 아버지를 두고 있다. 디오티마는 이렇게 설명한다.

이제 교활과 빈곤의 아들인 사랑은 특이한 경우입니다. 우선 그는 언제나 가난했습니다. 그러므로 모든 사람이 생각한 것처럼 상냥하거나 아름답지 못하고 언제나 구질구질하고 신발도 신지 못하고 집도 없는 나그네로 떠돌아다녔습니다. 언제나 길거리나 땅바닥에서 이불도 없이 하늘을 덮어쓰고 잠들었지요. 그것은 어머니의 피를 받아 언제나 가난과 가까이 했기 때문입니다. 그러나 다른 한편으로 아버지의 피를 받아 선량하고 아름다운 자가 되려고 애썼으며, 용감하고 진취성이 많았습니다. 그는 물불을 가리지 않았으며 강인하고 비범한 사냥꾼으로서 언제나 계략을 꾸미고 학문에 열중하였으며 지혜를 사랑하는 동시에 〔……〕 요술을 곧잘 부렸으며 소피스트이기도 했습니다.[16]

에로스 혹은 큐피드 혹은 아모르 혹은 사랑은, 다양한 이름으로 불리는 '무서운 사냥꾼'이다. 소크라테스가 제시한 그의 두 속성은 결핍과 교활이다. 이는 아폴론과 악타이온의 에로틱한 사냥 안에서 욕망의 특성에 거칠게 대응한다. 사랑은 영원히 닿을 수 없고 멀어지고 잃어가는 것에 대한 영원한 추구이다. 사랑은 또한 도처에 있으며 정치적인 의도의 계산적인 전개이다. 이것은 푸코적 의미에서의 권력이다.

『소피스테스』에서 플라톤은 그가 '사랑의 사냥 기술'이라 부른 것에 대해 길게 쓴 바 있다.[17] 그는 연인들이 그들이 원하는 것을 얻기 위하여 계략과 덫을 쓴다고 한다. 사랑은 본질적으로 획득의 기술이다. 즉, 사랑하는 누군가를 얻기 위한 방법이다. 유혹은 단지 달콤한 말과 선물을 갖춘 함정의 설치 방법이다.

어떻게 우리는 사냥꾼의 모습이 그토록 간결하게 요약한 욕망의 심리학을 이해하는가? 그것이 하도 넓고 깊게 우리의 느낌 속에 뿌리내리고 있기 때문에 에로틱한 사냥꾼의 은유가 욕망에 대한 객관적 진리를 규정한다고, 그것이 본질상 결핍과 전략, 추적과 권력에 의해 규정된다고 전제할 수 있는가? 혹은 우리는 한 문화가 어떻게 결핍과 전략, 추적과 대립, 오만과 번민의 용어로 욕망을 보게 되었는지를 물을 수 있는가?

소크라테스의 용어를 빌리자면 남자들은 뭔가 결핍되었다고, 뭔가 잃어버렸다고 느끼기 때문에 욕망한다. 그들은 잃은 것을 회복하기 위해 전략과 교활에 의지하게 된다.

신화와 은유로서 사냥은 역설적 범주로 기본적으로 나뉜 우리의 경험과 동질적이다. 사냥꾼은 문화와 자연, 정신과 몸의 경계를 따라 움직인다. 사냥꾼과 사냥감, 그들은 자아와 타자와의 갈라진 틈을 정의한다. 그는 서구인의 의식을 규정하는 이원론을 명확히 드러낸다. 자아가 아닌 것, 아폴론이 물리친 것, 사냥꾼이 쫓는 것은 자동적으로 타자—사냥감, 쫓기는 자, 잡을 수 있는 것으로 규정된다. 타자의 범주 속에는 자연, 동물, 열등한 인간, 애인, 여성이 들어간다. 그것은 응용 범위가 넓은 범주이고 주체와 객체 사이에서 우리 마음의 구획을 표시한다.

사냥 행위는 우리 의식 속의 이 기본적인 철학적 이분법을 표현하기 때문에 우리가 알고 있는 대로 욕망을 묘사한다. 사냥으로서의 욕망은 우리가 자아와 타자, 주체와 객체 사이에 창조한 균열 속에서 태어난다. 쫓는 자는 욕망하는 주체이다. 쫓기는 자는 욕망되는 대상이다. 에로틱한 사냥꾼은 한순간에는 순결한 아르테미스이고 다른 순간에는 방탕한 디오니소스이다. 에로틱한 사냥꾼은 우리 스스로 창조한 경계와 선을 넘어서고 돌아다닌다. 그는 이 경계를 강화할 수도 있고 가로지를 수도 있다.

이 범주— 욕망하는 주체와 욕망되는 대상—는 그들의 머릿속에서 교대로 번득이고 갑자기 순결한/쫓기는 대상은 복수를 한다. 사냥꾼이 사냥감이 된다.

사냥꾼은 경계를 뛰어넘을 수 있다. 그는 자신의 사냥 충동의 희생자가 될 수도 있다. 그가 할 수 없는 것은 경계를 사라지게 하는 것이다. 그가 할 수 없는 것은 사냥 신화의 밖으로 벗어나는 것이다. 그는 특정한 정신적 영역에 사로잡혀 있다. 그는 어떻게 사냥의 언어 밖으로 벗어날 수 있을까? 그것은 불가능한 것 같다. 그러기 위해서 그는 자신을 사라지게 해야 한다.

영웅적이고 에로틱한 사냥꾼이 그것을 통해 우리 자신을 경험하게 되는 신화를 발명한 이래, 그것은 자신을 초월하여 볼 것을 그에게 요구한다. 즉 그것은 이 신화들—이 집단 판타지—이 자신의 의식이 투사된 것임을 이해하도록 그에게 요구해야 한다. 그는 자아와 타자, 주체와 객체, 사냥꾼과 희생물, 남성과 여성의 범주로 조직된 세계를 넘어서 볼 수 있어야만 한다. 어떻게 사냥꾼은 우리가 자신을 초월하여 보게끔 할 수 있을까? 할 수 없다. 이 신화적 사냥꾼은 그가 창조한 범주를 철저히 믿고 있기 때문에 불가능하다.

욕망은 에로틱한 사냥꾼으로 하여금 자아와 타자의 경계를 오락가락하도록 만들며, 잃어버린 것과의 접촉을 추구하게 한다. 사냥꾼은 늘 쫓고 늘 그가 잡은 것을 포기하면서, 세계로부터 자아의 분열이 어떻게 창조되는지를 보여주는 원초적인 드라마를 끊임없이 되풀이해야 하는 운명에 처해 있다. 그는 끊임없이 상실과 교활 사이를 오락가락해야 한다. 이는 프로이트의 '억압된 것의 회귀the return of the repressed' 개념이다. 이 영원히 끝나지 않는 드라마에서 남성 사냥꾼은 끊임없이 스스로 처음부터 분리시킨 짐승이나 여성, 혹은 애인(타자)을 찾는다. 아폴론은 파에톤과 가이아를 물리쳤으나 그러고는 젊은 님프를 쫓는 자신의 모습을 보게 된다. 그것은 원래의 승리 직후 찾아온 큐피드의 복수이다.

이는 사냥이 정체성뿐 아니라 타자와의 관계를 정의하는 방식이다. 우리가 신화 속에서 이해하는 바로 남성은 여성과 자연, 짐승들을 굴복시켰을 때 태어났다. 이성은 감정에 대해 승리를 거두었다. 그러나 자신이 잃은 것을 욕망할 운명에 처해지게 된 그는 끊임없이 그것을 추구하고 경험하고 정복한다. 그는 충족될 수 없거나 일시적으로만 충족될 수 있는 욕망에 사로잡혀 있다.

우리가 이 고대의 신화에서 발견하는 것, 다시 말해 위대한 승리를 거둔 영웅의 아름다운 도덕, 저항할 수 없는 정열에 사로잡힌 고귀한 연인들의 이미지 같은 것들을 무시하게끔 시선을 훈련시켰을 때 엿보이는 것은 남성이나 남성 욕망 재현의 진실이 아니다. 우리는 푸코가 '가치, 도덕, 금욕주의 그리고 지식의 계보학'이라 부른 것을 발견한다. 그 세부에서 드러나는 것은 '모든 시작을 동반하는 우연'들이다. 그 의미는 우리가 사냥의 기원에서 발견한 것이 필연은 아니라는 것이다. 이 신화들은 예언자의 목소리로 우리에게 진리——남성은 살육적이고 욕망은 '끔찍한 사냥꾼'이다——를 말하지는 않는다. 그 구조에서 신화가 드러내는 것은 그럴 수도 있었던 것들의 그림자이다. 패배한 짐승은 그림자, 무의식의 한 부분이 된다. 외적인 드라마는 또한 내적인 투쟁이다. 우리가 살짝 엿본 대로 월계관을 든 아폴론 등은 잃어버린 것에 대한 힌트이다. 우리가 그 깊이를 발굴할 때, 욕망의 미로 속으로 들어갈 때 우리는 원래 자아의 의도와 그림자 모두를 발견한다.

우리는 자신의 무의식을 자연, 야수 그리고 여성의 모습 속에서 엿본다. 우리는 사냥감 속에서 자아의 어두운 이미지를 발견한다. 우리가 발견한 우리 기원의 이상ideal과 격세유전에 수반되는 것은 '타자의 얼굴'이다.[18]

원래의 신화는 키메라, 가공적이고 집합적인 사회적 꿈이다. 거짓이 아닌 허구fiction이다.

에로틱하고 영웅적인 사냥꾼 이미지의 권력과 존속은 다음과 같이 추적될 수 있다. 살육자이자 먹이, 사냥꾼이자 사냥감은 남자들에게 모든 종류의 문제성 있는 타자, 즉 야수, 자연, 여성, 연인, 노예, 경쟁자 등을 한데 모으는 장을 제공한다. 더욱이 그것은 남자들에게 현재는 결여되어 있지만 꼭 필요한 타자와의 접촉을 지속시켜주는 전략도 제공한다. 은유로서 사냥은 그 안에서 남자들이 타자와 단절되면서 수렵적 욕망에 의해 연결되는 심리를 규정한다. 에로틱한 사냥꾼은 남성 욕망의 앰비벌런스ambivalence를 전적으로 규정한다. 연결된 동시에 떨어지고 싶은, 가까운 동시에 멀어지고 싶은, 정열적인 동시에 통제하고 싶은 갈망 말이다. 관음증 환자 악타이온은 수풀 속에서 벌거벗은 여자 사냥꾼 아르테미스를 본다. 사냥하는 님프를 뒤쫓았던 아폴론은 손을 대었으나 유지할 수 없었던 아름다움으로부터 월계수 트로피를 만든다. 그리고 늘 사냥꾼의 의도가 역효과를 일으킬 위험이 존재한다. 늘 영웅이 욕망에 의해 죽임을 당할 위험이 있는 것이다. 큐피드는 아폴론을 쏘았다. 악타이온은 자기 개의 먹이가 될 것이다. 펜테우스는 미쳐 날뛰는 디오니소스의 무녀인 어머니에 의해 죽임을 당할 것이다.

어두운 숲 속의 희미한 그림자 속에서 경계를 따라 움직일 때 사냥꾼은 스스로 움직이는 목표물이 된다. 그는 명료하게 볼 수 없고 작은 소리도 들을 수 없다. 그것은 그의 전략의 일부이다. 욕망의 풍경을 따라 움직이는 그는 자신이 보이기를 원치 않는다. 그는 사냥꾼이 되기를 원한다. 즉, 사냥감을 보고 이름 붙일 수 있는 이가 되기를 원한다.

7

대학원 학생 시절, 내가 라틴어를 읽을 때 선호했던 장소는 미네소타 대학 폴웰 홀의 고전 도서관이었다. 나는 봄에 오비디우스를 읽으며 『사랑의 기술』이 위트와 재미가 있음을 알았다. 나는 오비디우스에 매혹되었다. 그러나 그때까지 나는 오비디우스의 진정한 힘을 발견하지 못했었다. 그때는 욕망에 대해 별 관심이 없었다. 차라리 욕망을 즐기는 편이었고, 그것에 대해 알기를 원치 않았다.

남성으로 이끌어가는 욕망에 대한 자세를 알려준 것은 베르길리우스였다. 나는 베르길리우스를 겨울에 읽었다. 종종 영하 20도까지 내려가는 추위 속에서 도서관을 향해 터벅터벅 걸어갔던 것이다. 내가 읽은 것은 『아이네이스』였고 베르길리우스의 장엄하고 매끈한 라틴어가 좋았다. 그 이상으로 그는 내게 무엇인가를 주었다. 스토아 철학자다운 베르길리우스는 내게 삶의 목적과 방향을 정의해주었다.

나는 그의 교훈을 가슴 깊이 간직했다. 그때 오비디우스는 재미있었지만 무언가 낯설었다. 나는 대부분의 남자들에게 오비디우스의 섹스와 변형의 시끌벅적한 세계가 매력적인 동시에 괴상할 것이라고 생각했다. 오비디우스 같은 개방적인 시야로 유혹적인 성과 위험한 반전을 동시에 갖춘 욕망의 내면세계를 탐구할 이는 별로 없을 것이다. 이 수렵적인 내부 영역은 너무 자기 멋대로인 데다가 너무 위협적이다. 대부분의 남자들은 베르길리우스의 위대한 영웅 아이네이아스의 길을 따를 것이다. 대부분의 남자들은 베르길리우스가 우리에게 가르치는 식으로 욕망을 다루는 법을 배울 것이다. 그들은 욕망보다는 일, 쾌락보다는 의무를 따를 것이다.

베르길리우스는 두 가지 사냥, 즉 서사적 사냥과 에로틱한 사냥을 직접적으로 대면시킨다. 한 신화에서 오비디우스가 아폴론과 큐피드에게 한 일을 베르길리우스는 『아이네이스』의 첫 부분의 주제로 삼는다. 그는 그것을 기원전 19년 죽을 때에도 여전히 다듬고 있었다. 이 시가는 곧 고전이 되었다. 나라의 건국에 대한 알레고리, 새로운 로마 영웅의 덕목의 알레고리가 된 것이다. 『아이네이스』는 개인적 운명의 추구와 제국의 요청을 결부시킨다.[19]

그는 에로틱한 사냥과 희롱하는 영웅적인 사냥꾼이다.

망명자인 아이네이아스는 불타는 트로이 시를 떠나 도망친다. 그는 이 도시의 젊은 영웅 중 하나였는데, 일견 남성적인 도정을 시작했다. 그는 불타는 도시를 떠나 등에 아버지 안키세스를 업고 아들 아스카니우스의 손을 붙들고 간다. 아내 크레우사는 그날 밤 얼마 뒤를 따라오다가 그만 헤매고 길을 잃고 만다. 아이네이아스는 그녀를 다시 보지 못한다. 그녀의 유령만이 저승을 방문했을 때 다가온다.

그는 새로운 집과 나라를 찾아 한 무리의 남자들과 배를 띄운다. 도중에 폭풍우가 쳐서 그들은 디도의 나라인 카르타고 해안으로 난파한다. 카르타고는 로마의 적이었다. 베르길리우스의 독자들의 마음속에서, 디도는 다른 대단한 적인 클레오파트라를 연상시켰다. 그들은 이제 막 그녀를 악티움 해전에서 정복한 무렵이었다.

깊이 실망한 아이네이아스의 부하들은 숲 속으로 들어간다. 서사시에 나타난 아이네이아스의 첫번째 행위는 사냥으로 그의 지위를 선언하는 것이다. 그는 바위산에 올라가 상황을 살펴보다가 갑자기 한 무리의 사슴을 발견한다. 그는 활과 화살을 꺼내어 일곱 마리를 쓰러뜨릴 때까지 계속 쏘아댄다. 그는 지도자이고 사냥꾼이며 승리자이다.

서사적 사냥꾼으로서 이런 아이네이아스의 모습은 카르타고에서 중단

된다. 그는 황야를 정찰하는 도중 어머니와 만난다. 그의 어머니는 바로 아프로디테이다. 아이네이아스는 명민하지만 어머니를 알아보지 못한다. 왜일까? 그녀가 변장을 했기 때문이다. 다리는 벌거벗고 옷은 매듭으로 묶은 채 그녀는 어깨에 활을 걸치고 있다. 그녀는 사냥꾼으로 변장하고 아들에게 다가왔다.

그녀는 베누스 베나트릭스Venus Venatrix이다. 이 말장난에 대해서는 오해의 여지가 없다. 그리고 그 흔적은 '간통venery'과 '성venereal'—대부분 성병venereal disease과 연관되는 형용사이다—에 대한 놀음 속에서 우리에게 남겨져 있다. 베누스(아프로디테)는 종종 여자 사냥꾼의 모습으로 나타난다. 오비디우스는 베누스와 아도니스에 대한 이야기에서 그런 모습으로 그렸고, 앞으로 보게 되겠지만 셰익스피어는 그 연결고리를 대단한 위트와 직관으로 발전시킨다. 베누스의 사냥감은 영웅의 그것보다는 전형적으로 덜 남성적macho이다. 말하자면 그녀는 멧돼지보다는 산토끼, 수사슴보다는 비둘기를 더 선호한다. 그녀는 연인에게 선물로 주기 위해 사냥을 한다. 여자 사냥꾼으로서의 베누스, 그녀는 베누스와 디아나, 사랑의 여신과 순결의 여신 간의 오랜 대립을 반영하고 있으며 그것은 히폴리투스와 디오니소스, 그리고 다른 많은 이들의 대립에서 반영된다.[20]

베누스는 아이네이아스에게 새로운 사냥감을 준다. 디도이다. 사랑스럽고 강하고 정열적인 카르타고의 여왕 디도는 여자 사냥꾼의 차림을 하고 다닌다. 아이네이아스가 그 도시로 들어가 디도를 처음 만났을 때, 그녀는 디아나를 암시하는 '화살같이 빠른 분'이라는 칭호로 불리고 있다.

바로, 베누스의 명령에 의해 큐피드는 디도에게 화살을 쏜다.

그녀는 상처 입은 사냥감이다. 디도는 고전적 세계에서 사랑의 희생물의 원형이 되었다. 베르길리우스는 그녀를 화살을 맞은, 상처 입은 암사슴coniecta cierva으로 묘사했다. 남은 짧은 생애 동안 그녀는 욕망에 사로잡혀 카르타고의 거리를 '옆구리에 깊이 박힌 치명적인 화살을 맞은' 상처 입은 암사슴처럼 방황한다.

그러나 디도 자신은 모든 문학에 있어 가장 아름답고 유명한, 연인들의 만남 이야기 중 하나에서 여자 사냥꾼이 된다.

아이네이아스와 가엾은 디도는 숲 속으로의 사냥 여행을 계획한다. 고전적 신화에서의 사냥은 특히 커플이 관계될 경우, 늘 섹스의 가능성을 갖고 있다.

이 왕실의 짝은 전 궁정을 위해 거대한 사냥 파티를 조직한다. 이 대규모 왕실 사냥은 중동의 전통이다.[21] 은유와 사랑의 장면들마다 전부, 사냥은 디도의 욕망을 달성시키기 위한 전략이 된다. 그들은 올가미와 그물, 말과 사냥개, 창과 기타 챙챙거리는 무기들을 갖고 간다. 몰이꾼이 사냥감을 평지로 몰기 위해 언덕으로 올라가고 아래서는 기수들이 죽일 준비를 하고 있다. 연인들은 사냥 복장을 하고 있다. 디도는 금 레이스로 장식한 페니키아 의상을 입었다. 화살 통은 금이며 머리카락은 금 핀으로 묶었다. 아이네이아스는 아폴론처럼 바람에 날리는 머리 위에 금과 월계수 잎으로 만든 관을 쓰고 있다.

사냥은 산에서 벌어진다. 그들은 성문을 빠져나와 '길도 없는 짐승들의 숲'으로 들어간다. 야생 염소가 경사면을 뛰어내리며 바위산에 있다. 사슴들은 나무가 무성한 계곡 틈을 뛰어다닌다. 아이네이아스의 아들 아스카니우스는 남자다운 사냥감을 바라며 맨 앞에서 말을 몰아댄다. 그는 거품을 내뿜는 멧돼지나 모래 언덕의 사자를 찾는다. 길들이기 쉬운 짐승은 바라지도 않는다.

그러나 여기서 진정한 사냥꾼은 아이네이아스이다. 멧돼지나 사자를 찾는 것이 아니라 이 사랑의 사냥꾼venator amoris은 그가 길들일 수 있는 짐승을 찾는다.

　베누스는 다른 모든 신들, 특히 유노를 속여 그들이 사랑 게임을 하고 있다고 믿게끔 한다. 그들은 관계를 달성하도록 그녀를 돕는 데 동의한다. 베누스는 폭풍우를 보낸다.

　번개와 천둥, 어두운 구름이 그들의 사냥을 중단시켰을 때 화려한 복장을 한 부유한 사냥꾼들은 흩어진다. 디도와 아이네이아스는 어떤 동굴, 그들의 달콤한 동굴로 피난한다. 동굴은 나중 시대에도(악타이온에서도 그렇다) 사랑과 사냥의 중요한 모습이 된다. 사냥꾼들은 사랑의 동굴을 발견한다. 그것이 사랑의 동굴이다. 어떤 사냥에서든 섹스는 그리 멀지 않다. 짧은 소풍, 그리고 신성한 동굴.

　그들의 사냥은 중단되었다: 중단된 사냥 Venatus interruptus.

　동굴에서 디도는 은밀한 사랑에 대해 생각했다고 베르길리우스는 말한다: 은밀한 사랑 furtivu amorem. 숲 속에서의 사랑은 은밀하고 전략적이고 비밀스럽다. 왕실의 사냥은 이 또 다른 사냥을 위한 서막이었음이 드러난다. 그 둘은 몰래 결혼한다. 그것은 진정한 결혼은 아니나 디도는 그것을 결혼이라 부른다. 그들은 그녀를 위한 예식을 행한다.

　이 영웅적이고 에로틱한 이중의 사냥은 아이네이아스의 성격과 문화를 규정짓는다. 그는 선택해야만 한다. 곧 베누스는 이 아들에게 더 큰 목적을 상기시키며, 그녀를 떠나 새로운 나라를 찾는 것이 그의 운명임을 잊었다고 그를 책망한다. 그것은 로마 세계에서 사랑과 욕망에 대한 공식적인 관점의 상징이었다. 관능은 모험이 아닌 어떤 것, 잠시의 소풍, 유람으로 편입되어야만 한다. 그것은 주된 여정에서 잠시 벗어난 것에 불과하다. 아이네이아스는 그의 의무를 기억한다. 그는 디도에 대한 감정을 짓밟고 카르타고를 떠나라는 국가적 목적을 새롭게 느끼며 관능으로부터 벗어난다.

그는 디도를 물리친다. 그녀는 거대한 장작더미를 쌓고 그 위에서 아이네이아스의 배가 항구를 떠나는 광경을 지켜본다. 그가 떠나자 그녀는 장작더미에 불을 붙이고 자신의 정열로 인해 타 죽는다.

아이네이아스는 운명적으로 사냥꾼이다. 로마에 대한 사냥꾼, 투르누스에 대한 사냥꾼이다. 투르누스는 그와 부하들이 이탈리아에 도착하자 적이 된다. 로마가 세워지기 전에 아이네이아스는 원주민(투르누스와 그의 부족)들을 물리쳐야 한다. 직유를 더 확장하면 아이네이아스는 사냥개venator canis와 연결되고 투르누스는 그의 사냥감, 수사슴cervum이다.[22]

불행한 디도는 사랑의 경쟁에서 패했다. 그녀의 패배는 남자들 마음속의 전투에서 로마가 여성들을 이겼다는 상징이다. 아이네이아스의 스토아적 도덕이 디도의 깊숙한 정열을 이겼다. 이성이 감정을, 훈련이 쾌락을, 의무가 연애관계를 이겼다. 이 교훈은 모두 순종적이고servile 암사슴 같은cervine 디도를 아이네이아스가 버린 데 포함되어 있다. 에로틱한 사냥은 영웅적인 사냥에 굴복하였다. 여기에 로마를 건설했다는 아이네이아스의 핵심적인 전설이 있다. 운명에 대한 남성적 감각은 그 구조 속에서 여성을 보다 큰 임무에서의 일탈, 혹은 일부로만 포함한다. 서구의 이런 남성적 사냥의 구도 속에서 에로틱한 사냥은 영웅에 종속된다.

사냥은 또 연애관계의 복잡성으로부터 벗어나는 길이었고 지금도 그렇다. 아이네이아스는『아이네이스』를 읽었건 그렇지 않건 모든 서구의 남성들에게 감정을 다루는 법을 가르친다. 오비디우스는 실제로 좌절한 사랑에 대한 치료법으로 사냥을 권장한다. 그것은 사랑의 치료약remedia amoris이다.

"그대들은 사랑의 즐거움을 연구할 것이다: 디아나는 종종 베누스를 치욕스런 은퇴로 패퇴시킨다. 영리한 사냥개로 토끼를 쫓게 하거나 그물을 푸른 들판에 펼치는 것은 좋은 기회이다. 그대들은 소심한 사슴을 겁

줄 수도, 날카로운 창을 들고 멧돼지와 맞설 수도 있을 것이다. 이 사냥의 즐거움으로 그대는 사랑을 지울 수 있을 것이나, 단지 자신을 속여서만이 가능하다."[23]

베누스와 디아나 간의 경쟁에 대한 언급에 주목하라. 오비디우스에게 사냥 덫은 실망한 연인으로부터 회복할 시간을 준다.

글자 그대로의 사냥이 여전히 관능이나 여성을 항구에 붙잡아두는 수단으로 기능할까? 이 사고와 느낌의 구조가 우리 안에 얼마나 생생히 살아 있는지 들을 때 나는 깜짝 놀란다. 실제 사냥과 성적 사냥은 여전히 이상한 교직을 짜고 있고 사냥은 여전히 정열과 욕망, 느낌과 관계의 복잡성으로부터 벗어나는 수단이다. 여러 해 동안 나는 남자들만 매주 모이는 한 모임의 회원으로 있다. 우리는 이 모임에서 가장 깊은 감정을 공유하고 서로를 친숙하게 알게 되었다. 그 목적은 진실과 정직, 보살핌과 상호 지지의 유대를 형성하는 것이다. 목표는 우리 자신을 좀더 분명히 알고 복잡한 이유로 개체로서의 우리로부터 벗어나 있던 우리 자신의 모습들을 경험하는 것이다. 어떻게 우리가 느끼고 경험하는지, 더욱 중요하게는 어떻게 우리 각자가 좀더 완벽하고 깊게 자아를 경험하는지 알기란 쉽지 않다.

이 모임의 몇몇 참가자들은 실제로 사냥꾼이다. 어느 날 밤, 나는 이 사냥꾼 중의 하나가 자신이 어떻게 바뀌었는지를 이야기하는 것을 들었다. 그는 탐욕스러운 사냥꾼 중 한 명이었다. 그는 두 전처가 질투할 정도로 웨스트 코스트의 캐스케이드 레인지*를 친밀하게 알고 있다. 그의 말로 현재의 여자친구와는 문제를 좀 안고 있다. 그는 이제 그녀의 말을 좀더 경청하게 된 데 자부심을 가지고 있었다. 과거에 아내의 감정이나

---

* 워싱턴 주와 오리건 주에 걸쳐 있는 산악지대로 미국의 사냥터 중 한 곳이다.

문제를 다루고 싶어 하지 않았다고 그는 말했다. 과거에 아내가 무슨 문제를 얘기하면 지하실로 내려가곤 했다고 한다. 그곳에는 총알 만드는 기계가 있었다. 그는 자기 총에 맞게끔 총알을 탄피에 넣어 꽉 조일 수 있었다. 그는 지하실로 내려가 총알을 만들곤 했다. 복잡한 감정이 들 때면 총알을 만들었다고 그는 말했다.

감정에서 도피하고자 하는 본능은 여러 갈래로 깊고 옅게 내달렸지만 그는 변화하는 법을 배웠다. 나는 자신의 감정의 혼돈을 부인하려고 애쓰면서 많은 시간을 보냈다. 거기서 나는 한 번도 성공하지 못했다. 내 감정은 너무 강하고 힘이 세었으며, 나는 결국 그것과 직면해야 했다. 그것은 위장을 한 커다란 선물이었음이 드러났다. 그러나 일종의 베르길리우스식 개념, 아이네이아스의 힘은 여러 해 동안 나의 이상이었다. 나는 디도에게 한 아이네이아스의 변명을 작은 카드에 적어 책상에 끼워놓았던 것을 기억한다. 그는 떠나며 그녀에게 "나는 내 의지로 이탈리아를 찾는 것이 아니오Italian non sponte sequor"라고 말했다.

수많은 남자들이 아이네이아스의 로마 찾기가 암시하는 일 중독증으로부터 오랜 여정을 지나왔다. 나는 내가 풍부한 내면의 감정적 삶을 열어젖혔음을 안다. 여전히 정열이라는 짐승들은 소란스럽지만, 나는 머릿속으로 달아나 일 속에서 피난처를 찾을 수 있다. 나는 총알을 만들려 지하실로 내려간 적은 없다. 어떤 무기를 찾아야 한다면 나는 내 총알은 언어라고 말하리라. 나는 무기처럼 언어를 사랑하고 오비디우스의 사냥 숲이나 내 친구의 총알 제조 기계와 마찬가지로 서재로 도피할 수 있다. 우리 각자는 짐승들을 항구에 잡아두는 자신만의 사냥 방식을 가지고 있다. 그것은 감정에 대한 행위의 마초적 선호이다.

8

언어는 무기가 될 수 있고 함정도 될 수 있다. 사냥꾼 남성은 여러 가지 방식으로 자신이 만든 언어의 덫에 걸린다. 욕망의 언어는 우리 정열의 보이지 않는 사냥 그물임이 분명하다. 남성성의 문제는 우리가 상상한 것보다 더욱 단순하고, 더욱 깊숙하게는 복잡하다. 그들은 문화와 의식의 문제이며, 우리 삶의 맥락을 형성하는 사회적 힘과 상상적 원천에 뿌리를 두고 있다.

내 자신의 경우, 나는 자신을 에로틱한 사냥꾼으로 상상한 적이 없다. 나는 자신을 그런 측면에서 보고 싶어 하지 않았다. 그러나 성인이 된 어느 시점에서 나는, 이해할 수 없는 어떤 욕망에 의해 움직이고 있음을 알았다고 생각한다.

사냥의 언어는 오늘날까지 성과 섹슈얼리티에 대한 이야기의 많은 부분을 형성하고 있다. 남자들은 여전히 늑대처럼 어슬렁대고 손쉬운 흔적을 찾으며 예쁜 사냥감을 쫓고 어떤 여성에 대해서는 사냥철이 되었음을 선언한다. 그 언어는 쉽게 무한히 확장되며, 성적 관계의 어떤 대화에서도 우리는 그것과 마주친다.

모든 남자들은 군중 속에서 '점찍었다score'고 생각하는 여자를 마주쳤을 때 어떤 느낌인지를 안다. 나는 이 여전히 이 사냥의 용어를 듣고 있으며, 남자들은 자기 안에서 여자라는 피조물의 은유가 남자의 성적 판타지를 규정하는 시점을 드러내기조차 한다. 당신은 사냥꾼이 되기 위해서 살육자가 될 필요는 없다.

이 신화, 이 욕망의 모델에서 결여된 것은 욕망하는 사냥꾼의 폭력에 대한 미묘한 도전이다. 그 도전은 여전히 우리가 발견해야 할 것으로 남아 있다.

고대 세계의 섹슈얼리티의 재현과 논의에서 너무나 분명하고 너무나 의식적인 것은, 그것이 우리가 오늘날 사랑이라고 생각하는 용어로 결코 이야기되지 않았다는 사실이다. 친밀함, 정서적 관계, 사랑, 이것은 고대 세계의 사랑Amor에서는 놀라울 만큼 작은 부분만을 차지한다. 욕망은 살육적인데, 그것은 연계가 아닌 결여, 친밀함이 아닌 전략에 기반을 둔 관계를 그리고 있기 때문이다. 그 욕망의 개념은 전적으로 육체적인 갈구(사냥꾼의 갈구)에만 근거를 둔다. 그리고 욕망은 정서적인 친밀감보다 우위에 있다.

나는 이를 우연히 알게 되었다. 유럽에서 마를렌을 만났을 때, 나는 외로웠지만 사랑에 빠지리라곤 기대하지 않았다. 그냥 연애 관계였다. 우리는 함께 유럽 전역을 여행하며 위대한 사냥터들을 방문했다. 우리는 르네상스 시대 프랑수아 1세의 대규모 사냥 파티가 열렸던 앙부아즈 성을 방문했다. 그 성은 주랑에 사냥 장면들이 조각되어 있었는데, 어떤 시에서 리처드 윌버는 다음과 같이 이를 기념하였다.

> 언젠가 사람들이 볼 수 있다면,
> 성당의 상인방돌 위에 높이 새겨져 있는
> 앙부아즈의 조각들을, 알맞게 사냥을 마무리하려고
> 낯선 듯이 온 사냥꾼들은, 무릎을 구부리고
> 활 대신에······ [24]

우리는 디안 드 푸아티에의 고향인 루아르 계곡 강가에 있는 아름다운 성 슈농소를 방문하였다. 디안은 디아나 여신의 짝이 되는 르네상스 시대의 여자 사냥꾼으로 자신을 그렸다. 디안 드 푸아티에는 사슴과 사냥개를 데리고 있는 모습으로 조각과 그림에 묘사되어 있으며, 프랑수아 1세와 그의 아들이자 그녀의 연인인 앙리와 함께 사냥개를 몰고 승마를 즐겼다.[25] 우리는 남부 스페인의 도냐나 또한 방문하였다. 그곳은 이베리아 반도의 사냥 유적cotos 중 하나이다. 거기서 우리는 수백 마리의 야생 멧돼지와 섬세하고 아주 우아하게 넓적한 뿔을 가진 얼룩무늬 사슴들을 보았다. 이 작은 사슴들은 르네상스 궁정의 숙녀들이 좋아한 사냥감으로 보다 부드러운 여성의 본성에 적합하였다.

그 여행은 우리 관계의 완벽한 이미지이자 우리 욕망의 들뜬 상태의 이미지였다. 우리는 움직이고 방황하였으며, 머나먼 장소들에서 만났다.

부지불식간에 나는 마를렌을 깊이 사랑하게 되었다. 그러나 우리는 우리의 사랑을 집으로 가져갈 수 없었다. 우리는 욕망에 대해 배웠으나 사랑으로 전이하는 법을 몰랐다. 우리는 여행할 수 있었으나 집으로 올 수 없었다. 우리가 집에 왔을 때 관계는 분명히 천천히, 슬프게 깨어졌다. 그것은 우리 주변에서 산산조각이 났고 그것을 멈추기에 우리는 고통스럽게도 무력하였다.

그러나 그것은 무엇보다도 나 자신 안의 무엇인가를 볼 수 있게 해준 관계였다. 나는 욕망을 사랑하였으나 관계를 만드는 법을 알지 못했다. 나는 자신을 사로잡고 있었는지도 알지 못했던 욕망의 개념에 빠져 허우적대고 있었다. 그 관계가 끝난 뒤에야 친밀함과 지속함을 욕망과 결부시키는 것이 중요하게 보였다. 나는 욕망이 결핍감이 아니라 인간적 풍부함의 감각과 연결된다면 어떻게 될까 생각하기 시작했다. 즉 어떻게 하면 욕망을 일종의 상호 종속—욕구와 상처—에 기반을 두지 않고 상상할 수 있을까? 나는 늘 욕망을 그 자체의 무상함 위에 올려두고 쫓고 움직였다. 전적으로 육체가 아닌 정서와 연결된다면 성적 욕망은 어떻게 보일까? 욕망은 성욕뿐 아니라 사랑과도 연결될 수 있을까? 우리는 일반적으로 그렇게 다루지 못한다. 욕망에 대한 다른 은유가 사냥과 사냥감의 저편에서 떠오르기 시작할까? 나는 그 힘으로 나를 붙들고 있는 줄 알지 못했던 언어에 사로잡혔다.

　나는 오비디우스의 『변신이야기』에 나온 다른 이야기를 생각한다. 그것은 베누스와 마르스의 이야기이다. 베누스는 올림포스의 대장장이이자 판테온의 노동자인 불카누스와 결혼하였다. 그는 유노의 아들이기도 하다. 유피테르의 아내 유노는 나이 지긋한 부인 신이자 결혼의 수호신이다. 베누스와 유노는 영원한 적수이다(베누스의 아들 아이네이아스는 여행 중에 유노에 의해 죽임을 당한다. 유노는 디도를 더 사랑한다). 불카누스는 아내 베누스가 마르스와 간통을 하고 있음을 안다. 그는 충격을 받는다. 불법적인 사랑은 더욱 재미있으나 또한 더욱 위험하다. 그는 그들을 사로잡을 계획을 짠다. 위대한 대장장이는 대장간에서 그물 retia 을 벼린다. 이 사냥꾼의 그물은 하도 섬세해서 눈에 잘 보이지도 않는다. 그는 그것을 침실의 천장 위에 걸어놓고 아내에게 오랫동안 여행을 떠난다고 말한다. 그 그물은 너무도 교묘하게 매달려 있어 아주 작은 움직임에도 떨어지게 되어 있다. 그가 나가자 두 연인은 침대로 들어가나 그때 그물이 머리 위로 떨어져 꼭 껴안은 채로 사로잡힌다. (4.170~193.)

　두 연인은 욕망의 순간에 사로잡힌다. 청동으로 벼린 그물이 그들 위로 떨어진다. 욕망하는 커플은 사로잡힌 사냥감이다. 단어는 또한 그물, 사냥과 같은 단순한 은유이다. 그리고 우리는 모두 그 안에 잡혀 있다. 우리는 청동 그물에 잡힌 사랑의 사냥감인 베누스와 마르스를 보러 온 다른 신들과 흡사하다. 그들은 모두 웃고 두 신을 비웃고는 자기들의 사슬로 그들을 묶는다. 그러나 한 신이 베누스와 자기 위해서라면 공공연한 모욕도 감수하겠다고 말하는 소리가 들린다. 이 신적인 욕망, 사냥 그물과 행위에 사로잡힌 욕망은 아마도 우리 가슴의 비밀스러운 판타지일 것이다. 우리는 아직도 그것을 몰아내지 못했다.

5장 사냥감과 함께 있는 신사들

> 그 사냥은 참으로 즐거워.
> 5월의 큰사슴 사냥 말일세.
> 침대 속에 빈둥거릴 시간이 없어
> 갑옷도 입지 않고 말에 올라타
> 시종과 뿔나팔과 개를 옆에 데리고
> 무척이나 기쁨에 차 사냥하러 간다네.
> 이것이 진정 기쁨이고말고
> 스스로 그 큰 사슴의 공포가 되려고
> 마르스를 쫓다 이제 디아나에게 봉사하네.
> ─ 초서, 『기사 이야기』[1]

> 나는 남자이므로 그래서 기쁘다.
> 사냥을 하고 매를 잡아 기르고 먹이고
> 사냥개는 들판으로, 매는 날게 하여
> 그리고 훌륭하고 멋진 말에 올라타
> 이런 것들이 진실로 남자를……
> ─ 토머스 모어, 『남자다움』[2]

> 귀족들을 위한 스포츠, 고귀한 혈통을 위한 스포츠.
> 주인의 스포츠를 위해 숲을 헤치는 고생은 하인들에게나 남겨두자.
> 그리고 주인들로 하여금 즐기게 하라. 신사들이 환희에 젖게 하라.
> 내 마음은 이렇게 말하리라.
> 사냥은 귀족 남자들을 위한 최상의 것이라고.
> ─ 조르주 가스코뉴, 『사냥의 고귀한 기술』[3]

1

프랑스 남부 툴루즈의 낙엽이 무성한 숲의 중심부에서 나는 머리에 알루미늄 십자가를 매단 사슴을 노려본다. 그놈은 숲 속의 제단 바로 뒤, 맑게 갠 시골 공기 속에서 서 있다. 우리 중 몇몇은 참나무와 너도밤나무 숲의 한가운데 모여 제의를 차려입은 신부님이 올리는 미사에 참여하고 있다. 이 장면의 많은 부조리한 모습들 가운데 가장 놀랄 만한 것은 사슴의 머리에 거의 초현실적으로, 일종의 종교 성화처럼 매달린 트로피이다. 그것은 우리 모두를 품고 있다. 아홉 개로 갈라진 뿔 사이에 누군가가 십자가를 걸어두었다. 그것은 알루미늄 포일에 싸여 11월의 밝고 야한 햇살을 반사하고 있다.

마치 사슴이 그리스도의 몸을 대신하는 것 같다. 마치 사슴이 성스러운 배역을 담당하는 것처럼.

나는 이 숲 속에 있을 법하지 않은 공터에서 사냥꾼들을 대표하여 주일의 의무를 다하고 있는 한 줌의 사람들 한가운데 서 있다. 미사와 십자가를 인 사슴의 머리는 고대 가톨릭의 성자인 성 위베르를 기념한다. 7세기에 위베르는 탐욕스러운 사냥꾼이었다. 이야기는 진행되어 그가 그때까지 만난 사슴 중 가장 아름다운 놈을 쫓아가자 그놈이 살육자에게 얼굴을 돌렸다고 한다. 사슴의 뿔 사이에 십자가가 있었다. "왜 나를 죽이려 하나요?"라고 사슴은 물었다. 성 위베르는 기독교로 개종하여 곧 가톨릭 교회의 주교가 되었고, 모든 사냥꾼의 수호성인이 되었다. 그의 회심은 13세기 초부터 많은 그림들은 물론 샤르트르 성당의 영광스런 스테인드 글라스에 묘사되어 있다. 중세에 그는 매우 인기 있는 인물이었다. 그의 이름에는 몇 가지의 기사 작위가 붙어 있으며, 생위베르 수도원은 아르덴의 유명한 개 사육장을 후원하고 있었다. 거기에서는 수백 마리의 사냥개가 사육되었다. 인기 있는 순례 장소였다.⁴

알루미늄 십자가를 매단 사슴이 이 기적의, 십자가를 인 사슴을 대신한다. 그것은 숲 속의 시대착오이다.

여전히 성 위베르 축일로 알려져 있는 11월 3일의 이 일요일은 사냥꾼의 축제일이다. 그리고 나는 사냥개와 사냥꾼을 기념하여 미사를 올리고 있다. 우리는 두 사냥 팀과 함께 국립공원인 그레시뉴 포레스트 도미널에 있다. 우리가 여기서 목격한 사냥은 그 자체 중세의 잔재이고 실제로 이 지역의 산과 숲 속에서 발전하여왔다. 11세기에서 17세기까지 수백 년의 흐름을 통해 사냥의 고전이 된 사냥의 형태, 귀족들이 선호하는 여가, '왕자의 스포츠'*이다. '대사냥 혹은 사슴길 추적 grande vénerie ou chasse á courze de cerf'과 같은 스타일의 사냥은 테세우스 공이 좋아하는 일상 활동이라고 초서가 1400년의 『캔터베리 이야기』에서 묘사한 때부터 직접적으로 내려온다. 초서는 이를 '몰이 par force' 사냥이라고 불렀는데, 이는 개를 숲 속에 풀어 그때 그들이 좋아하던 붉은 수사슴을 모는 것을 의미하였다.

나는 반짝이는 눈과 지적인 미소를 가진 대머리 생물학자 에마뉘엘 메노니와 함께 왔다. 그의 얼굴에선 위트와 성실함이 뿜어져 나온다. 그는 큰 들꿩을 연구하고 있다. 이놈은 프랑스와 스페인의 산지에 사는 커다란 검은 뇌조인데, 이 지역에서 최상의 사냥감이다. 에마뉘엘은 산에서 사냥하며 살고 싶어 한다. 그는 알프스의 산악인이었던 할아버지처럼 되고 싶어 한다. 우리는 서로 미소를 지었고 이 종교적인 광경을 잘 의식하고 있었으며 약간의 경이로움에 잠겼다.

---

* 여기서 "스포츠"는 귀족들이 야외에서 즐기던 유희로서의 사냥을 의미한다.

"이 사냥은" 그가 속삭인다.

"혁명 이전의 왕들과 귀족들의 사냥이지. 엘리트를 위한 것이라 할 수 있어."

우리는 귀족들이 유희하는 장면을 살짝 엿보았다. 혹은 셰익스피어의 『사랑의 헛수고』에 나오는 등장인물들처럼, 즉 왕과 왕후들, 근위병들이 나바르 숲으로 가서 사냥하고 희롱하는 것처럼 '신사들은 사냥을 하고 있었다.' (4.2.166.)

"나도 알아요."

나는 에마뉘엘에게 속삭인다.

"4~5세기는 거슬러 올라간 것 같군."

숲 속의 미사에 왕은 없었지만 그것은 귀족적인 풍경이다. 에마뉘엘과 나는 회색빛으로 칠한 그의 낡은 르노 트럭을 참나무 숲 옆 먼지투성이 길의 재규어와 롤스로이스 사이에 세웠다. 그것은 돈과 고급 취향을 뽐내는, 반짝이고 부유하고 생동감 넘치는 모임이다. 두 사냥 팀이 모여 왔는데 한 팀은 은색 버튼이 달린 붉은 벨벳 사냥복을 입고 우아한 흰색 넥타이를 하고 있다. 붉은 벨벳은 그들의 무릎 아래에서 스커트처럼 펄럭인다. 대부분의 남자들은 검은 승마용 모자를 쓰고 있고 여자들은 금줄이 쳐진 검은 캡을 쓰고 있다. 그 광경은 내게 야외에서의 귀족들을 그린 조지 스터브스*의 그림에서 묘사한 모자를 떠올린다. 그들의 검은 장화는 반짝반짝 빛나며 무릎 아래를 온통 감싸고 있다. 다른 팀은 사냥복이 녹색이라는 것만 제외하고는 다 똑같았다. 사냥꾼들은 목이나 한쪽 팔에 빛나는 청동 나팔을 매달고 있다. 남자들은 티끌 하나 없고 머리를 단정하게 깎았으며 여자들은 우아하게 화장을 하였다.

---

* 조지 스터브스(George Stubbs, 1724~1806) ; 말 그림으로 유명한 18세기 영국 화가.

그들은 말과 개, 나팔을 가지고 사냥을 하러 간다. 몇 명은 미사가 진행되는데도 그냥 말 위에 앉아 있다. 얼룩무늬 개 두 마리가 사제가 경본을 읽는 동안 내 옆의 사냥꾼들에게로 뛰어간다.

그리고 이상한 일들이 일어난다. 에마뉘엘과 나는 둘 다 그 때문에 낄낄 웃는다. 사제가 이 아름다운 아침 그 자리에 모인 사람들의 행운과 성공적인 사냥을 빌고 강복을 주려는 순간이었다. 그는 우리 중의 누구에게도 강복을 주지 않는다. 미사를 드린 사람들 누구에게도 강복을 주지 않는다. 그는 내 옆에 서 있던 개 두 마리에게로 다가가 손을 들고 성호를 긋더니 동시에 은총을 빌었다. 그러고는 두 말에게로 다가가 이 영적 제스처를 반복한다.

그 동물들은 그가 강복을 하는 동안 움직이지 않는다. 그러나 사람들 사이에서 웃음이 터져 나온다. 그는 내 옆의 말에게도 강복을 준다.

"쉬운 일이 아니었지."

에마뉘엘이 말한다.

"이 미사를 드릴 신부님을 찾는 게."

신부가 말과 개에게 강복하는 것이 약간은 우스웠을지는 몰라도 에마뉘엘은 개에게 매혹된다. 얼룩무늬 리미에 견은 프랑스의 고전적인 사냥개라고 그가 말해준다. 원래 아르덴의 생위베르 수도원에서 길렀던 종으로 왕의 개 사육장에 공급되었다. 그들은 빠르지는 않지만 예민한 코를 가지고 있다.[5]

짐승들에게 강복을 준 후 아니스 향이 나는 빵이 참석자들에게 돌려진다. 내 생각에 이는 공식적인 미사는 아니다. 이것은 진짜 성체도 아니다. 사냥복을 입은 우아한 숙녀들이 빵바구니를 돌리는데, 내게 이것은 귀족의 의무 noblesse oblige처럼 보인다.

그날과 그 사냥에 대한 모든 것은, 비록 매우 민주적이고 세속적인 시대라는 한계는 있으나 중세의 왕과 왕자들이 따랐던 것과 거의 같은 사냥 제의에 상응하여 조화를 이룬다. 중세의 사냥은 정교한 의례와 잘 기술된 규칙에 의해 수행되었다. 시간이 흐르면서 신분이 좀 낮은 사람들(젠틀맨)에게 사냥을 지도하기 위한 우아한 편람이 등장하였다. 이는 처음에는 프랑스어로, 그다음에는 영어, 독일어, 스페인어, 포르투갈어 본으로 나왔다. 한 수고(手稿)는 이탈리아어로 되어 있다. 사냥은 사랑스러운 녹색 들판 위에서의 세속적인 성만찬인 숲 속에서의 '집회'나 '모임'과 더불어 시작하였다. '집회'는 미사는 아니었지만 왕이나 제후가 주재하는 만찬이었다. 새들은 노래하였다. 그곳은 "즐거운 장소locus amoenus"였다.

  우리는 그리 멀지 않은 성에서 이미 식사를 마쳤다. 그곳은 캐러멜 색으로 치장 벽토를 칠한 사랑스러운 2층 건물인데 거기서 사람들이 개를 키우고 있다. 오늘의 사냥을 위해 50마리쯤이 왔다. 우리는 미사 전에 배를 채웠다. 에마뉘엘이 말했듯이 "배가 차면 사냥도 성공이고 배가 비면 사냥도 장난Ventre plein, chasse bien. Ventre creux, chasse jeux"이다. 훌륭한 사냥은 좋은 식사와 함께 시작한다. 이 사냥의 요점은 음식을 얻는 것이 아니다. 그것은 스포츠라기보다는 제의에 가깝다. 그것은 규칙에 매인 활동이고 그 목적은 글자 그대로가 아닌 다른 용어로 해석할 수 있을 것이다. 그 목적은 생존과는 전혀 거리가 멀다. 사실 성공하면 사냥꾼은 사슴을 죽이겠지만 개들이 그것을 먹을 것이다. 사냥꾼이 아닌 것이다.

  이 사냥은 봉건적인 사냥 편람sports manual에서 영광을 입었으며 그 자신의 텍스트를 가지고 있다. 그것은 읽히고 해석된다. 「트로일러스와 크레시다」에서 셰익스피어는 중세와 르네상스의 모든 사냥 편람을 언급한다. 영웅인 헥토르는 트로이 성 앞에서 아킬레우스와 겨루는데, 아킬레우스는 그를 열심히 관찰한다. 헥토르는 아킬레우스에게 말한다.

오 사냥 편람처럼 너는 나를 읽는구나.
그러나 내게는 네가 이해하는 것 이상이 있지. (4.5.239~40.)

헥토르가 시사하는 사냥 편람은 정확히 이것, 즉 남자를 읽는 방법이다. 그것은 그들이 누구인지를 아는 엄격한 방법이다. 사냥 스포츠와 그 제의는 남성의 정체성을 사회 계층의 등위 안에 위치시킨다. 성 위베르 축일 미사의 사냥은 숲 속에서의 성찬식과 더불어 그것을 분명하게 만든다. 즉, 사냥은 사회적 가치를 강화시킨다.

이 스포츠, 이 사냥이 진정으로 펼쳐내지 못하는 것은 남성의 내면적 삶이다.

그것은 두 주제를 나타내는데, 둘 다 원래는 사회적인 것이다. 사냥에서 위대한 남성은 사회적 권력을 획득할 수 있으며, 자신의 위치를 귀족의 한가운데 두고 지배할 수조차 있다. 사냥은 사회가 조직화되고 서열화되는 한 묶음의 계층 구분의 준거를 제공한다. 간단히 말해, 당신은 한 남자를, 즉 그의 사회적 지위와 신분을 그의 사냥법과 귀족적인 사냥 지식을 통해 알 수 있다. 이 두 주제, 즉 지배와 사회계급의 기예는 대립할 수도 있으나 편리하게도 겹쳐지기도 한다. 중세에 발전된 사냥은 고대의 영웅적인 사냥의 요소를 끌어오나 이 위대한 사냥은 새롭고 근대적인 목적을 위해 사용된다. 이 사냥은 국가 체제의 이론과 실제를 제공한다.

성 위베르 축일의 미사가 끝나고 나는 사냥을 하러 뛰어나갈 채비를 갖춘다. 그러나 아직 의식이 좀더 남았다. 한 삼림감독관(중세와 르네상스 시대에 그는 왕의 '직속' 사냥꾼이었다)이 전날과 오늘 아침 일찍 나와 개들이 쫓아 몰고 갈 수 있게끔 사슴 한 마리를 골라내었다. 사냥꾼들은 이 사슴을 쫓을 것이고 이 사슴만이 셰익스피어의 「심벨린」에 나오는 '선택된 사슴' (3.4.109.)이 될 것이다. 그리고 한 사람이, 아마도 가장 지위가 높은 이일 텐데, 손으로 그 사슴을 죽이려 할 것이다. 그는 오늘 그것을 — 에마뉘엘이 말해준 바에 따르면 — 칼을 사용하는 고전적인 방식으로 하려 한다. 그것은 '블레이딩blading'이라 불리는 위험한 묘기이다. 그는 막바지에 몰린 사슴에게 다가가 절망에 빠져 날뛰는 사슴의 뿔을 피해 한 방에 목을 쳐서 죽인다. 무시무시할 것 같지만 나는 매우 고전적이고 또 매우 대담한 것을 보게 되리라는 기대로 흥분한다.

우리가 진짜 사냥을 시작하기 전에 준수해야 할 중요한 의식이 있다. 그것은 중세 이래로 편람에 주의 깊게 묘사되어 있다. 모든 사냥꾼은 한 중심인물, 즉 올리브색 트렌치코트를 걸치고 샤를 드골의 모자를 써서 분명히 구분되는 인물을 중심으로 모인다. 그는 실제로는 에마뉘엘의 상사이다. 프랑스의 모든 사냥은 농무성의 한 부서인 산림청의 감독을 받는다. 그 옆에는 좀더 나이 든 이 사냥의 조직위원장이 있는데, 우아하게 곱슬거리는 짧게 깎은 은발이 귀족적으로 흩어져 있다. 그는 사냥을 위해 흰 장갑을 끼고 있다. 이 두 사람이 중심에 있고 붉은색과 녹색 옷을 입은 다른 사냥꾼들이 에워싼다.

몇몇 사냥꾼들이 반짝이는 청동 뿔나팔로 사냥 노래를 부른다.

이쪽에서 한 사냥꾼이 카키색 스웨터를 입고 걸어 나간다. 그는 손에 녹색 가지로 싼 무언가를 들고 있다. 이 삼림감독관은 그 사냥의 마스터를 공식적으로 알현해야 한다. 농무성 장관은 바로 이런 자격을 가지고 출현한다. 그는 본질적으로 왕이나 높은 제후를 대신한다. 삼림감독관의 일은 사냥의 주인에게 추적할 사슴이 '보증'되었음을, 즉 충분히 크고 고귀함을 과시하는 것이다. 중세에 그런 보고는 전적으로 숲 속의 삼림감독관의 술법이었다. 즉, 짐승이 다니는 길과 숲 속의 표지와 외침과 흥분에 대한 학문이다. 삼림감독관의 보고의 절정은 '퓸fume'을 증정하는 것이다. 즉, 선택된 사슴의 똥을 증정하는 것이다.

이 술법과 의식은 한 영국의 사냥 편람에 적힌 대로 '위대한 영혼이 알려질 수 있는 방법'이다.

이 외설적인 의례, 이 본질적인 항문 숭배의 순간, 중세적인 사냥의 본질적 의미가 응축되는 것처럼 보인다. 스포츠로서 사냥은 사회적 제도이다. 의식으로서 사냥은 정치적 도구이다. 두 경우 모두 사냥은 남자들을 구성하고 사회 속에서 그들의 위치를 가르치는 방식이다. 그 모든 시대착오적인 느낌에도 불구하고, 나는 프랑스 숲 속에서 그 대사냥grande venerie을 지켜본다. 이 사냥이 남자들이 사회에서 지위에 대한 감각을 익히는 방식이었고, 이 사냥이 우리에게 남긴 주요한 유산이 사회학적인 교훈이라는 것을 인식하면서 말이다.

일단 농무성 장관이 보고를 받자 사냥꾼들은 모두 각자의 말에 올라탄다. 개들은 쫓고 짖어대고 장면은 점점 더 생기를 띠어간다. 사냥꾼들은 나팔을 불어대고 그들이 사슴을 '쫓고' 있음을 의미하는 음조를 연주한다. 그리고 우리, 에마뉘엘과 나는 낡아빠진 회색 르노를 타고 몇몇 사냥 마스터들이 사슴을 내리칠 만한 곳을 볼 수 있을 만한 장소를 찾아 울퉁불퉁한 길을 덜컹거리며 내려간다.

2

사냥은, 중세의 군주들이 왕위의 신비를 확실히 인식시키기 위해 고안해낸 전쟁보다도 중요한 업무였다. 신문과 매스미디어가 나오기 훨씬 전 일종의 사회적 선전으로서 사냥은 평시에 화려한 구경거리를 제공했고 예전의 군주들은 신민에 대한 지배를 시각적으로 보여주는 수단을 사냥을 통해 고안한 것이다. 사냥을 통해 초창기 군주들은 근대 국가의 중앙집권화, 왕에게 정치적 권력을 몰아주는 일을 수행했다고 해도 과언이 아니다. 사냥은 국가운영의 도구, 일종의 외교 형태 그리고 국가의 건강함을 보여주는 징후였다. 추적이 제공하는 쾌감에 덧붙여 그것은 왕의 물질적 육체에 정치적 육체(국가)의 건강과 정력을 위치시켰다.

왕은 '사냥감들의 아버지'가 되었다. 그리고 사냥은 글자 그대로 그의 군주권의 이미지였다. 근대 초기의 왕들에게 사냥은 자기 이미지, 그리고 지배기술과 불가분의 관계였다. 이 지배자들은 하도 사냥에 미쳐서 예를 들어 선제후 요한 게오르크 1세는 1611~1655년의 짧은 재위 기간 동안 11만 6,906마리의 동물을 잡거나 쏘았다. 그의 아들 요한 게오르크 2세는 1656~1680년 동안 11만 1,141마리를 잡았는데, 이는 하루에 무려 13마리 꼴이다.[6]

라인 강을 따라 살던 프랑크인들에게 사냥은 군주권을 비춰볼 수 있는 거울이 되었고 오랫동안 전통적으로 모든 사냥감은 글자 그대로 왕에 속했다. 사냥은 왕과 귀족의 배타적인 권리였고 일반 민중의 생활을 상당히 침해하였다. 카롤루스 대제(742~814)는 프랑크 왕국의 위대한 군주이자 정열적인 사냥꾼이었다. '그토록 자주 사냥을 나감으로써'라고 말더듬이 노트케르 발불로*는 이 위대한 왕에 대한 전기에서 쓰고 있다. "그리고 그의 몸과 마음을 그런 부단한 정열로 단련시킴으로써 그는 하늘 아래 모든 것을 정복하는 습관을 얻었다."[7] 사냥과 왕권은 거의 동의어가 되고 있다.

그러나 카롤루스 대제의 아버지 피핀 왕은 사냥에 대한 왕실의 집착의

---

* 노트케르 발불로(Notker Balbulus, 840?~912) : 시인이자 음악가였던 9세기의 베네딕트회 수도사.

근거가 된 실용적인 철학을 보여준다. 그것은 용기와 끈기를 가르치는 도덕적 교훈 이상이며, 사냥꾼이 자신을 방어하려면 늘 사용해야 하는 신체적 건강의 단련 이상이다. 노트케르 발불로는 어떻게 피핀이 제국을 다스릴 수 있는 자질을 증명했는지를 말해준다.[8]

피핀 왕은 군사 고문들이 등 뒤에서 자신을 멸시하는 말을 하는 것을 들은 것 같다. 행동이 빠른 그는 재빨리 그들을 불러 모았다. 노트케르 발불로에 따르면 피핀은 '놀랍게 크고 사나운' 황소를 궁전의 큰 투기장에 풀어놓으라고 명했다. 그리고 그는 '포악한 사자'를 황소에게 풀어놓았다. 사자는 황소를 공격하였고 '엄청난 분노'로 목을 물어 소를 땅에 쓰러뜨렸다. 왕은 그의 장군들을 둘러보았다. 그는 명령을 내렸다.

"황소에서 사자를 끌어내어라. 아니면 그 위에서 바로 그놈을 죽여라."

그들은 모두 겁에 질려 할 말을 잊었다. 무서워서 서로를 쳐다보았다. 머리는 공포로 곤두섰고 대답을 하려고 숨을 몰아쉬었다.

"폐하." 그들은 우물거렸다.

"지상의 어떤 사람도 감히 그런 일을 하지 못할 것입니다."

피핀은 경멸과 혐오로 그들을 바라보았다.

그는 왕좌에서 일어나 칼을 뽑아들고 투기장으로 갔다. 한차례 가격으로 그는 사자의 목을 베었다. 진정한 왕의 활기에 차 그는 칼을 집어넣고 다시 왕좌에 앉았다.

"내가 너희들의 왕이 될 자격이 있다고 생각지 않나?"

그는 장군들에게 코웃음 쳤다. 그들은 벼락을 맞은 것처럼 땅에 쓰러졌다.

"모든 인류를 지배할 폐하의 권리를 감히 부인할 어리석은 자가 있겠습니까?" 그들은 대답했다.

노트케르 발불로의 결론에 따르면, 피핀은 '인류와 짐승의 주인'임을 증명하였다.

이 우월성의 과시 가운데 사냥은 사람들과 나라에 대한 지배권을 획득하고 강화하는 데 사용되었으며, 숲 속에서의 허풍스럽고 과시적인 침략으로 왕이 그 특권을 강화하는 데 썼던 선전이었다.

예를 들어, 영국 해협을 가로질러 프랑크와 노르만 스타일을 가져온 정복자 윌리엄은 사냥을 개인적인 즐거움을 위해서만이 아니라 이 섬을 그의 지배 하에 두는 데도 사용하였다. 1066년 헤이스팅스 전투*에서 승리한 후, 그는 자신의 뒤를 이은 플랜태저넷 왕조의 유일하고 진정한 스포츠로서 사냥을 확립하였다. 이렇게 함으로써 그는 나라를 점령하였고 그물과 함정, 개를 가지고 하는 앵글로 색슨의 사냥 전통을 억압하였다.

앵글로 색슨의 영국에서 모든 남자들은 사냥을 할 수 있었고 위대한 동물의 신 케르눈노스는 많은 예술작품에서 칭송하는 신으로 동물들에게 둘러싸여 있었다. 윌리엄은 사냥을 왕의 오락으로 만들었고 그것에 특권을 부과하였다. 그는 땅을 점령한 뒤 거대한 부분을 숲으로 만들었으며, 이전에는 마을과 집이었던 곳도 사냥터로 만들었고 농부와 지주 모두를 쫓아냈다.

『앵글로 색슨 연대기』는 그의 사냥에 대한 무절제한 탐욕을 핵심적인 법률이자 중요한 사회 정책으로 특징짓는다. 예컨대 윌리엄은 사냥감 보호 규정을 창조하였다.

그는 사냥감을 대단히 보호하였다.
그리고 법률도 부과하였다.
토끼나 사슴을 잡는 이는

---

* 노르만의 윌리엄 공이 당시 영국 왕 해럴드와 싸워 크게 이긴 유명한 전투. 노르만족의 영국 정복 계기가 되었다.

장님으로 만들었다.

그는 사슴과 멧돼지를 보호하였고
그만큼 사슴도 좋아하였다.
마치 그가 아버지나 된 것처럼.
게다가 산토끼로 말하자면 그는 놓아주라고 명했다.
그러나 그는 하도 사나워서 백성들의 원한은 개의치 않았다.
허나 백성들은 왕의 의지를 따라야 했는데,
살아남거나 땅을 가지려면
재산이나 부동산을 유지하려면 그의 뜻이 중요했기 때문이다.

그는 동부 잉글랜드의 6분의 5를 사냥터로 만들었다고 한다. 웨섹스, 켄트, 에식스 그리고 이스트앵글리아 주이다. 이는 소유와 특권의 체계이다. 숲은 왕의 즐거움만을 위해 존재했고 그만이 누릴 수 있는 특권이었다. 그의 후손인 앙주 가(家)의 왕들은 잉글랜드 시골의 3분의 1을 숲으로 만들었는데 이는 왕의 소유권을 의미하였으며 왕실 사냥만을 위해서 쓰였다.⁹

사냥은 잘 조직된 사회의 상징이지만 그 이상으로 그것은 위계가 유지되고 통제되는 수단이다. 이 땅들을 통제할 목적으로 제정한 숲 보호령을 통해 왕은 왕국의 모든 사냥감을 소유했다. 그에게 속한 모든 사냥감 중에서 사슴은 특히 왕과 관련된 짐승이었다.¹⁰

그는 대개는 돈을 받고 특권을 임대할 수 있었고, 숲 보호령의 체계의 제정은 사회 질서와 관련된 봉건적 위계를 반영하였다. 왕의 특권은 그 중심에 굳게 놓여 있었다. 사냥의 특권의 순서는 숲forest, 개인 사냥터 chase, 공원park 그리고 토끼 사냥터warren 순이었다. 왕과 그의 장교들만이 숲에서 사냥할 수 있었다. 개인 사냥터와 공원은 울타리가 있느냐 없느냐의 차이인데, 왕에게 특전을 받은 이들, 대개 남작들이 사냥을 하였다. 그리고 토끼 사육장에서는 좀더 광범위한 그룹의 사람들이 사냥하였다.

이 잘 조직된 구도 속에서 각 사냥터의 구획에는 법적으로 사냥할 수 있는 특정 동물들이 있었다. 그 범주에 속한 짐승들의 종류는 학자에 따라 다르나 본질적으로는 다음과 같다. 전적으로 왕에 속한 숲에는 다음과 같은 동물이 있었다. 붉은 수사슴, 붉은 암사슴, 산토끼, 멧돼지 그리고 늑대였다. 특히 붉은 수사슴은 독특하게, 멧돼지 이상으로 왕에게만 속한 것이었으며 남자다운 것으로 생각되었다. 개인 사냥터의 짐승은 칙령에 의해 사냥할 수 있었다. 황갈색 수사슴, 황갈색 암사슴, 여우, 담비, 노루였다. 토끼 사냥터의 짐승은 특전franchise에 의해 공시되었으나 국가가 별로 개입하지 않았다. 토끼, 꿩, 자고 등이었다.[11]

모든 군대가 왕의 사냥을 유지하기 위해 조직되어야 했고, 그래서 사냥은 글자 그대로 사회 질서의 소우주가 되었다. 초서의 요먼yeoman은 '숲 일'에 숙달한 '녹색 코트와 모자를 쓴 삼림감독관'이었다. 그의 일은 '목재와 사슴'을 지키는 것이었다. 비슷한 직업으로 산지기woodward와 산림관리인verderer이 있었다. 예를 들어 산림관리인은 왕의 숲과 사냥감을 돌보는 사법 공무원이었다.

왕의 사냥터는 매우 광대했다. 예컨대 가스통 페뷔*는 그가 사냥 오락을 위해 600마리의 말과 1,600마리의 개를 키우고 있었다고 한다. 개 사육장의 시종들은 특별히 훈련을 받았고 사냥꾼들에게는 그 임무를 교육시켰다. 엘리자베스 여왕은 총신이자 은밀한 애인인 레스터 공작을 사냥

---

* 가스통 페뷔(Gaston Phoebus, 1331~1391); 14세기 푸아Foix의 백작으로 사냥광이며, 유명한 저서로 『사냥의 책Livre de Chasse』이 있다.

개와 마구간 감독관으로 임명하였는데, 이는 왕실의 고위직이자 여왕과 가까운 자리에 있다는 표지였다. 그녀에게 준 그의 가장 유명한 선물은 에나멜 칠을 한 석궁이었는데 숲 속에서의 사냥을 위한 것이자 사냥의 용어로 하면 '밀회' 장소에서의 사냥을 위한 것이다.[12]

매도 비슷하게 요구되었다. 1346년 에드워드 3세가 크레시 전투에서 프랑스를 침공하였을 때 그는 600마리의 사냥개와 130마리의 매를 가지고 갔다. 매는 '매장'에서 귀족적인 지위를 누렸으며 전문적인 매 사육인이 이 새들을 기르고 병아리를 까고 훈련시켰다.

이 모든 지위에 있어서 남자들은 훈련을 받을 필요가 있었는데, 단순히 사냥에서가 아니라 봉건 사회의 잘 배열된 질서 속에서 도제 교육을 받는 것이었다. 사람과 동물로 이루어진 수행원, 사냥의 규칙 그리고 사려 깊은 사회적 법규의 산출을 통하여 사냥은 스스로가 작은 세계였고 작은 왕국이었으며 사회적 소우주였다.

이 사회는 왕의 육체에 집중되어 있다. 왕은 왕국 자체의 건강의 징조로 자신의 건강을 유지할 필요가 있었다. 영국의 제임스 1세는 사냥광이었다. 1603년 왕좌에 오른 이후 그는 가능한 한 자주 사냥 오두막으로 도피하였다. 그가 좋아한 곳은 케임브리지셔였는데 거기서 1년의 3분의 1을 보내곤 하였다. 사람들은 투덜대었지만 그는 '그의 무절제한 사냥 운동'을 두둔하기 위해 밀어붙였다. 사람들이 불평하면 그는 왕에게서의 사냥의 중요성을 이해시키기 위해 다음과 같이 썼다.

"짐은 사냥에서 즐거움을 찾는다. 짐은 이미 추밀원에 그것이 건강을 유지하는 유일한 수단(이는 우리 모두의 건강과 복지이기도 하다)이라고 써 보냈다. 짐은 그들이 이 일의 책임과 노고를 받아들이기 바라며 짐이 너무 많은 일로 방해를 받거나 곤란에 빠지지 말아야 함을 이해하기 바란다."[13]

과학적 지식의 위대한 개혁을 일으킨 제임스 1세의 대법관이자 철학자인 프랑시스 베이컨은 1614년 사냥에 있어 국가 경영 기술의 이론을 명료하게 제시하였다.

"숲, 공원, 사냥터, 그들은 모두 왕의 특권의 고귀한 부분이다. 그들은 왕의 생기이며 명예와 고귀함의 첫 징표이다. 그리고 번영하는 왕국의 장신구이기도 하다."[14]

사냥은 왕국에 있어 위대함과 남성적 고귀함의 징표였다. 이것이 시인 윌리엄 서머빌이 사냥을 '왕의 스포츠/무죄한 전쟁의 이미지'라고 부른 이유이다.

유럽 전역의 귀족과 왕은 사냥에 집착하였고, 그 정열은 동물을 죽이거나 육체적 운동의 필요성에서 나온 쾌감으로 설명할 수 있는 것보다 훨씬 심오했다. 그들의 탐닉은 숲에서의 즐거움이나 추적의 쾌감으로 설명하기에는 너무 컸다. 그들의 심장과 상상력을 사로잡은 그것은 너무나 강력해서 그들의 사회적이고 개인적인 심리학 속에 깊이 자리 잡았다. 문제가 되는 것은, 남성의 어떤 이미지이면서 사회적 건강과 권력의 중심으로서 활동하는 남성의 육체이다. 이 강하고 활동적인 육체는 사회가 매달려 있는 못이고, 그 개념은 같은 방식으로 놀라운 액션 영웅들의 몸집에서 그대로 반복된다. 프랑스인들이 왕실 스포츠의 규칙만을 발명한 건 아니다. 그들은 그것을 가장 정교한 육화를 통해 실행하였다. 프랑스는, 글자 그대로 그들의 사냥감의 정상을 차지하였다. 남자들이 사냥을 통해 왕의 이미지 속에서 자신을 모두가 선망하는 대상, 궁정과 문화의 본보기로 어떻게 만들어가는지, 우리는 이 이야기를 통해 충분히 짐작할 수 있다.

프랑수아 1세는 1515~1547년 사이에 프랑스를 지배하였다. 동시대인인 헨리 8세는 영국을 통치하였는데, 이 둘은 르네상스기의 위대한 군주였다. 모든 발루아 왕조*의 왕들 중에서도 프랑수아 1세는 자신을 가장 위대한 사냥꾼으로 상상했다. 그의 아들 샤를 10세(1550~1574)는 사냥에 대한 논문 「왕실 사냥」을 썼다. 자크 드 푸이유가 쓴, 르네상스기 프랑스 사냥에 관한 가장 좋은 책은 프랑수아 1세를 '사냥꾼들의 아버지'라고 부름으로써 사냥에 있어서의 왕위 숭배와 함께 사후의 아첨을 하고 있다. 어떤 왕보다도 효율적으로 그는 사냥을 사회적 통제의 형태, 선전과 과시의 형태로 만들었다.

프랑수아 1세가 '미친 듯이 성난' 멧돼지와 겨룬 이야기가 하나 있다.

프랑스의 루아르 계곡의 대부분의 성은 사냥 오두막으로 유명하다. 프랑수아 1세가 좋아했던 곳은 퐁텐블로를 따라 있는 앙부아즈에 있었다. 그는 종종 사냥을 하러 앙부아즈를 방문하였는데, 거기에는 사냥 장면을 새긴 부조들이 있었다. 그는 체류 기간 동안 왕실의 숙녀들을 놀라게 하려고 마음먹었다. 이를 위해 그는 살아 있는 멧돼지를 잡아 오라고 그물과 밧줄을 가진 사냥꾼들을 성 주위의 숲으로 보내었다. 사냥꾼들은 네 살쯤 된 젊은 멧돼지를 사로잡아 참나무로 만든 큰 상자에 넣어 왕에게 끌고 왔다.

그동안 성 안에서 프랑수아 1세는 일꾼들을 시켜 뜰 안에 상자와 통나무로 큰 우리를 짓게 하였다. 그들은 이 투기장 둘레의 네 계단쯤 올라가면 되는 곳에 전망대를 만들어놓았다.

프랑수아 1세는 전 왕실 사람들이 모인 앞에서 '사나운 짐승과의 육체 대 육체 대결'을 제안하였다.

그러나 왕실 사람들의 안전을 염려한 왕비를 비롯한 궁정의 숙녀들은 이 의견에 심하게 반대했고, 결국 이 대결을 막을 수 있었다. 대신에 왕

---

* 발루아 왕조는 1328년 필리프 6세가 창시한 프랑스 왕조. 1589년 앙리 3세의 암살 때까지 지속되었다.

은 좀 덜 위험한 오락을 고안해내었다. 마네킹을 만들게 하였는데, 그것은 멧돼지가 와서 부딪치면 팽이처럼 돌게 되어 있었다.

프랑수아 1세는 신호를 보냈다. 멧돼지가 갇혔던 우리의 문이 열리고 그 짐승은 '지독하게' '숨을 몰아쉬며' '미친 듯이' 돌진하면서 송곳니를 딱딱 부딪쳤다. 놈은 화가 나서 마네킹을 들이받았는데, 그것들은 공중으로 날아갔다. 그러나 그때 그놈은 궁정에 만들어진 울타리의 탈출구를 찾기 시작하였고 가장자리를 살피며 경기장 안을 뛰어 들어갔다. 한 계단에 이르러 놈은 벽을 만드는 데 사용한 두 개의 상자 사이로 난 빈틈을 발견하였다.

그놈은 격렬하게 돌진하여 울짱을 뚫고 왕이 앉아 있는 관람석 쪽으로 밀어닥쳤다. 이야기는 다음과 같이 계속된다.

그 멧돼지는 몸을 돌리지도 않고 곧바로 왕이 앉아 있는 곳으로 돌진해 들었다. 호위병들 중 대여섯 명이 그 짐승과 왕 사이를 자기들의 몸으로 막으려 했다. 왕은 참을 수 없었다. 짐승이 그를 공격하는 순간, 왕은 손에 쥔 훌륭한 창을 가지고 그 야수를 찔러 날카로운 끝으로 가슴을 관통시켜버렸다. 멧돼지는 창에 꿰여 치명상을 입었다. 그놈은 왕을 떠나 다른 계단을 향해 비틀거리며 가다가 몇 걸음 못 가 죽어 쓰러져 빳빳해졌다.[15]

프랑수아 1세는 기사다운 왕의 이미지로 왕비와 숙녀들을 구해내었으며 위기를 벗어난 데 대한 그들의 즐거움은 보고된 바로는 '끝이 없을' 정도였다고 한다. 불굴의 사냥꾼 Le veneur intrepide은 왕실을 짐승의 분노로부터 해방시켰으며, 그 자리에 모인 모든 숙녀와 신사들의 칭송을 받았다. 이 이야기가 얼마나 진실한지는 믿음의 문제일 수 있다. 아무튼 이 이야기의 중요성은 선전으로서의 그 가치에 정확히 자리 잡고 있다.

사냥은 중세의 풍습에 생명과 의미를 부여하였다. 주의 깊게 씌어진 송가처럼 이 계층화된 사냥은 왕의 남성다움을 증명하였고, 바로 이 사냥이 옥좌에 앉은 그의 명성을 고양시켰던 것이다.

중세 유럽에서 사냥은 정교한 게임이 되었다. 즉, 사냥감game에 대한 놀이game이다. 왕들은 그 둘 다의 의미에서 게임의 마스터였다. 그들은 동물들의 마스터였고, 또한 사냥 게임의 마스터였다. 그들은 사냥을 양식화하였고 그래서 정교하게 연출된 그들의 볼거리는 우리에게 시대착오적인, 장소에 걸맞지 않은, 당황스러운 충격을 준다. 그러나 교훈은 내용이 아닌 형식 속에 있다. 그것은 위계와 사회적 지위 안의 교훈이었다. 앙부아즈에서의 프랑수아 1세처럼 왕들은 거의 모든 일상의 기초에 이 교훈—누가 위에 있고 누가 감시하는지—들을 강화하기 위해 사냥을 연출하였다. 이 게임에서 그 환상적인 장식, 그 거창한 이론, 그 정교한 제의를 벗겨내 보면 그것은 새로운 모습으로 보인다. 바로, 사회적 권력의 문제이다. 죽음과 삶의 문제조차도 아니다. 짐승을 죽이는 것은 이 핵심적 교훈을 가르치는 또 다른 방식이다. 즉, 게임은 승자와 패자에 관한 것이다.

남자들은 이 교훈을 잘 배웠으며, 우리는 여전히 이 유산 속에 살고 있다.

사냥은 고도로 인위적인 게임이었다. 그러나 그 게임은 삶과 죽음에 대한 것이었기 때문에 그토록 리얼하게 보인다. 그리고 그 게임은 촌티와 허식으로 가득 차 있었기에 그토록 아름답고 기묘하게 보인다. 누가 그것을 단지 '게임'으로만 보겠는가?

3

나는 에마뉘엘의 회색 르노 트럭에 올랐다. 이 차는 숲으로 가는 먼지 투성이 길 위에서 엄청나게 덜컹거린다. 우리는 사냥을 관망할 만한 툭 튀어나온 곳을 찾아 잎이 다 떨어진 참나무 숲을 향한다. 길가를 따라 터벅터벅 걷고 있는 다른 많은 이들과 마찬가지로 그 사슴을 보게 될 행운을 차지할지도 모른다는 희망을 가지고 있다. 우리는 모두 말을 탄 사냥꾼들이 사슴을 평지로 몰아가는 광경을 보았으면 한다.

태양은 참나무의 회색 둥치 위로 기울어진다. 숲의 바닥은 떨어진 낙엽들로 거의 오렌지색이다. 에마뉘엘과 나는 작은 언덕을 찾아내었는데, 거기서는 검은 나무딸기 수풀 위로 숲이 훤히 트여 보인다.

사냥 나팔이 가락을 뽑으며 숲을 울리고 지나간다. 사냥을 위해서는 정교한 음악적 어휘가 있다. 즉, 서로 다른 가락들은 사냥개들에 대한 각기 다른 지시들뿐 아니라 시작으로부터 몰이, 칼로 내리치기까지 다른 사냥의 단계를 의미한다.

말 위의 사람들은 주홍색, 녹색 사냥복을 입고 개를 몰아대는데 숲으로 미끄러지는 것같이 보인다. 그들은 이상한 행렬처럼 우리 앞을 움직인다. 이 장면의 우아함, 이 음악과 함성, 개와 잘 기른 말과 함께 있는 사람들의 아름다움은 가히 충격적이다.

말을 탄 사냥꾼들을 바라볼 때 가장 놀라운 것은, 그 사려 깊은 에티켓이다. 이 사냥은 정교한 정중함을 가지고 수행되는 예절의 학교였다. 쉬운 예로, 사냥꾼이 개를 부를 때 사용하는 신호도 중세 때부터 편람에 지시되어 있는 것이다. 사냥꾼들은 특정한 단어로 개를 격려하였으며, 다른 단어로 질책하였다. 사냥개의 '음악'은 사냥꾼들에게 대단한 즐거움을 주었으며 삶의 기쁨, 생활 속의 강건함을 의미하였다. 우리는 우리의 언어 속에서 개에 대한 사냥꾼의 언어의 중요성을 엿볼 수 있다. 예를 들어 '할루Haloo'는 '소호so-ho'와 함께 개를 격려하는 의미이다. '해리어'는 사냥의 언어로부터 해리어 폭격기(영국의 수직 이착륙 전폭기)와 같은 그런 의미로 떠오른다. 개가 사냥감을 몰거나harries 물고 늘어질 harasse 때 그 말은 사냥감에게 개를 불러들이는 때 쓰는 프랑스 단어 '아레harer'로부터 유래하였다. '헤이러hayrer'는 또 요크 공작에 의하면 개의 한 품종이었다.[16]

그러나 따라야 할 법전이 있었다면, 그것은 사냥 자체에 내재한 것들 뿐 아니라 사냥꾼들 자신에게도 적용되었다. 법규로서의 그것은 지배 mastery일 뿐 아니라 신비mystery이기도 한 행동을 규정하였다. 중세의 의미로 신비란 예컨대 한 길드가 그 구성원들에게 가르쳤던 신비였고, 그 구성원들만이 그 내용을 알고 있었다는 그런 것이다. 사냥의 형식과 공식은 그것 자체가 정력뿐 아니라 덕과 에티켓을 갖춘 남자들에게 신비였다. 규정되어 있거나 법에 의거한 모든 행동과 마찬가지로 이 법규는 그 자체의 의미를 포함하고 있다. 그것은 행동을 지배하였고 자연이 사회와 관계를 맺는 범주들을 구축하였으며 짐승 자체에 대한 우화적인 해석을 제공하였다. 사냥의 지식은 그런 편람들 속에서는 '능숙한 트리스탄의 지식skillful Trystam's lore'으로 불렸다. 이 평판은 토머스 맬러리 경의 『아서 왕의 죽음』에서 유래하였다. 거기서 트리스탄의 사냥 지식은 모든 고귀함의 비밀을 담고 있다고 말해진다. 맬러리는 '트리스탄'을 격찬하며 다음과 같이 쓰고 있다.

권력과 힘 속에서 자란 뒤에 그는 사냥과 매 사냥에 힘썼다. 그리하여 우리가 들어본 누구보다도 신사다워졌다. 책에서 말한 대로 그는 모든 짐승들을 해치우는 방법을 습득하기 시작하였다. 그리고 우리는 아직도 이 모든 용어들을 사냥과 매 사냥에 대해 사용하고 있다. 그러므로 사냥과 매 사냥에 대한 책은 트리스탄 경의 책으로 불린다. 내게는 옛 무기를 지닌 모든 신사들이 사용한 그 용어들이 트리스탄 경을 찬양해야 할 것으로 보이며, 그것은 종말의 날까지 사용될 것이다. 그리하여 이를 경배하는 모든 사람들은 요먼이 아닌 젠틀맨의 신분에 어울릴 것이다.[17]

트리스탄의 기술은 남자들에게 그들의 위치—자연 속에서가 아닌 사회 속에서—를 알 수 있는 방법을 가르친다. 궁정 예절에 대한 일종의 도제 제도로 기능하는 사냥에 대한 가장 아름다운 표현은 고트프리트 폰 슈트라스부르크의 『트리스탄과 이졸데』[18]에 나와 있다. 이는 아마도 이 이야기—기사와 그 주군의 아내 간의 불륜의 사랑을 다룬—의 가장 오래고 순수한 형태일 것이다.

트리스탄은 고대에 정착한 틀을 따라서 사냥을 통해 영웅적 지위를 선포한다. 그러나 그는 사냥에 독특하게 중세적인 음영을 드리우는데, 그에게 사냥은 짐승을 죽이는 것과는 거의 관련이 없기 때문이다. 그와 그 뒤 수세기 동안의 추종자들에게 사냥의 의미란 정확히 그토록 우리에게 낯선 것으로 여겨지는 것들 안에 있다. 즉, 그것은 남자들을 예절 바르게 만든다. 그것은 권력이 남자들 사이에 어떻게 분포되어 있으며 사회 속에서 어떻게 표명되는지를 보여준다.

콘월의 마크 왕의 기사인 트리스탄은 아주 우연하게 영국에 온다. 그는 실제로는 유럽 대륙에서 자랐으나 매와 수리를 파는 노르웨이 상인들에게 14살 때 유괴당한다. 그 상인들이 잠시 콘월에 상륙한 동안 트리스탄은 도망친다.

그는 숲 속을 방랑하다가 마크 왕의 사냥 부대와 만난다. 그들은 열

개로 갈라진 뿔을 지닌 수사슴을 쫓고 있었는데, 이는 왕이 사냥하기에 적합하다는 의미이다. 그들은 어느 정도 거리를 두고 사슴을 몰았다. 그들이 사슴을 평지로 몰아가자 커다란 아우성이 일어났고, 뿔나팔은 사슴의 '죽음'을 의미하는 곡조를 울렸다.

그러나 그 살해의 순간은 서술에서 비껴 나아간다. 그것은 부차적인 문장이고 거의 의미가 없다. "이제 사슴은 죽었다"라고 고트프리트는 쓴다. "그놈을 멧돼지처럼 네 활개를 펴서 잔디 위에 늘어놓은 이는 사냥꾼 우두머리였다."

이 사냥꾼의 동작은 그의 천박함을 드러낸다. 이것은 숲 속에 숨어 그 광경을 지켜보던 트리스탄 경에게는 매우 가슴 아픈 일이어서, 그는 참지 못하고 뛰어나와 사냥꾼의 야만성을 질책하지만, 그 스타일이 하도 공손하여 적의를 일으키지는 않는다.

"멈추시오."

그는 일갈한다.

"무엇 하는 겁니까? 누가 그런 식으로 사슴을 눕힌단 말이오?"

사냥꾼들은 숲에서 나온 이상한 소년이 질책하는 광경에 손을 멈춘다. 그의 옷과 장신구로 보아 고귀한 출신임이 느껴져 그들은 경의를 표한다. 트리스탄은 이 콘월의 촌뜨기들에게 사슴을 도살하는 진정한 방법을 가르쳐준다. 그의 장황한 설명은 그 방법의 중요성과 사냥의 감식가에 대한 예절을 나타낸다. 트리스탄은 단지 사냥의 한 단계, 즉 사냥물의 '해체' 혹은 '도살'만을 가르친다. 그러나 그것은 전체 사냥을 지배하는 감각을 예시한다. 이 시는 실제로 어떤 사냥 편람에서나 발견할 수 있는 사슴의 해체법을 알려준다. 그 이야기에서 해체는 너무도 사랑스럽게 세부적으로 묘사되어 그 자체로 고트프리트의 독자들에게 즐거움을 준다. 그것은 우리가 자꾸만 되풀이해보고 싶은 어떤 것, 마치 축구의 명 플레이 장면이나 영화의 한 장면과 같은 것들을 풍부한 색채로 보여준다.

젊은 트리스탄은 코트를 나무에 걸고 머리카락을 쓸어내리며 사슴을 등을 대고 눕힌다. 그는 주둥이에서부터 성기까지 배를 가르고 가슴 부위를 등뼈에서 떼어낸 다음 네 다리를 잘랐다. 즉 '사냥의 규범대로' 네 부분으로 자른 것이다.

다음에 그는 '가슴'으로 진행해 들어간다. 콘월 사람들은 그 신비가 무슨 의미인지 전혀 알 수 없었지만 스승은 매우 즐겁게 그들을 가르친다. 그는 나무에서 끝이 갈라진 가지를 잘라내고 그것을 왕을 위해 남겨진 사슴의 내장 조각들에 묶었다. 이는 음경과 '염통numble,' 콩팥 그리고 이를 둘러싼 살코기 등을 포함한다. 그는 나뭇가지 위에 올려놓은 이것들을 창자로 만든 '그물'로 싸고 푸른 잎으로 장식한다. 나뭇가지에 묶는 정확한 내장의 부위는 저자에 따라 다양하다. 사슴을 도살할 때 각 부위는 지위에 따라 사냥 팀의 성원들에게 배분된다. 어떤 편람에서는 염통이 왕에게 가는 것이 아니라 가난한 이에게 가서 파이로 만들어진다. 이것이 서구의 사슴내장 파이humble pie의 기원이다.[19]

이제 이 젊은 소년에게 완전히 경탄하고 깊은 인상을 받은 사냥꾼들은 트리스탄이 큐레*를 수행하는 방법을 가르쳐주는 모습을 주시한다. 그것은 숲 속에서의 정서적인 클라이맥스이다. 트리스탄은 사슴의 가죽을 벗기고 땅에 펴서 늘어놓는다. 그리고 그는 잘라낸 사슴의 머리를 들어 가죽 위에 올려놓는다. 이 사슴은 땅 위에서 원래 모습을 드러낸다. 그리고 그는 잘게 썬 사슴 내장으로 그 사슴의 엉덩이를 문지른다.

큐레가 준비된다. 사냥꾼은 뿔나팔로 특별한 곡조를 불어 개들을 불러 모아 그들에게 고기를 준다. 큐레는 사냥개의 보상물이다. 의식으로서의

---

* 큐레curée: 개들에게 고기를 나누어주는 일.

이 단계는 매우 아름다워, 사냥꾼들을 완전히 트리스탄의 스타일로 개종시킨다. 그들은 모든 미묘한 점을 배우겠다고 고집한다.

프랑스어 큐레는 사슴의 뒷다리를 의미하는 '퀴르cuire'에서 왔다. 영국에서 큐레는 '사냥감quarry'이 되었는데, 이는 우리가 모든 종류의 사냥감에 대해 사용하는 포괄적인 단어이다.

그러나 트리스탄의 신비는 아직 다 끝나지 않았다. 그의 사냥 스타일의 가장 두드러진 부분은 이제 드러나게 될 것이다. 그것은 비밀, 중세와 르네상스 사회 사람들의 비밀을 담고 있다. 그것은 '공인된 방식으로' 마크 왕에게 사슴고기를 전달하는 이들을 위한 것이다. 다시 한 번 사냥꾼들은 트리스탄에게 가르침을 부탁한다. 그는 각 사냥꾼에게 자신에게 해당된 부위를 들고 틴태절 성으로 가라고 가르친다. 그 성은 아서 왕이 태어난 바로 그곳이다.

그곳은 굉장한 성이다. 그들이 성문에 다가가자 트리스탄은 사냥꾼들을 지위에 따라 분류한다. 이제는 긴장되고 신비스러운 순간이다. "둘씩, 짝을 지어 가시오"라고 그는 가르친다.

그리고 서로서로 바짝 붙어 사슴의 형태를 만드시오. 뿔을 든 이가 앞으로, 가슴은 그 뒤로, 갈비와 앞부분은 차례로 그 뒤를 따르시오. 뒷다리와 엉덩이는 그 뒤를 따르시오. 이것이 진정한 사냥꾼의 의식이오. 그리고 너무 서두르지 않도록 하시오. 차례로 열을 지어 나아가시오.

그들은 성문으로 말을 타고 나아간다. 사슴의 해체된 몸은 다시 새로운 인위적인 스타일로 조합된다.

남자들에게 사냥은 인식의 한 방법이다. 사회적 임무를 영리하게 수행하며 해체된 사슴을 다루는 트리스탄의 행위는 마치 학문과 같이 보인다.

그것은 그랬다. 그는 다른 남자들을 콘월 숲의 학교로 끌어들인다. 그는 사슴에 대한 일종의 해부학 교습을 하였는데 동시에 그것은 몸의 정치학 속에서의 해부학 교습이었다. 남자들은 글자 그대로 해체되고 재조합된 사슴의 몸 안에서 자신들의 위치를 발견하였다. 이는 그들에게 궁정과 성으로 들어가면서 스스로의 위치를 어디에 둘 것인가를 가르쳤다.

몸의 각 부분, 몸의 정치학, 사회 구성체: 해체된 몸은 사회적 멤버십의 어휘가 된다. 자아는 그 육체의 거죽 속에서 규정되고 엄격히 사회적 관계를 규정한다.

사회는 사슴의 해체deconstruction —— 도살 —— 위에 구성되어 있다. 트리스탄은 사냥 지식으로 마크 왕의 총애를 받는다. 그는 탁월한 인물이 된다. 그는 마크 왕의 '사냥 대신'이 되는데 나중에 그의 사냥감은 다름 아닌 왕의 아내 이졸데 왕비임이 드러난다.

고트프리트 폰 슈트라스부르크의 사슴의 '도살'에 대한 논문은 사냥 편람 중 하나에서 직접 인용하였으므로 그만큼이나 정확하고 자세하다. 그 의식은 『트리스탄과 이졸데』에서 하도 사랑스럽게 묘사되고 사냥 편람, 혹은 "스포츠(사냥)의 책"들에서 자주 언급되기 때문에 독자들이 그 세부 장면을 되풀이해 읽는 모습을 쉽게 볼 수 있다. 이것은 초심자를 위해 쓴 책이 아니다. 사냥은 그들의 삶에서 어떤 본질적인 부분을 차지하고 있으며 남자들의 삶에 있어 무언가 결정적인 순간을 제공하기 때문에, 그들은 결코 그것을 듣고 읽는 것에 지치지 않는다.

4

중세와 르네상스 시대에 많은 남자들이 사냥의 신비를 이해하기 위해 이 "스포츠(사냥)의 책"들을 읽었다. 이들을 읽어나가는 현대의 독자들에게는 이 책들이 실제 사냥과는 별로 관계가 없다는 점이 놀랍게 보인다. 그 책들은 독자를 숲으로 데려가는 적이 별로 없고 실제로 어떻게 사슴에게 접근하여 쓰러뜨릴 수 있는지도 거의 말해주지 않는다. 이 책들은 현대의 독자들에게는 사냥과는 완전히 별개의 것으로 보인다. 그러나 그들은 뭔가 다른 것을 가르친다. 즉, 중세의 사냥으로부터 우리 자신의 세계를 창조해낸 어휘에 대한 이야기를 하고 있는 것이다.

그러나 한 책, 실제로는 한 수고(手稿)만이 대부분의 중세 문헌의 한계를 뛰어넘는다. 『사냥의 책』이 그것이다. 저자는 가스통 페뷔인데, 그의 지인들은 그를 시대의 전형으로 묘사하고 있다. 피레네의 푸아와 베아른의 백작이자, 위대한 기사도 연대기 작가인 장 프루아사르, 바로 그 사람이 칭송한 기사가 그였다. 프루아사르는 영국을 떠나 가스통을 방문하였으며, 이 백작에 대단히 매혹되어 그를 기사도 이상의 현현이라고 불렀다. 가스통의 성은 그를 두드러져 보이게 만든 빛나는 금발 때문에 '페뷔'라 했는데, 이는 그를 태양처럼 빛나게 해주었다. 페뷔는 '빛나는'을 의미하며, 빛나는 태양신 아폴론 포이보스와 비교된다. 가스통은 찬란한 인물이었다고 프루아사르는 적고 있는데, 그가 본 모든 기사들 중에 가장 잘생겼다는 것이다.[20]

가스통은 서문에서 이 책을 1387년 5월 1일에 시작하였다고 말한다. 그는 1391년 8월의 무더운 어느 날 팜플로나 부근의 숲에서 끈질긴 곰을 쫓다가 죽었다. 그때 그는 막 이 책의 필경을 끝낸 참이었다. 겨우 39권인가 40권인가 되는 한정본이 출간되었는데 모두 아라공의 페르디난드와 같은 귀족들을 위한 것이었다. 원래의 수고는 가스통의 친구였던 대담 왕 필리프에게 헌정되었다. 그는 프랑스와 영국 간의 전쟁 기간 동안 영국에 포로로 억류되어 있었다. 이들 가운데 남은 수고 한 본은 진정한 보물이라 할 수 있는데 프랑스 국립박물관이 가장 자랑하는 소장품 가운데 하나로 'Fr. ms. 616'이라는 번호가 붙어 있다. 이는 1400년쯤 샤를 7세나 혹은 그의 아들을 위해 만들어졌다가 곧 프랑수아 1세의 소유가 된 것으로, 그가 애장한 서적 중 하나였으며 이탈리아 침공 시에도 가지고 갈 정도였다.

나는 파리에서 이 수고를 보았다. 도서관 관장이자 현대어판의 편집자인 프랑수아 아브릴이 이 수고를 가져다주었다. 양피지 표지를 여는 순간, 나는 보물의 현현을 느낄 수밖에 없었다. 이 수고를 유명하게 만든 것은 모든 사냥감과 사냥개, 덫 놓기에서 긴 활쏘기까지의 모든 사냥 기술을 그린 아름답고 뛰어난 88장의 삽화들이다.

나는 이 수고의 페이지를 천천히, 조심스러운 경건함으로 넘겼다. 그 아름다움과 놀랍도록 선명하고 생생한 색채, 그리고 사랑스러운 동물과 사냥꾼, 풍경의 묘사에 경탄하며 이 책에 실린 사냥의 즐거움과 열광에 도취되지 않기란 불가능했다. 사냥은 이 귀족적인 이들에게는 살아가는 방식이었고, 다른 텍스트들뿐 아니라 이 수고에 깔린 풍요와 사랑으로 보건대 이 귀족들에게 사냥은 기술, 혹은 스포츠를 초월한 것이었음이 분명하다. 가스통은 서문에서 인생에는 세 가지 정열이 있다고 말한다. 즉, 전쟁, 사랑 그리고 사냥이다. 사냥개의 짖는 소리는 그 시절을 정욕과 삶의 거친 기쁨으로 가득 채웠다. 이 책에서 묘사된 사냥은 격렬하고 기사도적인 삶 자체를 표상한다. 이 수고는 그 달콤하고 순결한, 유려한 고딕 스타일로 그려진 매우 섬세하면서 동시에 삶으로 충만한 그림 안에서 사냥의 새로운 상상적 경험을 가시적으로 나타내고 있었다.

그때는 초서가 삶에 대한 동일한 보편적 정열을 나타내기 위해 사냥을 썼던 바로 그 즈음이었다. 1400년 출간된 『캔터베리 이야기』는 사냥에 빠진, 전혀 성직자답지 않은 한 수도사를 묘사한다. 그는 '남자다운' 사

람이었다고 초서는 풍자적으로 말한다. '사냥이 그의 모든 정열'이었다.[21]

가스통의 수고에서 가장 놀라운 건 다양한 사냥의 장면들을 그린 88장의 세밀화들이다. 굽이치는 산의 바위들, 꽃과 사냥 복장의 밝은 양홍색 채, 배경의 하늘빛 바탕, 아보카도 속과 같은 풍부한 녹색의 들판 등이 그려져 있다. 그리고 동물들은 희미하게나마 사실적이고 고풍스럽게 그려져 제각기 더욱 사랑스럽게 보이게 하는 따뜻한 매력을 지니고 있다. 사슴은 사냥꾼들로부터 뛰어 달아나고 토끼는 인위적으로 설치한 그물 속으로 뛰어들며 영양은 높은 절벽 위에 있다.

그림들과 마찬가지로 이 책은 대개는 현실적이다. 즉, 사냥꾼들에게 주는 충고로 가득 차 있다. 가스통은 자연사의 몇몇 착오— 사슴이 수백 년을 산다는 생각 등이다— 들을 되풀이하나, 그의 진정한 관심은 동물들에 대한 사냥꾼의 관심이다. 어디 사는지, 유별난 습성은 무엇인지, 어떻게 잡을 수 있는지 등이다.

가스통의 텍스트는 아마도 1406년인가 즈음에 영어로 번역되었는데, 정확한 날짜는 알 수 없다. 이 책은 요크 공 에드워드가 번역하였는데 그는 당시 반역죄로 감옥에 있었다. 이 사람은 용맹한 군인이었고 1415년 아쟁쿠르 전투*에서 헨리 5세 부대의 전위대로 있다가 죽었다. 그러나 그가 '사냥의 대가 The Master of Game'이라고 명명한 그 책은 영어로 씌어진 최초의, 위대한 사냥 책이었다. 큐레를 사냥감quarry이라고 보고한 것도 요크 공이었다. 그는 숲지기들이 몰아대는 '큰 사슴'을 지켜보기 위해 왕실의 인물들(왕과 왕비)이 서 있는 장면을 묘사한다.

사냥과 그 편람의 우선적인 목적은 그러나 봉건적 남성다움의 지식을 제공하는 것이다. 그들은 지위가 있는 남성에게 걸맞은 언어로 지식을

---

* 1405년 10월 25일 프랑스 북부 아쟁쿠르에서 영국 왕 헨리 5세가 프랑스군을 대파한 전투.

제공한다. 그리고 그들은 자연에 대한 지식을 창조한다. 자연 자체, 그리고 쫓기는 동물들은 그들을 쫓는 문화를 반영한다.

예를 들어, 남작 부인 줄리아나 반스가 영어로 쓴 위대한 논문들 중 하나는 자연이 남자들에 대해 가지고 있는 거울을 보여준다. 그녀는 『성 올번스의 책』에서 모든 '신사들'에게 도움을 주기 위해 운율이 있는 논문 두 편을 썼다. 하나는 사냥, 다른 하나는 매 사냥에 대한 것이다. 그 책은 1486년 초판 발행되었고 한 세기가 넘도록 쇄를 거듭했다.

그녀는 모든 장래의 신사들에게 다음과 같은 교훈을 주었다.

> 황제를 위해 독수리
> 왕을 위해 큰매
> 공작을 위해 송골매
> 숙녀를 위해 황조롱이
> 지주를 위해 참매
> 성직자를 위해 새매
> 비서를 위해 머스킷[22]

큰매, 황조롱이, 새매 그리고 머스킷(작은 수놈 새매). 이 사냥 용어들은 사회 계급의 우화이다. 각 서열에 적합한 매들이 있다. 서민은 주인을 위해 매를 잡는 데서 즐거움을 느낀다고 그녀는 쓰고 있다. 영어 단어 '머스킷 총'은 머스킷으로부터 나왔다.

스코틀랜드인들은 이 매와 사회 계급의 인격화에 대해 그들 자신만의 변주를 가지고 있다. 15세기 『하울렛의 책』은 황제에게 독수리, 왕에게 흰꼬리수리, 공작에게 큰매, 원수에게 매, 장군에게 참매, 기사에게 새매를 부여한다.[23]

이 귀족적 시대의 위계는 자연의 거울 속에서 그들의 객관적인 상관성을 발견하였다.

그 시대가 가고 르네상스 후기가 되자 상류층을 위해서라기보다는 상승하는 중간 계층을 위해 편람들이 더욱 많이 만들어졌다. 오래된 귀족주의는 물론 상당한 힘을 발휘하고 있었으나 역시 도전을 받았다. 그 지식의 형태—사냥과 매 사냥, 전쟁 기술과 무기의 훈련—는 점점 더 대학의 교양인들에 의해 공격을 받았다. 정부는 봉건적 권력의 행사를 점점 줄이게 되었으며, 새로운 엘리트주의에 의한 시민 정부가 상당히 다른 가치를 지니고 등장하였다. 인문주의자들은 귀족 젊은이가 받아야 하는 적당한 교육으로서의 사냥을 공공봉사에는 부적합하다고 점점 더 비판하였다. 그렇지만 상류계급의 사냥에 대한 공격은 1159년에 벌써 시작되었다. 솔즈베리의 존은 그의 영향력 있는 저서 『폴리크라티쿠스』에서 스포츠로서의 사냥이 그 정교한 절차와 의례와 더불어 인간을 동물로 전락시킨다고 공격하였다. "우리 시대에"라고 그는 풍자적으로 썼다. "이 (사냥의) 지식은 상류 계층의 자유 교양을 형성한다."[24]

그러나 계급의 표징으로서 사냥의 지식에 대한 욕구는 새로 상승하는 전문직들 사이에서 여전히 유지되었다. 편람들은 그들의 입맛에 맞게 변형되었다. 즉, 어떻게 하면 신사가 될 수 있는가였다. 사냥은 일종의 사회적 엘리트주의와 연결되었다. 어느 끈질긴 편람 저자가 주장하듯이 사냥은 남자의 교육 과정의 일부로 남아 있었다. 그것은 그가 일종의 향수를 가지고 썼듯이 '신사의 학교 The Gentlemans Academie'로 남아 있다.[25]

희곡 작가 벤 존슨의 풍자는 사냥이 인문주의자들의 책에서 얻은 지식과 대립하는 교육이었음을 시사한다. 사냥은 모든 신사들이 배워야만 하는 언어였으나 1600년이 되자 풍자의 대상, 애교 있는 시대착오에 지나지 않았다. 한 젊은 멋쟁이는 '사냥과 매 사냥의 지식'을 습득해야겠다고 결심하나 그것을 마스터하기 위해서는 책이 필요했다고 말한다. 그 소년은 화가 난 숙부에게 이렇게 자신을 변명한다.

"보세요. 화가 나셨군요, 숙부님. 오늘날 사냥이나 매 사냥의 용어를 모르는 사람을 단 한 명이라도 아신다면 전 그를 상대하지 않을 겁니다. 그건 라틴어나 그리스어보다 더 많이 연구되고 있어요. 이를 모른다면 어떤 멋쟁이들의 집단에도 낄 수 없답니다."26

그 편람들은 우리가 여전히 사용하는 용어들로 가득 차 있으며 특정한 형태의 문화 속에서 우리의 교육에 흔적을 남기고 있다. 사슴 떼a herd of deer, 비둘기 한 무리a flight of pigeons, 사냥개 한 집단a brace of greyhounds, 사냥개 한 쌍a couple of hounds, 한 배의 강아지a litter of whelps, 자고새 한 무리a covey of partridges, 제비 한 무리a flight of swallows, 벌 떼a swarm of bees, 양 한 무리a flock of sheep, 일단의 남자들a host of men, 숙녀들 한 모임a bevy of ladies 등이다. 이 모두는 줄리아나 반스의 다양한 '가금의 집단'으로부터 유래하였다.27 남자들은 사냥의 어휘와 문법을 알아야만 했다. 그것은 사냥의 용어를 말하는 자기 계발의 속화된 형태였다. 우리의 자기 계발에 대한 책과 비디오물은 이 장르의 직접적인 후손이다.

사냥은 특정한 사회적 구문론syntax을 형성하였다. 그때도 지금처럼 남자들은 그들이 쫓는 대상에 의해 알려졌다. 추적은 남성다움의 특정한 위계를 규정하였다. 리처드 블롬*이 썼듯이, 사슴은 사냥에서 토끼보다 우위에 있는데 왜냐하면 '지위와 특권을 가진 이들만이 숲과 개인 사냥터, 공원을 이용할 특권을 가지고 있었고 지위가 낮은 사람들은 가끔 토끼만을 쫓을 뿐이기 때문이다.'28

내가 프랑스 남서부의 낮은 언덕과 길가에 앉아 벨벳 옷을 입은 사냥

---

* 리처드 블롬(Richard Blome, 1635~1705) ; 영국 왕정복고기의 출판업자, 작가.

꾼들이 회색 참나무 숲을 지나는 모습을 바라보고 있을 때, 그들은 어떤 꿈같은 특질을 자신에게 부여하였다. 나는 여러 구경꾼 가운데 하나였으며, 우리 모두는 그 느릿느릿한 오후 두 팀이 사슴을 잡기를 기대하면서 참을성 있게 지켜보고 있었다. 그 장면은 의심의 여지없이 인상적이었고 어떤 면에서는 아름답기조차 했다. 그것은 숲에서부터 튀어나온 야외극이었고 장관이었으며 매 순간 늘 어떤 흥분된 일이 일어난다는 감각이 존재했다. 나는 스스로 가스통 페뷔의 수고에 실린 그림의 이미지와 내가 보고 있는 것을 비교하고 있음을 알았다. 사냥꾼의 여장의 생생한 녹색과 붉은색은 그 수고의 많은 세밀화들의 화려한 색채들을 상기시켰다. 거기에는 자연과 예술, 사냥과 수고를 연결하는 매우 아름다운 상상력의 절정이 있었다. 문학과 의례와 『사냥의 책』에서의 교훈 속에서, 사냥은 그 자연의 기원을 초월하였다. 그것은 예술, 유럽 귀족문화를 규정하는 특징 중 하나가 되었다. 그것은 우아하고 뛰어난 걸작이었다. 사냥의 어휘와 문법은 행동 이상의 것을 구조화하였다. 그들은 남자들에게 하나의 존재 방식을 제공하였다. 사냥은 문학적으로나 비유적으로 그들이 누구인지를 분명히 하는 방식이었다. 이것은 남자들이 그들 자신을 남자로서 표현하는 방법을 배운 방식이었다.

  사냥꾼들은 사슴과 멧돼지를 쫓아 숲을 가로지르며 그 상상 속으로 곧바로 들어간다.

5

  모든 문화는 각각 그 문화의 정당성을 뒷받침해주는 일련의 중요한 이미지들을 사냥 안에서 찾는 듯이 보인다. 각 문화는 본질상 일련의 기초적인 이미지들을 좇는다. 그들은 사냥에 의존하여 추구하는 기초를 얻는다. 그것은 그들의 세계와 사회에 대한 관념을 성화(聖化)한다. 20세기 후반에 고고학은 사냥에 대한 관점을 정당화하는 데 사용되었다. 고대 그리스인들은 위대한 영웅적 신화 속에 사냥을 기초하였다. 중세의 정신은 사냥 속에서 영적인 우화를 창조하였다.

짐승을 영적인 상징으로 만들려는 충동, 동물 안에서 우화를 보려는 충동은 중세 기독교 정신에 근본이었고, 그것은 로맨스 속으로 퍼져나가는 한편 또한 자연사 속에서도 그 자리를 발견하였다. 사냥은 성서에서는 두드러지게 취급되지 않는다. 사냥에 대한 언급은 드물고 사냥의 폭력성으로 인해 그 서술은 기독교 영성과 어울리는 비유가 되지 않았다. 님로드와 같은 위대한 사냥꾼들은 폭군이나 죄와 연관되었고 기독교 전통 속에서 사냥은 종종 개인의 영혼 속에 자리한 죄스러운 투쟁과 연관되었다. 모든 사냥은 사실 공식적으로는 성직자들에 의해 금지되었다. 초서의 수도승과 성 위베르 자신은 별도로 하고 말이다. 506년 남부 골의 아그드 공의회에서 주교와 사제들은 사냥개와 매의 사육을 공개적으로 금지하였다. 다른 공의회들은 이 전통을 되풀이하였는데, 이는 사냥에 대한 열망이 영성이 충만한 왕후들 사이에서도 저항할 수 없는 것이었음을 시사한다. 예컨대 성 빅토르의 위고*는 "수사슴은 순결한 영혼이다. 화살은 죄스러운 욕망이다. 사냥꾼들은 악마다"라고 까지 썼다.[29]

그러나 성서에 드물게 나타나는 사냥에 대한 언급들로부터, 사냥과, 사냥당하는 짐승을 이해하는 널리 파급되고 자주 되풀이되는 전통이 발전하였다. 사냥감인 짐승들은 중세 동물지의 다른 짐승들처럼 대개 우화적인 방식으로 이해되었다. 자연은 신의 텍스트였고 그의 진리는 자연

---

* 성 빅토르의 위고(Hugo of Saint Victor, 1096~1141); 프랑스 태생의 중세 철학자이자 신학자.

속에서 해독이 가능했다. 자연은 영혼의 수사학이자 문법이었다.

이런 사냥을 이해하는 '방식'의 주된 근원은 가장 오래된 사냥 편람 중 한 권으로까지 거슬러 올라간다. 『왕의 방법론과 여왕의 이성의 책』이 그것이다. 왕은 사냥의 '방법론'을 제공하고 왕비는 사냥당하는 동물들의 밑에 깔리는 합리화를 제시한다. 정치철학과 신학의 결합은 자연 자체, 사냥감 동물들— 고귀한 사냥감과 천한 사냥감— 에서 동일한 위계질서를 발견하기 위한 성스러운 구속과 사냥 안에서의 계층화를 성문화한다.

중세와 르네상스의 상상에서 두 위대한 사냥감은 멧돼지와 사슴이었다. 예컨대 멧돼지는 오랫동안 서구의 사고에서 서사적 영웅주의와 연관되어왔다. 가스통 페뷔의 사냥에 대한 설명 속에서도 멧돼지의 취급에는 그 어떤 아우라aura가 드리워져 있다. 그 책은 『왕의 방법론』에서 비롯된 것이다. 여왕, 이성은 그러나 사슴과 멧돼지가 실제로는 대립된다고 설명한다. 사냥은 선과 악, 고귀한 동물과 천한 동물로 자연을 범주화하고 구분하는 것을 설명한다. 합리와 이성의 여왕의 언어에서는 다섯 개의 '달콤한' 동물과 다섯 개의 '악취 나는' 동물이 있다.[30] 악취 나는 동물은 또한 '검은 짐승들bestes noires'로 알려져 있다.

사슴은 노루, 산토끼 등과 더불어 가장 분명한 달콤한 짐승이다. 악취 나는 짐승들 중에는 멧돼지가 정상에 있고 다른 해로운 짐승들, 즉 늑대, 여우, 곰, 수달 등이 그 뒤를 따른다. 이 범주는 영국의 전통에서 오랫동안 되풀이되었고 여우가 고귀한 사냥감으로, 즐거이 사냥할 만한 짐승으로 된 것은 훨씬 후인 17세기의 일이었다.

멧돼지는 오랫동안 독일 민족과 관련이 있었다. 영국 색슨 지방에서 구전된 고대 서사시 『베어울프』에서 멧돼지는 종종 나타나는 이미지이자 전사의 문장이다. 또한 고대 스칸디나비아어에서 멧돼지를 의미하는 말은 '고귀한 전사'나 '왕자'를 의미하는 요푸르jofurr였다. 그것은 13세기 『니벨룽겐의 노래』에서도 모습을 드러내는데, 이는 멧돼지를 게르만인들이 숭배하는 동물로 보는 관점을 낳았다. 기독교의 전통 속에서 멧돼지는 이교도에 대한 승리와 연관된다. 문학 속에서 멧돼지는 짐승이라기보다는 일종의 잔인한 괴물로까지 고양되었다. 그것은 성서의 메시지에서 악마 자신과 연결되기도 한다.

"어찌하여 그 울타리를 부수시어 지나는 사람마다 그 열매를 따먹게 하시옵니까? 멧돼지들이 나와서 휩쓸게 하시며 들짐승들이 먹어치우게 하십니까?"(「시편」 80:12)

'이성의 여왕'의 주석에서 멧돼지는 따라서 반그리스도의 형상이다. 그의 악덕은 무리 짓기, 호색, 자존심, 분노 그리고 진흙 속에서 뒹구는 것—세계의 오물 속에서 목욕하는 것—을 좋아하는 것이다. 발톱이 갈라진 것은 지나치게 긴 신발(당시 귀족 사회에서는 신발 끝이 발가락 위로 늘어지는 것이 큰 유행이었다)의 유행을 좇는 남자들의 허영과 마찬가지로 그 형태의 왜곡을 의미한다. 그러므로 셰익스피어의 리처드 3세에서는 분노한 전사와 육화된 악마가 모두 멧돼지의 문장을 가지고 있다는 사실이 의미를 가진다.

"그대 요정이 낙인을 찍은, 뿌리를 파헤치는 멧돼지여!"(『리처드 3세』, 1.3.227.)

그러나 멧돼지가 반그리스도라면, 그리스도 자신의 자연의 위대한 상징은 사슴이다. 아마도 다른 어떤 짐승들보다 사슴은 사냥 자체를 표상할 것이다. 중세와 르네상스의 왕후들이 그들의 합법성, 계보 그리고 한술 더 뜨자면 그리스도의 사자로서 자신을 과시한 것은 이 사슴의 우화를 통해서이다. 그들은 카이사르와 그리스도의 대립되는 요구들, 정치적 명령과 영적 신조들을 의례와 이미저리의 마법을 통해 화해시켰다. 이것은 의례와 상징의 중요한 기능이다. 그것은 우리 삶의 모순들을 초월하여 우리를 매일 사로잡는 모순들을 화해시키고 그들을 조화로운 지주에 붙들어놓는다.

멧돼지는 그 상징의 힘과 인간에 대한 정서적 공명의 범위에 있어 사슴에 범접할 수가 없다. 사슴 몰이와 함께 우리는 숲의 야생다움이 인간 가슴속의 야생다운 것들과 특별한 연관을 맺는 신비한 세계로 들어간다. 신성한 사슴은 「시편」 42장 1절, 다윗 왕의 신에 대한 열망 부분에서 튀어나온다.

"암사슴이 시냇물을 찾듯이, 하느님, 이 몸은 애타게 당신을 찾습니다."

신의 샘물을 찾는 목마른 사슴의 이미지는 대단한 깊이의 종교적 긴장으로 가득 차 있어 십자가의 성 요한*은 신에 대한 끝없는 그의 갈망에 대한 신비스러운 명상의 서두를 이렇게 시작한다.[31]

사냥과 자연사의 문헌에서 사슴은 그리스도의 성덕의 표상이었다. '여왕의 이성'은 사슴의 뿔을 십계명을 준수해야 한다는 자연의 되새김으로 보았다. 그 여왕에 따르면, 완전한 사슴인 왕의 큰사슴은 최소한 열 개의 가지를 가지고 있다. 그런 놈이 왕후에 의해 선택된 사슴이며 '왕의 큰사슴'으로 묘사된다. 그 열 개의 끝가지는 '예수 그리스도에 의해 인간에게 주어진' 십계명을 표상한다.

이 피조물은 기적을 행할 수 있으며 모든 신의 피조물 가운데 가장 경이로운 것이라는 표시이다. 사냥에 대한 한 엘리자베스 왕조시대의 논문에서 영국의 시인 조지 터버빌은 신성한 사슴의 본성은 그것이 지닌 지식에서 드러난다고 썼다. 큰사슴은 특별한 약초인 딕탬넘dictamnum을 먹음으로써 자신의 병을 치료할 수 있는데, 그 약초는 기적적인 치유력을

---

* 십자가의 성 요한(St. John of the Cross, 1542~1591); 16세기 스페인 태생의 가톨릭 수도 사이자 영성가.

가지고 있으며 인간이 죄악으로부터 자신을 치유하는 상징이 되었다. 이 약초는 사슴이 사냥꾼을 피할 수 있게 해준다. 상처를 입었을 때 사슴은 이 약초를 숲에서 찾아 삼키는데, 그러면 화살은 옆구리에서 떨어져나간다.

가장 중요한 것은 사슴 자신이 사냥꾼, 즉 죄를 쫓는 사냥꾼 그리스도의 이미지라는 것이다. 사슴은 구렁이의 적이라고 터버빌은 주장한다. 사슴은 구렁이의 굴을 따라 숲 속을 곧바로 행진해 들어간다. 거기서 사슴은 그 굴의 입구로 숨을 불어넣는다. 그 사슴의 숨은 하도 고결해서 똬리를 튼 구렁이를 굴에서 나오게 한다. 그러면 사슴은 구렁이를 발로 밟아 죽이고는 그것을 먹어치운다. 사슴은 구약의 예언을 완수하고 인류의 타락을 일으킨 뱀에게 상처를 입히게 되는 것이다.

이 사슴의 그리스도적 이미지는 많은 문학적인 표현을 통해 드러난다. 문학적 자연사의 가장 오묘한 작품들 중 하나는 맬러리의『아서 왕의 죽음』이다. 갤러해드, 파시벌 그리고 다른 기사들이 함께한 미사에서 붉은 사슴 한 마리가 성당으로 들어와 남자로 모습을 바꾸더니 창문으로 빠져나갔다. 한 은자가 깜짝 놀란 참여자들에게 그 움직이는 상징을 해석해 주었다.

사슴은 분명히 우리 주님을 의미하였습니다. 사슴으로 말하자면 늙으면 하얗게 되는 가죽 안에서 도로 젊어졌습니다. 우리 주님도 죽음에서 삶으로 그렇게 다시 오셨는데, 그분은 지상의 육신, 찬양받으실 동정녀의 자궁에서 받으신 죽을 수밖에 없는 육신을 버리셨습니다. 그것이 우리의 주님이 얼룩 하나 없는 흰 사슴으로 나타나는 이유입니다.[32]

사슴은 영원한 재생력을 가지고 있고 그것은 그리스도와의 관련성을 의미한다고 생각되었다.

그 결과 사슴의 두드러진 특징은 그 수명이다. 터버빌은 가스통 페뷔의 권위에 의거하여 사슴이 쉽게 100년을 산다고 보고한다. 그는 사로잡힌 사슴 한 마리는 카이사르의 죽음 이후 300년을 살았다고도 한다. 그 사슴은 다음과 같은 문장이 새겨진 카이사르의 목걸이를 걸고 있었다.

"카이사르가 나를 만들었다 Caesarus me fecit."

이 이야기를 통해, 영의 세계에서 세속 세계로 가는 고리가 만들어진다. 그 기적적인 사슴은 놀라운 현현이며 카이사르의 사슴을 소유할 자격이 있는 왕후의 계보를 바로 드러낸다. 카이사르의 사슴은 중세와 르네상스기에 흔한 신화였다. 프랑스의 샤를 6세는 1381년 다음과 같이 새겨진 목걸이를 걸고 있는 사슴을 사로잡았다고 한다.

"카이사르가 이것을 내게 주었다."

아마도 카이사르가 사슴을 샤를 6세에게 주었다는 의미일 것이다.

정치권력과 영적 갈망의 관계를 탐구하는 사슴에 관한 모든 영적인 이야기들 중에 가장 강하게 내게 다가오는 것은 성 위베르의 이야기였다. 그것은 중세와 르네상스기에 그런 종류의 이야기로는 가장 인기가 있었다. 원래 그것은 성 유스타스의 이야기였다. 그는 좀더 고대의 인물이며 성 위베르 이야기의 원본이다. 그 이야기는 자주 언급되었다. 성 알페릭은 고어 영어로 그 이야기를 남겼다. 제노바의 주교 야코부스 데 보라지네는 13세기에 라틴어본을 지었는데, 그것은 성인들의 삶을 서술한 『황금 전설』이라는 책으로 널리 읽혔다. 속어로는 프랑스어본만이 14세기에 13세기본을 따라 쐬어졌다. 『왕의 방법론』에서 이성의 여왕은 성 유스타스를 종종 인용하는데, 그 인용 지점에서 그녀는 사슴의 알레고리를 시작한다.[33]

성 유스타스의 사냥은 성스러운 추적의 이야기, 군인과 정치가들의 세

속에 대한 추구가 영적이고 순수한 것으로 변화되는 전설이다. 그것은 영웅적인 사냥꾼이 신을 만나게 되는 이야기이다. 중세에 널리 퍼졌던 악타이온이 숲 속에서 디아나를 만나는 이야기와 비슷하다. 성 유스타스는 그러나 아름다운 사슴의 모습을 한 하느님을 만난다.

성 유스타스는 원래 플라시두스로 알려진 유명한 사냥꾼이자 궁수였다. 그는 트라야누스 황제 시절 로마군의 장수였다. 그는 부하들과 함께 사냥하기를 좋아했고, 어느 날 사냥을 하다가 한 떼의 사슴을 만났는데 거기서 다른 무리보다 훨씬 크고 아름다운 사슴을 보았다. 그 사슴은 무리를 남겨두고 숲 속으로 뛰어 들어갔다. 부하들이 다른 사슴을 쫓는 동안 플라시두스는 전속력으로 그 사슴을 쫓았다. 그가 모든 힘을 다해 그 사슴을 잡으려 할 때, 사슴은 높다란 바위 위로 뛰어올랐다. 플라시두스는 가까이 가서 어떻게 잡을까를 궁리하였다. 그 커다란 사슴을 찬미하다가 그는 뿔 사이로 햇빛 아래 반짝이는 성스러운 십자가를 보았다. 십자가 위에는 그리스도의 초상이 있었다.

예수는 사슴의 입을 통해서 플라시두스에게 말했다.

"오, 플라시두스여, 왜 나를 쫓는가?"

사슴은 계속했다.

"너를 위해 나는 이 짐승의 모습을 취했다. 나는 네가 자신도 모르는 채 경배했던 그리스도이노라. 너의 선행이 내게로 올라와 내가 이곳에 왔다. 네가 잡으려 했던 사슴의 모습으로. 나는 너를 사로잡을 것이다!"

플라시두스는 공포에 질려 그만 말에서 떨어져 정신을 잃었다. 한 시간쯤 뒤 그가 깨어났을 때, 사슴은 여전히 그와 함께 있었다. 사슴은 플라시두스에게, 예수가 만물을 창조하였으며 어둠으로부터 빛을 갈라내었고 모든 인류의 구원을 위해 십자가에서 죽었다고 말했다. 플라시두스는 그가 죄악 속에 살았음을 느꼈고, 회개하였으며, 어떻게 살아야 할지에 대해 사슴의 충고를 따랐다. 사슴은 그에게 로마로 돌아가 세례를 받고 유스타스라는 이름으로 개명하라고 명했다. 그는 사슴의 가르침을 따랐고, 다음 날 사냥을 하러 숲으로 돌아와 이 십자가가 달린 말하는 사슴을 다시 만났다. 이번에 사슴은 그에게 악마가 강력하게 대들 것이라고 경고하였다. 그는 싸울 준비를 해야 했다.

이 일은 갑자기 일어났다. 유스타스는 욥보다 더한 시련을 만났다. 하인들은 흑사병으로 죽었고 그는 재산을 잃었다. 그는 가족과 함께 이집트를 여행하던 도중 거기서 아내와 아이들이 모두 물에 빠져 그는 그들이 죽은 줄로만 생각하였다. 몇 년의 시도 끝에 그는 아내와 아들과 재회하였는데, 새로운 황제 하드리아누스에게 로마의 신에 경배를 드리지 않았다는 죄로 사형을 언도받았다. 그는 120년 무렵 제위에 올랐는데, 아마도 모든 로마 황제 중에서 사냥으로 가장 유명한 이였다. 사자 한 마리가 원형경기장에 세워진 유스타스와 가족들에게 달려들었다. 그러나 그 사나운 사자는 마치 성인을 찬미하듯 양순하게 고개를 숙여 절하고는 달아나버렸다. 산 채로 안에 넣어져 불태워 죽이려고 한 청동 황소 등, 다른 시련이 잇달았다. 그들은 죽었으나, 사흘이 지난 뒤 기적적으로 멀쩡한 모습으로 발견되었다.

이는 신앙과 영적 권능에 대한 인상적인 이야기이다. 사슴은 계시적이고 거의 신적인 피조물로 나타나며, 이러한 권능의 오랜 역사를 보여준다. 아르테미스의 신성한 동물에 대해서도 그런 이야기를 할 수 있는데, 그것은 인도와 불교의 문헌에 그 뿌리를 가지고 있다.

남프랑스의 그레지뉴 숲 속으로 사슴을 쫓아가는 사냥꾼들을 보면서 나는 성 유스타스와 성 위베르를 생각한다. 여러 세기 동안 성 위베르 숭배가 점차 성 유스타스 숭배를 대치하게 되었다. 성 위베르는 주교가 되었고, 사냥꾼의 수호성인이 되었다. 성 유스타스는 순교자이며 계시적인 인물이었다. 성 위베르의 이야기는 점점 더 복잡해지고 소프트해지는 세계에 좀더 커다란 교훈을 준다. 나는 에마뉘엘의 회색 르노 좌석에 앉아 서러브레드종 말을 탄 사냥꾼들이 숲으로 사라지는 모습을 본다. 실제로 그들이 선택받은 '사슴'을 낚아챈다면 나는 그 죽음을 바라볼 수 있는 위치에 있게 되기를 바란다. 그러나 나는 마찬가지로, 그 사슴을 동정하고 있음을 느낀다. 나는 그놈이 도망가기를 바란다.

이 책, 즉 이 프로젝트를 시작할 때, 나는 사냥에 대해 개방된 마음을 가지고 있었다. 나는 사냥을 해본 적이 없었고, 사냥을 연구하는 것이 나를 사냥꾼으로 만들리라고는 생각지도 않았다. 그러나 나는 사냥 안에, 그것을 특권적으로 만드는 무엇인가가 있으리라고 생각하였다. 아마도 남자들을 가장 깊숙한 수준에서는 모두 사냥꾼으로 만드는, 무엇인가 내면적이고 심지어는 생물학적인 충동이 그 안에 있을 것이다. 이것이 내가 이 프로젝트를 시작하게 된 방식이었다. 그러나 나는 이 '대사냥'을 바라보면서, 동물에 기대하는 것이 그들의 죽음이 아님을 느낀다. 내가 늘 그들을 쫓는 이유, 내가 그들을 보러 지구의 끝까지 기꺼이 여행하는 이유는 내가 그들의 무리 속에서 늘 무엇인가 깊은 계시를 발견하기 때문이다.

신성한, 혹은 영적인 메신저로서의 동물의 이미지는 중세와 르네상스, 그리고 기독교 전통으로부터 내려온 우리의 위대한 유산 중 하나이다. 성 유스타스 이야기는 교묘하게 달아나는 짐승을 잡으려는 인간의 욕망을 대변하며, 그 동물이 우리가 알지 못하는 것을 가르치는 무엇인가를 가지고 있음을 발견한다. 그 사냥에 정통하려는 갈망은 성 유스타스 이야기에서 높은 수준으로 고양된다. 즉 그것은 영적인 수준으로까지 상승한다.

중세 동안 성 유스타스의 교훈은 악타이온의 이야기처럼 사냥당한 사냥꾼의 이교적인 교훈이 아니었다. 사냥꾼과 사냥감은 서로 의존하고 있다. 당신은 사냥꾼 없이는 사냥감을 가질 수 없다. 이 사냥꾼의 모델은 사냥감을 창조하며, 그들은 서로 교환 가능하고 뒤바뀔 수 있다. 더욱이 그들의 교훈은 사냥꾼이 사냥감이 되면 희생자와 자신을 동일시한다는 것이다. 이것은 영적 이야기로서 사냥의 모티프에 대한 기독교의 독특한 공헌이다. 그것은 승리자-희생물에 대한 희망의 응축을 제공한다.

6

에마뉘엘과 나는 하루 종일 다양한 장소에서 그 '대사슴 사냥'의 광경을 바라보았다. 오후 늦게 태양은 가을날답게 기울어갔고, 사냥꾼이 그 짐승을 죽일 가망이 없다는 사실이 거의 분명해져갔다. 우리는 그놈이 아침 일찍 두껍고 빽빽한 나무둥치 사이로 도망쳐 갔음을 분명히 알았다. 사냥개들이 '잠복 장소'에서 그놈을 쫓아 나갔을 때, 그들은 멧돼지 또한 덤불숲 속에 있음을 발견하였다. 그 사슴은 사냥꾼과 사냥개들에게 하루 종일 실망감을 안겨주었다.

오후 5시쯤, 에마뉘엘과 나는 좁고 먼지투성이인 길로 내려가기로 결정했다. 우리는 갑자기 한 남자가 길 한 끝에서 미친 듯한 몸짓으로 소리 지르며 오는 모습을 보았다.

그리고 그 사슴이 천천히, 조용히 수풀 속에서 걸어 나와 길 위에 선다. 우리는 모두 어리둥절했는데, 왜 우리 셋 모두, 즉 에마뉘엘과 나 그리고 그 이름 모르는 사람이 사슴을 향해 뛰기 시작했는지는 묻지 말아 달라. 이상하게도 그놈은 우리를 향한다. 그놈은 어떤 두려움도 없다. 우리는 수풀에 가려 보이지 않지만 개들이 우리를 향해 뛰어오는 소리를 든다. 뿔나팔이 울린다. 사냥꾼들은 그 사슴으로부터 멀리 있지 않다. 이놈이 그놈일 것이다. 이 순간이 사냥꾼이 사슴을 몰아넣고 칼로 내리치는 순간이다.

그놈은 몇 미터도 떨어지지 않은 채 으스스할 정도의 초연함으로 우리에게 뚜벅뚜벅 다가온다. 그놈은 마치 온종일의 사냥의 대상이 아니었다는 듯, 마치 우리가 우려하는 대로 자기의 운명이 죽음이라는 데는 완전히 무심하다는 듯이 우리에게 완전히 무관심하다. 그놈은 하루 종일 쫓겼고, 지금은 겨우 우리로부터 1.5미터 떨어진 곳에서 숲 속의 더러운 길 위에 함께 있다.

나는 숨이 가쁘다. 그 사슴은 크고—내가 기대했던 것보다 훨씬 더 컸다. 우리 미국의 흰꼬리사슴보다 훨씬 큰 것이다. 그놈은 사슴이라기보다는 거대한 고라니였고 제왕다운 몸짓과 위엄을 가지고 움직인다. 넓은 뿔과 (수를 세기에는 나는 너무 흥분해 있었다) 침착하고 무시하는 듯한 시선으로 우리를 내려다보는 위엄 있는 머리로 인해 어떻게 그 짐승이 왕위와 연관되었는지 쉽게 이해할 수 있다. 그 녀석이 어떻게 신의 교훈을 전달하는 도구가 될 수 있는지를 쉽게 알 수 있다. 나는 그의 털에 덮인 긴 목, 곧게 솟은 머리, 그리고 죽 뻗은 힘센 주둥이를 노려본다.

바로 뒤에서 개 두 마리가 수풀에서 뛰어나와 그 녀석의 발굽을 물었다. 그러나 그 녀석은 뛰지 않는다. 그는 우리 바로 옆에 가까이 다가온다. 나는 그 뒤를 따르나 보조를 맞추지 못한다. 그는 하얀 꼬리를 흔들어 보이고 길을 가로질러 언덕으로 뛰어 오른다. 개들이 그 뒤를 따른다.

녹색 벨벳 옷을 입은 두 여성 사냥꾼이 말을 타고 숲에서 나타난다. 그녀들은 사슴이 가파른 경사를 올라가는 것을 보고 길을 따라 쫓아간다. 그 길은 같은 언덕을 향해 나 있다. 머리카락이 흐트러진 그녀들은 매우 아름답다. 그들은 사슴보다도 그 사냥으로 인해 더 서두르고 흥분한 것 같다.

에마뉘엘과 나는 르노에 다시 올라타고 언덕을 향했다. 우리는 사슴을 흘깃 보았고, 황홀해졌다. 그것을 계시라 부르기는 뭐하지만 무엇인가 특별한 것을 본 것이다. 사냥꾼이 그놈을 죽인다면, 나는 그 광경을 보고 싶다. 그러나 지금 이 순간 나는 사슴을 동정하고 있다. 우리는 흔들리며 언덕을 오르다 꼭대기의 큰 평지에 도달했고, 시간에 맞추어 사슴을 볼 수 있었는데, 그때쯤 그놈은 사냥꾼들로부터 멀리 떨어져 벌판을 껑충껑충 뛰면서 울타리를 뛰어넘어 국립공원을 둘러싼 농경지로 들어가 버렸다.

에마뉘엘과 나는 방향을 돌린다. 우리는 그 숲을 떠나 다시 피레네 산맥으로 향한다. 에마뉘엘은 매우 흥분해 밝게 미소 짓는다. 그는 내일은 직접 사냥에 나가고 싶어 한다. 그는 내게, 우리가 그의 친구 한 명 대신에 숲으로 갈 수 있을 것이며, 진짜로 아름다운 사슴을 잡을 수 있을 거라고 말한다. 우리는 두 시간을 달려 피레네의 가파른 언덕 위에 있는 그의 아름다운 슬레이트 천장 집에 도착했다. 우리는 차갑고 맑은 어둠 속에서 차에서 내렸다. 수백만 개의 별들이 맑은 하늘 위에 반짝인다. 짧고 아름다운 순간, 나는 살아 있다는 그 자체를 느낀다. 마음속의 눈으로 나는 여전히 우리로부터 달아나는 사슴을 볼 수 있다. 나는 성 위베르와 성 유스타스의 이야기에 나오는, 우리를 무언가 다른 여행, 다른 추적, 다른 계시로 손짓한다는 사슴에 대한 생각을 사랑한다. 문자 시대에 사는 우리는 이 두 성인이 만났던 그런 마법의 사슴이 남아 있을 여지를 거의 남겨놓지 않고 있다. 그러나 그들의 이야기는 우리를 우화적인 추적으로 초대하여 그 문학적 사냥을 초월해서 사물을 바라보도록 했다.

나는 차가운 공기를 깊이 들이마신다. 그렇다. 나는 내일 사냥을 하러 갈 것이다. 우리는 일찍 일어나서 이 산을 깊숙이 올라가 동틀 무렵에는 먹이를 뜯는 붉은 사슴과 함께 정상에 있을 것이다. 그러나 지금 나는 달아난 사슴으로 가득 차 있다. 나는 별들로 가득한 어두운 하늘을 올려다보았다. 나는 사슴의 하얀 엉덩이를 생각한다. 나는 전체 문화의 흐름이 이 사슴이라는 단일한 이미지 속에서 어떻게 한데 모이는지를 생각한다. 혹은 사냥, 혹은 내게는 이 동물의 달아나는 이미지 속에서 그리고 나는 사슴과 같은 동물이 어떻게 마술이 되고 우리를 인도할 수 있는지를 생각한다. 나는 에마뉘엘의 작은 피레네 마을에서 산의 선명한 공기를 느낀다.

7

존 왕은 특히 매 사냥을 좋아했다. 그는 스포츠에 대한 탐닉으로 거의 전설적이 된 선조들보다 사냥의 특권에 더욱 몰두하여 있었고, 특히 매 사냥에 뛰어났다. 그는 우리에게 1215년 러니미드에서 남작들에게 모욕을 당한 무능한 영국 왕*의 표본으로 내려온다. 그들은 그에게 근대 민주주의 최초의 문헌인 대헌장에 서명하도록 강요하였다. 이 민족의 사회적 불안의 원인이 된 주된 불만 중 하나는 삼림법Forest Law의 남용에 있었다. 이것은 1066년 노르만의 침략 이후로 영국에서 사회적 소요의 핵심적인 원인이었다.

존 왕은 그 법을 작은 사냥감으로까지 확장하였는데, 이것은 매 사냥이 매우 인기를 끌었던 가난한 이들에게 한층 더 불만을 야기하였다. 즉, 왕은 러니미드에서의 치욕을 초래한 남작들의 '반란'을 유도한 셈이다.

---

* 1215년 템스 강변의 목초지 러니미드에서 귀족들의 압력에 의해 대헌장(Magna Carta)이 날인되었다.

그가 당한 모욕은 사냥이 영국과 유럽 국가에서 계급 불화의 중심에 놓여 있던 방식의 대표적인 사례이다.

가혹한 삼림법은 숲, 공원, 개인 사냥터에서 사냥을 하는 이들을 범법자로 만들었고, 대부분의 동물들을 귀족과 농부에게 똑같이 손댈 수 없는 것으로 두었으며, 19세기까지 계급투쟁의 무기였다. 이 법은 대륙으로부터 정복왕 윌리엄에 의해 1066년 노르망디 침공 때 도입되었으며, 색슨족이 겪어본 어떤 법보다 가혹하였다. 로마의 민법은 야생 짐승들은 숲의 임자 없는 자원이며 누구든지 사냥할 수 있다고 정하였다. 윌리엄은 이런 전제로부터 출발하였으나 전혀 다른 결론을 내렸다. 이 법은 부자와 연줄이 있는 사람보다는 가난한 이를 더 핍박하였으나 아무도 예외가 될 수는 없었다. 이 법에 대해서는 알려진 바가 별로 없는데, 윌리엄 치하에서 제정되지는 않았다. 대륙에서는 귀족들이 법으로 정해진 바는 없지만 칙령으로 봉신의 사냥 권리를 제한하는 것이 일반적이었다. 허가를 받지 않은 사냥은 밀렵이었다. 그리고 영국과 대륙에서는 그에 대한 저항으로부터 만들어진 법들에 대해 더 많은 것이 알려져 있다.

밀렵에 대한 형벌은 악명 높고 잔인했다.

'사슴도둑'은 눈을 도려내거나 사지를 자르거나 아니면 거세시켰다. 정복자 윌리엄 이후로 사냥법은 부침을 거듭했으나 엄격하게 남아 있었고, 시골 주민들의 원성의 대상이 되었다. 헨리 1세 치하에, 면허 없이 숨을 헐떡일 때까지 짐승을 쫓았다는 이유로 자유민은 10실링의 벌금형에 처해졌고, 농노는 채찍질을 당했다. 만약 짐승이 왕의 사슴이었다면, 자유민은 자유를 잃고 농노는 법의 보호에서 제외되었던 것이다.[34]

대헌장에서 귀족들은 삼림법과 수렵권의 개혁을 그들의 주된 요구 중 하나로 만들었다. 그들은 숲과 사냥감에 좀더 쉽게 접근할 수 있기를 원했다. 그들은 존 왕으로 하여금 최근에 왕의 소유가 된 삼림을 해제하고, 삼림법을 어겼다고 해서 목숨을 잃거나 사지를 잘리는 일이 없게 만들었다.

사냥은 사회 계급 간의 경쟁 관계였다.

이때는 로빈후드의 시대였고 그의 전설적인 무리는 셔우드 숲에 있었다. 로빈후드의 전설은 평민들에게는 너무나 중요해서, 하층 계급에 관한 중요한 진실을 반영하고 있다. 대부분의 영국 사람들은 왕에게 합법적인 사냥의 승인을 받을 만큼의 위치에 있지 못했다. 게다가 그들에게 삼림법은 무법자를 양산하는 것이었다. 들어갈 수 없는 숲의 큰길 기슭에서 삶을 유지하는 농부들에게 사냥은 정치적 저항의 형태로 작용하였다. 그들은 밀렵꾼들이었다.

귀족들과 주교들도 기회가 주어진다면 불법적인 사냥을 하곤 했지만, 밀렵은 하층계급의 사냥이었다. 밀렵은, 왕의 법률의 불공정함의 상징이자 권위를 조롱하는 방식이었다. 트리스탄 경과 같은 귀족은 왕실의 사냥을 이상화하고 그 규칙과 절차에 승복했을지도 모른다. 그러나 이런 가장 우아한 형태의 사냥은 다른 종류의 정치적 예속을 낳는 억압적 법률의 광범한 사회기구에 의해 유지되었다. 가스통 페뷔는 마지못해, 그리고 경멸하는 투로 평민들의 사냥에 대해 언급한다. 그는 '귀족과 신사들'에 의해서가 아닌 한 사냥법을 가르치지 않고 싶어 한다. '냄비'를 위해 사냥감을 잡는 평민들이 사용하는 많은 교묘한 덫과 '장치'를 그는 일종의 '오류'라고 부른다. "나는 이런 사냥에 대해서는 더 이상 말하고 싶지 않다"라고 그는 무시하듯 언급했다.

"그것은 도시 주민들, 평민들, 농민들에게나 속한 것이다."[35]

여러 방식으로 이 귀족적 사냥은 평민들의 사냥에 대한 억압 위에 세워졌다. 비기독교 이방인들에 대한 정치적 억압과 계급 구분 양 측면에서 모두 그랬다. 또 그것이 한 일은 그 그림자 속에서 은밀하고 불법적인 다른 종류의 사냥을 창조한 것인데, 그것은 사람들을 무법자로 만들었다.

끊임없는 사냥법의 위반을 중재하기 위해 광대한 법체계가 개발되었지만 삼림법정은 상습적으로 방해를 받았다. 그들은 전형적으로 벌금을 물리거나 징역을 선고하였다. 그러나 고발된 많은 밀렵꾼들은 그저 법을 피해 도망가거나 영원히 숲 속에서 살았다. 이 숲 속의 사람들은 법정에 의해 '늑대의 대가리를 한 무법자'로 선언되었다. 그것은 무서운 선고였는데, 해당자는 어떤 처벌도 받지 않고 살해될 수 있었기 때문이다. 그러나 이들은 종종 야생의 숲 속에서 무리를 이루어 살았고 숲을 그들의 삶의 터전으로 만들었다.[36]

왕을 피해 사는 낭만적인 무법자 밀렵꾼의 위대한 상징은 로빈후드였다. 14세기 중엽쯤, 그의 전설은 이미 매우 대중적이 되었다. 그와 그의 '부하들'은 셔우드 숲을 그들의 집으로 삼고 사냥꾼의 녹의를 걸쳤으며 밀렵한 사슴으로 살아갔다. 로빈후드에 대한 가장 최초의 발라드는 '로빈후드와 부하들의 작은 무용담'으로 우리의 정치적 의식의 한편(덕망 있는 무법자의 낭만화)이 어떻게 권력을 조롱하였는지, 그리고 그것에 저항하는 숲 속의 밀렵꾼과 어떻게 관련되었는지를 보여준다.[37]

노팅엄의 성주는 장기간의 수렵 여행을 떠난다. 그가 떠나 있는 동안 리틀 존은 그의 집에 들어가 식료품 창고를 턴 뒤, 품질 좋은 한 벌의 식기를 들고 셔우드 숲으로 도망친다.

숲 속에 들어갔을 때 리틀 존은 성주가 가까이 있음을 알아차렸다. 로빈후드로부터 그를 떼어놓으려고 리틀 존은 숲을 헤치고 성주가 사냥을 하는 곳으로 다가갔다. 리틀 존을 본 성주는 무엇을 하는 중이냐고 물었다.

"저는 숲 속에 있었지요."

그는 대답했다.

그리고 아름다운 광경을 보았지요.
그것은 제가 보았던 것 중
가장 아름다운 광경이었어요.

저는 한 마리 잘생긴 사슴을 보았는데
그놈의 목걸이는 녹색이더군요
140마리의 사슴 무리가
그놈과 함께 있지요.

이것은 성주를 무법자들의 소굴로 유인하기 위한 단순한 책략이다. 리틀 존을 따라가다 성주는 갑자기 원수 로빈후드과 얼굴을 마주치게 된다. 그 뒤에 오는 유명한 장면은 중세에 대단한 인기를 끌었다. 가엾은 성주는 로빈후드와 그의 밀렵꾼 무리들과 함께 식사를 강요당하는 모욕을 받는다. 식사는 물론 밀렵한 사슴고기였고, 성주의 접시에 올려 제공되었다. 이 숲 속의 축제에서 로빈후드는 성주를 자신의 사냥감으로 업신여겼을 뿐 아니라 무법자들을 영웅으로 만듦으로써 사회적 가치의 전도를 달성한다.

밀렵의 사회적 상징은 중세와 르네상스의 문화에서 유행하는 일부가 되었다. 셰익스피어는 궁정 생활의 불공정함과 타락을 언급하기 위해 「뜻대로 하세요」와 「심벨린」에서 숲으로 추방당한 사냥꾼의 모습을 등장시킨다. 두 희곡에서 진정한 귀족다움은 '질투심 많은 궁정'과의 관계가 아닌, 영혼의 문제이다. 그리고 그들의 '뿔 달린 친구'인 '가난한 유배자의 붉은 사슴'을 통해, 아든 숲 속의 교양 있는 조신들은 「뜻대로 하세요」의 사냥 광경을 '왕위 강탈자와 폭군' 그리고 '뚱뚱하고 기름진 시민'들의 불공정함에 대한 주석으로 도덕화할 수 있다. (2.1.1.~63.)

경계를 넘나드는 것의 은유가 된 밀렵은, 글자 그대로의 사슴과는 별 관계가 없다. 상상력에 있어서 어떤 문화도 뛰어넘을 수 없는 천재성을 지닌 셰익스피어는 다른 남자의 아내를 낚는 야간의 밀렵꾼을 창조해내었다. 폴스타프는 타락과 도둑질을 사냥의 덕목에 호소하여 변명할 수 있다. 그는 강도인데, 예컨대「헨리 4세」 1막에서는 밤을 틈타 모자를 훔치려고 한다. 그러나 도둑질과 강도죄로 기소되었을 때 그는 자기 자신을 '밤의 종자'이자 '디아나의 숲지기' '그늘 속의 신사'라고 부른다. 그는 사냥의 여신의 후원을 받아 도둑질을 한다. (1.2.21.~29.)

폴스타프는 위대하고 코믹한 가면의 창조자이자, 그가 '디아나의 숲지기'의 일 중 하나로 사냥을 이용해 먹었을 때 사냥이 모든 계층에서 르네상스 남자들에게 가면을 마련해주었음을 입증하였다.

셰익스피어 스스로가 밀렵꾼이었다. 출처가 의심스러운 매우 오래된 이야기에 따르면 그가 스트래트포드 부근 찰스코트에 있는 토머스 루시 경의 사냥터에서 사슴을 훔쳤다고 한다. 그 이야기는 계속해서 셰익스피어가 젊었을 때 스트래트포드를 떠났던 것은 그에게 부과된 가혹한 기소를 피하기 위해서였다고 말한다. 그는 런던으로 가서 위대한 극작가가 되었다.

이것이 사실이라면, 그는 자신의 희곡을 불쌍한 루시 경에 대한 복수로 이용했음 직하다. 한 이론은 『윈저의 즐거운 아낙네들』이 그의 풍자적인 복수라고 주장한다. 여기서는 갑옷 덧옷에 이luce가 득실거리는 샐로라는 이름의 둔하고 어리석은 신사가 존 폴스타프 경을 기소하러 마을에 온다. 그는 미스터 슬렌더에 의해 '내 부하를 죽이고, 내 사슴을 죽이고, 내 오두막을 부쉈다'고 고발된 상태였다.

폴스타프는 밀렵꾼이다. 그리고 그는 문학사에 등장한 가장 재치 있고 가장 구역질나는 밀렵꾼이다. 그는 밀렵의 아이디어—— 경계를 넘나들며 훔친다—— 를 새로운 차원으로 만든다. 밀렵을 할 때 그는 암사슴을 쫓지 수사슴을 쫓지 않는다. 그는 윈저의 아낙네들을 원한다. 그는 그녀들을 남편으로부터 유혹하기 위해 모든 수단을 다 강구하나, 그녀들은 정조를 지킨다. 그는 속이 빤히 들여다보이는데, 이 희곡은 그가 활짝 벗겨진 모습을 보여준다. 그 아낙네들은 그에게 사슴 의상을 입히고 승리감에 젖어 농락하는데, 그들은 영국의 사냥터 중에서 가장 인기 있던 장소 중 하나인 윈저 숲 속에서 만난다.

폴스타프는 스스로 '사냥꾼 헤른'이라는 인물로 가장한다. 그는 한때 '윈저 숲의 숲지기'였다. (4.2.19.) 영국 시골의 민담에 나타나는 사냥꾼 헤른은 낡은 뿔나팔을 들고 숲의 짐승들과 신나게 뛰어노는 인물이다. 폴스타프는 머리 위에 사슴의 대가리를 쓰고 사슴으로 변장하고는 큰 참나무 아래서 과부들과의 밀회를 기다린다. 시계가 자정을 친다. 폴스타프는 욕정을 느낀다. 그는 글자 그대로 발기해 있다.

"기억해요, 제우스."

그가 주장한다.

당신은 에우로페를 위해 황소로 변장했지요. 사랑이 당신 뿔 위에 있었어요. 그것은 어떤 면에서 짐승을 인간으로 만들지요. 다른 면에서 인간은 짐승이고. 신이 욕망에 달아오른다면 불쌍한 인간은 어쩌란 말이오? 나로 말하자면 여기 윈저의 수사슴으로 있소. 그리고 내 생각에도 숲에서 가장 살진 수사슴으로. 내게 멋진 발정기를 주시오, 제우스. 아니면 내가 욕망을 식힌다고 누가 비난하겠소? 누가 여기 오겠소? 내 암사슴? 검은 꼬리를 한 내 암사슴 말이오?

포드 부인이었다. 그녀는 몸이 달아오르고 뿔을 단 폴스타프를 찬미한다. "존 경? 거기 당신 사슴이요? 내 수사슴?" (5.5.3~17.)

이 말장난은 숲 속에서 끈끈하게 흐른다. 그들은 이미 추잡해져 있다. 사슴 꼬리는 말하자면 엘리자베스 여왕 시절의 영국에서는 여성 성기를 의미하는 속어였다.

그 순간, 두번째 부인이 윈저의 참나무로 온다. 그리고 이 수사슴은 그가 낙원에 이르렀다고 생각한다. 그는 자신이 '발정 난 사슴,' 밀렵꾼이 재빨리 잡아야만 하는 수사슴 같다고 느낀다. 그는 그들의 남편들에게 뿔을 약속하였다. 남은 부분은, 글쎄 그 아내들은 엉덩이 고기를 가질 수 있을 것이다.

"내가 삼림감독관인가."

그는 즐겁게 깔깔댄다.

그러나 그 농담은 그의 문제다. 밀렵꾼은 사로잡혔다. 전체 마을 사람들이 몰려와서 폴스타프는 크게 당황할 수밖에 없었다. 그들에 의해 그가 짐승이자 범법자임이 드러난다. 그리고 그는 요정들에게 둘러싸여 용서받고 모두 집으로 돌아간다.

충족되는 욕망이 은유이건, 혹은 글자 그대로의 성욕이나 식욕이건 밀렵은 전체 사회에 사회적 규범과 관련하여 한 남자의 정체를 파악할 수 있게 하는 언어를 제공한다. 그들은 범법자나 강도, 로맨티스트나 일탈자가 될 수 있다. 사회적 기구이자 은유인 사냥은 모든 수준에서 사회에 침투하며, 남자들에게 다양한 형태로 자신의 정체성을 창조하게 해주는 광범위한 사회적 가면을 부여한다. 그러나 글자 그대로건 혹은 문학에서건 다양한 형태의 밀렵은 왕 외에도 많은 사람들이 숲을 그들의 놀이터와 정치의 마당으로 사용할 수 있었음을 입증해준다.

8

사냥꾼 헤른으로 가장한 폴스타프의 이야기를 좀더 하고 싶다. 여기엔 뭔가가 있다. 게다가 내가 이제까지 시사했던 것보다는 좀더 흥미 있는 장면이 머리에 뿔을 쓰고 참나무 둥치 아래 있는 이 뚱뚱한 남자의 모습 위에서 진행될 것이다. 이 이미저리는 숲 속에서의 한밤의 밀회, 두 즐거운 아낙네들의 영리한 희롱 이상의 것을 이끌어낸다. 나는 이 희곡의 초반부에 나타난 셰익스피어 자신의 묘사인 "윈저 숲의 장래의 숲지기"(4.4.30.)를 제외하고 어디서도 "사냥꾼 헤른"에 대한 설명을 읽은 적이 없다. 뿔을 쓰고 오쟁이 진 폴스타프에게 덧붙여 나는 머리에 뿔을 쓴 헤른의 이미지가 영국 민속에서 또 다른 깊고 풍부한 상상의 이미지라고 생각한다. 나는 "숲지기" 헤른이 고대 켈트 신화의 인물을 상당히 직접적으로 암시한다고 여긴다. 그는 케르눈노스Cernunnos, 즉 "뿔 달린 이"라는 이름의 신이다.[38]

다양한 모습으로 유럽의 신화에서 등장하기는 해도, 케르눈노스는 기독교 이전 영국의 켈트 신화에 나오는 신이다. 가장 유명한 케르눈노스는 코펜하겐 국립박물관에 있는 군데스트룹 솥에 낮은 부조로 새겨진 인물이다. 그러나 뿔이 난 인간의 모습으로는 영국의 몇몇 지방에서 발견된다. 군데스트룹 솥에서 이 인간의 모습을 한 신은 여러 동물들 가운데 다리를 꼬고 앉아 자연적이고 환상적인 모습을 하고 있다. 그리고 그는 굉장한 한 쌍의 뿔을 머리에 이고 있다. 그의 이름은 글자 그대로 "뿔 달린 이"로 번역된다. 이 켈트의 신은 때때로 제우스 숭배와 연관되는데,

그는 뿔 달린 신 케르눈노스의 속성을 가지고 있다고 여겨지기도 했다. 켈트족에게 케르눈노스는 "동물들의 신"이었으며 뿔을 통해 동물들로부터 그의 힘을 얻었다. 케르눈노스가 사슴의 머리를 때리면 그 동물의 울음소리가 숲의 모든 동물들에게 신의 현현을 알렸다. 양과 늑대, 물고기, 심지어는 양의 머리를 한 뱀도 말이다.

뛰어난 상상력의 산물 케르눈노스는 종종 인도의 신 모네조다로(아마도 시바 신의 원형일 것이다)와 비교된다. 분명히 헤른과 케르눈노스의 이름의 유사성, 뿔난 신의 암시, 제우스와의 관련 그리고 자연의 신과 요정들에 대한 영국의 민중 설화와의 관련성이 헤른으로 가장한 폴스타프를 케르눈노스와 연결시킬 것이다. 왕에 의해 공식적으로 승인된 사냥 스타일이 영국에서 번성하는 동안에도 이 억압받은 켈트족의 전통은 하층 계급의 민중적 상상력 속에서 살아남았다. 아마도 그는 전복적이고 어두운 욕망의 이미지, 뿔 달린 신 헤른으로 가장한 폴스타프 안에서 다시 나타난 것이다.

헤른이 케르눈노스를 환기시킨다면, 또한 그는 폴스타프의 희극 속에서 성적 밀렵을 가장하기 위해 환원된다. 그러나 요정들이 폴스타프를 둘러싸고 그를 용서하는 숲 속 장면에서는 여전히 구원의 힘이 남아 있다. 사냥꾼 헤른으로서든, 케르눈노스로서든, 여기에는 숲의 영혼과 상상력과 결부된 또 다른 사냥꾼에 대한 한 묶음의 가치가 존재한다. 민중의 상상력과 이야기 속에 살아남은 또 다른 전통인 로빈후드처럼 주변적이고 어두우며, 도시의 바깥에서만 등장할 수 있는 것이다. 케르눈노스와 헤른은 이름의 유사성 그리고 머리 위 뿔 이상으로 공통적인 것을 가지고 있다. 신화적 사냥꾼이자 인간 사슴으로서 그들은 숲지기나 동물의 신을 믿고 싶은 깊은 욕망의 잊힌 모습이다. 그들은 인간의 영혼과 동물 사이의 심오하고 억압당하고 거의 잊힌 상호 관련성에 대한 감각의 보고

이다. 거기서 신성은 인간의 얼굴과 동물의 속성을 띠고 있다. 케르눈노스와 사냥꾼 헤른을 통해 우리는 친밀하고 정서적인 자연과의 관계를 힐끗 엿본다. 그 안에서 우리는 좀더 많은 것을 발견하기 위해 현재의 삶의 경계를 뛰쳐나가야 하는 것이다.

9

에마뉘엘은 피레네 산맥 가운데 500년 된 집에서 산다. 사슴을 추적했던 그날 밤 우리는 그의 아내 카트린과 두 아이들과 함께 부엌의 테이블에서 저녁 식사를 하였다. 우리는 바로 그 고장의 음식, 오리고기, 브라고스 치즈 그리고 부드러운 양상추를 먹었다. 그리고 남자들은 왜 사냥을 하는 것일까에 대해 토론했다. 남프랑스에서 16세 이상의 모든 남자들은 사냥꾼이라고 에마뉘엘은 말한다.

"피레네 지방에서는 모든 사냥꾼이 남자들이지. 아마도 천 명 중 한두 명은 여자일지도 몰라."

스페인에서처럼 프랑스에서도 사냥은 남성이 되는 것과 깊이 연관되어 있다. 에마뉘엘은 여자들과 같이 있는 것보다 사냥을 더 좋아하는 한 친구에 대해 이야기해주었다. 이 사냥꾼 친구는 여자들보다 개를 더 좋아한다. 그는 향수보다 개의 냄새를 더 좋아한다.

"내 친구는" 약간은 당황한 듯한 시선으로 아내를 바라보며 에마뉘엘은 말했다.

"개를 길들이는 것보다 여자를 길들이는 것이 더 어렵다고 한다네."

카트린은 의자를 끌어당기며 에마뉘엘을 쨰려본다. 그는 웃음을 터뜨렸다.

"아내는 길들이기에 최소 10년은 걸린다고 친구는 생각해."
에마뉘엘은 말한다.
"좋은 개라면 그저 2년이면 충분하지."

그러나 르네상스 시대에는 여자들도 종종 사냥을 했다. 그녀들은 자신에게 걸맞은 '사냥감'을 가졌다. 예를 들어 황갈색 사슴이나 손바닥 모양으로 뻗은 뿔을 가진 얼룩무늬 사슴 등이다. 그녀들은 자주 매 사냥을 했으며, 왜가리나 홍학 등의 새들을 쫓기 위해 성에서 말을 타고 나왔다. 돈키호테에서 이 이상에 불타는 편력 기사는 한 여인을 공작부인이라고 생각하는데, 그녀가 팔목 위에 매를 얹어 데리고 다녔기 때문이다. 프랑스에서 푸아티에의 디안은 여자사냥꾼 디아나로서 신화적으로 자신을 치장하였는데, 당대의 사냥의 여왕, 여신, 새로운 디아나라고 여겨졌다. 여자 사냥꾼으로서 그녀의 아름다운 이미지는 장 구종이 만든 '디아나와 사슴'이라는 조각으로 루브르 박물관에 남아 있다. 영국의 엘리자베스 여왕은 사냥을 사냥과 순결의 여신의 흔적인 처녀 여왕 숭배의 한 부분으로 이용하였다. 그녀의 조신이자 극작가인 존 릴리는 1591년 가을 영국의 시골을 일주했던 한 왕실 사냥을 기록하였다. 여왕은 정자의 스탠드에 숨어 님프로 꾸민 한 소녀로부터 활을 건네받았다. 여왕은 (그녀에게 몰아준) 사슴을 쏘았다.[39]

르네상스 때에 여성들은 활발하게 사냥을 하였는데, 이는 사냥이 르네상스 시대에 본질적으로 남성성에 대한 것이 아니라 귀족적인 특권이었음을 증명해준다. 계급은 성의 구별을 복잡하게 만들었다.

다음 날 아침, 에마뉘엘과 나는 새벽 일찍 일어났다. 우리는 사슴을 쫓다가 한 마리를 발견한다. 우리는 계곡의 다른 쪽으로부터 산을 오른다.

어슴푸레한 새벽빛 속을 지나가다가 우리는 국방색 옷을 입은 남자들 무리를 만났다. 그들은 멧돼지를 잡으러 일요일에 나온 프랑스 사냥꾼

팀이다. 우리는 에마뉘엘의 친한 친구인 장 폴 라르도를 만나러 가는 길이다.

장 폴은 생기 넘치는 열정적인 사냥꾼이다. 몽트레조 부근의 시골에서 사는 그는 매를 다섯 마리 키우고 있다. 그 중 세 마리는 송골매이다. 그는 또 몇 마리의 흰 족제비도 데리고 있는데, 가스통이 시골 농부들이 그렇게 한다고 말한 바와 같이 토끼 굴로 들여보내 토끼를 잡는 데 사용한다. 그는 그의 집 부근 능선의 숲 속에 탑을 세우고는 후림으로 꼬여낸 비둘기들이 나무에 날아들면 쏘아잡곤 한다.

그가 이 산의 한 숲에서 사냥할 권리를 샀기 때문에 우리는 그를 만났다. 프랑스에서는 정부로부터 수렵권을 사야 한다. 그 가격이 비싸기 때문에 사냥꾼들은 무리를 지어 공동부담으로 하기도 한다. 장 폴과 다른 아홉 명의 사냥 친구들은 우리가 막 사냥을 하려고 하는 이 지역 숲에서 사냥할 권리를 위해 연 20만 프랑을 지불했다. 그들은 12년마다 이 계약을 갱신하며, 그 대가로 사슴이든 멧돼지든 자고든 간에 무엇이든 잡을 수 있다.

에마뉘엘과 내가 어둠속에서 기다리는데 그가 말했다.

"이곳은 부자 사냥꾼들을 위한 곳이오."

이것은 유럽의 봉건적 수렵권의 근대판이다.

가족들을 부양해야 하는 생물학자의 월급으로는 에마뉘엘이 이런 종류의 사냥을 할 여유가 없다. 우리는 장 폴의 손님이다. 에마뉘엘에 따르면, 남프랑스에는 계급 간에 긴장이 흐르는데, 많은 사람들이 이런 종류의 사냥을 할 여유가 없기 때문에 생긴 일이다. 이 지위와 계급 문제는 사냥에서 반영되면서 지속되고 있다. 에마뉘엘은 각 마을의 유지들이, 예컨대 많은 개들을 키운다고 한다. 그리고 가장 많은 개를 가진 사람이 시장 선거에서 당선되기 마련이다.

이 남자들이 사냥의 스타일에서 배열되는 방식으로부터 계급과 돈의 저류를 느끼기 위해 꼭 마르크시스트가 될 필요는 없다. 에마뉘엘조차도 어떤 정열 때문에서가 아니라 식량을 위해 사냥하는 사람은 촌스럽다고 생각한다.

우리는 숲에서 장 폴을 만난다. 그리고 해가 뜨기 전에 하이킹을 시작한다. 길은 젖어 있고 산꼭대기까지 나 있다. 우리는 반짝이는 미끄러운 점판암을 밟고 가는데, 이 바위는 어둠 속에서 거의 은빛으로 빛난다. 이 지역의 아름답고 경사진 지붕을 만드는 재료가 바로 이 점판암이다. 우리는 너도밤나무 숲 사이로 오솔길을 따라 올라간다.

에마뉘엘은 피레네 지방의 영양처럼 올라간다. 나는 그에게 영양의 후손임이 틀림없다고 말한다. 그는 웃고 "나는 꿈이 두 가지가 있네"라고 말했다.

"하나는 캐나다로 이민 가서 사냥꾼이 되는 것이고 다른 하나는 소를 치며 알프스에서 사는 거지. 난 할아버지처럼 산악인이 되고 싶어. 나는 야생동물과 땅을 사랑해. 지금은 대단히 행운아라고 생각한다네. 많은 프랑스 사람들은 삶에 짓눌려 매우 불행하지. 그러나 나는 여기 산에 동물들과 함께 있으니 다행이지."

장 폴은 책임자처럼 길을 올랐다. 검은 수염과 길고 경쾌한 머리카락 때문에 나는 그에게서 시골 신사를 떠올린다. 그가 가스통 페뷔와 함께였다면 피레네의 사냥꾼이자 기사 중 하나가 되었을 것 같다. 그는 영어를 하지 못하고 나는 프랑스어를 하지 못한다. 그러나 우리 둘은 스페인어를 할 줄 알고 곧 오래된 친구처럼 대화를 나누게 된다. 그는 다른 사냥보다도 매 사냥을 좋아한다고 말한다. 그는 말한다.

"La cetrería es la caza más bella(매 사냥은 가장 멋진 사냥이지요)."

우리는 나중에 매 사냥을 하기로 약속한다.

우리가 숲으로부터 산의 탁 트인 부분으로 나왔을 때, 산의 검은 실루엣 위로 회색의 새벽빛이 깔리기 시작했다. 여기저기 흰 눈이 쌓여 있고 회색의 바위들이 마치 뼈다귀처럼 산에서 튀어나와 있다. 우리는 높이 튀어나온 산등성이 위에 둘러앉는다. 음울한 구름을 배경으로 이 산등성이들 중 하나 위에 기품 있고 수줍어하는 노루 다섯 마리의 실루엣이 보인다. 그놈들은 머리에 작은 뿔을 얹은 사슴의 모형처럼 보인다.

장 폴은 우리에게 조용하라는 신호를 보낸다. 그는 우리를 왼쪽의 매우 경사진 능선으로 끌어올린다. 하도 경사져서 우리는 거의 기다시피 했다. 꼭대기 부근에서 장 폴이 내게 말한다.

"이제는 정말 조용히 해야 됩니다."

우리는 모두 그 가장자리를 매우 조심스럽게 쳐다보았다. 풀밭 한가운데 몇 마리의 사슴이 두꺼운 회색빛 여명 속에서 풀을 뜯고 있다. 그놈들은 우리를 알아차리지 못한다. 한 놈은 커다란 수놈이다. 나는 그 산등성이에 바싹 엎드린다. 그리고 에마뉘엘은 사지를 펴고 산에 밀착해 엎드린다. 그는 사슴을 볼 수 있도록 미끄러져 올라간다. 장 폴이 고개를 끄덕인다. 그는 쏘려 하는 것이다.

그는 천천히 주의 깊게 라이플을 겨눈다.

긴장과 집중 그리고 라이플이 폭발하자 마치 아침도 폭발한 것 같다. 마침내 그가 발사했을 때 우리 둘레의 전 산맥이 큰 소리로 울렸고 에마뉘엘은 그 순간 뛰어 일어난다. 우리는 모두 그 능선을 가로질러 그와 함께 풀밭으로 뛰어든다. 풀밭 위에 큰 사슴만 한 마리 남아 있다가 뛰기 시작한다. 그의 커다란 뿔은 경련한다. 나는 에마뉘엘이 그를 맞추었는지 확신을 하지 못한다.

나는 에마뉘엘이 확신하고 있는지 아닌지도 모른다. 우리는 도망가는 사슴을 쫓아 달리며 그놈을 놓칠까 봐 걱정한다. 그는 놀라울 만큼의 민첩함과 힘으로 검게 변색한 쓰러진 나무들을 뛰어 넘는다. 에마뉘엘은 멈춰서 미친 듯이 라이플을 겨누고는 사슴이 경사 아래 숲 속으로 사라지기 전에 한 발을 더 쏘려 한다.

그가 발사하기 전에 사슴은 쓰러진 나무를 크게 뛰어넘더니 땅에 자빠진다.

그놈은 눈덩이 옆에 쓰러진다. 우리는 언덕 아래로 재빨리 다가간다. 얼마 전 숲이 불타서 회색 하늘을 배경으로 몇 개의 숯덩이들이 뒹굴고 있다. 사슴이 나무를 뛰어넘는 순간, 놈은 등을 아래로 하고 떨어졌으며 뿔은 땅속으로 박혀 들어가고 회색 턱은 위로 치켜들어 고통스럽게 비틀거렸다.

우리가 거기 도착했을 때 사슴은 아직 죽지 않고 있었다. 그의 크고 너른 귀는 여전히 경련하며 입에서는 피가 흐르고 있다. 나는 어두운 갈색의 눈이 점차 광채와 빛을 잃고 죽음의 진한 회색빛을 띠어가는 모습을 바라본다. 최후로 신음 소리를 내더니 그놈은 죽는다. 피가 입에서 더 많이 흘러나온다.

에마뉘엘은 기뻐 날뛴다. 그는 장 폴을 끌어안는다. 그도 역시 기뻐한다.
"내가 처음 잡은 사슴이오."
에마뉘엘은 말한다.

나는 그 말에 깜짝 놀랐다. 왜냐하면 나는 그를 매우 열성적인 사냥꾼으로 알고 있었기 때문이다. 그러나 아무 말도 않고서, 나는 사슴을 사냥하는 게 역시 매우 어려운 일이라고 추측하였다. 성공을 기념하기 위해, 나는 사슴의 시체 뒤에 선 그의 사진을 찍었다. 이것은 현대의 사후 제의이다. 이런 사진들에서 남자들은 그가 잡은 짐승들로써 자신을 규정한다. 마치 트리스탄이 사슴의 엉덩이 부분을 들고 노래를 부르며 성으로 돌아오는 것과 같은 식이다.

에마뉘엘은 상록수로 가서 가지를 꺾어들고 그것을 사슴의 피 흘리는 입에 꽂는다.

"할아버지로부터 배웠네." 그는 말한다.

"이것이 죽인 동물들을 존경하는 방법이지. 내 할아버지는 늘 죽인 뒤에는 그 동물의 피를 마셨지. 그것이 힘을 준댔어."

우리는 그 피를 마시지 않는다. 남자들이 사슴의 배를 가른다. 그들이 처음 한 일은 고환을 잘라내는 것이었다. 이는 사슴을 도살하는 전통적인 유럽의 양식이다. 르네상스 시대의 왕이었던 프랑수아 1세는 자기가 한 '별로 시답잖은' 사냥에서 열네 개의 고환을 가지고 성으로 돌아왔다고 했다. 사냥꾼의 남성다움의 증거로서 동물에서 얻은 것보다 더 좋은 트로피는 없다.[40] 그 사냥은 실망스러웠는데, 그는 더 많은 사슴을 원했기 때문이다.

이 산속의 수풀로 와서 사슴을 잡기까지 우리는 적어도 두 시간은 걸었다. 이제 우리는 사슴을 운반해야 한다. 장 폴과 에마뉘엘은 그 짐승을 로프로 묶고 우리는 그놈을 산 아래로 끌어당긴다. 우리가 트럭으로 다시 돌아왔을 때, 에마뉘엘은 사슴을 그의 르노에 싣고 출발한다.

나는 장 폴과 함께 그의 시골집으로 간다. 거기서 우리는 에마뉘엘을 만난다. 우리는 사슴고기로 식사를 하고 장 폴의 매를 날리며 근사한 11월의 오후를 보낸다.

어두워진 후에, 우리는 에마뉘엘의 집으로 돌아갔다. 그러나 사슴은 트럭에 있지 않다. 나는 그에게 사슴을 어쨌냐고 묻는다.

"몽트레조의 레스토랑으로 보냈지." 그가 말했다.

"팔아버렸거든."

갑자기 환상이 사라지는 것을 느꼈다. 나는 에마뉘엘이 고지대에 살던 그의 할아버지의 생활을 이어나갈 산사나이가 되리라 생각했었다. 그러나 이 사냥이 고작 상업적인 목적이었다니.

"장 폴의 수렵권 구입비용을 좀 도와주려고 팔았네."

에마뉘엘은 설명한다. 사슴은 킬로그램당 22프랑이 나갔다.

이제 르네상스 시대처럼 사슴 사냥은 일종의 특권이다. 그리고 에마뉘엘은 오늘의 사냥에서 특권을 받았다고 느낀다. 그의 집으로 올라가자 두 마리의 개가 짖고 뛰어오르며 차와 경쟁한다. 그놈들의 꼬리가 미친 듯이 흔들린다. 하늘은 다시 어두워지고 수백만의 별들이 깊은 어둠을 배경으로 빛의 물결처럼 보인다. 산 공기는 시원하고 살갗을 찌르는 듯했다. 르노에서 나오자 카트린과 두 아이들이 그 아름다운 오래된 집에서 나와 현관에 서 있었다. 뾰족한 점판암 지붕은 각을 이루며 맑은 밤하늘의 반짝이는 별을 향해 솟아 있다.

집 안으로 들어가자 에마뉘엘은 그녀에게 플라스틱 백을 준다. 그 안에 사슴의 간이 들어 있다.

그녀는 안으로 들어간다. 에마뉘엘과 나는 잠시 동안 개들과 함께 바깥에 머문다.

"에마뉘엘." 나는 말한다.

"나는 자네가 동물들을 사랑한다고 알고 있네. 그리고 사냥을 좋아한다는 것도. 자네가 사랑하는 무엇인가를 왜 죽이는지 말해줄 수 있나?"

에마뉘엘은 매우 사려 깊고 정직한 사람이다. 그 문제는 그의 관심을 일으켰다. 그는 잠시 동안 별들 아래서 침묵하며 생각에 잠겼다. 에마뉘엘은 멍한 표정을 지었다.

"그게 사냥의 위대한 모순이라네." 그가 말을 이었다.

"실은 몰라. 아마도 일종의 타락일까?"

그리고 우리는 그의 16세기 저택으로 들어갔다.

6장 욕망의 발산과 위험

밤이 오면 개는 달리고 모든 사슴들은 쫓기네.
— 셰익스피어, 『윈저의 즐거운 아낙네들』, 5.5.238.

큐리오: 사냥 가실 겁니까?
공작: 뭐라고, 큐리오?
큐리오: 그 사슴 말입니다.
공작: 왜, 그렇지, 내가 잡은 가장 귀중한 놈.
오, 내 눈으로 올리비아를 처음 본 순간
그녀가 나의 마음에서 추잡함을 없애버렸어.
그 순간 나는 사슴이 되었다네.
그리고 내 욕망은, 무시무시하고 잔인한 사냥개처럼
그 후로 나를 쫓고 있지.
— 셰익스피어, 『십이야』, 1.1.16~22.

1

　남자다움은 사냥꾼의 녹의로 위장하고 현대 세계에 들어왔다. 사냥꾼의 의상은 하도 자연스러워 보여 아무도 그가 그 의상을 발명하였다는 사실을 알아차리지 못했다. 그것은 마음의 위계였다. 사냥꾼의 녹색 복장을 한 남자들은 인위적인 치장으로 자신들을 위장하였다. 우리는 사냥꾼의 인위성과 그가 지지하는 남성성의 개념을 잊었고, 잊고 있다. 남자들은 어떤 식으로든 비가시적이 되었다. 그들은 자기 자신들로부터 가려졌다. 마음속의 눈으로는 녹의를 입고 숲 속을 배회하는 것이 훨씬 자연스러우나 우리는 스스로가 이 형상을 만들어냈다는 사실을 잊었다. 의식화된 사냥은 그 전제를 보이지 않게 만들고 그들에게 자연스러운 거처를 제공하는 한 방법이다.
　이것은 우리 '머릿속의 사냥꾼'이다.
　그러나 우리가 내면에 가지고 있는 다른 사냥꾼도 있다. 그는 좀더 근대의 남성 개념에 깊이 뿌리박고 있으며, 현대 남성의 정체성과 더 밀접한 관련이 있다. 그는 자연에서 발견될 수 있는 것보다 더 빽빽하고 어두운 덤불 속에 산다. 그리고 그가 쫓는 짐승은 좀더 해를 입기 쉽고 잘 빠져 달아난다.
　그는 '마음속의 사냥꾼'이다.
　중세와 르네상스 시대에, 이 에로틱한 사냥꾼은 남성의 정서적 삶에 새롭게 돌출하였다. 이 사랑 사냥은 고대 로마와 그리스 시대로부터 전해 내려왔으나 그것은 옮겨 심어졌을 때 변형을 겪었다. 고대인들에게 사냥은, 대개 성에 국한된 사랑에 대한 은유였다. 욕망은 일반적으로 남자의 것으로 이해되었고 남자들은 추적했으며 여자들은 추적당하였다.

오리온은 괴물 같은 욕망을 가지고 있었으나 아르테미스는 순결했다. 남성의 성적 욕망은 제어할 수 없는 것으로 생각되었으며, 그것은 그 앞에 있는 모든 것을 쓸어가고 지체 없는 충족을 갈구하였다. 디오니소스의 형상을 한 욕망은 원초적이었으나 그것은 또한 남성의 외부에 있는 것, 남자들과 신들을 똑같이 파멸시키는 낯설고 강력한 힘이었다. 그것은 남성을 지배할 수 있는 힘이었고, 저항은 불가능했다. 그러나 그것은 남성 정체성의 통합적인 일부는 아니었다. 오비디우스의 에로틱한 사냥꾼이 분명하게 보여준 대로 사랑 사냥은 불법이고 주변적이며 칙칙했다. 베누스와 같이 여성적인 에로틱 사냥꾼은 대개 이런 남성성의 모델에 대한 위협이었다. 혹은 사랑 사냥은 남성을 신화적 사냥으로부터, 혹은 그들의 '진정한' 남성적 소명으로부터 일탈하게 했다.

최소한 그것은 우리가 지금 생각하는 것과 같은 정체성으로부터 남성을 일탈하게 하였다. 오비디우스의 에로틱한 사냥꾼은 유혹하고 포기하거나 혹은 사랑 때문에 자신들을 파괴시켰다. 성(性)은 저항이 불가능한 것 같다. 그러나 그것은 어딘가 남자답지 못하고, 호색한 제우스는 숲 속의 님프들을 쫓을 때면 약간은 우스꽝스러워 보인다. 산으로 들어가서 진짜 사냥감을 쫓는 편이 나을 것이다. 진정한 남성은 연인이 아니라 사냥과 같은 임무를 수행하는 남성이다. 정체성은 에로스가 아니라 영웅적 사냥에서부터 비롯하였다.

욕망은 파괴적일 뿐 아니라 창조적이며, 사랑의 위험과 고통은 그 자체로 고귀한, 욕망의 중요한 외적 부분이라는 개념이 발달한 것은 중세와 르네상스 기간 동안이었다. 이 시기에 욕망 그 자체가 정체성의 비밀을 가르친다는 개념 — 처음에는 추적의 욕망, 그러나 곧 보다 격렬한 사랑의 욕망이 되었다 — 이 우리에게 전해졌다.[1] 곧 중세와 르네상스의 에로틱한 사냥꾼은 남자들을 내면적 삶의 미로 속으로 인도하였다. 욕망은 자아의 비밀이 되었다.

기사도 정신은 에로틱한 사냥을 변형시켰다. 중세와 르네상스의 에로틱한 사냥꾼들은 그들의 삶과 영혼을 욕망의 추구에 바쳤다. 그 비밀과 위험을 정복하는 도정에서 그들은 자신을 완전히 내던졌다. 그 도정에는 그들을 위한 경험의 신비가 간직돼 있었고, 그들은 욕망을 위해 기꺼이 죽었다.

'욕망의 발산과 위험' 속에서 사람들은 셰익스피어가 「햄릿」에서 주장한 대로 인간의 삶의 비밀들을 벗겨내기 시작할 수 있었다. 점점 더 에로틱한 사냥은 내면적 삶의 비밀을 드러내준다고 장담하였다. 그것은 포기할 수 없는 사냥인데, 우리는 여전히 세속적 삶의 허위와 계략과 기만 속에서 자신이 진정으로 누구인지를 말해달라며 그것에 기대고 있기 때문이다. 우리를 만든 것은 가장 밝게 불타오른다.

가웨인의 사랑스런 부드러움으로부터 앤드루 마벌의 우아한 바로크적 복잡함까지, 에로틱한 사냥은 그 연인들을 사회의 주변부로만 끌어가지는 않았다. 그것은 그들을 진실을 드러내주는 내면의 풍경 속으로 데리고 갔다. 즉, 유혹당한 영혼의 진실 말이다. 그것은 그들을 의무와 유혹, 쾌락과 견디기 힘든 고통으로 에워싸인 마음의 황야로 데리고 갔다.

미셸 푸코는 중세에 섹스와 우리의 섹슈얼리티에 대한 경험이 변화하였다고 주장한다. 그리스 고전기에 성과 욕망은 대개 도덕과 행동의 문제였다고 그는 『성의 역사』에서 주장한다. 그것은 누가 주인이고 누가 복종하느냐의 문제였는데, 체위를 윤리적인 관심사와 연결시킨 관심이었다. 누가 위에 있고 누가 아래 있느냐. 누가 꿰뚫어지느냐의 문제였다.

그러나 기독교 아래서 섹슈얼리티는 좀더 복잡해진다고 그는 주장한다. 일반적인 섹슈얼리티와 특정한 성적 행동은 우리 정체성의 비밀처럼 되었다. 절제되어야 하는 행동뿐 아니라 죄악 자체와 연관된 섹슈얼리티는 개인으로서의 우리의 자아를 이해하는 데 핵심이 되었다.

영혼의 순수함을 바라며 자아를 꼼꼼히 조사하는 수도사는 자신을 신에게 합당한 존재로 만들려고 애를 썼기 때문에 마귀들의 황야와 같은 성적 욕망은 엄격하게 조사되었다. 그리고 고해성사가 있었다. 그것은 정신분석가의 소파의 선구였다. 성은 이런 사적인 장소에서 드러나는 진실이다.

푸코의 주장대로 "기독교의 도덕관 내에서 윤리적인 것들은, 마음의 신비 가운데 감추어진 욕망의 영역과 그 형태와 조건을 따라 주의 깊게 특화된 일련의 행동에 의해 규정"된다. 그 결과는 '자아 해독(解讀) 과정과 함께 연결된 욕망의 해석학의 발전'이다.[2]

즉, 성욕은 자아를 이해하는 데에 핵심이 되었다. 내면적 사냥은 우화가 아닌 비밀스러운 꿈과 환상을 향한 여행이었다. 당신이 원하는 것을 말해보라. 당신이 누구인지를 말해줄 것이다. 일단 드러나고 나면 그곳이 바로 우리가 자아를 발견할 수 있는 비밀의 열쇠이다.

남성의 심리에서 이런 욕망의 새로운 역할이 초래한 역설적인 결론은, 독신남과 유부남 모두에게 남성적 정체성이 여성에 대한 정서적 투자라는 용어로 정의되게 되었다는 것이다. 그것은 두려운 심리적인 모순 위에 세워진, 비틀거리는 정서적 균형이었다. 그들의 이성애적 욕망에서 남성들이 그들의 정체성을 더 많이 발견할수록 그들은 자신의 정서에 대해 더욱 취약해졌다. 그들은 여성에 대해 더욱 취약해진 것이다.

어느 학자에 따르면, 중세와 르네상스 동안 왕후들에 대한 사냥의 중요성에도 불구하고 에로틱한 사냥은 문학에서 서사적 사냥을 대치하였다.[3] 그리고 그녀는 아마도 남성의 정체성을 덧붙였을 것이다. 두 사냥 사이의 긴장, 남자가 되는 두 가지 방식은 사라지지 않았다. 그러나 남성다움을 상상하는 새로운 길이 욕망과 여성과 관련하여 등장하였다. 그리고 이 두 사냥 사이의 모순, 즉 서사적 사냥과 에로틱한 사냥의 모순은 남성의 불안의 원천이 되었다. 남자다운 것은 서사적 사냥, 즉 멧돼지와 사슴에 대한 것이었다. 그것이 '느낌'과 여자들과 관련된 이후로 에로틱한 사냥은 보다 '나약하게' 보였으나 그만큼 시적이고 강력하였다. 그것은 토끼와 암사슴에 대한 사냥이었다.

그러나 이 두 유형의 사냥 사이의 긴장은 남성이 되는 두 방식 사이에서와 같이 남아 있다.

왕후들의 사냥의 아버지 트리스탄에게 일어난 일을 생각해보자. 그는 사랑을 쫓는 사냥꾼이 되었다. 그는 좀더 깊은 문제들로 향하는 욕망의 희미한 향기를 쫓았다. 우리는 이미 지난 장에서 트리스탄 경의 공식적인 사냥 에티켓에 대한 지식이 그의 지위를 마크 왕의 궁정으로까지 높여주었음을 보았다. 그러나 아이로니컬하게도 그곳에서 트리스탄은 사냥감, 마크 왕의 사냥감이 되었다. 트리스탄은 이 이야기에서 사냥당한 짐승이 되었다. 그는 마크 왕의 신부 이졸데와 사랑에 빠졌기 때문에 사냥감이다. 다른 저자인 고트프리트 폰 슈트라스부르크는 그녀를 '사랑의 매'라고 불렀다.[4] 그 기사는 진정 궁정적인 방식으로 주인의 여왕과 사랑에 빠진다. 그 사랑은 불법적이고 위험하며 그 모든 이상주의에도 불구하고 죽음과 같은 것이다. 그것은 사냥꾼과 사냥감의 문제다. 베르길리우스에서 아이네이아스는 에로틱한 사냥으로부터 서사적 사냥으로 되돌아간다. 트리스탄에서 영웅은 서사적 사냥으로부터 에로틱한 사냥으로 나아간다. 그것은 새롭고 보다 깊게 남성성의 정서적 공명을 규정한다.

트리스탄은 이졸데가 마크 왕을 만나러 콘월로 가는 배 안에서 그녀와 사랑에 빠진다. 그들은, 시인의 말대로, 은밀한 장소에서 서로에 대한 덫을 마련해놓은 사랑의 '끈끈이'에 사로잡혔다. 두 은밀한 연인은 자신들의 사랑에 완전히 걸려들었다. 그들은 마크 왕에게 자신들의 사랑을 숨기려 애썼지만, 그는 의심하였고 몸소 그 한 쌍에 대한 '사랑의 사냥꾼'이 되어 그물을 치고 덫을 놓았다. 결국 그들을 붙잡자 그는 그들을 공개한다. 그리고 죽일 수는 없었으므로 그 둘을 궁정에서 내쫓는다.

두 연인은 함께 마크 왕을 떠난다. 트리스탄은 여행 중에 발견한 '야만스러운 산지'에 있는 동굴로 함께 간다. 그 동굴은 마법의 장소이다. 한때 거인이 그곳에 살았으나 이제는 청동 문으로 닫혀 있다. 그 동굴 위에는 다음과 같은 말이 새겨져 있다. '연인들의 동굴.' 그곳은 풍부한 상상과 달콤한 욕망의 동굴이다.

트리스탄과 이졸데는 이 아름다운 동굴로 들어간다. 그것은 의식적으로 아이네이아스와 디도의 동굴을 반영한다. 그곳이 그들의 집이자 운명이라는 점을 제외한다면, 아이네이아스의 동굴은 한때의 탈선이었다. 아름다운 보석으로 장식된 금관이 회랑의 한가운데를 장식하고 있다. 바닥은 부드러운 대리석이며 '잔디처럼 녹색'이다. 동굴 한가운데는 "땅으로부터 높이 솟아오른 수정으로 깎아 만든 침대가 있었고 그 가장자리에는 이 침대가 사랑의 여신에게 바쳐졌다는 명문이 새겨져" 있었다.[5]

그들은 이 야생의 피난처에서 얼마간을 보낸다. 그들의 낙은 사랑이다. 그들의 목적은 자신들의 욕망이다. 그들은 욕망에 충실한 존재다. 이 동굴을 볼 만큼 운이 좋은 사람은 거의 없으리라고 고트프리트는 말한다. 그는 자신에 대한 이야기를 들었다. 누군가가 외딴 황야와 들판의 시내를 따라 야생 짐승을 쫓았으나 그들의 노력은 끝내 성공하지 못했다. 고트프리트는 자신이 그 동굴을 발견하였으며 문을 보았고 손잡이를 당겨보았다고 한다. 그는 수정 침대를 보았고 거기서 '몇 번' 춤을 추기도 했다. 그러나 그는 결코 '거기서 휴식을 취하지'는 않았다. 이것은 물론 말 그대로의 장소가 아니라 우화이다. 동굴의 '창에서 비치는 햇살은 종종 내 가슴속 깊이 들어왔다'라고 고트프리트는 이 감동적인 자전적 방백

6장 | 욕망의 발산과 위험　299

에서 말한다.

"나는 11살 때부터 그 동굴을 알았다. 그러나 콘월에는 발을 들여놓은 적이 없다."[6]

이 동굴은 연인의 심장이고 그 심장은 남성의 새로운 목적지이다.

그러나 마크 왕, 연인들의 주군은 깊은 슬픔에 잠긴다. 그는 우수를 달래기 위해 사냥을 나간다. 그리고 사냥개들은 숲 속에서 말처럼 갈기가 달리고, 커다랗고 희고, 짧은 뿔을 한 이상한 사슴을 발견한다. 아침에 사냥꾼들은 이 이상한 하얀 사슴을 따라가다가 연인들의 동굴로 곧바로 가게 된다.

이는 새로운 사냥감, 사랑의 사슴이다. 신비스럽고 거의 영적인 사랑의 사슴이다. 그 사슴은 수정 침대 위에 누워 있는 트리스탄과 이졸데에게로 그들을 인도한다. 이 하얀 사슴은 마크 왕을 피해 달아나고 동굴에 있는 아름다운 연인들에 의해서만 잡힐 수 있다. 그것은 새로운 이상, 사냥과 남성성 자체의 매혹적인 이상을 표시한다. 그러나 그것은 마크 왕과 같은 범용한 사냥꾼에게는 잡히지 않는다. 그것은 남자들을 자신에게로 이끄는 피조물이다. 우리는 이 사슴을 영혼의 다른 아름다운 황야에서 쫓아왔다.

이 새로운 추적은 단순히 지배에 대한 것이 아니다. 여기에는 새로운 복잡성이 있다. 에로틱한 사냥은 이제 목적, 운명, 삶의 방식으로서 욕망을 그린다. 고대에서도 종종 그러했던 것처럼 불법이긴 하지만 그것은 이제 보석과 대리석, 수정이 있는 황금 동굴 안에 자리하여 매혹적이 되고 이상화되었다. 그리고 사냥은 남자의 자연스런 거주지로서 이 내면의 영토를 드러낸다. 그것은 우리를 욕망과 사랑의 거처로 데려간다. 그러나 그 모든 아름다움에도 불구하고 그것은 새로운 복잡성, 새로운 남성성의 법령과 규범, 새로운 심리적 긴장에 의해 특징 지워진다. 연인 트리스탄은 그의 군주 마크 왕에게 쫓긴다. 이는 두 이상 사이의 대립을 표시한다.

에로틱한 사냥은 언어를 통해 유행하게 되었다. 사냥과 성에 대한 말장난은 중세와 르네상스기의 영국에서 거의 끝이 없는 것 같다. 심장 또는 정열heart/사슴hart, 사슴deer/그대dear, 순결chaste/추적chase. 초서는 사슴/심장/고통(hart/heart/hurt)을 가지고 자주 말장난을 치는데, 'hurt'는 고대 영어에서는 'herte'이다. 많은 사냥감 동물들이 성교의 어휘집에 나타난다. 그리고 셰익스피어의 언어는 이런 피조물들을 무자비하게 이용하였다. 산토끼는 오랫동안 베누스와 연관되었는데, 아마도 그들이 호색으로 악명이 높았고 임의로 성을 바꿀 수 있다고 생각되었기 때문일 것이다.⁷ 산토끼를 쫓는 것은 무엇인가 특별히 성적인 것, 특히 여성을 쫓는 것이었다. "그녀의 사랑은 내가 사냥해야만 하는 토끼가 아니네"라고 「뜻대로 하세요」의 등장인물은 말한다(4.3.18.). 산토끼는 또한 남성과 여성의 특별한 성적인 부위를 의미할 수도 있었다. 초서의 『캔터베리 이야기』 서두는 수도사의 호색을 논하면서 산토끼와 '박차를 가하기pricking*' 혹은 승마에 대한 말장난을 한다. '산토끼를 사냥하는 것과 승마pricking/그의 욕망의 전부이다.' (191~92.) 「로미오와 줄리엣」의 머큐쇼는 유모를 '늙은 백발의 토끼'로 묘사하면서 말장난을 하고 있다. 그녀는 늙었기 때문에 토끼 같은 유모는 별로 좋은 고기가 아니다. 머리카락, 고기, 여성의 성기, 그리고 창녀는 '머리카락 파이hair pie**' (2.4.134~39.)에 대한 농담에서 조합된다. 이는 아직까지 쓰이는 속어이다. '토끼를 키우다'는 특별히 남성에게 무엇인가를 의미하는데, 발기했다는 뜻이다. 예를 들어 「트로일러스와 크레시다」에서 셰익스피어의

---

  * '음경'이라는 뜻도 있다.
 ** '음문'이라는 뜻도 있다.

등장인물인 판다루스는 '사슴과 노루를 쏘아 맞히는 사랑의 활'에 대한 외설적인 사냥 노래를 부른다. 그의 말로는 그 상처가 '아픈 부위를 간질이고' '연인들은 외친다네, 오호! 그들은 죽는다.' (3.1.116~20.)

가장 널리 퍼진 말장난 중 하나는 '뻗는다'인데, 이는 오르가슴에 대한 속어이다. 셰익스피어는 「겨울이야기」에서 오르가슴을 '사슴의 죽음mort o'th'deer'으로 언급한다. 성적 정열로 가득 찬 연인들의 신음소리는 또한 사냥꾼의 외침인 '소호'를 암시한다.

그러나 풍부한 언어학적 사례는 그저 좀더 광범위한 서술과 시가 속에서 탐구된 성적 욕망의 패러독스가 남긴 단순하고 표면적인 흔적에 불과할 것이다. 요점은 사냥이 남성들을 그 자신에게로 보다 깊이 이끌었다는 것이다. 그것은 영적 탐구의 수단이며 좀더 중요하게는 정서적인 자기 발견이다. 남자들은 쉽사리 사냥과 성 사이에서 미끄러질 수 있는데, 한순간은 사랑하는 사냥꾼, 다른 순간은 사냥하는 연인일 수 있다. 이 사냥과 성의 광야에서 우리에게 제기되는 문제는 어느 정도까지 사냥이 사랑의 풍광을 형성하였느냐—얼마나 완전하게, 어떤 방식으로 사냥꾼들은 성의 자연적인 거처를 정의하였느냐—이다. 그리고 어느 정도까지 우리는 이 섹슈얼리티에 대한 사냥꾼의 개념을 계승하였는가도 있다. 욕망은 큐피드처럼 우리를 야수로 만들었는가? 우리는 여전히 사냥꾼의 눈을 통해 사랑의 정원을 보는가?

중요하게도 사냥은 욕망의 긴장을 이해하는 이미지이다. 그 이미지는 남성을 욕망 속에서 새로운 마신demon적인 감각으로 이끈다. 우리가 쫓는 바로 그것은 아주 위험한 것이다. 사냥은 우리에게 욕망의 패러독스와 신비의 감각을 주었다. 사냥은 우리에게 욕망의 광야를 그려 보였다. 그것은 우리 정신의 지리학을 정의한다.

그것은 우리를 연인들의 아름다운 동굴로뿐 아니라 무의식의 함정으로 이끌었다.

우리는 이 사냥꾼을 앞으로 불러내고 그에게 말을 시키며 그 땅이 어떤 모습인지 볼 필요가 있다. 여기 셰익스피어가 정열의 거처를 요약한 방법이 있다. 욕망 그 자체는 사냥이며 우리의 뒤틀리고 죄 많은 영혼의 표지이다.

> 부끄럽게 정력을 낭비하는 것은
> 행위하는 정욕, 그리고 행위가 있기까지, 정욕은
> 외설적이고, 살인적이고, 유혈낭자하고, 수치스럽고
> 야만스럽고, 극단적이고, 무례하고, 잔인하고, 믿을 수 없어.
> 즐기자마자, 그러나 경멸당하네.
> 이성을 잃은 뒤 추구하다 마침내 얻는 순간
> 이성을 잃은 짓은 입속의 미끼처럼
> 삼킨 사람을 미치게 하여 미움받느니
> 추구할 때 미치고, 소유하여 미치고
> 가졌고 가지려 할 때 극단이 되며
> 실현할 때는 희열이나 경험한 후엔 크나큰 고민.
> 사전엔 상상의 기쁨, 사후엔 한낱 꿈에 불과하다.
>   이 모든 것을 세상은 잘 아나, 정작 잘 아는 이는 드무네.
>   인간을 지옥으로 이끄는 이 천국을 닫는 법을.
>   (소네트 129)

오르가슴의 순간에 경멸당한다. 그러나 과거의 이상은 사냥당했다. 꿈의 추적. 그 미끼는 삼키면 우리를 미치게 한다. 우리를 지옥으로 이끄는 하늘. 그것들은 남성의 욕망을 정의하게 되는 모순들이다. 우리가 인간의 욕망을 끊임없는 갈망과 죽음, 회한 그리고 편집증적인 추적으로 이해하는 것은 그의 눈, 사냥꾼의 눈을 통해서이다. 이 사냥꾼들이 열어젖힌 것은 하나의 주목할 만한 세계이며 거기서 환희는 공포와 매우 밀접한 관계에 있는 것 같다. 그리고 남자들은 충동적이고 뒤틀린 성적 욕망을 좇는 법을 배웠다. 그러나 하나만큼은 그대로 남아 있다. 사냥꾼들은 어쨌든 성의 이야기와 같은 충동적인 남성의 추적을 중화시켰다. 사냥꾼들은 남자들을 그들의 자연적 경험의 경계, 길들여진 것과 야생의 것 사이의 경계로 데리고 갔다. 그리고 거기서 그들은 자연의 육체 속에서 성의 육체를 발견하였다. 갈망과 권력의 이 특정한 왜곡을 통해 우리는 성의 자연적인 거처를 창조하였다.

2

자연의 상태가 우리 자신의 영혼의 상태의 반영임을 관찰하는 것은 이제는 흔한 일이 되었다. 우리가 보는 대로의 자연은 우리의 내적 삶의 자연이다.

우리가 우리 영혼을 구축하기 위해 자연을 이용한다는 것 또한 진실이다. 자연을 발명하며 동시에 우리는 자아를 발명한다. 우리의 자연에 대한 해석 속에서, 즉 우리가 초점을 맞추는 주제, 우리가 찬미하는 이미지, 우리가 재현으로 받아들이는 특정한 사실들, 우리가 '실재'로 받아들이는 종류의 지식—이런 자연의 재현 속에서 우리는 우리의 상상력과 감정의 한계를 표시한다. 자연은 텍스트이다. 그 실제와 상상적인 형태 속에서 그 외적이고 내적인 현현 속에서 우리는 우리 자신의 구문론syntax을 자연 속에서 본다. 그것은 법령이고 그 법령의 해독은 우리가 어디에 있는지를 보여준다.

중세와 르네상스 시대에 재정의된 사냥은 실제로 내적인 풍경 자체를 바꾸었다. 그것은 남자와 그의 자아와의 관계를 바꾸었다. 그것은 우리의 긴장과 앰비벌런스, 갈망과 흔들림을 표시한다. 사냥의 은유는 심리화되고 이 과정에서 에로틱한 사냥꾼은 그것을 새로운 방식으로 경험하며 이 공간 속을 이동한다. 그들은 새롭고 매우 자의식이 강한 관계를 그들 자신과 연결시키는 기쁨을 발견하였다.

셰익스피어의 예를 보자. 그는 매우 당연한 상식으로 남성의 많은 새로운 감정적 가능성들을 반영하고 탐구하고 창조하였다. 사냥은 남자와 여자들을 똑같이 전방의 경계로 몰아가나 그 전방은 단순히 자연 속에서 경험하는 것만은 아니다. 이 전방은 어쩌면 심리학적인 가장자리이다. 우리는 남자의 감정적 용량의 한계로 이동한다. 그의 희곡에서 사냥은 종종 사랑과 자아 발견을 묘사하는 데 이용된다. 셰익스피어는 심리적 경계선을 탐구하기 즐겼고 그러기 위해 의상과 사냥을 사용하였다. 「뜻대로 하세요」에서 연인들은 숲으로 가고 여자들은 남장을 한다. 즉, 로잘린드는 젊은 멧돼지 사냥꾼으로 '무릎에 창을 올려놓고' 있다. 숲 속에서 그녀는 사슴과 산토끼 사냥에 한몫 낀다. 그러나 사슴 사냥은, 말하자면 가짜 사냥drag hunt이다. 진정한 관심은 영웅적 행동보다는 전통적인 역할, 전통적인 의상 아래서의 자아 탐구이다.

언어와 의상으로서의 사냥은 셰익스피어가 자아의 정의를 탐구하는 방법이 되었으며 이제는 욕망과 연결되게 된다.

셰익스피어의 「비너스*와 아도니스」는 어떤 이야기보다 심리 탐구에 에로틱한 사냥을 더 이용하였다.[8] 이 시에서 역할은 다시 전도된다. 여신

---

* 여기서의 '비너스'는 로마 신화의 '베누스'인데, 셰익스피어의 고유 작품명이므로 영어식 발음인 '비너스'로 표기한다.

은 사냥꾼이고 젊은 남성은 사냥꾼이자 사냥감이다.

1592년의 흑사병으로 런던 극장이 문을 닫았을 때, 젊은 셰익스피어는 사랑에 빠진 두 사냥꾼에 대한 이 짧고 에로틱한 시를 썼다. 그는 그것을 '내 창작의 최초의 후예'라고 불렀다. 그것은 과장이었거나 실수였다. 그리고 그것을 사우샘프턴의 바람둥이 백작에게 헌정하였다. 1616년 셰익스피어가 죽기 전에 최소한 9개의 판본이 등장하였다. 많은 보수적인 현대의 비평가들은 이 시의 천박함에 당혹해한다. 그러나 좀더 보편적이고 귀족적인 그와 동시대의 독자들에게는 그렇지 않았다. 셰익스피어는 사랑과 관능의 묘사에 있어 오비디우스를 참조했으나 늘 그렇듯이 그의 스승을 구식으로 만들었다.

셰익스피어의 이 유명한 이야기에서 비너스는 어린 소년들을 좋아하는 마흔 살쯤 된 여자 사냥꾼이다. 그리고 '뺨이 붉은 아도니스'는 최소한 서사적 의미에서의 영웅과는 거리가 먼데, 다른 이야기나 티치아노, 베로네세, 카라치 같은 화가들의 그림에서는 모두 남성다운 모습으로 그를 묘사하고 있다. 셰익스피어에서 그는 귀엽고 섬세하고 그를 사랑하는 무서운 여인에 의해 쉽게 휘둘리는 사춘기 소년이다.

이 시는 사냥과 사랑 사이, 남자다움과 여자다움 사이의 긴장을 명료하게 표현한다. 그리고 재치 있고 교묘한 방식으로 그것을 희롱한다. 소년 같은 아도니스는 남자다움을 열망한다. '그는 사냥을 좋아했고 사랑을 비웃었다.' (4) 이 이야기 속에는 무엇이 남자를 만드는가에 대한 의문이 자리 잡고 있다. 아도니스는 둘 중 하나를 선택해야 한다. 멧돼지 사냥—서사적 사냥, 고된 사냥, 남자다운 사냥이냐 혹은 비너스가 권한 대로 토끼 사냥—에로틱한 사냥, 부드러운 사냥 아니면 좀더 '섬세한' 사냥이냐이다.

셰익스피어는 우리를 사랑의 정원에서 새롭고 별난 길로 데리고 간다.

이 상황, 다시 말해 나이 먹은 여자 사냥꾼이 저항하는 사춘기의 남자 사냥꾼을 사랑하는 것과 같은 상황은 섹슈얼리티의 연구가 되었다. 그것은 여성적 욕망과 남자의 성에 대한 두려움이다.

셰익스피어의 시에서는 아도니스의 이슬 맺힌 정원에 주황색 일출이 떠오른다. 말을 탄 젊은 아도니스는 사냥을 서두른다. 그의 뺨은 장미처럼 붉고, 사실 들판의 님프보다 더 아름답다. 그는 '예쁜 소년'이며 '남자들보다 아름다운 모든 님프들을 조롱하는'(9) 존재이듯 더욱 여성적이다. 그는 비너스보다 더욱 아름답다. 그의 야망은 남자다움의 상징인 '이빨이 드러난 멧돼지'를 사냥하는 것이다. 이 모두는 일종의 사랑의 거부 형태인 사냥에 대한 고대적 모티프를 회상시킨다. 고전에 나타난 펜테우스Pentheus와 히폴리투스Hyppolitus를 듣는 듯하다.* 서사적 사냥은 사랑으로부터 떨어진 심리적 영역, 사랑을 멸시하는 남자다움을 표시한다. 셰익스피어는 그러나 우리를 이 쉬운 이분법을 넘어서는 곳으로 데려간다. 그는 프로이트보다 몇 세기 이전 사람이지만 그와 마찬가지로 인간 내면의 드러나거나 감추어진 느낌들을 탐구하는 거장이다. 셰익스피어는 정체성과 성에 대한 공포의 역동에 대한 연구로서 고대 사냥꾼 아도니스를 이용하였다. 셰익스피어의 이야기에서 우리는 영혼의 그림자를 탐구한다.9

게다가 셰익스피어는 달콤한 여신과 까다로운 사냥꾼 사이의 이런 관계에 대한 탐구를 한껏 즐기고 그 장면과 그 가능성을 즐거워한다. 비너스는 '상사병이 들었고' 그녀가 쫓는 것은 '사랑의 부드러운 사냥'이다.

---

* 에우리피데스의 희곡 「히폴리투스」와 「디오니소스의 시녀들」에 나오는 등장인물. 아테네 왕 테세우스의 후처 파이드라는 테세우스의 아들 히폴리투스를 사랑하여 비극을 맞이하게 된다. 펜테우스는 디오니소스 신의 노여움을 사게 되는데, 어머니 아가우에가 그를 사자로 착각하여 갈기갈기 찢어 죽이게 된다.

그녀는 말을 탄 아도니스에게 곧바로 접근한다. 그녀는 아도니스에게 만약 말에서 내려온다면 '수천의 달콤한 비밀'을 말해주겠다고 약속하였다. 그는 거절했지만 그녀는 그를 자기의 가슴 위로 끌어당긴다. "오, 사랑은 얼마나 빠른지!"(38)

능동적이고 적극적이고 쫓아가는 주체는 이 사랑의 여왕이다. 그녀는 수동적 여성이라는 전형적인 상투어를 뒤집고 바로 그녀 자신이 욕망을 위한 야수적인 언어를 구사한다.

그녀는 야수처럼 그에게 덮친다. '욕망이 아니라 힘으로 그를 지배하였다.' 그녀는 그를 '굶주린 독수리'처럼 날개를 흔들며 잡아먹고 그의 육체를 빨아 마시고 그의 뺨과 눈썹, 턱에 키스한다. 헐떡이고 몸을 떠는 아도니스 위에 걸터앉은 비너스는 '사냥감에게 그러한 것처럼 그 열기를 삼킨다.'(63) 그녀의 팔에 안긴 아도니스는 '얽힌 새장에 갇힌' 새이다.

그는 그녀의 욕망을 혐오하고 그것을 거부한다. 그는 초심자이고 새침하기까지 하다. 그녀의 '시간 때우기 스포츠'는 그에게는 치욕스런 것이다. 그의 돌 같은 냉정함은 그녀의 욕망에 불을 붙일 뿐이다. 이 시의 가장 유명한 구절(르네상스 시대에 종종 인용되었다)에서 그녀는 그를 사냥의 언어로 유혹하려 하는데, 이는 새침하고 쌀쌀한 아도니스에게도 저항이 어려울 정도이다. 그녀는 그를 팔로 감싸고 '백합 같은 손가락으로 꼭 깍지를 끼고'는 나약한 아도니스도 거의 저항할 수 없을 정도의 유혹을 한다.

"애무," 그녀는 말했다. "내가 너를 여기서 이 상앗빛 띠로
묶은 후로 나는 공원이고, 너는 사슴이 된다.
네가 원하는 곳에서 뜯어 먹거라, 산이든 골짜기든.
내 입술을 빨고, 그 언덕이 마르거든 더 낮은 곳으로 가거라,

쾌락의 연못이 있는 곳으로."

"이 경계 안에 충분한 휴식이 있다.
달콤한 이끼와 높고 즐거운 평원,
부드러운 바위들, 희미하고 거친 풀숲,
너를 폭풍과 비에서 보호해주리라.
그리고 내 사슴이 되어라. 내가 공원이 될 터이니.
어떤 개도 너를 쫓지 않으리라."

이에 아도니스는 경멸로 웃고
볼에는 예쁜 보조개가 나타났다.
사랑은 이들을 공허하게 만들었다…… (231~43)

사냥의 어휘는 여신에게 유혹의 이미저리를 제공한다. 그녀의 '창백한' 팔, 혹은 울타리는 사슴 아도니스가 '쉬고' 풀을 뜯을 수 있는 안전한 방목장이다. 자연의 육체는 사랑의 욕망의 육체이다. 그리고 모든 여체의 성감대는 이 사냥의 범위 안에서 상앗빛 흰색이다.
　성의 거처는 여성의 몸이다.
　그 이상으로 셰익스피어는 아도니스가 웃는 모습에서 즐거움을 찾는 것 같다. 그의 볼은 미소로 움푹 패는데, 이곳은 큐피드의 거처이다. 매우 귀여운 이런 종류의 '절창'을 르네상스의 궁정 귀족들은 즐겼다. 셰익스피어의 관심은 두 사람 사이의 욕망의 역동성이다.
　그것도 독신 남성의 심리 안에서이다. 그는 그녀를 비웃는다. 그는 그녀에게서 달아난다. 그의 사랑에 대한 거절 속에는 일종의 남자답지 못한 것이 있다. "너는 남자가 아니야"라고 비너스는 말한다. "남자의 얼굴을 하고 있지만 말이야."

성의 심리학— 셰익스피어가 이 사냥꾼들을 만나는 영역— 은 쉽게 돌아올 수 없는 '미지의 땅'이다. '꿀 같은 비밀'과 재치 있는 '먹이'에도 불구하고 그것은 아도니스에게 공포스러운 세계이다. 그것이 이 시의 요점이다. 성venereal과 사냥venatic의 남성은 보기만큼 둘 다가 아니다.

셰익스피어는 심리적인 그림자 속으로 이동한다. 아도니스는 무엇을 두려워하는가? 비너스, 그렇다. 그러나 그 자신도 두려워한다. 위대한 아이러니는 멧돼지 사냥을 통한 전형적인 남성다움을 열망하면서도 그가 최소한 성에 미숙하거나 아마도 발기부전이라는 점이다.

어느 지점에서 비너스는 그 점잖 빼는 새침데기 소년을 뒤로 뉘며 끌어당긴다. 그녀는 점점 흥분한다. 그 역시도 준비가 되어 말을 여신으로 바꿔 타려 한다. 그러나 셰익스피어는 말한다.

> 모든 것이 환상이다.
> 그는 그녀를 다룰 수 없었다. 비록 그녀를 올라탔지만,
> 그녀의 짜증은 탄탈로스보다 더했다.
> 엘리시움을 끌어안으나 즐거움은 없다. (597~600)

아도니스는 성불구이다. 그리고 그것으로 충분했다. 다음 날 그는 갑자기 멧돼지를 사냥하러 가겠다고 그녀에게 선언한다.

그는 그녀를 버린다. 다음 날 그녀는 짖어대는 개들의 소리에 잠을 깨는데, 그녀의 상상은 끝을 모르게 부풀어 올라 그녀는 아도니스가 죽었다고 생각한다. 그녀는 멧돼지를 사냥하는 곳으로 달려 들어가다가 자신이 본 것을 거의 지나칠 뻔 한다. 아도니스는 '냄새나고 더럽고 가시투성이 주둥이를 한 멧돼지'에게 죽임을 당해 숲 속에 길게 누워 있었다.

아도니스와 멧돼지의 만남은 비너스의 눈에는 에로틱한 암시성을 가진다. 멧돼지는 '그에게 키스하고 그렇게 그를 죽였을 것'이라 그녀는 상상한다.

>이것이 사실이구나, 이것이 사실이구나. 아도니스는 죽었구나.
>날카로운 창을 들고 멧돼지에게 달려들었는데.
>그는 그에게 다시는 이를 갈지 않았는데.
>키스로 그를 설득하려 했지.
>그 사랑스런 돼지는 옆구리를 비비대고
>모르는 새 그의 부드러운 가랑이에 이빨을 푹 쑤셔 넣었지.
>
>"내가 그처럼 깨물었다면,
>키스로 그를 먼저 죽였어야 했어.
>그러나 그는 죽었고 다시 피 흘리지 않으리.
>내 꼬마는 가고, 난 저주를 받았구나.
>이 말과 더불어 그녀는 서 있던 곳에 쓰러졌다.
>그리고 그의 굳은 피로 얼굴을 물들였다." (1111~21)

분명히 에로틱한 이 묘사에서 멧돼지는 어금니를 '푹 찌르고,' 이빨을 그 소년 아도니스의 '부드러운 가랑이'에 쑤셔 넣었다. 로마의 오비디우스는 엘리자베스조의 셰익스피어에서 이상하게 그리스적이 된다. 이 사냥의 남성 동성애적 쾌락은 비너스의 사랑을 거절한 아도니스에게 새로운 의미를 부여한다. 그리고 그것은 여성에 대한 공포의 그림자를 부여받는데, 그녀들의 섹슈얼리티가 사랑의 여왕 비너스처럼 공격적이고 억압적이고 야수적이라는 의미에서이다.

비너스는 그 멧돼지를 질투할 따름이다.

비너스는 그녀의 잃어버린 사랑을 애도하러 날아오르고 이제부터 사랑은 시작은 달콤할 것이나 끝은 불쾌할 것이라 예언한다. 그것은 '결코 공평하게 해결될 수 없으며' 그리고 늘 '허점투성이에 잘못과 협잡으로 가득 찰 것'이다(1140).

프로이트 이후의 시대에 사는 우리는 욕망을 가로지르는 풍경에 대해 냉소적일지도 모른다. 그러나 셰익스피어와 르네상스인들이 우리에게 이 영역을 소개해주었는데, 거기서는 각각의 심리적 흔적이 어떤 지워지지 않는 꿈을 생각나게 한다. 이 욕망의 미로, 갑작스런 전환의 정원에서 성과 죽음은 우리의 핵심적인 신비가 되고 위대한 집착이 된다. 멧돼지에게 입은 상처는 우리가 욕망 자체로부터 입은, 지금은 상상 속에서 분리할 수 없는 상처를 대변한다. 멧돼지는 그에게 키스했을지도 모르나 우선 그를 죽여버렸다. 우리는 무의식적으로 또 불가피하게 우리의 가장 깊은 상처 부근에 자리한 욕망으로 이끌리게 마련이다. 그 사냥의 장면은 우리에게 젊은 연인의 토막 난 시신 위에 있는 비너스의 포즈, 섬세한 에로틱한 고통의 표상을 남겨주었다. 그녀의 얼굴은 그의 '굳어진 피'로 '물들어' 있다.[10]

희곡과 소네트, 그리고 장시에서 셰익스피어는 욕망의 연구에 초점을 맞추었다고 노스럽 프라이는 주장한다. 그 정체성을 향한 갈망은 종종 에로틱한 것이었다.[11] 오비디우스에서 사랑은 신이었고 보편적이고 절대적이며 비인격화되고 정적이고 감정적으로 단순하며 도덕적으로 예측 가능하였다. 그것은 제우스, 영웅들, 힘센 목동들과 마찬가지로 아폴론에게도 본질적으로 같았다. 셰익스피어와 르네상스 시대에 에로스는 구체적 개별화되고 역동적이고 감정적으로 복잡하며 서스펜스로 넘치기조차 한다.[12] 우리가 등장인물의 독특함, 우리 자아의 비밀을 발견하는 것은 이 욕망의 일탈 속에서다. 오비디우스에서 에로스는 본질적으로 하나(그 지배나 역전에서 절정에 오르는 사냥 이야기)를 의미한다. 셰익스피어에서 유혹은 좀더 복잡해지며 밀고 당기는 꼬인 서술, 일종의 협상이 된다. 두 연인 사이의 힘의 배분은 상당히 에로틱한 요소이며 각 연인들의 심리의 열쇠는 그, 혹은 그녀가 권력과 욕망의 역동성 내에 어떻게 자리하고 있는가이다.

에로틱한 인물로서의 사냥꾼은 환상적인 짐승을 쫓아 마음으로 향하는 낯설고 새로 난 길을 따라간다. 더 이상 한 사냥꾼의 이야기란 없다. 각 사냥꾼은 성적 환상의 정원을 따라 자신의 길을 가지고 있다.

3

또 다른 성적 판타지가 있다. 이는 나 자신의 것인데, 나의 자아실현을 향한 에로틱하고 때론 엉뚱한 여정 속에서의 사슴을 묘사한다. 그리고 그것은 이 문화적 단계들―셰익스피어가 「비너스와 아도니스」에서 묘사한 것과 같은―이 어떻게 우리 자신의 심리적 진화를 조건 지우는지를 암시한다.

20세기 후반의 많은 남성들처럼, 나 자신의 자아에 대한 진정한 탐구는 이혼과 함께 시작되었다. 이혼과 관계의 실패는 많은 남성들에게 자아를 일깨우도록 하는 재앙인 것 같다. 이혼은 독신의 삶 속으로 나를 밀쳐 넣었고 나로 하여금 내가 누구인지, 무엇을 원하는지, 나의 심리적 정신적 관계들은 어떠한지를 엄밀하게 살피도록 만들었다. 내가 물려받은 풍습들의 이면, 많은 남자들이 쉽사리 빠지곤 하는 평범한 태도와 전형적인 역할의 뒷면에서 나는 내 상상력이 진정으로 무엇인지를 탐구하기 시작하였다.

나는 이혼 직후에 데이트했던 한 여자를 기억한다. 사라는 여성 안마사였다. 그녀는 몸의 다양한 부분을 부드럽게 주무르는, 아시아에서 기원한 한 종류의 안마의 전문가였다. 그 전제는 매우 미묘한 이 터치가 신체의 에너지 경로를 해방시켜준다는 것이었다. 그러면 몸속에 깊이 침잠할 수 있다.

사라와 나는 함께 멕시코로 여행을 가서 바이야 해변에 머물렀다. 나는 이혼 후에 정서적으로 상처받고 난폭한 에너지로 가득 차 있었다. 어느 날 저녁, 사라는 내게 마사지를 해주겠다고 했고 나는 동의했다. 그리고 다행스럽게도 멕시코에서 보낸 주말 동안 몇 번을 더 받았다. 그것은 놀라웠다. 종종 그녀는 나를 거의 건드리지도 않았다. 만지지도 않은 것이다. 나는 그 체험 속에서 긴장을 풀었다. 그리고 내 상상력은 상승하기 시작했다. 나는 꿈과 잠 속의 마법의 장소로 빨려 들어갔다. 그리고 그 이미지는 내 마음속에서 생생하고 분명하고 풍요하게 떠다니기 시작했다.

사라가 손끝으로 내 몸의 혈—이마, 가슴, 골반 그리고 손목—위로 옮겨다닐 때, 나는 해변에 누워 있는 내 자신을 그리기 시작했다. 내 곁에는 친한 친구들인 세 명의 남자들이 있었다. 우리는 손을 잡고 원을 그리며 미친 듯이 춤추었다. 그리고 나는 해변에서 소리를 질러댔다.

"아무도 나를 건드릴 수 없어, 아무도 나를 건드릴 수 없다구!"

그리고 우리는 어두운 하늘 아래 광신자들처럼 춤을 추었다.

여기에는 깊은 아이러니가 있었다. 내 환상 속에 말이다. 나는 자유롭고 야생적이고 손댈 수 없는 자가 되고 싶었다. 그리고 그 환상은 사라의 부드러운 손길 아래서 만들어졌다.

아도니스처럼 나는 사냥개들과 함께 미친 듯이 달리고 싶었다. 그때 나의 이런 내면의 이미지는 강력하고 독립적이며 분방하게 느껴졌다. 나는 여자들과의 사랑의 상처로부터 벗어나 친구들과 있고 싶었다. 지금 그때를 회상하면, 자유로우나 한편으로 두려워했음을 알 수 있다. 나는 상처 입고 다치기를 원하지 않았다.

섹슈얼리티와 친밀함에 대한 사냥 은유의 한 심리적 기능은 그것이 인간적 친밀함의 욕구 위에서 작용함과 동시에 어느 정도의 거리를 허용한다는 데에 있다. 성적이고 예의 바른 게임으로서의 사냥은 사람들이 하는 모든 게임처럼 특정한 형태의 친밀함을 허용하는 동시에 정서적 거리를 유지해준다. 이 모든 것은 겉으로 드러나지 않고 간접적이다. 정서적 욕구와 두려움은 내재한 채로 남아 있다. 나 자신의 경우, 나는 여인과 함께 있는 것을 좋아했지만 진정으로 몰두하지는 않았다. 나는 정열적이었으나 나의 그 정서적인 벌거벗음은 일종의 방패였다. 나는 스스로의 정서적 성장을 위해 이 단계를 넘어서야만 했다.

이 사냥의 은유는 남자들에게 섹스와의 거리를 한정할 수 있는 방법을 제시한다. 그것은 섹스와 감정 사이에 경계를 표시한다. 또 그것은 통제의 환상을 부여한다. 쉽게 뒤집힐 수 있고 늘 위협을 받고 있는 통제 말이다. 그러므로 늘 지속되는 불안이 있다. 남자들은 그들의 감정을 너무나 깊게 몰두하도록 내버려두지 않으면서도 정서적인 황량함 속으로 규칙적으로 뛰어들고 싶어 한다.

이것은 욕망의 한 법칙이다. 모든 사냥꾼들이 가슴으로 알고 있는 법칙인 것이다. 욕망 속에서는 상처 입는 이가 당신 혼자만이 아님을 기억하라.

그 판타지는 내게 있어 중요한 심리적 단계를 표시한다. 나는 그곳으로부터 먼 길을 가야만 했다. 나는 내 자신과 진리, 육체가 아니라 영혼과 결부된 욕망에 대해 많은 것을 배워야 했다. 이것은 욕망으로부터 사랑으로, 육체적인 것으로부터 정서적인 친밀함을 향하는 어려운 전이이다.

4

중세 프랑스는 궁정식 연애의 출생지이다. 이탈리아는 그 유모처럼 보인다. 중세와 르네상스 이탈리아는 위대한 사랑에 있어 일종의 상상력이 풍부한 장소이다. 베아트리체를 향한 피렌체 사람 단테의 사랑이 있고, 로미오와 줄리엣이 있다. 또 다른 사랑, 즉 프랑스 여인 로라를 향한 이탈리아인 페트라르카의 사랑은 남성의 정서의 역사를 변모시켰다.

그녀가 정말로 존재하였다면 모든 정황으로 미루어 보아 유부녀였을 것이다. 우리는 그녀가 누구였는지를 모른다. 그 시인은 그녀의 진정한 정체를 드러낸 적이 없다. 그는 단지 1327년 4월 6일 아비뇽의 성 클라라 성당에서 그녀를 처음 보았다고 말하고 있을 뿐이다. 아침나절이었고, 그로부터 21년이 지난 1348년의 같은 날 그녀는 죽었다. '내 삶에서 빛이 거두어졌다'라고, 시인 페트라르카는 깊이 사랑했으나 늘 멀리 있던 여인에 대해 썼다. 그것은 이루어질 수 없고 완성될 수 없는 관계였다. 그것은 시를 통해 살아남았고 페트라르카는 그녀에 대해 그의 가슴의 통곡인 '흐트러진 운율'로 시를 썼다.[13]

그는 그녀를 허구적인 이름인 '로라'로 불렀다. 이는 시적 명성에 대한 아폴론의 상징인 월계수(로렐)를 가지고 만든 말이다. 『시집 *Rime*』에서 페트라르카는 317편의 소네트, 29편의 칸초네, 7편의 발라드 그리고 4편의 마드리갈을 그녀의 아름다움, 그의 영혼에 미친 그녀의 영향을 기리며 바쳤다. 소네트의 형식도, 시에 쓴 대로 궁정식 연애의 형태도 발명하지 않았지만 그는 그 소네트를 다음 3세기 동안 셀 수 없는 궁정 조신들의 사랑의 장르로 만들었고, 궁정식 연애는 오랜 세월 동안 사랑의 이상이 되었다. 사실 로미오와 줄리엣은 가면무도회에서 만난 베로나의 그 따뜻한 저녁에 이 사랑스러운 젊은이들이 캐풀렛가의 싹트는 사랑에 대해 이야기한다. 로미오와 줄리엣은 페트라르카의 사랑의 언어로 서로에게 말을 하기조차 한다(그 대화의 유명한 소네트가 그것이다).

페트라르카의 가장 유명한 소네트는 숲 속에서의 가장 아름답고 오묘한 동물에 대한 추적과 마찬가지로 그의 사랑을 묘사한 것이다. 그는 '내가 찬미하는 야생의 짐승을 따르는 사랑의 신'에 의해 부추김을 당한, 겉으로는 사냥을 하는 것처럼 보이지 않는 사냥꾼이다.[14]

그의 '사냥'은 정서적인 분야이며, 그 사냥꾼은 자신의 욕망이 빚어낸 마법적인 피조물에 대한 정욕을 삼가는 법을 배운다.

> 에메랄드 빛 초원의 한 마리 하얀 사슴
> 황금 뿔 두 개를 달고서
> 두 개울 사이에, 월계수 그림자 아래에
> 사나운 추위 속에 태양이 솟을 때
> 내게 나타나네.
>
> 그 모습은 너무나 부드럽게 무정하여
> 나는 일을 놓고 즐거움으로 그녀를 따르네.
> 보물을 쫓는 구두쇠처럼
> 그 기쁨으로 쓰라림을 달래며.
>
> 그녀의 목 주위에는 "날 손대지 마세요"라고
> 토파즈와 다이아몬드로 씌어져 있다네.

"카이사르의 뜻이 저를 자유롭게 해주었어요."

이미 정오를 향해 태양은 솟아오르고
내 슬픈 눈은 만족하게 볼 수가 없다네.
내가 개울에 뛰어들자 그녀는 가버렸네.

—페트라르카, 시 190.

    한 마리 순수한 사슴, 이 피조물은 신화와 사냥 편람으로부터 벗어났다. 그것은 마음의 동물 우화집 속에 있는 동화적인 존재이며 사냥의 전승에서 비롯되었다. 하얀 사슴은 디아나의 사슴과 카이사르의 사슴의 복합체이며 사냥꾼의 한계를 뛰어넘는 존재이다. 많은 마법적인 사슴이 유럽의 역사에 등장하였고 고대 이후로 사슴은 사랑의 은유와 연결되었다.[15]
    이 사슴은 다른 가까운 신화적인 친족들을 가지고 있다. 사냥꾼들이 온 유럽을 찾아 헤매던 하얀 일각수도 그중 하나이다. 그 동물은 순결함으로 인하여 처녀들만이 잡을 수 있는데, 일각수들이 그녀들의 무릎에 머리를 올려놓고 쉰다는 것이다. 페트라르카는 하얀 사슴을 볼 수 있었으나 만지지 못했다. 그는 실제로 사냥을 한 것이 아니라 영구히 바라보기만을 즐긴 것이다. 그의 욕망은 눈에 들러붙어 있었다. 관음증 환자 그대로다. 그러나 바라보기를 고도의 예술로 만든 관음증 환자이다. 그가 접근하자 사슴은 달아나고 사슴이 달아나자 그는 코믹하게 개울에 빠진다.
    페트라르카의 태도는, 욕망의 역사에서 한 전환적인 개념이다. 이 소네트는 자아의 욕망과 그 야망에 직접적인 표현을 부과하는 매우 강력한 수단이었다. 페트라르카는 우리에게 사랑의 이상적인 태도— 완전하고 순결하고 불가능하고 고통스러운—를 보여준다. 사랑은 귀족적인 마음의 특출한 고통이다. 순결한 욕망의 이상화, 나아가 순결한 여인의 이상화 속에서 페트라르카는 사랑의 목적으로서 이루어질 수 없는 것의 이미지를 창조하였다. 이 사랑에서 주목할 만한 것은 그것이 새로운 형식의 남성성을 창조하였다는 점이다. 욕망 자체는 새롭고 보다 근대적인 남성이 자신을 표현하는 방식이 되었고, 그의 감정의 강도 속에서 실질적으로 그 자신을 창조한다. 그것은 이 남성성의 정체성이 육화되는 조건이다.[16]

욕망의 유희는 정교한 궁정 게임 안에 내재하게 되었다. 이 욕망의 모순은 궁정식 연애의 진부한 표현을 통해 계승되었다. 즉, 페트라르카적 사랑의 '얼음 같은 불'이라는 것이다. 그러나 페트라르카적 사랑의 실제와 미학에서 성적 욕망은 항상 순결해야 하고 쾌락은 고통과 불가분하게 얽힌다는 것은 최소한 모순이 아니었다. 죽음은 사랑의 진정한 절정이다. 사냥과 순결의 여신 디아나가 성화(性化)되었다고도 말할 수 있다.

페트라르카는 이 사랑을 발명하지 않았다. 궁정식 연애와 밀접하게 연관된 에로스의 이상화는 150년 전쯤, 즉 1174~1186년 사이의 어디선가 시작되었다. 최소한 그것이 연애 지침서, 연인들을 위한 편람인 『궁정식 연애의 기법』에 명문화된 때였다. 그리고 여기서 저자는 사냥을 남성 욕망의 중심부에 놓는다. 서문에서 저자 안드레아스 카펠라누스Andreas Capellanus는 사랑을 '이런 종류의 사냥'이라고 부른다. 그리고 이 사랑이 어디서 기원하는지를 기술하면서, 그는 한 기사가 아서 왕의 성에서 '황금 횃대에 앉은 매'를 사로잡았을 때 그가 발견한 두 사냥개의 입에서 그 규칙들이 발견되었다고 말한다. 이 매, 이 사랑의 새는 그로 하여금 마술적으로 그의 정부의 손길을 사로잡게 해주는데, 그때까지 그녀는 그를 경멸해왔던 것이다. 궁정식 사랑은 그 기사의 기사도적인 추적과 결부되었다. 즉, 연인을 위해 위험한 짐승을 쫓고 죽이는 것이다. 그것은 수많은 형태로 거듭해서 반복된 용을 죽이는 성 조지의 이야기이다.

무엇인가 새로운 것이 유럽 남성들의 마음속으로 들어왔다. 그들은 새로운 느낌의 방식, 그들의 느낌과 타인과의 관계에 있어 자아의 새로운 아름다움을 출범시킨 방식을 훈련받았다. 사랑의 게임은 특정한 규칙과 특성을 띠게 되었다. 남자들은 이 궁정식 사랑의 이상화된 세계에서 새로운 우아함으로 자신을 다루는 법을 배웠다. 이 새로운 사냥은 궁정식 연애를 일종의 예술의 형태, 적절한 예의범절에 대한 규범으로까지 승화시켰다. 영국에서 토머스 와이엇 경은 사냥의 은유를 사용하며 소네트를 즐겼다.

"그들은 나로부터 달아나며 이따금 나로 하여금 쫓게 하네."

그는 한탄한다.

"내 방에 맨발로 살금살금 들어오면서."

와이엇은 이 사슴(연인)과의 달콤한 만남을 회상한다. 그때 그녀는 그를 뒤에서 사랑하였다. 그녀는 그를 '길고도 가는' 팔로 감싸 안았다. 그러고는 그에게 키스를 퍼부었다.

"사랑하는 이여."

그녀는 이중의 의미를 띤 말장난pun으로 말한다.

"이렇게 하면 어때요?"[17]

장 롱사르와 에드먼드 스펜서 그리고 앤드루 마벌, 장 파스라와 조아생 뒤 벨레, 이들과 다른 많은 시인들에게 사냥(특히 사슴 사냥)은 이상화된 로맨티시즘과 행동 규범의 잘 정립된 은유가 되었다. 그것은 새로운 남성적 욕망의 담론이었다. 그것은 남자들에게 불법적인 성적 느낌들을 사회적으로 용인되는 형태로 승화시키는 법을 가르쳤다. 즉, 안전하게 사랑할 수 있는 정부(情婦)의 이상화이다.[18]

셰익스피어의 낭만적인 희극에서, 남자들은 처음부터 끝까지 이런 욕망 속의 자세에 감동받으며 여자들은 남자들로부터 성교육을 떠맡는다. 그들은 느끼는 법을 어느 정도 체계적으로 교육받아야만 한다.

이 남자들은 종종 사냥꾼의 모습으로 사랑에 접근하는 법을 배운다. 셰익스피어의 초기 희극인 「사랑의 헛수고」는 이미 1590년대에 등장할 위대한 희극들의 기본 요소들을 대부분 가지고 있었다. 위대한 희극들보다는 좀 산만하고 위트와 전개가 가벼워서 인기는 없었지만, 「사랑의 헛수고」는 그럼에도 셰익스피어가 장차 그의 희극들과 결부될 사랑의 형태를 능동적으로 만들어내고 있었음을 확실히 보여주고 있다. 그것은 위대한 낭만적 사랑이다. 우리가 그것을 너무나 당연하게 여기기 때문에 눈에 띄지 않고 지나치고 있는 것은, 그 남자들이 여자들과 사랑의 본성에 대해 교육받을 때 청중인 우리도 교육받고 있다는 점이다. 현대의 학자들은 셰익스피어가 어떻게 그의 희극에서 남자와 여자들 간의 사랑법을 실제적으로 고안해내었는지, 그리고 그 희극들을 어떻게 사랑에 대한 새로운 문화적 표준의 반영이자 그 교육으로 만들었는지에 대해 초점을 맞추어 연구하고 있다.[19]

「사랑의 헛수고」의 첫 장면에 나오는 나바르 왕과 그의 세 조신들은 세상과 사회로부터 은둔하여 학문에 정진하기로 맹세한다. 그들은 여인들까지도 포기할 것이다. 조신들은 처음에는 머뭇거리나 곧 왕에게 동조하여 약속을 한다. 그들이 그러자마자 프랑스의 공주가 세 시녀와 함께 도착하고 그들은 이 남자들의 어리석은 맹세를 시험해보려 한다.

이 희극의 어릿광대―웃음을 줄 뿐 아니라 종종 진리의 대변인이기도 하다―가 주장하듯이, '육체에 귀를 기울이는 남자들의 단순함이란 대단해!(1.1.216.)'이다.

이 남자들은 당장 어리석은 연인들로 돌변한다. 다른 셰익스피어의 위대한 희극에서처럼 남자들의 사랑에 대한 저항은 주된 실패의 서곡이다.

그 여인들과 오직 한번 만난 후 이 남자들 중 한 명은 그가 이미 "소네트를 지었다"고 한탄한다.

「사랑의 헛수고」에서는 가면무도회를 통해 구애가 진행되며, 숲 속에서의 사냥 장면에서 절정에 달한다. 프랑스의 공주는 일류 사냥꾼이며, 남자와 여자들의 농담과 말장난을 통해 여기서 벌어지는 진정한 사냥은 두 성 간에서 이루어지는 것임이 분명해진다. 공주는 훌륭한 사냥감일 뿐 아니라 그만큼이나 훌륭한 궁수이기도 하다. 그녀는 오로지 명망과 풍습 때문에 사냥을 하며, '불쌍한 사슴'을 진정으로 가엾게 여긴다. 그 대화는 그녀가 이상화된 인물이자 동시에 두려움의 대상임을 보여준다. 그녀는 말한다.

> 허나 오너라 활아. 이제 자비는 죽이러 간다.
> 잘 쏜 화살은 고통을 낳겠지.
> 그리고 종종 그러함은 의심의 여지가 없어.
> 영광은 혐오스러운 범죄의 죄악을 기르고
> 명성 때문에, 칭찬 때문에, 외적인 것들 때문에
> 우리는 마음의 움직임에 기울어지네.
> 오로지 명성 때문에 이제 나는
> 불쌍한 사슴의 피를 흘리려 하고
> 내 마음은 전혀 아프지 않다.

여기에 그녀의 남자 하인은 응답한다:

> 자신의 위엄을 주장하는 여인들을 비난하지 마십시오.
> 칭찬 때문에 그들은 군주들에 대한

군주들이 되려 하는 것이 아닙니까?

(4.1.24~38.)

이 정교한 정서적이고 성적인 게임에서, 그 움직임은 이중적이 된다. 여성이 이상화될수록 그녀의 권력은 두려움의 대상이다. 희곡의 언어로 이것은 '사냥감에 의해 사로잡힌 사냥감'이 된다.[20]

어느 이론은 1592년에 쓰였을 이 장면이 엘리자베스 여왕을 모델로 하고 있다고 주장한다. 정열적인 사냥꾼이었으며 이틀에 한 번꼴로 들에 나간 이 처녀 여왕은 대단한 권력을 지녔다. 그녀는 부하들을 사냥하고 지배하였다. 그녀는 일반적으로 여름휴가를 왕국을 '행차하며' 보냈고 시골의 영지에 머물며 사치스럽고 풍성한 낭비를 즐겼다. 프랑스 공주의 사냥은 아마도 1591년 '몬터큐트 공이 수행한…… 서식스 코드레이에서의 여왕 폐하의 거둥'에 의해 영감을 받았을 것이다. 여왕은 8월 14일 토요일에 '엄청난 수의 수행원'과 함께 도착하였고, 연회와 우화적인 연출들을 즐겼다. 월요일에 그녀의 '순결한 욕망'을 노래하는 님프들과 더불어 '폐하는 사슴을 쏘셨다.' 그녀는 '열여섯 마리의 사슴들을 사냥개들이 끌고 오는 것'을 보았다.[21]

엘리자베스 여왕은 (고대의 디아나처럼) 이상화의 대상이자 공포의 대상, 순결하고 정열적인 여인이었다. 그녀는 남성적 욕망의 범접할 수 없는 대상이며 갈망의 대상이면서 동시에 두려운 존재였다. 셰익스피어의 희곡처럼 그 오락은 남성의 욕망을 유발하고 제어하는 정교한 궁정적 게임이었다. 그것은 모순되는 일단의 개념들이었으며, 심리적으로 다루기 매우 어려웠다. 여자들은 실제로 이 욕망의 이상화 속에서 힘을 부여받고 남성의 욕망을 통제한다.[22] 그 통제는 남성들을 정서적으로 매우 취약하게 만들어놓는다.

이 이상화되고 통제된 욕망이 있는 곳에 욕망과 공포는 종종 그 흔적을 남긴다. 이 사냥꾼들이 그들의 정숙한 연인들과 결합할 때 그들은 어느 정도의 경이와 사랑의 어두운 비밀 속에 있는 것이다. 그것은 이 통제된 욕망의 구조의 일부이며 두려운 짐승들은 그들을 어둠 속에서 기다린다. 구애와 결혼 속에서는 제멋대로인 성적 욕망도, 배신의 두려움도 이 이상들에 의해 포함되지 않는다. 사실 구애와 결혼이 이상화될수록 남자들은 그들의 성적 두려움에 더 민감해진다. 이 이상의 다른 한 면은 악마적인 성적 사냥이다.

남자들은 새로운 악타이온——오쟁이 진 남편——의 육화를 두려워한다. 배신당한 남편은 새로운 에로틱한 사냥꾼의 완전한 모습이며, 그 안에서 우리는 이 새로운 에로틱한 이상의 어두운 측면을 살핀다.

5

님프들과 함께 목욕하고 있는 디아나의 알몸을 본 죄로 사슴으로 변한 악타이온이 페트라르카와 셰익스피어의 세계로 들어왔을 때, 그는 사냥꾼에서 애처로운 배신당한 남편이 된다. 이 사냥꾼의 이미지는, 신화가 사회적 가치와 개인의식의 변화를 기록하게 되는 일종의 문화적 변형을 겪게 된다. 페트라르카의 악타이온은 『윈저의 즐거운 아낙네들』의 끝부분에 나오는 폴스타프에 의해 연상되는 악타이온처럼 오쟁이 진 남편이다. 그는 동물의 모습인데, 통제할 수 없는 욕망에 의해 짐승이 되었다. 그는 사슴뿔을 단 남자(오쟁이 진 남자라는 뜻도 있다), 성적 사냥의 희생자이다.[23]

오쟁이 진 남편을 통해 사냥은 새롭게 떠오르는 사회적 기제——결혼에서 정점을 이루는 낭만적 사랑——와 결부된다. 고대의 펜테우스와 디오니소스로부터 내려오는 악마적인 사냥은 확실히 근대적인 외피를 입는다. 여전히 성적 욕망과 연결되었기는 하지만, 그것은 아내의 섹슈얼리티에 대한 모든 남성들의 두려움을 내포하는데, 그들 자신의 남성성은 근대적 자아에서의 에로스의 늘어나는 역할과 더불어 그것에 더욱 많이 의존하게 된 것이다.

영국 르네상스기의 섹슈얼리티에 대한 가장 영향력 있고 중요한 연구는 로렌스 스톤의 『영국의 가족, 성 그리고 결혼 1500~1800』[24]에 의해 지속되고 있다. 그의 결론은 아직도 논쟁거리이지만 그의 주장의 요점은 여전히 견고하다. 그는 근대 사회에서 가족의 의미와 중요성에 중대한 전환이 이루어졌음을 보여준다. 스톤은 이 시기에 전환이 천천히 일어났으며, 중세 귀족사회의 적절한 동맹에 근거를 둔 중매결혼에서 핵가족으로 독립한 기혼 부부를 좀더 중시하는 쪽으로 나아갔음을 보여준다. 이 변화는 독신과 처녀성을 찬미한 중세 수도원적인 공식적 이상화로부터 '성스러운 결혼'이라는 르네상스와 프로테스탄트의 찬양을 향한 전이와 잇닿아 있다. 이 변화는 절대적이고 갑작스러운 것은 아니지만 이상과 특권, 강조점과 정도의 변화였다.

이 변화의 결과로, 남자들은 여성과 순결한 욕망에 대한 페트라르카적 이상화뿐 아니라 사회적 기제로서의 결혼 자체 속에서 자기들의 정체성을 여인들(아내와 특히 딸들)과 좀더 밀접하게 연관된 것으로 발견하게 되었다. 그것은 대단히 가부장적인 이 시기에 엄청난 심리적인 아이러니이다. 그때 남자들은 끈질기게 그들의 우월함을 주장했고, 아버지이자 지배자인 남자들은 자신의 특권과 정서적 정체성을 남자로서 여인들에게 물려주었던 것이다. 결혼은 질서를 부여하고, 명백히 짐승스러운 성적 혼돈과 성적 욕망의 공포를 묶어놓는 방식이다. 그것은 셰익스피어의 희곡이 광범위하게 받아들인 원칙이며, 그는 결혼을 욕망의 위대한 목적이자 사회적 연대의 상징으로 정립시킨다.[25] 셰익스피어의 희곡에서 남자와 여자 간의 대립은 예컨대 남자의 정체에 관한 직접적인 의문으로 향한다. 남성으로서 그들의 힘은 아내를 집에서 통제하는 능력에 기반을 두고 있다. 코펠리아 칸이 주장하듯이 "셰익스피어의 작품은 여성에 대한 가부장적 권력의 사용과 관계된 남성적인 불안의 목소리이며 그 반영이다. 특히 여성의 섹슈얼리티에 대한 남성의 통제인데, 그것은 남성의 사회적 우위와 여성에 대한 특히 정서적인 취약성이라는 이 균열로부터 기인"한 것이다.[26]

셰익스피어에서, 남성이 여성에게 품는 가장 구체적인 두려움은 '뿔'을 쓰는 것(오쟁이 지는 것)이다. 한 비평가는 이 뿔이 여성의 혀처럼 그것이 마땅히 속할 위치가 아닌 곳에 잘못 붙여진 성기라고 주장한다.[27] 남성의 가장 큰 불안, 이 시기를 통해 편집증적으로 되풀이된 불안은 오쟁이 진 남편이 되는 것에 대한 두려움이다. 그것은 이 시기의 남자들에 의해 마치 진짜 전염병인 양 상상되었다. 16세기의 위대한 프랑스 철학자인 미셸 드 몽테뉴는 오쟁이 진 유부남의 불행한 상태에 대해 다음과 같이 말한다.

> 나는 수백 명의 오쟁이 진 남자들을 안다…… 당신의 면전에서 얼마나 많은 사람들이 이 비난을 듣고 괴로워하는지 보지 못하는가? 어떤 남자도 예외가 될 수 없다. 그리고 숙녀들조차도 그것을 비웃고 종알댈 것이다.[28]

이 남자들의 일반적인 괴로움—사냥꾼, 짐승, 호색가 사이의 또 다른 영역—은 셰익스피어의 작품을 통틀어 발견되고 남자들이 결혼에 대해 가지고 있는 주된 걱정거리이다. 오쟁이 진 남편이 되는 것에 대한 두려움은 너무도 커서, 결혼도 망설이게 할 정도이다. 초기 희극인 「사랑의 헛수고」는 '겨울'과 '봄,' '올빼미'와 '뻐꾸기' 사이의 노래로 끝난다. 이 희극들은 결혼에서 절정에 달하나 여성의 섹슈얼리티에 대한 두려움을 완전히 쓸어버리지는 못한다.

> 데이지 꽃은 알록달록, 바이올렛은 푸르고
> 그리고 숙녀의 속옷은 하얀 은색
> 그리고 노란 빛을 띤 뻐꾸기 새끼
> 기쁨으로 초원을 물들인다네.
> 뻐꾸기는 모든 나무 위에서
> 결혼한 남자들을 조롱하네.
> "뻐꾹."
> "뻐꾹; 뻐꾹"— 오 두려움의 말이여.
> 결혼한 귀에게는 듣기 불쾌하다네.
> (5.2.894~902.)

옥스퍼드 영어사전에 따르면, 배신당한 남편을 의미하는 오쟁이cuckold란 단어는 이미 1250년에 「올빼미와 나이팅게일」이라는 시에서 나타났다. 그 단어는 다른 새의 둥지에 알을 낳는 것으로 자연사에서 특히 유명한 뻐꾸기 새에서 비롯되었다. 그 새끼들은 다른 부모 새가 키운다. 요점은 "오쟁이"가 둥지에서 다른 둥지로 날아다니는 남성 유혹자라는 것이 아니라 자기도 모르게 남의 아이를 키우는 희생자라는 것이다.

이것은 독특하게 남성적인 두려움이다. 그것은 아내들이 아니라 남편들에게서 일어날 수 있는 일이다.

아내가 그녀의 남편에게 충실하다면, 그녀는 그의 생식력을 조용히 유효화한다. 그렇지 않다면 그녀는 그의 성적 능력을 의문시한다. 그는 머리에 높이 뿔을 매다는데, 이는 전체 공동체의 조롱의 대상이다. 이것은 부끄러움의 표시, 성기의 상징이며 비난받고 뿌리를 잃은 남성의 생식력의 표지이다. 그 사슴뿔은 열 갈래의 뿔을 단 사슴을 거꾸러뜨린 위대한 사냥꾼의 남성성의 보증이기도 하다. 셰익스피어 희극의 남성들은 이를 알고 있고 이것은 그들의 반복되는 강박관념이다. 일단 베아트리체와 약혼하여 그토록 저항하던 결혼을 하게 되자 「헛소동」에서의 베네디크는 결혼에의 투항과 그가 겪은 성적 공포를 하나의 농담 속에서 요약한다. '끝에 뿔이 달린 막대기보다 존경스러운 것은 없지.' (5.4.123~24.)[29]

오쟁이 짐은 르네상스와 셰익스피어의 희곡에서 남자들의 중심적인 집착이다. 「헛소동」에서의 베네디크처럼 희극의 남자들은 오쟁이 질까 봐, 이 희극의 첫 부분에 나온 대로 '뿔이 달릴까 봐' (1.1.270.) 결혼에 저항한다. 희극의 진행이 결혼을 향해 움직일수록 남자들은 그들의 두려움을 진정시켜야 하고, 종종 이 희곡에서는 한때의 공포가 유부남의 불가피한 뿔에 대한 우스운 칭찬이 되기도 한다. 「뜻대로 하세요」의 끝 부분에서 숲으로 추방되었던 남자들은 성공적인 사냥을 하고 캠프로 돌아온다. 남자들은 사슴을 죽인 사냥꾼에게 '가죽과 뿔'을 입도록 주고 '다정하게 노래해'준다.

    이 뿔을 입는 것을 부끄러워하지 마라.
    이것은 네가 태어난 머리 장식
    네 아버지의 아버지가 입었고
    아버지도 그것을 입었다.
    이 뿔, 이 뿔, 이 욕망의 뿔
    비웃을 만한 물건이 아니다.

(4.2.13~18.)

'욕망의 뿔'은 사냥과 오쟁이 짐 속에서 남성 생식력의 가시적인 상징이다.

가족은 셰익스피어의 핵심적인 주제들 중 하나이다. 그리고 '순결한 보물'——오필리아에 대한 레어티스의 문장——인 여성의 섹슈얼리티에 대한 남성의 불안은 그의 가장 강력한 비극들 몇몇의 핵심이 되었다. 그가 우려하는 배신의 실제 상황은 셰익스피어에서는 존재하지 않는다. 그의 주제는 배신에 대한 남성적 판타지이다. 그것은 오쟁이 짐이 그가 탐구한 남성적 정체성의 핵심적인 고착 중 하나가 되는 방식이다. 그것은 큐피드의 아름다운 얼굴 아래에 있는 마신이다.

햄릿의 근본적인 불안, 아버지가 살해당했다는 사실보다 선행하는 더 무서운 불안은 그의 어머니가 숙부인 클로디어스와 잤다는 들끓는 생각이다. 그는 그를 염소 같은 '폭군'이라고 혐오한다. 그러나 「오셀로」는 여성의 욕망에 대한 셰익스피어의 집착을 보여주는 주된 문헌이다. 이아고의 잘 만들어진 함정에 빠질 때, 오셀로는 사냥의 이미지를 그의 연설에 싣는다.

> 만일 그녀가 사나운 매라면 그 발에 맨 끈이
> 비록 내 생명의 끈이라 할지라도 거센 바람에 날려서
> 그다음은 운명에 맡기도록 하겠건만……
> 나 자신을 달래기 위해서는 아내를 미워할 수밖에.
> 저런 미인들을 내 것이라 부른다는 것은 거죽뿐이고
> 그 정욕은 내 것이 아니라니! 사랑하는 여자의 한구석만
> 지니고.

다른 자들이 마음대로 할 바엔 차라리 두꺼비가 되어
토굴의 음산한 공기나 마시고 사는 것이 낫겠지. 그러나
이것이야말로 상류 사회의 염병이고 타고날 때부터 정해지는 재액인 것
이다. 저기 데스데모나가 오는군.
(3.3.260~77.)

그 매는 야생 상태에서 자란 암컷 매이고 매 사냥용으로 길들이기 어렵기로 악명이 높다. '염병'은 물론 오쟁이 짐을 의미하는 것이다.
이것들은 남자들에게 흔한 일이다. 최소한 이아고의 주장으로는 그렇다. 그 전염병은 정신적인 고문이자 남자들에게는 가장 두려운 불안이다. 이아고는 오셀로의 마음속에 그 상처를 사악한 기쁨을 가지고 옮긴다.

오셀로: 오쟁이 진 남자는 괴물이고 짐승이야.
이아고: 번화한 도시에는 그런 짐승들이 많습니다.
오셀로: 그놈이 스스로 그렇게 말하던가?
이아고: 장군님, 마음을 대범하게 가지십시오. 멍에를 메고 있는 수염
기른 남자들은 너나없이 다 마찬가집니다. 분명히 자기 것이라고 하면서
도 사실은 공동의 침대에서 밤마다 자고 있는 자가 수백만 명이 있습니다.
장군님의 경우는 그래도 나은 편입니다.
아무 걱정 없이 침대에서 음탕한 여자의 입을 맞추고
그걸 순결한 여자라고 생각하는 것은
그야말로 지옥의 저주고 악마의 모욕입니다..
참으셔야 합니다. 그렇지 않다면 장부답지 못하고
감정을 못 이기는 성질이라 할 수밖에 없습니다.

(4.1.62~88.)

"장부답지 못하다." 이아고는 거세와 함께 오쟁이 진 남자가 되는 무서운 환상을 생략한다. 오셀로는 그의 격한 성질 속에서 남자다움을 잃는다.[30]

셰익스피어에서 남성의 정체성을 향한 충동은 성적 이슈에 의해 얽히고설킨다. 이것들은 교대로 여성에 대한 통제와 연결된다. 총각과 유부남은 모두 오셀로의 협박 아래서 굽실대고 있다. 즉, 그들은 여성의 섹슈얼리티를 통제할 수 없는 것이다. 오쟁이 진 남자가 셰익스피어에서 나타날 때마다——「실수 연발」에서의 아드리아나로부터 『윈저의 즐거운 아낙네들』의 여인들까지, 「베니스의 상인」 마지막 부분의 여인, 「헛소동」에서의 히어로에 대한 잘못된 기소까지, 「겨울이야기」에서 자기 아내가 가장 친한 친구에 의해 임신이 되었다는 레온테스의 고통스런 상상까지——못된 남자들은 진실하고 정직한 여자들을 공격한다. 그것은 남성 상상력의 어두운 부분이며 남성 정체성과 남성적 욕망의 연결이다. 셰익스피어는 그것을 날카로운 방식으로 해부하였다.

여성의 섹슈얼리티에 대한 남성의 몰입은 성차(性差)뿐 아니라 세대 역시 가로지른다. 셰익스피어의 희곡 중에 나오는 남자들의 편견 중 하나는 아버지가 친아들을 구별할 수 있을까이다. 이런 근심은 단순한 농담으로부터 「겨울이야기」에 나오는 공포와 분노에서 정점에 달한다. 거기서 레온테스는 그의 아이들이 자신의 친자가 아니라고 믿는다. 그는 신음하며 그의 아들 마밀리우스에게 묻는다.

"너는 내 아들인가?"(1.2.119.)

질투가 얼마나 광적일 수 있는지를 알기 위해서 꼭 셰익스피어나 몽테뉴가 필요하지는 않다. 단지 신문을 읽거나——O. J. 심슨의 경우——아니면 성적 배신의 고통을 알게 된 경험을 떠올려보는 것으로 충분하다. 동시에 몽테뉴는 우리가 다음을 숙고할 만큼 영리하다는 데 의문을 제기한다.

"그렇게 두려워하지 않는다면 오쟁이를 덜 지지 않을까? 여자들의 상황을 보라. 금지는 그녀들을 자극하고 억압은 그것을 조장한다."[31]

그는 자신의 두려움에 의해 남자들이 스스로를 오쟁이 짐의 더 큰 희생자로 만들고 있는 것은 아닌지에 의문을 제기한다. 그는 이성 관계 속에 사랑하고 욕망하는 좀더 다른 방식이 있으며, 그로 인해 그들이 그토록 두려워하는 것에 대해 덜 민감하게 될 것임을 시사한다. 여기서 요점은 오쟁이 짐(배신의 두려움)이 르네상스기를 통해 욕망이 경험되고 발명됨에 따라 그 구조의 일부가 되었다는 사실이다.

남자들은 여성과 욕망을 그들의 마음의 중심부가 아닌 그들의 정체성의 중심부에 놓는 법을 배웠다. 그녀는 이성애로 인해 남성의 친밀한 정서의 핵심이 되었다. 그의 희곡에서 셰익스피어가 암시하듯이, 느낌이 무엇을 의미하는지 남자들을 가르치고 인도하고 지도하는 것은 여자들이다. 오늘날 대부분의 남자들은 바로 이것을 인식하리라고 나는 확신한다. 즉, 친밀한 관계, 친밀한 감정과 결부된 관계 속에서 그들은 다른 남자들이 아닌 여자들에게 의지한다.

그러나 바로 그 강조점은 욕망과 섹슈얼리티 위에 놓였고, 여자들은 남자들을 취약하고 두려워하게 만든다. 그들은 유대감과 생식력의 확신을 위해 여자들에게 의존하였다. 그러나 마찬가지로 거리를 두어 그들의 두려움을 방어해야 했다. 그 거리는 여성의 이상화와 총각들 사이에서는 순결, 유부남에게서는 아내에 대한 통제에 의해 이루어졌다. 그러나 그들의 욕망은 통제되어야만 했다. 아니면 그 결과는 간부(姦夫)들의 '사냥'이었다. 성은 남성적 상상 속에서의 오점이 되었다.

이 욕망의 심리학에서 어떻게 사냥이 그토록 적절한 이미지가 되었는지는 쉽게 이해할 수 있다. 그것은 이 에로틱한 상상의 이상적이고 그로테스크한 측면을 동시에 표현하였을 뿐 아니라 에로틱한 전략의 일부로 채용되기도 하였다. 이 섬세하게 조절된 조율, 갑작스런 음조와 의미의 변화 속에서 그것은 욕망에 불을 붙이는 동시에 배신이라는 최악의 악몽을 벗겨 드러낼 수 있다. 그것은 빛과 어둠, 이상과 타락을 정의한다. 사냥의 언어는 남자들에게 위대하지만 의심스러울 수도 있는 심리학적 선물을 제공하였다. 그것은 그들에게 새로운 친밀감의 욕구를 표현할 수단과 동시에 거리를 유지하고 통제할 전략을 선사하였다. 오쟁이 짐은 이 새로운 에로틱한 사냥의 복합성으로부터 태어났다. 새로운 사냥감으로서 그는 성의 비자연적인 역사 속에 그의 위치를 차지하였다.

6

사냥이 사냥꾼과 사냥감 사이에 경계를 설정한다는 사실은 명백하다. 그 경계는 문화와 시대에 따라 바뀌고 그 경계가 설정한 두 요소—정체성과 관계—는 경계가 바뀜에 따라 변화한다. 그러나 확립된 경계 속에서 분명하게 드러나는 것은 나와 타자이다. 사냥꾼은 무엇이 타자인가, 그리고 그것과 어떻게 관계를 맺을 것인가를 규정한다. 여성, 동물, 그리고 자연은 타자의 범주(남성이 욕망하는 적수들)로 쉽게 들어온다.

사냥은 남자들에게 두려워하는 대상에 접근하는 전략을 제공한다. 그리고 자신이 그 사냥의 대상들과 얼마나 가까이 함께 있는지를 상상하는 경계를 설정한다. 그것은 그들에게 남자다운 정체성과 성적 인성을 부여하지만, 그러나 자기 동일화에 있어서 그들의 능력을 제한하기도 한다.

자연과 여성을 사냥감, 적수, 의심의 대상으로 삼음으로써 남자들은 자신의 정서적 삶의 경계를 설정한다.

우리는 남성의 마음을 이해하는 데 있어 사냥의 어휘를 계승하였다. 이런 맥락에서 볼 때 남자들이 그들 자신의 정서적 발산과 욕구를 이해하기가 힘들다는 것이 그토록 놀라운 일일까? 그들은 정서적 친밀감보다는 물리적인 용어로 말할 때 더욱 편안함을 느끼지 않는가? 그리고 그들은 육체적인 친밀성을 논하기를 꺼리지만 비록 허풍이라 해도 성적 능력을 뽐내지 않는가?

이 에로틱한 사냥꾼들에게 경계를 그으면서 남자들은 여성과 자연뿐 아니라 자신의 정서와의 관계마저도 상실했다. 우리는, 정서적 삶을 여자들과 짐승들 위에 올려놓았다. 여자와 짐승은 우리가 친숙한 감정과 성적 느낌을 표현할 때 사용하는 언어이며, 그들은 '여성스러운' 느낌들과 '짐승 같은' 본능과 같은 용어를 제공하였다. 남자들이 이제야 그들 자신의 정서적 심리적 깊이를 이해하는 법을 배운다는 사실이 그토록 놀라운 것인가? 그들의 정서적 경계가 그토록 성공, 점수 따기, 통제에 국한되어 있었음을 이제야 발견한 것이 말이다.

감정은 그러나 쉽사리 통제 가능한 힘이 아니다. 그들은 단순하게 경험되며, 그 과정에서 신비스러움의 상당 부분을 잃어버린다. 그리고 대부분의 남자들이 통제하고 싶어 하는 감정이 있다면 이는 두려움이다. 동물과 여성은 우리가 자아를 회복할 내적 영역을 제공하는데, 그들은 우리 자신의 인성적 분열이라는 짐을 지고 가기 때문이다. 우리는 우리의 경계를 넓히고 그 주변부에 조심스럽게 다가감으로써 우리 자아를 새롭게 하고 정서적 용량을 확장하기 시작했다. 그러나 무장하지는 않은 채로였다. 우리는 우리가 경멸하고 무시하려고 애썼던 느낌들을 통해 자아 탐색을 시작할 수 있다. 우리 자신의 정서적 삶을 회복하고 자신의 성에 대한 책임감을 찾음으로써 우리는 자신의 언어로 자아를 이해하기 시작한다. 우리는 가능한 한 진실되고 본질적으로 자신의 정서를 경험하기 시작한다.

그제야 남자들은 보다 진정한 관계를 가질 수 있을 것이라고, 좀더 진정한 자아를 제시할 수 있을 것이라고 나는 생각한다.

이는 문제투성이인 우리 시대에서 많은 남자들이 찾고 있는 것이다. 즉, 자아에 대한 보다 깊은 경험과 그들이 사는 세계, 삶을 공유하는 사람들에 대한 보다 깊은 정서적 친밀감 말이다.

우리 각자는 의도적이든 무의식적이든 개인적인 경험과 사사로운 심리가 문화적 유산과 어떻게 얽혀 있는지를 이해한다. 우리의 문화적 유산 ─ 그토록 많은 가면을 가진 이 사냥꾼 ─ 은 우리가 자아를 경험하는 방식에 경계를 설정한다. 우리 자신의 감정조차 문화가 형성한 언어와 이미지를 통해서 다가온다. 그리고 우리 자신의 가장 중요한 경험들은 또한 우리가 체험을 이해하는 방식을 형성한다. 우리가 어떻게 느끼는지를 이해함으로써 자아를 이해하는 것은 우리 자신의 일이다. 우리는 더 이상 자신에게 의미 없는 것을 뒤에 남겨둠으로써 성장한다.

내 경우를 말하자면, 이 AIDS 시대에 10년 이상의 독신생활은 남성 욕망에 대하여 많은 가르침을 주었다. 그동안 나는 많은 경험을 하게 되었다. 나는 욕망과 갈망에 대하여 내가 얼마나 섬세해질 수 있는지, 사랑을 의미하는 것에 대하여 내가 얼마나 몰랐는지를 인식하게 되었다.

위대한 시인 시어도어 로스케는 육체가 욕망 속을 천천히 움직일 때 '우리는 이유도 모르면서 무언가를 알게 된다'라고 썼다. 천천히 영혼의 미로를 통과하며 나는 내가 찾는 것이 무엇인지를 알게 되었다.

사람의 마음속 욕망의 그림은 천천히 드러나고 종종 오랜 시간에 걸쳐 여러 부분으로 나뉘어 떠오른다. 내게 있어서 그것은 종종 먼 곳으로의 여행을 통해 다가왔다. 그 여행은 늘 무언가를 찾는, 내가 잃어버렸다고 느낀 자아의 일부를 찾는 과정이었다.

내가 무엇을 찾아 헤매었는지를 언제나 말할 수는 없었다. 나는 내가 마주친 것들에 의해 놀라는 것을 즐겼다. 지리학과 상상력의 아주 먼 극지에서의 만남들 속에서 나는 내 자신이 시간과 장소에 융화되고 더욱 밝게 타오르며 점점 더 밝아지는 어떤 존재임을 느꼈다. 처음에는 알지 못했으나 이제는 보고 품을 수 있게 된 사실 한 가지는, 내가 자아를 향해 점점 더 깊어지는 욕망을 따라왔다는 것이었다.

그것은 결국 우리의 경험이고, 이 경험들을 통해 우리는 자아를 탐구하도록 초대받는다. 우리는 우리가 추구한다고는 알지 못했던 이미지들에 의해 사로잡히고 변화된다.

비슷한 얘기를 관계에 대해서도 할 수 있다. 우리는 그들 안에서 자아를 발견하고 그것을 통해 우리가 무엇을 찾아 헤매는지를 안다. 여러 관계 속에서 나는 내가 누구인지, 어떻게 관계하고 있는지, 무엇을 배울 필요가 있는지를 많이 배웠다.

이 특별한 관계들 중 하나는 내게 이 전환적인 순간들의 하나로 기억된다.

나는 런던 출신의 한 친구와 유럽을 여행 중이었다. 레이철과 나는 한때 영국에서 강의를 할 때 만난 적이 있는, 약간 아는 사이였다. 우리 사이에는 늘 뭔가 뜨겁고 흥분되는 것이 있었다. 그녀의 말대로 그녀는 나와 만난 순간 우리 관계가 '위험'해질 것임을 알고 있었다. 이제 몇 년이 흘러 우리는 함께 여행을 하고 가능한 한 많은 것을 보자고 결심하였다.

우리는 스페인 남부로 떠나길 합의했다. 그라나다 지방. 안달루시아는 우리에게 긴 오후, 무어인들의 왕궁, 후투티와 같은 이국적인 새들이 있는 로맨틱한 땅으로 보였다. 우리는 함께 우리가 창조한 판타지를 통해 욕망을 추구하였다.

　어느 날 밤 호텔 방에서 우리는 즉석으로 「햄릿」을 공연하였다. 그녀는 극작가이자 배우였고 나는 이 무대에서 그녀의 조수였다. 우리는 다른 부분을 맡았다. 레이첼이 그것을 배분하였다. 그녀는 대부분을 연기했고 나는 사소한 부분, 예컨대 오스릭이나 로젠크랜츠, 길든스턴 등을 맡았다. 장면마다 그녀는 거의 광적인 패러디로 연기하였고 모든 연기마다 영국식 악센트의 가치가 빛을 발했다. 그것은 우습고도 히스테리컬한 것이었고 나는 그녀가 대사의 행간을 따라 눈물을 흘리는 것을 바라보며 미친 듯이 웃었다.

　그러고 그녀는 게임을 하기 원했다. 어느 날 차 안에서 그녀는 두 가능성 사이에서 하나를 선택하라고 했다. 예컨대 입술이 되겠느냐 혀가 되겠느냐?

　사과 혹은 뱀?

　안전 혹은 유감?

　우리는 밤에 중세 유럽 도시의 어두운 거리를 쏘다니기 좋아했다. 나는 그녀에게 가로등 불빛 아래서 키스하곤 했다.

　그라나다에서 어느 싸늘한 밤, 우리는 마을의 고풍스러운 지역에서 열린 중세의 고문 기술에 관한 자극적인 전시회에 가보았다. 우리는 고문과 사회적 통제의 금속 기구들 앞에서 믿을 수 없는 충격으로 입이 벌어졌다. 여러 전시물들 중에는 수다쟁이 여자에게 물리는 '재갈,' 아내의 간통을 막기 위한 정조대, 그리고 '음란한 행동'으로 고발당한 마녀와 여자들을 위한 '가슴 톱' 등이 있었다.[32]

　그 전시장에서 나왔을 때 레이첼은 우리가 보고 싶어 했던 근사한 새인 후투티를 보았다. 그 녀석은 전시장 건물 입구에서 바로 날아올라 울짱을 넘어 우거진 골짜기의 깊은 숲 속으로 들어갔다. 우리는 그놈을 따라 골짜기에 난 길을 뛰어갔다. 그 길은 언덕 위로 나 있었으며 나무들의 꼭대기보다 위로 천천히 올라가자 골짜기와 숲을 내려다볼 수 있었다. 곧 나는 그 아름다운 그 새를 보았다. 까마귀 정도의 크기에 오렌지 빛이 나는 핑크 색 몸과 널따란 날개를 하고 있었고 얼룩말처럼 흑백으로 뚜렷한 무늬가 나 있었다.

가는 비가 떨어지기 시작했다. 우리 앞을 흘러가는 강의 저편에서 집시들이 언덕의 동굴에 집을 마련하는 모습을 볼 수 있었다.

나는 여러 해 동안 유럽에서 가장 아름다운 동물 중 하나인 후투티를 보고 싶어 했다. 그놈들은 오후에 숲 위를 떠도는 깊고 울림이 큰 쿨룩거리는 소리[hoop]를 따라 이름이 붙었다. 나는 그놈들이 앉아 있는 모습을, 그것도 아주 가까이서 보고 싶었다. 그놈들은 부드럽고 놀라울 만큼 아름다운 깃털에다가 곤추세울 수 있는 볏, 그리고 흑백의 얼룩무늬를 가지고 있다. 부리는 길고 구부러져 있다. 그놈들은 우아한 동시에 위엄이 있고 아름다우며 볏을 세울 때면 거친 말괄량이이다.

중세의 동물지— 동물 송가의 형식을 빌려 영적 의미를 전달하는 고전적 백과사전이다—에서, 이 눈에 번쩍 띄는 후투티들은 보살핌과 양육의 상징이었다. '서로에게 자비를 행하는' 동물이라고 그 동물지의 번역자 화이트는 말한다.[33] 그것은 직관이 일종의 정서적 공명과 함께하는 마법적인 순간이었으며, 그때 머리와 가슴은 하나가 되었고 우리는 우리 자신, 세계 그리고 서로와의 유대감 속으로 한 발짝 걸어 들어갔다. 그 골짜기에서 나는 그 새와 장소와 사람들 모두에 대한 벅찬 감정으로 가득 차올랐다.

갑자기 폭풍우가 쳐 우리를 흠씬 젖게 하였으나 문제가 아니었다. 오후 내내 우리는 후투티를 쫓아 골짜기를 헤맸고, 저쪽 언덕에 있는 집시들과 함께 비에 흠뻑 젖었다.

그 느낌은 일렬로 궤도를 이룬 행성들처럼 저항할 수 없는 중력을 발산하였다. 내 몸은 그것을 넘어서는 힘들, 나를 자신의 바깥으로 끌어당기는 그 힘에 의해 사로잡혔다. 우리는 그렇게 재발견하고 싶었던 친밀감과 함께 타인과 나 자신 그리고 자연과의 일치를 느끼는 능력을 잃고 살아왔었다. 이와 같은 순간에 레이철과 후투티, 그리고 골짜기와 함께 나는 내가 잃어버렸던 것에 대한 고통과 더불어 속에서 치밀어오르는 아픔을 느꼈다. 남자들은 자신이 통제할 수 있는 것뿐 아니라 관계하고 있는 것들에 의해 규정된다는 사실을 잊고 있었다. 활짝 열고 뛰쳐나가라! 그것은 당신 안에 있다. 당신은 당신이 사랑하는 전부이다.

사랑은 일반적이고 비인격적인 상태가 아니다. 저항할 수 없는, 젊고 우스꽝스럽고 장난스러운 신도 아니다. 그것은 남자들로 하여금 그들 자신의 경험을 이해할 수 있게 도와주는 개념이다. 사랑은 사람들이 발전시킨 능력이다. 사람들은 사랑하기를 배우고 특별한 관계, 특별한 장소, 특별한 사람들을 사랑함으로써 그들 자신의 사랑할 수 있는 능력을 믿게 된다. 아마도 남성성의 역사에서 이 사랑할 수 있는 능력은 어쨌든 여성— 순수한 사슴candida cerva—에 대한 남성의 정서적 삶 속에서 계승되어 왔다. 그러나 유감스럽게도 남자들은 내면으로부터 사랑을 진정으로 경험하는 법을 배울 수 없었다. 그것은 늘 어쨌든 낯선 것으로 보였다.

정확한 설명이 무엇이든 자신의 감정으로부터 남자들이 갖는 거리감은 유전이나 자연적인 무엇으로 설명될 수 있는 것은 아니다. 남자들은 그들 자신을 더욱 깊게 경험하는 법, 자신의 정서적 삶을 내면적이고 인간적인 자신의 것으로 되찾는 법을 배워야 한다. 지난 몇 년간 나의 삶은 내 자신의 정서적 용량으로 더욱 깊이 들어가 그것을 열어젖히고 더욱 완전하게 경험하려는 이런 과정이었다. 자아와 느낌 사이에 세워진 벽을 통과하기 위해서 남자들에게는 노력이 필요하다. 남자들은 전형적으로 이성적이고 활동적이라고, 그들 자신의 감정과는 멀리 떨어져 있다고 지나치게 상상되어왔다. 그들 자신이 가진 은유들, 그들 자신의 남성성의 개념화는 이 가장 끈질긴 벽들 중의 하나인데 그 때문에 그 임무가 불가능한 것처럼 보이게 되기 때문이다. 그러나 그렇지 않다.

나는 내 안에서 날아오르는 후투티와 함께 그 골짜기에 있던 때를 기억한다. 나는 내 자신으로부터, 지난 과거의 모든 인습들과 그 확신들로부터 상승하고 하강하였다. 나는 내 자신보다 좀더 큰 무엇인가를 향해 날았고 더 큰 자아로 하강하였다. 이 사랑하는 능력은 나무 위를 날아오르는 새들처럼 과거의 경계를 뛰어넘을 때 정점에 달한다. 그리고 우리는 좀더 큰 조망과 더불어 돌아가게 된다.

자신과 느낌 사이에 있는 경계를 구획 짓기 위해 사냥과 같은 은유를 사용했던 그 오랜 역사와 배경들을 통해서 남자들은 자아의 많은 부분들을 스스로에게 낯선 것으로 만들어버렸다. 우리가 우리 외부에서 상상하는 타자는 우리를 내면에서 응시하는 타자이다. 지금은 처음으로 우리 경험의 이런 부분을 되찾기 시작하고, 그것을 우리 것이라고 주장할 때이다.

앞으로의 길은 문화적 유산과 개인적 경험, 즉 역사의 그림자와 자신의 삶의 독특한 상호작용을 통해 각자에게 제시되어 있다.

레이철과의 관계는 유럽의 여러 도시를 돌아다니며 즐겁고 떠들썩하게 그리고 큰 진폭의 감정들을 통해 진행되었다. 그것은 또한 슬프고 힘든 이별도 준비하고 있었다. 욕망lust, 사랑love, 그리고 상실loss, 이는 관계의 3L이다. 그러나 각 관계는 정서적 결말을 산출하는 기회를 제공하고, 최소한 눈과 가슴이 열려져 있다면 잘 다루어야 할 정서적 단계를 제시한다. 각각은 그 단계에서 배울 필요가 있는 것들을 제공하며 앞으로 전진하는 지점을 표시할 수 있다. 레이철은 내게 큰 선물을 주었다.

그것은 내가 추구했던 이미지였다. 스페인의 그 골짜기에서 폭풍 속에서 후투티를 쫓으며, 나는 오랫동안 계속해온 자아 발견을 향한 긴 여정의 길잡이가 될 이런 결론 중 하나를 느꼈던 것이다.

7장 | 독립된 남성다움,
      그 위대한 창조

"소년 시절부터 나는 사냥에 미친 사람들에 대한 농담을 많이 들었다. 그들은 내가 아는 이들 중에서 가장 즐거운 마니아들이었다."
— 윌리엄 콘월리스 해리스, 『남아프리카의 사냥』[1]

그는 남자들이 나이보다 성숙한 것을 보았고 늘 감동을 받았다. 그것은 스물한 살 생일의 문제가 아니었다. 매컴버에게 이 일이 일어난 것은 묘한 사냥의 기회, 미리 걱정할 짬이 없이 바로 행동으로 뛰어드는 일을 통해서였다. 저 거지를 좀 보라고, 그것이 그토록 오랫동안 어린애로 머물러 있는 이유라고 윌슨은 생각하였다. 때때로 평생을 그렇게 남아 있는 이도 있었다. 그들의 모습은 쉰 살이 되더라도 어린애 같은 것이었다. 위대한 미국의 소년—남자들. 웃기는 괴상스런 민족이다. 웃기는 괴상스런 놈들이기도 하고. 아마도 지금쯤은 오쟁이질의 종말을 의미하리라. 그렇다. 그것도 좋은 일이긴 하지…… 이제는 그야말로 훌륭한 사냥꾼이 되어라. 그는 전쟁 속에서 똑같은 방식으로 그것을 보았다. 동정의 상실보다 더한 변화였다. 공포는 전투처럼 사라졌다. 그 자리에서 뭔가가 자라났다. 남자들이 가진 그 무엇이. 그것이 그를 남자로 만든다. 여자들 역시 그것을 알았다.
— 어니스트 헤밍웨이, 「프랜시스 매컴버의 짧고 행복한 생애」[2]

1

그 밴 트럭 안에는 말을 조심스럽게 하거나 얌전한 사람은 아무도 없었다. 내 옆의 여자는 불타는 주홍빛으로 머리를 물들이고 오렌지 향수를 뿌리고 있다. 그녀는 요크셔에서 온 남자 옆자리에 앉아 있는데 그의 창백한 얼굴은 붉게 반짝이고 코에는 두 개의 코걸이를 끼었으며 청색과 오렌지색으로 물들인 머리는 여러 갈래로 땋아 늘어뜨렸다. 나는 미소를 지으며 노팅엄 대학의 학생들 틈에 어깨를 부대끼며 그 트럭에 비집고 오른다. 그들은 모두 할인점에서 산 군용 재킷을 입고 있었으며 머리는 군대 스타일로 짧게 깎든지 아니면 강렬한 색으로 염색을 하였다. 그들은 작은 보석상을 열어도 될 만큼의 금속 코걸이와 귀걸이를 달고 있다. 반항과 폭동에 걸맞을 것 같은 포스트펑크 시대의 갱의 모습이다.

우리는 18세기 목가풍인 영국의 중심부를 향한다. 12월의 진창투성이 들 위엔 얇은 안개가 끼어 레스터셔의 소박한 들판 위에 늘어선 낙엽이 모두 떨어진 참나무 가지 사이로 희미하게 햇빛을 통과시키고 있다. 유명한 퀸 사냥개가 오늘 사냥 중인데, 이 '사냥 방해꾼'들은 그들의 하루를 망치기 위해 출동한 것이다.

우리는 벨벳 옷을 입은 사냥꾼들이 놀턴 마을 부근 들판에 모여 있는 모습을 본다. 아름다운 붉은 재킷, 삼각건, 반바지를 입은 우아한 모습들이다. 꼬리를 흔드는 사냥개들이 순혈종 서러브레드 말들의 발아래서 참을성 없이 낑낑대고 있다. 두 남자가 개들을 부리기 위한 긴 채찍을 들고 있다. 여우사냥개들의 몰이꾼은 검은 중산모를 쓰고 흰 장갑을 끼고는 신경질적으로 그의 말에 안장을 얹고 있다. 모여 있는 사냥꾼들에게 우리가 천천히 다가가자 그는 의심스럽게 밴과 우리들을 바라보았다.

영국에서 사냥hunt이란 여우를 쫓는 사냥개를 모는 것을 의미한다. 꿩 사냥은 '쏘아잡기shooting'라 불린다. 그들과 우리(귀족과 펑크 학생들) 간의 대조는 그 이상이 불가능할 정도로 뚜렷하다. 혹은 정말 우스꽝스럽다. 여기 수백 년에 걸쳐 조심스럽게 다듬어온 위계질서의 솔기가 터진 사회가 있는 바 그 사이로 삐죽 튀어나온 것은 분노와 불신이다.

그들은 우리를 무시하고 개를 쫓아가려 한다. 우리는 밴을 타고 그들을 쫓으며 개들이 꼬리를 높이 쳐들고 들판을 뛰어가자 차에서 뛰어내려 그들을 갈라놓는다. 나는 고무장화를 신고 때때로 미친 듯이 고함을 지르는 이 방해꾼들과 함께 뛰어간다. 개들은 저 멀리에 있는 너도밤나무 한 그루를 향해 뛰어가는 중이다. 한 무리의 우아한 사냥꾼들이 멀리 떨어진 언덕 위에서 개들이 여우를 몰아오기를 기다리며 빈둥대고 있다. 그리고 여기에는 우리가, 이 결함 많은 무리들이 영국의 진흙탕 들판 가운데 발을 질질 끌며 소리를 질러대며 맹렬히 추적하고 있다.

퀸Quorn 사냥개들은 유서 깊고 특출한 족보를 가지고 있다. 이들은 휴고 메이넬이 미들랜즈에서 처음으로 사육하기 시작한 오리지널 여우사냥개이다. 메이넬은 유명한 '여우 사냥의 아버지'다. 1753년 그는 퀀던 홀을 구입하였고, 재빠른 붉은 여우를 따라잡을 수 있을 만큼 날쌘 사냥개를 사육하기 시작하였다. 그 결과로 그는 여우 사냥——엘리자베스조의 귀족들은 이를 싸구려 사냥이라고 경멸했다——을 진행이 빠르고 난이도가 높은 사냥으로 바꾸어놓았다. 레스터셔의 광활한 들판은 곧 사냥 중심지가 되었다. 그것은 곧 엄청나게 팽창하여 1775년경 메이넬은 영국 전체에 유명인사가 되었다. 퀸과 레스터셔는 여우 사냥과 동일어가 되었다.

요크셔 출신의 학생인 나이절은 퀸이 여전히 영국 왕실이 아끼는 사냥개종이라고 말한다. 최근 한 사냥꾼이 여우를 함정에서 끌어내어 죽이는 비신사적인 장면이 TV에 비친 불행한 사건이 있을 때까지는 영국의 찰스 왕자도 멤버 중 하나였다. 그러나 여우 사냥은 중세의 사냥, 매 사냥, 기마시합의 세 분야 중 마지막으로 남아 있는 귀족적인 생존자다.

우리는 아침 내내 밴을 타거나 혹은 걸어서 사냥꾼과 개들을 쫓는다. 그러나 그다지 눈에 띨 만한 효과는 거두지 못했다. 두꺼운 참나무와 너도밤나무 숲 사이로 여우를 쫓는 두 사냥꾼과 개들을 따라가다가 우리는 해리 크로스가 뛰어나오는 모습을 본다. 그는 마치 허공에서 갑자기 나타난 것 같다. 방해꾼들은 전설적인 해리 크로스가 나타나자 기운이 솟았다. 그는 엄청나게 기운이 셌고 나는 그가 하루 종일 사냥개와 여우를 쫓는다고, 심지어는 일주일에 며칠 동안을 그렇게 한다고 들었다. 그는 바로 거기에 있다가 개들과 함께 숲 속으로 들어가고, 남은 우리는 다시 밴에 시동을 걸고 미친 듯이 그 들판으로 달려 나갔다. 내 장화에는 두꺼운 진흙이 콘크리트처럼 달라붙었으나 나는 끈질기게 나아갔다.

작은 관목 숲 가장자리에 모인 방해꾼들 중 한 명에게 다가가며, 나는 웃음을 터뜨렸다. 말을 탄 사람들이 근처로부터 은신처에서 여우가 튀어나오길 기다리며 모여들기 시작하였다.

방해꾼들은 모여들며 쉬이 하고 고함을 지르기 시작한다. 나이절이 사냥 나팔을 세게 분다. 그는 개들을 부를 때 쓰는 곡조를 흉내 낸다. 다른 이들도 나팔을 불고 나머지도 사냥개들을 부르는 소리를 지른다. 개들을 혼란시켜 여우로부터 떼어놓겠다는 의도인 것이다.

사냥꾼들의 위엄 있고 약간은 불안한 태도와 비교했을 때 우리 집단은 각양각색이었다. 이것은 마치 켄 케시의 "즐거운 까불이들" 대 앤서니 트롤롭*이라는 생각이 든다.

---

* 앤서니 트롤롭(Anthony Trollope, 1815~1882)는 빅토리아 시대 영국의 다작 소설가. 켄 케시(Ken Kesey, 1935~2001)는 미국의 현대 소설가로 『뻐꾸기 둥지위로 날아간 새』 등을 저술한 작가이다. "즐거운 까불이들merry pranksters"은 1964년에 스쿨버스를 타고 미국 횡단여

우리는 말을 탄 사냥꾼들 주위를 빙빙 돌기 시작한다. 방해꾼들 중 몇몇은 그들에게 말을 건다. 그들을 사냥에서 떼어내려고 말이다. "우리는 이 살육을 멈추려고 왔어요." 노동자의 회색 옷을 입은 삭발의 한 학생이 설명한다. 그의 상대는 어떤 여성인데, 그녀는 바로 옆에 있는 갓 십대에 접어든 딸에 대해 매우 어머니다운 우려의 표정을 지었다.

때때로 이런 대립은 폭력적인 충돌을 유발하기도 한다. 방해꾼들은 사냥꾼들이 때렸다고 주장한다. 그러나 오늘은 모든 것이 아주 평화적이다.

나는 말을 탄 어떤 이에게 다가간다. 그는 여우 사냥과는 약간 다른 일을 하고 있는 것처럼 보였고 매우 아름답고 귀족적으로 보이는 한 여성과 함께 물러서 있었다. 그는 트위드를 걸쳤는데 전형적인 붉은 벨벳 옷은 아니다. 내가 다가가자 그는 먼저 자신이 승마교사며 울타리를 뛰어넘는 교습을 하는 중이라고 소개한다. 나는 그에게 왜 여우 사냥을 하냐고 물었다.

"영국 시골생활의 한 부분이지요."

그가 대답한다.

"좋아하지 않는 사람들은 도시 사람들이겠지요."

나이절은 이 대답을 듣고 화를 낸다.

"나도 시골 태생이에요. 셔우드 숲 한가운데요."

그는 코웃음을 친다.

"그런데 도시에 산다는 말을 듣는군요. 이 사냥꾼들 태반은 도시에서 온 의사들, 변호사들, 부자들이에요. 그들이나 여기 살라고 해요."

여우 사냥이 전성기를 누리던 19세기 초반에 이 사냥에 대해 한 신화가 생겨났다. 여우 사냥은 사슴 사냥과 사람들이 선호하던 시골 사냥인

행을 한 케시와 일단의 친구들의 이름이다. 이 부분에서 저자는, 자기 일행의 분방함과 다른 사냥꾼의 엄숙함을 켄 케시와 앤서니 트롤롭을 비교하여 설명하고 있다.

토끼 사냥을 대치한 국민적 사냥이라는 것이다. 신화 하나가 그 둘레를 감쌌다. 그것은 고전적인 시골의 토리당원이자 여우 사냥꾼인 헨리 필딩*의 소설 『톰 존스』에 나오는 지주 웨스턴 같은 상류 계급의 스포츠였다. 그것은 영지 귀족과 일종의 사회적 민주주의에 동시에 연관되었다. 즉, 신사의 스포츠이면서 전 국민에게 개방되었던 것이다. 사냥터는 모든 계급의 만남의 장소였다. 제임스 2세는 여우를 사냥했고 어떤 리처드 경은 여우 사냥에 30만 파운드를 썼다고 명성이 자자했다. 19세기에는 이 계열의 다른 극단으로 한 청소부가 상류 사회 사람들 옆에서 나란히 말을 달린 것으로도 유명해졌다. 그들은 그를 일종의 마스코트로 삼았다. 이 사냥의 신화소 mythos는 위대한 18세기 소설 『톰 존스』에 팽배해 있다. 톰 존스 자신도 '사냥을 너무나 좋아한' 것으로 칭송을 받았고 여우 사냥은 '거칠고 남성다운 본성'이 특징적이라고 했다. 여우 사냥의 인기와 지위가 높아짐에 따라 그 변호인들은 여우 사냥 안에서 거칠고 남성다운 덕목들과 전원의 삶이 점점 더 관련을 갖는다는 사실을 발견하게 되었다. 도시가 커짐에 따라 시골은 향수와 이데올로기의 장소가 되었다. 영국의 시골은 점점 더 영국을 세계 제국으로 만든 바로 그 특성들의 원천으로 생각되었다. 남성다움과 애국주의, 그것은 여우와 더불어 뛰어넘을 수 있는 부드러운 방목장과 동일시되었다.

이 남자다운 영국의 여우 사냥꾼이 전 세계에 걸쳐 영국인들의 특권을 지탱한 소름 끼치는 신화적인 존재인 것이다. 그는 도덕적인 뼈대뿐 아니라 정력과 건강까지도 영국의 시골로부터 이끌어왔다. 그리고 그는 정기적으로 유약한 이방인들인 도시 거주자와 대비되었다. 유명한 스포츠맨이자 저널리스트인 R. S. 서티스Surtees는 사냥에 대한 다음과 같은 관

---

* 헨리 필딩(Henry Fielding, 1707~1754): 영국의 소설가이자 극작가. 원서에는 Joseph Fielding으로 표기되어 있으나, 오기이다.

찰로 책을 시작한다.

"나는 그게 어떤 형태이든 사냥을 사랑한다. 그것은 남자답고 전체적인 운동이며 본질적으로 영국인들의 오락을 위해 고안된 것 같다." 그것은 다양한 형태로 다음 두 세기 동안 끊임없이 되풀이될 주제였다. 즉, 시골은 거칠고 뺨이 붉은 남자들을 키운다. 반면 도시는 유약하고 매가리 없는 남자(혹은 프랑스인)들을 키운다는 것이다.[3]

안장 위에 높이 올라앉은 붉은 옷을 입은 사냥꾼들은 분명히 이 방해꾼들을 대영제국이 쇠퇴한 증거로 여길 것이다. 우리는 그들에게 분명히 영국 시골에서의 계급 간의 조화에 대해 거짓말을 늘어놓는 어중이떠중이들로 보일 것이다. 그러나 이 신사들의 스포츠는 1671년에서 1831년까지 20여 개의 사냥 법령이 잇달아 등장하는 가운데 영국 시골에서 계급 갈등의 초점이었다. 그 법령으로 시골 지주들은 사냥을 위한 자격 규정을 유지하려 애썼고 자신들의 특권을 보전하려 했다. 지난 500년 동안보다도 그 법령들은 더 제한이 많았고 처벌이 엄했다. 저항의 형태로 밀렵이 성행하였고 토머스 칼라일과 윌리엄 코빗 같은 지식인들은 전체 사회 구조의 불공정함의 중심에 사냥을 놓았다. 지주들에 대한 분노는 종종 여우 사냥과 연결되곤 했는데, 『에든버러 리뷰』가 다음과 같이 기록한 대로 밀렵은 종종 더욱 표면적인 저항으로 나타났다. "산지기와 밀렵꾼 간에 살인적인 격전이 있었다. 전 지역은 싸움과 소동으로 떠들썩했는데 시골 지주들의 불공정하고 터무니없는 쾌락 때문이다."[4]

18세기와 19세기의 빠르게 변화하는 세상에 사냥은 그 형식과 규범을 적응시켰다. 남자다움과의 관련은 사라지지 않았으나 모양이 변화하였다. 남자다움은 사냥과 마찬가지로 새로운 사회적 필요와 정당화에 의하여 새로운 가장을 하고 등장하였다. 남자다움과 민족성과의 연관은 근대적 사냥꾼의 새롭고 더욱 중요한 이념과 신화의 한 부분이다. 산업사회가 남성의 자아 확신과 자기만족에 대해 더 커다란 도전을 해옴에 따라, 여우 사냥의 보수적인 도덕성은 시사하는 바가 많았음에도, 궁극적으로는 막 태어나고 있던 부르주아 사회의 새롭고 좀더 유동적인 요구를 충족시키기에 부적당한 것으로 판명되었다. 여우 사냥은 자본주의와 과학, 국제 경쟁에 의해 발생한 거대한 에너지에 대해서는 너무나 국지적이었고 유약하였다. 영국의 여우 사냥꾼들은 자신들의 이념을 전 세계에 수출하였고 앞으로 보게 될 것처럼 그 이념의 강력한 육화를 19세기의 남성다움을 변화시키고 끌어안은 어떤 형상 속에서 발견하였다. 그 형상은 제국주의적 거인, 맹수만 상대하는 사냥꾼이었다. 남성다움은 컨트리클럽을 졸업하고 전 지구적 무대로 나왔다. 사자 사냥꾼은 대영제국 영광의 상징으로서 여우 사냥꾼을 대치하였다.

나이절은 어떤 종류의 화려한 수사도 쓰지 않는다. 그는 냉소적인 표현을 할 뿐이다.

"단지 귀족과 상류계급의 개싸움일 뿐이죠. 개와 여우가 싸우는."

내가 승마교사와 이야기하고 있을 때 왁자지껄한 소란이 우리가 서 있는 길 아래쪽으로부터 들려왔다. 여우가 은신처로부터 쫓겨 서 있는 방해꾼들과 말을 탄 사냥꾼들의 정면으로 뛰어오고 있는 것이다. 개들은 바로 뒤에서 목청껏 짖어댄다. 우리도 그 모든 무리를 따라가며 소리친다. 처음엔 여우, 그다음엔 개들, 그 뒤에 말들, 그리고 방해꾼들이다. 이는 조용한 영국 전원에서 벌어진 대단한 광경이었다.

그날 오후에 우리는 세 마리의 여우가 '도주'하는 모습을 보았다. 우리가 받은 최악의 저항은 중산모를 쓴 개 몰이꾼의 코웃음이었다. 우리는 그의 하루를 완전히 망쳐놓았다. 여우도 잡지 못했고 아무런 도주도 막아내지 못했다.

오후 늦게 가장 기념할 만한 순간이 찾아왔다. 태양은 서서히 지고 금빛 광선은 이 기묘한 시골 들판 위로 떨어져 부드러운 겨울 햇살 속에 있는 치장 벽토와 밀짚 지붕의 집들을 물들인다. 공기는 차갑다. 연못에는 얼음이 얼고 있다. 우리는 밴을 타고 길을 순찰하며 우리가 놓친 사냥꾼들을 찾는다. 공기가 습기로 눅눅해져가고 있을 때, 우리는 부드럽게 물결치는 들판 위로 말들이 달리는 모습을 본다. 그들은 전속력으로 뛰고 있다.

운전사가 속도를 높였고 우리는 곧 길 위에 있는 그 장소로 날아갔다. 여우가 막 길을 건너는 중이었다. 밴은 윙 소리를 내고 순식간에 한 바퀴를 돈다. 그날 하루 동안 가장 위험한 순간이다. 갑자기 우리는 그 붉은 여우가 녹색 초원 위를 가로질러 가는 모습을 본다. 나는 그 여우를 처음 본다. 그놈은 바로 우리를 향해 달려온다. 자세히 볼 틈이 없다. 털, 검은 주둥이, 희끄무레한 것. 내가 본 것은 꼬리였던가?

운전사는 브레이크를 밟는다. 우리는 쭉 미끄러진다. 여우는 우리 바로 앞에 있는 길로 뛰어든다. 우리는 차를 멈추고 여우가 들판의 다른 편 끝으로 사라지는 모습을 본다. 이제 사냥꾼들이 왔다. 그동안 밴은 나팔을 불어대고 환호성을 지르며 그들이 지나는 한가운데 서 있었다.

마력(자동차) 대 말, 염색한 붉은 머리 대 토리당의 붉은 코트. 후기 산업시대의 포스트모던한 무법자들이 산업시대 이전 문화의 수호자들을 괴롭히고 있다. 여우를 구하려는 방해꾼들의 노력에서 사회적 상징주의를 무시하기란 불가능한 일이다. 여우를 구함으로써 학생—방해꾼들은 대영제국이 몰락하는 이 마지막 지점에서 국가의 상징을 전복하고 싶었던 것이다.

2

"우리 사파리가 마음에 드는가?"

수천 년 전에 생성된 빙하에 기대 파이프 담배를 피워대며 루이가 내게 물었다. 그는 친근하게 미소를 짓고는 깊이 숨을 들이마신다. 그는 지쳤다. 그의 명랑하고 살진 얼굴은 그을린 핑크색이다. 우리는 막 사냥을 시작한 참이다.

"매우 위험해요. 안 돼, 영양을 잡을 건가?"

루이는 크게 웃더니 영어로 이야기한다. 그의 눈은 심술궂은 미소와 누를 수 없는 기쁨으로 반짝인다. 에어 프랑스의 조종사인 루이는 50대에 접어들었다. 그는 높은 산맥 사이로 날쌘 영양을 추적하며 부르주아에게나 걸맞을 것 같은 거구를 끌고 다닌다. 그는 사냥이 아니라 식탁에서 잘 먹은 다음에나 짓는 바로 그 미소를 가지고 있다.

"나같이 늙은 사냥꾼에겐."

루이는 냉정한 프랑스적 아이러니가 섞인 톤으로 말한다.

"영양은 정말 힘든 놈이야." 그는 잠시 멈추고 파이프를 피워댄다.

"당신은 지나친 흡연의 영향을 알겠지."

루이의 말에서는 냉정한 성격이 배어난다.

"그리고 지나친 위스키도. 그래, 지나친 위스키란 없어."

그는 등 위의 자루에 하루치의 식량을 지고 있다. 최소한 네 종류의 파테, 몇 개의 고급 치즈, 빵 그리고 보졸레 포도주이다. 우리 뒤에는 활짝 트인 산봉우리로부터 뻗어 나온 정경이 몇 그루의 참나무, 붉은 산딸기를 매단 노간주나무, 이끼 낀 자줏빛 바위들 그리고 따뜻한 11월의 햇살 아래 녹은 눈의 얼룩을 드러내고 있다. 우리는 세르다뉴 지방과 카롤의 작은 마을인 발리 뒤 카롤을 내려다본다. 피레네 지방의 그 산들은 '술란 뒤 카롤Soulane du Carol'이라고 불린다. 술란은 이 산들이 태양에 노출되어 있음을 의미하는데, 하늘은 참제비꽃 같은 부드러운 푸른색이다.

영양은 높은 지대에서 풀을 뜯어먹는다. 이 지방에서는 그들을 '샤무아'라고 부르는데, 이 산들의 상징인 염소 비슷한 동물이며 유럽에서 최초로 사냥된 동물 중의 하나다. 남자들은 그 영양의 머리를 소유하는 데서 자부심을 느낀다. 그 뿔은 위로 솟았다 낚싯바늘처럼 뒤로 구부러지는데, 이를 소유한 남자들을 산사람으로 인식하게 해준다. 손에 꼭 맞는 장갑과 고성능 라이플 그리고 편리해진 교통으로 말미암아 영양은 좀더 용이한 사냥감이 되었지만, 19세기에는 자랑스러운 사냥감이자 알프스와 피레네 산맥의 탐험과 원정의 대상이었다. 바이런 경은 그의 영웅 맨프레드의 방황을 그리면서 이 영양을 불러내었으며 이놈을 그 영웅의 로맨틱한 원정의 상징으로 만들었다. 나는 선사시대의 동굴에서 이놈들의 그림을 본 적이 있다. 스페인의 라스 치미네아스 등이었다. 그들은 가장 평판이 좋은 동물이고 그 얼굴은 두 검은 줄무늬가 만들어놓은 드라마틱한 V자 속에 새겨져 있다.

때때로 그놈들은 흡족하게 풀을 씹는 모습을 하고 우리를 바라본다.

우리는 이 영양 떼를 여러 시간 동안 쫓았고 이제는 그들이 달아날 때인 것 같다. 이 늦은 계절에는 그들도 조심하기 마련이다. 그럼에도 친절한 루이는 자신과, 그 정경에 취해 있다.

"무엇보다도." 그는 허풍을 떨며 말한다.

"영양을 잡는 것은 기쁨일세. 회사의 동료들은 오늘 사무실에서 오후 회의가 있겠지. 그러나 나의 삶은 여기에 있어."

루이의 사냥에 대한 전반적인 수사는 19세기의 맹수 사냥꾼의 주장들을 채용하고 있는데, 그들은 그런 식으로 사냥을 이용하여 그 피곤하고 지친 시대를 위해 남성다움을 재발명하였던 것이다. 황무지를 헤매 다니며 원정을 하는 것은 남자들에게 도시의 유약한 삶으로부터의 해방을 선사하며 그들에게 원시적인 황량함 속에서 진정한 남자가 될 기회를 주었다. 남성다움은 위기에 봉착했다고 남자들은 생각한다. 그래서 그들은 사냥을 윤리적 지상명령, 새로운 사회적 의정서의 최초 표현 중 하나로 만들었다. 이 새로운 사냥꾼은 장래에 대해 고민한 남자들의 매우 자기의식적인 창조물이다. 산업화되어가는 유럽과 미국의 도시들에서 남자들은 그들의 당당함을 잃고 증권브로커, 사무원 그리고 버틀비*와 같은 공증인으로 영혼을 잃어갔다.

이전과는 달리 사냥은 남자들의 자아 형성의 도구로서 외적으로 제시되었다. 그것은 남자다움을 재창조하는 프로그램이자 그것의 이데올로기였다. 사냥은 그들이 도시의 가정에서 바쁘게 창조했던 바로 그 세계로부터 남자들을 구원할 것이었다.

먼 대륙으로의 위대한 원정들이 남자들에게 도시의 세속적 삶과 일상적인 일들로부터의 탈출을 제공함에 따라, 사냥은 또한 그것과 관련된 사회의 가치관과 심리를 반영하였다. 떠오르는 자본주의에 대하여 사냥이 남자들에게 대안적인 삶의 스타일을 제공하는 것처럼 보였다면, 그것은 또한 그들에게 새로이 등장한 정글(도시)의 꼭대기로 올라가는 데 필요한 바로 그 가치들을 가르쳐주겠다는 약속도 하였다. 불안과 양가감정을 다루기 위해서 그들은 그것을 배워야만 했다.

이 새로운 사냥, 제국주의적이며 동시에 국가주의적인 사냥은 남자들에게 자신의 정체성과 국가의 정체성을 결합시키도록 해주었다. 이제 새로운 영웅은 황야에서 독립적인 길을 가는 외로운 남성이 되었다. 과학

---

* 허먼 멜빌의 소설 「공증인 버틀비Bartleby the Scrivener」의 주인공인 나이 든 공증인.

이 윤리나 정치와 연결되면서 자연은 연약한 젊은이들에게 세상에서 성공하는 데 필요한 힘든 교훈을 가르쳐주는 학교가 되었다. 그것은 그들을 어떤 일에도 적합하게 만들 것이다. 그것은 정치가와 사업가 모두에게 기본 소양을 가르친다. 자연 그리고 그 동맹자인 과학은 세계를 지배하는 이 남성적인 국가들의 정부(情婦)가 되었으며 그들에게 폭력과 피의 교훈을 가르쳤다.

200년 전쯤 일에 착수한 맹수 사냥꾼은 아직도 지속되는 문화적 유형이 되었다. 헤밍웨이가 잘 보여주었듯이 숲으로 들어갔을 때 이 새로운 사냥꾼이 진정으로 쫓은 유일한 대상은 그 자신의 잃어버린 남성성이었다.

매우 성공적이었던 보이 스카우트 운동을 생각해보자. 이 조직은 1908년 영국의 군 장교이자 탐욕스러운 사냥꾼이었던 베이든-파월에 의해 창시되었다. 이는 어니스트 톰프슨 시턴*의 우드크래프트 운동 woodcraft movement처럼 곧 미국에 수입되었다. 20세기 베스트셀러 중 하나이자, 놀라울 만한 성공작이 된 그의 책 『보이 스카우팅』에서, 베이든-파월은 소년들을 현대사회의 탈남성화의 압력으로부터 구원해낼 훈련 프로그램을 제안하였다. '소년 문제'의 해결을 위해 베이든-파월은 개척자의 정신으로 훈련시킬 것을 주장하였다.

이들은 제국의 모든 영역에서의 개척자들이다. 북미의 '덫사냥꾼 trapper,' 중앙아프리카의 사냥꾼, 영국의 개척자와 탐험가 그리고 아시아와 세계 모든 지역의 선교사들, 오스트레일리아의 부시맨과 가축 몰이꾼, 북서 캐나다와 남아프리카의 경찰—이 모두는 평화적인 척후병들, 그 단어의 모든 의미에서 진정한 '남자'들이다. 그리고 척후 기술을 통해 그들

---

* 어니스트 톰프슨 시턴(Ernest Thompson Seton, 1860~1946) ; 인디언의 지혜와 야생생활을 도입한 청소년 교육 프로그램 우드크래프트 운동을 창시하였다.

은 정글에서의 생존법을 이해하고 어디서든 길을 찾을 수 있으며 가장 작은 흔적에서도 그 의미를 읽을 수 있다. 그들은 의사에게서 멀리 떨어져 있을 때에도 건강을 돌볼 줄 알며 어떤 위험에도 당당히 맞설 만큼 강하고 원기왕성하며 늘 기꺼이 서로를 도와준다. 그들은 자신의 손으로 목숨을 바치는 데 익숙하며 그렇게 함으로써 나라를 구할 수 있다면 망설임 없이 몸을 던진다.[5]

사냥은 '진정한 남자'를 만들 것이라고 보장한다. 이 구절은 그 안에 이 새로운 남성성의 이론가들이 떠맡은 그 임무의 아이러니를 끌고 다닌다. 그 구절은 그것이 창조하고 반영했던 떠오르는 남성성 숭배와 마찬가지로 이 새로운 프로그램과 그것이 신봉했던 남성성의 개념의 자의식적인 징후이다.

베이든-파월은 1899~1900년 사이 남아프리카의 보어전쟁 중 마페킹 시 포위 기간에 본 척후병들로부터 보이 스카우트의 개념 대부분을 개발하였다. 그 이상은 소년들이 스스로와 제국에 유용한 존재가 되게끔 조직화될 수 있다는 것이었다. 개척자들과 변경의 주민들이 그의 모델이었으며, 그들의 도덕적 가치는 '자연과의 접촉'을 통해 얻어졌다.

베이든-파월은 이 새로운 사냥꾼의 계보를 영국 역사에서 모든 초창기의 '척후대'까지 추적해 올라갔다. 그의 선구자는 사자심왕 리처드로부터 월터 롤리 경 그리고 남아프리카에서 셀러스 척후대를 창시한 프레더릭 셀러스까지 넓게 걸쳐 있었다. 본받아야 할 남자는 영웅적인 사냥꾼이다. 그는 동물의 이름으로 훈련을 받고 추적과 은신, 기타 변방의 전승들에 능해야 했다. 현대의 소년들에게 베이든-파월은 러디어드 키플링*의 등장인물인 킴을 제시한다. 그는 "소년들이 남자답게 훈련받고 남자들의 일을 시샘하기나 하는 덜떨어진 정신의 소유자가 되지 않기 위

해" 필요한 교훈들을 가르쳤다.⁶

스카우트의 남성적 윤리는, 명상에 대해 정력적인 활동을, 서정에 대해 힘을, 부드러움에 대해 터프함을, 소심함에 대해 '용기'를, 모호함에 대해 솔직함을, 야만에 대해 기술을 우위에 놓았다. 그리고 무엇보다도 조지 왕을 우위에 놓았다. "모든 인종, 흑인이나 백인이나 혹은 황인종이나 세계의 모든 인종은 조지 5세의 신민들을 공급한다." 미국에서 어니스트 톰프슨 시턴은 1910년 미국 보이 스카우트를 창시하였고 4년이 지나자 회원 수는 10만에 달하였다. 1917년에 그 숫자는 세 배가 되었다. 매우 인기 있던 이 자연물 작가가 그의 서문에서 주장한 대로 "학자연한 태도가 아닌 남자다움"은 교육의 최상의 목적이었다. 보이 스카우트는 "사슴가죽옷을 입은 미국 기사들"이라 불리기도 하였다.⁷

이 남성성의 위기는 19세기를 통틀어 들끓어 올랐고 우리는 여전히 그 그림자 안에 살고 있다. 여러 면에서 현재의 남성운동은 1860년에서 1920년까지 남성성에 대한 대변인들만큼이나 동일한 우려와 주제들을 반영하고 있다.

미국 보이 스카우트 운동의 현재의 옹호자들의 주장대로 스카우트는 남자들에게 '소년들을 위대한 남자로 만드는 조직화된 운동'이며 '지도자이며 숙련되고 명료한 사고를 하는 독립적인 남성다움의 발전에 기여'한다.⁸

'지도자이며 독립적인 남성' — 19세기 말에 이 남자는 사냥꾼이었다. 수백만의 남자들에게 미국의 남성다움의 상징이었던 시어도어 루스벨트**

---

* 러디어드 키플링(Rudyard Kipling, 1865~1936) ; 인도에서 태어난 영국 작가로 『정글북』의 저자이다.
** 시어도어 루스벨트(Theodore Roosebelt, 1858~1919) ; 미국의 26대 대통령. 모험가이자 사냥꾼으로도 유명했다.

같은 남자는 현대의 '퇴행'으로 가는 길목에서 벗어난 사냥꾼이었다. 버펄로 빌 코디* 같은 남자들— 이제는 사라졌지만 시카고나 런던에서 가끔 등장하기도 한다— 은 서부로부터 온 제약받지 않은 남성다움의 모델을 제시하였다. 미국에서 남성다움의 초기 형태들은 남성의 영적 본성, 자비와 경건 같은 좀더 수동적이고 사회적인 가치들을 강조하였다. 그러나 지난 세기 동안 그 사냥꾼의 이미지에는 변화가 일어났으며, 그것은 보이 스카우트와 녹비 옷을 입은 사냥꾼들 안에서 응축되어 육체적 용기와 자수성가한 남자들에게 초점을 맞추었다.

이 사냥꾼은 부분적으로는 근대사회의 산업화에 대한 반작용이었다. '남자답지 못한' 앉아서 하는 직업이 수가 늘어났다. 그것들은 '두뇌 작업'이었으며 남성적인 자기 정체성에 대한 모욕이었다. 사무노동자와 영업사원들, 공무원들은 1880년에서 1910년에 이르는 동안 75만 6,000명에서 560만 명으로 그 수가 늘었다. 게다가 여성들이 소년들의 양육을 점점 더 지배하기 시작했고 학교 교육을 통제하였다. 이와 더불어 프레더릭 잭슨 터너**가 1893년 그의 유명한 에세이에서 말한 대로 서부가 완전히 정복되었고 남자들은 이 무력해가는 남성성의 괴로운 느낌을 받았다. 무력감과 유약함의 감각 말이다.⁹

개척지는 사라졌고 많은 이들은 그것과 함께 남자다움도 사라졌다며 우려하였다.

남성성의 이론가들은 다양한 방식으로 그들이 접하고 있는 위기를 이해하였다. 그들은 '지나친 문명화'로 상황을 생각하였다. 그들은 그것을 미국 문화의 '유럽화'로 생각하였다. 그러나 대부분 남자들은 그들의 곤

---

* 버펄로 빌 코디('Buffalo Bill' Cody, 1846~1917); 미국의 군인, 들소사냥꾼이자 쇼맨.
** 프레더릭 잭슨 터너(Frederick Jackson Turner, 1861~1932); 미국 서부 개척사로 유명한 역사가.

경을 문화의 '여성화'로 생각하였다.[10]

남자들은, 새로운 직업과 새로운 투표권, 그리고 남성 권력에 대한 새로운 접근을 요구한 빅토리아 시대의 여장부들에 의해 양육되었다. 그리고 이 새로운 여성들은 남성의 정체성을 성사회학적으로 뒤틀어놓았다. 헨리 제임스의 소설 『보스턴 사람들』(1886)에서 남자 주인공 배질 랜섬은 당시의 남성들을 사로잡고 있던 불안을 '가장 더러운 여성화'라고 규정한다.

> 전체 세대가 여성화되었고 남성적인 톤은 세상에서 사라져버렸다. 지금은 여성적이고 신경질적이고 히스테리컬하고 수다스럽고 위선적인 시대이다. 즉, 공허한 문장과 거짓된 섬세함과 과장된 근심과 나약한 감수성의 시대이다. 우리가 경계하지 않는다면 그것은 곧 범용함의 지배로, 유약하고 단조롭고 역사상 가장 위선적인 지배의 시대로 인도할 것이다. 남성다운 성격, 그것은 내가 보전하기 원하는 것, 혹은 말하자면 되찾기 원하는 것이다. 그리고 나는 내가 그런 시도를 하는 동안 당신네 여자들에게는 눈 하나 깜짝 안 하리라는 것을 말하는 바이다.[11]

현대의 사냥꾼은 내재한 여성에 대해 저항하는 최전방에 자리 잡는다. 이 남성성에 대한 과장된 우려가 육화된 인물이자 성역할을 이데올로기로 구체화시키는 과정의 중요한 대변자는 시어도어 루스벨트이다. 그의 삶은 1883년 사우스다코타에서 기차에서 내렸을 때, 뉴욕에서 심한 천식 발작과 정치적인 패배를 겪은 뒤 초원으로 들소 사냥을 나간 그때 변화하였다. 그는 서부 개척지와 서부의 사나이들을 발견하였다. 그들의 삶, 특히 사냥을 그는 위대한 남성과 위대한 인종에게 필요한 남자다운 덕목들과 동일시하였다. 사냥꾼과 카우보이는 "피를 흘리는 것을 지나치게 겁먹지 않는다"라고 루스벨트는 썼다. "그에게는 가짜 박애주의자들이나 칭송하는 유약하고 미적지근한 도덕관념들이 거의 없다. 그러나 그는 상당한 정도로 한 민족에게 대단한 가치가 있는 엄격하고 남자다운 특질들을 소유한다."[12] 루스벨트는 그의 정력과 용기를 목격한 수백만의 사람들에게 국가적인 영웅이었으며 그의 직접적인 웅변은 경제 공황과 지나치게 여성화된 문화로부터 위협받은 남성적 정체성에 대한 구원이었다.

다코타 여행은 루스벨트의 삶과 상상력을 변화시켰다. 그의 대담한 남자다움은 남자들이 갈망하던 해독제였다. 아마도 그것은 그 자신이 뱅충이가 되는 것, 신경쇠약으로 인해 표현되는 여성적인 허약함을 정복하기 위한 스스로의 해독제이기도 했을 것이다. 19세기 말 시카고 남성 클럽에서 한 루스벨트의 유명한 연설 '강인한 삶'은 '핏속에 강철이 흐르는' '위험, 곤란 혹은 쓰라린 고통으로부터 움츠러들지 않고 궁극적인 승리를 따내는' 남성을 찬양하였다. 그는 이 '거친 기사'의 개념을 유명한 대평원의 사냥꾼이자 척후병인 버펄로 빌의 쇼로부터 빌려왔다. 그의 전 인격은 한 민족의 남성적 성취에 대한 새로운 추구의 일부가 되었으며 지나친 여성화의 위협으로부터 미국 남성들을 구해내었다.

시어도어 루스벨트는 전미 보이 스카우트 평의회의 일원이었다. 이 조직은 남자들에게 소년들에 대한 확실한 통제 방법을 제공하였다. 남자들은 더 이상 소년들로부터 구별될 필요가 없었다. 여자들로부터 구별되어야 했다. 예를 들어 '여자 같은 남자 sissy'는 예전에는 꼬마 누이를 의미하였다. 20세기 초반 들어 그것은 새로운 피조물, 즉 여자 같은 소년을 의미하게 되었다.[13]

영국에서는 베이든-파월 역시 남자들이 여성화되어가는 것을 두려워하였다. "모든 소년들은 사격과 명령에 복종하는 법을 배워야 한다"고 그는 『스카우팅』의 초반부에서 목소리를 높인다. "그렇지 않다면 전쟁이 터졌을 때 그는 노파만큼이나 쓸모가 없을 것이다."¹⁴ 허약함의 치료는 거친 자연의 교실이었다.

서부 개척지가 사라졌을 때, 사냥꾼은 남성의 상상력과 문학에서 새로 태어났고 새로운 사냥꾼의 신화가 모든 사실적인 의미들을 압도하였다. 오언 위스터*는 그의 소설 『버지니아인』(1902)을 시어도어 루스벨트에게 헌정하였다. 잭 런던으로부터 에드거 버로스의 『황야의 부름』(1903) 및 그의 타잔 시리즈에 이르기까지, 소년들은 야생의, 전적으로 남성의 삶에 대한 공격적인 판타지를 가지고 남자다움과 20세기 안으로 들어왔다.

종(種)과 성(性)의 양면에서 남성은 19세기에 승리를 거두었다. 베이든-파월과 루스벨트 그리고 다른 사냥꾼 남성들에 의하면 그것은 그가 기꺼이 쏠 수 있었기에, 더욱 중요하게는 기꺼이 살육을 할 수 있었기에 가능한 일이었다. 위대한 남자들은 위대한 민족들을 만들고 사냥은 국민적 자부심과 밀접하게 관련된 정복의 교훈을 가르친다. 유로-아메리칸 남자들을 만든 것이 바로 이 기술이었다. 맹수 사냥꾼 고든 커밍의 글에서 한 구절을 딴다면, '하얀 피부를 한 피조물들의 주인'이다.¹⁵

전통적인 남자다움이 위기를 겪을 때면, 그 사냥꾼은 이 여성적 함정으로부터 남성들을 구하려고 등장하였다. 사냥꾼 남성은 중세의 귀족이나 고전 시대의 기사와 같은 계급이 아니라 하나의 화신이 되었다. 게다가 백인 남성의 육체는 인종과 종과 성별의 표준이 되었다. 사냥꾼의 육체적인 기민함은 우상화되었다. 그의 특별한 지식은 폭력이었다. 폭력은 일종의 과학, 일종의 훈련, 일종의 윤리이다. 야수적인 경쟁과 사회적 다위니즘은 자연에 대한 향수 어린 법칙이며, 양자는 모두 남자다움과

---

* 오언 위스터(Owen Wister, 1860~1938) ; 서부활극을 쓴 미국의 작가.

동의어로 생각되었다.[16]

'위대한 백인 사냥꾼'은 이 전 지구적 방랑자들의 유산이다. 나는 여전히 엘크 등을 사냥하면서 자신을 이런 이름으로 부르는 남자들을 안다. 내 학생 중에는 대학의 작문 시간에 아버지와 함께한 사냥 여행을 묘사하면서 그 구절을 써먹는 친구들이 있다. 이 구절을 쓸 때, 대개 (백인) 남자들은 약간은 자기 의식적이고 심지어는 몰래 쾌감을 느끼기도 하는데, 희미하게 인종주의적인 어조를 느끼기 때문이다. 그러나 그 언어와 남성의 이미지는 수세대 동안 중상류층 남성들을 통해 지속되어왔다. 유쾌한 프랑스 사냥꾼인 내 친구 루이가 너털웃음으로 '사파리'가 어떠냐고 내게 물어오는 순간이 바로 이 전통을 되살리는 때이다. 그의 아이러니는 적절한데, 산속에서의 이런 날에는 희미하게나마 위험하거나, 영웅적이거나, 진정으로 모험다운 것은 전혀 없기 때문이다. 그러나 그 단어는 이 경험의 확대경이다. 아시아와 아프리카를 누볐던 조상들 같은 맹수 사냥꾼으로 자신을 상상하기 위해 꼭 세계의 구석까지 사냥을 나설 필요는 없다.

루이는 이 산속에서 영양을 쫓기 위해 하루의 휴가를 얻었다. 그는 벌컥 화를 내고, 허풍을 떨고, 또 누그러진다. 그리고 정오쯤 나는 그가 총을 쏘기나 할 것인지 의심스러워졌다. 그러나 루이는 여전히 내게 보여주기 위한 한두 개의 속임수쯤은 쓰고 있을 것이다. 나는 이 명랑한 쾌락주의자 사냥꾼을 과소평가하지 말아야 한다.

3

루이와 나, 그와 더불어 가이드인 알랭과 생물학자 클로드가 있다. 프랑스의 피레네 산맥에서 사냥을 하려면 특정한 사냥감을 지정해줄 국가 공무원인 가이드가 있어야 한다. 이는 사냥이 생태계를 파괴하지 않게끔 하기 위한 배려이다. 오늘 알랭은 우리가 젊은 수컷을 쏘아야 한다고 말한다. 정오가 얼마쯤 지나자 알랭과 클로드는 가망이 있어 보이는 영양을 선택하였고, 우리는 바위 위에 몸을 딱 붙이고 루이는 총을 쏠 수 있을 만큼 가까이 접근해보려고 시도한다. 우리가 고른 영양은 몇 마리의 무리 속에 섞여 우리가 다가갈 때도 무심한 눈초리로 바라보며 이따금 하얀 궁둥이를 우리 쪽으로 돌리고 태평스럽게 몇 걸음 더 옮기곤 했다. 마치 충분한 확신을 갖고 우리를 조롱하는 것 같다.

우리는 영양들에게서 우리를 가려준 커다란 바위 위로 기어간다. 산등성이의 완만한 경사면에서는 여섯 마리의 영양들이 있고 그중 한 놈은 푸른 하늘을 배경으로 커다란 바위 위에 활짝 노출되어 있다.

루이는 살육의 중요성을 경시하는 척한다. 그러나 나는 그에게는 중요한 일임을 안다.

"첫 한 방은." 그는 내게 말한다. "당신을 위한 거요."

알랭은 클로드와 내게 바위 뒤에서 기다리라고 신호를 보낸다. 그와 루이는 영양을 향하여 배를 대고 죽 미끄러진다. 루이는 정말 좋은 장비를 갖고 있다. 그는 4배율 스와로브스키 망원조준경을 단 매우 값비싼 오스트리아제 만흐리너 엽총을 갖고 있다. 그러나 겨냥을 잘하려면 100미터 안쪽으로 가야 한다.

70미터쯤 되었을 때, 루이와 알랭은 잠깐 의견을 나누었다. 이윽고 루이는 겨냥을 하고 총성이 협곡을 지나 메아리쳤다. 내 옆에 있던 클로드는 큰 소리로 루이를 비웃는다. 두번째 총성이 울린다. 나는 더 이상 영양을 볼 수 없다. 클로드는 낄낄댄다.

"놓쳤어, 한 번도 아니고 두 번이나."

그가 내게 말한다.

루이와 알랭은 산비탈을 뛰어넘어가더니 곧 우리에게 손을 흔든다. 루이는 자랑스러운 얼굴로 영양 한 마리를 밟고 서 있다.

"첫 방은 미안하네, 영감." 우리가 다가가자 그가 말한다.

"자네를 위한 것이었는데." 그는 이제는 내게 말한다.

"그러나 대단한 스트레스였어. 난 너무 흥분했고 게다가 바람까지 불더군."

남자다움은 비싼 엽총과 함께 사격 실력 안에서 여전히 존재한다. 루이는 비난조의 수다스런 위트로 그 압력을 처리한다.

"오, 무엇보다 대단한 즐거움이야."

그는 별로 문법에 맞지 않는 영어로 계속 떠든다.

"자네도 알겠지만 제대로 쏘면 소리가 다르지. 어떤 오르가슴보다 더 만족스러워."

그는 전리품인 영양의 고환을 베어내며 친숙하게 농담을 지껄인다.

곧 우리는 태양 속에서 피크닉을 벌인다. 영양은 곁에 누워 있고 우리는 이끼 낀 바위 위 마른 들판에 담요를 편다. 루이는 그의 보졸레 누보 파트리슈 쉬보트와 파테를 딴다. 되새와 자고새가 머리 위를 날아다닌다. 그 분위기는 정말 굉장해서 나는 글자 그대로 저 아래 마을들에서 느릿느릿 펼쳐지는 세속적인 삶으로부터 떨어져 훨씬 높다란 곳에 있는 듯하다.

그리고 거기서 나는 스스로 뭔가 잡아보기로 결심한다. 미국으로 돌아가면 사슴 사냥을 할 것이다. 그리고 한 놈을 죽일 것이다. 사냥에는—그리고 살육에는— 뭔가가 있다. 그것은, 외부인에게는 강철 벽처럼 뚫기 어려운 수수께끼일 것이다.

나는 루이에게 내가 직접 사냥을 할 수 있도록 격려 좀 해달라고 말한다. 그는 훌륭한 와인을 높이 들어 내게 건배를 해준다. 겨울의 늦은 오후. 태양은 이제 기울어진다. 그것은 오래 묵은 바위 위를 스쳐 지나고 이끼에 반사되어 녹색으로 빛난다. 프랑스인에게 독특한 열정으로 루이는 완벽한 맹수 사냥꾼의 미소를 짓는다.

"집에 가면 직접 사슴을 잡아보슈."

그는 자랑스럽게 미소를 띤 채 말한다.

"오늘과 이 영양을 기억하도록 해요. 프랑스 사냥꾼이 최고라고 말하게 될 거야."

4

1860년, 훗날 에든버러 공작이 된 영국 왕자 알프레드는 남아프리카에서 사냥을 하였다. 그를 위해 오렌지 자유주에는 커다란 사파리가 조성되었다. 원주민들은 거의 2만 5,000마리의 짐승들을 에워싸고 기다리던 왕자를 향해 몰아대었다. 한 추정에 의하면, 그날 하루 동안만 6,000마리의 동물들이 죽었고 몇몇 원주민들도 분노한 얼룩말 무리에 의해 밟혀 죽었다.[17]

나는 이 이야기를 읽고 또 읽으면서 도대체 어떤 문화가 하루 동안 그런 규모의 살육을 신성시할 수 있는지 의아했다. 19세기는 전례 없이 사냥꾼에게 영광을 부여하였다. 사냥꾼은 독특하게 현대적인 사회적 이슈들과 결부된 권력을 획득하였다. 사냥꾼은 쇼맨, 정치가, 이데올로기스트, 사회 개혁가가 되었다. 전 지구적 탐험과 착취에 사로잡힌 시대에 사냥꾼은 제국의 전위이자 그 주된 대변인 중의 하나였다. 시골의 기사는 새로운 이미지에 자리를 내주었고 그것은 남성성의 보수적인 모습에 대한 주된 은유가 되었다.

맹수 사냥꾼의 뛰어난 본보기 두 사람으로 루얄린 고든 커밍*과 프레더릭 코트니 셀러스**를 들 수 있다. 커밍은 최초의 위대한 백인 사냥꾼은 아니었지만 짐승의 낙원에서 흥청거리며 방종하고 고삐 풀린 살육자인 맹수 사냥꾼에 대한 '아프리카적 신화'를 탐구하였다. 한 세대쯤 뒤 셀러스가 케이프타운에 도착할 무렵 짐승들은 거의 사라졌는데, 그는 상업적인 상아사냥꾼에서 매우 자의식이 강한 자연주의자 사냥꾼으로 스스로를 변화시켰다. 사냥을 통해 만들어진 이 두 명은 그들을 빅토리아 시대 동안 모국의 영웅으로 만들어준 개인적인 신화를 이용한다. 과학적 탐구와 지구의 정복 그리고 남성다움의 윤리라는 세 주제를 가르고 통합하는 그들의 모든 활동의 중심에는 이 사냥꾼들이 잘 알고 퍼뜨렸던 위대한 자연의 법칙이 있다. 그것은 후회막급하고 냉혹하고 파괴적인 폭력의 법칙이다.

고든 커밍은 19세기에 가장 칭송받는 영국 사냥꾼이었다. 최근의 두 연구는 커밍을 위대한 사냥꾼의 전형으로 조명한다. 그것은 해리엇 리츠보의 『동물의 땅』과 존 매켄지의 『자연의 제국』이다.[18] 그는 사냥 모험을 서술한 엄청난 인기를 끈 두 권으로 된 『남아프리카 내륙에서의 5년간의 사냥꾼 생활』을 통해 명성을 얻었다. 뿐만 아니라 굉장한 트로피들의 전시회와 강연을 통해서도 그랬는데, 그중에는 1851년의 만국박람회 때 크리스털홀에서 열렸던 강연도 있었다. 그는 자신을 '사자 사냥꾼'이라고 광고했으며, 아홉 대의 마차에 트로피와 '진기한 물건'들을 가득 실어 가지고 8년간 전국을 돌아다녔다. 1856년 그는 『아프리카의 사자 사냥

---

* 루얄린 고든 커밍(Roualeyn Gordon Cumming, 1820~1866) ; 19세기 영국의 군인, 탐험가, 사냥꾼.
** 프레더릭 코트니 셀러스(Frederick Courteney Selous, 1851~1917) ; 영국의 탐험가이자 사냥꾼.

꾼』이라는, 더욱 극적인 제목이 붙은 간략한 탐험기를 통해 더욱더 명성이 높아졌다. 동시대인들은 그의 모습과 이야기에 경이감을 느꼈고 그를 '현대의 가장 위대한 사냥꾼'이라 칭했다. 그는 대중의 인기를 끄는 완전히 현대적인 기법과 그 시대의 자본주의적 이상에 걸맞은 쇼맨으로 성공한 기업가적 에너지의 소유자였다. 그는 위대한 사자 사냥꾼의 신화를 창조하였든지 최소한 팔아먹는 데 성공한 것으로 보이며, 여러 세대 동안 사냥꾼과 남성의 상상력을 사로잡았다. 아프리카 탐험가이자 사냥 신화의 창조자로서 그는 '이후 다른 이들이 따르게 될 길의 개척자'라고 즐겨 자신을 상상하였다.[19]

그는 자신이 스코틀랜드에서 소년 시절을 보낼 때부터 사냥꾼이었다고 주장한다. 거기서 그는 "사냥감이 매우 제한되어 있고 숲지기들의 끊임없는 압력이 사냥의 매력을 반감시키는 나라에서의 사냥"에 대해 점점 불만을 느꼈다고 한다. 게다가 그는 "자연의 자유와 야생 사냥꾼의 삶(단순한 스포츠보다 더욱 매력적이지 않은가)"을 갈망하였다. 그는 해외로 가는 수단으로 군에 입대하여 1843년 소총수로 케이프타운에 상륙하였다. 그러고는 내륙에서 사냥할 시간을 더 많이 얻으려고 군을 떠났다.

스코틀랜드 킬트와 회색 사냥모자 차림의 그는 다섯 번의 남아프리카 원정 여행 내내 화려하고 눈에 띄는 인물이었다. 그는 대단한 용기로 내륙을 여행하였는데, 그것은 거의 작은 군사작전으로 황소와 말, 커다란 마차와 호텐토트족 하인들이 참가하였다. 이 원정은 제국 그 자체의 축소판 같은 것이었다. 그가 내륙에서 발견한 것은 동화 같은 세계였다. 그 스코틀랜드인은 풍성한 자연과 귀하고 드문 동물들, 광대한 사냥감의 무리들과 만났다. 자연은 자신을 소유할 사냥꾼을 기다리고 있던 것처럼 보였다. "내가 그날 보았던 영양들의 가죽의 양을 상상한다는 것은 정말 헛된 일이었다"고 커밍은 이주 중인 그 엄청난 수의 무리에 대해 쓴다.

"그러나 나는 그날 아침 내 시야에 들어온 영양 무리들만 수십만이었다고 주저 없이 말할 수 있다." 커밍은 그의 사냥감인 영양에 대해 말한다. "매일 아침과 저녁 우리는 말을 타고 나가 영양을 사냥하였는데, 가지고 돌아올 수 있을 만큼 쏘아 죽였다."[20]

커밍은 거의 매일 사냥을 하며 자신의 생애 어떤 시기보다도 아프리카에서 '제한 받지 않는 자유의 즐거운 느낌'을 만끽하였다고 말한다. 그가 시야에 들어오는 모든 것을 죽인 천재적인 도살자였다고 말하는 것은 과장이 아니다. 그가 유명해진 것도 살육 덕분이다. 그는 타조와 코끼리, 기린, 누, 영양, 멧돼지, 코뿔소 그리고 하마와 사자, 표범을 죽였다. 그의 가방 속에는 서로 다른 스물여섯 종의 영양 가죽이 들어 있었다. 그는 특별한 열정으로 오릭스를 쫓았다. 이놈은 길고 수직인 뿔이 달린 아름다운 영양으로 '유니콘의 전설'을 연상하게 하였다.[21] 그는 또 아름다운 얼룩말인 콰가quagga도 쏘았다. 그 얼룩말은 20년도 못 지나 멸종당했다. 그는 사냥으로 엄청난 수의 동물 트로피 컬렉션을 만들었다.

그는 사자와도 조우하였다고 하는데, 그를 유명하게 해준 이 이야기는 일종의 신화가 되었다. 사자 사냥은 완전히 영국적인 이 영웅의 출중한 성격을 한마디로 요약한다. '죽음에의 무관심, 완전한 침착함과 자기 절제, 사자의 행태와 서식지에 대한 숙지, 그리고 엽총에 대한 상당한 지식.'[22]

사자는 맹수 사냥꾼에게는 가장 뛰어난 대상, '그 칭송이 합당한 백수의 왕'이다. 영국인에게 사자는 분명히 국민적 연상을 일으킨다. 국가와 제국의 상징인 것이다. 영국 왕실의 문장에는 뒷발로 일어선 사자 두 마리가 마주하고 있다. 두 사자는 제국의 기둥인 트라팔가 광장의 넬슨 기념주의 기단을 지킨다. 사자와의 만남에 대한 생생한 기록에서 커밍은 '지나치게 흥분되는 사냥이라는 오락'을 현대의 남성다움에 대한 전형적인 시험으로 삼는다. 이 남자는 홀로 우월한 지성과 냉정함, 그리고 기술로 정글의 왕을 굴복시켰다. 그의 사자 사냥 이야기는 죽음 그 자체에 대한 실존적 대립이다.

사자 사냥에 미친 커밍은 억수 같은 폭우 속을 뚫고 며칠이나 헤매며 사자가 있을 만하다고 의심되는 인근 지역을 돌아다녔다. 결국 사자와 맞닥뜨렸을 때, 그는 "힘 좋고 생기 있는 말에 박차를 가하고 부하들에게 따라오라고 소리치며 초원을 잽싸게 가로질렀다. 다행히 콜레스버그(말 이름) 위에 올라타고 한 걸음 한 걸음을 옮길 때마다 그 녀석(사자)을 노려보았다. 너무나 즐거운 순간이었고, 나는 나나 그 녀석 중 하나가 죽으리"라고 결심하였다.[23] 암사자는 널따란 축축한 진흙 구덩이 곁에서 '위압적인 모습'을 하고 있었다. 그러나 커밍은 무자비하게 그를 쫓았다. 그 녀석은 몸을 돌려 그를 향해 울부짖었다. "깊은 목구멍에서 울려 나오는 살인적인 울부짖음이었다." 이는 그와 친해보려는 사자의 무익한 시도였다.

커밍은 말에서 내려 사자를 향해 걸어갔다. '시종'인 클라인보이가 엽총 하나를 들고 친구인 스토폴루스는 다른 하나를 들고 있었다. 그의 말로는 사자가 그들을 '진귀한 스튜'로 만들려는 것 같았고 부하들은 '파랗게 질린' 얼굴을 하였다고 한다. 그는 "그들에게 의지할 수 없다는 고통스러운 감정"을 느꼈다.

절정의 순간, 사자는 그 사람들로부터 55미터쯤의 거리에 있었고 계속 다가왔다. 커밍은 총을 쏘았고 총알은 사자의 가슴에 박혔다. "그러자 사자는 오싹한 신음을 질렀고 눈 깜박할 사이 우리들 가운데에 있었다." 스토폴루스의 총이 불을 뿜었다. 클라인보이는 '폭풍 속의 오리처럼' 날뛰었다. 암사자는 커밍의 말인 콜레스버그에게 뛰어들어 갈비뼈를 부러뜨리고 '무서운 이빨과 발톱으로' 움켜쥐었다. 그러나 커밍은 이 식민

지적 혼돈의 한가운데서 냉정한 모습으로 남아 있었다. "나는 매우 침착했고 차분하였으며 조금도 흥분을 느끼지 않았다. 다행히 나는 나의 사격에 대해 충분한 확신을 갖고 있었다. 그러나 모든 상황이 끝났을 때, 나는 그것이 매우 무서운 상황이었으며 극단적인 모험이었고 의지할 만한 친구가 아무도 없었음을 느꼈다고 고백하지 않을 수 없다."[24] 원주민들은 할 수 있다면 달아났을 것이다. 위대한 사냥꾼은 이 위기의 순간 오직 자신에게만 의존하였다.

이 장면에서 그는 원주민을 포함한 타민족의 비겁성을 보여주려고 한다. 즉, 남성과 사냥꾼으로서 영국인의 우월성에 대한 한 보기인 것이다. 커밍은 정글에서 그를 수행한 원주민들에 대해 한 치도 숨기려는 의도 없이 인종주의적 시각으로 서술하며, 종종 그들을 무자비하게 두들겨 팼다. 독자들에게 이 매우 극화된 사자 사냥은 제국주의적 정복 자체의 재연이었다.

이 맹수 사냥꾼이 기쁘게 증언하는 것은 그 짐승과 겨룬 이 외로운 대결이었으며 사파리 자체도 이를 위해 구성되었다. 이 사자는 커밍이 초원에 쏘아 눕혔을 때 그로부터 불과 몇 발짝 거리에 있었다. 그는 이 대결에서 매우 냉정하였으나 사자의 단말마의 고통에 대해서는 괴상할 정도로 오래 끌었다. "죽음의 고통 속에서 사자는 등으로 반쯤 눕더니 목과 앞발을 경련하며 뻗었다. 그러고는 이전의 자세로 돌아왔다. 힘센 발들은 옆구리에 축 처져 있었고 아래턱은 떨어지고 입에서는 피가 흘렀다. 그러고는 숨을 거두었다."[25] 그는 폭력과 죽음에서 소름 끼치는 즐거움을 찾았다. 이 사냥꾼들은 사냥감의 죽음의 고통을 즐긴다. 매우 극적이고 준우화적인 이 대결에서 야생에 존재하는 외로운 남자의 냉정함은 짐승의 피 흐르는 야만성과 대조를 이룬다. 리츠보가 보여주었듯이, 이 사냥꾼은 야생의 힘과 벌거벗은 폭력에 대한 기쁨에 몰입할 수 있는 자연 세

계를 지배한다. 자연이 '제국의 이성적인 지배' 아래 깔린 것이다.[26]

아프리카의 풍요함도 커밍과 그와 비슷한 사람들이 저지른 대규모의 도살에는 견뎌낼 수 없었다. 한 세대도 지나지 않은 1872년, 프레더릭 코트니 셀러스가 남아프리카에 도착했을 때 사냥감들은 거의 사라지고 없었다.

셀러스는 매우 인기 있는 인물이었으며 빅토리아조의 여러 세대 동안 아프리카 신화의 산물이자 그 현현이었다. 커밍이 어린 시절에 그의 생생한 사자와의 대결 이야기로부터 소년다운 상상력을 불태웠듯이 셀러스는 다가올 시대의 수많은 영국 소년들의 우상이었다. 그는 축복받은 영웅이었다. 셀러스는 소년들을 위한 헨리 라이더 해거드*의 책에 나온 앨런 쿼터메인 같은 주인공들의 원형이었다. 그의 강연 여행표는 매진되었고 사자와의 결투 이야기는 환호성으로 받아들여졌다. 커밍과 버펄로 빌과는 달리, 그는 사냥꾼 쇼맨으로서의 보다 화려한 익살을 삼가려 노력하였다. 예를 들면, 그는 사자 사냥의 실연에 반대하였다. 그러나 강연에서 전시되는 수많은 기념물과 트로피들은 그의 특권과 권위를 드높였다. 화가이자 사냥꾼, 그리고 유명한 라파엘 전파 화가 존 밀레이의 아들 J. G. 밀레이는 그의 전기를 썼다. 밀레이에 따르면, 사적인 대화에서든 공적인 대화에서든 그의 말은 심장과 경험으로부터 바로 튀어나왔다. 그리고 진정한 남자들은 그 남자를 알아보았다.[27]

사냥꾼으로서의 삶의 후반에 그는 시어도어 루스벨트, 리오넬 로스차일드 같은 이들의 안내자로 일했다. 루스벨트는 셀러스가 진정 남자다운 국가의 육화라고 말하였다.

"그런 부류의 남자들을 만들어내는 것은 어느 나라에나 좋은 일이다.

---

* 헨리 라이더 해거드(Henry Rider Haggard, 1856~1925); 영국의 소설가로 아프리카를 무대로 하는 모험소설을 많이 썼음.

그리고 그런 이들이 충분하다면 그 민족은 퇴폐를 두려워할 이유가 없다."[28]

그가 쓴 책 중 가장 인기 있는 세 권은 『아프리카의 사냥 여행』(1881), 『남동아프리카에서의 여행과 모험』(1893) 그리고 『아프리카 노트와 회상』(1908)이었다. 그는 『아프리카의 사냥 여행』의 부록에 1870년대의 자랑스러운 사냥 통계를 실었는데, 그것 때문에 심한 비판을 받았다. 3년 동안 죽인 동물의 수가 (코끼리를 포함하여) 오로지 셀러스 혼자만 548마리였다. 코끼리 사냥꾼으로서 그의 기술은 경이적인 것이었다. 1872년에서 1874년 사이 셀러스는 마타벨렌란드로부터 4만 5,000킬로그램(45톤)가량의 상아를 선적하였다. 코끼리 한 마리당 20킬로그램이 나오는 이 '흰색의 금'은 그러니까 2,000마리 이상의 코끼리에 상당한다. 대부분이 물론 구매한 상아일 수 있지만 말이다. 셀러스와 다른 사냥꾼들은 이따금 아프리카의 야생동물 수 감소에 대해 원주민들을 비난하였는데, 원주민들에게 총을 쥐여준 것은 바로 그들 자신이었다. 그러나 사실은 상아에 대한 유럽인의 탐욕(당구공, 피아노 건반 그리고 기타 물품들)이 진정한 원인이었다.[29]

그의 미망인은 그의 수집품들을 영국박물관에 기증하였는데, 이는 매우 희귀한 종을 비롯한 최상의 표본들이 포함된 뛰어난 컬렉션이었다. 여기에는 19마리의 사자를 포함해서 500마리 이상의 동물들이 있었다.

청중들이 듣기 원했던 것은 위험과 폭력의 이야기였고 셀러스는 그들에게 호응하였다. 빅토리아 시대의 유행에 따라 위험천만한 모험과 아슬아슬한 탈출에 대한 그의 무서운 이야기는 적절한 도덕관념으로 양념이 되었다. 그는 대담한 백인 남자였고 위험한 세계에서 홀로 그의 길을 헤쳐나갔다. '나는 내 입장의 위험성을 충분히 인식할 수 있었다'고 그는 원주민들과의 한 무서운 만남에 대해 이렇게 말한다.

"나는 중앙아프리카에 있는 유일한 영국인이었다. 적대적인 대륙의 한가운데서 담요나 그런 물건 하나 없이 오직 엽총과 네 개의 탄창만 가지고 나는 홀로 서 있었다."[30]

셀러스는 사상 가장 위대한 사자 사냥꾼으로 알려졌다. 그는 그 영예를 사절하려고 애썼다. 그 야수적인 세기에서 그가 잡은 31마리의 사자는 다른 이들의 200마리 이상에 비해 훨씬 처지는 것이었다. 그러나 그는 그 살육을 그로부터 신화가 탄생한 완전하게 다듬어진 이야기로 만들었다. 『남동아프리카에서의 여행과 모험』에 나오는 가장 인기 있는 사자 사냥 이야기는 어두운 아프리카의 밤에 필수적인 영웅주의와 진화론적 자연법의 세계로 들어간 자연주의자-사냥꾼의 직관을 동시에 보여준다.[31]

새벽 4시에 셀러스는 단말마의 고통에 신음하고 있는 황소의 울음소리에 잠을 깨었다. 그 울음은 계곡을 타고 언덕에서 언덕으로 울려갔다. 셀러스의 하인 카피르(셀러스는 그를 대단히 경멸하였다)는 사냥꾼에게 속삭였다.

"숨바, 숨바."

사자들은 소 떼 한가운데서 잡은 먹이를 처리하느라 바빴다. 그리고 셀러스는 그들이 먹이를 씹을 때 나는 '뼈가 우둑거리는' 소리를 들었다.

제국의 은혜로운 대리인으로서 셀러스는 담요를 차고 일어나 약탈자 사자들에게 복수를 하러 나섰다. 새벽빛이 언덕을 붉게 물들이고 있었다. 최소한 다섯 마리는 될 사자들은 오래전에 가버렸지만 그들이 돌아올 것이라 추측하고 그는 스스로 '상황의 주인'이 되기로 결심하였다. 이 사자들을 죽이는 것이 목적이었다. 그것은 그가 느끼기에 '강력하고 자연스러운' 욕망이었는데, 카피르와 소, 말들을 보호해야만 했기 때문이었다.

"다섯 마리의 사자는." 그는 영웅적인 냉정함이 뚝뚝 떨어지는 전형적인 영국식 어조로 말한다.

"위험한 이웃이었다."

이 장면을 회상하면서 그는 분명하게 진화론적인 도덕관을 마음속에 떠올린다. 즉, 모든 곳에서 이 사냥꾼들이 검증한 과학적 사실들을 영국식 애국주의와 연결 짓는 것이다. 셀러스가 생각한 것은 'A. R. 윌리스 씨'였다. 그는 자연선택과 진화론의 발전 과정에서 다윈의 경쟁자였다.

나는 뛰어난 자연학자인 A. R. 윌리스 씨가 사자들에게 서서히 죽어가는 소들의 불쌍한 울음소리나 하이에나들에 의해 도살당하는 당나귀의 울음소리를 들었으면 했다. 그런 비명들은 듣기에 끔찍하고 매우 인상적이다. 죽어가는 짐승들의 공포와 불안의 광란, 그것은 자연의 피할 수 없는 냉정하고 잔인한 법칙에 대한 강력한 항의일 것이다.

자연의 냉정하고 잔인한 법칙. 이 사냥꾼들이 자연 속에서 발견한 것은 바로 이 '피할 수 없는 법칙'이었다. 그것은 그들의 삶의 지상 명령이자 그들의 남성 숭배의 투사(投捨), 국가들 사이에서의 남성 생식력 숭배의 투사이다. 셀러스는 종종 애국주의적인 충동과 연관하여—여기에서는 윌리스였지만—다윈을 생각하였다. 그는 심지어 탐험 중에 발견한 산 중 하나에 '마운트 다윈'이라는 이름을 붙이기도 하였다.

"놀라운 이론— 논의의 여지가 없는 엄청난 양의 사실들에 기초한 논리적인 결론— 으로써 현대 사상에 혁명을 일으킨 저명한 영국인을 기념하여."[32]

폭력은 이 사냥꾼들의 삶의 지상 명령이었다. 자연에 대한 그들의 개념은 직관과 투사, 이성과 추론이 마구 얽혀 있다. 여기에 사회적 진화론의 자기 정당화가 있다. 그것은 남성성과 민족들 간의 경쟁에 대한 숭배이다. 셀러스의 말대로 살육에 대한 욕망은 '강하고 자연스러우며' 진화론적 이득은 적자를 위한 것이다. 그것은 그들 자신의 살육을 정당화했음에 틀림없다. 왜냐하면 그들은 자신의 순환논리를 결코 의심하지 않았기 때문이다. 즉, 그들은 자연 안에서의 살육에 초점을 맞추는데, 자신들이 살육자이기 때문이다. 이 사냥꾼들은 자신을 약자에 대한 복수자로 상상하였다. 그들의 '가련한 비명'은 폭력과 뒤섞인 다원적 자연에 대한 무모한 발악이다.

이 사자 사냥은 사냥과 진화론적 동물학, 그리고 제국주의를 연결시킨다. 어느 지점에서 사자 한 마리가 다가 왔을 때 셀러스는 넬슨 기념주의 기단에 있는 에드윈 랜시어의 사자를 기억한다. 랜시어는 빅토리아 시대의 위대한 동물화가였다. 그는 또 동물들을 낭만화하고 종종 사냥의 영광스럽고 과장된 폭력 장면을 그린 사냥꾼이기도 했다. (「수달 사냥」「한 철의 마지막 사냥」「사슴 사냥으로부터의 귀환」「몰이」「체비 체이스에서의 사냥」을 보라.) 셀러스는 또한 트래펄가 광장에 서 있는 이 위대한 제독을 기념하여 그의 애마에 넬슨이라는 이름을 붙이기도 하였다.

셀러스는 나뭇가지로 작은 움막을 만들고는 미끼를 던지고 사자가 밤을 틈타 오기를 기다리기로 했다.

밤이 돌아오자 셀러스는 엽총과 담요를 들고 그 움막으로 들어갔다. 초승달은 희미한 은빛으로 빛났고 움막은 두꺼운 안개가 덮인 계곡의 아래쪽에 있었다. 그래서 그는 밤의 어둠 속에서 아무것도 볼 수가 없었다.

곧 셀러스는 소들의 잔해 위로 다가오는 '소리 없는 발자국'의 '어두운 그림자'를 구별하였다. 그러나 예민한 감각에도 불구하고 잘 볼 수는 없었다. 그는 '그 짐승의 대담함'과 머리를 아래로 숙인 것으로 보아 그것이 사자라고 생각하였다. 그가 생각에 잠겨 있을 때, 두 개의 '어두운 형체'가 오른쪽에 나타나더니 움막을 향해 다가왔다. 오른쪽에 있던 '어두운 무엇인가'가 그 허술한 움막으로 터벅터벅 다가오더니 몸을 가린 그 사냥꾼으로부터 3미터도 못 되는 거리에 섰다. 셀러스는 그 짐승을 향해 총을 겨누었다.

그는 발사했고 총성은 "사자의 무서운 울부짖음에 의해 바로 삼켜졌다. 그놈은 치명상을 입었는데……"

그러나 그때 두번째의 사자가 다가와 나뭇가지로 된 움막을 가볍게 흔들었다. 그 사자는 움막의 가지 중 하나를 벗겨내었다.

사자는 그의 움막 안으로 불쑥 들어왔다. 셀러스는 '순간적인 행동'을 취했다. 그는 막대기 사이로 총구를 대고 발사했다.

한 번 더, 그리고 그날 밤 세번째 총성은 무서운 울부짖음 소리로 응답을 받았다. 그 소리는 내 귀에서 2미터도 떨어져 있지 않았다. 상처 입은 사자에 대한 느낌의 그 강력한 표현을 보전할 수 있도록 녹음을 해두지 않은 것이 유감이다. 런던의 응접실에서 나는, 갑자기 그들이 매우 인상적인 효과를 내는 데 성공했음을 실감하였다. 그렇다. 그렇게 가까운 거리에서 맞은 메드퍼드제 산탄은 사자에게 매우 치명적인 충격을 주었을 것이다.

사자는 1908년 아프리카에서 사냥을 한 두 여성이 분명히 보여주었듯이 남성적인 목표이다.[33] 그 남성 사냥꾼은 다섯 마리의 사자와 맨손으로 싸우는 것과 같은 일을 하였다. 그러나 그는 런던과 숙녀와 신사들로 가득 찬 그 응접실 문화를 생각하였다. 그런 병치는 그 자신의 용기와 남자다움을 극적으로 만들었다. 자신의 경험에 대해 매우 자의식이 강하였던 그는 런던의 사람들을 위해 상상 속에 자신의 역할을 마련하였다. 그는 맹수와 싸우는 사냥꾼이었고 이 이야기가 '매우 인상적인 효과'를 보여줄 것임을 알았다.

셀러스는 과묵한 냉정과 완전히 남자다운 행위의 이미지 자체였을 뿐 아니라 그의 이야기는 또한 짐승들에 대한 인간의 우위를 보여준다. 그 날 밤 두 마리의 사자가 더 소의 잔해를 먹어치우려 왔으나 그 어둠— "잉크 욕조에 머리를 집어넣고 마쇼날란드*의 미래를 읽으려는 것" 같았다—은 총을 쏘기에는 너무 짙었다. 부상당한 세 마리의 사자 중 하나가 가까이 온 죽음에 대한 불안으로 으르렁대는 동안 다른 사자들은 식사를 계속하였다. "그 울부짖음과 신음은 소의 잔해에 달라붙은 사자들에게는 어떤 영향도 주지 못했다"고 셀러스는 회상하였다.

그들은 그들의 두 동료가 얼마 떨어지지 않은 곳에서 뻣뻣하게 누워 있다는, 혹은 가족 중 일부가 죽어가면서 신음하고 있다는 생각은 전혀 하지 않고 내내 먹기만 하였다. 진정으로 그들은 지상의 행복을 위한 두 조건을 갖추고 있었다. 왕성한 식욕과 뻔뻔스러움이다.[34]

아이로니컬하게 들리겠지만, 이 사자들은 다른 진화론적 정글— 도시—에 사는 살육적인 비즈니스맨에게 객관적인 교훈을 준다.

이것은 셀러스 최후의 위대한 사자 사냥이었고 그 이야기의 정점인 제국에 대한 위대한 기여라고들 한다. 그에게 주어진 것은 그의 임무에 대한 영예였다. 그는 로디지아의 내륙으로 영국군을 끌고 들어갔고 포르투갈 세력을 쓸어버렸다. 그는 척후병으로 활동했으며, 도로를 개척했는데, 이는 그의 가장 자랑스러운 성과 중 하나였다. 1890년 그는 솔즈베리로 향하는 길을 닦는 군사 원정의 척후 노릇을 하였는데, 이는 그 지역의 점령과 식민지화를 가능하게 할 것이었다. 그 언덕에서 출토된다는

---

* 짐바브웨의 북쪽 지역으로 영국의 식민지였다.

황금에 대한 꿈은 국가에 대한 영광스러운 봉사의 관념과 함께 군대를 고무하였다. 그것은 셀러스가 그의 오랜 친구인 원주민 추장 로벤굴라를 배신하였음을 의미하였다. 그는 처음에 그에게 코끼리 사냥을 허락해준 20년 이상 된 친구였다. 셀러스는 어떤 자책감도 느끼지 않았다.

이 사냥 모험으로 영국은 '로디지아' 영유권을 주장할 수 있었으며 그의 원정은 영국인의 남자다움(이라는 환상)에 기여한 또 다른 모험이었다.

마쇼날란드의 원정과 점령과 같은 그런 임무는 모험과 개척에 대한 사랑을 보여줄 뿐 아니라 더불어 우리의 민족정기를 젊고 생생하게 지키도록 해준다. 한 개인처럼 한 민족은 정해진 시간 내에 늙고 쇠퇴한다. 그리고 모험에의 사랑이 젊은 영국인들의 가슴속에서 죽고, 위험과 곤경을 극복한 이야기가 더는 그들의 피에 불을 지르지 않으며, 그들 중 대다수가 집에서의 안락함을 포기하고 먼 나라에서 장래를 찾아 떠나지 않는다면, 영국의 쇠망은 다가올 것이다. 한민족으로서 우리—영국 민족—는 아마도 이미 청춘을 다 보냈는지도 모른다. 그러나 우리는 여전히 광대한 정력과 에너지를 소유하고 있으며 이에 대해선 의심의 여지가 없다.[35]

그가 두려워한 쇠망은 '유약하고 부유한 포르투갈인들'에 의해 대변된다.

존 매켄지는 자연사가 진리와 지식의 추상적인 덩어리가 아니라 문화적 행동의 일부로 이해되어야 한다고 주장한다. 그는 자연사가 '사회학적 골격' 안에 구축될 필요가 있다고 말한다.

이 시기 자연사의 연구는 명확히 제국주의적인 맥락 내에 자리 잡는다. 사실 분류학은 그들 이면에 있는 인간의 사회적·문화적 관계들을 전적으로 감춘 적이 없다. 이것은 19세기 후반과 20세기 초반의 사냥과 사냥꾼 그리고 자연사 전시물 간의 관계를 조사하면 쉽게 드러난다. 분류는 살육을 의미하고 학문적 연구와 대중 전시를 위한 종의 수집은 대규모의 살육과 관계있다. 그 결과인 동물학 표본의 관람자들은 이 활동에 내재한 정당화의 개념을 하나, 또는 여러 방식으로 인식하게 된다. 이는 모든 호기심보다 우위에 있으며 분류 능력과 과학적인 지식에 봉사하는 사냥꾼의 파괴 능력은 전 지구의 자연 세계에 대한 서구인들의 지배력을 요약해 보여준다. 그 지배력은 물론 '인종'에 고유한 것이다. 그것은 유럽과 미국인들을 위한 것이다.[36]

사냥에 남성을 위한 국가적 개인적 정체성이 깊이 뿌리내렸음을 인식하기 위해 이 모든 결론에 꼭 동의할 필요는 없다. 그 시대의 진화론적 교훈, '이빨과 발톱의 유혈 낭자한 자연'은 남성의 자아 개념을 유혈로 물들였다.

이 제국주의 건설자 사냥꾼들의 이야기를 읽으면 지금도 겁에 질리게 된다. 그 파괴의 규모는 자유와 스포츠에 대한 단순한 사랑으로 설명되기에는 너무 커졌고, 한 세기가량의 문화적 일탈의 수준을 넘어서는 것처럼 보인다. 아시아, 아프리카, 북미 대륙의 사냥감들은 사냥에 의해 거의 멸종되었다. 이 사냥꾼들을 이해하기 위해서는 더욱 깊이 들여다보아야 한다. 그들 스스로도 말한 바 있다. 즉, 그들은 심리학과 문화적 힘이 심오하게 조합된 바탕 위에서 행동하였다.

사냥꾼의 폭력은 자연과 민족의 법칙이었다. 짙은 아프리카의 어둠으로 둘러싸인 얇은 움막에서 몇 미터 바깥의 울부짖는 사자와 함께 있는 셀러스는 제국주의적 진화론적 영웅이다. 그는 문명과 자연의 경계를 뛰어넘었고, 그의 배짱 좋은 폭력은 그의 마음속에서 자연을 향한 출구이면서 그로 하여금 그가 상상했던 자연의 언어로 자연과 맞서게 해준다. 그는 런던의 응접실에 있는 이들을 위해 유혈 낭자한 자연으로 향하는 입구에 있는 스스로 임명한 문지기이다. 그는 폭력을 통해 자연을 통제할 수 있게 만들었다. 그리고 그는 그것을 고국의 신사와 숙녀들을 위해 가지고 돌아온다. 그는 자연에게 명령하고 그것을 박물관 표본들의 목록으로 바꾸어놓는다. 자연은 어둠이었고 사냥꾼은 우월성을 위한 맹목적인 전투에 사로잡힌 초조한 남자였다.

 그 사자들의 밤은 오싹한 프로이트적인 느낌의, 무서운 맹수와의 맹목적인 싸움에 매몰된 빅토리아 시대의 한 이야기이다. 셀러스는 고국에 남은 남자들에게 사람을 으스스하게 만드는 죽음의 윤리를 제공하였다.

5

 셀러스는 분명히 사진 찍히기를 좋아했다. 젊은 시절부터 그는 턱수염을 기르고 엽총과 원주민의 창을 들고 마치 옥좌인 것 같은 짐승 가죽으로 덮인 의자에 앉아 포즈를 취했다. 그는 건장함의 이미지, 육체파의 이상(理想)이었다. 진화론자들에게 이 사냥꾼은 자연 선택의 육화이자 그 실행자였다. 벽에 걸린 짐승 수컷의 머리들은 사냥꾼 자신의 이미지의 반영이다. 뿔과 엄니들—가장 크고 가장 남성다운 종들을 찾아 나서는 행위—는 그 사냥꾼의 우생학과 유전학에 대한 집착을 간접적으로 의미한다. 그것들은 위대한 남성의 표지이다. 남성의 육체는 그 자신의 트로피이다. 셀러스의 사진은 그 자신의 트로피이고, 그 약탈품은 가장 강한 놈을 향하기 마련이다.

 그 트로피는 남성의 우월성이 가시적인 의미를 띠게 되는 수단이다.

죽은 동물은 말할 수 없다. 그러나 그들은 읽힐 수 있고 그들의 메시지도 마찬가지다. 이 공간은 남성적 공간이다. 그리고 최고의 남성은 숲 속의 가장 큰 트로피뿐 아니라 가장 매력적인 여성도 함께 얻는다. 그 트로피는 남성적 육체, 그 초월적 정력의 이미지와 함께 양성 간의 경계를 규정한다.

벽에 걸린 동물들의 머리는 말하자면 공간 속에 떠 있다. 그것은 해체된, 그러나 구체적인 남성성의 이미지이며 남자들이 모이는 장소, 즉 총포점, 이발소, 주유소, 서재, 주점, 변호사 사무실 등을 말없이 공포스러운 축복으로(그 죽은 유리 눈알에도 불구하고 말이다) 지배한다. 벽에 걸린 사냥 트로피들은 남성성 숭배의 이무기돌*이다.

그들은 남성의 공간을 보호한다. '서재'는 어쨌건 남성의 '장소'이다. 그 트로피들이 걸려 있는 방의 언어는 도시 남자들의 일상적 삶에 끼어든 사냥의 언어이다. 그 트로피는 위기에 처한 남성성을 애도하고 있는 시대에 대한 일종의 반응이다.

그 트로피는 일종의 방어적인 남성성을 규정한다. 그것은 공격성의 가면이며 그 뒤에는 모든 남성의 두려움이 숨어 있다. 유리 눈알을 박고 입을 약간 벌린 사슴의 대가리는 그 문의 이무기돌이다. 그것은 종종 문과 창문 그리고 다른 여성성의 건축학적 상징 위에 올라타고 있다. 그것은 불신자에게 겁을 주기 위해 사용되는 이미지의 짐승이며, 그 공간으로 들어오는 것의 위험을 공언한다. 그것은 남자가 아닌 모든 대상에게 겁을 준다. 그들은 남성의 성소에 들어오기엔 부적합한 것이다. 소년들에게 그 트로피는 남성이 되는 통과의례를 선언한다. 그 트로피는 여성을 소외시킨다. 그 트로피는 성벽을 나타낸다. 그것은 여성에 대한 남성

---

* 고딕 건축에서 보이는 짐승 머리 모양의 홈통 주둥이.

의 두려움의 이상적인 이미지이다. 그것은 간단히 그녀들을 쫓아버린다. 더욱 정확하게, 그것은 그들 안에 있는 여성에 대한 두려움을 표시한다. 그것은 여성화에 대한 남성적 두려움의 상징이다.

언제부터 그런 트로피들이 인기를 끌게 되었는지는 모른다. 존 매켄지에 따르면, 18세기에 클럽과 도서관들은 죽은 동물의 박제들을 많이 소장하고 있었다. 그러나 19세기 영국에서 남자들은 사무실과 클럽 그리고 가정을 독특하게 남성적인 공간으로 만들기 위해 사냥의 기념물들을 사용하였다. 사냥과 성적 격리와의 관계는 모피와 짐승의 머리로 장식된 흡연실이나 당구장 같은 그런 특별하게 남성적인 성소에서 잘 드러난다고 매켄지는 쓰고 있다. 심지어 우산꽂이로 코끼리의 다리를 쓰기도 한 것이다. 모든 남자들은 사냥의 영광을 회상하며 불을 쬐인다. 그 건축물과 장식들은 부분적으로는 카롤루스 대제나 영국 왕들 같은 중세 군주들의 위대한 사냥 오두막의 분위기를 재현하려는 자기 의식적인 시도였다. 그러나 가정과 도시에서 트로피 그 자체는 공격적이고 겁에 질린 남성성에 대한 가장 손쉽고 압축된 표현이었다. 동물의 가죽, 특히 무서운 고양이과 동물의 가죽은 마루와 벽에 나타나기 시작하였다. 셀러스의 것과 같은 개인 소장품은 특히 규모가 크고 광범위한 동물 종을 포괄하고 있었다. 예컨대 야생동물 화가 에드윈 랜시어는 30쌍의 사슴 대가리, 황소의 뿔, 산양 대가리, 멧돼지 대가리, 사냥개의 골격, 들소, 호랑이 가죽, 박제된 백조 등을 가지고 있었다.[37]

이상적인 트로피는 성체 수컷 동물, 그것도 가장 크고 완전한 놈일수록 좋다. 자신의 남성적 성지(聖地)를 박제된 동물로 장식함으로써 남자들은 자신의 남성성을 재생산할 수 있었다. 여자들 없이도 말이다.

성기 총phallic gun은 생식력이 있다. 총알은 정액이고 씨이다. 그들 양자는 남성적 이미지를 글자 그대로 사진처럼 재창조한다.

트로피는 스튜어트 마크가 사우스캐롤라이나의 사냥에 대한 연구서인 『남부의 사냥』에서 '남성적 신비'라고 부른 것을 강조한다.[38] 그는 사냥의 스타일과 의미가 역사, 계급, 인종 그리고 성에 뿌리를 두고 있다고 주장한다. 이들은 문화적인 공간 속에서 기능하는 무시간적인 보편자가 아니다. 그가 인터뷰한 남자들에게 사슴 사냥은 너구리 사냥과 달랐다. "사슴 사냥꾼은 남성적 신비의 축도이다"라고 그는 썼다. 사슴 사냥은 자율성과 자유, 지위를 의미한다.

벽과 창고에 있는 뿔 달린 머리들은 이 메시지를 온 세상에 전한다.

트로피는 단순히 사냥의 기념품이 아니다. 그것을 벽에 걸음으로써 당신은 남성적 공간과 여성적 공간, 심리적인 공간과 육체적인 공간을 구분하는 것이다.

그것은 마법적인 경계이고 그 경계는 침범 불가능하다. 마크에 따르면 남부의 사슴 사냥꾼들은 감수성이 예민한 나이에 아버지와 함께 사냥을 함으로써 '남성적 신비'를 배웠는데, 이 신비는 '거의 성스러운 특질'을 가진다. 그 이상(理想)의 규범에 따라 사는 데 실패하면 '여성화로 가는 경사진 언덕을 굴러 떨어지기 시작하는 것'이다. 벽에 걸린 트로피들은 신성한 남성적 공간을 경고한다. 여성의 집이라는 가정적 공간 속에 공격적으로 들어온 트로피들은 일상적 삶으로부터 사적인 남성의 공간을 빚어낸다. 마크에 따르면 "남성의 이야기의 그 생생한 이미지, 외설과 폭력, 인종주의적 농담, 외설적인 성적 공상들은 남성적인 세계와 깊게 뿌리박은 여성에 대한 의존을 예시"한다.

남성성의 역할과 규범은 두 성 사이에 있는 경계와 관계를 충돌로 이끄는 적대감 내지 공격성과 더불어 확립된다. 마크가 인터뷰했던 한 무뚝뚝한 사냥꾼은 거친 남성적 공격성의 형태로 이렇게 주장한다.

"그것은 보지cunt와 사냥hunt의 정치야."[39*]

성기 엽총phallic rifle은 여성적인 화로 위에 걸려 있다.

이 공간에서 다윈과 조상들, 역사적인 기원들과 연관되어 성 역할은 구체화되고 심지어 화석화된다. 거대한 심리적 투자는 남성 에고의 저장고 속에서 보전 중이다. 가장 매력적인 여성을 몰아내기 위해 사냥은 바로 그 공격성을 사용한다. 배제는 폭력적이고 분노에 차 있고 무섭다. 잭 런던은 현대 남성의 격세유전과 야만으로 돌아간 야수적인 남성에 대한 예언자이다. 예를 들어 『바다 늑대』는 배에 탄 선원들에 대한 장편의 다위니즘적 우화이다. 그들은 자신의 남성성 속에서 짐승인 바다표범 사냥꾼이다. 그들은 사냥을 통해 자신을 재창조한다. 그 사냥의 일부는 유사 성적pseudosexual인 까부수기 격투이다.

그 독신자 무리들은 서로서로 거칠게 까부수고 그로 인해 날이 갈수록 보다 냉담해졌다. 때때로 내게는 그들에게도 어머니가 있을 거라는 사실이 불가능하게 보였다. 내게 그들은 반은 야수이고 반은 인간인 희귀한 생물로 보였다. 거기에 섹스와 같은 것은 없었다. 그들은 거북이 알에서처럼 태양 아래서 부화되었거나 그와 비슷한 더러운 방식으로 생명을 얻었을 것이다.[40]

잭 런던의 화자는 회심하기 전에 '계집애 반 웨이든'이라 불렸다. 멜빌의 피쿼드 호와 같은 그 배의 남성적 세계는 여자를 필요로 하지 않는다. 반 웨이든은 사냥꾼들을 아버지로 하여 이 남성들의 배에서 진정한 남자로 새로 태어난다. 이 자아창조에 대한 부르주아적 등가물은 죽인 동물 곁에 있는 남자들의 사진이다. 그는 그 짐승 위에, 마치 자연발생의 기

---

* 원문의 느낌을 살리기 위해 비속어를 그대로 두었음.

적이라도 일어난 듯이 올라서 있다. 그 사진은 형성 중인 자아이다. 그것은 남성적 기적을 기록한다.

헤밍웨이의 「프랜시스 매컴버의 짧고 행복한 생애」에서 양성 간의 증오는 사냥에 의해 드러나며 아이로니컬하게 전복된다. 매컴버는 겁쟁이이고 알코올중독자이다. 그러나 코끼리를 죽이고 남성다움을 되찾자마자 그의 아내는 역겨움과 복수심으로 그를 쏘아 죽인다. 두 성 간의 경계는 견고하고 여성들도 사냥꾼이 될 수 있는 반면, 그때 그녀들은 무서운 존재이다.

6

아마도 이 제국주의적이고 진화론적 사냥이 성 역할과 겹쳐지는 방식을 가장 잘 보여주는 이야기는 보이 스카우트의 창시자이자 현대 남성성의 대변자인 베이든-파월로부터 기인할 것이다. 그의 이야기는 여성과 성적 관계를 향한 이런 태도의 주목할 만한 진리를 무의식중에 드러내면서, '상품'으로서의 여성과 사냥의 트로피를 혼동한다.

그 이야기는 1900년에 출판된 『전쟁 속에서의 사냥』이라는 제국 전체의 사냥에 대한 책에 나와 있다.⁴¹ 그 이야기의 성기적(性器的) 본성은 그 제목에서부터 울려 퍼진다. 즉, '창의 심판Ordeal of Spear'이 그 제목인데, 성적 선택이 성적 적대감과 만나는 이야기이다. 인도의 사냥터에서 다윈과 프로이트가 만나는 격이다.

베이든-파월은 지난 세기의 다른 많은 군인 사냥꾼처럼 머나먼 대륙에서의 짐승 사냥과 원주민 사냥 사이에 등식을 설정하곤 하였다. 그는 '인류의 야수들'에 대한 사냥과 '우리에게 많은 흥분과 고귀한 경험을 주는 이 '인간 사냥'에 대해서 썼다.⁴² 원주민 정복은 이런 어법으로는 일종의 사냥이었다. 그러나 이 신사들은 창을 가지고 하는 여자 사냥으로까지 타락하지는 않았다. 그것은 사냥의 무의식적인 부분으로 남아 있다.

베이든-파월은 인도의 '망고 삼림' 속에서 돼지사냥을 위해 캠프를 치던 일을 이야기한다. 돼지사냥은 가장 인기 있었던 제국주의적 오락 가운데 하나였다. 말을 탄 남자들이 멧돼지를 쫓으며 그들 중 누가 최초로 돼지의 피를 흘리게 하는가를 보는 것이다. 우승자는 그 피를 상으로 받았다. 여자들은 실제로 사냥을 하지 않고 바라보기만 했다.

미국 여성 에드너 클레이는 이 남자들의 오락을 보러 정글로 나선 사교계 사람들 가운데 있었다. 그녀는 어머니와 함께 이 지역에서 겨울을 보내러 왔는데 다른 많은 이들처럼 미국의 온천장보다는 이곳 군 주둔지의 사교적인 쾌활함이 훨씬 마음에 들었다.

그러나 크리스마스이브의 가벼운 흥분 속에서 에드너 클레이는 우울해하며 안절부절못하였다. 왜 그렇게 산만하냐고 어머니가 물으니, 에드너 클레이는 가족과 함께 인도를 떠나지 못할 것 같다는 선언을 하였다. "전 바보예요"라고 그녀는 말했다.

"바보같이 사랑에 빠졌어요."

그녀의 어머니는 안경을 벗고 희색이 만면하여 좀더 캐물었다.

캠프에는 괜찮은 총각이 두 명 있었다. 한 사람의 이름은 잭 오스틴이었는데 그녀의 어머니는 그를 더 좋아했다. 그는 젊고 용감했으며 '레이븐섬 경의 상속자'였다. 그는 친구들 사이에서 '악마'라고 불렸다. 어떤 놀이에도 가벼운 마음으로 기꺼이 달려들었기 때문이었다. 다른 이는 캘버트 소령이었는데 피부가 검고 잘생긴 사람이긴 했지만 나이가 많고 과묵하였다. 그의 친구들은 그를 '딥 C'라고 불렀는데, 뛰어난 스포츠맨이었으나 본성은 조용했다.

'악마'와 '딥 C' 사이에서, 에드너 클레이는 딥 C와 사랑에 빠졌다. 그녀는 어머니에게 '그의 삶의 작고 슬픈 이야기'를 들었을 때 그와 사랑에 빠졌다고 말했다. 데스데모나에서와 같이 그의 여정은 그녀에게 친절과 동정을 불러일으켰다.

이 대화가 진행 중이었을 때 문제의 두 신사들은 텐트에 앉아 있었는데, 주제는 자연히 에드너 클레이 양에 대한 이야기로 흐르게 되었다.

그들 각자는 이야기를 나누면서 그 미국 처녀에게 프러포즈할 생각을 조용히 즐기고 있었다. 서로 이 사실을 알게 되자, 그들은 상당한 딜레마에 봉착하였다. '악마'의 주장대로 '쉽지 않은 일'이었다. 어떻게 서로 신사다운 예절을 잃지 않으면서 이 문제— 누가 그 숙녀에게 프러포즈할 것인가—를 해결할 수 있을까?

그들은 에드너 클레이에게 결정을 위임할까 하는 고려도 하였지만 그녀를 더욱 불쾌하게 만들 뿐이라는 것을 알았다. 더욱 신사다운 것은 이 문제를 그들 사이에, 즉 두 남자들 사이에서 해결하는 것이었다.

그래서 그들은 '창의 심판'에 맡겼다. 그들은 돼지사냥 경주에 나갈 것이다. 처음 피를 흘리게 하는 사람이 승리자가 되듯 이 두 군인들 사이의 경쟁에서는 처음 피를 흘리게 한 자가 또한 에드너 클레이를 차지하는 것이었다.

다음 날, 남자들은 일찍 길을 나섰다. 그들 사이에 클레이 양도 있었는데, 사냥꾼들이 숲을 뒤지며 그날의 사냥감인 멧돼지를 몰아대기 시작한 지 얼마 뒤에 나타났다. 그 여자는 코끼리 등에 실린 가마를 타고 있었다.

돼지사냥 경주로 승부를 내기로 한 두 사람은 말을 타고 큼직하고 나이 든 멧돼지를 쫓았다. 그 녀석은 잘도 몸을 빼서 피해 다녔다. 그것은 오전 내내 계속된 두 남자들 사이의 아슬아슬한 경주였다. 그러나 누가 먼저 피를 보느냐는 그 경주는 정점에 가까워져왔고, 그 멧돼지는 유일한 출구인 그리 멀지 않은 정글로 돌진하였다. 그 순간 에드너 클레이가 나무들 사이에서 나타났다. 그녀는 그 사냥을 관전하기에 최상의 위치에 있었다. '비록 이 문제가 그녀의 미래에 어떤 영향을 주게 될지는 거의 몰랐'지만 말이다.

딥 C가 그 돼지에게 다가가 막 찌르려 했는데, 이 중요한 순간에 말이 비틀거렸다. '악마'는 말 위에서 내리 덮쳐 이 기회를 틈타 창을 멧돼지의 옆구리에 박아 넣었다. 제대로 찌르지는 못했지만 어쨌든 최초의 유혈이었다. 그 순간 그는 그 사냥의 관전자였던 에드너 클레이를 바라보았다. "최초의 일격을 따냄으로써 얻게 된 것들의 가치로 인해 그의 가슴은 찌르는 듯한 환희로 부풀"었다.

그 돼지가 웬만큼 뻗었을 때, 한 원주민이 겁에 질린 얼굴로 서둘러 그들에게 다가왔다. 잠시 뒤에 그들은 차포이charpoy—일종의 원주민 침대— 위에 누운 한 시체의 곁에 서게 되었다. 베이든-파월에 의하면, 그녀는 마치 테니스 게임을 끝내고 휴식하는 것처럼 보였다.

그녀의 흰 드레스와 화려한 스카프는 선명했고 흐트러지지 않은 채였다. 그러나 작은 신발은 꼿꼿이 서 있었다. 그녀의 전신은 그 침대 위에 길게 누워 있었고 부자연스런 딱딱함이 밀랍 같은 얼굴에 나타나 있었다. 이와 더불어 반쯤 감은 눈과 약간 벌린 입술이 에드너 클레이가 죽었음을 알리고 있었다.

그녀의 코끼리는 마지막 일격과 더불어 그 경주의 흥분에 겁을 먹어 몸을 돌려 숲 속으로 도망쳤고, 동시에 가마와 그 안의 승객이 떨어져버린 것이었다.[43]

이 이야기는 실화이다. 그 이야기의 끝에는 사진이 한 장 실려 있다. 누구 말마따나 '죽음을 기억하라memento mori'일지도 모르겠지만 그것은 마치 트로피 아래 서 있는 사냥꾼들의 사진처럼 보인다. 일종의 무시무시한 문학적인 방식으로 그 남자들 사이의 경쟁은 진화론적인 경쟁이자 성적 에너지를 멧돼지 사냥으로 전환시킨 프로이트적 승화인 것이다. 그러나 불가피한 자체의 논리를 가진 그 심리적 왜곡 중의 하나에 의해 그들이 다투었던 보상은, 멧돼지가 아닌 그 숙녀가 되었다.

원주민들은 약간 뒤에 떨어져 있고 그들 두 남자는 그녀 앞에 서 있다. 왼손은 코트 포켓에 찌르고 팔꿈치는 영국 신사의 자세로 어색하게 옆구리에 붙이고 있다. 오른손에는 사파리 모자를 들고 그 여자가 길게 누워 있는 야전침대에 몸을 기대었다. 그리고 그들은 그녀를 이 이야기에서는 완전히 드러나지 않은 일종의 우수를 가지고 회상한다. 그 여자의 몸은 너무나 아름답고 너무나 조용하고 너무나 우아하게 누워 있다.

그 남자들은 고개를 카메라에서 약간 돌린 무표정한 표정이다. 그들은 감정을 오로지 간접적으로만 드러낸다. 모든 것은 매우 암시적이다. 이 사냥의 표면 아래에는 바라던 여성에 대한 무의식적이고 잠재적인 적대감이 있다. 그녀는 그들의 폭력의 우연한 희생자이다. 그리고 그 성적 경쟁이 두 남자 간의 것이었는지, 아니면 그 남자들과 그 여자 간의 것이었는지는 분명하지 않다.

사진에서 그녀는 자신의 '창의 심판'을 마친 뒤에 쉬고 있는 것 같다. 그녀는 상품이 아니라 결국 그 사냥꾼의 트로피 바로 그것이다. 그녀는 이 남자들이 무의식중에 결혼한 여자들에게 바라던 역할을 상징할지도 모른다. 이 자연의 명령을 통해 그녀는 자신의 위치를 알았다. 그녀는 트로피로서 남자들이 그녀의 성에 대해 비밀스럽게 원하는 그 우수에 찬 운명— 발아래 누워 더 이상 그들 사이에 끼어들 수 없는 완전히 수동적인 여성—을 나름의 방식으로 성취한 대표적인 여성이다.

7

여기 맹수 사냥꾼에 의해 상세하게 표명된, 현대 남성의 패러다임에 대한 매우 다른 두 가지의 반응이 있다. 하나는 위대한 20세기 영국 시인 W. H. 오든의 것이고 다른 하나는 미국 작가 로이 블라운트 2세의 것이다.

오든은 시를 통해 종종 위대한 영국의 사냥꾼들에 의해 그의 세대에게 전해진 그 전통을 언급하였다. 1933년 그는 매우 간결하게 사냥의 핵심 주제, 즉 폭력, 과학 그리고 제국을 하나로 모았다.

> 뜨겁고 무심한 태양 아래
> 더 강하고 더 멋진 짐승을 지나
> 그는 길을 개척한다, 그는 살아 있는 총
> 총과 렌즈와 성서를 들고.
> 한 군사 조사관이……
> 그의 가족이 그에게 가르쳤다.
> 크고 말 못하는 짐승과 맞서는 법을
> 영원과 원주민과,
> 그의 돈과 시간을 다루는 법을.
> 그리고 만나지 못한 죽은 이들에 의해
> 기만당한 경건한 추측에 의해 지배되어
> 광기가, 혹은 황량함이 설치한

> 걸상 위에
> 살인적이고 명석한 두뇌로 앉아.[44]

'만나지 못한 죽은 이들에' 지배되는 현대 남성은 '살아 있는 총'으로 비유된다. 그는 폭력이 육화된 존재이며, 총과 렌즈와 성서——제국, 과학 그리고 선교의 열망——로 인해 자신이 알지 못하는 방식으로 미쳤다. 즉, '살인적이고 명석한 두뇌'의 합리성이다.

로이 블라운트는 그 사냥꾼이 말한 남성성의 이미지를 강조하고 그들처럼 반항적이고 공격적이며 떠들썩하게 수행한다. 블라운트는 『남성 저널』에 실린 한 칼럼에서 최상급 고기에 대한 자신의 비이성적이지만 중요한 욕망을 기술한 바 있다.[45]

블라운트는 자신의 고기에 대한 갈망이 건강하지 않음을 인정한다. 그러나 어떤 욕구가 그로 하여금 그것을 먹게 한다. 그는 현대의 방어적인 남성이며 격세유전적인 욕구에서 자신의 혈관 속에 콜레스테롤이 쌓이도록 방치한다. '나는 가슴과 혈관 속으로부터 알았다. 나는 이 격세유전적인 충동을 극복해야만 한다. 그러나 어떻게? 그것을 억제할 수 있나? 그것은 남자답지 못하다.'

대신에 그가 한 일은 완전한 스테이크를 위한 자신만의 사냥을 떠나는 것이다. 이는 그를 진정한 남자의 영역, 원초적 정력의 거룩한 신전으로 데려가주었다.

하루나 이틀 뒤, 나는 맨해튼 하부에 있는 고기 시장으로 내려가 '호그스 앤드 헤퍼스'라 불리는 바를 찾았다. 문에는 '개를 신경 쓰지 마시오——주인 백'이라는 팻말이 붙어 있었다. 실내장식으로 멧돼지의 머리, 박제된 올빼미, 박제 거북이, 황소 머리, 암소 두개골, 작은 악어가죽, 9피트 반쯤 되는 청상아리, 박제 오리 등이 튼튼한 철삿줄로 천장에 매달려 있어 선풍기 바람에 계속해서 흔들리며 부대끼곤 하였다. 그리고 엘크 혹은 사슴의 머리 같은 것— 뿔에 걸친 금속 장식물이 얼굴을 가리고 있어 무엇인지 정확히 구별할 수 없었다— 들도. 벽의 다른 지점에는 여러 개의 넥타이가 갈고리에 걸려 있었다. 나는 이곳이 브래지어나 넥타이를 하고, 혹은 애완동물을 데리고 오기에는 좋은 장소가 아니라는 생각이 들었다.

죽은 동물의 초점 없는 시선 속에서 남자들은 유토피아적 세계로, 즉 섹스와 사회적 책임, 브래지어와 넥타이에 의한 문젯거리들이 없는 세계로 다시 들어올 수 있다. 남자는 한 개별적인 종이 된다.

8

나는 언덕으로 몸을 돌려 바로 곰 사냥터로 들어간다.
"젠장."
윌리가 으르렁댄다.
"곰이라, 곰을 보면 쏴버려."
"곰 사냥 면허는 있나?"
나는 벌목용 도로를 떠나 가파른 언덕으로 올라가며 그를 돌아본다. 우리는 숲 속의 좁고 선명한 벌목장, 그루터기와 베어낸 나무가 뒤엉켜 있는 공지를 돌아나가는 중이다.
"걱정 말라구." 윌리는 내게 쏘아붙인다.
"자네가 곰을 쏘면 그때 면허를 따지."

잠깐 침묵, 그리고 잠시 생각한 뒤에……

"코요테를 보면 그것도 쏘라구."

그는 웃는다. 나도 웃는다. 사냥꾼 그리고 남자들의 정신이 그들로 하여금 법률과 규정을 증오하고 거의 무정부 상태를 사랑하게 하는 것은 재미있는 사실이다. 그것은 매우 남자다운 것이다. '자연의 자유를 찾아.' 커밍이 스코틀랜드를 떠난 것도 이와 같은 충동에서였을 것이다. 이 때문에 루스벨트는 사냥꾼들이 '거칠고 자유롭고 통제 없는 삶, 자유의 고전적인 유형' 속에 있다고 말했다.[46]

위대한 환경운동 작가인 에드워드 애비*조차도 군인이며 사냥꾼인 야생의 영웅인 헤이듀크를 만들어내었다. 그는 남서부 사막의 야생동물들과 사랑에 빠졌으며 정열적으로 폭력에 헌신하였고 자신이 미국의 서부에서 발견한 무정부주의적 자유의 찬미자였다.[47]

그러나 윌리는 미국 태생이 아니다. 그는 독일에서 왔으며 거기서 사냥을 배웠다. 그는 미국에서의 사냥을 더 좋아했는데, 현대 독일보다 규제가 덜해서였다. 거기서는 면허를 따려면 총과 사냥감에 대한 상세한 훈련을 받아야만 했다. 윌리는 금발이고 기운이 넘쳐흐르는, 단단하고 아름다운 몸매의 소유자이다. 그는 건축회사를 하나 갖고 있지만 사냥이 그의 진정한 정열이다. 그것은 뱃속 깊숙한 것이자 성적인 것이다.

"나는 전 세계에서 사냥을 했어."

그의 배경을 묻자 그는 내게 미소를 띠며 말한다.

"프랑스에서는 숫양, 스페인에서는 살쾡이."

우리와 함께 스코트가 있다. 그는 윌리와 그렇게 다를 수 없다. 그들은 친한 친구이자 사냥 동료이며 사냥의 우스꽝스런 한패이다. 윌리가

---

* 에드워드 애비(Edward Abbey, 1927~1989) ; 미국의 작가. 환경문제를 다룬 글을 많이 썼다.

거친 오스카라면 스코트는 말쑥하고 변덕스러운 펠릭스*이다. 그는 마른 체구에다가 검은 머리를 매우 단정하게 자르고 있다. 그는 워싱턴의 정부 공무원이다. 그의 사냥복은 깔끔하고 심지어 다림질도 되어 있다. 그의 모든 복장은 말끔하고 모든 것은 제자리에 있다. 칼, 장갑, 부츠 등도 말이다. 그의 새 닷지 픽업트럭은 사과 같은 빨간색으로 최근에 광을 내었고, 우리는 부츠를 뒤에 싣기 전에 달라붙은 진흙을 털어내야 했다. 그는 사냥에 대해서는 별로 말을 하지 않는데, 사람들의 현재의 판단을 좋아하지 않기 때문이라는 것이다.

그는 내게 오리건 주에서 아버지와 숙부와 함께 처음 사냥을 배웠을 때, 처음 사슴을 쏘아 잡았을 때 얼마나 흥분했었는지를 말해주었다. 그러나 그는 그것을 별로 좋아하지 않았다. 사슴은 천천히 죽어갔는데, 이 때문에 그는 눈물을 흘렸다.

스코트는 보이 스카우트였을 것이다.

많은 이들이 말했듯이, 동물을 죽이는 것은 그 동물을 소유하는 것과 유관하다. 그리고 권력과도. 그러나 사냥꾼과 남자의 심리에 있어 사냥과 살해의 충동 속에서 표현되는 것은 무엇일까? 분명히 사냥의 수행에는 거대한 문화적 힘들이 동원되며 남자들에게 정체성과 헌신, 세계 속에서 그들 자신을 상상하는 방식을 부여한다. 예를 들어 스코트는 그것이 자신의 가족과 밀접하게 연관되어 있기 때문에 사냥을 계속한다. 우리가 보기에 그것은 독특하게 미국적인, 개척자들에 의해 태어난 사냥에 대한 일종의 신화이다.

그러나 살해의 심리학은? 이 사냥의 차원—그리고 사냥의 핵심—은 내 자신이 직접 사냥을 함으로써만 이해할 수 있을 것 같다.

---

* 1970년대 미국의 텔레비전 시리즈물 「The Odd Couple」의 두 남자 주인공. 펠릭스는 깔끔하고 오스카는 게으르고 지저분하다.

나는 팔꿈치 위에 대여한 윈체스터 엽총을 올려놓는다. 구경이 얼마더라? 탄도학은 일반적인 현대 사냥꾼의 독특한 신화 중 하나다. 그러나 나는 스코트가 말한 순간을 잊는다. 나는 전에는 장난감 총 말고 총을 쏘아본 적이 없다. 어렸을 때 숙제를 끝내고 종달새 한 마리를 쏜 것 말고는 무엇을 죽여본 일도 없다. 개인적으로는 그 이후로 동물을 죽이지 않았다.

윌리와 스코트 그리고 나는 캐스케이드 산맥의 울퉁불퉁한 길을 달려 내려가 레이니어 산 국립공원의 바깥 경계에 닿았다. 청명한 10월의 어느 날이었고 두꺼운 햇살은 시럽처럼 상록수 숲 위로 쏟아져 활짝 트인 경사면의 갈색 잔디 위에서 빛난다. 나는 이틀간 사슴 사냥을 한 후였다.

한 마리라도 본다면 나는 쏘려 할 것이었다. 숲 속으로의 모든 나의 여정은 자아의 머나먼 경계로의 여행이라는 사냥꾼들의 관념을 공유하고 있었다. 이론이 아닌 실전에 대한 갈망으로, 나는 앞으로 나아갔다.

사냥의 힘은, 그것이 남자다움이라는 추상적 개념과 사회적 가치 및 개인 윤리의 모든 체계를 포괄하여 구체적인 활동으로 전환시킬 수 있다는 데 있다. 그것은 개념에 이야기를 부여한다. 그 과정에서 그 이야기는 일종의 대본, 다시 말해 우리가 따르기 위해 쓰어진 언어가 된다. 사회적 정체성은 자아 확인을 위한 행동의 욕구를 발생시킨다.

남자다움은, 결국, 이론이 아니다. 그것은 우리가 개인의 삶에 부여하는 형태이다. 우리가 자신의 경험에 부여하는 형태이기도 하다. 좀더 정확하게, 남자다움은 우리의 경험 위에 부닥쳐오는 많은 압력들 중의 하나로 우리의 의식과 육체를 형성한다. 삶과 세계, 육체와 개념 사이에 우리는 우리의 삶을 투사한다. 우리는 우리 자신을 위한 이야기들을 빚어내는데, 그것은 늘 개정되는 중이며 늘 변화와 재정립의 대상이다.

우리의 삶을 형성하는 일종의 사회 물리학이 존재한다. 내 삶의 벡터

―그 방향과 강도― 는 언어와 육체 사이에서 회절한다.

내가 사슴을 포착해서 쏘기를 얼마나 바라는지, 나도 놀란다. 나는 내 안에서 일종의 흉폭함을 느낀다. 비록 사슴의 이미지 속에서지만 커다란 에너지의 카텍시스*가 자리를 잡는다. 사슴의 이미지는 에너지의 중심이 된다. 내 일부가 그 이미지 안에서 고정된다. 나는 생명력의 빨라진 느낌, 어떤 급박함을 느낀다. 그것은 숲으로부터 갑자기 튀어나올 검은 꼬리 사슴의 이미지에 고착되어 있다. 오르테가 이 가세트는 이 사냥꾼을 '긴장한 남자 man of alert'라고 불렀다. 여기에는 보편적인 떨림이 있다. 타성적이고 축 늘어졌던 예전의 사물은 갑자기 긴장한다. 그러고는 몸짓을 하고, 말을 하고, 예언을 한다. 이제 모든 것은 임박해 있고 언제라도 어떤 시골의 동물이―마치 마법에 의해서처럼―사냥꾼의 먹이가 될 수 있다.⁴⁸

우리 셋은 사냥을 하면서 이 경사진 산등성이를 올라가는 것으로 전략을 삼는다. 벌목꾼들은 꼭대기까지 넓게 나무들을 쳐놓았다. 윌리는 왼쪽에서 큰 나무들 사이를 걸어간다. 스코트는 그 벌목지의 가운데 부분을 힘겹게 지난다. 나는 왼쪽에서 두꺼운 관목과 어린 전나무들 사이를 짓밟으며 간다. 우리는 사슴을 몰아내려고 하는 중이다.

나는 생각에 잠겨 그 가장자리를 걷는다. 내게 명백한 것은 사냥의 신비―사냥을 안 하는 이들에게는 늘 당황스럽게 보이기 마련이다―가 오로지 내면으로부터만 완전히 이해될 수 있다는 사실이다. 그것은 사냥을 해봄으로써만이 가능하다. 그리고 사냥을 하는 유일한 방법은 실제로 살육을 찾아나서는 것이다.

최소한 살육의 가능성과도 무관한 모든 사냥은 순수하게―단순히 내

---

* 카텍시스 cathexis: 정신분석 이론에서 이야기하는, 사물이 마음을 사로잡는 힘.

생각이지만——은유적이다. 진정한 사냥이 되기 위해서는 기꺼이 살육할 필요가 있다. 그리고 당신이 사냥의 은유를 사용할 때면 늘 당신은 살육과 소유의 정수를 환기시키는 것이다.

언덕으로 올라가는데 내 주의나 사색을 흐트러뜨리는 어떤 사슴도 나타나지 않는다. 나는 홀로 생각에 잠긴다. 나는 벌목지를 올라가 숲 속으로 들어간다. 굴뚝새의 노랫소리가 가지들 사이로 흐른다. 나는 사슴이 있을 가능성에 집중되는 강렬한 느낌을 받는다. 한 마리를 죽이고 싶다. 그것은 매우 목표 지향적인 욕망이다.

남자들이 식량이나 생존을 위해서 살육할 때는 드물다. 남자들이——그리고 여자들도——사냥에 참여할 때면 그들은 분명히, 이미 그들의 머릿속에서 수행된 어떤 신비적인 이야기를 수행하는 것이다. 그들은 늘 상징과 은유 속에 살기 마련이다. 이것들은 모든 문화에 있어서 그들이 실재를 형성하고 실재를 다시 그들에게 의미 있고 다룰 수 있는 방식으로 성찰할 수 있는 유용한 수단이다. 은유(일반적으로 인간의 언어)의 가치 중 하나는 실재를 재구성하고 우리의 인격을 형성하는 능력이다. 그것은 사냥에 대한 많은 역설 중 하나일 뿐이다. 왜냐하면 그것은 피와 살, 물리적 실재를 가지고 자신을 상상하지만, 그러나 단어와 상징, 환상에 의해 압도당하는 활동이기 때문이다.

숲에서 일어난 대립은 늘 어느 정도건 인간과 동물 사이의 것이 아니라, 그가 외부의 사냥뿐 아니라 내면의 사냥에도 민감하다면 인간과 그가 가진 신화 간의 대립이기도 하다. 남자들은 늘 그들의 판타지에 의해 숲으로 들어간다.

사냥감인 동물은 남자의 역사에서 보이지 않고 말이 없는 파트너, 그 역사의 그림자, 남성의 정체성 속에서 인정받지 못한 파트너였다. 얼마나 많은 동물이 스포츠를 위해 죽었는지를 상상할 수 있겠는가? 그 짐승들은 문명의 성장을 도왔을 뿐 아니라—문명의 이름으로 살육, 심지어는 도살당했다—인류의 역사를 보증하고 있다.

그 짐승들은 남자들이 개인적 정체성의 심리학과 개척의 역사를 가능하게 하려고 사용한 개념이다. 남자들은 그들 자신의 어두움을 동물들에게 투사하고 그 상징적 가치로 말미암아 그 동물을 죽였다. 그 동물은 잔인, 정서, 본능, 육체, 공격성, 무관심, 자유 그리고 섹스이다. 사냥꾼은 동물과 동물성으로 빅토리아조의 양가감정을 표현할 수 있다. 사냥꾼 남자는 자신을 짐승으로, 삶을 위한 진화론적 경쟁의 우두머리 짐승으로 상상할 수 있을 것이다. 심리학적인 용어를 빌리자면, 그들은 내면에서 그 짐승과 싸우고 자신을 그 충동의 주인으로 만들었다.[49]

그 짐승은 다양한 방식으로 피조물이 아닌 한 사회적 범주, 우리 본성의 어두운 측면에 대해 우리가 가진 판타지의 우화이자 저장고로 존재한다. 그 짐승은 사고의 한 방법이다. 그 짐승은 남성 심리학의 구문론의 일부이다. 즉, 남자는 주어이고 동물은 직접 목적어인 것이다. 남자다움의 역사에서 그 짐승은 남성 정체성의 정치학의 주요 적대자antagonist였다.

문학적인 동물은 우리의 상징적 탐구의 희생물이다. 즉, 자신의 삶, 자신의 육체, 자신의 감정에 자리를 마련할 수 없는 남성의 기묘한 무능력의 희생양이다.

그러나 남자들이 사냥을 위해 창조한 타자(他者)라는 그 다용도 범주, 여성과 인종과 동물을 포괄하는 그 범주 속에서, 오로지 동물만이 자신을 대변할 수 없다. 분명히 이 때문에 그는 완전한 희생물이 되었다. 사회적 관계와 사회적 의미의 은유로서 사냥의 가치는 인간과는 달리 동물들은 말을 할 수 없다는 사실이다. 그들은 사냥꾼에게 반기를 들지 못한다.

사냥꾼으로서 남자는, 그 짐승을 둘러싼 자세posture와 위치position의 혼란스러운 배열 속에서 자신을 규정한다. 그리고 그 자세들은 상징적 짐승이 바뀜에 따라 역사와 문화를 통해 바뀐다. 그것은 상징과 태도, 의미의 복잡하면서도 이동하는 배열이다. 그 짐승의 상징적 내용물이 바뀌면 동물에 대한 남자들의 새로운 자세가 나타난다. 새로운 사냥이 발명된다. 남자다움의 새로운 의미가 등장한다. 변하지 않는 것은, 우리는 서구에서 동물들로 토템이 아닌 트로피를 만들었다는 사실이다. 술어가 아닌 직접 목적어를 말이다.

그러나 남자들이 사냥의 이미저리에서 끌어내는 것은 단순한 지배가 아니다. 다른 수익이 있다. 고든 커밍은 남아프리카에서 그에 대한 실마리를 보여준다. 그는 아프리카에서 가장 아름다운 영양인 오릭스 무리를 추적하면서 다음과 같이 썼다. "분노에 불타서" 그는 잿빛의 영양을 만나 그들을 쫓았다. 그들은 아름다운 오릭스였다. "드물게 긴 뿔을 한" 암컷을 쫓다가 그는 어깨에 두 발의 총알을 쏴서 그놈을 넘어뜨렸다. 그런 사냥은 기운을 많이 빼앗아갔다. "목마름이 심했고"라고 그는 쓴다. "그 영양의 유방은 젖으로 가득 차 있었다. 나는 입에 젖꼭지를 물고 내가 맛본 가운데 가장 최상의 음료를 빨아마셨다."⁵⁰ 위대한 백인 사냥꾼은 아름다운 죽은 영양을 바로 입에 넣고 빤다. 여기서 남성적 자유는 거의 가학적이고, 준성적quasi-sexual인 쾌감에 의해 규정되는 것처럼 보인다. 커밍은— 그가 빨아먹은— 아름다운 암컷 영양과 포즈를 취한다. 그것은 수유의 도착적인 이미지이다.

사냥꾼들은 그들이 죽인 동물에 의해 존재한다. 죽어가는 동물은 사냥꾼으로 하여금 자아를 발명하게 한다. 그가 자율적이라는 생각을 통해서 말이다. 그것은 심리학적 마술의 묘기—남성 합리성의 주술적인 측면—이다. 그를 보전해주는 피조물, 그의 심리에 양식과 추진력을 주는 그놈은 보이지 않고, 침묵하고, 죽어 있다.

그는 자신이 가장 위대한 속임수— 의무 없는 삶—를 성취했다고 생각했다. 마치 육체가 없는 몸, 벽에 걸린 트로피들처럼 말이다. 즉, 감상에 의해 어지럽혀지지 않는, 중립적인 분리된 의식이다.

프레더릭 코트니 셀러스의 이야기가 하나 더 있다. 코끼리 사냥을 하면서 그는 이 맹수 사냥꾼들이 그들의 감정에 요구하는 사냥 윤리를 여러 번 기술한다. 셀러스는 아름다운 코끼리 한 마리를 사냥하고 있었는데, 코끼리가 공격하자 그는 총을 쏘았다. 코끼리는 땅에 뒹굴었지만 완전히 죽지 않았다. 셀러스가 다가가자 그는 '당당하게 머리를 한 번 들더니 크고 부드러운 검은 눈으로 비난하는 듯이 그를 바라보았다.' 잠깐 동안 셀러스는 총을 쏜 것을 후회하였다. 그는 정말로 '이 아름답고 해롭지 않은 피조물'을 쓰러뜨린 총알이 발사되지 않았더라면, 하고 바랐다. 그럼에도 '이 모든 회한에 숨이 막혀' 그는 코끼리 머리에 총을 대고 한 발을 더 쏘아 완전히 숨을 끊어버렸다.⁵¹

내가 읽은 다른 어떤 이야기보다도 더 분명하게 셀러스는 사냥의 사이코드라마를 묘사한다. 그는 자신의 감정을 전략적으로 다룸으로써 사냥꾼-남자로 창조된다. 그 느낌에 숨이 막혔다고 그가 쓴 것은 심리적 생태학일뿐더러 진화론적 본성의 살육자와 사냥감의 생태학이기도 하다. 그가 동물들에게 한 짓은 그가 자신의 감정에 대해 저질러야 했던 것을 기술하였다.

남성 사냥꾼의 그 모든 깔끔한 두뇌와 깔끔한 삶의 힘—북유럽인의 자산, 북유럽의 냉정함. 그것은 위생과 우생학이다. 그 이미지 속에서 남자를 창조하려는 맹수 사냥꾼의 프로그램의 어두운 측면은 동시에 그의 느낌과 회한에 숨이 막히는 과정을 통해서 자아의 어두운 면을 창조한다. 그는 조절된 감정과 억압된 느낌의 황량한 내면, 무의식의 전반적인 생태학을 창조한다. 셀러스의 죽은 코끼리는 그의 억압된 동정심임이 분명하다. 그는 살육 중인 사냥꾼이 그 동물을 어떻게 자기 영혼의 공백

지점 입구에 세워놓은 이미지로 만드는가를 규정하는 특정한 유형을 대표한다.

이런 비슷한 감정이 레이니어 산에서 사슴 사냥을 할 때 내 의식 속에서 작용했다. 그러나 그들은 사념이 아니다. 여전히 느낌, 혹은 직관이고 완전히 설명되거나 분명해지지도 않는다.

벌목지의 다른 편에서 윌리가 언덕을 오르는 내 모습을 보고 있다. 언덕의 꼭대기는 벌목지를 향해 넓게 열려 있고 거대한 더글러스 전나무가 그 뒤에서 자란다. 처음에는 어떤 동물도 보이지 않는다.

나는 좀더 열심히 들여다본다.

무언가의 머리가 언덕 꼭대기 저편에서 나타나는 것이 보인다. 그리고 또 다른 머리도. 그리고 또, 또 하나. 네 마리의 사슴이다. 내 심장은 뛰기 시작한다. 근육은 팽팽해진다. 나는 숨을 멈춘다. 냉정하고 집중하려고 애를 쓴다.

이것이 기회 아니겠는가?

나는 윌리 쪽을 짓궂게 바라보면서 총을 장전하고 두 손으로 겨눈다. 바로 쏘고 싶다. 마치 지옥 한가운데 있는 것처럼 흥분해 있다. 그러나 윌리는 웃으며 손짓한다. 나는 그에게 소리칠 수 없다. 그러나 그 손짓은 나를 당황하게 한다.

나는 뒤를 돌아보고 그가 왜 웃는지를 알았다.

네 마리의 귀가 큰 엘크가 언덕 위에서 우리가 접근하는 모습을 보고 있다. 모두 암놈이다. 그들은 검은 눈에 긴 코를 한, 수동적이고 무관심한 표정이다. 수수께끼 같은 얼굴로 코를 벌름거리며 입술을 다신다. 그들은 이상하게도 우리에게 무관심한데, 아마도 이 경사진 언덕을 오르느라고 숨이 찬 내가 과장해서 그렇게 보는 것일 게다.

나는 혼자서 이것들은 큰 사슴이라고 생각한다. 그리고는 엘크 시즌이 끝나버린 게 유감이라고 생각한다.

동시에 나는 내가 사슴을 잡지 못할 것임을 안다. 우리는 이틀 동안이나 사냥을 하였고 사슴을 찾아 하루를 더 보낼 예정이다. 그러나 한 마리도 보지 못할 것임을 안다. 나는 내부와 외부의 세계가 서로 완전하게 일치할 때, 내면에서 우러나는 확실성으로 그것을 안다.

그 엘크는 몸을 돌리고 궁둥이를 우리 쪽으로 향한다. 커다란 크림색의 엉덩이, 헐떡대는 세 사냥꾼을 조롱하는 듯한 표적이다. 그들은 무심한 초연함으로 어슬렁댄다.

그리고 나는 무언가 내 안에서 치솟아 오름을 느낀다. 나는 살육에 관심을 잃는다. 이상하게도, 상관하지 않게 된다. 나는 하루 종일, 그리고 그 다음 날도 월리와 스코트와 함께 사냥을 할 것이다. 내가 신경 쓰는 것은 그러나 들판의 진짜 사냥꾼이 아니다. 내가 관심 있는 것은 내면의 사냥꾼이고 남자다움의 이름으로 그가 우리에게 하는 짓이다.

더 중요한 문제는 남자들이 그들 자신의 감정, 자신의 드라마, 자신의 은유에 대한 책임을 받아들이기 시작했느냐이다. 남자들은 자신을 상상하는 방식 그리고 타자들이 배역을 맡게 되는 방식에 대한 책임을 받아들이기 시작할 필요가 있다. 대본을 그들이 쓰지는 않았지만.

그 엘크는 언덕 위에서 사라져버리고 그들과 함께 판타지를 해석하는 데 대한 내 관심도 사라진다. 나는 어떤 사적인 드라마를 수행할 필요가 없다.

언덕 꼭대기에 도달하자 화이트 강 계곡을 길게 가로질러 레이니어 산이 보인다. 월리와 스코트와 내가 그들의 흔적을 보았지만 언덕 위에는 더 이상 엘크가 있지 않다. 수백 마리의 솔잣새가 조용한 상록수 숲에서 날아오른다. 솔방울을 까서 과육을 꺼내 먹기 위해 부리가 캘리퍼caliper 모양으로 생겨먹은(완전한 진화론의 표본이다) 아름답고 붉은 되새류이다.

  가을 햇볕 속에서 산은 너무나 아름답다. 눈부시기조차 하다. 햇빛은 눈 위에 떨어진다. 모든 것은 변한다. 나는 그날 보이지 않는 어떤 문을 열고 지나갔다. 우리가 쓸 수 있는 다른 힘의 원천들도 있다. 우리는 그것을 인식하고 키우는 법을 배워야 하고, 필요하다면 내면으로 들어오게 해야 한다.

  나는 레이니어 산의 힘, 그 거의 확실한 물리적 현존이 나를 사로잡게 내버려둔다. 완전히 비살육적인 경치에의 몰입과 사랑, 나는 깊숙이 그것을 취한다. 적수와 희생물에 의존하지 않는 힘도 있다. 나는 이 순간 그 힘에 의해 살고 있다. 산과 새들 그리고 사라져버린 엘크, 이 모든 관계들에 의해서 나는 양육을 하기에 충분할 만큼 영리해졌다.

8장 | 장 기 간 의   사 냥

크리스마스 칠면조를 잡는 고대의 즐거움은 얼마 안 되는 신대륙의 정착자들이 관전하기를 빼먹지 않았던, 드문 스포츠 중 하나였다. 사냥은 사람들의 일상사와 연결되어 있었는데, 그들이 베어 넘긴 숲에서 사슴이 튀어나오거나 곰이 거칠게 닦은 길로 들어왔을 때 그들은 종종 도끼를 치워놓고 총을 들었다. 그 짐승들은 벌목장의 냄새를 맡고 사려 깊은 표정으로 침입자들이 밀고 들어오는 모습을 바라보았다.

— 제임스 페니모어 쿠퍼, 『개척자들』[1]

내 생각에 미국인한테는 엽총에 대한 어떤 기묘한 느낌이 있다. 우리가 좋아하든 말든 그것은 문화적으로 우리에게 속한 것 같다. 실제로는 그렇지 않지만, 엽총은 흔히 미국에서 발명되어 개발된, 매우 미국적인 것으로 여겨져 왔다. 독일과 오스트리아의 사냥꾼들은 1600년 무렵 엽총을 들고 다니긴 하였다. 나는 엽총을 군인의 무기라기보다는 사냥꾼의 도구로 생각한다. 비록 미국에서 한때는 군인과 사냥꾼이 동일한 집단이었다고는 해도 말이다. 무기류에 대한 우리의 최초의, 그리고 어쩌면 최상의 기여는 우아하고 명중률이 높은 켄터키 장총이다. 그 이름은 그것이 제조된 장소에 의한 것이 아니라(펜실베이니아에서 제조되었다) 1815년 뉴올리언스에서 앤드류 잭슨이 영국군을 격파하는 데 일조한 켄터키 주의 사냥꾼들이 선호하던 무기였기 때문이다.

— 존 미첼, 「사냥」[2]

1

미국 개척자들의 낭만주의를 연상시키는, 산속에 있는 그 방 세 개짜리 통나무집 안에서는 아무것도 발견할 수 없을 것이다. 특히 그 주인에게서도 말이다. 톰은 더러운 금발 수염을 기른 능글맞은 건달인데 검은 티셔츠 아래 근육이 튀어나와 있는 게 보인다. 그는 굳은 얼굴에 날카로운 표정이며, 그것들은 전반적으로 알게 모르게 협박의 효과를 낸다. 그는 내게 금발의 도베르만 개를 상기시킨다.

그는 비웃는 태도로 우리를 협박하려 한다. 그러나 그 쇼는 절반쯤만 성공을 거둔다.

우리는 여기 그를 체포하러 왔고, 잠깐 동안 대치한 후 톰의 사내다운 모습은 슬프고 애처로운 자백으로 무너져 내린다. 황소에서 음매 하는 송아지가 된 꼴이다.

나는 안심한다. 체포가 무엇인지 독자들은 모를 것이다. 톰의 이웃들은 그를 믿지 않는다고 이미 우리에게 말했다. 그에게서 눈을 떼지 말아야 한다고도 했다.

"완전히 미친놈이에요."

이웃 한 명이 우리에게 말했다.

"거기서 튀어나와 사냥을 하죠. 뭘 쏘는지는 상관을 안 해요."

우리는 동부 오리건 주의 겨울 밀밭 사이로 떨어지는 아름다운 석양 속을 지나 어두워질 때쯤 톰의 오두막에 도착하였다. 펜들턴 외곽으로 왈로와 산을 향해 지방도 1번에서 약간 위로 벗어난 곳이다. 우리는 그의 직장인 인근 고기 통조림공장에서 퇴근할 무렵 톰을 붙잡을 수 있기를 바랐다. 그러나 우리가 도착했을 때 오두막은 어두웠고 집에는 아무도 없었다.

우리는 몸을 떨며 차에 앉아 있었다. 세 명의 야생동물 보호국 직원과 나는 월드시리즈 세번째 경기를 들으며 기다렸다.

톰의 무스탕이 정지했을 때, 그는 아내 돈 마리와 20개월 된 딸과 함께였다. 오리건 주의 이 지역에서 야생동물 보호 담당을 맡고 있는 제프 윌리엄스는 어둠 속에서 톰에게 수색영장을 제시하였다. 우리는 여기에 불법 사냥물을 수색하러 온 것이다. 법은 매우 상세했다. 한 개의 딱지에 한 마리의 엘크. 톰은 이 시즌에 네 마리나 다섯 마리를 잡았다고 고발되었다.

우리는 그 가족을 따라 오두막으로 들어간다. 작은 소녀는 겁에 질려 눈을 크게 뜨고 엄마에게 착 달라붙는다. 돈 마리는 신경질적이다. 그녀는 바로 TV를 켜고 오두막집이 엄청나게 어질러져 있어 미안하다고 한다. 그녀는 집을 치우기 시작한다. 그것은 소용없는 제스처였고 첫인상은 어쨌든 꼴사나운 것이었다. 어쨌든 이곳은 '초원의 작은 집'이다. 이런 더러움 속에 산다는 것이 거의 믿기지 않을 지경이다. 양털 카펫은 얼마나 오랜 세월 동안 쌓였는지 모르는 먼지로 뒤덮여 있다. 빨지 않은 옷들은 욕실에서 삐죽 나와 있고 거실 바닥에도 널려 있다. 지나치게 야한 플라스틱 장난감—녹색, 자주, 노란색—들이 인형 몇 개와 함께 카펫 위에 놓여 있다.

부엌에는 며칠 동안 쌓여온 것 같은 깡통 더미가 있다. 더러운 냄비에는 돼지고기와 콩, 그리고 크래프트 마카로니와 치즈가 가득 찼고 접시는 모든 식탁 구석과 가전제품 위, 심지어 냉장고 위에도 널려 있다. 누군가가 버섯과 스키피 땅콩버터를 먹은 것 같다.

다른 요원이 수색을 하는 동안 제프는 톰을 심문한다. 제프는 적어도 호전적인 인물은 아니다. 제프는 톰보다 키가 작지만 푸른 경찰복에 반짝이는 배지를 달고 있어 어쨌거나 당당하고, 남자답게 보인다. 위협적인 모습을 볼 수 없다. 그는 단지 톰에게 그 시렁에 걸린 것, '4-4 엘크'에게서 나온 고기에 대해 묻는다. 그 숫자는 엘크의 뿔이 갈라진 숫자를 의미한다.

톰은 거짓말을 한다.

"모르는 일입니다."

제프는 그의 얼굴을 주의 깊게 들여다본다.

"좋아, 그럼 스파이크는 어디 있나?"

스파이크는 첫번째 뿔이 막 나려 하는 어린 들소이다.

톰의 입 언저리에서 미안한 듯한 미소가 번쩍한다. 그는 돈 마리를 살짝 훔쳐본다. 그녀는 그를 노려보고 있다. 그는 그 질문으로부터 제프가 이미 모든 것을 알고 있다는 사실을 안다. 나는 그가 거의 눈에 뜨일 만큼 무너지는 모습을 본다.

"여기 있어요."

그는 자백한다. 게임은 끝났다. 그는 풀이 죽어 보인다.

"지금 자백하겠어?"

제프가 묻는다.

톰은 어깨를 움찔한다.

"상관없죠."

아내와 딸 앞에서 모욕당한 그는 진실을 쏟아내기 시작한다. 제프가 톰을 심문하는 동안 나는 그 작은 거실의 장식 벽으로부터 눈을 뗄 수가 없다. 어지럽지만 명확하게도 기하학적인 배치로 보아 그것은 돈 마리가 아닌 톰이 장식한 것이다. TV 위에는 개의 머리를 그린 드로잉들이 커다랗게 대칭적으로 걸려 있다. 그는 나무 스토브 위에는 활을 걸어놓았다. 그 옆에는 화살 통 하나가 약간 기울어진 채로 걸려 있다. 사슴의 머리는 활 위에 붙어 있고 공작새 깃털이 뿔 주위를 장식한다. 활쏘기 대회의 상으로 받은 네 개의 액자가 그 사슴 머리와 활 둘레를 에워싸고 있다. 그들이 잡은 물고기, 짐승들과 함께 찍은 톰과 그의 형의 사진 두 장과, 네 개의 활과 리본(청, 백, 황색으로 역시 활쏘기 대회 상품이다)이 마지막을 장식하며 거기에 현란한 색채를 부여한다.

침실에는 44구경 권총이 침대 위에 걸려 있다. 내가 그 안으로 들어가자 톰은 자백을 잠깐 멈추고 나와 다른 요원들에게 경고한다.

"벽의 권총 조심해요. 나는 늘 장전해두고 있으니까."

그는 허풍을 치고 있다. 내게는 별로 좋지 않은 허풍이다. 그 침대는 장전된 권총에 아주 적당한 장소로 보인다.

남성의 미학: 톰은 그의 집을 사냥광의 신전으로 만들었다.

그것은 사냥에 얼마만큼이나 중독되었는지를 보여주는 증언이기도 하다.

톰은 밀렵꾼이다. 미국에서 야생동물의 불법 매매는 대규모의 산업이다. 함께 온 야생동물 보호요원인 제프 윌리엄스에 의하면, 오리건 주 펜들턴의 어떤 사람은 매년 불법적인 살쾡이 사냥으로 20만 달러를 번다고 한다. 1993년 국립공원 내에서만 3만 마리의 회색 곰과 검은 곰들이 상업 거래의 목적으로 밀렵당했다. 전국의 불법 야생동물 거래는 매년 2억 달러 이상의 규모이고 점점 증가하고 있다.[3]

그러나 톰과는 달리 대부분의 미국 사냥꾼들은 웬만큼은 합법적으로 사냥을 한다. 1991년 현재 기준 16세 이상의 미국인 중 14퍼센트의 남성과 1퍼센트의 여성이 사냥을 하였다. 1991년 1,410만 명의 사냥꾼들 중 92퍼센트가 남성이었고 8퍼센트가 여성이었다. 이 사냥꾼들은 그들의 숫자 이상의 영향을 끼쳤을 뿐 아니라 남성성과 자연과의 관계, 나아가 우리의 자연 관리 방식에까지 영향을 주었다.

사냥을 하는 남자들의 수는 줄고 있으며, 이 사실은 이 운동이 얼마나 급격한 변화 가운데 있는지를 시사한다. 사냥 동호인들은 이 스포츠 지원자들이 줄고 있는 사실을 개탄하여마지않는다. 나라가 점점 도시화되고 더욱더 많은 가정이 아버지 없이 유지되고 있기 때문이다. 이는 나이 든 남성으로부터 가문의 젊은이들에게 가문의 전통으로 계승되는 스포츠이다. 1980년대에 전국의 사냥꾼 수는 350만 명이 줄었고 워싱턴 주에서만 판매된 사슴 사냥 허가 인지의 수는 1979년의 25만 개에서 1993년에는 20만 개가 되었다. 사냥은 그들의 유전자, 심지어 그들의 핏속에 깊이 각인된 것이며 수백만 년 동안 진화해온 것을 한 세대에 바꿀 수는 없으리라는 것이 이 사냥꾼들의 일반적인 호소이다. 미국에서 사냥꾼 수의 감소는 그런 주장의 기를 꺾었다.

톰처럼 미국에서 활발히 사냥하는 이들의 대부분은 18세에서 34세 사이의 젊은이들이다. 나이가 들수록 그들은 실제 사냥보다는 숲과 동료의식과 여가 시간을 더 즐기게 되는 경향이 있다. 분명 살육의 욕구는 나이가 듦에 따라 감소한다. 한 해 동안 미국의 사냥꾼들은 합법적으로 2억 마리의 동물을 잡는다. 사슴이 선호되는 사냥감이지만 그 수는 5천만 마리의 산비둘기, 2,800만 마리의 메추라기, 2,200만 마리의 다람쥐 그리고 10만 2,000마리의 엘크가 포함된 것이다.

사냥꾼들은 사냥감을 추적하는 데 돈을 많이 쓴다. 1991년 사냥꾼이 사용한 총비용은 123억 달러였다. 많은 이들이 톰처럼 고기를 얻기 위해 사냥한다고 주장한다. 그러나 경제의 측면에서 보아 그들은 이 스포츠를 통해서는 그저 식량을 보충하는 정도인 것이다. 톰과 마찬가지로 사냥꾼들은 무기와 호텔과 교통수단과 사냥 복장에 들이는 비용을 고려한다면 정육점에서 고기를 사는 편이 훨씬 싸게 먹힐 것이다. 1991년 사냥꾼들은 짐승을 잡든 못 잡든 평균 896달러를 소비하였다. 이는 보트와 캠핑카, 캐빈cabin과 산악자전거 같은 특수 장비들은 포함하지 않은 비용이다.

미국에서 사냥은 주요한 야외 스포츠이다. 몬태나 주 야생동물 보호국은 47퍼센트의 성인 남성이 사냥을 한다고 한다. 그들은 7퍼센트의 여성들이 사냥에 '참여'한다고도 주장한다. 톰의 아내인 돈 마리처럼 남편과 함께 사냥을 하는 것이다. 그러나 그녀처럼 대다수의 여성들은 이 스포츠에 진정으로 격렬하게 참여하지는 않는다.[4]

대부분의 남자들도 실제로는 그렇다. 대부분은 길에서 그다지 멀리 떨어지지 않은 장소를 맴돈다. 그들은 트럭 부근에 캠프를 치고 동료들과 맥주를 마시고 혹시 총을 쏘더라도 트럭에서 그다지 멀리 떨어지지 않은 장소에서 그런다. 그들은 잡은 짐승의 시체를 트럭으로 질질 끌고 오는 일을 피하고 싶어 한다. 나는 도로에서 사냥하는 몇몇 사냥꾼들과 함께 나가 한 사람이 트럭을 겨냥 지지대로 사용하여 어린 사슴을 쏘는 광경을 보았다. 이 사람들은 대개 점잖은 사람들이라고 말하는 편이 좋을 텐데, 때로는 쏘면 안 될 것을 쏘지만 그래도 괜찮은 신사들이라고 할 만하다.

사냥하는 여성의 수는 증가하는 추세인 것 같다. 여자가 사냥하는 것이 유행하고 있다. 대부분의 페미니스트들은 사냥을 혐오한다. 그러나 어떤 이들은 살육과 반대되는, 사냥의 기술과 상상 속에서는 여성들이 실제로 남성들보다 더 사냥에 적합하다고 생각하는 것 같다. "여성처럼 사냥은 자리에만 앉아 있는 사물이 되지 않을 것이다"라고 그들 중 하나는 쓰고 있다.[5]

어쨌든 많은 남자들이 사냥을 하고 몇몇 여자들도 한다. 그리고 많은 여자들이 사냥하는 남자들을 사랑한다.

그것의 정체가 무엇이든 이 숲 속에서 총을 가지고 하는 가을의 의식은 남자가 되기 위한 훈련으로서 지속되고 있다. 미국 남성의 삶에서 그 역할은 숲 속에 있는 사냥꾼들의 수와는 좀 다른 어떤 것으로부터 내려온다. 그것은 우리 숲 속의 역사, 즉 개척시대로부터 내려온다.

왜 톰과 같은 이들이 한 시즌에 네 마리의 엘크를 죽이는지 알기란 쉽지 않다. 그의 주장대로 단백질을 위해서인지, 아니면 돈벌이를 위한 것인지, 단순한 정열에서인지 말이다. 제프와 내가 그를 심문했을 때 그가 소유한 엘크 중 합법적인 것은 하나도 없었다. 그는 집에 네 마리를 가지고 있었는데, 곧 드러난 바이지만 인지를 붙인 것은 하나도 없었다. 한 마리가 법적으로 허가된 최대 허용량이었다. 톰은 우리에게 고기가 필요해서 그랬다고 맹세한다. "작년에" 그는 이어 말했다.

"우리는 고기가 떨어졌어요. 그래서 금년에는 고기를 확보해야겠다고 생각했지요."

이는 불충분한 변명이다. 고기가 필요했다면 그는 사냥 장비—총과 엽총, 활과 화살—에 들인 비용으로 손쉽게 정육점에서 스테이크를 넉넉히 구비할 수 있었을 것이다. 한편 그것은 네 마리의 불법 엘크 사냥에 대한 변명도 되지 못한다. 그것은 그가 '야생동물의 상업화'라고 부른 것의 일부이다. 염장한 엘크의 가죽인 '케이프'는 박제사에게 5천에서 7천 달러까지 받을 수 있다.

나는 누가 엘크 케이프를 원하느냐고 물어보아야 했다.

그 동물은 '분 앤 크로켓 자격'이 있다고 그는 말한다.

그것은 미국의 맹수 사냥꾼들의 기준으로서 분 앤 크로켓 클럽의 회원들에게 팔릴 만한 동물로 매우 뛰어난 종자라는 의미이다. 어떤 동물이 그렇다면 박제사는 그것을 박제하고 뿔을 붙여 팔아넘긴다.

"최고가 되려면 '1등급' 동물이 필요한데 그것은 큰돈이지요."

제프가 설명한다.

자기가 쏘아 잡지 않은 그런 동물들을 누가 원할까?

"많은 사람들이 트로피를 삽니다."

제프는 말했다.

"사무실이나, 혹은 사냥 오두막에 그것들을 걸어놓기 원하는 많은 전문직업인들이죠. 내가 아는 모두가 말입니다."

그는 말한다.

"고객이 있고, 그것을 찾아낼 수 있는 사람들이 있지요. 여기서 완전히 박제된 엘크 한 마리의 표준 가격은 2,000달러쯤 됩니다."

톰은 그 뿔과 케이프를 팔 작정이었나?

아마도 그렇지 않았을 것이다. 그는 정말 시시한 인간이다. 그리고 돈에 미치지도 않은 것처럼 보인다. 우리는 지하실로 가서 아름다운 엘크 머리 하나를 찾아낸다. 톰은 그 수색의 시간 동안 겨우 두어 번 절망감을 표출했을 뿐이다. 한번은 이 머리에 대한 것이었다. 그는 그가 어떻게 그 짐승을 잡았는지, 그리고 그 흥분 때문에 얼마나 기뻐했는지 말해준다. 그는 그놈을 활과 카본 화살촉으로 잡았다.

"카본 화살은 엘크의 심장에 바로 박혀요."

그는 말한다.

"최상의 방법입니다."

그는 그 살육을 사랑한다. 그리고 그 동물의 죽음에는 전반적으로 미적인 것이 결부되어 있다. 톰은 올해에 어떻게 곰을 죽였는지도 우리에게 말한다.

우리는 그의 활과 화살을 압수한다. 제프는 그것을 벽에서 떼어내어 잠시 톰이 들고 있을 수 있도록 준다. 톰은 맹렬히 달려든다. 그것은 마틴사 제400파이어캣 프로 시리즈 4000활이다. 위장색으로 칠해놓았고 나무 손잡이와 균형추가 달렸다. 화살은 검은색, 회색 깃이 달린 이스턴 그래파이트 #3-39/440슈퍼라이트 #3000이다.

이것이 톰이 사랑하는 것들이다. 무기와 살육. 그 활은 1,000달러쯤 나간다고(최상급 품이다) 제프는 내게 말해준다.

슬픔이 느껴지지 않을 수 없다. 그는 활과 화살에 그렇게 많은 돈을 쏟아 붓고 아내와 딸아이는 초라한 오두막에 살게 하는 것이다.

그는 그 활과 화살을 잃었다. 그들은 뿔과 케이프 그리고 랩으로 싸서 저장해두었던 66개의 엘크 스테이크와 함께 압수되었다.

우리는 차가운 산 공기 속에서 현관에 서 있는 그와 그의 가족을 떠난다. 톰은 그의 활을 걱정하고 아내는 그를 비웃는다. 그녀는 못마땅한 표정이다. 진술을 해야 했으며, 고기를 모두 빼앗겼기 때문이었다. 그녀는 또한 어쩔 줄 모른다. 법정에 갈 때 일어날 일에 달려 있긴 하지만 그들이 그 물건들을 되찾기란 어려울 것 같다.

제프는 주 순찰 본부로 가는 트럭 속에서 내게 그가 생각하는 톰의 밀렵 동기를 말한다.

"저런 녀석은 살육을 원합니다. 아마도 커다란 사슴 대가리가 그가 얼마나 남자다운지 증명해준다고 생각하겠지요. 이런 녀석들은 사슴을 향해 나팔을 불고, 그들이 다가오면 쏘아버리죠. 그들이 원하는 것을 하고 싶을 뿐인 겁니다."

제프는 잠깐 멈추고 생각에 잠긴다.

"여기 사람들은 살육에 익숙하지요."

그는 말한다.

"그들은 자신이 잡은 것을 없애버리기 싫어합니다. 그들은 때로 한계를 초과하지요. 여기 사람들 중 92퍼센트가 사냥을 한다는 것은 굉장한 숫자예요. 어떤 사내는 미첨에 있는 그의 술집에서 30마리의 엘크를 팔았어요. 그러나 그 대단한 스포츠맨은 그에게 응당한 명예를 얻지 못하지요."

우리가 거둔 먼지와 수색의 결과물들을 싣고 마을로 들어가는 순간, 트럭에는 조용한 침묵이 흘렀다. 모든 문화는 그 영웅들뿐 아니라 범죄자들에 의해서도 규정된다. 그들은 규범을 정의하고 경계를 밝힌다. 펜들턴 주위의 밀밭은 어둡고 시무룩하게 조용하다. 나는 마음속에서 산속 오두막집의 현관에 서 있는 톰과 그 가족들을 본다.

톰은 유감스러운 경우 같다. 그는 사냥을 좋아하고 무기를 사랑한다. 숲은 그에게 일종의 자유와 무법을 의미한다. 그는 가족들보다 사냥을 더 사랑한다. 이것은 개척자 정신이 만든 결과, 슬픈 패러디이자 캐리커처, 혹은 미국적 영웅의 잔영인가? 혹 개척자들은 진정으로 톰과 닮았던가? 아니면, 신화 이면의 진실—국가의 팽창으로 인해 대륙의 맨 가장자리 해변에서 제국의 영광을 벗은 산 사나이, 여기서 운명과 개척자는 모두 그 한계에 도달한 것인가.

2

나는 여섯 살 때쯤 찍은, 구겨진 나의 흑백사진을 들여다보았다. 나는 청바지와 윗도리를 입고 있다. 권총과 총집은 날렵한 각도로 매우 멋지게 오른쪽 엉덩이에 매달려 있으며 흔들리는 것을 막기 위해 커다란 끈으로 허벅지에 묶여 있다. 내 머리 위에는 진정한 의장의 표지, '너구리 가죽 모자'가 부주의한 소년에 어울리는 각도로 비뚜름히 얹혀 있다. 싸구려 가짜 너구리 가죽이 아니라 진짜 털로 만든 것이다. 모자 아래의 내 얼굴은 아주 어리고, 믿을 수 없을 만큼 천사 같다.

그렇다, 그게 나다. 믿기는 어렵지만. 나와 내 나라에는 아주 많은 변화가 있었다. 나는 소년이었고 1950년대 다른 1천만 명의 소년들처럼 신화적인 미국 남자의 복장을 하고 있었다. 나는 그때 시애틀의 교외에서 자랐고 그래서 개척자들을 흉내 내기에 충분할 만큼 촌스러웠다는 것을 여전히 느끼고 있다. 나는 아버지가 '살아 있는 비버'를 우리 집 마당에서 잡아 빨랫줄에 매달았을 때를 생생하게 기억한다.

사진 속에서 나는 뒷마당에 있던 큰 돌 두 개 앞에 서 있다. 그 돌들은 나보다 컸다. 가끔 누이와 나는 그 큰 바위에 올라타 말 타는 흉내를 내기도 했다. 무엇보다도 그 바위는 녹색 잔디 마당과 벌목되지 않은 숲 사이 반 에이커쯤 되는 사유지의 문 구실을 하였다. 그리고 우리는 그 사이를 가로질러 어린 시절 모험의 황야로 들어가 때로는 '루이스와 클라크' 놀이*를 하거나 탐험을 하고, 나무와 들판의 깊은 구멍에 요새를 만들고 밤에는 더러 캠핑을 하였다.

그 그림에서 나는 곰과 '인디언들'을 찾아 데이비드 크로켓**의 주제가인, 1950년대 중반 유행한 페스 파커***와 월트 디즈니의 「거친 서부의 왕King of the Wild Frontier」을 부르며 개척지를 헤맨다.

나중에 나는 그 자신의 말과 다른 사람들의 주석을 통해 데이비드 크로켓의 세계로 다시 들어갔다. 이는 내 인생에서 아주 후반기의 일이었고, 그와 함께 지난 40년 동안 우리의 문화와 남자들이 모두 사라졌을 때였다. 데이비드 크로켓의 개척자적인 점잖은 걸음걸이는 내게 있어 그 소년다운 순수함을 잃어버렸으며 그것은 내가 소년이 남자가 되는 길, 그렇게 말할 수도 있다면 미국에 있어 역사적인 남자 만들기를 찾아 방

---

* 1803~1806년경, 루이스Meriwether Lewis와 클라크William Clark가 이끈 미국 태평양해 안지대 탐험.
** 데이비드 크로켓(David Stern Crockett, 1786~1836) ; 19세기 미국의 전설적인 서부 개척자이자 군인, 정치가.
*** 페스 파커(Fess Parker) ; 미국의 배우, 1950년대 디즈니 영화에서 데이비드 크로켓 역을 맡아 유명해졌다.

랑한 이유이다.

시골 정치가의 자화자찬 같은 스타일로 씌어진 거칠고 자부심에 찬 자서전에서, 크로켓은 여덟 마리의 개와 함께 미시시피 강 하류에서 곰 사냥을 하던 한 해를 묘사하고 있다. 그 개 중 한 마리의 이름은 앤드류 잭슨이었다. 술집의 떠들썩한 속어로 대부분이 씌어진 그 이야기에서 크로켓은 매우 커다란 곰 '스크리머'에 관심을 보인다. 쏘아 잡은 짐승들에 대한 지루한 이야기 중에서 이 곰과의 싸움은 미국 개척자 사냥꾼의 패러다임을 대표한다.[6]

크로켓은 하루 종일 사냥을 했다고 말한다. 그리고 이미 곰 한 마리를 죽였다. 마침내 캠프로 향했을 때 개들은 새롭게 '열렬한 출발'을 하였고 그는 뒤쫓아야겠다고 결심하였다. 밤이 다가오고 있었고 그는 무성한 덩굴들과 가시나무들을 헤치고 가느라 느릴 수밖에 없었다. 그는 매우 차가운 개울을 건넜다. 그는 개들이 짖는 소리가 들리자 새로운 곰을 발견했음을 짐작하였다. 가파른 언덕을 오르고 개들을 부르며, 다시 그들을 찾으려 몸을 돌리다가 그는 포플러나무 사이에서 곰 한 마리를 몰고 있는 개들을 발견했다.

처음에는 단지 한 덩어리로 엉켜 보였다. "쉽게 쏠 수 없었다." 그래서 그는 최소한 "육감으로 쏘아 죽이자"고 결심하였다. 곰은 쓰러지지 않았다. 그는 포플러 나무 위쪽에 "구멍을 냈"을 뿐이었다. 데이비드는 다시 쏘았다. 같은 결과였다. 그는 세번째로 쏠 준비를 했다. 그러나 그 곰이 쓰러져 지금 "내 개들 사이에 있었고 그들은 맹렬히 싸웠다."

"그래서 나는 나이프를 들었다"고 그는 개척자다운 단호함으로 말을 한다.

"그리고 서서 만약 그놈이 내게 달려든다면 나는 최선을 다해 방어하리라고 결심하였다."

그러나 그 곰은 크로켓에게는 관심을 두지 않았다. 대신에 그놈은 사냥꾼의 개들과 계속해서 싸웠다. 그래서 데이비드는 어둠 속에서 맹목적으로 총을 겨누고 그 곰을 쏘았다. 운이 따르지 않았다. 그는 단지 엉덩이를 맞추었을 뿐이었다. 그 곰은 지진에 의해 생긴 균열 중 하나로 달려들었다. 데이비드는 막대기 하나를 쥐고 그 곰을 쑤셔대기로 했다. 그러나 곰은 나오려 하지 않았다.

데이비드는 그를 따라 동굴로 기어들어가 그 굴 속에서 곰과 딱 마주쳤다.

그래서 나는 아래로 내려갔다. 개들이 먼저 들어갔기에 곰의 머리는 그들을 향하고 있었고, 그래서 나는 쉽게 따라갈 수가 있었다. 나는 손을 뻗어 그 곰의 어깨를 만질 수 있었고 바로 뒤에 있어서 그놈을 찌르기로 했다. 나는 천천히 긴 나이프를 빼어 다행히 바로 심장을 찌를 수 있었다. 그놈은 쓰러졌고 나는 서둘러 기어 나왔다.

그 밤에 크로켓의 허벅지는 곰을 따라 수백 번 오르내리느라고 '놀랍게 화끈'거렸다. 크로켓의 근접 전투는 그에게 거의 동물에 가까운 잠재력을 부여하였는데, 그것은 종종 감추어지기 힘든 어떤 종류의 폭력, 가열된 섹슈얼리티를 시사한다.[7]

게다가 데이비드 크로켓은 점수를 땄다. 그는 1년에 105마리의 곰을 죽였다고 자랑하였다.

그런 과장된 이야기로부터 미국인들은 사냥꾼-영웅 신화에 독특하게 국민적인 분위기를 부여한다. 크로켓 같은 사냥꾼-영웅을 둘러싼 전설로부터 그들은 야생의 대륙에서 그들 자신의 국민적인 경험을 이해한다. 동시에 크로켓과 같은 전설은 남성적인 풍경을 창시하고 만약 단어를 하나 만든다면 풍경을 '남성적으로 만든다enmasculate.' 그들은 황야를 이해하는 데 있어 특별하게 남성적인 형태를 부여한다. 이 남자들에게는 뭔가 자기 도취적인 면이 있다. 그것은 그들의 사적 여행 속에서 쉬지 않고 반복되며 개인의 정체성을 쉬지 않고 강요하고 재창조한다.

'서부의 신화' 속에서 황야는 이 강하고 자기 의존적인 남성에게 무제한적인 기회의 땅이다. 그는 일류의, 으뜸가는 한 개인이며 고독하고 야망에 차서 크로켓처럼 '장기간의 사냥'을 위해 아내를 버릴 수도, 심지어는 텍사스에서 자살로 최후를 맞을 수도 있다. 그는 다음의 사냥감, 다음의 약속된 땅을 찾아 움직이며 늘 안절부절못하고 에이허브*의 경우처럼 자신을 초월하게 해주는 최후의 사냥, 충족될 수 없는 허기, 자신의 삶의 주변 상황, 심지어 역사 그 자체를 추구한다.

남자들의 실제적인 경험에서 비롯된 미국에서의 사냥의 신화는, 성장하는 나라의 국민적 경험을 형성하고 개괄하는 수단이었고, 동시에 남자들을 그들 자신과, 대륙과, 역사의 주인으로 만들었다. 그것은 어떻게 남자들이 자신을 단순히 입증하는 데 그치지 않고 숲 속에서 자신을 창조하는가에 대한 원초적이고 핵심적인 은유가 되었다. 그것은 숲 속에서 자신을 형성하는 남자들의 신화, 미국의 남성다움의 신화적 발생인 것이다. 크로켓의 많은 전설들처럼 그 사냥꾼의 신화는 대중적인 상상력 속에서 존경과 과장이 뒤섞인 이상한 형태로 자신의 생명을 얻었다. 여기에는 크로켓을 모델로 하여 만든 괴상한 허구적 인물들도 포함되는데, 그중 하나는 코믹하게 '님로드 와일드파이어Nimrod Wildfire'**라 불린다.

우리가 이미 알고 있듯이, 다양한 종류의 사냥꾼들과 다양한 종류의

---

* 멜빌의 소설 『모비 딕』의 등장인물.
** 미국의 극작가 폴딩(James Kirk Paulding, 1778~1860)의 1833년 희곡 「Nimrod's Wildfire Tall Talk」에 등장하는 인물로 허풍과 과장이 심하다.

남성성들이 있다. 나는 사냥을 하는 미국 남성에게 또 다른 시각을 부여한 다른 사냥꾼-작가의 작품을 읽게 되었다.

존 미첼*은 1980년에 사냥에 대한 미국의 주의 깊은 개관을 『사냥』이라는 거창한 제목으로 출간하였다. 그는 데이비드 크로켓보다 더 사냥의 윤리적인 관점에 경도되어 있었는데, 이는 사냥에 대한 약간은 수정주의적 관점이다. 그는 크로켓의 허풍과 묘한 대조를 이룬다. 『오듀본 매거진』에 글을 기고하는 그는 좀 덜 폭력적이고 보다 더 스포츠맨다우며 윤리적인 사냥의 학교를, 남성다운 요소를 약간 누그러뜨리면서 어느 정도는 공개적으로 옹호한다.

미첼의 사냥 논문과 1980년대 미국 사냥꾼의 심리에 있어 놀라운 점은 담화 중인 사냥꾼들처럼 그가 방어적이라는 사실이다. 북미시간 주의 수렵 개시일로부터 텍사스 농장에서의 이국적인 동물들의 사냥, 알래스카의 원주민 식량 사냥까지 전체 파노라마는 방향을 잃고 그들의 어깨너머를 힐끔거리는 사냥꾼들로 가득 차 있다.

크로켓의, 심지어 루스벨트의 경솔하고 뻔뻔스러운 태도와는 대조적으로 그 어조는 사냥꾼들의 입속에서 우물거리는 것 같다. 미첼의 책에서 스포츠 사냥꾼은 분별과 다감을 갖춘 남자이다. 그는 이성적이고 책임감이 있다. 그는 오늘날 미국의 많은 보통 남자들처럼 회의로 물들어 있다. 모든 복잡한 감정적인 쓰레기들은 약간은 나지막한 어조로, 마치 남자들이 어떤 것도 큰 소리로 말하고 싶지 않다는 듯이 다루어지고 있다. 그들은 자신들을 두렵게 하는 것들은 다루고 싶어 하지 않는다.

이 소심함과 자기 회의의 원인은 매우 분명하다. 사냥꾼들은 그들이 유혈의 창조자이며 폭력에 편향되어 있다는 생각에 사로잡혀 있다고 느

---

* 존 미첼(John G. Mitchell, 1932~2007); 미국의 작가로 『내셔널 지오그래픽 National Geographic』의 편집장을 지냈다.

낀다. 문제가 되는 광의의 질문은 이것이다. 어느 정도까지 사냥꾼들은 현대 미국에서의 폭력에 책임이 있거나, 혹은 그와 관계가 있는가?

비록 우리가 그것을 발명하지 않았지만 미첼은 엽총이 미국인의 본질적인 유산임을 인정하면서도 사냥꾼과 폭력 간의 어떤 관계도 부인하고 싶어 한다. 그리고 그 이유는, 곧 명백해지겠지만, 그가 미국인의 남성성 그 자체를 폭력에 대한 고발로부터 멀리 떼어놓고 싶어 하기 때문이다.

미첼은 20세기 가장 전설적인 폭력의 배경에 대해 사회적 폭력—인간 사냥, 야수적인 범죄—의 문제를 제기한다. 그는 사냥꾼들의 천국인 텍사스 주 댈러스로 온다. 그는 텍사스 주의 교과서 창고를 조심스럽게 통과하는데, 여기서 리 하비 오스월드가 총으로 케네디를 쏘았다. 인근 지역을 지날 때 미첼은 라디오에서 그 지역 어딘가에 저격수가 '또다시' 출몰하였다고 듣는다. 케네디의 유령이 그 지역을 떠돌고 있다. 그 저격수는 '사슴 엽총'을 사용한다.

이를 듣고 미첼은 잠깐 멈춘다.

"사슴 엽총이라."

그는 멈춰 '사슴 엽총을 가진 저격수'를 생각한다.

여러 해 동안 나는 그 총과 사냥 문제 사이에 직접적인 연관을 짓기를 주저해왔다. 나는 그 양자가 별개로, 거의 연관성이 없다고 믿었다. 나는 몇몇 사냥 반대자들이 엄격한 총기 규제를 주장하고 많은 총기 반대론자들이 사냥을 규제하고 싶어 함을 알고 있다. 그러나 나는 도시 갱들의 기관총과 12월의 깊은 숲 속에서의 야외활동 간에 어떤 사소한 연결 고리도 찾아낼 수 없었다. 혹은 그 문제, 즉 대통령의 암살과 사슴을 잡기 위해 누군가의 손에 우연히 들려진 엽총 사이에도 마찬가지였다. 이성적인 사람들이 내게 이 문제는 분리되어 다룰 때 가장 잘 보인다고 확신시켜주었

다. 그러나 내가 전에도 말했듯이 모든 이들이 이성적이지는 않다.[8]

사슴 엽총으로 살인을 할 수는 있지만, 어떤 연관성도 없다고 그는 말한다.

사냥에서의 폭력 문제와 미국인들 사이에서의 폭력 문제를 '사냥 문제'라고 부를 수 있을지도 모른다. 그 남자다움의 은유에 따르면, 남자들은 사냥꾼이다. 그러나 이성적인 남자들은, 도시 살인자들과 야외의 살육자들은 전혀 다른 두 개의 별개의 현상임을 안다. 그들 사이의 고리가 '따로 매듭지어져looping' 있고 직접적으로 보이지 않기 때문이다.

이는 내게 남자들을 특정 이미지(사냥꾼)로 만들고 그 이미지에 있는 책임들을 부정하려는 시도같이 보인다.

그런 부정은 윤리와 합리적 규제의 형태를 띤다. 좋은 사냥꾼은 절걱거리고 걷는 붉은 목의 '돼지 같은 사냥꾼'이 아니다. 그는 상당히 존경 받을 만한 사람이며, 이 존경 받을 만한 사냥꾼은 들에 나간 좀더 지저분한 사촌들과의 어떤 관계도, 거리에서 총을 마구 쏘아대는 사촌들과의 그 어떠한 관련성도 부인한다.

그러나 남자들이 다른 남자들을 죽이기 위해 사슴 엽총을 사용하는 것처럼 남자들은 사슴을 쓰러뜨리기 위해 우지 기관총을 사용하기도 한다.

이 '사냥 문제'는 직접적인 원인과 결과가 있는, 뚜렷한 인과관계가 있는 분명한 관계가 아니다. 좀더 심층적인 논리가 작동하는 것이다. 나는 이 음울한 고리를 좀더 정확히 들여다보고 싶다. 이 심리의 잠재 영역에 있는 '닫힌' 고리들, 그리고 만약 존재한다면 남성다움의 국민적 이데올로기 안에 있는 고리들 말이다. 미첼의 사냥꾼과 크로켓의 사냥꾼과의 관계는 무엇인가?

사냥과 미국에서의 폭력과의 관계에 대한 미첼의 부인은 오점이 없지 않다. 미국 사냥꾼의 신화의 이면에 있는 관계, 이는 한편으로는 그로부터 미국의 남성이 창조된 가혹한 시련이었다. 야외의 사냥과 거리의 사냥 간의 관계는 내면의 사냥꾼을 통해서 만들어진다. 그리고 내면의 황야를 통해서도.

사냥꾼은 마음 깊은 곳으로부터 은밀하게, 이를 느낀다. 그것이 바로 그가 방어적이 되는 이유이다. 현대 남성은 내부에, 그 잘 닦인 범절과 광휘, 잘 다듬어진 수사, 에디 바우어의 복장처럼 매끈하고 잘 다듬어진 이면에 무엇인가 야만적이고 피에 굶주린 사냥꾼의 본능이 있다는 것을 감지한다.

미첼조차 쉬운 일은 아니었다. 그의 의심은 그를 배반한다. 사냥꾼들 사이에는 그들이 위기에 처했다는 느낌이 있다. 사냥 반대자들이 그들을 포위하였다. 더욱이 그들은 내면으로부터도 위기에 처했다. 그것은 미첼에게서는 부드러운 회의이나 그의 오두막이나 거실에 있는 잘 다듬어진 중산층 남성의 판타지를 무너뜨리기에 충분하다.

미첼은 아버지가 지은 미시간 주 북부의 안락한 오두막에서 그의 책을 연다.

미첼은 다음 날 사냥을 갈 것이다. 그러나 늦은 밤, 그는 강하고 현란한 이미지에 사로잡힌다. 그것은 벽난로 위에 붙은 큰 사슴의 머리이다. 그의 아버지는 그 사슴을 오래전, 1922년 뉴 브룬스윅에서 잡았다. 그 트로피는 이 가을날 밤 난로 불빛을 받아 빛나며 그 큰사슴의 갈색 유리 눈에 '아는 척하는 눈빛'이 번득인다. 미첼은 홀린 듯하다.

"내가 어디에 가든 그 눈동자는 나를 따라온다. 나는 그 사슴에게 말을 걸었다. 나는 말을 걸었다. 큰사슴이여, 너는 왜 나를 바라보는가? 더 이상 아프지 않을 텐데 왜 그리 슬퍼 보이는가?"

그 짐승은 총에 맞을 수 있었음에도 쉬기 위해 눕는 것을 포기하진 않았다.

"사냥꾼이 아닌 사람에게 사냥을 설명하는 것은 고자에게 섹스를 설명하는 것과 같다." 미첼이 다음에 펴낸 책을 한 여인에게 헌정하면서 이와 같이 말한 것은 이상한 일이 아니다.[9]

이는 의심 가운데서도 가장 부드러운 의심이며 미첼은 그의 의문들이 지나친 정서적 힘을 갖지 않도록 했다. 감상은 엄격한 통제 속에 유지된다. 그러나 그 책 자체 그리고 전국에 걸친 미첼의 사냥 편력은 시선을 통해 그를 쫓아오는 그 큰사슴을 멈추게 하려는 시도였다. 사슴을 쏜 일 때문에 아버지에게 생긴 죄의식을 완화하기 위해. 그 사슴의 유령, 그리고 미국 역사의 모든 수다스러운 시체들 모두를 입 닥치게 하기 위해서였다. 왜냐하면 그들은 남자들의 가슴속에 여전히 남아 있기 때문이다. 그 모든 죽은 짐승들이 말이다.

미첼은 이를 안다. 그는 아버지의 트로피에 홀린다. 그는 깜박이는 불빛 속에서 그를 따라오는 죽은 동물들에게 홀린다. 이것은 안식을 얻을 수 없는 20세기 사냥꾼의 불안이다. 이는 내가 현대 사냥꾼 콤플렉스라고 부르는 것이다.

홀린 사냥꾼은 죄의식, 깊은 국민적 죄의식을 겪는다. 그것은 조상들로부터 계승되는 죄의식이기도 하다. 남자들은 그것을 배제시킴으로써, 그의 불안을 조절함으로써 이 죄의식을 완화시키려 애쓴다. 그는 차별을 둔다. 그는 지저분한 사냥꾼이 아니다. 그는 차별 속에서 피난처를 찾는다.

그러나 이성의 벽은 완전히 작동하지 않는다. 이 새롭고 윤리적인 사냥꾼이 얼마나 힘이 세든, 얼마나 정당하든 간에, 동물들은 사라져가고 있다는 떨칠 수 없는 느낌이 있다. 진정으로 사라져가는 것은 미국 남성들이 이런 죄의식 없이 자신을 증명해 보일 수 있는 전체 세계이다. 벽에 걸린 큰사슴을 달래려 애쓰면서 미첼은 그 사슴을 죽인 그의 아버지를 생각한다. 그는 서부 개척지가 남아 있으나 급속히 사라져가던 때, 말 도둑과 심지어 미첼 자신의 말로는 커스터* 장군의 시대로부터 내려왔다. 캔자스의 마지막 들소는 그의 아버지가 태어난 달에 죽었다. 그가 소년이었을 때는 전서구가 켄터키의 하늘 위를 큰 무리를 지어 날아다녔다. 아버지로부터 계승된 이 모든 서부의 유산은 그 큰사슴의 비난하는 듯한 눈빛 속에 남아 있다.

　미첼이 말하지 않은, 인정하지 않은 문제는 이것이다. 그 서부의 유산과 그의 관계는 무엇인가? 미국의 조상들과 아들들, 미국 남자들은 그들 자신의 역사에 어떤 식으로 책임져야 하는가?

　그 서부 개척지는 바깥에 웅성대는 원주민과 짐승들에게서 아직 완전하게 획득하지 못했다.

　그 느낌은 미국인들이, 예컨대 죽은 짐승들의 공허한 눈빛에 의해 감시당하고 있다는 것이다. 이들은 미국 남성의 본질적 정수——서부 개척자들——에 의해 죽임당한 동물들이다. 어떤 의미에서 미첼은 남성의 이미지 속의 핵심적인 미국적 대립 중 하나, 정착민 대 사냥꾼을 승화해내었다. 오두막집 대 캠프파이어, 미첼 대 데이비드 크로켓이다.

　그러나 방어적이고 홀린 듯한 미첼의 기록 속에서 그 이상으로 남성적 갑옷에는 균열이 생겼고 가면은 잠시 떨어졌으며 우리는 그 사려 깊은 남성 작가의 유능하고 잘 구성된 작품 아래서 그것을 힐끗 엿볼 수 있다. 그는 아버지의 희생자들의 유령에게 홀렸다. 그것들은 부성(父性) 그 자체의 희생자들과 연결된다. 이런 걱정들은 그의 의식을 가로질러 번득이나 그 사슴의 불가해한 표정을 통해서만 알게 된다. 이 한밤중의 콤플렉

---

* 커스터(George A. Custer, 1839~1876); 남북전쟁과 인디언 전쟁 기간에 활약한 미국의 군인.

스들 속에서 남성성의 가면은 해어지고 비틀거린다.

이 두 이미지는 남성의 가슴속에 있는 양극을 정의한다. 105마리의 죽은 곰들 앞에서 빙글거리며 웃고 있는 사냥꾼 탐험가 데이비드 크로켓, 그리고 오두막에 사는 남자이자 아버지의 침묵하는 희생자를 심문하는 부드럽고 사려 깊은 존 미첼. 그는 자신의 의심을 묶어두려 애쓴다.

남자들은 자신들을 적응시키려고 지난 수십 년간 엄청난 운동을 했다. 대단한 정신적 운동이었다. 그들은 엄청나게 과호흡하였는데, 결국 이 내적인 미용체조는 남성다움의 퇴색한 이미지를 재평가하려는 것이었다. 미국 남성들에게 늘 진실인 것은 그가 서부 개척지에서 태어났을 수도 있다는 사실이다. 그러나 그는 늙은이로 태어났다. 그는 늘 사라질 지경에 있음을 느낀다. 그는 호언장담에도 불구하고 내면에서는 늘 부서지기 쉽다.

반짝반짝 윤이 나도록 이 콤플렉스의 표면을 닦고, 미국 남성들이 만들어낸 중산층 삶의 엄격하게 균형 잡힌 이 모든 편리함을 사포질해 보아라. 지위 상승을 위한 필수적인 자세가 있다. 노고와 야망, 그러나 협동적이고 바람직한 태도를 가져라. 사교적이고 유능해져라. 그러나 그 밝은 눈과 부스스한 꼬리 이면에는 늘 도사리고 있을 것이다.

노먼 메일러.*

메일러, 그의 목소리는 매우, 그렇다, 남성적이다. 메일러, 그의 최상급의 형태는 '남권론자'라는 것이다. 메일러, 그의 시가는 남성의 격렬한 꿈을 먹고, 그로부터 솟아나고, 그것에 영광을 부여하며, 미국적인 남성다움을 알리는 것으로서 사냥꾼 콤플렉스를 이용한다. 그에게 사냥은 많은 것을 설명해준다. 그에게 사냥은 살인, 말하자면 남부 캘리포니아의

---

* 노먼 메일러(Norman Mailer, 1923~2007): 20세기 미국의 대표적인 작가, 시인.

샤론 테이트 사건*과 베트남으로 몰아간 전쟁의 충동 따위를 설명하는 은유이다.

1967년의 소설『우리는 왜 베트남에 있지?』에서 알래스카의 곰 사냥은 미국인의 남성 심리 구조를 규정하고 있다. 그 책은 표면적으로는 전쟁과 관련이 없다. 그러나 사냥은 폭력과 경쟁에 대한 미국인의 사랑의 표현이며 마지막 개척지인 알래스카에서 모든 사회적 금기로부터 풀려난다. 1977년 추가된 변명조의 서문에서 메일러는 그 소설에 나오는 언어와 행동의 폭력을 1969년 일어난 샤론 테이트 살인사건과 결부시킨다. 이들은 심오한 진리, 무엇인가 신비스러운 것이라고 그는 주장한다. 남성의 영혼 속의, 그 폭력의 깊이를 건드리기 위해 글을 쓰면서 그가 범죄와 전쟁, 그리고 곰 사냥 간에 연관성을 끌어내는 방식에는 어떤 논리적인 설명도 존재하지 않는다. 글쓰기는 불가해한 힘이라고 그는 말한다. 그리고 드러난 진리는 '어떤 보이지 않는 손가락'으로부터 온다고도 한다.

폭포같이 쏟아지는 그 책의 문장은 우리를 전쟁과 살인, 그리고 '씹'으로 이끌어가는 그 멘털리티의 움직임과 동기들을 극적으로 만든다. 워싱턴의 멍청이들과 연계된 조직의 '멍청이'는 알래스카로 '백곰'을 사냥하러 간다.

> 그들은 절대로 사냥꾼―― 전사 ―― 씹쟁이가 아니었다. 권력을 찾아 여기저기 쿵쿵대고 다닐 필요가 없는 전자공학이나 응용 실존주의에 대한 천재적인 탐구는 물론, 가라데나 풋볼, 스포츠카, 모터사이클, 파도타기,

---

* 미국의 여배우 샤론 테이트Sharon Tate가 사이비 교주 찰스 맨슨Charles Manson의 추종자들에게 1969년 암살당한 사건. 맨슨의 추종자들은 사회에 대한 불만으로 이유 없는 폭력과 살인을 무차별하게 자행하였다.

춤 등에조차 능력이라곤 전혀 없었다. 그들은 범죄, 씹질 그리고 잠재적인 근친상간에서 힘을 얻었는데, 텍스는 바로 오늘 밤 한 씹에서 핼리 제스로(아버지의 아내)를 거의 따먹으려 했던 것이다. 게다가 당신이 씨팔, 악마주의적이라고 할 시체에 대한 난도질, 이는 그들과의 만남에서 그 모든 인간쓰레기들과 함께 그들의 모 헨리(백곰) 사냥의 자연적인 깊이를 끌어내는 것이다. 그래서 그 녀석들은 힘을 얻으러 알래스카로 돌아갔다.[10]

사냥꾼-전사-씹쟁이*: 외면적인 남성 권력이다. 그것은 그 기원부터가 야수적이고 심지어 악마적이다. 그리고 이 알래스카라는 현대의 개척지의 준신화적이고 거친 사냥으로부터 유도되는 그것은 미국의 성공과 미국의 비극(베트남 같은), 양자 모두의 기원이다.

그 게임은 단지 아버지에만 연결되어 있는 것이 아니다. 아버지는 여타 민족과는 달리 어떤 의미로는 미국 남성의 신이다. 미국 남성의 내면에는 이런 모순이 존재한다. 안정된 가정에 대한 갈망과 방랑하고픈 충동 사이, 정착민과 야생의 사냥꾼 사이, 마을과 처녀지 사이의 대립. 전통과 전복, 헌신과 자유. 날강도의 나라와 헌신적인 조상들의 나라. 미첼의 예와 같이 미시간 주 북부 오두막에 있는 아버지인가 아니면 데이비드 크로켓처럼 늘 움직이는 개척자인가.

이 중 무엇이 미국 남성의 영혼 깊은 곳에 우선적으로 전해 내려오는지는 확실치 않다. 부족의 노래에 담긴 원시적인 리듬인가 혹은 늙은 사냥꾼-조상의 장엄한 축복인가.

이 미국 남성의 두 유형—정착민과 개척자—을 한데 묶어주는 것은 그들이 사냥꾼으로 인식되었다는 사실이다. 대륙 전체에서 우리는 저주

---

* 원문 분위기를 살리기 위해 비속어를 그대로 둠.

이자 희망인 그 짐승을 찾았으나 종종 하나를 선택하지는 못했다.

사냥에 대한 미국의 신화는 그것으로부터 미국인의 최초의 신화가 견고한 형태를 띨 수 있을 만한 근거를 마련해주었다. 미국 남성의 유일한 통합적 신화로서 사냥꾼은 우리가 자신을 무엇으로 상상할 수 있는가에 경계를 설정하였다.

미국의 사냥꾼은 미국인들에게 그들의 상징적 기원, 사냥 문화로서의 기초를 제공하였다. 그를 통해 미국인들은 자기 자신에게 스스로를 표상하는 법을 배운다. 그 상징적 들판에서 그는 개척을 하는데, 그의 다양한 위장 속에서 그들 스스로를 나누고 규정하는 단층을 추적할 수 있다.

3

미국 문학은 사냥과 더불어 시작한다. 크리스마스이브의 사슴 사냥은 최초의 진정한 미국 소설의 개막 장면이면서 첫 장이기도 하다. 그것은 미국 문학의 개막 장면을 구축하는데, 그때 레더스타킹이라 불리는, 사슴가죽옷을 입고 살금살금 걷는 푸른 눈의 사냥꾼이 소나무 뒤로부터 걸어 나온다. 그는 단 한마디도 말을 하지 않지만, 최초의 뚜렷한 미국인 남성, 최초의 명실상부한 미국 영웅으로서 역사와 심리 모두에 걸쳐 거의 말 없는 방랑을 시작한다.

그 최초의 미국인은 청교도가 아니었지만 그럼에도 추수감사절을 지낸다. 그는 뻣뻣한 목 칼라를 하고 나팔 총을 든 진짜 기독교인이 아니었다. 그는 토머스 제퍼슨도 아니었다. 비록 지성(知性)과 말로는 7월 4일(미국 독립기념일)을 기념하지만 말이다. 그는 켄터키 장총과 긴 나이프를 가진 사냥꾼이었고 어느 정도는 원주민이었다. 그는 크리스마스의 사슴 고기 때문에 판사와 싸우며 처음 우리에게 모습을 나타낸다.

미국 문학에서 최초의 영웅은 너대니얼 범포라고 한다. 그러나 그는 자신의 이름과 준봉건적인 뉴잉글랜드의 유럽적 문화를 폐기하고 숲을 향함으로써 자신의 존재를 찾는다. 그는 여전히 때때로 내티 범포, '내 추럴 범프킨'이라고 불리기도 한다. 그러나 우리는 뉴욕의 개척지에서 입은 복장 때문에 '레더스타킹'이라는 사냥꾼의 이름을 얻은 그를 만난다.

미국 남성이 아니라면 그는, 그렇게, 글쎄, 고린내 나는 이름을 가질 리 없을 것이다. 이 농담은 중요할 텐데—'레더스타킹'에 대한 농담이다—그러나 지나치게 무시되어왔다. 게다가 그는[11] 이제 막 진화를 시작한 셈이고 자신의 모습에 가장 알맞은 명칭—사슴 도살자Deerslayer, 매눈Hawkeye—을 얻게 되려면 몇 가지 더욱 '야만스럽고' 더욱 무서운 이름을 거쳐야 할 것이었다.

이 남자는 스스로 이름을 지은 이이며, 그 특권은 행동으로부터 유래한다. 이 최초의 사냥꾼은 이미 자신을 최후의 진정한 사냥꾼, 일흔의 늙은 나이에도 줄어드는 개척지를 따라 이동하며 웅대함과 무의식 사이의 어떤 공간, 그 경계로 잠입해 들어가는 사냥꾼으로 여기고 있다.

그는 사냥 문화로서의 미국을 공표한다.

미국은 사냥의 개념과 특별한 관계를 맺고 있다. 미국은 사냥 문화이다. 독립전쟁 이후 미국은 미국의 고유함에 대한 정의—미국적 영웅과 독특하게 미국적인 생활방식—에 집착하였다. 그 정체성에 대한 불안은 우리에게는 한없이 장구한 드라마이다. 내티는 그것을 보전한다. 그리고 우리는 늘 우리가 누구인지를 의심한다. 그것은 아마도 반항하고 고아가 된 아이, 평생에 걸쳐 신원 확인에 집착하며 사는 아이의 나르시시즘일 것이다. 우리는 자아를 발전시켰고 시공간을 가로지르는 독특한 여정을 시작하였다. 대륙과 세기들을, 원형prototype의 사냥꾼-영웅인 레더스타킹의 안내를 받으면서 말이다.

그러나 우리가 처음 그를 보았을 때, 그 사냥꾼의 경쟁 상대는 사슴이 아니라 실제로는 다른 사냥꾼이었다. 그것은 우리 역사의 초기에 마을과 숲의 경계를 따라 점점이 찍힌 정착민과 수렵인, 기독교인과 이교도 간의 경쟁이었다.

제임스 페니모어 쿠퍼는 『개척자들』을 쓴 1823년에 이미 두 권의 소설을 내놓은 상태였다. 그러나 이 책으로 인해 그의 고향 마을인 쿠퍼스타운을 모델로 한 하나의 낭만적인 소설이 탄생해, 미국인과 미국에 대한 지금은 사라져가는 신화를 출범시켰다.

이 소설은 눈 덮인 겨울 숲 속을 썰매 하나가 미끄러져오는 것으로 시작한다. 전형적인 미국적 장면이다. 때는 크리스마스이브, 기독교 달력의 중심이자 청교도 마을 생활의 핵심인 휴일이다. 템플 판사와 그의 딸 엘리자베스는 템플턴에서 열리는 크리스마스 축제를 향해 집으로 가는 중이다. 그곳은 판사가 뉴욕 주의 변경에 세운 마을이다. 산과 숲은 '셀 수 없는 전경'들을 펼치나 그것은 그들에게 어두운 녹색의 향수일 뿐이고 눈 위에 솟은 키가 큰 소나무들은 둔탁하고 애처로운 소리를 내며 흔들린다.

판사는 숲 속에서 레더스타킹의 사냥개가 짖는 소리를 듣는다. 판사는 썰매를 멈추며 그 녀석들이 뭔가를 발견한 거라고 말한다. 앞에 깔린 눈 위에서 그는 사슴의 흔적을 발견한다. 판사는 썰매의 짐에서 '2연발 사냥총'을 꺼낸다. 그때 '숲 속을 뛰어오는 짐승의 가벼운 발소리가 들린다. 그러고는 잘생긴 수사슴이 그의 앞에 약간 떨어진 길로 뛰어 들어온다.'

판사는 그 사슴을 겨냥하고 쏜다. 그러나 그놈은 상처도 입지 않은 듯이 앞으로 뛰어나간다. 판사는 다시 쏜다. 마찬가지다.

그의 딸은 '사슴이 달아난 것을 무의식적으로 기뻐'한다. 그때 날카롭고 짧은 소리가 그녀의 귀를 때렸다. 아버지 총의 무겁고 둔탁한 소리와는 전혀 달랐다. 그러나 화기에 의해 일어난 소리임을 알 수 있을 만큼 충분히 뚜렷했다. 그녀가 이 예기치 않은 소리를 들은 것과 동시에 그 사슴은 눈 밖으로 튀어나와 공중으로 펄쩍 뛰어오르더니 처음 것과 아주 비슷한 소리의 두번째 총탄을 정통으로 맞고 땅에 쓰러졌다. 그 반동으로 인해 사슴은 얼어붙은 눈 위를 미끄러지며 길게 뻗었다. 숨어 있는 사냥꾼의 커다란 환성이 들렸고 두 사람이 소나무 둥치 뒤에서 바로 나타났다. 그들은 거기서 사슴이 지나갈 것을 기다리며 숨어 있었던 것이다.[12]

그 사냥꾼은 보이지 않고 이름도 없지만, 그러나 엽총을 들고 사슴가죽 반바지와 모카신을 신은 '말쑥한' 옷차림의 레더스타킹이 걸어 나온다. 이 최초의 미국 소설의 최초의 행위가 사슴을 쏘는 것이라면, 진정한 드라마는 사슴의 소유권에 관한 것일 게다. 미국의 역사는 사슴 고기를 둘러싼 이 싸움에서 암시된다. 소유와 강탈 사이에서 말이다. 판사는 소유권을 주장한다. 그러나 내티는 치명상을 입힌 자의 권리를 주장한다. 내티는 그 싸움에서 졌고 부루퉁하게 화가 나서 변방의 그림자 속으로 들어간다.

내티가 할 수 있었던 일이라고는 고작 크리스마스이브의 애꿎은 칠면조를 쏘는 것 말고는 정착민을 욕하는 게 전부이다. 그는 그들을 남자답지 못하다고 놀린다. 그는 판사의 엽총을 조롱하고 숲 속에서 고귀한 사슴이나 곰을 잡기보다는 습지의 농부들에게나 어울릴 물건이라고 놀린다. 때문에 당신은 '기다란 엽총'이 필요하다.

어떤 면에서 이 문제는 미국 남자들이 어떤 의상을 입게 될 것인가로 이어지기도 한다. 내티처럼 사슴가죽 옷을 입을 건지, 판사처럼 모피와

긴 웃옷을 입을 것인지. 처음부터 숲은 이 불평분자—진중하고 남자답고 어떤 사격대회에서도 이기지만, 정착민들과의 싸움에서는 늘 패하는—의 피난처이다.

그러나 쿠퍼의 마음은 분명히 내티 범포에게 있다. 숲은 줄어들고 사냥감은 사라지며 그가 사랑한 삶의 방식은 전망이 어둡다. 그리고 그 최초의 일격이 일단 한 남자의 가치를 규정했다면 그것은 좀더 미묘하고 내면적인 것으로 전승되었다.

"아니, 아니. 난 영원히 살기를 원치 않아요."

레더스타킹은 그날 밤 한 목사에게 말한다.

그러나 나는 30년 전에 비해 이 산이 변했음을, 아니 10년 전과 비교해도 그러함을 압니다. 그게 옳은 일이겠지만 법은 그가 많이 배운 사람이건 아니면 나와 같은 사람이건 간에 노인보다도 훨씬 강합니다. 나는 이제 사냥개들을 쫓는 것보다는 고개에서 기다리는 편이 낫겠지요.[13]

우리가 처음 그를 만났을 때조차 그 미국 사냥꾼은 문명의 맹습 앞에서 소용없이 저항하는, 위협적이지만 점점 무력해져가는 노인이었다.

문제는 누가 사슴을 맞추었느냐가 아니다. 그것만으로는 사슴의 임자가 누구인지 결정할 수 없다. 사냥꾼들이 그 죽은 동물의 시체를 놓고 다툴 때 우리는 고전적인 이미지를 떠올린다. 누가 미국 문화를 계승하는가, 누가 우월함과 권력을 지니는가, 그것은 사슴을 어떻게 분배할 것인지의 문제이다. 남자들은 사냥에 의해 자신을 창조하고 정당화한다.

내티에게 총은 바로 법이었다. 한 독일 이민자가 주장하듯 "총이 법보다 나아!"[14]

판사는 고기를 얻었고 이 소설의 끝에서 레더스타킹은 수렵법을 어긴

죄로 수감된다. 정착민들이 전진하고 전 대륙에 도시와 법률을 퍼뜨림에 따라 판사는 역사의 승리자가 되었다.

문제는 그러나 어느 정도까지 그 개척지 사냥꾼, 레더스타킹 같은 인물이 야생의 자연을 파괴한 정착민들의 죄로부터 용서받을 수 있는가이다. 이 사냥꾼──미국 남성과 남성다움의 선조──은 그 추잡하고 방자한 폭력(이를 통해 미국인들은 처녀지에 정착하였다)을 용서받을 수 있을까? 혹은 그는 남성 안에 뿌리내린 폭력, 개척지의 삶으로부터 그의 영혼 속에 비집고 들어온 폭력의 조상인가? 미국 남성은 숲의 아들인가, 아니면 숲의 약탈자의 아들인가?

쿠퍼는 사냥꾼의 순진무구함을 보증하고 싶어 한다. 그러나 그가 그렇게 확신할 수 없다는 사실이 분명해 보인다.

22장에 나와 있는, 유명한 나그네 비둘기 대량 도살 장면에서 정착민들의 '낭비적 습관'에 대한 내티가 언급은 그들의 방자한 행위에 대한 고발이다. "하늘은 비둘기들과 함께 살아 있었다"고 쿠퍼는 쓴다. 숲은 엽총과 장대, 활 등등을 갖춘 사냥꾼들로 넘쳐난다. 마을 주민들은 대규모 도살에 그들의 문명화된 재능을 사용한다.

> 그 새들의 수가 너무나 굉장해서 총의 난사, 화살의 발사 그리고 소년들의 고함 소리도 그 계곡에 둥지를 튼 거대한 무리 중 아주 작은 집단을 없애는 것 이상의 효과가 없었다. 마치 깃털 달린 무리 전체가 그 계곡에 사는 것 같았다. 아무도 그런 규모로 그 땅에 알을 까는 사냥감을 다 잡을 수 있다고는 생각지 않았다. 마치 땅 전체가 펄럭대는 사냥감으로 덮여 있는 것 같았다.[15]

레더스타킹은 '과묵하고 완고한 관찰자'로서 그 '살육' 사이를 지나가

나 결국은 분통을 터뜨린다.

"이는 땅을 다 차지하려는 짓이야!"

그런 사냥은 마침내 나그네 비둘기들을 완전히 몰살시켰고 현재 그들은 멸종되었다. 이는 미국의 정착 과정의 대표적인 전형이다. 레더스타킹은 개척지의 폭력으로부터 스스로 거리를 두려 했으나 이는 불가능했다. 1600년 이후로 북미에서 멸종당한 여섯 종의 새들은 모두 사냥에 의한 것이었다.[16]

레더스타킹은 거의 기적적인 미국적 남성다움의 원조, 고독한 저격수, 고결한 무법자 그리고 이방인이다. 이것이 정열을 절제하고 숲 속에서 남자다운 소박함을 유지하는 그의 특기이다. 모든 욕망은 완전히, 잘 훈련된 목표로 환원된다. 레더스타킹의 '비가tragedy'인 마지막 소설 『사슴 사냥꾼』(1841)에서, 쿠퍼는 다시 사냥 장면으로 서두를 시작한다. 레더스타킹은 숲 속에 사는 젊은이로 이제 막 남자가 되었다. 그는 다소 크로켓과 닮은 부주의한 사냥꾼 허리 해리와 함께한다. 쿠퍼는 사슴 사냥꾼을 그 지저분한 사냥꾼 허리 해리로부터 구분하려 애쓴다.

"이리 오게." 그들이 사슴을 죽였을 때, 허리는 이렇게 말한다.

"이 가엾은 악마 사슴 놈에게 자네의 남자다움을 증명해보게나."

그러자 이 이상화된 레더스타킹은 그 사냥꾼에게 교훈을 하나 준다.

"아니, 아니, 허리. 사슴을 죽이는 데는 남자다움이 별로 필요치 않네. 제철도 아닌데 더욱 그렇지. 흑표범이나 퓨마를 쓰러뜨린다면 혹 몰라도."[17]

레더스타킹은 괴상한 미국적 혼합물, 총을 든 성자이다. 쿠퍼는 그의 영웅이 지저분하고 뻐기는 허풍쟁이 사냥꾼인 데이비드 크로켓과 상당히 닮은 허리 해리와는 전혀 무관하기를 바란다.

레더스타킹 전설에 대한 쿠퍼의 마지막 에세이 『사슴 사냥꾼』에서, 내티는 젊지만 별로 매력은 없는 두 여성을 숲 속에서 구해내고 보호해주는 장면으로 이 소설을 시작한다. 이 소설의 요점은, 한 여성의 사랑에 대한 그 외로운 사냥꾼의 반응을 탐구하는 것이다. 빽빽한 숲 속의 호수가 그 배경인데 여기서 쿠퍼는 숲 속 사냥꾼 심리의 의식과 의식 하부의 문제, 즉 섹슈얼리티와 폭력의 주제에 빠져든다.

그 주제는 사냥꾼적인 정체성이다. 이 소설에서 그는 사슴 사냥꾼이라는 좀더 남자다운 명칭으로 탈바꿈한다. 레더스타킹보다 나은데, 엽총으로 사슴을 사냥하는 실력 때문에 붙은 이름이다. 지저분한 허리 해리에게 그는 말한다.

"사람들은 나를 디어슬레이어(사슴 사냥꾼)라고 부르지. 아마도 그럴 자격이 있을 거야. 나는 그 짐승의 습성을 잘 알고 있고 목표를 확실히 잡으니까. 그러나 고기나 가죽이 필요 없을 때도 짐승을 죽였다고 나를 욕할 수는 없을걸. 나는 사슴 사냥꾼이지 사슴 백정이 아니니 말일세."[18]

아마도 도살자는 허리 해리일 것이다. 그것은 괜찮은 구분이긴 하지만 언제나 유지되지는 않는다.

이보다 얼마 뒤에 그는 처음으로 인디언을 만난다. "그는 비버나 사슴이 아니라 인간의 흔적을 쫓고 있었다." 그들 중 하나가 숲 속의 그 오두막 주변을 정찰하였음이 드러나고 사냥꾼으로서 그의 기술은 그 인디언을 사냥하는 데 훌륭하게 사용되었다. 쫓기는 인디언은 '별 볼일 없는 인간'이자 '비열한 녀석'이 된다. 레더스타킹은 '그의 재능이 백인의 것'임을 보여주지만 그는 이제 새로운 아이덴티티를 얻고 죽어가는 인디언의 축복을 받는다. 마지막 숨을 몰아쉬는 인디언은 내티에게 한 인간을 죽인 것을 기리며 '보다 남자다운 이름'을 수여한다. '호크아이(매눈)'가 바로 그것이다.[19]

사냥을 통해 남자다운 정체성을 구하려는, 거의 신앙과도 같은 추구

속에서도 내티는 금욕적인 자기 절제가 요구하는 자세를 언제나 유지하지는 못한다.

사냥꾼인 그는 살해자이다. 아무리 '사냥꾼slayer'과 같은 종교적인 단어로 꾸미려 해도 말이다. 그는 아끼는 엽총에 '킬디어(Killdeer, 물떼새)'라는 이름을 붙였는데 부상당한 날갯짓으로 어린 것들을 보호하는 새의 일종과 살육 그 자체를 가지고 만든 말장난이다. '실패를 모르는 친구'로서 디어슬레이어는 그 예리한 총구, 뛰어난 재질 그리고 '완전한 소품'들을 갖춘 그의 엽총을 무엇보다 사랑한다. 엽총은 그를 '숲의 왕'으로 만들어준다. 엽총이 없다면 숲에 사는 사람은 단순히 그저 불쌍한 덫사냥꾼이거나 기껏해야 "빗자루 혹은 바구니를 짜는 외로운 장인"일 뿐이라고 그는 말한다. 엽총은 그의 사냥꾼다운 남자다움의 보증이다. 허리 해리 스스로 내티에게 해준 말이지만, 그의 '불같은 성질'과 '무모함'은 표면적으로 내티와 아주 대조적이다.[20]

그 요점을 강조하듯, 디어슬레이어는 그의 새롭고 멋진 엽총을 거의 쓰지 않았고, 음식이나 의복을 얻기 위해서가 아니라면 결코 살육을 하지 않았다고는 주장할 수 없었다. 고귀한 말로 자신을 꾸미지도 않으며 '웃음 띤 기쁜 눈빛으로' 하늘에서 독수리를 쏜다. 단지 '킬디어는 킬이글Killeagle이 아님'을 보기 위해서.

그것은 부끄러운 행위이다. 그리고 디어슬레이어는 위선의 힘을 느낀다. "힘이란 어떤 것인가!" 그는 설교한다. "그것을 가지고서도 어떻게 쓸 줄 모른다면, 그것은 도대체 어떤 것인가!"[21]

내티의 논리적인 범주, 즉 사냥꾼 대 도살자는 그의 충동에 반하는 증거가 아니다. 그의 상세한 구별은 그 경계에서 피를 흘리기 시작한다. 개척자는 결국 정착민이나 지저분한 치들보다 나을 것이 없다. 그의 마음속에는 엽총을 통해 표현되는 이 폭력이 있다.

내티는 자신을 정착민이나 파렴치한 사냥꾼과 분리된 존재로 보기 원하나 이는 불가능하다. 그의 입장의 본질적인 아이러니와 패러독스는 쿠퍼가 끈질기게 이야기하듯 그가 미개지를 파괴한 미국 문화의 길을 열어 주었다는 사실이다. 나무를 베고 호수를 메우고 사슴을 죽인 그것 말이다. 대륙 전체로 퍼져나간 미국인들의 진군 속에서 그 사냥꾼은 전위를 맡는다. 레더스타킹은 남자다운 인물, 가죽옷을 입은 남자이다. 그러나 이미 숲에 발을 들이고 자신의 흔적을 없애기 위해 불을 지르는 바로 그 순간, 그는 이미 시대착오적이 된다. 그는 자유스러운 공간을 찾는다. 그리고 레더스타킹은 그의 최초의 소설 마지막 페이지에서 다시 길을 떠나 숲으로 들어감으로, 모든 서구 남성들의 유형을 설정한다. 쿠퍼가 '지는 태양 속으로 사라진 그'의 모습을 묘사하는 그 순간, 미국인의 전형 cliche이 창조된다.

4

쿠퍼의 레더스타킹은 도시 엘리트들 사이에서 사냥꾼의 인기가 다시 부활하자 재등장하였다. 프랭크 포레스터*가 이 유행을 이끌었는데, 그는 도시 남자들을 허드슨 강 주변 자연으로 데리고 가 남자답게끔 훈련시켰다. 그러나 거친 피부의 야생 개척민들이 늘 인기를 끌지는 않았다. 레더스타킹이 영웅으로서 미국적인 장면에 등장하기까지는 2세기가량이 걸렸다. 처음에 그는 경계와 우려의 대상—외로운 이교도적 미개함으로 사회를 흔들어놓는 야만적인 무신론자—으로 보였다.

---

* 프랭크 포레스터Frank Forester: 미국의 광야를 찬미한 영국인 허버트H. W. Herbert의 필명.

개척민들은 깔끔하지 못한 사람들이었고 쿠퍼는 레더스타킹이 대다수의 개척민들과는 전혀 다른 부류라고 열심히 주장해야 했다. 그는 새로움 이상이었다. 윌리엄 버드가 1822년 관찰한 대로 개척민들은 결코 새로운 순수함이 아니었다. 그들은 알몸으로 담요만 두르고 자면서 모닥불의 연기에 그을리며 아침 이슬을 툭툭 털어버린다. 그들은 곰 고기를 좋아하는데, 이 때문에 상당히 '음란'하게 되었다. 곰 고기를 먹는 결혼한 남자들은 모두 집에 돌아온 후 곧 아버지가 되었다. 그의 말에 따르면 "이것은 성자에게는 적합한 음식이 아니다."[22]

미국의 개인주의는 문명과 야생 간의 역사적인 대립으로부터 탄생하였다. 그 이후의 모든 세대를 위해 숲 속에 사는 영웅으로서 은자의 이미지를 주조해준 이는 다니엘 분이었다.[23]

그는 미개지에 땅을 마련하려는 사회의 야망에 나무꾼의 기술을 연결시킴으로써 이것을 해내었다. 즉, 개척민의 기술을 제국에 대한 봉사에 사용한 것이다. 그는 확실한 운명적 인물이었다. 짐승 사냥꾼이나 땅 사냥꾼 그리고 하찮은 개척민들과는 전혀 다른, 진정 칭송받을 만한 인물이었다.

다니엘 분의 주변에서 자라난 전설들을 보면 개척민이자 정착민으로서 그의 이중적인 역할은 이 신비적인 인물의 내면에서 쉽지 않은 휴전 상태로 경쟁하였다.

컴벌랜드 산맥을 정찰하고 사냥꾼의 진정한 낙원이던 켄터키 주 전체의 미개지를 탐사한 위대한 장기간의 사냥 이야기는 미개지에 대한 그의 사랑을 잘 보여준다. 그것은 미국 사냥꾼이 남성들의 마음속에 자리한 사냥의 신비의 오랜 역사에 헌정한 새로운 요소를 시사한다. 그는 진정한 숲의 아들이었다.

분 이전에 미국의 정착지는 동부 해안 지역에 국한되었다. 앨러게니 산맥이 서부로 가는 길목을 막았고 미지의 땅은 인디언들이 '점유하고' 있었다. '전사의 길'은 그 산맥으로 나 있었지만 다니엘 분과 그의 동생 스콰이어를 포함한 네 명의 동료들이 '사냥꾼의 샛길'을 가로질러 전사의 길과 연결한 이후에야 켄터키 주의 비밀이 백인들에게 활짝 열렸다. 그는 1770년 컴벌랜드 협곡을 통과하였는데, 이는 미국 역사상 위대한 업적 중 하나이며 개척민의 '장기 사냥'의 절정을 이루었다. 아내와 가족들로부터 떠나 있는 그런 기간은 수개월, 수년이 될 수도 있었다.

분과 그의 동료들은 켄터키에서 사냥을 하던 중 인디언들에게 도둑을 맞았다. 무리 중 두 명은 살해당했다. 분과 그의 동생은 사냥을 계속했다. 1년이 지나 스콰이어 분은 노스캐롤라이나 주의 야드킨 계곡으로 모피를 보내서 얻은 작은 이익을 가족 부양을 위해 가지고 가기로 동의했다.

그러나 다니엘 분은 켄터키 주에 남아 있는 쪽을 택했다.

그는 숲 속의 절대적인 고독을 사랑했다. 소년 시절에는 사냥을 하며 정처 없이 숲을 떠돌아다녔다. 열세 살 때에는 처음으로 엽총도 얻었다. 그러나 이 켄터키 주 체류는 분에게도 예외적인 일이었다. 최초로 그에 대한 전기를 쓴 존 필슨에 따르면, 그에게는 빵도, 소금도, 설탕도, 말도, 개도 없었다. 그는 켄터키의 황야에서 탐험과 사냥을 하며 1년을 더 보냈다. 그는 가족들과 집과 다른 정착민들로부터 수백 마일은 떨어져 있었다. 철저히 혼자였다.[24]

그는 행복했다. 분의 켄터키 주 체류가 거의 끝날 때쯤 또 다른 장기 사냥꾼의 일행이 나타났는데, 그들은 다니엘 분이 완전히 혼자 콧노래를 부르며 사슴가죽 위에 누워 있는 모습을 발견하였다. 또 다른 이야기에 의하면 그가 숲 속에, 불 옆에서 괴상한 모습의 개에게 노래를 불러주며 앉아 있었다고 한다.[25]

이런 이야기들 속에서 다니엘 분은 숲의 아들로 모습을 드러낸다. 그 신화는 1778년 그가 분즈버러에서 멀지 않은 소금광에서 쇼니족 인디언들에게 납치되었을 때 완전히 굳어졌다. 그는 5개월을 그 인디언들과 함께 보냈다. 그는 그 오지에서는 유명한 인물이었고, 인디언들도 그를 잘 알았다. 그들은 위대한 사냥꾼을 사로잡은 것에 매우 기뻐했고 부족의 추장 '검은 물고기'는 그를 자신의 가족에게 데려갔다. 다니엘 분은 추장의 양자가 되었다. 필슨의 설명에 따르면, 분은 "그들의 풍습에 따라 양자로 입양되었고 새 부모님, 형제, 자매 그리고 친구들의 사랑을 엄청나게 받았다. 나는 그들과 대단히 친숙해졌으며 늘 즐거웠고 최고로 만족했으며 그들은 나를 대단히 신뢰하였다"고 한다.[26] 그는 새로운 이름인 셸토위(큰 거북이)를 얻었다. 그는 새로운 아버지(인디언 아버지)를 얻었고 숲의 양자가 되었다. 그는 한 줌만 남기고 머리를 뽑았고 강으로 가 알몸이 되어 그의 모든 백인의 피를 '씻어내었다.' 그 뒤 머리와 얼굴에 그림을 그리고 쇼니족 인디언의 용사가 되었다.

원주민의 수양아들, 인디언의 아들, 이 이야기는 독특한 미국적 정신의 소산인 서부의 상상력에 완전히 새로운 차원을 덧붙인다. 원주민의 교육을 받은 이 백인 사냥꾼은 자연을 정복하는 법과 함께 자연에 동화되는 법을 배웠다.

다니엘 분은 예상했던 것보다 훨씬 오래 인디언들과 함께 있었지만 그곳에 정착하지는 않았다. 개척민들은 또한 백인이고 그는 이 위대한 신화의 다른 측면을 저버리지 않는다. 백인 문화에의 충성은 그대로 남아 있다. 변화하기는 하였으나 본질은 그대로이다.

다니엘 분에게 이런 충성은 인디언 사냥꾼이자 제국 개척자인 그의 역할에 의해 규정된다. 이것이 없었다면 분명히 그는 영웅적인 전설 속으로 들어가지 못했을 것이다. 이 모티프가 가장 간결하게 표현된, 백인적 가치의 챔피언으로 분을 규정하는 많은 전설 중 가장 충격적인 예는 납치된 딸의 구출작전이었다.

그의 왈가닥 딸 제미마는 인디언들에 의해 유괴된다. 이것은 미국판 납치 이야기의 새로운 버전인데, 영웅적인 사냥꾼에 의한 백인 여성의 구출—이 경우는 자비로운 아버지에 의해—은 가장 순수한 형태의 미국적 영웅 이야기이다.[27]

1776년 7월 7일, 제미마 분과 두 소녀들은 성서 읽기 시간 후에 켄터키 강으로 배를 저어 놀러 나갔다. 제미마 분은 지팡이가 될 만한 나무를 꺾다 발을 다쳤고, 상처를 좀 치료해야 했다. 제미마와 패니 캘러웨이는 열네 살이었고 벳시 캘러웨이는 열여섯이었다. 그런데 당시 이는 결혼 적령기였고 이들 모두는 약혼했거나 청혼을 받고 있었다. 이 젊은 처녀들은 강에 배를 띄웠는데, 이리저리 배를 몰다 보니 저편 강둑에 가 있었다. 강둑 근처에서 그녀들은 다시 강으로 배를 몰아 나가려 했다. 그러나 그때 몇 명의 인디언들이 나무줄기 사이에서 튀어나오더니 그녀들을 잡아갔다.

세 소녀들은 다루기 힘든 포로였다. 그녀들은 오하이오 주 쪽으로 가는 유괴자들의 속도를 줄이기 위해 가능한 모든 행위를 다 했다. 소녀들은 작은 가지를 꺾었고 부드러운 땅 위에 발자국을 남겼으며 전혀 말을 못 타는 듯이 말에서 떨어지기도 했다. 벳시 캘러웨이는 옷 조각을 찢어 길 위에 남기기도 했는데, 이 중에는 '캘러웨이'라고 수를 놓은 리넨 손수건도 있었다. 이 모든 일은 미개지에 남은 흔적을 따라 그들을 추적해 올 다니엘 분과 동료들에게 증거를 남기기 위한 것이었다.

분은 딸들을 납치해 오하이오 강을 건너는 인디언들을 따라잡았고, 여러 차례 인디언 식으로 그들이 어디로 갈 것이며 무엇을 할 것인지를 추측해갔다. 그는 블루 릭에서 멀지 않은 곳에서 인디언들을 따라잡았다. 인디언들이 들소 고기를 요리할 때 기습하려는 생각이었다. 그들은 캠프에서 무기를 아무렇게나 던져놓았고 보초를 두지도 않았다. 백인들은 그 캠프로 몰래 숨어들었는데 30미터 근처까지 접근하여 그들을 포착하였다. 짧은 총격전이 지난 뒤 소녀들은 뛰어나와 기쁨의 환호성을 질렀다. 인디언들 몇 명이 총에 맞았고 둘은 죽었으며 나머지는 도망쳤다. 이 '슬픔에 잠긴 가엾은 소녀들'은 사냥꾼들에 의해 구출되었다.

이 사건으로 분의 무용과 용기는 그전보다 더욱 높이 온 서부에 떨쳤다. 이는 쿠퍼의 『모히칸족의 최후』의 소재가 되기도 했다. 거기서 코라와 앨리스는 '여섯 부족'의 마구아에게 납치된다. 위협받는 문명의 상징이 된 젊은 백인 처녀는 늙은 백인 사냥꾼에게 구출된다.

무고한 이들, 특히 어린 소녀를 수호한다는 주제는 우리가 선호하는 모티프이다. 정치가들은 이런 식으로 군사작전을 보도한다(예컨대 그레나다 침공과 경우). 뉴스 미디어는 생존자들의 수색에 초점을 맞추어 이런 식으로 재해를 보도한다. 그리고 영화는 결코 고갈되지 않는 인기 있는 플롯인 양 이 비유를 활용한다.

모든 신화의 근본적인 기능 중 하나는 정서적인 모순들을 화해시키는 것이다. 리처드 슬로킨은 다니엘 분의 신화가 미국인의 정신에 있어서 두 모순적인 충동을 하나로 묶게 한 사냥꾼의 이야기라고 설득력 있게 주장한다. 화해라기보다는 누그러뜨렸을 것이다. 그 모순적인 충동의 하나는, 미개지를 소란스럽고 인디언이 우글대는 지옥의 이미지로 여기는 청교도들의 개념. 다른 하나는, 미개지의 아름다움, 미개지의 매력 그리고 영적 고양의 장소로서의 미개지라는, 좀더 독특하게 미국적이고 개척자적인 개념이다.[28]

각 관점은 각기 다른 반응을 요한다. 공포로서의 미개지는 추방되어야 할 마신—인디언이든 짐승이든—을 요구한다. 미개지는 문명을 위해서 구원받았다.

영적 요람으로서의 미개지, 지혜와 방랑과 자양분으로서의 미개지는 입문의식을 요구한다.

이 두 시나리오 모두에서 사냥꾼은 중요하다. 그는 야수에 의해 살해되든지, 그것과 동화된다. 어쨌든 그는 자신의 힘을 전제로 하여 인간과 짐승, 문명과 자연, 마을과 숲 사이에 끊임없이 유동하는 경계를 확립하는 행위자이다.

그는 두 서술 양식 속에서 미개지의 두 존재 양식의 차이—지배와 친밀함, 백인의 금욕주의와 무기 그리고 인디언의 생존기술—를 화해시킨다.

다니엘 분의 명성은 각기 다른 신화적 목적을 위해 봉사한 다양한 작가들에 의해 빛났다. 존 필슨은 토지 구매자들을 끌어들이기 위해 이를 채용하였다. 티머시 플린트는 제국과 팽창의 상징으로, 시어도어 루스벨트는 미개지에서의 주인 격인 남자다움의 이데올로기로 그를 사용하였다.

내가 흥미를 느끼는 것은 그 사냥꾼의 이중적인 목적이다. 그것은 아주 불편하고 이상한 짝을 만든다. 집보다 '장기 사냥'을 더 좋아하는, 인디언 추장에 의해 양자가 되고 미개지와 자연과 새로운 친밀감을 이루는 개척민, 그리고 문화의 요원이자 전위인 정착민. 사냥꾼의 낙원으로 찾아오는 한편과, '캄캄하고 유혈 낭자한 땅'으로 들어오는 다른 편.

이 이중의 충동은 분명히 이런 형태를 띠긴 했지만 단순히 사냥꾼과 정착민 사이의 문제가 아니다. 한 개인 사냥꾼 내에 존재하는 이중적인 충동이다. 이것은 그의 심리, 인간과 짐승의 경계를 가로지르는 개인적인 내면의 이주를 표시한다.

다니엘 분의 전설, 그리고 레더스타킹의 이야기는 데이비드 크로켓으로부터 킷 카슨,* 버펄로 빌 코디로 이어지는 미국적 영웅의 주형이 된다. 시어도어 루스벨트에게 사냥꾼 분은 개척지의 유능한 남자다움이라는 도덕관을 제공한다. 미국의 사냥꾼은 미국 역사의 열쇠, 국가의 건설자, 정착으로부터 탈출한 이들이 된다. 『황야의 사냥꾼』에서 루스벨트는 이 '길들일 수 없는 영혼'들을 신화에서 이데올로기로 고양시킨다. 허풍선이 크로켓은 '정직하고 두려움을 모르는 크로켓'이 된다. 다니엘 분은 아름다운 켄터키의 땅에 정착하러 온 사냥꾼 무리들을 인도한 '미국 사냥꾼의 원형'이었다. 분과 동료들은 도래하는 문명의 전령, 오늘날에야 실제로 이루어졌다고나 할 미개지 정복의 선구자들이었다.[29] 사냥꾼은 국가의 건설자이며 역설적이게도 도시로부터의 탈출에 의해 만들어진 인물, 바로 이어 나타날 문명의 전령이다.

　루스벨트는 정착지와 숲 사이를 오가는 남자답고 이상화된 사냥꾼의 역할을 되새긴다. 그의 시대에 서부는 막을 내렸으나 그는 믿을 수 없을 만큼의 정열로 '거친 자연에 대항하는 거친 전쟁'을 추구하였다.[30] 불굴의 삶의 모델로 황야의 사냥꾼들을 부활시키면서 루스벨트는 그 활동에 있어 지난 세기의 낭비를 막기 위해 사냥꾼의 헌장을, 동양의 귀족적 사냥꾼들이 시도한 윤리 규정뿐 아니라 유럽의 사냥도 참고하여 발전시키는 데 일조하였다. 많은 이들이 사냥에 대한 반발 때문에 그 스포츠에서 손을 떼게 된 반면, 루스벨트와 다른 이들은 그것을 사냥꾼-자연주의자의 형태로 다시 포장하였다. 1887년 루스벨트도 창립 멤버였던 '분 앤 크로켓 클럽'과 같은 조직에서 그런 사냥꾼-자연주의자들은 동물의 서식지와 그들의 '엽총을 가지고 하는 남자다운 스포츠'를 보호하기 위해 활동했다.

　들소와 나그네 비둘기, 큰 바다쇠오리, 래브라도 오리 등의 멸종 원인에 대해 그들은 '상업적 사냥꾼'들을 공개적으로 비난하는 한편, 사적으로도 자신들의 지나친 사냥이 그에 대해 부분적으로 책임이 있음을 인정

---

* 킷 카슨(Kit Carson, 1809~1868) ; 미국의 군인이자 개척자.

하였다. 이 클럽들은 새로운 자연 보전 윤리를 고양시킬 뿐 아니라 그 윤리 규정을 통해 자신들의 충동을 절제하기 위해서 만들어졌다. 이 새로운 윤리 규정에 의해 그들은 '상업적 사냥꾼' '사냥감 도살자' 그리고 '주머니가 큰' 사냥꾼으로부터 자신을 분리시킬 수 있었다. 비록 루스벨트 자신도 그가 잡아 챙긴 사냥감의 수를 뽐내긴 했지만서도 말이다.

그들은 자신들의 우월한 자연적인 통찰력, 그리고 사냥을 비난한 어니스트 톰프슨 시턴과 같은 이와 대조되는 자연에 대한 터프함에 자부심을 느꼈다. 루스벨트에 의하면, 시턴과 그의 '자연 학파'는 그저 여자 같은 소리나 지껄이고 있었다. 그런 유형은, 루스벨트가 경멸적으로 말했듯이 '자연 사기꾼nature faker'이었다.[31]

자연을 바라보는 가장 적절한 방법으로 사냥을 옹호하고 사냥을 위해 자연을 보전하려 애쓴다는 점에서, '사냥꾼-자연주의자'들은 최초의 개척자-사냥꾼이 만든 문명과 야생의 경계를 영속시키고 예상되는 비난을 상업적 사냥꾼들에게로 돌려놓았다.

사냥꾼 영웅은 미국 문화의 핵심에 위치한다. 우리 시대에 월트 디즈니가 데이비드 크로켓을 특출한 위치로 올려놓기 전에는 좀더 철학적이고 간명한 분이 개척민을 구현했었다. 그러나 그의 죽음—감자의 과식으로 인한—은 알라모 요새에서의 크로켓의 최후에 비해 덜 영광스럽다. 그래도 분은 페스 파커 주연의 165편짜리 텔레비전 시리즈물로 만들어졌다.

멜빌의 에이허브는 합리화된 신화를 폐기하고 세계의 모든 바다에서 흰 고래를 쫓아 악마적인 사냥을 한다. 그것은 우주에 내재한 침묵하는 악의 위대한 형이상학적 원리이다. 그 사냥 이야기는 위대한 국가적 신화, 미국인의 뒤틀린 의식의 서사시이다. 『월든』을 통해 보건대 소로는 '야만적인' 충동을 알고 있다. 그의 먼 후손인 애니 딜러드Annie Dillard

는 팅커 크릭에서의 영적인 탐구를 개척자 시대와 비교한다. '나는 그때 탐험가였다. 그리고 나는 밀렵자 혹은 사냥 무기 그 자체였다…… 나는 화살이다…… 그리고 이 책은 유혈의 방랑하는 흔적이다.'[32]

D. H. 로렌스는 레더스타킹을 '킬러'라고 부른다. '그러나 거기에 근본적인 백인 미국의 신화가 있다. 다른 모든 것들, 사랑, 민주주의, 욕망의 만개, 이런 것들은 부차적인 놀이이다. 미국인의 본질적인 영혼은 완고하고 외롭고 금욕적인 킬러이다. 그것은 한 번도 녹은 적이 없다. 그리고 이는, 미국인에게 그 디어슬레이어를 의미한다.'[33]

아네트 콜로드니*는 『땅의 지형』에서 남성적 영웅이 땅과 사냥감에, 마치 여인에게처럼 매혹된다고 주장한다. 그때 그는 이 여성화된 풍경을 훼손한다. 이는 그녀에 따르면 미국인의 목가적 충동—매혹, 강간 그리고 보상— 안에 있는 기본적인 유형이다. 리처드 슬로킨은 그 사냥꾼-영웅 신화를 미국적 경험의 핵심적인 은유로 본다. 그것은 미국 남성에게 새로운 땅, 새로운 사냥감, 새로운 자아가 있으며 그가 죽은 동물의 폭력으로부터 다시 일어나 새로운 자아로 상승할 수 있다는 영구적인 희망을 준다. 데이비드 레버렌즈는 이 남성-야수, 계급의식적 영웅이 무기력뿐 아니라 모욕감으로부터 미국 남성성을 구원하리라고 생각한다.

모든 은유에는 결정 능력이 있다. 그것은 우리가 실재를 바라보는 방식뿐 아니라 우리가 행동으로 이용할 수 있는 반응들의 종류도 구성한다. 사냥과 포획의 은유는 우리로 하여금 그 아름다움과 잠재력에 대한 사랑에도 불구하고 적이라는 측면에서 미개지에 대한 우리의 관계를 개념화한다. 아마도 초창기의 신대륙은 우리 선조들에게 사냥꾼의 신화로부터 서서히 떠오른 모티프의 복합뿐 아니라 다른 선택의 여지들도 주었을 것

---

* 아네트 콜로드니Annette Kolodny; 미국의 작가, 페미니스트 비평가.

이다. 이 사냥꾼들이 그들이 사랑에 빠진 이 땅을 착취할 필요가 있다는 상상을 하지 않았다면 어땠을까?

그러나 결국 사냥꾼은 외롭다. 디어슬레이어의 외로움은 그를 사랑과 여인과의 관계로부터 멀어지게 한다. 그는 그가 정의한 고전적 미국 영웅처럼 '지는 석양 속으로' 방랑할 운명이다. 왜냐하면 그는 결국 늙고 무기력한 인물이기 때문이다.

총을 든 성자, 이 모순은 레더스타킹과 같은 영웅에서도 유지되기가 너무 어렵다. 그는 성가신 까다로운 놈일 수 있다. 물론 이 영웅의 가슴에는 폭력이 있다. 20세기에 남겨진 그의 유산은 한없이 긴 폭력적 서양 영웅들의 무리이다. 그들 모두의 희망은 폭력을 통해 최종적이고 영구적인 남자다움을 불러일으킬 수 있다는 것이다.

폭력을 사용하나 거기에 물들지 않는 남자, 그것은 사냥꾼에 대한 미국적 신화의 역설이다. 레더스타킹의 죽은 독수리는 충동이 완전히 억제되지 않았음을 일깨운다. 이 충동은 사냥꾼의 영혼, 남자의 영혼을 표시하는데, 그는 그것을 부인하고 억누르려고 지독하게 애쓴다.

썩어버린 사냥감과 망친 땅, 사냥꾼이 열어젖힌 이 참혹한 풍경은 또한 깊이 상처 입은 마음의 이미지이다. 그는 안절부절못하고 늘 움직인다. 그에게는 해소되지 않는 관성이 있는데, 이것이 그를 충동질하고 그의 욕망을 생생하게 지속시키는 폭력에 의해서도 해소되지 않는다. 그는 늘 새로운 개척지, 새로운 야수, 다음에 죽일 상대를 찾아 헤맨다. 원래 숲의 개척민은 말을 갖지 않았다. 그에게는 진정한 친구가 없다. 개조차도. 다른 살아 있는 존재는 아무것도 없다. 여자도 없다. 그는 총과 재치만을 가지고 있을 뿐이다.

그러나 이 신화적 개척민에게는 뭔가 놀랍고 매력적인 면이 있다. 나는 거칠고 우수에 잠긴, 가망 없이 왜곡된 그를 좋아할 수 없다. 그는 영웅적 행동을 거들먹거리고 뽐낼 수 있다. 그러나 그에게는 음울하고 슬픈 면이 있으며 그것은 이상하게도 그를 위로해주었다. 정착민들은 냉정하고 자기만족적인 것 같다. 사냥꾼은 폭력에 의해서, 그 자신의 폭력에 의해서 개척지에서도 방황한다. 그는 자신의 불만을 자신의 감정, 자신의 깊은 자아 그리고 파괴적인 충동과 연결시킨다. 그는 자신이 봉사하는 정착 생활을 진심으로는 좋아하지는 않는다.

그는 꾸준해지려 노력하나 그렇게 안정적이지 않다. 우리가 처음 진정으로 그를 만난 순간부터, 그는 늘 약간의 무법 상태에 있으면서 문제를 안고 도주 중이었다.

그는 국가적 목표에 헌신하는 기술로 끊임없이 자신을 충동질하는 그 죄를 덜 수 있기 희망한다. 미국인의 영혼, 그것은 매우 불안하고 야망에 차 있다. 늘 다음 계곡이 낙원이기를, 미개지의 에덴이기를 바란다. 왜냐하면 그가 지금 있는 곳은 사냥감이 다 떠났기 때문이다. 미개지에서 그가 발견한 길은 한 세대를 거치며 고속도로가 되었다. 그는 아마도 늘 자신의 삶을 초월할 수 있을 것이라 믿지만, 그 역설에서 벗어날 수는 없다. 해 지는 쪽만을 향하는 그의 불안은 이상한 욕망이다. 사냥꾼은 늘 도망 중이고 그만큼이나 그는 꿈을 좇는 중이다.

오늘날 우리는 조상들의 사냥꾼 신화에 사로잡혀 있다. 이상화는 부정의 한 형식이다. 그리고 이상화는 서부로 진출하는 경계상에서 폭력을 이상화하는 한 방식이었다. 여기에 미개지에서의 삶의 요구에 의해 정당화되어 미국 남성에게 의미 있는 것들의 중심으로 짜 들어간 하나의 윤리가 존재한다. 이제 우리는 모든 태도와 자세들을 불러일으켰을 뿐 아니라 손실을 의미하기도 하는 '마지막 개척자들'에 둘러싸인 자신을 발견한다. 그러나 이상화된 개척자들은 속죄할 수 없고 마지막 개척지에서 그는 늘 사라지는 입장에 있다. 황량한 풍경은 괴로워하는 마음이다. 그 폭력은 이제 내면으로부터, 우리를 잡아먹고 우리를 회의에 빠지게 한다.

레더스타킹은 최후의 개척자이다. 비록 우리가 그를 최초로 보았다 해도 말이다.

그것은 정말 장기 사냥이었다.

한때, 사냥꾼들은 자신을 전설로 만들기 좋은 조건에 있었다. 그러나 개척지와 함께 시간은 흘러갔다. 그러나 우리는 우리의 자아와 미래를 결코 진정으로 존재한 적이 없던 과거의 직조물로부터 계속 구축하려 한다.

이제 현대의 도시에서 사냥꾼의 은유는 불안정함과 폭력과 더불어 내면으로 향했다. 새로운 사냥꾼은 우리 자신을 사냥감으로 만들었다.

5

현대 도시의 사냥꾼, 야수적 범죄자predatory criminal들과 성 맹수sexual predator들로 가기 전에, 나는 여기서 간단히 20세기의 사냥꾼을 제시해 보고자 한다. 그의 보증서는 아직도 강력하다. 개척지 사냥꾼의 신화는 적어도 여전히 소설과 영화에서 미국 남성의 신화를 규정하고 있다. 다음의 두 남부인은 내면의 개척지, 윤리와 격세유전, 부권적 전통과 생존주의자의 원시주의 사이에 사냥꾼을 걸터앉고 있다.

윌리엄 포크너는 「곰」에서 한 소년의 성장과정을 자세히 묘사한다. 「델타의 가을」에서는 사냥꾼의 폭력이라는 유산이 남부의 남성다움 안에서 자신의 유산을 어떻게 파괴해나가는지 보여준다. 「델타의 가을」에서 아이크 매캐슬린 노인은 인간 사냥의 유산인 사냥불을 회상한다.

하느님은 인간을 창조하셨고 그가 살 세상을 창조하셨다. 그리하여 나는 그가, 인간이었다면 살고 싶어 할 그런 종류의 세상을 창조하셨다고 생각한다. 걸을 수 있는 땅, 큰 숲들, 나무와 강물 그리고 그 안에서 사는 사냥감들. 그리고 아마도 그는 사냥하고 살육하는 욕망을 인간에게 불어넣지 않았을 것이나 나는 그가 거기에 있고, 인간이 그것을 자신에 가르칠 것임을 알았다고 생각한다. 그는 그것을 모두 여기에 두었다. 인간과, 그가 쫓아가 죽일 사냥감 말이다. 나는 그가 "그렇게 되어라"고 말씀하셨다고 생각한다. 나는 그가 그 종말까지 알고 계셨으리라 생각한다. 그러나 그는 말씀하셨다.

"그에게 기회를 주리라. 그에게 추적할 욕망과 사냥할 능력과 더불어 경고와 예지 역시 주리라. 그가 유린할 숲과 들판, 그가 쓸어버릴 사냥감들은 그의 범죄와 죄의식 그리고 그의 처벌의 결과이자 서명이 되리라."[34]

사냥하는 남자에 대한 포크너의 개인적이고 허구적인 설명은 그가 계승한 남부 백인의 남성성의 이야기로부터 새롭고 생생한 남자의 역할을 빚어내려는 투쟁을 극화한다. 그리고 사냥에 대한 그의 명상은 회한으로, '살육 능력'에 의해 그 땅에 부여된 꾸준한 상실감으로 어긋난다.

제임스 디키는 사냥의 격세유전적인 폭력을 찬양한다. 『석방』에서 성과 남자다움 그리고 폭력은 곧 댐이 만들어지고 물이 가득 차게 될 거친 강물의 흐름 속에서 나타난다. 그것은 그들 영혼의 깊숙한 곳에서 악몽을 꾸는 중산층 남성들의 또 다른 영혼의 호수이다. 화자인 광고업자 에드는 아무리 억누르려 해도 디어슬레이어가 온 힘으로 저항하고 있음을 알게 된다. 북부 조지아 주의 강 하류로 내려간 그들의 활사냥 여행은 지옥 같은 악몽이 된다. 루이스는 버트 레이놀즈 주연의 영화에 나옴 직한 남자다운 인물이자 활 사냥꾼인데, 잘 발달된 육체로부터 이단적인 종교를 만든다. 바비는 돼지 보험 세일즈맨이다. 숲 속에서 그들이 발견한 개척민 혹은 산사람은 고상한 야만인이 아니라 유전적 불구자였다. 그리고 강간자들이었다. 그 영화에서 바비 역은 네드 비티가 맡았는데, 그가 강간당하는 장면은 숲 속에서 비명을 지르는 돼지처럼 추잡하고 모욕적인, 잊을 수 없는 장면이었다.

나중에 에드는 여전히 그들을 따라다니는 산사람, 바비를 강간한 그 남자를 사냥하러 나선다. 그것은 미개지에 대한 남자의 판타지, 생존을 위한 투쟁이다. 그는 "나는 내륙에 한 포위망을 만들 것이다"라고 말한다. "매우 조용히, 내가 마치 일종의 동물이나 된 듯이 그를 찾을 것이다. 어떤 종류의? 그것은 중요하지 않다. 내가 조용하고 죽은 듯 있는 한, 나는 뱀이 될 것이다. 아마도 나는 그가 잠자고 있을 때 그를 죽일 수 있으리라…… 나는 내가 살인을 하는 모습을 볼 수 있다. 나는 루이스가 다른 이를 죽인 것처럼 똑같이 그를 죽이고 싶었다. 그것은 안개 속에서 사슴을 사냥할 때와 똑같은 마음의 상태였다."[35] 이 남부의 사업가는 쇠퇴해가는 그의 일상 아래에 혼란스럽지만 격렬한 진리가 있음을 발견한다. 그는 내면의 짐승을 건드리고 그가 살해자임을 알게 된다.

냉정하고 침착한 백인 사냥꾼의 영웅주의에 덧붙여 남자다움은 이 물려받은 버전들과 문명과 야생의 개정본들 사이에서 굴절한다. 문화적 전통에 대한 우수 어린, 그러나 남자다운 투쟁과 어느 정도 사디스트적인 부르주아 광고업자의 판타지 사이에, 그 표면 아래로 무정부주의적 자유와 악마적 욕망이 어슬렁댄다.

6

대개 사냥꾼은 기술이 좋은 사람이다. 사냥꾼은 공들여 준비한다. 그는 예술과도 같은 일을 한다. 그는 사냥을 위해 동등한 양편의 경쟁에 자신을 위치시킨다. 사냥꾼은 사냥감을 쫓고 그를 구원하기 위해 기술과 인내에 의존한다.

반면 야수는 탐욕스럽다. 그는 굶주림 때문에 움직인다. 그의 욕망에는 한계가 없고 그가 몰래 접근할 적엔 어떤 긴박감이 있다. 야수의 법칙은 교활함과 힘에 의해서 결정된다. 그는 죄로부터 구원을 좇지 않고 욕망의 방종함을 따른다. 야수는 사냥감을 쫓는다.

20세기에 사냥꾼이 사회적 특출함을 잃어가면서 그의 공격성은 고립된 멘털리티만큼이나 뭔가 내적인 부분으로부터 나타났고 야수가 무대에 등장하였다. 그는 우리 상상의 연인, 쇼의 스타, 제랄도 리베라*를 통해 매일 저녁 우리 집에 초대받는 손님이다. 그는 강간범, 살인자, 야밤의 사냥꾼이다. 그는 또 늘 존재하는 익명의 도시 범죄자이다.

야수는 현대의 풍경에 완전히 밀고 들어왔다. 때때로 그는 사냥꾼이라고 불린다. 그러나 그 용법은 늘 '사냥꾼'이란 단어에 잠복해 있는 야수의 어의를 연상시킨다. 우리는 현재 사냥꾼의 진화 과정 속에서 우리가 무서운 돌연변이를 겪었음을 시사하는, 어떤 사회적 현상을 정의하는 단어를 가지고 있다. 성 맹수 혹은 야수적 범죄자가 그것이다.

사냥 문화에서 야수는 전복적으로 문학적인 방식에 의해 그 은유를 취한다. 그들은 인간을 사냥한다.

나는 이 단어가 신조어인지는 확신이 가지 않는다. 셰익스피어는 강간 장면—「루크레티아의 능욕」에서처럼— 을 표현해야 할 때 야수와 사냥감의 개념을 사용한다. 그 경계가 문학적이고 은유적인 것의 어디쯤에 놓여 있는지 말하기란 쉽지 않지만 셰익스피어에서 그 개념은 오리온의

---

* 제랄도 리베라Geraldo Rivera: 미국의 변호사이자 저널리스트, 토크쇼 진행자.

강간이 신화적인 것처럼(그 이야기들은 분명히 일종의 강간에 대한 현재적 실재를 묘사하고 있기는 하다) 은유적이다. 그러나 그 개념은 이제는 무시무시하게 글자 그대로의 의미가 되었다. 옥스퍼드 영어사전에서는 야수적 살육의 개념('중독되거나, 먹고 살거나, 약탈한다')이 "현대의 용법으로 거대 도시의 범죄 사례에 때때로 적용된다"라고 한다.[36]

그 정의는 절대적으로 성적 살육만을 의미하지는 않는다. 그러나 그것은 성범죄자들을 규제하는 법령 그리고 일반인들의 일상에서 매우 흔히 쓰이는 단어이다. 성 맹수는 지저분하고, 정의하기 어렵고, 매우 이해가 부족하며, 전문가들에게나 일반인들에게나 똑같이 신비인 전체 사회적 범주 중 하나이다. 그 범주 가운데는 강간범, 대량 살인범, 연쇄살인범(종종 강간과 함께), 가정 폭력범 그리고 밀렵자 등이 있다.

이들은 범죄자들이다. 그러나 그들은 많은 부류의 시시한 범죄들을 낳았는데, 성추행이 가장 뚜렷한 사례이다.

우리는 이제 하나의 현상을 본다. 그것은 더는 신화가 아니라 포스트모던한 도시 풍경의 일부이다. 그것은 일종의 사회병리 현상이며 에이즈와 콘돔, 그리고 우리의 성적 에토스인「위험한 정사」처럼 여러 면에서 우리를 규정한다.

성범죄와 범죄의 성적 본성에 대한 우리의 개념을 바꾸어놓은 것은 무엇보다도 페미니즘이다. 제임스 메서슈미트의 최근 저서『남성성과 범죄』에서 보이는바, 범죄학자들은 오랫동안 대다수의 범죄가 남자와 소년들에 의해 저질러짐을 — 체포, 선고 그리고 범죄 자료에 근거하여 — 알고 있었다. 미국에서의 90퍼센트 이상의 폭력 범죄가 남성에 의한 것이다. 성은 오랫동안 범죄 연구의 핵심 변수였다.[37]

범죄에 있어 성 역할의 설명력은 점점 더 이 분야의 리트머스 시험지이자 그 핵심적인 이론적 초점이 되고 있다.

성폭력은 새로운 중요성을 띠고 우리에게 다가온다. 이제 그것은 대중적인 상상력 속에서 남성의 섹슈얼리티를 정의하는 밀렵꾼, 성 맹수이다. 「매디슨 카운티의 다리」의 감상주의에서 「위험한 정사」의 성적 공포를 거쳐 「양들의 침묵」에서의 앤서니 홉킨스는 새롭고 오싹한 남성의 이미지를 규정한다.

그는 우리의 가장 친숙한 장소에 있다. 이 사냥꾼은 우리의 침실과 거실에 있다. 그는 우리의 창을 훔쳐본다. 우리 삶의 어두운 공간에 기어들어온다. 엿본다. 배회한다. 성 변태, 성적 밀렵꾼은 그가 우리 자신의 창조물임을 시사하는 방식으로 우리 삶을 사로잡는다.

문화적으로 말해서 성 맹수는 성적 사냥꾼 신화의 무서운 절정처럼 보인다. 그는 변태이자 괴물이다. 그러나 그는 그 이상이다. 그는 또 사냥문화와 이상한 연관을 지닌다. 그는 그 안에서 성적 남성이 그의 소유와 권력—성적 사냥의 언어와 의식—에 의해 규정되었던 오랜 은유적 전통의 논리적 결론이다. 여러 면에서 성 맹수는 영웅적 사냥꾼, 가장 많은 점수를 딴 자본가, '급소를 찌르는' 방법을 잘 아는 이가 승리자가 되는 문화의 부끄러운 이미지를 보유한다.

성 맹수는 여러 세기 동안 기록되었다. 그러나 그의 행동양식과 문화적 현상으로서의 분포는 변화하였다. 그는 그 모든 불확실성과 그 이상의 불확정성을 가지고 후기자본주의 사회의 등장인물로서 우리 세기에 완전한 모습으로 나타났다.

우리는 이 인물에 사로잡혀 있다. 단순히 범죄자이며 성도착자로서가 아니다. 그는 영화의 영웅이고 쇼를 독차지하지는 않더라도 종종 스타와 경쟁한다. 우리는 그와 이상하게 친숙한 관계에 있다. 마치 조디 포스터가 연기한 클라리스 스탈링처럼 말이다. 그녀는 「양들의 침묵」에서 앤서니 홉킨스가 분한 한니발 렉터와 '친구'가 된다. 단지 우리가 해야 할 일 때문에, 즉 다른 야수를 붙잡고 그 흔적을 쫓기 위해서가 아니라, 우리가 이 사람과, 이 식인종과 부인할 수 없는 기묘한 관계에 있기 때문에 말이다. 이 화면 속의 제프리 다머는 언제든, 우리 '곁에서' 솟아오른다.

혹은 어쩌면 우리 '안에서'일지도 모른다. 그렇게 주장하기는 너무 무서운 일이라 거의 언급되지 않는다. 그러나 왜 「펄프 픽션」과 같은 영화가, 두 살인자들이 우리 같은 평범한 이들처럼 대충 하루를 때우며 주고받는 흔한 농담 따위를 가지고 그런 과장된, 대단한 인기를 끌 수 있을까? 그들은 자신들의 '업무'를 '일자리'로 생각하고 매일매일 일하며 살인으로 생계를 유지한다.

「양들의 침묵」의 끝 부분에서 앤서니 홉킨스가 조디 포스터에게 건 전화에는 부성적 사랑과 축복의 이상한 분위기가 있다. 그는 탈출한 뒤 다시 사냥을 시작할 것임을 공언한다. 그는 온 세계를 방랑하며 이동한다. 그 그로테스크한 야수의 눈을 통해, 우리는 그 그림자들이 정상적으로 드리워진 창을 엿본다. 그리고 우리 삶의 그림자를 들여다본다.

O. J. 심슨의 재판은 대단히 센세이셔널했지만 그것은 단순히 일어난 범죄의 양상──목이 잘린 전처와 몸이 절단된 정부──때문만은 아니었다. 그러나 심슨 사례는 상상도 하기 어려운, 그러나 정체성의 심오하고 비논리적인 의미에서 '옳은' 것처럼 보이는 역설에 대해 생각하도록 마음을 때린다. 그는 영예와 치욕, 명성과 공포를 한 몸에 지닌 인물이다.

그는 침범해 들어온 이방인이다. 그리고 이제는 내면이 뒤집어졌다. 우리는 그가 유죄인지 무죄인지 노려보고 이 역설을 상상해보려 노력한다. 달콤한 '주스'는 쉬어버렸고 이 상냥한 미국적 영웅의 전형은 야만인이 되었다. 그 완벽한 남자는 자신에 대해 분열되었고 방탕과 질투의 폭력적인 비밀과 더불어 갈기갈기 찢겼다. 그리고 살인조차도 세상의 시선 앞에 알몸으로 놓여 있다.

우리는 누구라도 팩우드 상원의원처럼 될 수 있다는 사실을 두려워하게 되었다. 야수는 사냥꾼을 갈아치웠다. 짐승과 인간 사이에 어렵게 얻어낸 균형은 무너졌고 짐승이 승리하였다. 마치 우리 시대의 이야기 같은 『지킬 박사와 하이드 씨』에서처럼. 개척지의 미국 영웅은 남자란 반쯤 짐승이 되어야 이루어짐을 보여주었다. 데이비드 크로켓은 곰과 씨름하며 곰의 힘을 흡수하였다. 이 새로운 반영웅anti-hero은 모든 이, 이를테면 최소한 사냥 문화에서 자란 모든 이에 내재한 우리가 두려워하는 괴물 같은 욕망의 시선으로 우리를 찢어발긴다.

엘리엇 레이턴Elliot Leyton에 의하면, 연쇄살인자와 대량 살인자들은 우리 시대에 독특한 범죄자이다. 그는 『강박적 살인: 현대 연쇄살인자의 이야기』에서 상세한 연구를 통해 이 연쇄살인자들이 단순한 강간범이나 살인자가 아님을 주장한다. 그들은 대개 강간범이지만, 그는 그들을 단순한 정신병자나 성도착자로만 여겨서는 안 된다고 한다. 그는 '그들의 행위의 근본적인 사회적 본성과 그 행위들의 깊은 사회적 의미'를 주장한다.[38] 그는 문고판으로 나온 책에 '인간 사냥Hunting Human'이라는 제목을 달았다. 인간 사냥은 그가 연구한 이들에서 은유 이상의 것이 되었다. 거기에는 그들이 이미지와 사실을 혼동하는 무시무시한 방식이 존재한다. 레이턴의 말에 따르면, 정도는 다 다르지만 연쇄살인자들은 자신을 군인, 해적, 사냥꾼 혹은 남자다운 복수자로 생각한다.

그리고 그들은 우리의 대중매체 문화 속에서 교묘한 위업, 지속적인 명성, 이 '의욕적인' 남자들을 위한 최종적인 성취를 달성한다. 그는 현대 미국이 다른 산업국가들보다 이런 '변종'들을 그렇게 많이 생산하는 이유를 알고 싶어 한다.[39]

그는 그들이 '단순히 미친'놈들이 아니라고 주장한다. 쉽게 구분할 수 있을 만한 임상 증상을 보이지 않기 때문이다. 그는 어떤 남자들의 폭력에 대한 유전학적 이론에 격렬하게 반대하며 문제의 XYY염색체 이론*이 근거가 없음을 지적한다.

"사실. 생물학적 접근으로부터 도출된 유일하게 합리적인 결론은, 보편적인 공격본능(동물행동학자 로렌츠와 아드리가 전에 이를 주장했었다)에 대한 어떤 증거도 존재하지 않으며, 인간의 '행동 유형은 어떤 일반적인 본능적 제한에 일치하지 못한'다는 사회생물학자 에드워드 윌슨의 관찰이다."[40]

그것은 20세기, 특히 우리 세대와 연관된 사회적 현상이다. 사드 후작과 잭 더 리퍼**는 아주 독특한 인물이며 범죄에 있어서 특정 사회 계층과 연관되어 있다. 현대의 강간 살인범들은 레이턴에 의하면 미국과 관련되어 있다.

1960년대 이전에는 연쇄살인범들이 아주 비정상적인 현상이었고 10년에 한 번 꼴로 있을까 말까였다. 1980년대에는 매달 새로운 대량 살인자들이 등장하였다. 그들의 이름은 미국인들에게도 친숙하다. 데이비드 버코위츠('샘의 아들')와 테드 번디로부터 웨슬리 앨런 다드와 제프리 다머 등등, 그들은 끊임없이 나타난다.

이 책에서 도달한 불쾌한 결론은, 분명히 그들이 더 나타날 것이라는 점이다…… 내가 이 책에서 제시하려 했던 바처럼 그들은 우리 문화의 많은 핵심적인 주제들, 즉 세계적인 야심, 성공과 실패 그리고 폭력을 통한 남성다운 복수의 논리적 연장이라고 볼 때 가장 잘 이해된다. 그들은 다양한 형태를 띠지만, 살인을 통해 복수와 평생 지속되는 명성의 양자를

---

* 남성 성염색체인 Y염색체를 하나 더 가진 남성들이 범죄적 경향을 보인다는 주장.
** 잭 더 리퍼Jack the Ripper; 매춘부를 여럿 살해한 19세기 영국의 연쇄살인마로 아직도 실체가 드러나지 않았다.

다 얻으려 하는 연쇄살인자들은 왜곡된 일탈이 아닌 그들이 속한 문명의 원초적 구현이라고 볼 때 가장 정확하고 객관적으로 이해 가능하다.[41]

이 사람들에게 살육은 그들의 삶의 주제들을 단일한 정체성과 서술양식으로 응축시킬 수 있는 방식이다.

섹스는 이 남자들에게, 강간에서만큼이나 주된 동기가 아니다. 그러나 그것은 대개 그 일의 본질적인 부분이다.

예를 들어 에드윈 켐퍼는 킬러로서 단명했으나 잔인한 생애에서 종종 사냥기술을 사용하였다. 그는 할머니에게 22구경 라이플로 토끼를 잡으러 간다고 말하고는 다분히 의도적으로 그 총을 할머니의 머리에 대고 발사하였다. 그러고는 캘리포니아 산타크루스 지역에서 여자 사냥을 시작하였다. 그는 머리가 없는 시체를 방으로 가지고 와서 마치 트로피처럼 침대에 올려놓거나, 증거를 없애거나 칭송하기 위해 장롱 속에 보관하곤 했다. 그는 죽여서 트렁크에 쑤셔넣은 여인을 '낚시꾼과 같은 훌륭한 솜씨를 자찬하며' 들여다보기 위해 차를 멈추기도 하였다. 그리고 잡아먹은 동물들과의 관계에 대해 사냥꾼들이 가끔씩 이야기하는 어투를 괴상하게 패러디하여 마카로니에 시체의 일부를 섞어 '나와 한 몸이 되기 위해' 먹었다고 말하기도 했다. 그는 몇몇 시체들을 토막 내기 위해 사냥칼을 사용하였으며 보이 스카우트 활동 때 배운 기술로 매장 장소를 위장하였다. 그는 존 웨인을 좋아했고 NRA(National Rifle Association, 미국총기협회)에 소속되어 있었으며 사슴가죽 재킷을 입고 자기가 죽인 사람들의 수를 기록하였다. 그는 어리석지도 않았다. 그의 IQ는 136이었다. 어머니와 가장 친한 친구를 포함하여, 그는 8명의 사람들을 죽였다.[42]

테드 번디Ted Bundy는 시애틀의 중산층 여성들을 먹이로 삼았다. 그는 여자들을 '소유물'로 만들었다. 자기 자신에 대해 삼인칭으로 이야기하면서 그는 자신의 희생자 탐색을 사냥 여행으로 생각하였다.

그의 안에서 일어난 이런 종류의 것은 더 이상, 최소한 상당한 기간 동안 통제될 수가 없었다. 그것은 자신을 정당화하려 했고 일어나고 있는 것을 합리화하였다. 아마도 그 자신의 합리적이고 정상적인 부분을 만족시키기 위해서였을 것이다. 무대에 등장한 한 요소는 분노와 적개심이었다. 그러나 나는 그가 사냥을 하러 나갔을 때 그것이 지나친 감정이었다고는 생각지 않는다. 아무리 그것을 묘사하기 원했어도 말이다. 대부분의 경우 그것은 상당한 정도의 음미, 홍분, 혹은 각성이었다. 그것은 일종의 모험이었다. 그는 그를 진정으로 사로잡은 것이 사냥, 희생자를 찾아나서는 모험이었음을 알았어야 했다. 그리고 어느 정도로는 그들을 육체적으로 소유하는 것이었다.[43]

번디는 경찰과의 쫓고 쫓기는 게임에서도 어느 정도 심리적 분출을 즐긴 것 같다. 그는 자기를 쫓는 경찰관들에게 노트를 남겼고 사냥꾼과 사냥감의 양편에서 그 게임을 즐겼다. 이 젊은 공화당 선거 운동원은 22명의 여성들을 죽였다.[44]

이런 사례는 끝없이 늘어날 수 있다. 우리는 모두 이들과 친숙하다. 인간 사냥은 우리의 일상생활에 깊이 자리 잡고 있다. 신문은 거리에서 일어난 최근의 살인과 강간을 보도하고 이웃 사람들은 출소한 성범죄자들이 길을 어슬렁댄다는 사실을 두려워한다. 아직도 논란이 많은 워싱턴 주의 '성 맹수'법은 연쇄성범죄자들에게 무기징역을 선고할 수 있게 하였다.

칼 팬즈램Carl Panzram은 언급할 가치가 있는 마지막 인용문을 제공한다. 그는 다른 시대 인물이며, 1930년 9월 5일에 사형을 당했다. 그는 자기가 저지른 범죄를 묘사하며 흥청거리는데, 그의 말 자체가 또 다른 폭력인 것 같다. 그것은 바로 이것이다: 범죄와 고백 모두는 대중에게 한 진술이다.

그는 감옥에서 다음과 같이 썼다.

우리는 받은 대로 서로에게 행한다. 나는 내가 배운 대로 했을 뿐이다. 나도 다른 사람과 별 차이가 없다. 나는 스물한 명의 인간을 죽였다. 나는 수천 건의 절도, 강도, 방화를 저질렀다. 그리고 최소한 1천 명 이상의 남자들과 동성애를 나눴다. 이 모든 일들에도 불구하고 난 조금도 유감스럽지 않다. 나는 양심이 없으므로 마음이 아프지도 않다. 나는 인간을 믿지 않는다. 신도 악마도 모두. 나는 내 자신을 포함한 모든 인간 종족을 증오한다.

당신이나 혹은 다른 누군가가 내 모든 범죄를 하나씩 따라가며 조사할 만큼의 지성과 노력을 들인다면, 곧 내가 모든 삶을 통해 하나의 생각을 꾸준히 쫓아왔음을 알게 될 것이다. 나는 약자, 무해하고 의심하지 않을 놈들만을 먹이로 삼았다.

이 교훈은 남들로부터 배운 것이다. 힘이 정의다.[45]

그는 사회적 진화론의 근본 법칙을 비추어보는 왜곡된 거울을 갖고 있다. 그는 도시의 정글 안에 있는 사회—성적sociosexual 야수이다.

레이턴은 다중 살인을 산업자본주의, 개인적이고 영적인 불안감의 증대, 그리고 지난 150년간 미국인들이 남성다운 좌절에 대한 적절한 반응으로 폭력을 찬미해온 문화적 환경과 직접적으로 연결시킨다. 그의 결론에 의하면, 이 범죄들은 그들이 속한 문화의 창조이자 그 피조물이다.

이 남자들에게 인간 사냥은 단순한 남자다움의 표현이 아니다. 그들의 폭력은 남성적 정체성을 창조하는 방식이다. 무기력하고 좌절에 빠진 환경으로부터 그들은 일종의 개인적 신화, 아이로니컬하지만 인생의 로맨스를 창조한다. 레이턴은 여러 자료들로부터 "일탈자가 되는 것은 개인적이거나 사회적인 병리학, 사회적 해체, 유기, 가정 파탄, 사악함, 나쁜 친구나 우연의 문제가 아니라 '가능한 정체성을 향한 합의된 경로'라는 결론을 내리지 않을 수 없었다고 말한다.

이 남자들은 "개인적 자아 정체성"을 형성할 기회를 잡고 있는 중이다.[46]

사람들은 그들이 만드는 물건이 아니다. 그들의 내면, 가장 친숙하고 비밀스러운 부분은 그들의 영혼이다. 모든 개인은 자기 자신을 단순한 사건이기보다는 일종의 전기로 이해한다. 그의 삶은 그가 삶의 사건들에 부여하는 의미이다. 한 개인은 손에 쥔 재료들로부터 개인적인 신화를 창조한다. 미국에서 남성은 모든 핵심 요소들과 함께 사냥꾼의 신화를 사용할 수 있다. 사냥꾼은 이방인, 무법자이며, 힘이 곧 정의인 박탈적이고 파괴적인 문화에 대항하고 폭력을 통해 개인적 신화를 창조하기를 희망하며 그의 정체성을 획득한다. 폭력은 개인적인 영광과 권력에 이르는 경로이다.

성 맹수는 이 미국의 남성 신화의 역사적 요소들을 얻어 이들로부터 주목할 만한 무엇인가, 역사에 독특한 무엇인가를 창조해낸다. 그는 그들로부터 자기 정체성을, 언론 매체를 통해서는 개인적 명성을 창조한다.

이 남자들의 삶에는 사악한 논리가 있다. 그들은 미친 것처럼 보이지만 그들에게는 감각이 없지 않다. 그들은 또한 사회적 기제의 로봇도 아니다. 그들은 폭력에서 창조성을 발견한다.

게다가 이 음울하고 문제가 있는 마음의 영역에서 성적 욕망, 심지어 강간은 사냥과 긴밀하게 연결된다. 급진적 페미니스트들은 오랫동안 강간을 남성적 자기규정의 병리로 보아왔다. 아마도 페미니스트적 성격을 띤 글 중 가장 영향력이 클 수전 그리핀의 『여성과 자연, 그녀 안에서의 포효』에서는 자연에 대한 폭력과 여성에 대한 폭력을 남성의 멘털리티와 연결시킨다. '남자의 힘'이라는 장에서 그녀는 서정적이고 우화적인 스타일로 사냥을 '그녀의 미개지를 길들이는 방식'으로 묘사한다.

그녀는 그의 마음을 사로잡았다…… 그는 온 생애에 걸쳐 싸운다. 그는 그녀 안에서의 멸절과 맞선다고 한다. 그는 그녀에게 빠진다고 한다. 이제 그는 그녀의 미개지를 길들여야 한다고 한다. 그가 그녀를 미개지로 끌고 가기 전에 그녀를 길들여야 한다고 한다〔일단 사냥감(토끼)을 잡으면 그들은 등을 밟고 부서뜨리며 이를 "토끼 등에서 춤추기"라고 부른다〕. 일단 그가 그녀를 정복하면…… 그녀의 목소리는 이제 그에게 위안이 된다. 그녀의 눈은 더 이상 빛나지 않는다. 그러나 고요하게 비친다. 그가 그녀를 부르면 그녀는 그에게 몸을 맡긴다. 그녀의 잔인함은 그의 아래에 있다(거대한 고래는 폭약으로 잡는다). 이제 오래된 짐승 중의 어느 부분도 그녀에게 남아 있지 않다(동부 들소, 1825년 멸종. 가마우지, 1852년 멸종. 희망봉 사자, 1865년 멸종. 왜가리, 1889년 멸종. 바바리 사자, 1992년 멸종. 바다쇠오리, 1944년 멸종). 그는 그리고 그녀를 전적으로 신뢰한다. 그녀의 안으로 들어갈 때 그는 불타는 듯하고 그녀는 초췌해진다.[47]

이는 그리핀에게는 단순한 은유 이상이다. 악몽 같은 실재가 되는 것은 그 언설의 등장인물이다. 살육자로서의 남자, 먹잇감으로서의 여자.
이론가들은 문제가 되는 것은 힘이지 섹슈얼리티가 아님을 인식하기에 사냥의 용어로 강간을 논한다. 앙드레 콜라르는 사냥과 강간을 연관 짓는다.

사냥은 모든 삶의 수준에 있어 부권적 사회의 작동 양식이다. 그 단어가 아무리 무해하게 들리더라도 그것은 살육에 매우 친숙하여 핵무기와 같이 우리 모두를 절멸시킬 수 있는 것에만 공포를 느끼는 문화적 멘털리티를 드러낸다. 이 모든 사냥 아래에는 사냥감을 확인/명명하고 그를 쫓고 그와 겨루고 첫 방을 쏘기 위해 열심인 메커니즘이 있다. 이는 사냥감에 여자, 동물, 혹은 땅이란 이름이 붙여졌을 때 시끌벅적하게 이루어진다.

자연은 인간에게 유혹적이거나(위험하거나) 무심하다고 비난받아왔다. 사이렌과 같이 자연은 여자들이 남자를 유혹하는 것과 같은 방식으로 갈고리와 총을 유혹하고 초대한다. 혹은 냉정하고 무심한 '창녀'처럼 자연은 남자들의 곤경에 반응도 보이지 않아 벌을 받는 게 마땅하다. 유혹과 무관심은 자신의 행동을 합리화하려는 목적으로 그들을 투사한 관객들의 마음속에 있으며 합리화는 문화가 그것을 승인하기 때문에 작동한다. 우리는 사슴이나 사자가 총에 맞기 원하는 만큼, 땅과 바다와 하늘이 파헤쳐지고, 오염되고, 탐사되기 원하는 만큼 여자들이 강간을 원한다고 알고 있다.[48]

그녀에게 사냥은 강간이고, 그녀의 주장을 뒷받침하는 원 오리온 전설에는 그 정당화 논리가 존재한다.

사냥꾼은 분명히 사냥과 섹스와의 관련성을 이해하고 있다. 그 유비에는 늘 폭력이 에로틱화하는 섬뜩한 방식이 내재해 있다. 사냥꾼은 동물에 대해 에로틱하게 말한다.

그것은 연애 상대다. 이 안에는 엄청난 섹슈얼리티가 있다. 나는 총을 성기의 상징으로 보는 정신분석학자들의 섹슈얼리티를 의미하는 것이 아니다. 그러나 무엇인가를 깊이 원하는 의미에서의 섹슈얼리티, 에로스의 의미에서의 섹슈얼리티를 의미한다. 모든 추적, 모든 욕망은 궁극적으로 같다. 그렇게 생각지 않는가?[49]

섹스와 죽음은 사냥의 은유가 남성의 욕망을 형성할 때 연결된다.

성 맹수는 여러 가지 방식으로 남성적 은유로서의 사냥에 대한 이 연구의 정점에 위치해 있다. 성 맹수는, 그의 범죄가, 그의 약탈이 무엇이든 간에 이상하게 이해할 수 없는 것같이 보인다.

그러나 그 언어를 들여다보라. 성 맹수, 그것은 사냥꾼의 흔적이다. 우리는 그를 묘사하는 데 우리가 사용한 언어, 그가 자신을 묘사하는 데 사용한 언어 속에서 그를 추적할 수 있다. 그의 말은 우리가 따라갈 수 있도록 남겨진 그의 흔적이다.

역사적이고 문화적인 조망에서 취한 이런 야수의 관점은 그에게 계보와 역사를 부여한다.

그러나 사냥꾼들은 그 가족 유사성을 부인하고 싶어 한다. 이 전복적인 야수들을 벽장에 넣어두는 것이 어떤가? 사냥꾼이 이 정신병리학적 야수에 책임이 있다고 말할 수는 없다. 그러나 그 야수는 남성성을 창조하는 수단인 사냥에 대한 고발이다. 그 이상으로 그는 사냥이 창출한 남성성의 문화적 우상에 대한 고발이다.

성 맹수와 야수적 범죄자들은 벽장 속의 덜걱대는 뼈들이다. 그의 살인은 우리에게는 하나의 단어에 불과하고 그 전체 어휘는 사냥이다. 남성다움에 계승된 사냥꾼의 유산은 이 영예와 공포, 정력과 폭력의 무서운 혼합물이다. 햄릿의 말대로 "살인, 그것은 혀가 없지만 가장 기적적인 기관을 통해 말할 것이다."

7

나는 자나를 ACOA(알코올중독자 성인자녀 모임)의 12단계 그룹에서 만났다. 문신과 부러진 코, 긴 머리와 딱 붙는 옷만을 보고 나는 그녀의 정체를 추측할 수도 있었을 것이다. 그러나 나는 아무것도 미리 의심하지 않았다. 우리는 몇 달 동안 거의 아무 말도 하지 않고 지냈다. 그러다 우리는 천천히 대화를 시작했는데, 나는 그녀의 생기발랄하고 가식이 없는 반항적인 모습이 좋았다.

우리는 서서히 친구가 되어갔다. 내가 얻은 대가는 그간 발전된 신뢰였다. 그리고 조금씩 그녀는 자신의 이야기를 했고, 내가 거의 알 수 없었던 세계를 향한 창을 열어주었다. 그것은 육체의 대상화와 상업화가 모든 이들을 야수로 만드는 섹스 산업의 더러운 지하 세계였다.

우리가 만났을 때 자나는 서른셋이었고 거리의 여자다운 모습이었다. 14년 전부터 그녀는 AA(단주협회)와 NA(단마약협회)의 도움으로 술과 헤로인을 끊었다. 그리고 이제 그녀는 더 깊은 상처와 익숙해지려고 시도하는 중이었다. 의심 많은 검은 눈과 생기 있고 냉소적인 웃음 뒤에는 마약과 매춘을 시작하면서(열세 살 때였다) 멈춘 어린 소녀의 모습이 있었다. 이제 그녀는 다시 정서적인 성장을 하기 위한 안전한 장소를 찾고 있다.

그녀는 8년 동안 창녀 노릇을 하였다. 그녀는 열세 살 때 처음으로 아이다호 주 보이시에 있는 집으로부터 도망쳤다. 집에서 학대를 받아서가 아니었다. 어머니와 의붓아버지는 그녀를 철저히 무시했다. 그녀는 앨라배마로 가서 트레일러에 사는 친아버지와 함께 있으려 했다. 그는 그녀를 시골 술집으로 데려갔다. 그녀는 거기서 남자들과 춤을 추어야 했고,

아버지는 그녀를——갈보, 창녀, 암캐——라고 불렀다.

어느 날 밤, 아버지의 친구 하나가 그녀를 픽업트럭에 태우고는 어두운 장소로 가서 그녀에게 칼을 들이댔다. "이렇게 되고 싶어?" 그는 나이프를 목에 갖다 대고 이렇게 위협했다.

그녀가 아버지에게, 아버지 친구가 자신을 강간했다고 말하니, 그는 그를 두들겨 패주겠다고 약속했다. 그러나 아무 일도 일어나지 않았다. 배신당하고 신뢰를 잃은 그녀는 다시 도망쳤다. 이번에는 애틀랜타까지 히치하이크를 했다. 그 길에서 한 남자가 그녀를 태워주었다. 그는, 한 여자친구와 함께 그녀에게 '무슨 일이 일어나든' 돈을 버는 법을 가르쳐주었다.

그녀는 매춘을 시작했고, 마약을 했다. 그녀의 첫 손님은 어린 소년이었는데, 그녀의 말로는 숫총각이었고 기독교 신자라 했다. 그들은 모두 겁을 먹었다고 그녀는 지금 웃으면서 이야기한다.

8년 이상이나 자나는 섹스와 마약, 폭력으로 살았다. 그녀는 '매음on the game'을 하였다. 그녀는 창녀였다. 프랑스어로 늑대의 시간이란, 새벽이나 해 질 무렵 창녀들이 나타나는 때를 의미한다. 소크라테스는 매춘부를 성의 사냥꾼이라 불렀다. 매춘부whore, 산토끼hare. 창녀는 어떤 면에서 성적 사냥감이자 야수이다.

그녀는 스트립 바에서 일했고 그 일을 좋아했다고 한다. 그녀는 알몸으로 남자들에게 발휘할 수 있는 힘을 좋아했다. 매춘을 할 때면 그가 가진 모든 돈을 긁어내고 싶어 했다.

"한 푼이라도 남아 있다면" 그녀는 말한다.

"난 실패했다고 느꼈지요. 나는 최고가 되고 싶었어요. 내 기둥서방은 여러 번 나를 협박하려 했던 녀석들을 가루로 만들었지요."

그녀는 모든 종류의 남자들을 보았다고 말했다. 모든 종류 말이다. 전문직업, 노동자. 모든 계층 사람들.

그녀는 무력한 희생자처럼 이야기하고 싶어 하지 않는다. 그녀의 이야기에서 가장 흔히 나오는 은유는 '병'이다. 그녀는 이제 회복기에 있으며, 섹스 산업이 얼마나 불건강한지에 대해 이야기한다.

애틀랜타로 갔을 때, 그녀는 곧바로 피치트리 애비뉴로 향했다. 이 시절을 말할 때면 그녀는 지금도 몸이 굳어진다. 그녀는 그때 겨우 열세 살인가 열네 살이었다. 그녀는 스트립 극장과 안마시술소로 가서 일자리를 구하려 했다. 그러나 허락을 받지 못했다. 그들은 그녀가 너무 어리다고 했다.

"그러나 난 정말 원했어요."

그녀는 이렇게 말했다.

"사촌과 함께였지요. 그녀는 열아홉이었는데, 포기하고 집인가 뭔가로 돌아갔어요. 상관없지. 난 다시 못 보았으니까. 그러나 난 달랐어요. 이곳에 꼭 들어가야겠다고 결심했지요."

그녀는 말을 멈춘다. 희생자 역을 맡기를 강하게 거부하는 그 모습에는 무언가 듣기 무서운, 자기 파괴적인 완강함이 있다.

"내가 선택했어요."

그녀는 내가 충격을 받았는지 살펴보면서 말했다.

자나는 스트립 극장의 입구에서 한 남자를 붙잡았다. 그녀는 그가 누군지 알았다. 뚱쟁이였다. 그녀는 그에게 가 똑바로 쳐다보았다.

"날 좀 들어가게 해주세요."

그녀는 요구했다.

그는 그녀를 노려보며 자세히 살핀다.

"이 일을 정말 하고 싶어요."

그녀는 그를 확신시켰다.

"이곳에 들어가면 당신이 날 도울 수 있나요? 들어가려면 어떻게 해야 하죠?"

그녀는 그 뚜쟁이와 9개월을 동거했다. 그는 폭력적이었지만 그녀를 사랑했다고 그녀는 말한다. 그러나 그녀가 구타와 통제에 견디다 못해 마침내 떠나려 하자, 그는 미소를 지으면서 거리에까지 그녀를 따라 나왔다.

"그 미소는 대단한 문제들이 남아 있음을 의미했죠."

자나는 말했다.

"손을 뒷주머니에 넣더니 총을 꺼내고는 따라오라고 위협하더군요. 바를 가로질러 그의 방이 있는 뒤쪽으로."

자나는 그가 그녀를 죽일 작정임을 알았다고 했다. 그래서 바를 가로질러 가는 동안 그에게서 몸을 돌렸다. 그녀는 소리를 지르기 시작했다.

"날 죽일 거면 여기서 죽이라구."

그녀는 바에 모든 사람이 있는 가운데 비명을 질러댔다.

그는 미친 듯이 화가 나서 바의 한가운데에서 그녀를 때리기 시작했다. 덩치 큰 사나이 몇 명이 달려들어 그를 떼어놓고는 그녀더러 빨리 도망가라고 했다. 그녀는 도망쳤고, 그간 알아두었던 택시 운전수 중 한 명에게(그녀는 몇몇 택시 운전수와 좋은 관계를 맺어왔다) 도시 밖으로 데려가 달라고 했다. 그녀는 나중에 자신을 도와준 사나이 가운데 한 명이 그 바에서 벌어진 소동의 와중에 총을 맞았다는 소식을 들었다.

자나는 자기 방어에 대한 본능과 육감을 발달시켜왔다고 말했다. 게다가 그녀는 어쨌든 자살하고 싶어 했다. 그녀의 자존감은 그렇게 낮았다.

"난 아무도 믿지 않았어요."

그녀는 내게 말했다.

"아무도. 나는 완전히 자신을 파괴시키고 싶었지요. 그리고 늘 최악만을 향했어요."

그녀의 손목에는 큰 흉터가 남아 있다. 그녀는 늘 사업이라고 했다. 그녀는 언제나 희생자였다는 척은 하지 않으려 했다. 그녀는 늘 자신이 싸움을 유발했다고 말했다.

그녀는 애틀랜타의 뚜쟁이로부터 도망쳐 전국을 떠돌았으며, 열여섯 살에는 로스앤젤레스의 거리에서 일했다. 그녀는 새로운 뚜쟁이를 만났으며 선셋 대로에서 몸을 팔았다.

"거리에서 일하려면 뛰어난 본능이 필요해요."

남자를 붙드는 일은 분명히 위험한 짓이다. 19세기에는 소수의 연쇄살인자들이 창녀와 노동자 계급의 여성을 전문으로 노렸다. 이제 대부분의 연쇄살인자들은 중산층의 아들과 딸을 노린다. 살인자의 계층이 낮아질수록 피해자의 사회적 신분은 올라간다.[50] 그러나 매춘은 분명히, 아직도 위험하다. 예컨대 워싱턴 주에서는 그린 리버 킬러가 공항 근처의 스트립 바에서 40명 이상의 젊은 창녀들을 유괴하여 살해하였다.

"경찰과 범죄자 사이에서는." 자나는 미소를 띠며 말했다.

"뛰어난 본능이 필요해요. 난 첫눈에 남자들을 읽어낼 수 있어요. 세 번을 해도 실패할 때가 여전히 있긴 하지만."

어느 날 밤 한 남자가 차를 세우더니 '거의 공짜로' 상당한 돈을 주겠다고 제의하였다. 그녀는 남자를 살피고는 잠시 망설인 뒤 좋다고 했다. 새벽 3시쯤이었다.

그녀는 그의 차에 올랐다. 그는 그녀를 데리고 샛길 아래쪽으로 차를 몰고 갔다. 그는 차를 세우고는 엔진을 끄고 포켓에 손을 집어넣었다. 그러나 그가 꺼낸 것은 돈이 아니었다. 대신에 그는 칼을 꺼냈다. 그는 그녀가 차에서 뛰어내리기 전에 시트 앞쪽으로 몸을 돌리고는 칼을 얼굴에 들이댔다. 자나가 칼을 본 것은 이번이 두번째였다.

그는 섹스를 요구하였다. 강간이었다. 창녀들은 이런 경우 법률적 측면에서는 아무런 동정도 얻지 못하나 어떤 의미로는 창녀들도 고려되어야 한다. 공정한 게임이라면 말이다.

그가 그녀 위에 올라타 있는 동안 자나는 그가 자기를 죽일 것이라고 확신했다.

"그리고 그 짓을 하면서, 나를 올라타고 있으면서 내가 가진 돈을 자기에게 다 내놓으라고 했지요."

자나는 '자기에게'와 '내가'를 특히 강조하고는 그 말이 우습게 들렸는지 신경질적으로 웃었다.

"내가 왜 거짓말을 했는지 나도 몰라요."

그녀는 내게 말했다.

"내 삶에서 그때만 빼놓고는 늘 자살하고 싶어 했으니까."

이 말을 할 때 그녀의 눈은 텅 비어 있었다. 나는 잠시 동안 그녀가 마음속에서 어디에 다녀왔는지 궁금했다.

"그는 내 지갑을 빼앗더니 거짓말이면 날 죽이겠다고 하더군요."

그녀는 지갑에 백 달러쯤 갖고 있었다. 그는 그것을 빼앗고 뒤집더니 돈을 찾아냈다.

"나는 정말로 그가 날 죽일 거라고 생각했어요."

그녀는 말했다. 그러나 그는 그러지 않았다.

몇 가지 이유로 그는 그녀를 차에서 밀어내고는 사라져버렸다.

자나는 퍽 운이 좋았다. 그녀는 바로 경찰에 갔다. 그녀는 경찰들이 그녀가 강간당했다는 데 관해서는 전혀 개의치 않을 것임을 알았지만, 어떤 녀석이 창녀들에게 칼을 들이대고 있음을 그들이 알아야 한다고 생각했다. 그녀가 그들에게 인상착의를 말하자, 선셋 스트립 극장 사건의 용의자와 일치한다고 했다. 이미 열 명의 여자들을 죽인 상태였다.

자나는 스물한 살에 매춘을 그만두었다. 마지막에 매춘을 포기하기가 정말 힘들었다고 그녀는 말했다. 한 번에 얻게 되는 그 많은 돈을 말이다. 대신 그녀는 도넛 가게에 일하러 나갔다. 그녀는 자기가 살아온 삶을 과장하지도 않았고 그렇게 참혹하게 당했지만 희생자의 역할을 하지도 않았다. 뭔가 있다면, 그녀의 진술은 나 같은 중산층의 감각에는 거의 충격이었다는 것이다.

그녀는 완전히 그만두었다고 한다. 깨끗해지고 싶어서였다. 그러지 않는다면 곧 죽게 될 것임을 직감했기 때문이기도 했다. 그리고 그녀의 말에 따르면, 늘 심장이란 걸 지니고 살아왔기 때문이기도 했다.

뚜쟁이와 창녀의 세계에서, 그것은 야수 대 야수의 싸움이다. 그것은 다 뜯어먹은 뼈로까지 환원된 도시의 황야이다. 그것은 매우 남자다운 상업과 소비의 세계이다. 사람들은 서로에게 오직 육체와 지폐로서만 존재한다. 아무리 부인하려 해도 여성은 사냥감이다.

사냥꾼의 모델로 만들어진 사회의 정치경제학에서 그 전투는 때때로 가장 근본적인 등식으로까지 환원된다: 누가 야수이고 누가 사냥감인가? 나는 종종 자나와 그리고 양자 선택의 여지—야수냐 사냥감이냐—밖에 없었을 때 홀로 하나의 역할을 창조하려 애썼던 그녀의 투쟁을 생각해본다.

자나가 오랫동안 거주하였고 힘들게 탈출한 세계는 특히 야만적이고 사나운 것처럼 보인다. 사냥에 기초한 문화에서 살육과 강간은 은유 이상의 것이다. 그들은 사회적 광휘와 영웅적 성공의 후광을 벗고 악마의 조소를 입은 사냥꾼의 가치이다.

14년 동안 약물과 매춘을 하지 않았지만 자나는 여전히 살인을 주제로 생산된 엄청난 수의 싸구려 소설들, 연쇄살인자와 변태들의 이야기에 사로잡혀 있다. 열세 살에 아동학대로부터 도망친 그녀는 오랜 여정을 걸어왔다. 그리고 집으로 가기 위한 힘든 길이, 여전히 남아 있다.

8

"내가 늑대 사냥을 하는 유일한 이유는."
짐은 말을 이었다.
"생계를 유지하기 위해섭니다."
솜털 같은 고적운이 가을 하늘 위에 깔리고 어둠이 작은 창을 통해 오두막으로 들어와 점점 두꺼워진다. 짐은 알래스카의 덫 사냥꾼이다. 그리고 그는 늑대와 살쾡이와 여우, 담비도 잡는다. 수척한 그의 체격과 수줍은 태도는 내게 커피 한 잔을 주러 오두막의 그늘 속을 유연하게 움직일 때 그 부드러운 동작에 의해 다소 누그러진다.

짐은 스스로 이 오두막을 지었다. 잔디 지붕을 인 통나무 오두막이다. 이 집은 전략적으로 전나무로 덮인 능선 위 높은 곳에 자리 잡았다. 이따금 뽐내며 걷는 뇌조가 눈에 들어온다. 이 변방의 농가는 알래스카의 평원을 향해 활짝 트인 듯 좋은 전망을 향유한다. 놀랍도록 아름다운 알래스카 지역의 전망을 즐기며 페어뱅크에서 90킬로미터 정도 비행기를 타면 짐의 오두막에 닿을 수 있다.

대부분의 사냥꾼과 덫 사냥꾼처럼 짐은 생계를 위해 그가 하고 있는 일을 외부인에게 드러내놓기를 꺼리는 것 같다. 특히 그는 주정부가 후원하는 늑대 숫자 조절 프로그램이 상당한 국제적 논란을 불러일으키기 때문에 늑대 덫에 대해서는 말이 별로 없다. 그러나 우리는 여기서 바쁠 것이 없다. 우리에겐 시간과 공간이 넉넉하고 내일이면 그의 덫을 살피고 늑대를 쫓으러 나갈 예정이다.

사냥의 문제가 그렇게 일반적으로 개인적인 공격과 개인적인 정당화의 문제로 치부되는 것은 정말이지, 슬프고 어리석은 일 중 하나이다. 사냥꾼들은 피에 굶주린 더러운 인간이나 합리적인 환경론자로 그려진다. 사냥 반대론자, 감정적 광신자들과 동물의 권리에 대한 민감한 옹호자들도 있다. 이들은 사람들로부터 문제를 추상화시키기 때문에 불행한 부류들이다. 나는 민감하고 따뜻하고 자비심이 많은 여러 훌륭한 사냥꾼들과도 지냈고 사람들에게 비판적인 동물 보호주의자들과도 지냈다. 나는 가장 과격한 사냥꾼들과 가장 동정적인 사냥 반대론자들도 보았다. 그러나 사냥꾼들의 합리화와 사냥 반대론자들의 도덕관 사이에는 종종 선택할 수 있는 것이 별로 없었다. 이 두 부류들을 초월하는 것은 생명—인간이든 동물이든—에 대해 관심을 갖는 것으로 내게는 보였다. 지구의 모든 피조물들이 이 세계에서 그들의 삶을 영위하는 방식에 대한 일반적인 관심과 애정이 그것이다.

짐에게 덫 놓기와 사냥은 생존의 수단이며 가끔씩 하는 여가가 아니다. 그는 스스로 '마지막 개척지'라고 부르는 지역에 사는데, 이는 외부인에게 하는 변명이 절대 아니다. 짐은 과묵함 속에서 이 땅과의 연결을 유지하고 삶을 영위하는 방식을 찾으려는 투쟁의 직접적 결과인 따뜻한 가슴과 깊이 있는 영혼을 가지고 있다.

그는 몇 년을 '로어 48'* 부근에서 사냥을 하였으나 문제가 생겨 다른 생계수단을 찾는 게 나을 거라는 생각을 하게 되었다. 그는 남동 알래스카에서 물고기를 잡으려고 했다. 그러나 어촌의 휴어기와 과음이 문제였는데 그래서 그는 많은 돈을 날렸다. 그래서 한 친척에게서 이 오두막에 대해 이야기 듣고 이를 운영하려고 시도해보았다. 이제 그는 여기서 여자친구와 함께 산다. 그녀는 20대로 짐보다 훨씬 젊다. 그녀는 예전의 히피 여대생을 연상시킨다. 그녀는 며칠 동안 머물다 가곤 한다. 짐과

---

* 로어 48Lower 48; 알래스카인들이 알래스카를 제외한 미국 본토를 일컫는 속어.

함께 역시 20대인 그의 아들도 함께 있다. 그는 이 오두막에서 백 미터쯤 떨어진 텐트 안에서 잔다.

때는 한가을이고 밤에는 공기가 차가웠다. 다음 날 아침, 우리가 덫 설치장소를 확인하러 떠났을 때 짐의 여자친구 역시 떠나갔다. 그녀는 포틀랜드로 갔다. 우리는 산 구릉에 있는 작은 내로 걸어간다. 늑대 덫 사냥꾼인 짐은 그를 둘러싼 논쟁에는 전혀 무심하다. 알래스카의 늑대 숫자 조절에 대한 그 격렬한 논쟁은 현대의 용어로는 우리가 개척 시절의 유산으로부터 계승한 역사적인 딜레마를 한데 요약한다. 이 개척지와 우리의 관계는 무엇이어야 하는가? 착취인가 동화인가? 알래스카에서 사냥꾼과 늑대들은 이 단계에서는 해결될 것 같지 않은 야생동물 자원에 대한 논쟁 속에 갇혀 있다. 누가 말코손바닥사슴, 혹은 늑대 혹은 사냥꾼에 대한 권리를 더 가지고 있는가?

그러나 이 여정에서, 나는 짐의 생활방식이 그의 정서적 삶을 어떻게 형성하였는지에 더 관심이 있다. 문제는, 남자들이 관계를 구조화하는 방식이 어떤가가 아니라, 그들이 정체성의 역동을 바꾸는 방식이 어떤가, 남자들은 무엇을 느낄 수 있고 그가 느낀 감정들에 어떤 언어를 부여하는가, 내면적 정서의 정치학이 관계의 정치학(사람들 간 혹은 서로 다른 종 간)에 어떻게 관계를 맺는가이다.

우리는 냇가까지 16킬로미터를 걸어갔다. 능선을 가로질러 아주 당당한 산맥 앞에 절하는 듯한 높은 고원으로. 어느 날 아침, 우리는 따뜻한 가을의 햇살 아래 이 고원들 중의 한 곳을 따라 걷는다. 우리는 오랜 시간을 늑대를 찾아 우리 아래 펼쳐진 저지대를 살피면서 그 능선에 앉곤 한다. 바람은 날카롭고, 차갑고, 살을 에는 듯하다. 태양은 맑다. 우리 뒤의 산들은 멀리 탁 트인 푸른 하늘을 배경으로 흰색으로 눈부시게 빛난다. 사물들은 잘 닦인 듯한 광휘가 있다. 우리 아래에는 가을이 월귤

나무 덤불을 붉게 물들이고 그 불붙는 듯한 붉은 색조와 검게 그을린 황토색은 나의 들뜬 마음에 불을 붙인다.

백곰 한 마리가 월귤나무를 뜯어먹는다. 그는 붉은 덤불 사이에서 털투성이의 금빛으로 보인다.

나는 정말 행복하다. 나는 바람과 태양 속에서 깨끗해진 자신을 느낀다.

짐은 우리 바로 뒤의 고원에 나타난 작은 순록 떼를 가리킨다. 순록들이 이끼와 잔디를 뜯어먹고 있다. 그들 위로는 송골매가 바람 속에서 몸을 기울여 공격하는 체한다. 그 날카로우며 뾰족한 날개는 야수적인 아름다움으로 낫처럼 구부려져 있다.

바로 그때, 짐과 나는 순록 떼의 주변으로 능선을 기어 올라오는 다른 동물을 발견한다. 풀을 뜯어먹는 데 몰두한 순록들은 그 동물을 알아채지 못한다. 다리는 짧고 털은 부스스하며 금빛을 띠어 윤이 난다. 그것은 능선을 따라 달리고 있다는 사실만을 제외하고는 작은 흰곰처럼 보인다. 마치 작고 부스스한 카펫처럼 보인다.

"울버린(북미산 족제비과 동물)이오."

짐이 내게 속삭인다.

나는 망원경을 그놈에게 고정한다. 울버린은 모피로 유명한 북미의 커다란 족제비이다. 등에는 금빛 줄무늬가 있고 순록 떼를 따라 종종걸음으로, 살금살금 걷기보다는 뛰고 있었다. 갑자기 그놈은 속력을 내더니 무리 주변에 있던 작은 순록들 중 한 마리에 곧바로 달려든다. 도망칠 생각밖에 없는 것처럼 그 순록은 달려드는 울버린을 알아채고는 숨 가쁘게 달리기 시작한다. 울버린은 그 작은 순록과 나란히 달리는데 놀랍게도 그놈은 먹이와 크기가 별반 다르지 않다. 그놈은 목을 물려고 시도했고 어느 지점에서는 그 순록을 쓰러뜨리려 뛰어 오르기도 한다. 그러나 울버린은 실패하였고 그 순록 무리는 한 마리도 잃지 않고 도주한다.

울버린은 그 능선 주변을 일종의 실망감으로 뛰어다니는데, 곧 야수의 에너지는 서서히 물러간다. 그리고 그놈은 언덕의 먼 저편으로 시야에서 사라진다.

그것은 드라마와 흥분으로 가득 찬, 가슴을 뛰게 하는 광경이었다. 산, 곰, 순록, 울버린의 실패한 사냥. 그것은 살육의 어떤 미학을 한데 요약하고 확실히 우리의 느낌들을 고양시킨다. 살육 장면에는 뭔가 절대적이고 부인할 수 없을 만큼 생기 있는 것, 감각을 고양시키고 영혼을 휘저어놓는 뭔가가 있다. 그것은 나의 에너지와 짐의 에너지를 한데 모았고 우리는 이 동물들의 출현 앞에서 생기 있게 되살아난다.

짐이 이 땅과 여기 살고 있는 동물들을 사랑한다는 사실에는 의심의 여지가 없다. 그 사랑의 감각, 그 동일화의 감각과 야생의 미학은 늘 미국인의 영혼 속에 있는 구원의 형상이자 자연의 집에서 자란 미국인 영혼의 표지이다.

그 살육 장면은 여러 방식으로 미국인에게 야생을 정의한다. 사냥 문화를 가진 미국인은 특히 그런 이미지에 친숙하다. 자연을 극화하기 위해, 미국 대중의 기호에 호소하기 위해 디스커버리 채널은 종종 사냥꾼과 사냥감을 극화하는 쇼를 방영한다. 뱀과 상어, 그리고 큰 고양이과 동물들은 그중에서도 특히 강렬하다. 우리는 쉽게 그런 감각을 미국의 도덕관——강자와 약자의 우화——으로 전환시킨다. 사냥꾼은 양치기나 정착민보다도 미국인들에게 자연을 사랑하는 법, 자연 안에서 영적 운명의 이미지를 보는 법을 가르친다. 아름다운 경치 속에서도 언제라도 떠오를 수 있는 잠복한 폭력, 야수의 모습이 있다.

또 하나의 이미지가 야생에 대한 사냥꾼적 관점의 또 다른 측면을 규정한다.

우리가 짐의 오두막으로 돌아왔을 때, 짐의 아들은 오두막 근처에서 검은 곰 한 마리를 쏘아 잡았다. 그는 총을 쏘아 도살하고는 가죽과 고기를 남겨놓았다. 그는 머리를 잘라 오두막 공터 가장자리의 길옆에 있는 풀숲에 버렸다. 여기에 특별한 것은 아무것도 없다. 아무도 그 공터와 숲에 있는 곰의 머리에 대해 언급하지 않는다. 그것은 길에서 매우 잘 보이지만 무시하고 지나간다. 그러나 나중에 나는 혼자서 거기로 걸어가 발을 멈추고 살펴본다.

그것은 어떤 기준에서도 매우 그로테스크하다. 목 근처에서 잘린 그것은 잡초 속에 던져져 얼굴을 앞으로 하고 굴러서 가만히 있다. 핏자국이 있고 뼈가 드러나 보인다. 눈은 공허하게 번득거리며 죽은 자의 시선으로 하늘을 올려다본다.

입은 약간 벌린 채로.

나는 그것을 노려본다. 나는, 아름다움과 잔인함 사이에는 우리 미학에서 어떤 부인할 수 없는 관계가 있다고 결론 내리지 않을 수 없다. 폭력의 이미지는 우리의 삶에서 언제나 우리 곁에 있다. 비록 이 경우는 그 오두막에서 특히 눈에 띄는 것이기는 하지만, 그러나 우리 자신의 집에서 폭력은 예술의 형태를 띠기조차 한다. 우리의 영화는 폭력의 이미지를 고급 예술로까지 고양시켰다. 액션 영화의 필수 장면인 현란한 폭력 장면과 엄청나게 빠른 추적에는 믿을 수 없을 만큼의 돈과 재능이 들어간다. 그리고 미식축구는 폭력적이자 경쟁적인 운동이다. 인류학자 스나이프에 따르면 호전적인 민족은 전투적인 활동들로 여가를 즐긴다고 한다.[51]

그 곰의 머리는 내게 일종의 경고와 더불어 이상하고 위압적인 정신을 불러일으켰다. 그것은 분명히 트로피는 아니었다. 비록 서구의 사냥꾼들은 동물에서 토템보다는 트로피를 더 찾지만 말이다. 그 머리는 진짜로 쓰레기, 숲의 정착지 부근에 내다버린 폐기물이었다. 그러나 그것은 분명히 하나의 메시지였다. 창에 꿰어 중세 성벽 위에 높이 꽂힌 반역자의 잘린 머리를 상기시킨다.

물론 나는 데이비드 크로켓과 그가 야생의 변경지역을 개척할 때 잡고 뽑낸 곰들도 또한 떠올린다. 그리고 '사냥'에서 그를 조용히 감시하는 존 미첼의 죽은 큰사슴과 그 시선도. 미첼은 그 사슴을 심문하고, 죽은 뒤에도 왜 자신을 계속 감시하는지 묻고 싶어 한다. 그러나 이 풀밭 위의 곰의 머리를 바라보는 순간만큼은 나는 어떤 죄의식이나 불안에도 흥미가 없다. 그것은 우리 삶의 주변에 있는 폭력의 이미지, 하도 불가피하고 두드러지게 보였기 때문에 분명한 그런 이미지였다. 도시 성벽의 반역자의 머리는 늘 무엇인가를 의미했다. 즉, 그들은 성벽 안의 지배자의 권력에 대한 증인이었다. 그리고 그것은 이 곰이 갑자기 내게 상징한 바로 그것이었다. 그것은 내면에 있는 어떤 폭력적인 황야에 대해서도 말하고 있었다.

잘린 곰의 머리는 경계선상에서 집과 언덕 사이의 길을 표시한다. 이를 통해 사냥꾼들만이 우리가 통과할 수 있는 법을 가르칠 수 있다. 죽은 자의 머리는 미개지와 문명 사이의 길을 표시하며 폭력은 우리가 만든 그 길의 비밀이다. 그것이 폭력을 자연의 미개지와 인간 내면의 미개지 모두의 비밀로 만들었다. 그 곰의 머리는 또한 가면이다. 우리가 그들을 알게 되었던 것처럼 자연과 남자다움 모두의 가면이다.

남자는 주인이고 개척자이며, 다만 그가 이를 보는 법을 배울 수 있다면 이 경계의 창조자이다. 모든 죽은 자와 머리 잘린 짐승들을 원하는 대로 심문해보라. 그 곰은 눈을 뜨고 있지만 죽었다. 그것은 아무것도 말하지 않는다. 모든 해답은, 우리의 내부에 있다.

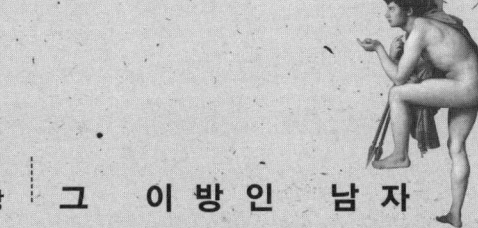

9장 | 그 이방인 남자

노래는 사람이 위대한 힘에 사로잡히고, 보통의 말로는 충분하지 않게 되었을 때 숨결과 함께 부르게 되는 생각들이다.

사람은 조류를 따라 흔들리는 얼음 부빙에도 감동받는다. 그가 기쁘거나 두렵거나 슬픔을 느낀다면, 그것은 물결치는 어떤 힘이 그의 생각을 몰고 가는 것이다. 사고는 그 안에서 솟구치고 그를 헐떡이게 하고 그의 심장박동을 더 빠르게 한다. 날씨를 온화하게 만드는 것과 같은 무엇인가가 그를 녹인다. 그다음, 자기 자신을 작게 생각해왔던 우리가, 더욱 작게 느껴지는 일이 일어날 것이다. 우리는 단어를 사용하기를 주저하게 된다. 그러나 우리가 필요한 단어는 스스로 나타나게 될 것이다.

우리가 필요한 단어가 저절로 솟구쳐 오를 때, 우리에게는 새 노래가 생긴다.

— 오르펑갈릭, 「에스키모 노래」[1]

1

아이였을 때와 어른이 되었을 때, 나는 학살의 중심부에서 살았다. 대부분은 정서적인 학살이었지만 그 가운데 일부분은 물리적이었다. 전부는 아니더라도 그중 대다수가 인간에 의해 유발되었다. 상처받은 몸, 상처받은 영혼: 그것들은 대개 남자들에 의해 수천 년을 통해 거슬러 내려온 사냥 문화로부터의 유산이다. 무기와 상처: 사냥꾼이 창과 총을 가지듯이 하나만을 숭배할 수는 없다. 그리고 다른 것을 계승하지 않을 수도 없다. 남성의 성장 속에서 사냥을 자연에 대한 전쟁으로 상상할 수도 없고 엉망으로 만들 수도 없다.

대부분의 남자들은 사냥꾼이 아니다. 나는 사냥꾼이 아니다. 그러나 우리는 사냥 문화 속에 살며, 그 가치는 영웅적 이미지와 우리가 성인의 의식 속에서 접하는 일상의 언어 속에 깊이 각인되어 있다. 이 이미지들, 이 언어들은 우리에게 너무 친숙해서 오히려 거의 눈에 띄지 않은 채로 자란다. 실재라고 여겨지는 세계에 대해서 사냥이라는 필터가 동물의 삶에 덧붙인 그 특별한 그림자를 알아차리지 못한 채로 우리는 사냥의 언어를 통해 사물과 그 내면의 가치를 바라본다. 우리는 사냥꾼의 언어를 통해 내면을 들여다본다. 폭력적인 남성으로 우리의 과거를 회상한다. 그리고 우리는 그를 자연스러운 인간으로 여긴다.

그것은 한 번에 두 가지—내면과 외면—를 반영하는 사냥 은유의 마법이며, 그 밖에서는 어떤 장소도(거기서 우리는 외로이 그것을 볼 수 있다) 찾기 어렵게 한다. 그 은유의 밖에서는 어떤 장소도, 거기서 우리가 그 영향 없이 삶을, 그리고 자신을 상상하기 시작할 수 있는 어떤 장소도 얻기 힘들다.

우리는 사냥의 내부에 산다. 그리고 우리는 매일 그 영향과 더불어 산다.

나는 이 연구를 은유로서의 사냥에 대한 개방적인 마음을 가지고 시작하였고 그것이 나를 어디로 데려가는지 꼭 알고 싶었다. 영웅주의와 욕망의 충동의 규범이 나를 어디로 데려갈 것인지를 보는 일은 내 자신의 발자취이자 추적이었다. 나는 인간의 기원과 인간의 가치에 대한 우리의 사고에서 가장 중요한 이미지들 중 하나가 남자들이 만든, 고작 한 성(性)의 관점에서 바라본 은유에 불과하다는 식으로 그 기초가 흔들린다면 어떻게 될지 알고 싶었다.

나는 내가 쫓은 사냥감을 알지 못했다. 그리고 그것이 나를 데리고 갈 그 숲도 알지 못했다. 그것은 또한 나를 사냥꾼에 의해 형성된 내 자신의 마음속 영역, 자아의 일부로 데리고 갔다. 나는 모르는 새에 작동한 힘들에 의해 남자들이 형성해놓은 더 커다란 관점을 가지고 그 숲으로부터 나왔다. 이 연구는 남자들이 존재하고 관계하는 새로운 방식의 창조에 대한 긴 사고 과정의 일부였다.

변화는 과정이고 우리는 욕망과 꿈 그리고 주의 깊은 자아 검사를 따라가며 새로운 삶을 향해 천천히 나아간다. 우리가 새로운 개념들, 그리고 새로운 과오를 향해 나아갈 때 변화는 종종 엉뚱하게 되기도 한다. 나는 이제 내 안에서 새로운 것들, 새로운 가능성들이 용솟음침을 느낀다. 이는 일부는 사냥꾼으로서의 남성에 대한 연구를 통해서, 그리고 일부는 그들이 남자들의 내면에 자리 잡은 방식을 알게 되면서 가능하였다.

우리는 여러 층을 지나 핵심에 도달한다. 그리고 그 흐름을 타고 무엇인가 더 풍부한 새로운 비전을 향해 다시 돌아가려 한다.

2

고대와 현대를 막론하고, 그리고 그 모든 변명에도 불구하고 사냥은 윤리ethic라기보다는 정수ethos이다. 그것은 합리적인 논리이기보다는 이미지와 개념들의 덩어리, 모순과 보이지 않는 강한 힘들의 장(場)이다. 이는 물론 그 자체로 호소력과 힘을 갖는다. 그것은 이미지이자 은유, 상징과 신화이며, 이는 대개 행위 체계에 대한 요구인 윤리보다는 의미에 대한 인간의 요구에 더 호소한다. 그것은 의미로 남자들을 감싸고, 그들이 자신의 경험을 이해하고, 경험을 주조하고, 한 정체성과 한 운명 속에서 자아를 찾을 수 있게 하는 부서지기 쉬운 이미지들을 제시한다.

사냥은 시대와 문화에 따라 매우 다양한 형태를 띤다. 그러나 남자들에게 그것이 제시하는 가장 심오한 약속은 고기가 아니라 일종의 심리적 사회적 포장이다. 사냥은 아마도 숲 속에서 처음 발견되었을 것이다. 그것은 구체적이고 글자 그대로의 실재, 이를테면 남자들이 수행한 무언가에 기원을 두었을 것이다. 그러나 그것은 자연에서 분리되어 나온 남자들이 특정한 지위에 맞게 고양시킨 무언가가 되었으며 이후로 숲에 대한 그들의 약탈 행위 속에서 보증되었다. 사냥은 마음속에서 양성되었다.

그것은 사냥의 지위를 변화시키기는 하였지만 남자들의 삶 속에서 사냥의 힘을 약화시키지는 않았다. 이미지로서의 사냥은 논리의 용이한 한계 저편에, 사냥꾼과 사냥 반대론자들의 말다툼 저편에 있다. 소년은 처음 사슴을 죽일 때 꺼릴지도 모른다. 그렇지만 그들은 아버지와 가족과 연관되어 있기 때문에 사냥을 배운다. 사냥이 깊은 정서적 수준에서 차지하는 위치다. 그것은 아버지가 아들에게 가르치는, 남자가 되는 길의 표현이다. 전쟁처럼 사냥은 남자들에게 남자로서 느끼는 법을 제공하는 것 같다.

사냥은 강력한 호소로서 늘 사적이든 공적이든 외재적이든 내재적이든 힘과 연결되어왔다. 그것은 남자들을 강력한 존재 방식, 그리고 힘을 부여하는 관계 방식에 접근하도록 해준다. 그러나 그것이 유발한 학살, 부상과 폐허는 늘 그렇게 뚜렷하지 않았다. 남자다운 혈통은 보이지 않는다. 사냥은 남자들에게 두 종류의 힘을 의미하는데, 이들 각각은 미국 문화에서 서로 다른 남성의 존재 양식과 관련이 있다.

최초의 유형 속에서 사냥은, 지나친 힘의 이미지였다. 사냥이 하나의 서사로써 말해질 때, 이는 가장 극적인 순간에 초점이 맞춰진 사냥을 의미한다. 대개 죽이는 바로 그 순간이지만, 짐승을 추적하거나 붙들고 싸우는 서스펜스일 수도 있다. 여기에는 늘 위협과 위험의 요소가 있다. 이는 진정한 미국의 영웅, 그리고 그들의 역사적 원형인 서부 사나이에게 특히 중요하다. 그 목표는 짐승을 굴복시키는 것이다. 영웅적이고 의기양양하냐 혹은 악마적이고 파괴적이냐 합리적인 절제냐 감정의 폭발이냐 상관없이, 그 힘의 양식은 지배이다.

의기양양한 남성은 아폴론처럼 자기를 정당화하고 비극적인 남성은 펜테우스처럼 스스로를 위로한다.

그 영웅은 오리온과 카롤루스 대제, 고든 커밍과 시어도어 루스벨트, 데이비드 크로켓과 잭 런던, 그리고 순수한 남성적 힘에 굴복하는 모든 남자들이다.

다른 사냥은 은밀한, 그 전개와 사용에서 좀더 미묘한 힘의 이미지를 제공한다. 이는 영웅적이거나 폭력적인 사냥꾼이 아니라 책임감 있는 사냥꾼이다. 이 남자는 인내와 끈기, 미행과 잠복의 가치를 믿는다. 그가 사냥에 있어 가지는 정당성은 기술과 양식 그리고 윤리적 통합성이다. 그는 이 운동의 과장된 부분을 다듬고 절제의 미덕으로 방종을 줄인다.

그에게 사냥은 자아의 표현이라기보다는 훈련이다. 그 목표는 짐승을 길들이는 것이다.

스포츠 규약을 통해서든 혹은 자연에 대한 봉사정신을 통해서든 이 사냥의 힘의 양식은 통제와 관리이다.

그 영웅은 사냥꾼으로서는 크세노폰, 연인으로서는 트리스탄, 소년과 제국에 대한 헌신으로서는 프레더릭 코트니 셀러스와 베이든-파월, 미국적 보수주의 애국자로서는 다니엘 분과 디어슬레이어 그리고 시어도어 루스벨트이다.

벌거벗은 힘과 겉으로는 무해한 부성 사이에는 차이가 존재한다. 하나는 뚜렷하고 가시적인 반면 쉽게 지워지지 않고 최소한 쉽게 만질 수 없다. 다른 하나는 더욱 보기 힘들다. 그 힘은 보이지 않고 더욱 건강해 보이기 때문에 그 영향은 더욱 교묘하다. 그 영향은 매우 다른 두 종류의 현대적 아버지상 — 한 부류는 지나치게 애정을 퍼붓고 다른 부류는 자식들, 아들이나 딸이 행동할 때까지 사랑을 유보한다 — 에서 볼 수 있다.

그것은 말하자면 현대적 부성의 두 표상, 화가 나 있는 술주정뱅이 아버지와 물리적으로나 정서적으로 자신의 느낌을 부담스러워하는 부재하는 아버지 사이에 존재하는 차이이다.

나는 두 종류의 아버지가 그들의 자녀들에게 미치는 영향을 보았고 그들이 자식들의 마음과 영혼에 입히는 해악을 안다. 이는 평생을 통해 치료해야 할 만큼 큰 상처다.

남자들은 어느 종류의 힘이든 대단한 자부심을 느꼈다. 그들은 그것을 타자, 이를테면 적, 경쟁자, 동물, 여성에 대해서 사용하였다. 남자들이 그들 자신의 존재를 느끼는 것은 이 힘을 통해서였다. 사냥의 특질은 존재 양상이기보다는 남자들이 그를 통해 존재를 입게 되는 역동성이다. 그것은 여러 사태들 속에서 남자들이 자신을 정립하고, 심리학적으로 말하자면 그 자신을 실재하게 만드는 방법이다. 그것은 정체성 획득 과정이 의미하는 바이며, 그렇지 않다면 글자 그대로 그들은 존재할 수 없다. 그러나 심리학적으로 한 인간의 존재는 명료하고 유효하게 된다. 사냥꾼에게 이는 단지 살육과 타자의 소유로써만 일어난다. 오르테가 이 가세트는 이 점을 분명히 하였다. "사람들이 늘 죽이려고만 사냥을 하는 것은 아니다. 그러나 사람들은 죽여서 사냥을 한다. 사냥의 목표는 살육이 아니다. *사냥의 목적은 죽었든 살았든, 어떤 다른 타자를 소유하는 것이다.*" 사냥꾼이 꼭 성공할 필요는 없다. "사냥의 아름다움은 그것이 늘 문제성이 있다는 그 사실에 있다." 얼마나 대단한 스포츠건 간에 오르테가 이 가세트의 말로는 사냥은 "순수하게 신사적이지 않다." 왜냐하면 서구의 '사냥의 관계'는 이 '사냥감과 사냥꾼 사이의 근본적인 불평등'과 결부되어 있기 때문이다.[2]

어떤 사냥꾼이 말했듯이, 살육은 사냥의 오르가슴이다.

다른 예를 들자면 동물과 '타협'함으로써 더는 동물을 죽이는 데 개의치 않게 되었다는 한 사냥꾼의 주장대로, 사냥꾼은 그에 대한 지배력을 얻는다. 그 동물, 그리고 그것이 필연적으로 상징하게 되는 타자나 자아의 일부는 죽거나 통제된다. 그들은 열등하게 된다. 어떤 의미로 사냥꾼은 타자가 사라지는 바로 그 순간에 존재한다. 정체성은 사냥꾼이 유효하게 되고 사냥감이 사라지는, 그 상반되는 관계 위에 기반을 둔다.

이는 친밀함에 대한 모델로서 위험하고 한계가 있다. 정체성은 상반된 역동성을 통해서만 창조된다. 나는 내가 대립하는 것, 내가 그것과 대립하는 방식에 의해 규정된다. 나는 내가 선택한 적에 의해 규정된다. 나는 내가 맞서는 야수에 의해 규정된다. 그 상호작용 때문에 자신과 세계의 온 전체와의 접촉을 상실한 개인이 이 역동성의 대가가 아닌지 의심할 필요가 있다. 일어난 것은 그는 자신이 들어갈 수 없는 공백, 어둠 그리고 느낌의 심연을 창조하였다. 그는 스스로에게 낯선 이가 되었고 몇 가지 연관성의 모습에도 불구하고 세계에 대해서도 이방인이 되었다.

사냥꾼/이방인, 그는 자신을 사라져야 할 짐승으로 인식한다. 소유를 통해 쫓겨난다.

이를 통해 우리는 자신을 정서적으로 이해하는 남자들이 그렇게 적은 이유를 이해할 수 있다. 오르테가 이 가세트에 따르면, 사냥꾼은 피를 흘린다. 사냥꾼에게 친숙한 것은 피다. 사냥꾼은 남성다움의 주된 상징인 피를 먹고 산다. 그들은 혈연, 혈통, 유혈 욕망에 대해 말한다. 피는 우리 안에서, 우리의 정맥과 동맥 안에 흐르는 인간의 위대한 신비이다. 모든 체액 중에서 피는, 정액보다도 더한, 가장 사적인 액체이다. 어린 사냥꾼은 동물의 내장을 꺼낸 늙은 사냥꾼에 의해 '피가 묻을' 때 남자가 된다. 이는 무서운 친밀함(드러난 음부)의 모델이며 구경거리로서 널리 보인다. 내면은 침해를 받는다. 남성적 힘의 대가는 친밀함이다.

사냥꾼은 일종의 존재의 모델로서 동물에 적용되었을 때 상당한 문제가 있음이 드러났다. 나는 이런 점을 도덕화할 생각은 없다. 그러나 6천만 마리의 들소 도살은 계속해서 이야기되고 있다. 사냥꾼들은 여러 수단으로 그들의 행위를 지우려 한다. 그것이 합법적이라면, 그들의 가을철 즐거움을 시샘할 생각은 없다.

그러나 내가 여기서 강조하려 하는 것은, 은유로서 남자들이 지불해야 할 대가가 자기 인식과 친밀함 속에 있다는 사실이다. 여기에는 여전히 그들이 이용 가능한 신비가 있다.

남자들이 그들의 힘을 위해 치러야 할 대가는 어떤 위장을 하더라도 숨길 수 없는 자아로부터의 이 거리감이다. 그들은 이방인이다. 사냥꾼/이방인, 무기와 상처. 이들은 사냥꾼의 양면이다.

자기만족적인 상식의 표면을 문질러보면, 남자들에게는 이제까지 배위온 것보다 더 깊은 수준으로 자아를 경험하고 싶다는 갈망이 있다. 그들 자신의 내면에 있는 이방인에 대해서 더 많이 알고자 하는 깊은 욕망이 있다. 나는 온 생애에 걸쳐 이 자아의 깊숙한 부분으로 들어갈 수 있는 남자들을 찾아왔음을 안다. 그들을 찾기란 어려웠다. 이는, 내가 남자들이 정서적 지지와 친밀함을 대개 여자들에게 의존하고 있다고 생각하기 때문이다. 깊은 내면적 삶에 대해 말하는 법을 아는 남자들은 거의 없다. 대개 행동이나 사고, 육체나 머리 중 하나에 고착되어 있는 다른 남자들에게서 이 능력을 찾기란 매우 어려운 일이다.

나는 남자들이 저지를 수 있는 그 상처를 안다. 나는 그것을 느꼈다. 그리고 나는 자신을 상처 입히기 원했다.

나는 이방인처럼 느꼈다. 나는 머나먼 곳, 동떨어진 곳에서 짐승들 가운데 있을 때 살아 있음을 느꼈다. 나는 방황을 사랑했고 내 자신의 상처, 내 자신의 분노의 감각이 이끄는 대로 일종의 뿌리 없는 욕망을 따라갔다. 나는 늘 무엇인가를 찾고 있다고 생각했다. 영혼의 사냥꾼이었다. 그리고 많은 면에서 그랬다. 그러나 나는 여전히 방랑 중에 있었다. 신화적인 의미에서의 사냥, 내면의 사냥꾼은 늘 사냥당한 자이기도 하다. 그 둘은 서로 의존한다.

최근까지 나는 남자들이 그들의 상실감과 고립감, 그들의 자신에 대한 소외감을 형이상학적 조건으로 이해한다고 생각했다. 우리가 우리 삶에서 성의 역할을 이해하기 시작한 것은 겨우 20년 전의 일이었다. 나는 감정과 다시 연결됨이 얼마나 어려운 일인지 안다. 감정을 사라지게 하는 데 수천 년을 소비한 문화에서 그것을 다시 존재하게 만들기는 정말 어렵다. 그것을 다시 등장시켜야 한다. 정서적 현존과 정직을 중시하는 만큼이나 나는 내가 자아로부터 얼마나 멀어져 있는지를 막 인식하기 시작했다. 가장 친숙한 자아 속에서, 나는 부서지기 쉽고 상처받은 존재다.

남자들이 모든 대가를 치르더라도 피하고 싶어 하는 것은 이 상처 입고 부서지기 쉬운 자아, 축 늘어진 취약한 음경이다. 우리는 대부분 발기한 상태의 음경을 자랑스러워한다. 남자는 발기한 야수이다.

그러나 내가 가장 칭송하는 남자는 새로운 남성적 존재 방식을 찾아 헤매온 이들이다. 우리를 인도한 그 남자들은 종종 그 상처로 고통받은 이들이었다. 사냥꾼들—승리자들—은 자신의 전망 속에서, 마치 악 타이온처럼 자기 사냥개에게 뜯길 때까지, 그 공백을 보고 싶어 하지 않았다.

모든 이들, 모든 남자들은 자신의 길을 가야 하고 이 문화적 사냥에서 벗어나야 한다. 모든 남자들은 그의 정서의 존재양식과 그 능력에 친숙해져야 한다. 나는 '사냥꾼'에 대한 논의가 단지 개요를, 그리고, 일반적인 분석 분야만을 묘사하고 있음을 알고 있다. 많은 사냥꾼들이 존재하고 많은 남성들이 존재한다. 게다가 남자들이 그들의 투쟁과 고통에 대해 이야기할 때는 종종 뭔가 당황스러운 것이 있는데 백인 남성들은 대개 '사냥'으로부터 이득을 얻고 있기 때문이다. 그러나 정서적 진실로 가는 길은 어렵고 두렵다. 그것은 자아와 직면하는 데서 출발한다. 그것은 당신을 있는 그대로 경험하기 위해 필요한 정서적 용기에 의해서 나아간다. 이는 더욱 무서운 미개지이다. 시 속에서 그 사냥은 이 자아의 변두리로 추방된 인물로 종종 등장한다.

3

그 한 달 내내 나는, 에드 쉐이빙스의 전화를 기다리며 보냈다. 그는 1923년 누니바크 섬의 오두막에서 태어난 추픽 에스키모이다. 누니바크 섬은 침식한 화산암으로 된, 작고 나무 한 그루 없는 섬으로, 긴 겨울 내내 베링 해에서 불어오는 거친 물결에 두들겨 맞는 곳이다. 이곳은 알래스카 본 섬에서 30마일쯤 떨어져 있고, 유콘 쿠스코큄 삼각주 부근 에톨린 해협의 위험하고 빠른 조류가 가로지르는 곳에 있다. 에드는 지금 누니바크의 유일한 마을인 메코류크에서 산다. 메코류크는 '모기의 고향'이라는 뜻의 이름을 가진 강 하구 부근의 북쪽 해안가에 있다. 그 이름은 원주민의 현실감각과 재치의 소산이라 할 수 있다.

에드는 섬에 얼어붙어 항구를 가로막은 얼음이 봄이 되어 해빙을 시작할 때 나를 부를 것이라고 말했다. 얼음이 조각조각 떨어져 에톨린 해협을 떠다니면 커다란 해마들이 라운드 섬으로부터 이주를 시작하여 베링해를 지나 아래로는 알류샨 열도까지 내려왔다 축치 해의 여름나기 장소로 위로 올라간다. 그들은 대개 에톨린 해협을 지나 5월 말쯤이면 누니바크 부근에 온다. 그러나 올해에는 알래스카에 봄이 늦게 왔고 누니바크 마을은 냉기와 안개와 녹을 것 같지 않은 해안의 얼음으로 덮여 있다.

얼음이 녹을 때 나는 누니바크 섬을 떠나가는, 원주민의 식량인 왈루스(바다코끼리)를 사냥하는 에드와 합류할 것이다.

바로 이번 달에 내 가까운 친구인 에릭 밀러가 죽어가고 있었다. 그는 끔찍한 죽음을 향하여, 천천히, 피할 수 없는 이주를 하고 있었다. 16개월 동안 나는 지역 에이즈 재단에서 일하며 에릭의 "형제"가 되었다. 우리는 확신할 수는 없었지만 이것이 에릭의 마지막일지도 모른다는 사실을 두려워했다.

나는 누군가 절실히 무언가를 필요로 하는 이들에게 그것을 주고 싶어서 봉사를 자원하였다. 확실히 알지는 못했으나 이 자원봉사 일을 시작하면서 희미하게나마 느꼈던 것은 에릭이 얼마나 많은 것을 내게 주게 될 것인가였다.

에릭은 흑인이다. 그는 뇌졸중으로 쓰러진 뒤부터 목발을 써야 했지만 그래도 키가 2미터나 되는 당당한 남자다. 병으로 다리를 못 쓰게 된 그는 의사에게 갔으며 그리 새삼스러운 일도 아니었지만 에이즈 양성이라는 진단을 받았다. 그것은 내가 에릭을 만나기 4년 전의 일이었고, 이미 그는 완전히 에이즈가 발현된 상태였다.

우리는 동갑내기였다. 20년 전 20대 초반에, 에릭은 훌륭한 운동선수였다. 그는 농구를 사랑하였고 애틀랜타 호크의 자유계약 선수 캠프에 있었다. 그러나 어떤 이유로, 아마도 어떤 압력 때문이었을 테지만, 그는 게으름을 피웠고 이유 없이 결장하였으며 선수가 될 수 있는지 여부가 알려지기도 전에 캠프를 떠났다. 나도 유사한 경험이 있다.

에릭은 말도 당당하게 했다. 그는 말솜씨가 좋았고 믿을 수 없으리만큼 거리의 속어를 유창하게 사용하였다.

"한번 뽕쟁이면." 그는 언젠가 내게 말했다.

"영원히 뽕쟁이지. 이 늙은 뽕쟁이 놈은 차이를 모르겠어."

그는 대단한 카리스마를 지녔고 말씨, 퉁명스러운 위트, 그리고 체격으로 어떤 상황에도 꿀리지 않았다. 그는 유연하고 긴 팔과 손가락 그리고 인상적인 사지와 손가락의 소유자였고 말씨와 함께 일종의 어휘, 강력한 신체 언어를 그 모습에 덧붙여 사용하였다.

나는 대부분 듣는 편이었다.

천천히, 시간이 흐르면서 에릭은 내게 자신의 삶에 대해 말했다. 모든 면에서 나와 전혀 달랐다. 그는 마약과 노름, 약을 얻기 위한 매춘의 어두운 세계에서 살았다.

그러나 에이즈 진단을 받은 뒤에 에릭은 예수를 믿기 시작했다. 나는 그것이 개인적이고 정력적이었으며 심오했다는 말을 제외하고는 그의 종교적 정신을 어떻게 표현할 수가 없다. 믿음은 그를 깨끗하고 순결한 사람으로 만들었다. 그리고 더욱 중요하게도 신에 대한 그의 헌신은 삶의 마지막 몇 년 동안 그를 지탱해주었다. 죽음을 준비하며 자신의 삶을 바르게 하는 한 사람을 나는 보았다. 내가 감동한 것은, 에릭이 그의 삶, 병 그리고 임박한 죽음과 화해하고 그것을 완전한 통합성으로 받아들이려 애쓰는 모습이었다. 예컨대 에이즈에 걸린 어떤 사람들은 특정 지점을 넘어서까지 그들을 살려놓을 수 있는 특수한 치료를 원하지 않는다. 그러나 에릭은 가능한 한 오래 살기를 원했다. 그는 내면에 대단한 삶의 자산을 가지고 있었고 결코 희생자 노릇을 하려 들지는 않았다.

상태가 점점 더 나빠지고 고통이 심해질수록 그는 화를 내는 때가 잦아지고 다루기 어려워져갔다. 그러나 그는 냉소적이 된다든지 자기 연민을 보이지는 않았다.

한때, 그는 내게 전에는 결코 백인 남성과 친구였던 적이 없었다고 말했다. 그는 남자 친구가 별로 없었다고 했다. 그에게 남성과의 관계란 경쟁심과 동료의식, 장난기와 감정적 불신의 혼합물 같은 것이었다.

신이 이 시점에서 그에게 나를 보내주었다고 말했을 때, 나는 그의 신뢰에 깊이 감사했다.

그러나 금년 5월에 그의 상태는 정말 나빠졌다. 입원하였는데 계속 고열이 있었고 환상을 보았으며 정신이 오락가락했다. 침대에 누운 그는 단지 간헐적으로만 나를 알아볼 뿐이었다.

"오늘은 헬리콥터를 가져왔나?"

그는 언젠가 난데없이 이런 질문을 하기도 했다. 그러나 에릭은 체중이 많이 줄지 않아서 나는 그가 회복될 거라고 기대했다.

그는 그러지 못했다. 그는 내가 에드 쉐이빙스에게 북쪽으로 와 바다코끼리 사냥을 하자는 연락을 받은 날 죽었다. 나는 그 다음 날 떠날 예정이었다.

4

누니바크 섬에 도착한 때는 일요일이었다. 나는 슬프고 외롭다. 섬의 땅은 진창투성이이고 북극권 저녁의 긴 여명은 불안정하고 연약한 사랑스러움으로 섬 위에 기울어진다. 섬의 목재 주택들은 페인트칠이 안 되어 있어 셀 수 없는 폭풍에 회색으로 바랬다. 집 밖의 유목 걸대에는 청어들이 매달려 마르는 중이다. 그 은빛의 고기들은 기울어진 햇살 속에서 희미하게 빛난다. 얼음은 녹고 있지만 바람이 갑자기 북쪽에서 불어와 베링 해의 모든 얼음이 거대한 덩어리로 해변으로 밀려와서는 얼어붙은 흰색의 날카로운 건축물이 되어 시야의 끝까지 뻗어 있다.

우리는 바람이 자고 이 얼음덩어리가 물러갈 때까지는 아무 데도 갈 수 없다. 지금 나가는 것은 너무 위험하다.

내 안의 무엇인가가 비슷하게 충격을 받는다. 나는 에릭을 애도한다. 그러나 나는 여전히 무엇인가가 깨져나가기를 기다리고 있음을 느낀다.

일요일 저녁에 에드는 교회에 가자고 나를 초대한다. 나는 마음을 잡을 수 없었고 그래서 그 대신에 산보를 나가 내 안의 느낌들이 적절한 시간과 장소를 잡을 수 있도록 풀어놓는다. 나는 섬의 가장자리, 마을의 외곽으로 걸어 나가 섬 공동묘지—그 밖에 어디가 있겠는가?—에서 내 자신을 발견한다. 그곳은 끝없고 광대무변한 바다를 굽어보고 있다. 검은 구름이 불길하게 북쪽 수평선에 걸려 있다. 날씨가 남쪽이 아닌 북쪽에서 오는 것 같다.

에릭 생각이 난다.

나는 묘지에서 나와 교회를 향한다. 이유는 알 수 없지만 나는 초대를 좋아한다. 나는 마을의 다른 한편, 강 위에서 만을 굽어보는 곳에 자리 잡은 붉은빛의 첨탑을 가진 교회로 걷는다. 메코류크에는 고작 백 가구쯤 살고 있고 그 강은 느리고 사랑스럽다.

나는 '복음의 계약' 교회의 문을 열고 들어가 예배가 막 시작되었음을 발견했다. 모든 시선이 현재 마을의 유일한 백인인 나를 향했다. 그 눈빛과 얼굴에는 호기심과 친절함이 가득하다. 나는 네 여성들이 부르던 찬송가를 마치는 동안 가능한 신중하고 눈에 띄지 않게 뒷좌석으로 향했다.

여자들이 찬송을 마치자 목사가 일어서며 군중을 둘러보고는 설교를 시작했다. 그는 매우 건장하고 제단 위를 성큼성큼 걸으면서 영어와 추픽어로, 스스로 번역도 해가면서 설교를 했다. 그는 그가 젊었을 때의, 아주 오래전 이야기를 하나 해준다. 그는 트라이앵글 섬 부근에서 살았고 거기에는 엄청나게 많은 새먼베리(남미가 원산지인 산딸기의 일종)가 있었다. 그러나 그는 양동이가 하나밖에 없었다. 자신은 가난하고 더러운 집에서 태어났다고 말한다. 그러나 당시 그는 바다표범 장화와 모피가 있었다고 한다. 그는 그 장화를 새먼베리로 가득 채웠다. 비록 가난하게 태어났지만 넘칠 만큼 받았다고 그는 말한다.

이 짧은 이야기를 끝내고 더 긴 설교의 본론으로 막 들어가려고 할 때, 그는 중간에서 말을 끊는다. 그는 좌중을 둘러본다.

"오늘 밤에는 손님이 있군요."

그는 나를 똑바로 보면서 분위기를 띄운다. 나는 약간 얼굴이 붉어진다.

"누구신지 직접 소개를 해주시기를 부탁드립니다."

5

그 사냥에서 가장 만족스러운 것은 최근에 부활하고 있는 바와 같이 사냥꾼들이 서구의 사냥용어가 돼버린 상처들을 회복시키려 한다는 점일 게다. 백인 남성들은 그들 자신을 이방인으로 인식하고 새로운 종류의 친밀감을 상상해보려 한다. 어떤 사냥꾼들은 우리가 배울 수 있는 지혜를 찾기 위해 원주민과 원시의 전통에 의존하기도 한다. 우리는 자연, 인간성 그리고 그들을 묶어주는 영혼 속으로 우리를 깊이 이끌어줄 지혜를 찾는 중이다.

남자들 속에는 여전히 강한 낯선 느낌이 있다.

윌리엄 카를로스 윌리엄스는 원주민 문화로의 회귀가 늘 미국 백인 남성, 대륙을 가로질러 행진하며 동물들과 원주민 문화를 파괴한 개척민의 구원의 몸짓이었다고 쓴다. "그는 인디언들에게 돌아갔다"고 윌리엄은 영웅 샘 휴스턴에 대해 쓴다. "그것은 구원의 몸짓이었다. 그러나 절망의 몸짓이기도 했다."[3]

영혼의 문제에 관심이 있고, 삶을 증권 시장과 사업상의 면담을 위한 마일리지로 환산하지 않는 그 백인 남성들, 그들은 새로운 존재 양식을 찾는다. 그 충동은 우리 시대의 중요한 영적 발전 중 하나를 규정한다. 즉 원시인들의 지혜를 찾는 것이다.

나는 누니바크에 오면서 무엇을 발견하게 될지 확신이 없었고 연장자들로부터 구원을 찾게 될 것 같지도 않았다. 내게 유익하고 옳게 보이는 뭔가를 느꼈기 때문에 죽음과 병을 저 아래로 남겨두고 70줄에 들어선 경험 많은 에스키모 사냥꾼과 시간을 보내러 알래스카에 왔다고 말하는 편이 공정할 것이다.

원주민 연장자로의 회귀는 어떤 면에서 백인 남자들이 자신들의 조상으로부터 얻기 힘든 무엇인가를 찾는 것이다.

그러나 날씨는 며칠 동안 흐렸고, 나는 에드의 집에 머물러 바람과 험상궂은 하늘을 지켜본다. 부엌 식탁의 연어와 바다표범 고기 조각들에 대해 나는 에드와 그의 형제인 헨리와 함께 오랜 시간을 이야기한다.

헨리는 키가 크고 여위고 수다스럽다. 그는 금박으로 '노래하는 어부'라고 새겨진 청색 새틴 볼링 재킷을 입고 있다. 그는 잘 알려진 가수이고 알래스카와 미국 본토 부근을 널리 여행하였다. 그는 활발한 유머감각의 소유자이고 걸을 때는 약간 엉덩이를 굽히는데 그러면 그루초 막스*를 연상시킨다. 그는 언제나 대책 없을 만큼 명랑하다.

동생인 에드는 형보다는 좀더 진지하고 존경할 만하다. 에드에게서는 조용한 사려 깊음과 실용적 지혜의 분위기가 풍긴다. 에드는 내게 50년 이상이나 바다에 나갔고 거기서 바다코끼리 사냥부터 카약 다루기까지 모든 것을 배웠다고 말한다.

"우리는 연장자에게 귀를 기울여 배웠지."

그는 말한다.

"우리는 그들과 땀내 나는 여관에 묵으면서 들었어. 그게 우리가 사냥을 배우는 방식이지."

"게다가 우리는 바다에 나가 배웠네."

그는 계속 말했다.

"그 사람들은 부빙 위에서 공격을 받았을 때 무엇을 해야 하는지도 알려주었어. 만약 바다코끼리들이 공격을 한다면 말이지. 우리는 컴퓨터를 가지고는 사냥을 못 한다는 것을 안다네. 자신의 눈과 판단만을 사용해야 해."

에드는 그의 할아버지에 대한 다른 이야기를 들려준다. 나는 인간과 동물 사이의 이런 관계, 그리고 사람들을 하나로 엮는 관계에 대해서 거의 마법적인 것을 배운다.

---

* 그루초 막스(Groucho Marx, 1890~1977) : 미국의 유명 코미디언이자 영화배우.

"내가 어릴 적 일일세. 할아버지에게는 30구경 레밍턴 총이 있었지. 정말 오래된, 아주 낡은 총이었어. 어릴 때 바다코끼리의 배를 열었는데 위장 속에 청동판이 하나 있었지. 30레밍턴이라고 작은 글씨가 새겨져 있었어. 그 바다코끼리는 바다에서 조개와 함께 그 동판을 먹은 거지. 그 때문에 할아버지 생각이 났어."

동물들은 사랑하는 사람들의 인식표, 추억을 가지고 다닌다. 나는 그 이야기에 심오한 풍부함이 있다고 본다.

그동안 집 뒤편에서는 텔레비전이 켜져 있다. 밥 베이커가 베링 해의 이 섬까지 위성 중계되는 「더 프라이스 이즈 라이트The Price is Right」 프로에 출현하고 있다. 그는 게임과 뜨거운 욕조가 준비된 타이티 여행으로 참가자들을 끌어들인다. 헨리는 빵 조각 위에 작은 주전자로 바다코끼리 기름을 따른다. 그는 바다코끼리의 지느러미가 얼마나 맛있는지 말한다. 진짜 맛있어서 그 사람들에게는 진미라고 한다. 그는 우리가 얼마쯤 얻을 수 있게 되기를 바랐다.

6

현대의 백인 사냥꾼들은 사냥과 자아를 다시 규정하는 데 있어 점점 더 원주민 사냥꾼들의 도움에 의존한다. 북미의 백인 스포츠 사냥꾼들에 대한 글을 쓰는, 『혈연Bloddties』의 작가 테드 케러소트Ted Kerasote는 백인을 위한 새로운 사냥 비전의 유창한 대변인이다. 그의 책은 지구와의 더 큰 친밀감을 바라는 욕구에 대한 진실로 오랜 명상의 소산이며, 그는 엘크의 고기가 하늘의 별들처럼 그 자신을 통과해 지나간다고도 주장한다. 불교도 채식주의자들의 모임에서 자신을 변호해야 할 때라도 그는 사냥이 자신을 그의 DNA에 새겨져 있는 삶의 구체적인 측면과 연결시켜준다고 주장할 것이다.

이런 물질주의적 경향은, 늘 그의 주장과 선언 가운데 가장 확신을 떨어뜨리는 요인이기는 하지만, 어쨌거나 대지와의 육체적 밀착에 대한 강한 느낌을 반영한다. 그 유전자가 인간의 DNA에 감겨 있다는 것은 사냥 시학의 일부이지만, 이런 생각에 따르면 고기에 대한 욕구의 근원은 아마도 이 스캐빈저 유전자일 것이다.

케러소트와 다른 사냥꾼들은 단순하게 자신의 영혼을 따를 때 더 강력한 호소력을 발휘한다. 예컨대 케러소트는 사냥이 '우리가 가진, 동물과의 가장 오랜 관계의 주춧돌'이라고 믿는다. 케러소트는 신화적인 연대학을 추적하면서 사냥의 영적 차원을 탐구한다. 그는 사냥이 최초의 인간들 사이에서 '성스러운 행위'였다고도 한다.

사람들의 의식이 진화하여 죽음이 세계에 충만하다는 최초의 인식이 있었을 때, 그들은 더 이상 그 피조물들과 하나가 아니었다…… 이런 최초의 죄의식, 최초의 책임감을 회상해보라…… 몇몇 사회에서는 이 속박의 정수가 전해 내려왔다. 이 속박, 이 죄의식, 이 자기애—무엇이라고 부르든—로부터 동굴 벽화, 곰의 두 개골을 쌓은 사당 그리고 세계 도처에서 많은 종교가 생겨났다. 음식과 의복을 위해 죽인 동물들의 영혼을 위해 연기를 쐬고 노래를 부르며, 용서와 재생을 위한 기도자들…… 기도자들은 우리 모두를 한데 묶는 그물을 위해 슬픔 속에서 제물을 바쳤다. 그들 자신을 만든 피조물들에 대한 존경과 그 희생에 대한 인식은 우리가 동물과 일치된 최초의 순간이었고 그것이 사냥을 신성한 행위로 만들었다.[4]

이 문장에는 상당한 분량의 원시적인 신화 창조가 있는데, 그것은 현대 백인 남성들을 위해 '원초적' 민족들의 새로운 시학을 통해 사냥의 의미를 재정립하려는 기도라고 보면 가장 잘 이해된다. 이 문장은 '속박의 정수'에 초점을 맞추는데, 그것이 이 문장의 핵심 모티프인 그 죄의식을 위장할 수는 없다. 현대의 사냥꾼을 규정하게 된 그 죄의식 말이다.

나는 솔직하게 말해 사냥이 '신성한 행위'인 사람들을 거의 알지 못한다. 대부분은 지나치게 큰 모자를 쓰고 브롱코스를 몰며 쿠어스 맥주를 마시는 엘머 퍼드*가 아니다. 그러나 그들은 '신성'하지는 않다. 어느 사냥꾼이 사냥을 남성적 유대의 장소라고 말한다면, 이는 아주 전형적인 사냥의 개념을 드러내는 것이다.

그 사냥꾼이 남성적 유대의 장소로 사냥에 대해 말하는 것은 다음과 같은 전형적인 사냥의 개념을 염두에 둔 것이다. "사실 며칠간 사냥 오두막으로 함께 여행을 떠났을 때 그들은 대개 맥주를 마시든지, 보잘것없는 동물들을 쏘든지, 계집들에 대한 이야기를 한다."⁵

간단히 말해 이것이 대부분의 남자들의 상상 속에 있는 '남자란 족속'들이다.

그러나 이 여정에서 새로운 영적 진로를 발견하려는 시도는 강력하고 중요한 징후이다. 그리고 그 감각은 사냥꾼에 대한 것만이 아니다.

최근의 사냥과 원주민의 생활방식에 대한 가장 사려 깊은 대변인은 리처드 넬슨이다. 그는 알래스카의 원주민 연장자들로부터 20년 동안 가르침을 받은 인류학자이다. 『내면의 섬』에서 넬슨은 동물과 숲(그가 '신화적 숲'이라 부른)과 사냥꾼의 깊은 유대를 묘사한다. 이는 원주민 연장자들이 그에게 '영적인 숲, 나를 신성하고 빛나는 그물로 감싸고 영원히 이곳에 머물게 하는 숲'이라 알려준 것이다.

---

* 엘머 퍼드Elmer Fudd; 루니툰 만화에 나오는, 머리가 크고 키가 작은 꼬마 인물.

「선물」이란 에세이에서 넬슨은 사슴과 만난 체험 두 가지를 묘사한다. 하나는 사냥에서였고 여기서 그는 어떻게 동물처럼 생각하는지에 대한 코유콘Koyukon 부족 연장자들의 가르침과 충고를 되새겼다. 다른 하나는 암사슴이 숲에 수사슴을 남겨두고 그에게 다가왔을 때였다. 그들은 살짝 서로 닿았다. 이 둘은 모두 '선물,' 영적인 선물, 사슴과 그 자신 간의 깊은 유대의 표지였다.

그러나 이런 경험에는, 우리가 대지로부터 얻고, 연장자들에 의해 형성된 지혜의 빛 속에서 그들을 되살릴 수 있다면 얻는 핵심적인 교훈이 있다. 두 사슴은 와서 내게 선택을 맡겼다. 한 마리는 내가 잡아먹었고 우리는 한 몸이 되었다. 다른 사슴은 내가 만졌고 우리는 그 순간을 공유했다. 이런 순간들은 상반되는 것처럼 보이지만 그러나 사실상 동일한 것이다. 그 둘은 같은 원칙, 같은 관계, 같은 상호성 위에 세워졌다. 코유콘 노인들은 우리의 것과는 전혀 다른 언어로 내가 그 두 은총의 순간, 혹은 그들 말로는 행운을 만났다고 설명한다. 이는 사냥꾼에게 성공의 원천이다. 기술도, 영리함도 교활함도 아니다. 중요한 것들은 자연 안에서 단지 주어진다. 빼앗을 수 있는 것이 아니다.[6]

넬슨은 원주민의 문화와 전통에 대한 존경과, 우리가 자아와 대지와의 친밀감을 재정의하려 시도할 때 그들이 우리에게 제공해주는 지혜에 대해서 쓴다.

남성운동 역시 그 남성성에 대한 '신화 시적mythopoetic' 재해석에 있어 미국 인디언의 전통에 주목하며 많은 미국 남성들을 돕기 위해 외면적으로 사냥꾼의 모습을 사용한다. 남성운동은 종종 풍자와 조롱의 대상이 되기도 한다. 페미니스트들은 그것이 어느 정도 자기 정당화를 시도하는 여성운동에 대한 반발이 아닌지 의심하기도 한다. 그러나 내가 이 운동에서 만난 남자들은 반격에는 관심이 없고 오히려 그들 자신의 남성다움, 그들에게 통합성과 자기 존중의 의미를 부여하는 남성성의 모델에 대한 욕구에 더 초점을 맞추고 있다. 그들은 '와일드'하고 강해지기 원하지만 특히 다른 남자들과 함께 있을 때는 정서적으로 취약하다. 미국적 자본주의의 경쟁과 자기 통제 법칙에는 뭔가 깊이 두려운 것이 있으며 그래서 어떤 '신화적' 수준까지, 보편적인 원형에 의해 정의되는 수준까지 그들 자신과 연결되려는 갈망이 존재한다.

이 운동은 정신분석적인, 융적인 주제와 부권적 틀 사이를 강력하게 연결한다. 그리고 그것은 북치기나 '입문 의식' 같은 미개부족에서 따온 기구들에서 분명하게 드러난다. 남자들은 현명한 지도와, 내가 '재남성화remasculinization'라 부른 것, 그들 자신을 연약하게 느끼도록 하지 않으면서 보살핌에 대한 욕구를 충족시키는 것을 갈망한다.

사냥꾼은 이 운동의 원형 중 하나이다. 마이클 미드는 종종 로버트 블라이와 그의 책 『삶의 정수: 입문과 남자의 단련』을 따라서 남자들을 위한 워크숍을 지도한다. 이 워크숍과 책에서 그는 '사냥꾼과 그의 아들'이란 이야기로 서두를 시작한다.[7] 그 이야기는 다음과 같다.

이 아버지와 아들의 이야기에 주목하십시오.

한 사냥꾼과 그의 아들이 어느 날 사냥감을 찾아 숲으로 갔습니다. 그들은 아침 내내 사냥을 했지만 먹을 것이라고는 작은 들쥐 한 마리밖에 잡지 못했습니다. 아버지는 그 쥐를 아들더러 가지고 있으라고 주었지요. 아들은 그 쥐가 하찮게 보여 덤불 속에 던져버렸어요. 오후 내내도 아무 짐승도 못 보았습니다. 땅거미가 지자 아버지는 불을 피우고 말했습니다.

"그 들쥐를 굽게 이리 다오. 최소한 뭔가 먹어야 하니까 말이다."

아들이 그 쥐를 버린 것을 알자 아버지는 매우 화가 났습니다. 치솟아 오르는 분노로 인해 그는 아들을 도끼로 때려눕히고는 떠나버렸습니다. 그는 땅 위에 자빠져 있는 아들을 내버려두고 집으로 돌아왔습니다.

이 이야기는 아들이 달아나서 다른 남자에게 입양이 되지만 생부가 그를 찾게 된다는 데까지 계속된다. 그리고 아들은 말과 노예 소녀들을 죽이라는 명령을 받자 아버지로부터 입은 폭력과 상처가 삶의 피할 수 없는 부분이라는 힘든 교훈을 배우게 된다.

미드는 많은 남자들이 아버지로부터 매를 맞았다는 느낌이 들게끔 정열적으로 쓴다. 많은 남자들은 그들이 아직도 상처를 느끼고 있는 신체 부위를 바로 지적할 수 있다고 그는 말한다. 그 상처의 본성은 이것이다. '내 삶의 한 기념할 만한 순간에 아버지에게 그 쥐는 나보다 더 중요했다.'

나는 아버지로부터 받은 상처에 주목하는 행위를 이해한다. 내 생각에 그 남성운동의 문제는 그것이 아버지/사냥꾼의 폭력과 상처를 폭력이 특별히 남성적인 것으로 보인다는 관점에서 정당화하려는 경향이다. 이 운동은 폭력을 찬양한다. 미드의 이야기는 말의 살육, 노예 소녀들의 살해, 어린이 구타를 정당화한다. 사냥꾼의 개념은 다시 한 번 남성의 폭력을 정당화하기 위해 쓰인다. 모든 부류의 타자에 대항해서 말이다.

케러소트, 넬슨 그리고 미드는 백인 남자들이 배울 수 있는 이미지를 원주민 사냥꾼에 의존한다. 원주민 사냥꾼은 우리에게 일종의 지혜를 약속한다. 그의 지혜는 개인적인 삶의 의미와 연장자와 자연과의 영적인 관계에 대한 갈망이다. 이 세 저자들은 매우 상이한 방식으로 원주민 사냥의 영성을 촉발한다. 여기에는 분명히 현대 남성들의, 새로운 정체성의 양식, 친밀한 관계에 있어서 새로운 능력에 대한 어떤 갈망이 있다. 그 상처 아래에는 변화와 전체성에 대한 갈망이 있다.

나는 에드의 이야기 그리고 이 세 백인 남자들의 전혀 다른 관점 속에서 우리가 원주민 사냥꾼의 전통으로부터 배울 수 있는 지혜란 과연 무엇일까 궁금해 한다.

7

무거운 잠 속에서 얼음이 녹아 깨지는 꿈을 꾼 뒤, 나는 메코류크의 사흘째 되는 아침을 맞는다. 내가 일어났을 때 에드는 이미 바다를 내려다보며 날씨를 체크하고 있다. 그는 아무 말도 하지 않지만 아침 내내 바람을 주시한다.

누니바크로의 여행에 대한 무언가가 내겐 상서롭게 느껴진다. 나는 여기 있을 권리를 가진 것처럼 느낀다. 에릭의 죽음 이후 여기에 와서 에드와 함께 바다코끼리를 잡으러 간다니. 내 꿈의 세계가 또 내가 잠이 깬 세계와 더불어 이상하고 의미 있는 방식으로 겹쳐진다. 여러 해 동안 나는 변화를 겪었으며 새롭고 어떤 경우에는 고통스러운 내 자아의 부분을 열어젖혔다. 나는 언제나 정서가 풍부한 사람이었지만 내 안에는 어떤 차가움, 어떤 얼어붙은 장소도 있었다. 에릭에 대한 슬픔은 내 안에서 일어나던 어떤 변화의 감각을 증류한다.

그것은 거센 북극의 바람 아래 바닷가에서 서로 부딪치는 얼음덩이리 속에서 굴절한다. 찌푸린 하늘 아래서 나는 마른 풀밭으로 걸어가며 바람의 방향이 바뀌기를, 날씨가 좀 풀리고, 얼음이 움직이기를 바란다.

바깥 세계가 내면의 세계를 반영할 때면, 늘 사물들이 한데 모이고 내 자아와 바깥 세계가 새로운 관계로 미끄러져 들어간다는 사실을 나는 알고 있다. 그때는 내 안에서 시가 솟아나며 두 세계가 서로 연결되고 상호 조응한다. 나는 내 자아가 열리고 분출되며 풀어지는 것을 느낀다. 모든 말들이 내 삶의 반향처럼 보이고, 그들 스스로 풀어지고 느슨해지고 움직거리는 기억들로 울려 퍼진다. 말과 기억들, 그것은 나를 내면의 보다 깊은 곳, 보다 깊은 분출의 감각으로 이끈다.

창밖 남서쪽에서 강하고 길한 바람이 불어오더니 어두운 하늘과 하얀 바다에는 칙칙한 빛이 움직이기 시작한다.

에드는 날씨를 관찰하며 내게 '웃기는 이야기'를 해준다.

"한 남자가 생각나네. 톰 투츠라는, 정말 훌륭한 사냥꾼이었지. 그는 아주 늙었었어. 서쪽의 산기슭에 살았지. 한번은 산을 둘러보다가 반은 사람이고 반은 늑대인 무리를 보았어. 위대한 사람만이, 아주아주 운 좋은 사람만이 그들을 본다는 말이 있지. 그는 늘 사람들은 커다란 가족이라는 말을 했어. 젊었을 때 그는 노인들로부터 사람들이 태도를 바꾸면 날씨도 따라준다는 것을 배웠다네."

에드의 아내 에스더는 우리가 오늘 사냥을 갈 수 있기를 바란다고 이야기한다. 그녀는 바다코끼리 지느러미를 먹고 싶어 하는데 그것은 끓이면 훌륭한 요리가 된다. 그것은 누니바크의 봄 요리이며 겨울이 물러가고 여름이 온다는, 얼음이 깨지고 여름 낚시 캠프가 섬 전체에 펼쳐진다는 신호이기도 하다. 나는 귀를 기울인다. 오늘 아침에는 도처에 시가 있다. 나는 에스더의 말을 옮겨 적는데 그것은 잡지에 실어도 좋을 만한 시가 된다.

추픽 여인이 말하네.
비가 곧 그칠 것 같아요.
해가 뜰 거예요.
바다코끼리는 얼음 위에서 잠들 거라고

난 생각해요.
왜냐하면 우리가
지느러미를 좀 먹어야 하니까요.

에드는 말이 거의 없고 아침은 흘러간다. 그는 곧 한마디 말도 없이 샌드위치를 만들기 시작하고 나는 우리가 한 시간 뒤에 그의 7미터짜리 보트를 타고 바다코끼리를 잡으러 나갈 것임을 안다.

곧 우리는 보트에 오른다. 물결은 강의 하구, 만의 바깥까지 밀려오고 보트는 펄 위에 있다. 우리는 그것을 끌어내리고 무거운 눈옷을 입는다. 그리고 에드는 부빙 사이로 우리를 인도하여 섬의 동쪽에 있는 어두운 곳을 향한다.

앞으로 나아갈 때 강어귀는 마치 밤처럼 어두웠다. 새들이 우리 위에서 바람 속을 날고 있지만 어두워서 알아보기 어렵다. 작은 무리의 거위 떼가 갑자기 눈높이쯤에서 날아오른다. 나는 그들을 가까이에서 살핀다. 하얀 머리와 회색 몸, 아름다운 황제 거위이다. 그들은 바람을 따라 박차고 나는 것처럼 보이고 목은 밧줄처럼 쭉 뻗고 날개는 세차게 두드리며 우리에게 축복을 보낸다.

도처의 물 위에서 날아오르는 그 지역의 정령들이 나를 따른다. 우리가 에톨린 곳을 지나 에톨린 해협으로 향할 때 몇 마리 바다오리가 우리를 천천히 따라오더니 보트보다 빨리 날아갔다. 그들은 뚱뚱한 검은 몸에 작은 날개를 공기 중에서 미친 듯이 흔든다. 지나치게 큰 듯한 노랑 부리는, 얼음 위로 달려드는 가미가제 폭격기 같은 거칠고 코믹한 인상을 준다. 그러나 그들은 작은 프로펠러처럼 날개를 치며 어둑어둑한 하늘을 배경으로 검은 형태를 지어 우리를 휙 지나간다.

하늘과 바다와 얼음은 회색과 크림색 그리고 희미하게 백랍 빛이 나는 푸른빛의 수채화 색조를 띤다. 우리는 에톨린 해협의 부빙 한가운데로 더 멀리 나아간다. 누니바크 섬은 굴 빛 하늘, 그리고 그 섬을 만들었던 화산(지금은 휴화산이 된)을 배경으로 우현 가운데 솟아오른 희미한 형태의, 물결에 부딪치는 작은 화산암 바위가 된다.

우리는 온종일 해변에서 16킬로미터쯤 떨어진 곳을 살핀다. 에드는 종종 잠자는 동물들이 없는지 살피려고 우리를 부빙으로 데려갔다. 얼음이 녹을 때 바다코끼리는 남쪽에 있는 라운드 섬의 겨울나기 장소로부터 보다 북쪽의 축칙 해로 여름을 보내러 온다. 암컷과 새끼가 먼저 오고 수컷은 종종 부빙 덩어리 위에서 쉬려고 서너 마리가 무리를 지어 뚱뚱한 몸을 끌어올린다.

"바다코끼리가 얼음 위에서 잘 때는" 에드는 말한다.

"길게 열을 지어 있지. 붉은색으로 보여."

그러나 나는 개의치 않는다. 나는 바다오리들과 작은 바다쇠오리, 그리고 스텔러 솜털오리들과 얼음과 하늘의 그 광대한 정경을 바라본다. 나는 섬과 대륙 사이의 강한 조류가 얼음을 깨고 움직이게 하는 느낌을 사랑한다. 나는 새와 바다표범들의 한가운데 있는 것을 사랑한다. 나는 바람을 따라 오르내리는 도둑갈매기들의 모습을 사랑한다. 그들의 검은 머리와 뾰족하고 각진 날개는 야수의 아름다움이 있다. 그들은 진정한 쓰레기 청소부, 혹은 해적이며 바다를 순찰하며 다른 갈매기들을 공격하여 먹이를 토해내게 한다. 도둑갈매기들은 세상에서 가장 아름다운 청소부일 것이다.

나는 에드와 헨리, 그리고 에드의 아들 척과 함께 있는 것을 사랑한다. 우리가 혼란스러운 조류를 가로질러 흔들거리며 집을 향해 가고 있을 때 에드는 내게 이야기를 하나 해주었다. 그것은 그가 바다에서 살아온 50년간 '사냥꾼으로서의 가장 큰 교훈을 배운' 경험에 대한 것이다.

그는 이 바다에 왔었다. 그는 지금 우리처럼 겨우 5미터밖에 안 되는 작은 무개 보트를 타고 있었다.

"나는 바다표범 사냥을 하고 있었지."

에드는 말한다. 그의 말은 느리고 신중하다.

"수염 난 바다표범들이야. 우리는 그를 무클룩이라고 부르지. 결혼하기 전이었으니까 40년은 지났을 게야. 바다는 매우 거칠고 하늘은 어두웠어. 내 보트는 너무 작아 보이고 물결은 사방에서 나를 때렸지. 그리고 엔진도 죽었어. 나는 시동을 걸 수 없었어. 아주 먼 바다에서 말이야."

에드가 그렇게 많이, 또 길게 말하는 것은 매우 드문 일이어서 나는 주의 깊게 귀를 기울였다. 가끔 그는 문장 사이를 끊는다. 나는 바다를 굽어보고 그가 말을 재개하기를 기다렸다.

"난 보트를 고정해주던 닻을 끌어올리려고 했어. 그때 닻줄이 끊어졌지. 보트는 좌우 사방으로 흔들렸어. 나는 바닷새들과 바다표범들을 바라봤지. 그들 중 하나가 되고 싶었어. 그럼 이런 문제가 없을 게 아닌가, 그렇게 생각했지."

"난 밤을 바다에서 보냈어. 그때까진 기도할 줄 몰랐지. 그러나 그 밤에 나는 머리를 발끝까지 숙이고 그 바다 한가운데 있던 5미터짜리 보트에서 기도했지. 내가 대지와 바람과 바다의 창조자를 안 것은 거기에서야. 파도는 밤새도록 몰아쳤지. 다음 날 아침 엔진이 돌기 시작했어. 그리고 나는 본토를 거쳐 섬으로 왔지. 몸과 마음이 다 강해졌어. 나는 바다와 바람과 날씨를 존경하게 되었지. 나는 평생 사냥을 했지만 안전이 제일이야. 인간들도 매우 중요하지. 우리는 가족과 친구들이 있네. 나는 이를 아버지에게 배웠지."

에드는 그의 이야기를 끝낸다. 나는 그를 바라본다. 그의 얼굴은 눈옷의 후드 아래서 그늘이 드리워져 있다. 그는 바다에서 단련된 눈빛을 지녔다. 그러나 그의 심장은 얼굴의 그림자 속에 있다. 그의 시선 속에 말이다.

그의 말은 바람과 나 사이를 맴돈다. 마치 새처럼, 나는 그것이 날개치는 모습을 볼 수 있지만 내려앉지는 않는다. 그 이야기는 신학이라고, 나는 생각한다. 그것은 영혼에 대한 것이었다. 그것은 남자, 세계의 창조주와 연결된 사냥꾼에 대한 이야기였다. 그것은 유머와 친근함으로 이야기된 영적 교사와 지도자로서의 사냥꾼이다.

그 순간 나는 뭔가 새로운 것을 느낀다. 비록 자아를 넘어서는 능력과 관계있기는 하지만, 영성은 초월의 문제가 아니다. 내가 사랑한 누군가가 한번은 내게 영성은 연결 지을 수 있는 능력이라고 하였다. 그것은 갑자기 내게 다가왔다. 그것은 자신의 개인적 운명을 지상의 피조물의 운명과 연결 지으며 세계에 존재하는 것이다. 그것은 바다표범과 바닷새 무리의 가운데 '머리를 발끝까지 숙이고' 작은 보트에 있는 에드의 이미지이다.

이런 종류의 영성은 내면을 외부와 연결 짓는 능력이다. 나는 에드에 대해 일종의 질투심을 느낀다. 그는 어떤 의미에서 보자면 바다표범과 바닷새, 바람과 파도의 한가운데서 태어났다. 지나치게 활동적인 우리의 남성성이 오늘날 결여하고 있는 것은, 이런 종류의 영성에 대한 지식이기보다는 그에 대한 체험인 것이다.

8

에릭이 죽던 순간, 그 종말은 내 생각보다 훨씬 빨리 온 것이었다. 죽기 한 달 전부터 그는 매우 아팠다. 그러나 주변 사람들은 그가 나아질

것이라고 기대했다. 그러나 그때, 어느 날 밤에 에릭은 최후에 가까이 간 것처럼 보이기 시작했다.

그는 폐렴으로 고열이 났고 게다가 뇌막을 침범한 톡소플라스마증에 걸려 있었다. 에릭의 뇌는 불타는 듯했다. 그는 침대에 누워 환상을 보고 있었다. 끝없이 이야기했지만 두서가 하나도 없었다. 그 옆에 있던 우리들 중 아무도 그가 무슨 소리를 하는지 알 수 없었다. 그는 내면의 어떤 깊은 곳에 있었다. 그는 여전히 건장했다. 그러나 얼굴에는 공허하지는 않지만, 아주 먼, 먼 거리감이 나타나 있었다. 그의 말은 어떤 깊고 사적인 장소로부터 우리들에게 울려 나왔다.

마치 그는 과거의 어떤 인물과 대화를 나누는 것 같았다. 아마도 아직 채 끝나지 않은 삶에서의 마지막 대화를 나누던 것이었으리라. 그는 분명히 아직도 할 말이 있었다.

나는 그의 말이 매우 압도적이고 매우 심오함을 알았다. 어떤 위대한 신비와 중요한 과정이 내 앞에서 진행되는 중이었고, 나는 가능한 한 그 순간에 참여하고 싶었다. 그리고 이 의미 있는 순간, 무엇인가 중요한 일이 일어나고 있는 시간을 인식하고 싶었다. 나는 비록 에릭의 말이 하나도 이해가 안 되었지만 그저 경청하고 싶었다.

그의 말에는 뭔가 셰익스피어적인 것이 있었다. 한번은 침대에 설치된 봉을 붙들고 몸을 일으켰다. 그는 여전히 매우 강했다. 그러나 그것은 잠깐 동안의 경련 같은 행동이었다. 그는 길고 약간은 구부러진 집게손가락으로 빈 벽을 가리키며 아무도 없는 곳에다 대고 고함을 질렀다.

"그 죄는 네 거야."

그러고는 잠깐 동안의 침묵. 에릭은 누구에게 말했을까? 그 죄란 무엇일까?

"한 번 더 말할 거니까, 잘 들어."

그는 협박조로 여전히 그 상상의 인물을 가리키며 말했다.
"그 여자는 더 이상 견딜 수가 없어, 그리고 나도."
그러고 나서는 다시 벌렁 누워 잠시 동안 조용해졌다.
그는 이렇게 몇 시간을 있었다.
나는 못 박힌 듯 앉아 있었다. 그는 그 자신의 죽음의 시를 쓰고 있었다.
다음 날 아침, 그는 조용했다. 아무 말도 하지 않았다. 또 다른 위대한 평화가 그를 찾아왔다. 아마 그는 이제 말해야 할 것을 다 말했으리라. 그는 머리카락을 흩뜨린 채 침대에 누워 있었고 난 그에게 라즈베리 젤리를 먹여주었다. 그는 먼 곳을 공허하게 쳐다보았다.
그를 떠나면서 나는 말했다.
"자네를 사랑하네, 에릭."
난 두 번을 속삭였다. 그가 희미하게 미소를 지어, 난 그가 알아들었음을 알았다. 아무것도 말하지 않는 편이 더 쉬웠을지도 모른다. 그리고 나는 내가 그를 사랑한다고 말한 사실이 참 기뻤다. 그는 내가 다시 보러 가기 전 날 아침 일찍 죽었다. 그것이 그에게 한 나의 마지막 말이었다.
그가 죽은 뒤 나는 병실에 잠시 동안 앉아 있었다. 그리고 나는 그의 존재와 슬픔으로 가득 찬 채 베링 해로 가는, 세 번 갈아타야 하는 비행기에 올랐다.

9

우리는 바다 쪽으로 32킬로미터쯤은 떨어진 작은 얼음 덩어리 위에 서 있다. 우리와 함께, 정확히 바로 내 오른쪽에는 슬픈 눈빛을 하고 가슴이 통통한 커다란 바다코끼리가 있다. 단지 추측만 할 수 있을 뿐이지만

적어도 1톤은 나갈 것 같다. 그 길고 구부러진, 노랗고 상앗빛 나는 송곳니 중 하나는 칼처럼 얼음에 박혀 있다. 다른 이빨은 가장자리에서 물속에 잠겨 있다. 가죽은 주름지고 큰 사마귀들이 나 있으며 목 부분은 희미하게 빛나는 핑크색이다. 담배색의 갈색 가죽은 싸움의 결과로 벗겨져 그 밑의 벌건 살이 드러나 있다.

척과 헨리는 그놈을 죽이려 했다.

그놈은 우리를 바라보더니 눈에 약간 핏기가 비쳤다. 놈은 정말로, 아주 고통스럽고 슬픈 표정을 지었다. 에드와 헨리도 당황하였다. 그 짐승은 작은 부빙의 가장자리에 기어올랐다. 우리는 다른 바다코끼리와 함께 그놈이 기어오를 때 살금살금 다가가 두 방의 총을 쏘았다. 다른 놈은 우리가 있는 것을 알아채자마자 1.5미터쯤 떨어진 곳에서 공포에 질려 바다에 뛰어들었다. 그러나 이놈은 상처가 너무 깊었다.

우리는 얼음에 30~60센티미터 정도 붙은 곳까지 보트를 몰고 와서는 그놈을 굴려 실었다. 우리는 보트를 얼음 위로 끌어올렸는데, 그 너비는 겨우 2미터 정도였다. 그래서 어떻게 해야 할지를 결정해야 했다. 나는 최소한 길이가 3미터는 되고 꼬리지느러미가 물속에 잠겨 있는 이 거대한 동물에 너무 가까이 가면 위험함을 알아차렸다. 눈을 크게 뜨고 우리를 바라보고 있었는데, 몸은 전혀 움직이지 않았지만 무서운 시선이었다.

우리는 오늘 사냥을 재개했다. 두번째 날이었다. 아침에 우리는 북쪽을 향해 베링 해로 곧바로 나갔다. 그곳의 얼음은 자연 그대로의 아름다움을 띠고 있었고, 헨리는 작은 반지바다표범을 잡는 데 성공했지만 바다코끼리는 전혀 볼 수 없었다. 에드는 오후 늦게 작은 보트를 다시 에톨린 해협으로 몰고 갔고 우리는 그 해협의 가운데를 전속력으로 달렸다. 우리 뒤에는 두꺼운 안개가 끼어 누니바크 섬이 보이지 않았다.

그리고 우리는 이곳으로, 이 바다코끼리에게로 왔다.

우리는 밝게 반짝이는 태양 아래서 바다코끼리 곁 얼음 위에 서 있다. 그것은 숨을 쉬고 그 호흡의 증기는 차가운 대기 속에서 그놈의 머리 둘레를 감싼다.

에드는 결정을 하기 위해 잠시 멈춘다. 우리가 바라보자 그 바다코끼리는 커다랗고 무서운 신음을 낸다. 그가 몸을 격렬하게 떨자 우리는 본능적으로 한 발 물러선다. 동시에 바다코끼리는 꼬리지느러미로 얼음을 찬다. 몸은 뒤틀려지고 사방으로 꼬인다. 그 불확실한 순간 우리는 아무도 무슨 일이 일어날지 모른다.

그놈은 다시 비명을 지르더니 머리 옆에 박힌 눈으로 우리를 노려본다. 신음 소리는 그 동물의 존재 깊숙이에서 울려나온다. 그놈은 그 거대한 몸뚱이, 머리부터 꼬리를 공기 중에서 마치 헤엄치듯 펄떡거린다. 에드는 그놈이 물을 향해 펄떡대자 비명을 지른다. 그리고 남은 우리도 무력하게 겁에 질려 바라볼 뿐이다. 마지막 경련으로 그놈은 얼음에서 몸을 굴려 바다로 떨어진다.

그놈은 돌처럼 가라앉는다.

나는 가장자리로 나가 그놈이 깨끗한 물속으로 가라앉는 모습을 지켜본다.

그 동물적 힘의 정면에서 우리는 서로를 쳐다볼 수밖에, 대단히 실망하여 침묵 속에 바라볼 수밖에 없다. 우리는 어안이 벙벙해서 물을 쳐다본다.

그 바다코끼리가 하얀 얼음 위로 올라와 내게 아무 의미 없는 신음을 내뿜었을 때, 내 친구 에릭의 모습이, 침대에서 벌떡 일어나 보이지 않는 인물에게 고함을 질러댄, 하얀 시트에 뿌려진 마지막 힘의 분출이 떠올랐다. 그리고 그는 다시 쓰러지더니 죽었다. 신음, 분출 그리고 끝. 그 두 이미지(동물과 인간)는 내 마음과 기억과 과거와 오늘의 실재 속으로 들어와 하나가 된다.

  내면이 바깥 세계를 반영하는 이런 순간에, 나는 내가 완전한 현현의 시간과 장소 속에 존재함을 안다. 이 순간들은 우연의 일치일 수도, 우연일 수도 있지만, 그들은 더 깊은 의도와 목적을 반영한다. 그들은 세계가 내면으로부터 조직되는 방식을 반영한다. 그리고 나는 지배와, 통제와는 아무 관련이 없는 방식으로 현존한다. 그것은 누군가 다른 이들의 원고, 물려받은 역사적인 희곡을 읽는 것과 무관하다. 그러나 그것은 내 안에서 나오고, 이들이 모두 슬픈 체험일지언정 나는 내 자아와 나의 경험과 깊숙이 연결된 느낌들의 그 모든 분출과 해방을 맛본다.

  나는 태양이 바다와 얼음 위를 비추며 내부에서 외부로 지각과 느낌의 심오한 궤도를 움직일 때 나 자신 명징해짐을 느낀다. 수평선 위에서 바다와 하늘은 하나가 되어, 둥둥 떠다니는 얼음 조각들, 흐릿한 장미색과 미묘한 푸른색 그림자의 희미한 경계를 제외한다면 어디서 시작하고 어디서 끝나는지 알 수가 없다.

10

  부빙 위에서 바다코끼리를 쫓는 일은 복잡한 정서적 경험이다. 나는 바다코끼리, 특히 그 부상을 입고 바다로 뛰어든 바다코끼리에 대단한 연민을 느낀다. 동시에 나는 세 사냥꾼들도 이해하는데, 그들의 감정은 무기력과 실망감이 복잡하게 섞여 있다. 우리는 모두 그 순간 한마디 말도 없이 서로를 노려본다. 그들은 단지 생계를 위해 필요한 일들을 할 뿐이고 봄의 이주기에 바다코끼리를 잡는 일은 지난 천 년간 조상들이 누니바크 섬에서 살기 위해 했던 일이다.

나는 이 이야기를 신중하게 하려고—혹은 보다 정확히는 하지 않으려고—생각했다. 원주민 문화는 그렇지 않아도 충분한 오해의 대상이며 이 이야기는 그들을 노골적인 시선 속에 드러낼 수도 있다. 그러나 나는 정직함으로 용서받을 수 있으리라 희망하는데, 내 생각에 정직성은, 우리가 진리를 알 수 있다고 하는 한, 그것과 만날 수 있는 유일한 길이기 때문이다. 그러나 사냥, 모든 사냥에는 내가 무시할 수 없는 현실성들이 있다.

한순간도 나는 이들을 시샘할 수 없고, 이들이 바다코끼리를 잃고 싶지 않아 함을 안다. 나는 그들 문화의 한 부분, 정체성의 한 부분, 식량의 한 부분 자체인 사냥할 권리를 옹호한다. 그러나 모든 사냥에는 부상과 낭비가 있음도 명백하다. 나는 에드에게 사냥이 의미하는 바를, 그것이 단지 식량의 획득 수단이 아니라 바다표범과 바닷새, 바람과 조류와 그를 연결시켜주는 방법이라는 사실을 존경한다. 그것은 그를 자연으로 데려다주고 그의 문화의 오랜 전통과 연결시켜준다.

그러나 미국인들은 식량을 위한 사냥꾼이 아니다. 나는 식탁을 위해 사냥을 하는 사냥꾼들의 권리도 시기하지 않는다. 그러나 글자 그대로 또 상징적으로 사냥은 너무 많은 상처를 유발하고 너무 많은 손상을 입힌다. 나는 서로 다른 종류의 사냥의 상대적인 이득을 평가하려 드는 건 아니다. 최소한 식량을 위한 사냥꾼은 스포츠와 트로피가 목적인 사냥꾼들과 반대로 '원초적인 것'의 개념과 접촉하기가 더 쉽다. 사냥은 그들에게는 과학, 일종의 지식, 영적 수련이다. 리처드 넬슨은 그것을 '신성한 사냥감 쫓기'라 부른다.[8]

어떻든 부빙 위에 서서 바다코끼리가 남긴 피로 물들며 나는 사냥이 나를 이끌고 가는 한도까지 사냥의 은유를 쫓았다. 그 지점에서 그 은유는 내게서 고갈되었다. 페미니스트들은 다른 문화에 대한 연구에서 그 문제와 만났다. 그 문제는, 우리가 자신으로부터 얻는 교훈은 무엇이고 무엇을 남겨두어야 하는가였다.

서구의 전통에서 사냥의 은유를 추적하는 일은 사자(死者)의 자연사의 역사를 연구하는 것과 같다. 나는 식량을 목적으로 사냥하는 이들을 존경한다. 그리고 사냥에 대한 연구를 하는 동안 고기를 일절 먹지 않았다는 사실을 말해두겠다.

게다가 그 은유는 그 가치가 고갈되어버린 상징체계 내에 너무 깊이 내재되어 있다. 계속 유용함을 입증해온 표면적인 의미를 두고 하는 말이 아니다. 그것은 남성의 영혼 깊은 곳에 살며, 그 영혼을 통제하는 존재와 같은 관계의 양식으로 우리를 강제로 밀어넣는다. 더욱 나쁘게도, 사냥꾼의 이미지는 당신의 면전에서 일종의 무지막지함, 즉 내가 원하면 나는 쏜다는 국민적 심리 속에 더욱 많은 상처만을 남기는 호전성을 과시할 수도 있다.

이런 말이 너무 형식적이라면 단순하게 말할 수도 있다. 그 많은 손실 뒤에 남자들은 자신과 세상을 다시 화해하게 만드는 법을 배울 필요가 있다.

서구의 영웅과 신들은 사냥꾼이다. 아폴론과 디오니소스 등이다. 제우스는 유로파와 칼리스토 같은 젊은 여성을 유혹하려고 짐승으로 모습을 바꾸는 올림피아의 성 맹수와 다를 바 없다. 영웅적인 사냥꾼은 우리를 지배의 영역으로 데려간다. 에로틱한 사냥꾼은 우리를 우리 마음과 정신의 길로 데려간다. 그러나 아마도 사냥에 가장 위대한 정신적 깊이를 부여하고, 그것을 신선하고 정직한 감각으로 영원히 존재하게 하는 모티프는 '저주받은 사냥꾼'일 것이다. 이는 오리온처럼 하늘에서도 사냥해야 할 운명에 처해지거나 악타이온처럼 갑자기 이름을 부를 수 없게 되어 그 자신의 개에게 쫓기는 사냥감이 되었다는 사실을 알게 된 사냥꾼이다.

우리는 서구의 사냥과 같이 상반된 관계의 양식에 기반을 두지 않는 존재 양식을 고안할 필요가 있다. 우리의 마음속 깊이 뿌리박혀 가장 다루기 힘들게 된 것이 바로 이런 전제이다. 모든 영웅은 적을 요구하고, 문제 해결법으로서의 폭력은 조상인 영웅들과 미개지 개척자들로부터 계승되어 우리를 자신의 신화의 희생물로 만들었다.

나는 남자들이 그들 자신의 체험에 대한 보다 완전한 저자들이 될 수 있다고 믿는다. 우리는 서로 다른 조건과 서로 다른 문제에 대해 구축될 수 있는 일단의 개념들 안에 삶을 마련해야 한다. 나는 은유와 신화가 인간 상상력의 보편성에서 기인했다고는 믿지 않는다. 사냥은 공통적으로 가지고 있는 은유와 신화이지만, 그렇다고 해서 그것이 꼭 보편적이고 절대적인 진리를 말하는 것은 아니기 때문이다. 그것은 매우 다양한 방식으로 서로 다른 문화 속에 자리 잡으며 자연의 진리가 아닌 한 문화의 가치를—그리스 영웅으로부터 시골 귀족까지, 극단적으로 정교한 봉건시대의 의례로부터 개척자의 거친 실용주의까지—반영한다. 그러나 한 이미지로서의 사냥꾼이, 다양한 변수가 있기는 하지만 우리의 심리적이고 역사적인 발전과정의 중요한 부분을 응축하고 있다는 느낌은 여전히 남아 있다.

나는 유토피아주의자도, 이상주의자도 아니다. 우리는 우리의 이상과 일상생활의 요구 사이에 있는 어떤 공간에서 삶을 꾸린다. 우리 삶의 새로운 모습들을 다루는 데 도움이 될 새 은유들은 우리의 희망과 실재의 변증법 속에서 발생하여 변화하는 시대의 정서적 욕구를 만족시키는 능력에 의해 통용될 것이다. 이미 전통적인 사냥꾼은 새로운 개척지인 우주와 우주인의 복장 속에서 재포장되기는 하였지만 대중 매체에서는 시대에 뒤떨어졌다. 이러한 은유는 복잡한 세상만사를 다룰 수 있는 형태, 마음에 적합한 형태로 환원시키는 기능을 향상시키는 데 공헌한다. 그것은 정체성을 창조하고, 심지어는 문제를 해결하며, 복잡한 세상에서 의미를 부여하는 방식이다. 이미 충분한 폭력과 고통이 삶 속에는 존재한다. 그것을 추구하지 않아도, 그것을 창조하지 않아도, 국민적 신화 속에서 영광을 부여하지 않아도 말이다.

그러나 사냥의 은유는, 우리가 이해한 바와 같이, 우리가 직면한 기회들을 오해하고 자리를 잘못 잡게 만든다. 그것은 우리의 경험을 포괄하고 범주화하며 간단한 용어로 다시 반영하는데, 사물이 변화할 때는 판타지와 현실 세계를 혼동하게 만들기도 한다. 축소되고 주관화된 세계에서 동물들은 더 이상 우리 안전에 대한 위협이 아니며 지배에 대한 적당한 이미지도 아니다. 다른 민족들은 주인이 되거나 정복당하기를 원하지 않고, 말을 들어주기를 원한다. 그리고 여성은, 사냥의 은유가 늘 그렇게 만들었지만 위협이 아니다. 우리는 정체성을 획득하기 위해 죽음으로 대가를 치른 역사의 일부를 부정하지 않으면서 새로운 일단의 은유를 찾아야 한다.

우리는 역사와 함께 앞으로 나아간다. 우리는 남자로서, 사냥꾼의 신화와 은유로부터 우리가 창조한 내면의 의식으로부터 벗어나야 한다. 우리는 사냥 문화에 내재한 우울함을 극복하기 위해 이미지의 급격한 변화를 필요로 한다. 그러나 새로운 이미지들은 내면으로부터 오든지, 혹은 그렇지 않더라도 내면에 뿌리내리고 성장할 수 있어야 한다. 그들은 원한다면 외부에서 올지도 모른다. 그러나 그 이미지는 우리의 가슴속에서 자리를 발견해야 한다.

남자들에게 사냥꾼의 모습에 응축된 모든 이미지의 발현은 대단히 유용하다. 그것은 아마도 남자들이 그들 자신과, 광대하고 종국적으로는 두려운 세계를 경험할 수 있게 하는 가장 강력한 이미지이다.

남자들은 사냥을 통해 세계를 정복하고, 길들이며, 그것을 안전하게 만드는 모습을 부여한다. 그것은 남자들, 각 개별 남자들에게 그가 미개지에서 잘 해나갈 수 있을뿐더러 더 큰 인간의 운명에 참여하고 있다는 감각을 부여한다.

많은 남자들에게 그 은유들은 유용하게 남아 있다. 언어와 이미저리는 매우 보수적이고 매우 깊이 느껴진 정서적 욕구를 충족시킨다. 이미지와 언어는 세대를 통해 계승되면서 매우 천천히 변화한다. 우리는 새로운 은유, 그리고 새로운 남성성의 양식들을 역사적인 진공으로부터 만들 수는 없다. 우리는 천천히 우리의 진로를 찾고 가능성을 탐색하며 뭔가 새로운 쪽을 향해 나아가야 한다. 그 과정에서 우리는 실재를 천천히 변화시키고, 구축하고, 재구성할 것이다. 그 과정에서 우리는 우리의 의식을 어떤 때는 서서히, 어떤 때는 한달음에 변형시킬 것이다.

아마도 이는 우리가 자신을 상상하기 위해 필요한 능력의 열쇠일 것이다. 우리가 자신의 체험을 이해하는 것은 은유와 이야기, 신화와 서사들을 통해서이다. 그리고 경험의 질료로부터 지각의 렌즈가 되는 이미지들을 창조하는 이는 시인과 예술가, 소설가이다.

사회언어학자와 심리언어학자들은 이미지와 단어, 말과 지각과 행동 사이의 관계가 얼마나 가까운가를 이해하기 시작했다. 은유는 우리의 진화 과정에서 생긴 도구의 일부이며, 그 창의력과 유연성으로 우리가 자기 자신을 세계에 적응시키는 걸 돕는다. 그들은 꿈처럼 우리에게 새로운 가능성을 주고 일어난 일에 대한 기억과 새로운 가능성 사이에서 우릴 움직이게 한다. 사냥꾼은 결코 한 문화의 영웅이 될 수 없다. 영웅이냐 예술가냐, 그것은 그리스인들 사이에서 흔했던 고전적인 논쟁이었다. 오디세우스는 호메로스를 필요로 했다. 누군가가 그의 영웅주의를 노래 불러야 했다. 누군가가 사냥꾼의 행동으로부터 전설과 신화를 창조해야 했다. 시인, 작가 그리고 예술가는 물론 사냥꾼만큼이나 그 창조들은 또한 문화의 영웅들이다.

은유의 마법은 사냥꾼이 한때 영웅이었던 것처럼 시인과 작가, 그리고 예술가들이 우리를 앞으로 이끌 영웅이라는 것이다.

11

에드, 헨리, 척 그리고 나는 알루미늄 보트에 기어 올라간다. 우리의 영혼은 그 죽어가는 바다코끼리와의 시련을 겪은 뒤라 가라앉아 있었다. 우리는 바다코끼리가 어디 또 없을까 살피며 부빙 사이를 천천히 저어간다. 우리는 몇 마리를 더 본다. 분명히, 에드의 말대로 바다코끼리들은 우리를 어제 데려간 곳보다 더 먼 곳으로 나갔다.

결국 몇 번의 시도 뒤에 우리는 얼음덩어리의 정글 사이를 간신히 저어가며 노를 창처럼 사용하여 세 마리의 커다란 바다코끼리가 잠자고 있는 곳까지 조용히 나아갔다. 우리는 하루 종일 두꺼운 얼음의 황야에서 천천히 그리고 조용히 나아가려 고생한다. 마침내 총을 쏠 수 있을 만큼 가까이 간다. 사냥꾼들은 총을 쏜다. 몇 번이고. 무리의 중간에 있는 커다란 바다코끼리가 얼음 위로 넘어진다.

우리는 그 얼음으로 다가간다. 그리고 나는 그 바다코끼리가 죽어 있는 모습을 본다. 우리는 그것을 바다로 떨어지지 않게 묶고 사냥꾼들은 썻기 시작한다. 에드와 헨리는 지느러미를 잘라낸다.

척은 상아 조각가이다. 그래서 그는 길고 구부러진 노란빛을 띤 상아를 뽑는다. 그는 또한 바다코끼리의 송곳니와 함께 상앗빛의 이빨도 뽑아내는데 그것은 새우를 부수는 어금니라 평평하다.

나는 그동안 바다코끼리를 붙들고 있다. 그것은 녹아가는 얼음 위에 매우 불안하게 매달려 있어 미끄러지지 않게 해야 한다. 그리고 나는 한 걸음 물러난다.

죽은 바다코끼리의 두 친구들, 함께 이 얼음 위에서 자고 있던 놈들이 우리를 보러 돌아온다. 나는 두 개의 얼음 조각 사이의 작은 공간에 그 중 한 마리가 머리를 까닥이는 것을 본다. 그의 둥근 머리와 튀어나온 검은 눈, 그리고 까슬까슬한 수염이 바다의 물결 속에서 위아래로 움직인다. 그 바다코끼리는 물속에서는 매우 달라 보인다. 즉, 마치 인간 정도의 크기로 보이는 것이다. 머리만, 둥둥 떠 있는 머리만 보인다. 몸은 아니다. 그것은 바다 위에서 물을 밟고 있는 인간처럼 보인다.

상아색의 두 긴 송곳니만 제외하고 말이다. 그 커다란 이빨, 아랫입술로부터 말려 올라가 물을 가르는 이빨만을 제외하고.

그의 죽은 동료를 해체하고 있는 사냥꾼들을 보러 돌아온 이 바다코끼리의 호기심은 이런 상황에서는 위험한 성향이다. 얼음 위에서 바다코끼리는 아주 나른하고, 무게가 많이 나가며, 육감적이고, 짐승같이 보인다. 물속에서는 이상하게도 그 호기심 많은 머리 때문에, 그리고 그 유대감이 인간과 흡사하게 보인다.

나는 얼음판의 가장자리에 선다. 시선은 그 바다코끼리에게 고정시키고, 그 녀석은 머리를 흔들어대며 그 눈을 내게 고정시킨다. 늦은 오후의 태양은 따뜻하다. 얼음판 위의 얼음은 눈에 띄게 녹아 가장자리에서 경쾌한 소리를 내며 바다 위로 뚝뚝 떨어진다. 나는 갑자기 그 소리를 듣는다. 그 뚝뚝 소리는 가깝고 친근하며 그들이 부딪칠 때 내는 쿵, 털썩 소리는 자연의 커다란 힘이 작동하는 소리이다. 나는 에드와 다른 사냥꾼들이 내 오른쪽에서 이야기를 나누며 일하는 소리를 듣는다. 얼음판은 이제 4미터 정도밖에 안 될 정도로 작아진다. 그 헤엄치는 바다코끼리는 6미터도 안 떨어져 있다. 우리는 모두 해협을 향해 몰려가는 매우 강한 조류를 타고, 사람이나 짐승이나 세차게 흔들린다. 그것은 물결의 안무법이다.

나는 커다란 조응 correspond과 동시에 함께하는 반응 co-respond의 일부임을 느낀다.

내게 강한 인상을 준 사냥의 모든 이미지 가운데 그것은 나의 상상력 속에 깊이 각인된 영적 갈망을 표현하는 하나였다. 나는 특히 프랑스와 스페인의 원시 동굴 벽에 그려져 있던 사람들의 이미지를 기억한다. 특히 반은 인간이고 반은 동물인 이미지를 기억한다. 나는 가장 유명한 선사시대의 동굴(라스코 벽화)로 들어갔을 때 본 수염 난 남자를 기억한다. 이상하고 곧은 뿔이 난 동물처럼 보이는 것들 속에서, 당신은 동굴의 다른 이미지에서처럼 인간과 수염 난 얼굴을 보고 있음을 알게 된다. 나는 엘 카스티요의 동굴에서 본 이미지를 기억한다. 인간의 얼굴을 한 바로 크적인 황소였다.

나는 북스페인 엘오르노데라페냐의 작은 동굴에서 본 이미지를 기억한다. 그것은 동굴의 깊은 골 안에 깊이 묻힌 인물의 이미지였다. 그것은 새부리를 하고 동굴 곰의 앞발과 같은 발을 한 인간의 모습이었다. 그 손은 완전한 인간의 표시였다. 앞으로 뻗어 위를 향해 펼친 모습. 손바닥은 놀랍게 활짝 펴고 있었다.

이는 영적인 탄원, 갈망의 자세이다. 그리고 그는 또한 발기해 있었다.

가장 심오하게 감동적인 그 사냥의 이미지들은 내게 단순히 성적인 것, 겉으로 드러난 성적 욕망이 아니었다. 그들은 또한 영적인 것이기도 하다. 이들은 인간의 영혼과 신과 동물, 그리고 욕망의 가장 깊은 이미지 속에서 육체를 하나로 묶는다. 그리스의 사냥과 순결의 여신 아르테미스는 금뿔을 하고 그녀의 전차—욕망의 전차—를 끄는 사슴을 데리고 있는 그런 이미지 중 하나다. 베누스조차 그런 종류의 여자 사냥꾼이다. 그리고 성 유스타스가 된 플라시두스는 그리스도의 비전을 마법 사슴의 뿔 위에 놓았다. 사랑의 성자인 트리스탄조차 자신의 에로틱한 비전을 영적인 갈망으로 물들게 했다. 그리고 켈트족의 '동물의 주인' 케르눈노스는 사슴뿔을 단 남자이며 짐승들에 의해 둘러싸여 있다.

나는 내가 가장 사랑한 것이 성적 욕망에 대한 암시와 당황스럽게 뒤섞인 동물과 영혼과의 연결에 대한 이런 이미지임을 알아차린다. 그리고 나는 이런 이미저리가 사냥꾼보다는 성자들, 예술가들 그리고 동굴 속의 샤먼들과 더 잘 연결됨을 알아차린다.

나는 에톨린 해협으로 되돌아간다. 이곳은 에드 쉐이빙스가 그의 보트에서 바람과 폭풍우, 그리고 바다표범의 힘을 느끼며 머리를 발끝에 댄 곳이다.

나 자신도 사냥 중에 있었다. 사냥꾼들에 대한 사냥이다. 아마도 사냥꾼-영웅의 가면 뒤에서 떠오른 것은 샤먼과 예술가의 모습이리라. 이 복잡한 시대, 미국과 같은 이방인들의 나라는 이런 자아와의, 그리고 내 바람으로는 다른 사람과의 새로운 친밀감을 발견하도록 도와줄 수 있는 누군가를 찾고 있다. 그 도전은 영혼과 섹슈얼리티, 자아와 타자, 남자와 여자 간의 강한 이분법 없이도 자아를 경험하도록 해준다. 그것은 대부분의 남자들의 정서적 역사에 있어 우리의 정서적 삶을 특징 지워온 것이다.

조지프 캠벨은 『동물적 힘의 길』에서 사냥꾼의 신화와 샤먼의 신화 사이에 있는 대립에 관해 쓰고 있다.[9] 사냥꾼은 세계 영웅, 지배자, 왕, 탐험가의 윤리를 제공한다. 샤먼은 신비적인 존재이고, 의식의 여행자, 성자와 선지자이다. 서구에서 행동인으로서의 사냥꾼은 대개 자신을 명상적이고 느낌이 풍부하며 사려 깊은 남자들과는 반대 극에 위치시켜왔다. 크세노폰은 그의 『사냥에 대하여』에서 수사학자들을 혐오하고 공격했다.

르네상스의 사냥 귀족들은 토머스 모어나 에라스무스 같은 까다로운 인문주의자들을 쫓아내었다. 그들은 또 반대로 그들의 스포츠를 인간 감성의 타락이라며 혐오하고 풍자하였다. 그리고 우리 세기의 초반에 시어도어 루스벨트와 다른 이들은 감정이 풍부한 남자들을 '풋내기,' 뱅충이라고 비난하였다. 우리는 이런 불행한 이분법 속에 살고 있다.

분명히 오늘날의 불확실한 상황 속에서 우리는 최소한 앞으로 다가올 사냥의 은유——살육이 없는 추적——에 잠재한 이런 차원들을 더 기꺼이 받아들일 것이다. 구도자와 샤먼은 우리가 쫓아야 할 이런 은유적 구조의 인물을 대표한다. 나는 그것을 예술가와 시인, 지성인과 음악가에 연결시키고 싶다. 고행자나 수도승 같은 인물이 아니라 진정한 감정의 사나이로서 말이다. 그는 정령과 영혼, 천상과 지상, 불교신자와 블루스 연주자가 조합된 어떤 인물일 것이다. 그는 일부는 심리학자, 일부는 자연주의자이다. 나는 미래의 남자를 나의 가망 없는 이상 속에서 레너드 코헨과 반 모리슨, 블랙 엘크와 비비 킹, 배리 로페즈와 미셸 푸코가 혼합된 것 같은 형태로 그리고 싶다.

그 작은 얼음판 위에서, 나는 가장자리로 걸어간다. 헤엄치던 바다코끼리 중 한 마리가 3미터 정도 거리까지 다가온다. 위험한 일이다. 에드는 따뜻한 햇살에 많이 연해진 얼음을 조심하라고 경고한다. 나는 그러겠다고 한다. 나는 얼음이 녹고 있고 내가 강한 조류 위에 있으며 그것이 나와 바다코끼리들을 밀어붙이고 있다는 사실을 사랑한다.

우리는 서로를 주의 깊게 바라본다. 나는 사냥꾼들과 함께이고 그들이 나를 이곳과 이 시간, 그리고 내가 지금 느끼는 강렬한 인식으로 데려왔다. 나는 척이 바다코끼리의 송곳니를 자르고 있음을 알아차리고 그가 미군으로 복무를 마친 뒤 상아 조각가가 되려고 집으로 돌아왔다는 사실을 기억한다. 쉐이빙스Shavings라는 성은 그들의 전통 속에서 상아 조각가를 의미하는 에스키모 말의 번역이다.

　바다코끼리와 나는 서로를 쳐다본다. 그의 눈은 검고 어둡고 젖은 몸속에서 거의 보이지 않는다. 그러나 그들은 햇빛을 받아 반짝이고 그것은 그의 얼굴을 떠 있는 달처럼 비춘다. 수염은 부드러운 호박색으로 빛난다. 그의 상아는 수면 위로 불쑥 솟아 보인다. 그는 내가 그 안에 있는 것처럼 매혹적으로 보인다. 그는 너무나 커서 머리에서 튀어나올 것 같은 눈, 사슴 같은 눈으로 나를 바라본다. 갑자기 그의 남자다운 머리가 내게 둥근 얼굴과 훌륭한 구레나룻으로 시어도어 루스벨트의 모습을 희미하게 연상시킨다.

　우리는 조류를 타고 오르락내리락한다. 나는 이 바다코끼리들의 깊은 잠 속에는 어떤 꿈이 지나갈까 궁금하다. 나는 바다코끼리의 머리를 스치고 가는 꿈이 무엇일까, 깊은 바다 속의 진흙을 헤치며 얻은 바다에 대한 바다코끼리의 지식은 무엇일까 궁금하다. 그리고 나는 인간에게 맹수나 사냥감으로 알려진 동물에 대한 모든 명상 후에 이 바다코끼리가 삶에 대한 설명을 요구 받는다면, 사냥감으로서 자신에 대해 뭐라고 할까 궁금하다. 나는 스스로 구도자이며, 그것이 나를 이 순간, 이 얼음 위로 데려온 나 자신의 사냥임을 안다. 나는 이방인에 불과하다고 느낀다.

　나는 이토록 명징함을 느끼는 것 외에는 꿈을 꾸고 있다고 희미하게 느낀다. 명징함, 깨어나는 꿈. 나는 그것과 함께 가기로, 얼음과 조류를 타며 결심한다.

　에드와 다른 이들이 바다코끼리의 해체 작업을 끝냈을 쯤 우리는 조류를 타고 바다 쪽으로 8킬로미터쯤 더 나갔다. 얼음판은 눈에 띄게 작아졌다. 누니바크 섬은 여전히 두꺼운 구름에 싸여 멀리 작게 보인다. 나는 머리를 뒤로 돌릴 준비가 된다.

　나는 잠시 동안 짐승의 심장, 기쁨, 생기를 가진 어린아이이다. 오랜 지침들은 모두 희미해졌다. 그러나 새로운 지침이 새로운 길을 발견하게 도와줄 것이다. 나는 이제 비전을 가진 남자, 심장과 영혼을 가진 남자, 예술가와 시인, 심지어 치유력을 가진 남자가 된다. 나는 녹아가는 봄의 빙판 위에 행복감으로 춤을 추며 나를 쳐다보는 에드를 바라본다. 그는 손을 선두에 대고 보트 곁에 서 있다. 우리를 집에 데려다 줄 준비가 다 된 것이다.

옮긴이의 말

  10여 년 전부터 번역 작업을 하여 벌써 여러 권의 책이 출간되었다. 전문번역가가 아닌데도 이렇게 번역서가 늘어난 것은 사실 경제적으로 어려웠던 대학원 시절과 무관하지 않다. 이 책 『오리온의 후예—사냥으로 본 남성의 역사』 역시 그런 이유로 번역을 시작하게 되었지만, 여러 우여곡절을 거친 끝에 10여 년의 세월이 지나 드디어 세상의 빛을 보게 되었다. 하지만 출판이 결정된 후 오래 묵은 원고를 꺼내 다시 들여다보니 미흡한 구석이 한두 곳이 아니라서 결국 완역이나 다름없는 전반적인 수정을 하게 되었다. 물론 여전히 만족스럽지 못한 부분은 남아 있으나 그 과정에서 얻은 교훈도 많다.

  현재 우리나라의 인문학 신간 절반 이상이 번역서라는데 상당수가 전문번역가이거나 아니면 정규직을 얻지 못한 젊은 학자들의 작품이다. 전문번역가의 번역서는 매끄럽게 읽히나 아무래도 학문적으로는 아쉬운 부분이 있고, 젊은 학자들의 번역서에선 이따금 여유 없음이 느껴진다. 번역도 창작만큼이나 중요한 작업인데, 의욕을 가진 역자들이 충분한 시간과 여유를 가지고 이에 몰두할 수 있도록 허용하는 사회적 인프라가 그렇게 어려운 일일까? 한 역자가 한 저자의, 때로는 한 권의 책의 번역을 붙들고 평생을 바치는 이웃 일본의 예를 보면 경제적으로 좀 나아졌다고 해서 하루아침에 선진국이 될 수 없다는 사실이 자명해 보인다.

사람을 만나는 일처럼 책을 만나는 일도 우연만은 아닐 것이다. 내가 선택하지 않았음에도 나를 찾아와서 내내 깊은 울림으로 남아 있는 책, 그것이 이 책이고, 오랫동안 묵혀두었던 원고 파일을 이곳저곳 찾아다니며 빛을 보게 해주고자 애썼던 것도 그런 까닭이었다. 이 책은 "사냥을 통해 본 서구 남성의 역사"이다. 그러나 그 이면에는 사냥이라는 화두로 시종일관한 저자 찰스 버그먼의 내면의 기행이 겹쳐 있다. 저자의 작업은 서구의 문화사와 문학사를 가로지르며 그 사이사이 자신의 개인사적 체험과 느낌을 날줄과 씨줄로 짜 넣은 것이다. 그 결과 이 책은 문화사, 문학사, 개인사 그 무엇 한 가지로 정의 내리기 어려운 기이한 작품이 되었다. 독자들은 이 책을 자신의 취향에 따라 어떻게도 읽을 수 있다. 사냥의 문화사로도, 서구 문학을 통해 나타난 사냥의 문학사로도, 20세기 후반을 살아가는 한 미국 남성이 참된 자아를 찾아가는 내면의 기행으로도 말이다.

스스로 '인문학'을 공부한다고 하기에 역자는 여전히 어색한 느낌을 지울 수 없다. 대한민국의 표준 '인문학' 과정을 거친 것도 아니고, '학자'라고 하기에는 어딘가 면구스럽기 때문이다. 그러나 역자가 이해하는 범위 내에서 인문학이란 결국 자신과 자신을 둘러싼 상징적 세계 질서에 대한 반성과 통찰이 아닐까 한다. 그러한 반성과 통찰이란 결국 자신이 어떤 문제적 상황에 처해 있다는 인식으로부터 비롯될 것이다. 역자에게 의학사와 의료윤리 공부는 우리나라의 현대 의료가 처한 상황에 대한 깊은 문제의식으로부터 시작되었고, 지금도 여전히 그러하다. 그런 의미에서 이 책의 저자는 역자에게 좋은 전범이 되어 주었다. 그의 연구는 결국 자신의 상처를 치유하기 위한 여정이었으니까. 그의 상처는 현대 남성이 겪는 혼란과 고독과 정체성의 위기이다. 그러한 정체성의 위기는 타자—여성, 짐승, 자연—와의 온전한 교류를 상실하고 그들을 폭력적으로 지배하려는 욕구, 즉 오리온의 원초적 욕구로부터 비롯되었다고 저자는 상상한다. 수만 년 전으로 거슬러 올라가는 사냥의 역사를 통해 저자가 탐구하고자 하는 것은 이러한 원초적 욕구로부터 해방되어 새로운 남성성, 새로운 인간성을 어떻게 찾을 수 있는가 하는 어려운 문제다. 즉, 타자에 대한 지배-피지배 관계를 통해 정립되는 정체성이 아닌, 그 어떤 남성적 정체성을 우리가 찾아낼 수 있겠는가 하는 것이다.

남성은 오랫동안 스스로를 '인간' 그 자체로 정의해왔다. 그러나 21세기에 들어와 이는 더 이상 가능하지 않다. 인간은 남성 아니면 여성이다. 보편적 인간 같은 것은 어디에도 없다. 내가 남성인 한 나는 남성적 시각과 사유로—너무나 오랫동안 "보편적"이라고 오해되었던 시각과 사유로—세상을 바라보고 규정한다. 그러나 오늘날처럼 발밑에 납작 깔려 있어야 할 타자—여성—의 목소리가 커다랗게 이의를 제기하기 시작할 때 우리(남성)는 혼란에 빠질 수밖에 없다. 대체 지배하지 않고, 공격하지 않고, 과시하지 않고, 승리를 자랑하지 않고 우리는 어떻게 남성성을 유지할 수 있을 것인가? "세계 최대의 여성 지성 공동체"에서 월급을 받고 있는 역자에게 이는 추상적인 것이 아닌, 매우 내밀하고 현실적인 질문이다. 견고한 가부장주의 문화가 여전히 남아 있는 한편에는, 급속히 성장하는 여성의 파워에 의해 위축되고 잦아든 남성의 모습이 있다. 남성적 정체성의 위기는 어쩌면 사냥꾼의 후예인 미국 남성의 것만이 아닌 우리 한국 남성의 것이기도 하다. 이 땅의 후기 자본주의 사회는 남성들에게 더욱 날카롭고 재빠르고 사나운 사냥꾼의 모습으로 경쟁에서 승리하기를 강요한다. 그러나 그것이 우리들이 진정 원하는 것일까? 배우자, 가족, 자연, 영성과의 관계를 상실하면서 미친 듯 일하며, 명함에 적힌 지위와 연봉의 액수로 나의 가치를 규정하다가 그마저도 조기에 퇴출되어 사회의 퇴물로 쓸쓸히 사라져가는 것이 이 땅에 사는 남성들의 운명이 아닌가?

이 책이 어떤 해답을 줄 수 있을까? 잘 모르겠다. 그러나 이 책은 우리 사회, 또 우리 남성들에게 무엇이 잘못되었는지를 파악할 수 있는 중요한 시사점을 던져준다. 그것은 지배와 살육, 경쟁과 정복이 아닌 새로운 관계 맺음이 우리 영혼의 회복을 위해 필수적이라는 사실이다. 우리는 이를 어쩌면 '사랑' 혹은 '영성'이라고 부를 수 있을 것이다. 사실 수없이 많은 문학작품의 인용구와 그리스-로마 신들의 이름과 각종 전설 등으로 어떤 책보다도 까다로웠던 이 책을 기쁘게 번역할 수 있었던 것은 이 과정이 나 자신의 치유에도 큰 도움이 되었기 때문이다. 독자들 또한 이 책을 통해 그러한 경험을 할 수 있다면 역자로서 무척 기쁠 것이다.

마지막으로, 언제나 그렇듯 정말 정성스럽고 꼼꼼하게 원고를 다듬어준 문학과지성사 편집부에 고마움을 전한다.

2010년 2월
권복규

미주

1장 | 얼음 위의 인간

1 *Eskimo Poems from Canada and Greenland*, tr. Tom Lowenstein, Pittsburgh: University of Pittsburgh Press, 1973, pp. 38~40; Knud Rasmussen의 원문 수집.
2 이는 20세기 초부터 인류학자들 사이에 널리 퍼지기 시작한 관점이며, 일반인들로 하여금 원주민 문화를 '원시적'으로 보게끔 하였다. 현대의 수렵인들과 선사인들과의 관계에 대한 논의에 관해서는 이제는 고전이 된 책, *Man the Hunter*(eds. Richard B. Lee & Irven DeVore, Chicago: Aldine, 1968) 참조. 가령 1장의 3~4쪽을 보면, "연구할 만한 수렵인들이 더는 남아 있지 않은 시대가 빠르게 다가오고 있다. 사냥꾼으로서의 인간에 관한 우리 심포지엄의 목적은, 생존해 있는 수렵인들 사이에서 현장 연구를 수행한 이들과 다른 인류학자, 건축가, 진화 연구가들을 한데 모으는 것이다. [……] 그러므로 이 책의 전반부에는 현재의 수렵인들에 대한 새로운 자료의 제시와 더불어 최근의 문제들에 관한 논의와 평가들을 담고 있다. 후반부는 과거의 삶의 재구축과 연관되어 이 자료들을 다룬다"라는 대목이 나온다.
3 José Ortega y Gasset, *Meditations on Hunting*, tr. Howard B. Wescott, 1942; New York: Charles Scribner's Sons, 1972, pp. 44, 48, 66, 116. '원주민' 사냥꾼에 대해 쓴 가장 아름다운 문장 중 하나로 다음 책 참조. Laurens Van Der Post, *The Heart of the Hunter: The Customs and Myths of the African Bushman*, New York: William Morrow, 1961. 예컨대 「사랑, 원주민 추적자」라는 장을 보라: "꿈을 잃은 가슴을 다시 꿈꾸게 하는 것을 경멸해서는 안 된다. [……] 우리가 갑갑한 우리 존재를 자유롭게 하기 위해 취하는 신비는 인생에서 가장 중요한 것이다. 우리의 20세기 문명이 그것을 구석으로 치워놓았으나, 부시맨은 우리에게 그것을 하나의 완성된 이미지로 제시하며 그 천진난만함 앞에서 우리가 겸허해지게, 마치 우리가 그 왕국에 들어갈 수 있는 것처럼 느끼게 했다."
4 Aristotle, *Poetics*, tr. Ingram Bywater, New York: Modern Library, 1954, p. 1457b.: "은유란 유(類)에서 종(種)으로, 혹은 종에서 유로, 혹은 종에서 종으로 혹은 유추에 의하여 어떤 사물에다 다른 사물에 속하는 이름을 전용하는 것이다." 지식과 생생함을 창조하는 은유의 용법에 대해서는 *Rhetoric*(tr. W. Rhys Roberts, New

York: Modern Library, 1954) p. 3, 1410b를 참조하라. "우리는 새로운 지식을 쉽게 이해하는 것이 바람직함을 곧 알게 된다는 언명으로 이 글을 시작하고자 한다. 단어는 개념을 표현하며, 그러므로 우리가 새로운 개념을 이해하게 해주는 단어가 가장 바람직하다. 낯선 단어는 순전히 수수께끼다. 보통 단어는 우리가 이미 알고 있는 것을 전달한다. 우리가 뭔가 새로운 것을 얻는 것은 은유를 통해서다." 은유는 미지와 기지의 것 사이의 어떤 공간에서 기능하며 신선한 지식을 창출한다. 셰익스피어의 인용은 다음 책을 참조. *A Midsummer Night's Dream*, in *The Riverside Shakespeare*, ed. G. Blakemore Evans, Boston: Houghton Mifflin, 1974, 5. 1., pp. 16~17.

5 Benjamin Lee Whorf, *Language, Thought and Reality*, ed. John B. Carroll, 1956; reprint, Cambridge, Mass.: M. I. T. Press, 1969; 특히 pp. 156, 158, 252.

6 이 통계는 United States Fish and Wildlife Service에서 인용. 1955년 이래로 USFWS는 5년마다 전국 통계를 내놓았다. United States Fish and Wildlife Service, *1991 National Survey of Fishing, Hunting and Wildlife Associated Recreation*, Washington, D. C.: Government Printing Office, 1993. 사냥과 남성, 동기에 대해서는 다음 책들을 보라. Stuart A. Marks, *Southern Hunting in Black and White: Nature, History and Ritual in a Carolina Community*, Princeton: Princeton University Press, 1991, p. 306; John Mitchell, *The Hunt*, New York: Knopf, 1980, pp. 19ff.

7 Ortega y Gasset, pp. 48~49; Plato, *Euthydemus*, Loeb Classical Library (1962), pp. 290b, 445.

8 Plato, *The Sophist*, Loeb Classical Library(1961), pp. 222c, 287. 아리스토텔레스의 사냥에 대한 논의는, *Politics*, Loeb Classical Library(1959), pp. 1256b, 23~26 참조.

9 신화에 대해서는 여러 관점이 있다. 고전적 정의에 관련해서는 다음 책들을 참조할 수 있다. Joseph Fontenrose, *Orion: The Myth of the Hunter and the Huntress*, Berkeley: University of California Press, 1981; Walter Burkert, *Greek Religion*, tr. John Raffan, Cambridge: Harvard University Press, 1985; *Approaches to Greek Myth*, ed. Edmund Lowell, Baltimore: Johns Hopkins University Press, 1990; E. O. James, *The Ancient Gods: The History and Diffusion of Religion in the Ancient Near East and Eastern Mediterranean*, New York: Capricorn, 1964; Theodor Gaster, *Thespis: Ritual, Myth and Drama in the Ancient Near East*, New York: Schuman, 1950. 신화에 대한 기호학적 인류학적 정의는 다음 책을 보라.

Terence Hawkes, *Structuralism and Semiotics*, Berkeley: University of California Press, 1977. 호크는 레비-스트로스와 같은 인류학자에게서 문화의 중심적이고 종종 무의식적인 신화는 사냥 그 자체라고 기술한다. "실제로 인류학자의 관심사는 '무의식적인 기초'에 놓여 있다. 〔……〕 거기에 사회생활과 언어가 놓여 있는 것이다. 그의 보고는 간단히 말해 전체 문화의 랑그langue, 그 체계와 일반법칙이다." 중산층의 일상생활 속에서 어떤 지배적인 허구의 창조로 신화를 보는 관점은 다음 책 참조. Roland Barthes, *Mythologies*, tr. Annette Lavers, London: Paladin, 1973, p. 11. "간단하게 말해 우리의 일상환경에 주어진 설명 속에서 늘상 자연과 역사가 혼동되는 것이 나는 유감스럽다. 아무 말없이 진행되는 일상의 장식적인 현현 속에서 내 관점으로는 거기에 바로 감추어진 이데올로기의 남용을 따라가고 싶다." 신화에 대한 인류학적인 개념들은 다음 책들을 참조하라. Claude Lévi-Strauss, *The Savage Mind*, Chicago: University of Chicago Press, 1962; *Myth and Meaning*, New York: Schocken Books, 1979; *Totemism*, tr. Rodney Needham, Boston: Beacon Press, 1963; James G. Frazer, *The New Golden Bough*, ed. Theodor Gaster, New York: New American Library, 1959; A. E. Jensen, *Myth and Cult among Primitive Peoples*, tr. Marianna Tax Choldin and Wolfgang Weissleder, Chicago: University of Chicago Press, 1963. 또, 융 학파의 신화 해석에 관련된 서적들. Carl Gustav Jung, *Psyche and Symbol: A Selection from the Writings of C. G. Jung*, ed. Violet S. de Laszlo, Garden City, N.Y.: Doubleday, 1958; *Man and His Symbols*, New York: Dell, 1964; Joseph Campbell, *The Hero with a Thousand Faces*, Princeton: Princeton University Press, 1949; *The Masks of God*, 4 vols., New York: Viking Penguin, 1959~70. 또한 다음을 보라. Myth: A Symposium, ed. Thomas Sebeok, Bloomington: University of Indiana Press, 1965.

10 일각수 사냥에 대해서는 다음 책들에서 자세한 정보를 얻을 수 있다. Francis Klingender, *Animals in Art and Thought: To the End of the Middle Ages*, eds. Evelyn Antal and John Harthan, Cambridge, Mass.: M.I.T. Press, 1971, pp. 464~68. Barry Lopez, *Arctic Dreams: Imagination and Desire in a Northern Landscape*, New York: Charles Scribner's Sons, 1986, pp. 107~36. 고래의 아름다움과 일각수의 상상과의 관련에 대해 논한다.

11 Rainier Maria Rilke, "This is the Creature," in *The Sonnets to Orpheus*, tr. Stephen Mitchell, New York: Simon and Schuster, 1985, p. 79.

12 Philip Booth, "Creatures," in *Relations: Selected Poems, 1950~1985*, New

York: Viking Penguin, 1986, pp. 248~50.

13 Robert Munsch and Michael Kusugak, *A Promise Is a Promise*, Willowdale, Ontario: Firefly, 1988.

2장 | 기억보다 깊은 갈망

1 Joseph Campbell, *The Way of the Animal Powers*, vol. 1, *Historical Atlas of World Mythology*, San Francisco: Harper and Row, 1983, p. 47.

2 Paul Shepard, *The Tender Carnivore and the Sacred Game*, New York: Charles Scribner's Sons, 1973, pp. 122~23.

3 Ortega y Gasset, *Meditations*, p. 116.

4 Sam Keen, *Fire in the Belly: On Being a Man*, New York: Bantam, 1991, pp. 90~91.

5 다트의 유명한 두개골 화석 발견에 대해서는 다음 서적을 보라. Phillip V. Tobias, Dart, *Tuang, and the "Missing Link": An Essay on the Life and Work of Emeritus Professor Raymond Dart*, Johannesburg: Witwatersrand University Press, 1984. 이 인용문은 27쪽에 나와 있다. 현대의 불행들과 결부된 진화론적 맥락에서의 사냥꾼 이론을 비판한 인류학자들의 관점에 대해서는 다음 책을 참조. Matt Cartmill, *A View to a Death in the Morning: Hunting and Nature Through History*, Cambridge, Mass.: Harvard University Press, 1993, pp. 1~27.

6 Raymond Dart, "The Cultural Status of the South African Man-Apes," *Annual Report of the Board of Regents of the Smithsonian Institution*, Publication 4232, 1955, p. 320.

7 Raymond Dart, "The Predatory Transition from Ape to Man," *International Anthropological Linguistics Review*, I, 1953, p. 206.

8 Dart, "Predatory," p. 209.

9 Dart, "Predatory," p. 204.

10 Dart, "Predatory," pp. 207~208.

11 Robert Ardrey, *African Genesis: A Personal Investigation into the Animal Origins and Nature of Man*, New York: Atheneum, 1961, p. 33. 또한 다음을 보라. Ardrey, *The Hunting Hypothesis: A Personal Conclusion Concerning the Evolutionary Nature of Man*, New York: Atheneum, 1976.

12 William S. Laughlin, "Hunting: An Integrating Biobehavior System and Its Evolutionary Importance," in *Man the Hunter*, eds. Lee and De Vore, pp. 304~20. 이 책은 그 회합의 회보를 담고 있다. 또 다음을 보라. Carleton S. Coon, *The Hunting Peoples*, New York: Little Brown, 1971. "일만 년 전에 이 책을 읽는 이들의 조상을 포함한 모든 남자는 사냥꾼이었다. 일만 년은 대략 400세대를 의미하며, 이는 눈에 띄는 변화가 있기에는 너무 짧은 시간이다. 다른 동물들처럼 인간의 행위 역시 궁극적으로 물려받은 능력(학습 능력을 포함하여)에 달려 있으므로 우리의 자연적인 성향은 그리 많이 변하지 않았다. *우리와 우리 조상들은 같은 종족인 것이다.*" (이탤릭체—인용자)

13 Sherwood L. Washburn and C. S. Lancaster, "The Evolution of Hunting," in *Man the Hunter*, eds. Lee and De Vore, pp. 293, 303.

14 인간의 진화와 종의 연대기, 그리고 문화에 대한 개괄은 다음을 보라: Jacquetta Hawkes, *The Atlas of Early Man*, New York: St. Martin's, 1976; Paul Shepard, *Tender Carnivore*, Appendix; Valerius Geist, "Neanderthal the Hunter," *Natural History*, January 1981, pp. 26~36; David A. Pilbeam, "The Descent of Hominoids and Hominids," *Scientific American*, p. 250, March 1984, pp. 84~96; Louis Leakey, "Adventures in the Search for Man," *National Geographic*, January 1963, pp. 132~52; Lawrence Guy Straus, *Iberia Before the Iberians: Stone Age Prehistory in Cantabrian Spain*, Albuquerque: University of New Mexico Press, 1992; Philip E. L. Smith, "The Solutrean Culture," *Scientific American*, 211, August 1964, pp. 86~94.

15 Washburn and Lancaster, "Evolution," p. 300.

16 Washbum and Lancaster, "Evolution," pp. 296, 301.

17 Washburn and Lancaster, "Evolution," p. 297.

18 W. C. McGrew, "The Female Chimpanzee as Evolutionary Prototype," in *Woman the Gatherer*, ed. Francis Dahlberg, New Haven: Yale University Press, 1981, pp. 65~66. 인간의 진화에 있어 사냥 패러다임에 대한 페미니스트적 비판은 다음 책 참조. Nancy Tanner and Adrienne Zihlman, "Women in Evolution. Part I: Innovation and Selection in Human Origins," *Signs*, 1, 1976, pp. 585~608; Donna J. Haraway, "Remodelling the Human Way of Life: Sherwood Anderson and the New Physical Anthropology, 1950~1980," in *Bones, Bodies, Behavior: Essays on Biological Anthropology*, ed. G. Stocking, Madison: University of

Wisconsin Press, 1988, pp. 206~59.

19 Washburn and Lancaster, "Evolution," p. 299.

20 Desmond Morris, *The Naked Ape: A Zoologist's Study of the Human Animal*, New York: McGraw-Hill, 1967, p. 43.

21 Richard B. Lee, "What Do Hunters Do for a Living, or, How to Make Out on Scarce Resources," in *Man the Hunter*, eds. Lee and De Vore, p. 37.

22 Richard B. Lee, "What Do Hunters Do," p. 43.

23 C. K. Brain, *The Hunters or the Hunted? An Introduction to African Cave Taphonomy*, Chicago: University of Chicago Press, 1981, p. 269.

24 Brain, *Hunters or Hunted?*, pp. 273~74.

25 Pat Shipman, "Scavenger Hunt," *Natural History*, April 1984, p. 27. 같은 해에 그녀는 썩은 고기 뒤처리scavenging에 대해 다음과 같이 썼다. "우리 자신을 고귀한 사냥꾼, 혹은 살해자 원숭이로 보는 것이 얼마나 쉬운 일인가가 우리 초기 조상들에 대한 근사한 이미지는 아니다." "Early Hominid Lifestyle: The Scavenging Hypothesis," *Anthroquest*, 28, 1984, pp. 9~10. 왜 사냥이 좀더 근사해 보여야만 하는지는 그 자체가 논쟁의 여지가 있다.

26 Lewis R. Binford, "Human Ancestors: Changing Views of Their Behavior," *Anthropological Archaeology*, 4, 1985, p. 321.

27 Ted Kerasote, *Bloodties: Nature, Culture, and the Hunt*, New York: Random House, 1993, pp. 221, 225.

28 Francis Dahlberg, "Introduction," in Woman the Gatherer, p. 27.

29 Herbert Read, *Icon and Idea: The Function of art in the Development of Human Consciousness*, Cambridge: Harvard University Press, 1955, p. 30.

30 Read, *Icon and Image*, p. 31.

31 선사시대 유럽의 동굴 벽화를 해석하는 문제에 있어 아직까지 가장 뛰어난 책으로 평가 받는 것은 Peter J. Ucko and Andrée Rosenfeld, *Paleolithic Cave Art*(New York: McGraw-Hill, 1967)이다. 공감주술, 토테미즘, 그리고 풍요 의식에 대해서는 이 책의 116쪽부터 149쪽까지를 참조하라. 예컨대, "성적 마술의 해석에 사로잡힌 훗날의 저자들에게 있어 대지모신에 대한 숭배는 구석기시대를 지배하고 있으며 여기에 모든 구석기시대 미술이 궁극적으로 연관될 수 있다." (p. 138)

32 Ucko and Rosenfeld, *Cave Art*, pp. 187~88.

33 Shepard, *Tender Carnivore*, pp. 169~70.

34 Shepard, *Tender Carnivore*, p. 170.
35 Shepard, *Tender Carnivore*, p. 173.
36 Shepard, *Tender Carnivore*, p. 174.
37 그 동굴들에 대한 르로이-구랭의 이론적 관점에 대한 가장 유용한 개괄은 다음과 같다. "The Religion of the Caves: Magic or Metaphysics," tr. Annette Michelson, *October*, 37, 1986, pp. 7~17. 또 그의 기념비적 저작인 *Treasures of Prehistoric Art*(tr. Norbert Guterman, New York: Harry Abrams, 1967)을 보라.
38 Hawkes, *Structuralism and Semiotics*, p. 18.
39 Leroi-Gourhan, "Religion of the Caves," p. 10.
40 Leroi-Gourhan, *Treasures*, p. 174.
41 Ucko and Rosenfeld, *Cave Art*, pp. 154~55.

3장 | 마음속의 사냥꾼

1 *Bible*(King James Version), ed. C. I. Scofield, New York: Oxford University Press, 1967, p. 597.
2 Hesiod, "The Astronomy," in *The Homeric Hymns and Homerica*, Loeb Classical Library, 1954, pp. 71~73.
3 Xenophon, "On Hunting," in *Scripta Minora*, Loeb Classical Library, 1925, pp. 365~457. 크세노폰의 전기 사항에 대해서는 J. K. Anderson, *Xenophon*(London: Duckworth, 1974)의 특히 pp. 98~119, 162~71, 183~84 참조.
4 J. K. Anderson, *Hunting in the Ancient World*, Berkeley: University of California Press, 1985, p. 29. 고대인의 사냥에 대한 일반 연구로는 다음을 보라. Denison Bingham Hull, *Hounds and Hunting in Ancient Greece*, Chicago: University of Chicago Press, 1964; J. M. C. Toynbee, *Animals in Roman Life and Art*, Ithaca, N. Y.: Cornell University Press, 1973; A. J. Butler, *Sport in Classic Times*, London: E. Benn, 1930; Jacques Aymard, *Essai sur les Chasses Romaines*, Paris: E. de Boccard, 1951.
5 Strabo, *The Geography of Strabo*, Loeb Classical Library, 1961, 10. 4. pp. 20~21, 153~59. 마케도니아에 대해서는 Anderson의 *Hunting*, pp. 29, 80 참조. 고전 시대의 사냥에 대한 프랑스적 관점으로는 다음 책을 참조. Marcel Detienne, *Dionysius Slain*, tr. Mireille Muellner and Leonard Muellner, Baltimore: Johns

Hopkins University Press, 1979, p. 34. 그는 사냥을 "오래전부터 영혼의 구조물 속에 새겨진"(1) 신화 중의 하나로 파악한다. 드티엔과 다른 이들이 주목했듯이 사냥과 멜라니온이라는 이름의 사냥꾼 이야기가 있는 남성적 세계로 소년들을 제의적으로 유괴하는 것 안에는 일종의 유비가 있다. 그는 여성들을 포기하고 독신으로 살며 그물을 가지고 숲에서 토끼를 사냥하는 인간 혐오자이자 여성 혐오자이다(41). 아리스토파네스를 주석한 4장의 주 10을 참조하라. 사냥은 금욕적이고 순결하든, 아니면 동성애적이든, 전적으로 남성들의 것인 영역을 드러낸다. "그 영역은 전적으로 남성에게 속해 있다. 〔……〕 그것은 또한 결혼의 영역 밖에 있으며 도시국가가 단순히 괴상하다고 여긴 이들 안에서 성적 변태를 환영하는 공간을 창출한다. 그러므로 관계의 체계는 사냥과 성 사이에 형성되는 것 같다. 여성에 대한 증오로부터 젊은 남성은 산속의 토끼들을 쫓아가 돌아오지 않는다." (pp. 24~25)

6 Xenophon, "On Hunting," 13. 6~9, pp. 451~53: "내 주위의 많은 이들이 내가 결코 우리 시대의 철학자들이라고 부르고 싶지 않은 소피스트들을 비난한다. 그들이 고백하는 지혜는 사상이 아닌 단어로 되어 있다. 〔……〕 소피스트들의 권유를 피하라, 그리고 철학자들의 결론을 무시하지 말라."

7 Xenophon, "On Hunting," 1. 17~18, p. 373.

8 Xenophon, "On Hunting," 12. 1~9, pp. 443~45.

9 John M. MacKenzie, *Empire of Nature: Hunting, Conservation, and British Imperialism*, Manchester: University of Manchester Press, 1988, p. 10. 사냥에 대해 점차 늘어나는 사회적 규제는 "사회의 광범위한 영역 내에서 지속되는 사냥이라는 주제를 구성한다. 이 상향적인 배타성은 유용성에서 무용성으로, 그리고 종종 먹을 수 있는 것에서 먹을 수 없는 것으로 옮겨가는 경향이 있다. 상징적이고 규범적인 내용이 강조된다. 〔……〕 (음식을 위한) 사냥은 대개 지속되어 그 겸허한 생존의 임무를 수행하나 지도층과 그 대변자들은 이를 멸시한다. 그것은 인성-형성이나 도덕적 특성은 아닌 것이다."

10 Plato, *Laws*, vol. 2, Loeb Classical Library, 1961, 7. 822a~24c, pp. 115~21. 플라톤의 법률에 의하면 "어디서, 무엇을 사냥하든 이 진정 신성한 사냥꾼들을 아무도 방해해서는 아니 된다." 다른 모든 사냥의 형태는 주의 깊게 규제되고 제한된다. 그리고 플라톤은 철학적 사냥꾼에 대한 언급에서 노획품의 이용이라는 실용적인 차원을 그가 경멸하고 있음을 분명히 한다.

11 Pierre Vidal-Naquet, "The Black Hunter and the Origin of the Athenian Ephebeia," *Proceedings of the Cambridge Philological Society*, 194, 1968, p. 60.

"모든 영웅들이 사냥꾼이고 모든 사냥꾼이 영웅임은 더 말할 나위가 없다."
12 조지프 폰텐로즈는 그리스와 로마뿐 아니라 근동 지역에서도 오리온 신화와 근친 관계인 신화들을 포함하여 오리온 신화의 몇 가지 계열들을 *Orion: The Myth of the Hunter and Huntress*에서 정리하였다. 첫번째로, 사냥꾼과 여자 사냥꾼이 사랑에 빠지는데, 그녀는 질투에 찬 신(제우스, 아폴론)에게 속아 그를 죽인다. 그는 그녀를 강간하거나 그녀가 모습을 변해 달아난다. 두번째로 두 사냥꾼은 서로 즐기며 사냥 친구가 된다. 그녀는 순결하나 그의 욕정이 그로 하여금 그녀를 강간하게 만들며, 그녀는 그를 죽이게 된다. 세번째로 사냥꾼과 여자 사냥꾼은 서로 사랑에 빠지는데, 여신이 사냥꾼을 유혹했기 때문에 그녀는 분노하여 그를 죽인다. 이 세 이야기에서 사냥은 특히 질투와 강간, 복수에 초점이 맞추어진 성적 관계의 상징으로 쓰인다. 고전은 다음을 인용하였다. Hesiod, "The Astronomy"; Apollodorus, *The Library*, vol. 1, Loeb Classical Library, 1961, 1. 4. pp. 3~5, 30~33. 크세노폰은 또한 오리온을 사냥의 조상으로 언급한다. 오피아누스도 마찬가지다. *Cynegetica, or The Chase*, Loeb Classical Library, 1958, pp. 2, 29, 57: "밤의 함정에 빠져 어둡고 솜씨 좋은 오리온이 처음으로 발견한 교활한 사냥."

13 Homer, *Odyssey*, tr. Robert Fitzgerald, Garden City, N. Y. : Doubleday, 1961, 5. pp. 97, 120~23.

14 Xenophon, "On Hunting," 1. 1, pp. 366~67.

15 Fontenrose, *Orion*, p. 252: "사냥은 이 이야기들에서 아마도 상징일 것이며 그 자체로는 행위나 정열만큼 중요하지 않다. [……] 이 신화들 속에서 사냥은 분명히 그들의 주제로 정열, 도착, 위반, 폭력적 행동 등과 관계된 의미를 가지고 있다." Nancy Chodorow, *The Reproduction of Mothering*(Berkeley: University of California Press, 1978)는 대상-관계 이론의 일부로서 남자들 안에서 프로이트의 오이디푸스 콤플렉스를 묘사하며, 분열감으로부터 파생되는 오이디푸스적 삼각형을 통해 남성의 자의식이 나타나는 모습을 그리고 있다.

16 Ovid, "Hero to Leander," *Heroides*, Loeb Classical Library, 1977, 9. 9~16, pp. 260~61.

17 Butler, *Sport*, p. 26. "카르타고의 디도는 파이드라처럼 의심의 여지없이 그 시대의 예외적 존재였다. 아마도 오늘날에는 다른 예외들이 있을 것이다."

18 Anderson, *Hunting*, p. 29.

19 *Odyssey*, 19. 380~476, pp. 377~80. 모든 인용문은 이 부분에서 가져온 것이다.

20 보에티우스의 철학의 위안을 번역한 글에서 초서는 "짐승 같은" 욕정을 극복한 영

웅의 예로 헤라클레스의 사냥을 들어 설명한다. Boetheus, "Consolation of Philosophy," Book V, Metre 7, in *The Complete Works of Geoffrey Chaucer*, ed. Walter W. Skeat, Oxford: Clarendon Press, 1894, pp. 125~26. 그리스 신화에 대한 다른 요약들은 다음과 같다. Robert Graves, *The Greek Myths*, Baltimore: Penguin, 1955; H. J. Rose, *Gods and Heroes of the Greeks*, London: Methuen, 1957; H. J. Rose, *A Handbook of Greek Mythology*, New York: Dutton, n.d. The passage on Achilles's shield is in the *Iliad*, tr. Robert Fitzgerald, Garden City, N. Y.: Doubleday, 1974, 18.490~94, 577~85, pp. 450~51, 453.

21 성서는 위대한 사냥꾼들에 대해 이야기하며 곳곳에서 그 은유를 사용한다. 그것은 이방인과 영웅의 이미지이다. 예컨대 삼손은 위대한 사냥꾼이었다고 한다. 기독교 전통은 사냥의 은유를 특히 마귀의 악의 사냥과 관련지어 사용한다. 그러나 그것은 기독교 메시지에만 고유한 은유는 아니며, 기독교 전통과 관련해서 가장 강력한 표현은 그리스도가 황금 뿔과 십자가를 짊어진 사슴의 이미지 속에서 이방인 사냥꾼으로 나타나는 모습이다. Anne Rooney, *Hunting in Middle English Literature*, Bury St. Edmunds, UK: Boydell, 1993, 특히 "The Hunt of the World and the Hunt of Christ," pp. 102~39. Marcelle Thiébaux, *The Stag of Love: The Chase in Medieval Literature*, Ithaca, N. Y.: Cornell University Press, 1974, pp. 40~46, "The Iconography of the Stag," pp. 59~65. 버틀러는 그의 책 *Sport*에서 신성한 사냥에 대해 다음과 같이 언급하고 있다. "구약에 말이나 사냥개에 대해 어떤 언급도 없다는 사실은 흥미롭다. 힘센 사냥꾼인 님로드에 대해서도 그가 활과 창, 그리고 스피드가 아닌 무언가에 의존했을 것이라는 어떤 암시도 없다." (17)

22 Joseph Fontenrose, *Python: A Study of Delphic Myth and Its Origins*, Berkeley: University of California Press, 1959, p. 22. "다음 장부터는 성이나 종족과 무관하게 아폴론의 적수를 단순히 묘사하는 단어로 파에톤(아폴론이 죽인 용)이 가끔 사용될 것이다." 아폴론과 파에톤의 이야기는 대개 폰텐로즈의 연구에서 인용.

23 "To Pythian Apollo," in *Hesiod and The Homeric Hymns*, Loeb Classical Library, 1954, 300ff, pp. 345~51.

24 "To Pythian Apollo," 364~74, pp. 351.

25 H. W. Parke and D. E. W. Wormell, *The Delphic Oracle*, vol. 1, *The History*, Oxford: Basil Blackwell, 1956, p. 7. 델피 신탁의 역사적 해석은 다음을 참조. "Myth as History: The Previous Owners of the Delphic Oracle," Christiane Sourvinou-Inwood, in *Interpretations of Greek Mythology*, ed. Jan Bremmer, Totowa, N. J.:

Barnes and Noble, 1986, pp. 215~41. 또 두 문화, 두 신화 체계의 대립에 대한 페미니스트적 해석은 다음을 보라. Marija Gimbutas, *The Goddesses and Gods of Old Europe: 6500~3500 B.C., Myths and Cult Images*, Berkeley: University of California Press, 1982, p. 238. "과거에 어떤 학자들은 유럽의 선사시대와 초기 역사를 각각 모계와 부계 시대로 나누었다. 노이만이 말하기를, '심리적 모계 시대의 시작은 선사시대의 어둠 속으로 사라졌으나 역사시대의 여명에서 그 끄트머리가 우리 눈앞에서 놀랍게 펼쳐진다'라고 했다. 다른 상징체계와 가치관을 가진 부계 사회가 그것을 대치하였다. 〔……〕 전혀 다른 두 신화의 이미지들이 서로 만나 남성적인 일군의 상징들은 옛 유럽의 이미지들을 대치하였다. 오래된 요소들의 일부는 새로운 상징적 이미저리의 일부로 녹아들어가 그 원래의 의미를 상실했다. 어떤 이미지들은 한켠에 남아 예전에는 조화롭던 곳에 혼돈을 초래하였다. 상실과 덧붙임을 통해 나타난 새로운 상징 복합체는 그리스 신화에서 가장 잘 나타난다. 왜곡되고 변형된 예전의 흔적을 구별해내기란 늘 쉬운 일은 아니다. 〔……〕 가장 오랜 유럽의 문명은 가부장적 요소에 의해 야만적으로 파괴되었고 다시 회복되지 않았으나 그 유산은 밑바닥에 남아 이후 유럽 문화 발전의 거름이 되었다. 오랜 유럽의 창조물은 소실되지 않았다. 다만 변형되어 유럽인의 정신을 매우 풍요롭게 해주었다."

26 Sherry B. Ortner, "Is Female to Male as Nature Is to Culture," in *Woman, Culture, and Society*, ed. Michelle Zimbalist Rosaldo and Louise Lamphere, Stanford, Calif.: Stanford University Press, 1974, p. 75.

27 Claude Lévi-Strauss, *From Honey to Ashes: Introduction to the Science of Mythology*, tr. J. and D. Weightman, New York: Harper and Row, 1973, p. 473.

28 Plato, *Euthydemus*, 290b, c, d, pp. 365~67. 플라톤은 다음 글에서 철학자와 연관 지어 사냥을 논하였다. *Sophist* 235b, *Phaedo* 66c, *Laws* 654e, *Parmenides* 128c, *Lysis* 218c, 그리고 *Republic*.

29 Plato, *Republic*, vol. 1, Loeb Classical Library, 1963, 4. 432b, pp. 365~67.

30 Plato, *Sophist*, 219c, p. 275; "a hunting of man" is from 222c, p. 285.

31 Sophocles, *Oedipus the King*, in *Three Tragedies*, tr. H. D. Kitto, New York: Oxford, 1964, lines 110~11. 또 오이디푸스와 철학자의 사냥에 대한 은유로는 Thiébaux, *Stag*, 50~58 참조.

32 Aristophanes, *Clouds*, ed. K. J. Dover, Oxford: Clarendon, 1968, line 358. 이 문장의 번역은 Eric Nelson에 의한 것임.

33 Cicero, *De Natura Deorum*, Loeb Classical Library, 1951, 1:83, pp. 80~81. 토마스 아퀴나스의 *venari*(사냥)에 대한 다양한 용법에 대해서는 다음을 참조. Ludwig Schütz, *Thomas-Lexikon: Sammlung, Übersetzung und Erklärung der Sämtlichen Werken des h. Thomas von Aquin*, New York: Frederic Ungar, 1957.
34 Ortega y Gasset, *Meditations*, p. 132.
35 Robert Bly, *Iron John: A Book about Men*, Mass.: Addison-Wesley, 1990, 4.
36 Margaret Atwood, "The Female Body," *The Best American Essays*, 1991, ed. Joyce Carol Oates, New York: Ticknor & Fields, 1991, pp. 11~12.
37 *The Epic of Gilgamesh*, tr. N. K. Sanders, Harmondsworth, UK: Penguin, 1960, 106, 62, 63; *Genesis* 10:8; Anderson, *Hunting*, 4~10; Andrew Sherratt, "The Chase: From Subsistence to Sport," *The Ashmolean*, 10, Summer 1986: 4~7; Toynbee, *Animals*, the topic of *venationes* pervades the book; Erich Horbusch, *Fair Game: A History of Hunting, Shooting and Animal Conservation*, New York: Arco, 1980, 31~70; Xenophon, *Cyropaedia*, vol. 1, Loeb Classical Library, 1957. 특히 전시의 학교로서의 사냥에 대해서는 1.2.9~16, pp. 19~23 ; 그리고 사냥꾼-영웅으로서의 키루스는 1.4.1~18, pp. 45~51 참조.
38 폭군이자 연인으로서의 길가메시는 106쪽과 62쪽 참조; 훔바바의 묘사는 71쪽; 엔키두는 62ff에 묘사되어 있다.
39 Parke and Wormell, *Delphic Oracle*, pp. 9~13.

4장 | 남성 욕망의 은유들

1 Ovid, *Amores, in Heroides and Amores*, Loeb Classical Library, 1977, pp. 407~409.
2 Tibullus, *The Elegies of Albius Tibullus*, ed. Kirby Flower Smith, Darmstadt: Wissenschaftliche Buchgesellschaft, 1971. 술피카는 열렬한 사냥꾼인 케린투스와 함께 사냥하기를 원치 않는다는 짤막한 편지를 쓴다. 그러나 그녀는 사랑의 함정이라면 기꺼이 함께 가겠다고 한다. 그녀는 그에게 사냥터를 떠나 그녀에게 오라고 초대한다.
3 W. H. D. Rowse, *Shakespeare's Ovid*, Carbondale: Southern Illinois University Press, 1961, n.p.(Publisher's Forward). 또한 Francis Meres, *Palladis Tamia, Wits Treasury*, 1598: "유포르부스의 영혼이 피타고라스 안에 살아 있다고 여겨지듯이 오비디우스의 재치 있는 영혼은 감미롭고 달콤한 셰익스피어 안에 살아 있다."

Riverside Shakespeare, 1844. *The Times*, London, 2 October 1957, Royal Edition. 사냥의 비유를 즐겨 쓴 고대의 뛰어난 "연애의 교사"로는 Tibullus, Propertius, Callimachus 등이 있다.

4 Ovid, *Artis Amatoriae*, Loeb Classical Library, 1962. 이 작품은 대개 Ars Amatoria 로 불린다. 특정한 구절은 텍스트 참조.

5 Isidore of Seville, "de Vocabularis," in *Etymologiae*, ed. W. M. Lindsay, 2 volumes, Oxford: Clarendon, 1911, 2.x, A.5.

6 결핍으로서의 욕망이라는 개념은 언제나 불가피하게 사냥, 소유, 획득, 지배의 은유를 요구하는 욕망의 철학으로 나아간다. 후기 프로이트주의자 자크 라캉이 그 한 예다. "The subversion of the subject and the dialectic of desire in the Freudian unconscious," in *Ecrits*, tr. Alan Sheridan, New York: W. W. Norton, 1977, 292~335쪽에서 그는 욕망이 본능이 아닌 언어에 뿌리를 내리고 있다고 한다. 욕망은 결여된 것을 잡기 위한 추적이다. 욕망에 대한 그의 유명한 포스트-프로이트주의적 분석에서 에로틱한 사냥은 하부의식의 타자를 잡으려는 사냥이다. 그러나 우리는 "육체적 전투, 혹은 성적 현현"을 통한 우리의 외적 관계 속에서 그 사냥을 수행한다. 이런 종류의 가식은 상상적인 사냥으로 여겨지며, 춤의 기본 형태를 구성하는 접근과 거절의 놀이로 통합되어 있다. 그 속에서 이 두 핵심적인 상황은 리듬을 찾고 파트너들의 동작 속에서 조화를 이룬다. 이를 나는 감히 그들의 "dancity"라고 부르겠다. 사실, 동물들은 사냥당할 때 그런 종류의 행동을 보인다. 그들은 거짓으로 뛰쳐나가는 체하면서 추적자들을 속이려고 한다. 이는 더 나아가 사냥하는 동물의 입장에서 사냥에서 발견되는 그 놀이의 요소에 대한 경배를 암시할 수도 있다." (p. 305) 또 결핍으로서의 욕망에 대해서는 다음을 보라. Peter Brooks, *Reading for the Plot*, New York: Knopf, 1984; Roland Barthes, *The Pleasure of the Text*, tr. R. Miller, New York: Farrar Straus & Giroux, 1975.

7 Michel Foucault, *The Use of Pleasure: The History of Sexuality*, Volume 2, tr. Robert Hurley, New York: Vintage, 1985. 푸코는 섹슈얼리티의 역사를 쓰면서 "개인들로 하여금 그들 자신을 섹슈얼리티의 대상으로 여기게끔 하는 경험, 그 '경험'이 어떻게 서구 사회 속에서 구성되었으며 다양한 학문 분과(생물학, 신학, 심리학 등)의 대상이 되었고 규제 및 억압 체계와 연결되었는지를 보이고자 한다"고 말한다. 섹슈얼리티는 권력관계의 연구로까지 고양되며, 이는 단순한 지배와 복종의 관계는 아니다. 그것은 복잡한 전략의 연구인데, 여기서 권력은 부분들 간을 왕래하며 흔들린다. 그런 방식으로 권력은 쫓는 자와 쫓기는 자 사이에서 이동한다." 그리고 권력관계와 그 기술

의 분석은 지배라든가 허위라고 인식된 권력의 모습에서 벗어나 그것을 개방된 전략으로 보이게끔 한다."(4~5) 즉, 권력은 억압적이고 파괴적일 뿐 아니라, 가혹하며 생산적인 에로틱함을 지닌 것이기도 하다. 성적 권력은 복잡하고 꾸준한 흐름이다.

8 *Metamorphoses*, Loeb Classical Library, 1951. 아폴로와 다프네 이야기는 452~567행에 나와 있다.

9 아마존 여인들은 남성의 속성을 취함으로써 남성의 기대에 도전한다. 그중 가장 중요한 것은 사냥이다. 다음을 보라. William Blake Tyrell, *Amazons: A Study in Athenian Mythmaking*, Baltimore: Johns Hopkins Press, 1984, p. 83. 아마존 여인들의 남성다움은 그녀들을 그리스인의 사고방식에서 남성의 라이벌로 인식시켰다. 즉, 그녀들은 아버지로서의 남성에 대한 안티테제로 보였다. 이 안티테제는 생식에 있어 남성의 역할을 부정하는 것으로 나타난다. 다시 말해, 모든 아마존 여인들은 결혼과 성교에 매달리는 것을 거부하였다. 반면 그들은 능동적으로 남성의 역할을 빼앗고 그들 자신을 위해 남성들의 생식력을 이용하였다. 다른 한편으로 그녀들은 성장을 거부하는 소년의 외삽이며 그들의 위협은 수동적이다. 그들은 달아난다. 이런 차원의 신화적 구조를 대변하는 인물들은 사회와 결혼의 의무로부터 도피하여 야생에서 사냥꾼으로서 삶을 사는 이들이다.

10 Callimachus, "To Artemis," Hynm 3 in *Hymns and Epigrams*, Loeb Classical Library, 1960, lines 6~19, pp. 60~83. 아가멤논과 아르테미스에 대한 언급은 다음을 참조: "Electra," in *Sophocles*, eds. David Green and Richmond Lattimore, tr. David Green, Chicago: University of Chicago Press, 1959, line 566ff. "검은 사냥꾼" 멜라니온에 대한 언급은 Aristophanes, *Lysistrata*, Loeb Classical Library, 1955, lines 785~96, pp. 78~81: "모두가 결혼의 침상을 피하는구나/집으로부터 멜라니온은 도망쳤네. 숲 속에서 그는 개를 키우고 토끼를 쫓았다: "그는 그렇게 여자들을 혐오했다." 인도-유럽어족의 원형 아르테미스적 인물과 더불어 노르웨이, 아일랜드, 게르만의 여자 사냥꾼에 대한 논의는 다음을 참조. H. R. E. Davidson, *Gods and Myths of Northern Europe*, Harmondsworth, UK: Penguin, 1964, 123ff. Jensen, *Myth and Cult among Primitive Peoples*, 37ff.는 "동물들의 주인"에 대해 논한다. 곰의 모습을 한 여신과 자유롭고 길들여지지 않는 모습으로서의 디아나에 대해서는 다음을 참조. Gimutas, *Goddesses and Gods of Old Europe*, 190ff. W. F. Otto, *Dionysius: Myth and Cult*, Bloomington: University of Indiana Press, 1965. 여기서는 디아나/아르테미스를 자연에서 나타난 여성성이라 일컫는다.

11 Fontenrose, *Orion*, pp. 33~47. 그는 이 신화에 대한 자료를 철저하게 제공한다.

다른 판본들에 대해서는 다음을 보라. Callimachus, "On the Bath of Pallas," Hymn 5, lines 107~16, p. 121; Apollodorus, 3.4.4, pp. 323~25; Nonnos, *Dionysiaca*, Loeb Classical Library, 1940, 5.287~555, pp. 189~207. 논노는 벌거벗은 여신을 "탐욕스럽게 바라보는" 악타이온에 대한 매우 다른 판본의 이야기를 제공한다. 악타이온은 디오니소스의 부름에 따라 그의 훈련을 받는다. (13. 54.)

12 Michel Foucault, *The History of Sexuality. Volume I: An Introduction*, tr. Robert Hurley, New York: Vintage, 1980, p. 11. 그는 권력이 어떻게 에로스 안에 분포되는지를 묻는다: 누가 권력을 가지는가? 누가 상처를 주는가? 권력은 어떻게 유지되고 파괴되는가? 푸코는 이를 "권력의 다형적 기술polymorphous techniques of power"이라 부른다. 이는 프로이트의 다형성 전복polymorphous perverse 개념을 상기시킨다.

13 Euripedes, *The Bacchae*, in *The Complete Greek Tragedies*, vol. 4, eds. David Green and Richmond Lattimore, Chicago: University of Chicago Press, 1958, pp. 135~37.

14 Don Cameron Allen, *Image and Meaning: Metaphoric Traditions in Renaissance Poetry*, Baltimore: Johns Hopkins University Press, 1960, p. 2.

15 Edmund Spenser, "March," in "The Shepeardes Calendar," in *Spenser: Poetical Works*, eds. J. C. Smith and E. De Selincourt, London: Oxford University Press, 1912, pp. 428~30. Shakespeare, *Much Ado about Nothing*, 3. 1. 106.

16 Plato, *Symposium*, Loeb Classical Library, 1925, 202c-d, p. 117.

17 Plato, *The Sophist*, 222e, p. 287.

18 Michel Foucault, "Nietzsche, Genealogy, History," in *Language, Counter-Memory, Practice: Selected Essays and Interviews*, ed. Donald F. Bouchard, tr. Donald F. Bouchard and Sherry Simon, Ithaca, N. Y.: Cornell University Press, 1977, pp. 144~45.

19 Virgil, *The Aeneid of Virgil*, ed. T. E. Page, New York: St. Martin's, 1967.

20 그 산토끼는 비너스의 유명한 희생물이다. 셰익스피어의 비너스는 아도니스에게 좀더 남자다운 멧돼지가 아닌 "그 겁쟁이 산토끼"를 쫓으라고 애원한다. "Venus and Adonis," pp. 613~708. 또 다음, Marcel Detienne, *Dionysius Slain*, p. 48에 보면, "그 산토끼는 섹슈얼리티의 신성(神性)과 관련하여 복잡한 역할을 수행한다. 그는 사랑의 열기로 인해 남성 연인들 사이에서 효과적으로 재능을 특징짓게 된다. 그 연인

들에게 음모는 사냥과 떨어질 수 없는 관계다. 게다가 그의 소심함과 겁 많은 성격은 그를 욕망의 부끄러운 대상을 위한 기호로 만든다." 여자 사냥꾼으로서 베누스와 디아나 간의 갈등에 대해서는 다음을 보라. Michael B. Allen, "The Chase: The Development of a Renaissance Theme," *Comparative Literature*, 20, 1968, pp. 301~12. 다른 많은 맞수들처럼 이 두 여신들은 자기 안에 상대의 성향을 내재하고 있다.

21 Thiébaux, *Stag*, 93.

22 사냥꾼으로서 아이네이아스에 관한 논의는 다음 책들 참조. Thiébaux, *Stag*, p. 95; M. C. J. Putnam, *The Poetry of the Aeneid: Four Studies in Imaginative Unity and Design*, Cambridge, Mass.: Harvard University Press, 1965, pp. 154~57, 171~72, 187~88.

23 *Remedia Amoris, in The Art of Love, and Other Poems*, Loeb Classical Library 1929, lines 199~206, pp. 190~93.

24 Richard Wilbur, *Ceremony and Other Poems*, New York: Harcourt, Brace, 1948, pp. 10~12.

25 Grace Hart Seely, *Diane the Huntress: The Life and Times of Diane of Poitiers*, New York: Appleton-Century, 1936.

5장 | 사냥감과 함께 있는 신사들

1 *The Canterbury Tales*, "The Knight's Tale," pp. 815~24, in *Chaucer's Poetry: An Anthology for the Modern Reader*, ed. E. T. Donaldson, New York: Ronald, 1958.

2 Thomas More, in "Pageant Verses." 남자다움에 관한 한 수를 포함한 이 시가들은 그 자신의 서문에 따르면 토머스 모어(1477~1535)가 그의 부친의 집에 걸린 태피스트리에 묘사된 전원의 이미지를 설명하기 위해 젊은 시절에 쓴 것이다. *The Anchor Anthology of Sixteenth-Century Verse*, ed. Richard S. Sylvester, Gloucester, Mass.: Peter Smith, 1983, lines 25~29, p. 120.

3 George Gascoigne, "In the commendation of the noble Arte of Venerie," in George Turberville, *The Noble Art of Venerie or Hunting*, London: Thomas Purfoot, 1611; reprint, Tudor and Stuart Library, 1908. 시인 터버빌이 쓴, 엘리자베스조에 매우 유행한 사냥에 대한 이 논문은 1575년 최초로 출판되었다. 앞 시의 저

자에 대해서는 논란이 많으나 Gascoigne일 것이라고 일반적으로 여겨지고 있다.

4 Thiébaux, *Stag*, p. 65; Horbusch, *Fair Game*, pp. 75~76. 성 위베르의 모습은 런던의 내셔널갤러리에서 볼 수 있다. '성모 생애의 거장'이 콜로뉴 근처 웨든의 베네딕트파 수도원 제단에 쓰기 위해 1480~1485년 사이에 「성 위베르의 개종」을 그렸다. 뿔 사이에 창백한 그리스도를 얹은 큰 사슴이 녹색 초원에서 개에게 쫓기는 그림이다. 같은 화가가 「성 위베르의 미사」 역시 그렸다. 피사넬로(b. 1395)는 「성 유스타스의 환상」이라는 정교한 그림을 그렸다. 이 그림은 개와 토끼, 다양한 종류의 사슴, 곰 그리고 많은 아름다운 새들을 보여준다.

5 Edward Plantagenet, Second Duke of York, *The Master of Game*, 1407; eds. W. and A. Baillie-Grohman, London: Chatto and Windus, 1909, p. 235. 또한 다음을 보라. Marcell Thiébaux, "The Medieval Chase," *Speculum*, 42, 1967: 265.

6 Horbusch, *Fair Game*, p. 7.

7 Einhard and Notker the Stammerer, *Two Lives of Charlemagne*, tr. Lewis Thorpe, Harmondsworth, UK: Penguin, 1969, p. 148. 다른 궁정사냥뿐 아니라 "아헨의 커다란 사냥터"에서의 멧돼지 사냥의 묘사는 다음을 보라. Richard Winston, *Charlemagne: From the Hammer to the Cross*, Indianapolis: Bobbs-Merrill, 1954, pp. 237~39.

8 이 이야기는 Einhard and Notker, *Two Lives*, p. 160 참조.

9 *The Anglo-Saxon Chronicle*, tr. Dorothy Whitelock, Westport, Conn.: Greenwood, 1961, pp. 164~65. John Manwood, *A Treatise of the Lawes of the Forest*, 3rd ed., 1598; facsimile reprint, Amsterdam: Theatrum Orbis Terrarum, 1976, preface and "What a Forest Is"; J. Charles Cox, *The Royal Forests of England*, London: Methuen, 1905, pp. 1~40; G. J. Turner, *Select Pleas of the Forest*, London: Seldon Society, 1901, x~xiii; John M. Gilbert, *Hunting and Hunting Reserves in Medieval Scotland*, Edinburgh: John Donald, 1979, pp. 5~48. 왕권의 확립에 있어 사냥의 역할에 대한 다른 연구는 다음을 보라. Charles Chenevix-Trench, *The Poacher and the Squire: A History of Poaching and Game Preservation in England*, London: Longmans, 1967, pp. 16, 22; Claus Uhlig, " 'The Sobbing Deer': *As You Like It*, II. i. 21~66 and the Historical Context," in *Renaissance Drama*, ed. S. Schoenbaum, Evanston, Ill.: Northwestern University Press, 1970, p. 91; Albert S. Barrow, *Monarchy and the Chase*,

London: Eyre and Spottiswoode, 1948, pp. 12~13; Michael Brander, *The Hunting Instinct: The Development of Field Sports over the Ages*, Edinburgh: Oliver and Boyd, 1964, p. 30; P. B. Munsche, *Gentlemen and Poachers: The English Game Laws 1671~1831*, Cambridge: Cambridge University Press, 1980, p. 9. Gaston의 1,600마리 사냥개에 대해서는 다음을 보라. Jean Froissart, *Chronicles of England, France, Spain and the Adjoining Countries, from the Latter Part of the Reign of Edward II to the Coronation of Henry IV*, vol. 1, tr. Thomas Johnes, New York: Colonial, 1901, p. 78.

10 Munsche, *Gentlemen*, 11.

11 사냥venery, 몰이chase 그리고 토끼 사냥warren의 범주는 시대에 따라 다양하나 일반적인 사냥의 분류 유형 원칙은 편람들에서 보편적으로 보인다. Dame Juliana Berner, *The Craft of Venery*, printed at St. Albans, 1486; reprint in *Cynegetica 11*, ed. G. Tilander, Karlshamn, 1964, 1. 멧돼지에 대해서는 다음 참조. Gaston Phébus, *La Livre de Chasse*, chapters 42~43, 1391; reprint, *Cynegetica XVIII*, ed. G. Tilander, Karlshamn, 1971, pp. 184~88.

12 Barrow, *Monarchy*, pp. 66~67.

13 제임스 왕의 이야기는 다음에서 인용. Folger Library, Folger MS. 1027.2, p. 6, quoted in G. P. V. Akrigg, *Jacobean Pageant, or Court Life*, Cambridge, Mass.: Harvard University Press, 1962, pp. 159~60. 왕의 지나친 사냥에 대한 불만의 예는 다음을 보라. N. E. McClure, ed. *The Letters of John Chamberlain*, 2 vols., Philadelphia: American Philosophical Society, 1939, 1.610.

14 Anthony Vandervell and Charles Coles, *Game and the English Landscape: The Influence of the Chase on Sporting Art and Scenery*, New York: Viking, 1980, p. 15.

15 Hector LaFerrier, *Les Chasses de François Premier*, racontées par Louis de Brézé précédées *La Chasse sous les Valois* par la compte Hector de la Ferriére, tr. Roberta Brown, Paris, 1869, pp. 23~24.

16 Edward, Second Duke of York, *Master*, p. 223; Thiébaux, "Medieval Chase," *Speculum*, p. 269.

17 "능숙한 트리스트람"에 대한 이 이야기는 다음에서 인용. George Turberville, *Venerie*, 40. Thomas Malory 경에 대한 자세한 이야기는 다음에서 인용: Book 8, Chapter 3 "Sir Tristram de Lyones," in *Le Morte Darthur*, ed. Edward Strachey,

London: Macmillan, 1904, p. 163.

18 *Tristan and Isolde*, tr. A. T. Hatto, London: Penguin, 1960, pp. 78~86. 트리스탄이 사슴을 해체하는 이야기는 4장 "The Hunt"에 나와 있으며 모든 인용문도 이 페이지에서 나왔다.

19 Baillie-Grohman, in Edward, Second Duke of York, *Master*, endnotes on "Numbles," 244.

20 Jean Froissart, *Chronicles*, pp. 312~32; Gaston Phèbus, *Livre de Chasse*, ed. Gunnar Tilander, *Cynegetica* 18, Karlshamn, 1971. 이 제목은 다양하다. 그 수고는 Gaston Phèbus, *Le Livre de la Chasse*, Manuscrit Français 616, Bibliothèque Nationale, Paris, ca. 1400. 다음의 현대 판본으로도 볼 수 있다. Gaston Phoebus, *Le Livre de la Chasse*, Manuscrit Français de la Bibliothèque Nationale, Paris. Introduction et commentaires, Marcel Thomas, François Avril, Duc de Brissac; traduction en français moderne, Robert et Andrè Bossuat, Paris: Club du Livre, 1976. 이 책은 가스통 페뷔의 전기를 포함하고 있다. 이 사냥 편람의 영어본은 다른 수고들 안에 포함되어 있으며 나는 요크 공작 노르위치의 에드워드가 쓴 다음 원고를 참고하였다. "The BOOKE of Hunting called The Maister of the Game, dedicated to Henrie the Fifth, then Prince of Wales," Royal Collection 17 A.LV, British Library. 가스통과 그의 수고의 역사에 대해서는 다음을 보라. William A. Baillie-Grohman, *Sport in Art: From the Fifteenth to the Eighteenth Century*, New York and London: Benjamin Blom, 1925, pp. 5~35; D. H. Madden, *A Chapter of Medieval History: The Fathers of the Literature of Field Sport and Horses*, Port Washington, N. Y.: Kennikat, 1924; reprint, 1969, pp. 105~77. Thiébaux, *Stag of Love*, pp. 21~40, and Rooney, *Hunting in Middle English*, pp. 7~12. 이들은 중세 사냥 편람이라는 장르의 역사를 다루고 있다. 스페인의 가장 중요하고 영향력 있는 사냥에 대한 문헌으로는 다음을 보라. *El Libro de la Monteria del Rey Alfonso XI*, ca. 1350, ed. José Gutierrez de la Vega, 1877. 이 책은 기사(un caballero)들을 위한 완전한 사슴 사냥 기술을 묘사하고 있다.

21 Chaucer, *Canterbury Tales*, "The General Prologue." 사냥과 말, 사냥개에 대한 그의 사랑은 165~93행에 나와 있다. 이것이 그의 세속 생활을 규정한다.

22 Juliana Berners, *The Boke of St. Albans*, 1486; reprint, Harding and Wright, publishers, for White, Cochrane, and R. Trithook, 1810; reprint, *The Book of Saint Albans*, New York: Abercrombie and Fitch, 1966, no page numbers.

23 Gilbert, *Hunting Reserves*, p. 74.
24 Joseph B. Pike, *Frivolities of Courtiers and Footprints of Philosophers: Being a Translation of the First, Second, and Third Books and Selections from the Seventh and Eighth Books of the "Policraticus" of John of Salisbury*, Minneapolis: University of Minnesota Press, 1938, p. 16. 사냥에 대한 인문주의자의 반대의 역사는 다음을 참조. Uhlig, "The Sobbing Deer," 그는 솔즈베리의 존을 "중세 성기(盛期)의 영적 권위"로 묘사한다(90).
25 사냥에 대한 귀족들의 지나친 관심을 비난한 인문주의자들의 불만에 대해서는 다음을 참조. J. H. Hexter, "The Education of the Aristocracy in the Renaissance," *Reappraisals in History: New Views on History and Society in Early Modern Europe*, New York: Harper and Row, 1963, pp. 45~70; and Lawrence Stone, *The Crisis in the Aristocracy, 1558~1641*, London: Oxford University Press, 1967, 672ff. Gervaise Markham, *The Gentlemans Academie*, London: H. Lownes, 1595.
26 Ben Jonson, *Every Man in His Humor*, in *The Complete Plays of Ben Jonson*, vol. 1, ed. G. A. Wilkes, Oxford: Clarendon, 1981, 1.1.36~40.
27 Madden, *Chapter*, p. 217.
28 Richard Blome, *The Gentleman's Recreation*, 2nd ed., London, 1710, part 2, p. 141.
29 Hugo of St. Victor, *Patriologiae Latina Cursus Completus, series latina*, ed. J. P. Migne, Paris, 1844~64, 177: 575A. 필자가 번역했다. 또 다음 책 참조. Thiébaux, "The Medieval Chase," *Speculum*, 42, 1967: 4; Horbusch, *Fair Game*, p. 74.
30 *Les Livres du Roy Modus et de la Royne Ratio*, ed. Gunnar Tilander, Paris: Société des Anciens Textes Français, 1932, 140ff. Marcell Thiébaux, "The Mouth of the Boar as a Symbol in Medieval Literature," *Romance Philology*, 22 (1968): 281~99.
31 Andrew Marvell의 "The Nymph Complaining on the Death of her Faun"의 배경으로서 사슴의 영적 중요성에 대한 상세한 분석은 Allen, *Image and Meaning*, 93~114 참조. 또 Uhlig, "Sobbing Deer," 87; Turberville, *Venerie*, 41~44.
32 예수를 대신하여 말을 하는 신비적인 흰 사슴의 이야기는 Sir Galahad의 책 17권 9장에 나와 있으며, 이에 대한 토머스 맬러리의 인용은 *Le Morte Darthur*, p. 399 참조.
33 Thiébaux, *Stag*, pp. 59~66. 성 유스타스에 대한 라틴어 시구는 Allen, *Image*

and Meaning, 100-1. Jacobus de Voraigne, *The Golden Legend*, tr. Granger Ryan and Helmut Ripperger, New York: Arno, 1969, pp. 555~61.

34 영국과 대륙의 사냥법에 대한 역사적 자료는 Chester and Ethyn Kirby, "The Stuart Game Prerogative," *English Historical Review*, 46, 1931, pp. 239~46; Charles Chenevix-Trench, *The Poacher and the Squire: A History of Poaching and Game Preservation in England*, London: Longmans, 1967, pp. 21~33. Cox, *Royal Forests*, pp. 10~24; Horbusch, *Fair Game*, pp. 72~73, 116~18; Thiébaux, *Stag*, p. 22; Barrow, *Monarchy*, pp. 11~25; Brander, *Hunting Instinct*, pp. 26~43; Munsche, *Gentlemen*, pp. 8~14.

35 Gaston Phèbus, *Le Livre de la Chasse*, p. 250; 유사한 정서에 대해서는 *Roy Modus*, p. 12 참조.

36 Maurice Keen, *The Outlaws of Medieval Legend*, London: Routledge and Kegan Paul, 1961, pp. 95~173은 무법자와 로빈후드의 전설을 알려준다. 다른 설화는 다음을 참조. *The Parlement of the Thre Ages*, ed. I. Gollancz, London: Oxford University Press, 1915; "The Tale of Gamelyn," in *Middle English Metrical Romances*, ed. Walter Hoyt French and Charles Brockway Hale, New York: Russell and Russell, 1964, pp. 209~35.

37 Keen, *Outlaws*, 100ff.

38 켈트 신화에서 케르눈노스의 역사와 의미는 다음을 참조. Anne Ross, *Pagan Celtic Britain: Studies in Iconography and Tradition*, London: Routledge and Kegan Paul, 1967, pp. 127~51; Proinsias MacCana, *Celtic Mythology*, London: Hamlyn, 1970, 38, 43, 44~48.

39 Cervantes, *Don Quixote*, 2.30; Seeley, *Diane*, 32, 102, 176. For Lyly, see below, p. 334, n.21.

40 La Ferrière, *Chasses de François*, p. 26.

6장 | 욕망의 발산과 위험

1 성모 마리아 숭배에서 기원한 여성의 새로운 이상화에 대한 논의는 C. S. Lewis, *The Allegory of love: A Study in Medieval Tradition*, London: Oxford University Press, 1977 참조. 사랑의 이상화의 복잡한 역사는 다음을 보라. Roger Boase, *The Origin and Meaning of Courtly Love: A Critical Study of European Scholarship*,

Manchester: University of Manchester Press, 1977. 인용문은 *Hamlet*의 1. 3. 35.
2 Foucault, *Use of pleasure*, 92.
3 Rooney, *Hunting in Middle English*, 50~51은 그의 요점을 보여주나 그것은 창조적인 에너지가 영웅의 이야기로부터 에로틱한 사냥의 이야기로 옮겨지는 방식에 의해서이다.
4 Gottfried von Strassburg, *Tristan*, 198ff., the chapter of "The Avowal." 다음 인용문도 여기서 인용.
5 Gottfried von Strassburg, 261.
6 Gottfiied von Strassburg, 266.
7 산토끼의 생식력을 비롯한 성적 마법에 대한 여러 보고가 있다. 다음을 보라. Beryl Rowland, *Animals with Human Faces: A Guide to Animal Symbolism*, Knoxville: University of Tennessee Press, 1973, pp. 88~93. 젊은이들이 사랑의 증표로 선물한 꽃병에 비너스와 함께 그려진 토끼는 욕망과 다산 그리고 관능적 쾌락의 상징이다.
8 *Riverside Shakespeare*.
9 Coppélia Kahn, "Self and Eros in *Venus and Adonis*," *Man's Estate: Masculine Identity in Shakespeare*, Berkeley: University of California Press, 1981, pp. 21~46. 그녀는 아도니스가 그 시 속에서 통과 제의를 수행하고 있다고 주장한다. 그의 문제는 나르시시즘이고 그는 사냥을 사랑에 대항하여 "그의 남성적 자아를 방어"하는 도구로 사용한다. 나는 아도니스에 대한 나르시시즘의 설명을 단정하지는 않는다. "남성적" 사냥감으로서 멧돼지는 르네상스 시대의 동물학뿐 아니라 오디세우스와 헤라클레스와 같은 고전적 영웅의 이야기에 나오는 전형적인 모티프이다. 셰익스피어가 이해한 멧돼지에 관해서는 다음을 보라. A. T. Hatto, "'Venus and Adonis' — and the Boar," *Modern Language Review*, 41, 4, 1946, pp. 353~61; Thiébaux, "Mouth of the Boar," pp. 281~99.
10 Jeanne Addison Roberts, *The Shakespearean Wild: Geography, Genus, and Gender*, Lincoln: University of Nebraska Press, 1990, pp. 35~37은 "비너스와 아도니스"를 셰익스피어의 작품 속에 나타나는 남성적 야성과 여성적 야성 사이의 대립이라는 "핵심적 주제들"로부터 기인했다고 본다. 결국 그 시는 "여성에 대한 남성적 원리의 승리를 암시한다. 사냥꾼으로서 아도니스는 여성적 숲의 위험한 쾌락에 대해 남성적 야성의 이미 알려진 위험을 선택한다. 그 멧돼지는 일종의 죽음인 어머니에게로의 유아기적 퇴행으로부터 아들을 잡아 끌어내리려는 복수심에 찬 아버지의 모습이라고 주장할 수도 있다." 그러나 이런 분석적 범주들은 그 시에 나타난 많은 남성적 관능

의 모습들을 남겨놓는다.

11 Northrup Frye, *A Natural Perspective*, New York: Columbia University Press, 1965, p. 117.

12 Mary Beth Rose, "Conceptions of Sexual Love in Elizabethan Comedy," *The Expense of Spirit: Love and Sexuality in English Renaissance Drama*, ed. Mary Beth Rose, Ithaca, N. Y.: Cornell University Press, 1988, pp. 12~42.

13 Theodor E. Mommsen의 서문, Petrarch, *Songs and Sonnets*, Italian-English Edition, tr. Anna Maria Armi, New York: Grosset and Dunlap, 1968, xxxi~xlii. 페트라르카의 모든 번역문은 이 책에서 인용.

14 *Rime* L, in Petrarch, *Songs and Sonnets*, pp. 39~40.

15 Don Cameron Allen, *Image and Meaning: Metaphoric Traditions in Renaissance Poetry*, Baltimore: Johns Hopkins University Press, 1960, 96ff.

16 Mark Breitenberg, "The Anatomy of Masculine Desire in *Love's Labor's Lost*," *Shakespeare Quarterly*, 43, Winter, 1992, p. 436. 불가능한 이상과 실현할 수 없는 욕망으로 고통받는 연인 사이에서의 분열을 다루는 페트라르카의 시는 "남성적 욕망을 생산한다. 이런 자세는 그 능동적인 추구 속에서 남성을 지탱하여주며, 끊임없이 실현이 유예됨으로써 남자들로 하여금 계속해서 열망하고 계속해서 존재하게끔 한다. 즉, 페트라르카는 남성적 욕망의 시가를 발명하였을 뿐 아니라, 남자들이 그들의 언어와 느낌의 힘을 통해 자신들을 꾸준히 존재하게끔 하는 방식을 발명한 것이다. 그러나 여자들은 이런 공식으로는 접근 불가능한 '타자'이므로 이 욕망의 역동성은 남자들로 하여금 정열과 존재의 감각으로 힘이 넘치는 역할을 계속하게 한다." 또 다음을 보라. Giuseppe Mazzotta, "The Canzioniere and the Language of the Self," *Studies in Philology*, 75, 1978, pp. 271~96; Nancy Vickers, "Diana Described: Scattered Woman and Scattered Rhyme," *Critical Inquiry*, 8, 1981, pp. 265~79.

17 Sir Thomas Wyatt, Sonnet 37, *Collected Poems of Sir Thomas Wyatt*, ed. Kenneth Muir, Cambridge, Mass.: Harvard University Press, 1950, p. 28.

18 당시 여성과 섹슈얼리티에 대해 많은 연구들이 있는데, 그중에서도 다음을 보라. *Women in the Middle Ages and the Renaissance: Literary and Historical Perspectives*, ed. Mary Beth Rose, Syracuse, N.Y.: Syracuse University Press, 1986. "The Heroics of Virginity: Brides of Christ and Sacrificial Mutilation," by Jane Tibbetts Schulenburg, pp. 29~72. 르네상스기 여성과 욕망에 대한 방대한 저작 중에서는 다음을 보라. Linda Woodbridge, *Women and the English Renaissance:*

Literature and the Nature of Womankind, 1540~1620, Urbana: University of Illinois Press, 1984; Valerie Wayne, *The Matter of Difference: Materialist Feminist Criticism of Shakespeare*, New York: Harvester Wheatsheaf, 1991; Juliet Dusinberre, *Shakespeare and the Nature of Women*, New York: Barnes and Noble, 1975; Karen Newman, *Fashioning Feminity in English Renaissance Drama*, Chicago: University of Chicago Press, 1991; Katharine M. Rogers, *The Troublesome Helpmate: A History of Misogyny in Literature*, Seattle: University of Washington Press, 1966. 또 다음을 참조. Leonard Forster, *The Icy Fire: Five Studies in European Petrarchism*, Cambridge: Cambridge University Press, 1969.

19 예컨대 Mary Beth Rose, *Expense of Spirit*의 14장에서는 다음과 같이 쓰고 있다. "희곡은 문화적 변화를 분절화하고 재현할뿐더러 거기에 참여한다. 그것을 규정하려 할 뿐 아니라 능동적으로 산출하며 어떤 경우에는 문화적인 대립을 포용하기도 한다. 어떻게든 사실로 여겨질 수 있는 상상된 외적 실체의 허구적인 반영으로서 작용하기보다는, 희곡은 실재의 구성요소이자 그와 불가분한 것이 된다."(1~2) 엘리자베스조 연극의 에로틱한 진화과정을 추적하면서, 그녀는 셰익스피어가 에로스와 결혼의 새로운 개념을 가져와 "「뜻대로 하세요」와 「십이야」의 열매를 맺게 하였고 거기서는 성적 사랑과 결혼이 이전의 작가들에서보다 더 커다란 중심성과 특권을 얻게 되었다"라고 주장한다.

20 「뜻대로 하세요」에서 셰익스피어는 연인들을 아덴의 숲 속에 자리잡게 한다. 그곳에서 그들은 사슴과 산토끼 그리고 서로를 사냥한다. 상사병에 걸린 영웅 올란도는 숲을 방황하며 그의 사랑을 노래하는 시를 나무 둥치에 새긴다. "만약 숫사슴이 암사슴을 사랑한다면"이라는 구절로, 수수께끼로 가득 차고 대책 없이 이상적인 이 시는 시작된다. "그에게 로잘린드를 찾게 하렴"(3. 2. 101~2). C. L. Barber와 Richard P. Wheeler는 「사랑의 헛수고」에 나오는 남자들에 대해 다음과 같이 쓰고 있다. "일단의 남자들이 단결하여 처음에는 여자들을 거부하고 그러고는 그녀들을 정복하지만 결국 그 여자들이 지배력을 찾았을 때 그들의 호색적인 노력은 헛수고로 끝난다. 사랑의 수고는 공주와 숙녀들이 나바르(왕)와 그의 무리에게 속지 않았기 때문에 헛되다. 심지어는 베로운에 의해서도 속지 않는데, 그는 개를 데리고 토끼 사냥을 하는 중에 훗날의 강력한 여자 영웅들을 예견한다." *The Whole Journey: Shakespeare's Power of Development*, Berkeley: University of California Press, 1988, p. 5.

21 여왕의 "오락"에 대한 묘사는 "The Honorable Entertainment given to the Queenes

Maiestie in Progresse, at Cowdray in Sussex, by the right Honorable the Lord Montacute Anno 1591"이라는 제목으로 다음에서 발견된다. *The Complete Works of John Lyly*, vol. 1, ed. R. W. Bond, Oxford: Oxford University Press, 1902, pp. 422~30.

22 Philippa Berry, *Of Chastity and Power: Elizabethan Literature and the Unmarried Queen*, London: Routledge, 1989, p. 9. 이 글은 특히 성처녀 마리아를 대상으로 한 중세 궁정 시가에서 나타나고 있는 정치적 권력을 가진 순결한 여인에 대한 복잡한 심리적 욕구들을 추적한다. 그녀는 후기구조주의의 언어로 "사랑스런 순결한 여성"에게 그런 권력을 부여한 남자들에 의해 창조된 모순들을 분석한다. 또한 Breitenberg의 445~46쪽을 보라.

23 "Falstaff as Actaeon: A Dramatic Emblem," John M. Steadman, *Shakespeare Quarterly*, 24, Summer 1963, 230~44. "Falstaff in Windsor Forest: Villain or Victim?" Jeanne Addison Roberts, *Shakespeare Quarterly*, 26, Winter 1975, pp. 8~15. 셰익스피어는 공개적으로 악타이온을 세 번(두 번은 「윈저의 즐거운 아낙네들」에서, 한 번은 「티투스 안드로니쿠스」에서) 언급하는데 세 번 모두 오쟁이 짐과 관련이 있다. 오쟁이 짐의 이미지는 후에 중요한 역사적이고 해석학적인 주목을 받게 된다. Kahn, *Man's Estate*, esp. the chapter "The Savage Yoke: Cuckoldry and Marriage," 119~50; Breitenberg, "Anatomy of Masculine Desire"; Joel Fineman, "Fratricide and Cuckoldry: Shakespeare and His Sense of Difference," *Psychoanalytic Review*, 64(Fall 1977), 409~53; Katherine Eisaman Maus, "Horns of Dilemma: Jealousy, Gender and Spectatorship," English Renaissance Drama, *English Literary History*, 54(1987), 561~84; Keith Thomas, "The Double Standard," *Journal of the History of Ideas*, 20(1959), 195~216. Thomas는 이중적인 성적 잣대가 여성을 소유물로 보는 중산계급 남성들에게서 비롯되었음을 시사한다. Kahn은 그것이 정체성에 대한 남성의 불안의 산물이라고 본다.

24 New York: Harper and Row, 1977.

25 C. L. Barber, "The Family in Shakespeare's Development: Tragedy and Sacredness," *Representing Shakespeare*, eds. Murray M. Schwarz and Coppélia Kahn, Baltimore: Johns Hopkins University Press, 1980, pp. 188~202. 그는 가정 내에서의 정서적 삶과 "가족 구도라는 문제 많은 스트레스"에 대한 셰익스피어의 관심이 시인으로서의 그의 중요성의 한 요인이라고 주장한다. 그는 또한 성과 세대 간의 관계에도 관심이 있었다. Helen Gardner, "*As You Like It*," in *Modern Shakespearean*

Criticism: Essays on Style, Dramaturgy, and the Major Plays, ed. Alvin B. Kernan, New York: Harcourt, Brace & World, 1970, p. 193: "the great symbol of pure comedy is marriage."

26 Kahn, *Man's Estate*, 12.

27 Lynda E. Boose, "Scolding Brides and Bridling Scolds: Taming the Woman's Unruly Member," *Shakespeare Quarterly*, 42, Summer 1991, pp. 179~213, esp. 195. 그녀는 또한 "징벌의자cucking stool"와의 흥미 있는 관련성에 주목한다.

28 Michel de Montaigne, "Upon Some Verses of Virgil," in *The Essayes of Montaigne*, tr. John Florio, New York: Modern Library, 1933, p. 784.

29 Eric Partridge, *A Dictionary of Slang and Unconventional English*, New York: Macmillan, 1937, under "hom": "the physical sign of sexual excitement in the male."

30 Edward A. Snow, "Sexual Anxiety and the Male Order of Things in *Othello*," *English Literary Renaissance*, 10 (1980), pp. 384~412.

31 Montaigne, "Some Verses," p. 786.

32 *Inquisition: A Bilingual Guide to the Exhibition of Torture Instruments from the Middle Ages to the Industrial Era, Presented in Various European Cities in 1983~1992*(Florence, Italy: n.p., n.d.). 이 책에서 인용.

33 *The Book of Beasts: Being a Translation from a Latin Bestiary of the Twelfth Century*, tr. T. H. White, New York: G. P. Putriam's Sons, 1954, p. 132.

7장 | 독립된 남성다움, 그 위대한 창조

1 William Cornwallis Harris, *The Wild Sports of Southern Africa; Being the Narrative of a Hunting Expedition from the Cape of Good Hope, through the Territories of the Chief Moselekatse, to the Tropic of Capricorn*, 5th ed., 1839; London: Henry G. Bohn, 1852, xviii.

2 Ernest Hemingway, "The Short Happy Life of Francis Macomber," in *The Snows of Kilimanjaro*, 1927; reprint, New York: Charles Scribner's Sons, 1964, p. 150.

3 Henry Fielding, *Tom Jones*, ed. Fredson Bowers, New York: Modern Library, 1975), 4.5(p. 167), 4.12(p. 199). 이 고전적인 소설은 18세기 중엽 영국의 파노라

마를 보여준다. 도처에 사냥에 대한 언급이 있다. 예컨대 사냥 자체에 대해 3.10(p. 147), 5.6(p. 234)을 보라. 그리고 여성을 사냥감으로 보는 남성의 관점에 대한 수많은 은유는 5.12(p. 267)와 6.10(p. 305)에 나와 있다. 이 장에선 "암토끼puss"를 모두 매춘부에 비유하고 있다. 이는 성적 의미를 띤 "푸시Pussy"가 고양이가 아닌 토끼로부터 나왔음을 시사한다. 토끼를 의미하는 puss는 르네상스 시대에는 흔히 쓰였다. 사냥해서 잡은 토끼로서 아내의 비유는 9.7 참조. 소피아를 쫓는 것을 자고새 사냥에 비유한 것은 10.9(p. 565)를 보라. 사로잡은 여인들에 관해서는 17.5(p. 887) 참조. R. S. Surtees는 *The Sporting Magazine*에 글을 쓰는 영국의 두번째로 영향력 있는 사냥평론가였다. 그는 전반적인 19세기 영국 사회를 관찰하고 풍자하는 렌즈로서 사냥을 이용하였다. 이 글의 인용문은 *Handley Cross*(1843; reprint, London: The Folio Society, 1951), 1 참조. 최초의, 그리고 가장 유명한 사냥평론가는 C. J. Apperley(애칭 "Nimrod")였다. 그의 *The Chace, the Turf and the Road*(n.p., 1837)는 당대 사냥에 대한 고전적인 묘사이며 영국의 위대함이라는 주제가 사냥 안에 반영되어 있다. "멜턴 지방 여우 사냥꾼의 스타일은 오랫동안 그를 그가 '시골의 사냥'이라고 부른 것들로부터 구별해주었다. 시종들의 손에서 다듬어진 뒤 그는 바로 그의 계급의 '멋진 본보기' 그 자체였다."(20). 님로드의 다른 두 주요 저작은 *My Life and Times*, ed. E. D. Cuming(1842; reprint, London: William Blackwood and Sons, 1927)와 *Nimrod Abroad*, 2 vols.(London: Henry Colbum, 1843)이다. Anthony Trollope는 영국 상류층의 사냥 매너에 대한 우아한 관점을 *Hunting Sketches*(London: Chapman and Hall, 1866)에서 스케치 하였다. David C. Itzkowitz, *Peculiar Privilege: A Social History of Foxhunting, 1735~1885*, Hassocks, UK: Harvester, 1977. esp. 21~22, "Myth and Ideal." 이 글은 남성다움과 여우 사냥에 관한 분석이다. 여우 사냥과 영국의 애국주의와의 관련은 다음을 보라. Roger Longrigg, *The History of Foxhunting*, New York: Clarkson N. Potter, 1975, esp. 57, 70, 90~93, 198; 또한 Longrigg, *The English Squire and His Sport*, New York: St. Martin's, 1977; Anthony Vandervell and Charles Coles, *Game and the English Landscape: The Influence of the Chase on Sporting Art and Scenery*, New York: Viking, 1980; Joseph B. Thomas, *Hounds and Hunting through the Ages*, Garden City, N.Y.: Garden City Publishing, 1937. 여우 사냥에 대한 현대 저널리스트의 설명은 다음을 보라. *Hounds and Hunting in the Morning: Sundry Sports of Merry England, Selections from The Sporting Magazine, 1792~1836*, ed. Carl B. Cone, Lexington: University of Kentucky

Press, 1981.

4 Thomas Henricks, "The Democratization of Sport in Eighteenth-Century England," *Journal of Popular Culture*, 18(1984), 17. Munsche, *Gentlemen*, esp. pp. 76~131; Charles Chevenix-Trench, *The Poacher and the Squire: A History of Poaching and Game Preservation in England*, London: Longmans, 1967, 122ff.; E. P. Thompson, *Whigs and Hunters: The Origins of the Black Act, 1723*, New York: Pantheon, 1975; Douglas Hay, Peter Linebaugh, John G. Rule, E. P. Thompson, and Cal Winslow, *Albion's Fatal Tree: Crime and Society in Eighteenth Century England*, New York: Pantheon, 1975, pp. 189~253. Squire Western은 사냥의 법칙과 사회 계급에 대해 *Tom Jones*에서 언급하고 있다. 예컨대 7.9(p. 357)를 보라.

5 Robert Baden-Powell, *Scouting for Boys*(1908; reprint, London: Pearson, 1915; facsimile reprint, 1990), 5.

6 Baden-Powell, *Scouting*, 56.

7 Baden-Powell, *Scouting*, 19; Ernest Thompson Seton, *Boy Scouts of America: A Handbook of Woodcraft, Scouting, and Life-craft*, New York: Doubleday, Page, 1910. Excerpted in *The Call of the Wild*, ed. Roderick Nash, New York: George Braziller, 1970, p. 23. 또 다음을 보라. David I. Macleod, *Building Character in the American Boy: The Boy Scouts, YMCA, and Their Forerunners, 1870~1920*, Madison: University of Wisconsin Press, 1983; Jeoffrey P. Hantover, "The Boy Scouts and the Validation of Masculinity," in *The American Man*, eds. Elizabeth H. Pleck and Joseph H. Pleck, Englewood Cliffs, N. J.: Prentice-Hall, 1980; Peter Gabriel Filene, *Him/Her Self: Sex Roles in Modern America*, New York: Harcourt Brace Jovanovich, 1975, 106~07. 미국의 서부와 사냥꾼에 대한 유럽적 관념과의 관계는 다음을 보라. Ray Allen Billington, *Land of Savagery, Land of Promise: The European Image of the American Frontier in the Nineteenth Century*, New York: W. W. Norton, 1981.

8 Thorton W. Burgess, "Making Men of Them," *Good Housekeeping Magazine*, 59(1914), 12.

9 이 통계는 Hantover, "Boy Scouts," 290쪽에서 인용. 프레더릭 잭슨 터너의 미국 서부의 죽음에 대한 애도는 1893년 미국역사학회를 위해 쓰여졌으며 다음 전집에 수록됨. *The Frontier in American History*(1920; reprint, New York: Holt, Rinehart

& Winston, 1962).

10 남성다움의 이상에 대한 변화의 압력을 다룬 이 분석은 다음에서 인용. E. Anthony Rotundo, *American Manhood: Transformations in Masculinity from the Revolution to the Modern Era*, New York: HarperCollins, 1993, esp. 222~74; Rotundo, "Learning about Manhood: Gender Ideals and the Middle-Class Family in Nineteenth-Century America," *Manliness and Morality: Middle-Class Masculinity in Britain and America, 1800~1940*, eds. J. A. Mangan and James Walvin, New York: St. Martin's, 1987, pp. 35~52; Rotundo, "Body and Soul: Changing Ideas of American Manhood," *Journal of Social History*, 16 (1983), pp. 23~38; Joe L. Dubbert, "Progressivism and the Masculinity Crisis," *The American Man*, eds. Elizabeth H. Pleck and Joseph H. Pleck, *Englewood Cliffs*, N. J.: Prentice-Hall, 1980, 303~20; Joseph F. Kett, *Rites of Passage: Adolescence in America, 1790 to the Present*, New York: Basic Books, 1977, esp. "Dead-End Jobs and Careers," pp. 144~72, and "The Invention of Adolescence," 215ff.; and James R. McGovern, "David Graham Phillips and the Virility Impulse of the Progressives," *New England Quarterly*, 39 (1966): 334~55. 거세에 대한 두려움을 형성하는 사회적 압력과 남성다움의 이상에 대하여는 다음을 보라. Filene, *Him/Her Self*, esp. "Men and Manliness," pp. 72~104. 특히 직장에서와 중산층의 남성 개념의 변화에 대해서는 72~74쪽을 보라. 여성의 영향력에 대한 여러 두려움 중에서 남성들은 여교사의 그것을 제일 상위에 놓고 있다. G. Stanley Hall, "Feminization in the School and Home: The Undue Influence of Women Teachers—The Need of Different Training for the Sexes," *World's Work*, 16 (1908): 10237~44. 이 주제에 관한 최상의 전문 연구는 Ann Douglas, *The Feminization of American Culture*, New York: Knopf, 1977.

11 Henry James, *The Bostonians*, New York : Macmillan, 1886, pp. 333~34.

12 Theodore Roosevelt, *Ranch-Life and the Hunting Trail*, New York: Century, 1899; reprint, Ann Arbor, Mich.: University Microfilms, 1966, pp. 55~56.

13 루스벨트의 유명한 연설 "The Strenuous Life"는 1899년 4월 10일 시카고의 해밀턴 클럽에서 행해졌다. 전문은 다음에 수록되어 있다. Theodore Roosevelt, *The Strenuous Life: Essays and Addresses*, New York: Century, 1902, 1. "sissyism"에 대해서는 다음을 보라. James West, "The Real Boy Scout," *Leslie's Illustrated Weekly Newspaper*, 1912, p. 448: 이 논문은 "진정한 보이 스카우트는 'sissy'가 아

니다"라는 말로 시작한다. 또 "sissyism"에 대해서는 다음을 보라. Rafford Pyke, "What Men Like in Men," *Cosmopolitan*, 33(1902), 404~05. 루스벨트와 남성다움에 관해서는 다음을 볼 것. Rotundo, *American Manhood*, p. 274.

14 Baden-Powell, *Scouting*, p. 3.

15 Roualeyn Gordon Cumming, *Five Years in a Hunter's Life in the Far Interior of South Africa, with Notices of the Native Tribes, and Anecdotes of the Chase of the Lion, Elephant, Hippopotamus, Giraffe, Rhinoceros, etc.*, vol. I, New York: Harper & Brothers, 1850, p. 54.

16 그 시대에 대한 역사가들의 공통된 관찰임. 예컨대 다음을 보라. MacKenzie, *Empire*, 37; John M. MacKenzie, "The Imperial Pioneer and Hunter and the British Masculine Stereotype in Late Victorian and Edwardian Times," in *Manliness and Morality*, eds. Mangan and James, 193; and Filene, *Him/Her Self*, 85.

17 H. A. Bryden, "The Extermination of Game in South Africa," *Fortnightly Review*, 62 (1894), p. 543.

18 Harriet Ritvo, *The Animal Estate: The English and Other Creatures in the Victorian Age*, Cambridge, Mass.: Harvard University Press, 1987, esp. the chapter on "The Thrill of the Chase," 243~88; and MacKenzie, *Empire*, esp. the chapter on "Hunting and Settlement in Southern Africa," pp. 85~119.

19 Cumming, *Five Years*, pp. viii, ix.

20 Cumming, *Five Years*, p. 114.

21 Cumming, *Five Years*, pp. 67, 93.

22 Cumming, *Five Years*, p. 177.

23 Cumming, *Five Years*, pp. 181~83.

24 Cumming, *Five Years*, p. 183.

25 Cumming, *Five Years*, pp. 183~84.

26 Ritvo, p. 265. 사냥문학의 서술 구조에 대한 광범위한 분석은 259~69쪽 참조.

27 J. G. Millais, *Life of Frederick Courteney Selous, D. S. O., Capt. 25th Royal Fusiliers*, London: Longmans, Green, 1919, p. 363.

28 Letter to Millais, *Life*, p. 375.

29 J. G. Millais, *Life*, p. 112. 또 MacKenzie, *Empire*, p. 128.

30 *Travel and Adventure in South-East Africa*, 1893; reprint, New York: Arno,

1967, p. 223. 셀러스의 다른 주요 저작으로는 *A Hunter's Wanderings in Africa: Being a Narrative of Nine Years Spent among the Game of the Far Interior of South Africa*, 1881; reprint, London: Macmillan, 1907; *African Nature Notes and Reminiscences*, 1908; reprint, Salisbury, Rhodesia: Pioneer Head, 1969; Frederick Courteney Selous, J. C. Millais, and Abel Chapman, *The Big Game of Africa and Europe*, London: London and Counties, 1914.

31 이 이야기는 Selous, *Travel and Adventure*, pp. 412~25에서 인용.

32 Selous, *Travel and Adventure*, p. 286.

33 Selous, *Travel and Adventure*, p. 420. 또 여성의 사냥에 대한 유머러스한 설명과 사자 사냥의 남성답다고 하는 속설에 대한 조롱은 다음을 보라. Agnes Herbert, *Two Dianas in Somaliland: The Record of a Shooting Trip by Agnes Herbert*, London: John Lane, 1908, p. 53ff.

34 Selous, *Travel and Adventure*, p. 423.

35 Selous, *Travel and Adventure*, pp. 383~84. 나약한 포르투갈인에 대한 언급은 286쪽 참조.

36 MacKenzie, *Empire*, p. 36. 진화론적인 개념과 연관된 동물에 대한 양가감정에 대해서는 다음을 보라. James Turner, *Reckoning with the Beast: Animals, Pain, and Humanity in the Victorian Mind*, Baltimore: Johns Hopkins University Press, 1980; Michael Ruse, *The Darwinian Revolution*, Chicago: University of Chicago Press, 1979.

37 MacKenzie, *Empire*, p. 31.

38 Stuart A. Marks, *Southern Hunting*, pp. 160~61. 과학, 사냥, 박물관 그리고 20세기 초의 성 개념 사이의 관계에 대한 페미니스트적 파괴는 다음을 보라. Donna Haraway's chapter, "Teddy Bear Patriarchy," *Primate Visions: Gender, Race, and Nature in the World of Modern Science*, New York: Routledge, 1989, pp. 26~57ff.

39 Marks, *Southern Hunting*, p. 161.

40 Jack London, *The Sea Wolf*, New York: Macmillan, 1904, p. 129. 반 웨이든이라는 이름의 나약하고 문학적인 화자(작가)는 배의 일등항해사인 울프 라르센과 종종 논쟁을 벌인다. " '당신은 다윈을 읽었지요.' 내가 말했다. '그러나 생존경쟁 때문에 당신이 방종하게 삶을 파괴하며 그 행태를 정당화하는 결론을 내린다면, 당신은 그를 오해하고 있는 겁니다.' "(69). 그러나 반 웨이든은 "그의 금지된 철학이 내 자신의 것

보다는 더욱 삶에 대한 설명에 적합함"을 깨닫고 그의 상사인 울프에게 굴복한다 (121).

41 R. S. S. Baden-Powell, *Sport in War*, London: William Heinemann, 1900, pp. 83~119.

42 Baden-Powell, *Sport*, pp. 18, 21~22.

43 Baden-Powell, *Sport*, pp. 117~18.

44 W. H. Auden, *The English Auden: Poems, Essays, and Dramatic Writings, 1927~1939*, ed. Edward Mendelson, New York: Random House, 1977, p. 217.

45 Roy Blount, Jr., "Prime Time," *Men's Journal*, June-July 1994, pp. 31~32.

46 Cumming, *Five Years*, x; Theodore Roosevelt, *Ranch-Life*, pp. 82~83.

47 Edward Abbey, *The Monkey-Wrench Gang*, New York: Avon, 1975.

48 Ortega y Gasset, *Meditations*, pp. 77~78.

49 Rotundo, *American Manhood*, esp. Chapter 10, "Passionate Manhood: A Changing Standard of Masculinity," 231: "남자의 '야수성'에 관해 이야기하는 것은 대개 그에게 돌려진 정열에 관한 비유적인 언어이다."

50 Cumming, *Five Years*, p. 97.

51 Selous, *A Hunter's Wanderings*, p. 239.

8장 | 장기간의 사냥

1 James Fenimore Cooper, *The Pioneers; or The Sources of The Susquehanna*, ed. James D. Wallace, Oxford: Oxford University Press, 1991, p. 189.

2 John Mitchell, *The Hunt*, p. 122.

3 Constance J. Poten, "A Shameful Harvest," *National Geographic*, 180, September 1991, pp. 106~32.

4 이 통계들은 다음에서 인용. the U. S. Fish and Wildlife Service, *1991 National Survey of Fishing, Hunting and Wildlife-Associated Recreation*, Washington, D. C.: Government Printing Office, 1993; *1995 World Almanac and Book of Facts*, Mahwah, N. J.: World Almanac, 1995; Stephen R. Kellert, "Attitudes and Characteristics of Hunters and Antihunters," *Transactions of the North American Wildlife Natural Resources Conference*, 43 (1978), pp. 412~23. Alan Farnham, "A Bang That's Worth a Thousand Bucks," *Fortune*, March 9, 1992,

pp. 80~86.

5 Pam Houston, introduction to *Women on Hunting*, Hopewell, N. J.: Ecco, 1995, xi.

6 "A Narrative of the Life of David Crockett, of the State of Tennessee (1834)," in *The Autobiography of David Crockett*, New York: Charles Scribner's Sons, 1923, pp. 120~25.

7 Carroll Smith-Rosenberg, "Sex as Symbol in Victorian Purity: An Ethnohistorical Analysis of Jacksonian America," *Turning Points: Historical and Sociological Essays on the Family*, eds. John Demos and Sarane Spence Boocock, a supplement of the *American Journal of Sociology*, 84, 1978, Chicago: University of Chicago Press, 1978, S239~S240.

8 Mitchell, *Hunt*, p. 93.

9 Mitchell, *Hunt*, pp. 3~6. 이 인용문들은 이 책의 첫머리에 있다.

10 Norman Mailer, *Why Are We in Vietnam?*, New York: Henry Holt, 1967, pp. 3~4; 157. The copyright on the Preface is 1977.

11 이 부분의 해석에 대해서는 다음 책들에 의존하였다. Henry Nash Smith, *Virgin Land: The American West as Symbol and Myth*, 1950; Cambridge, Mass.: Harvard University Press, 1970; Annette Kolodny, *The Lay of the Land*, Chapel Hill: University of North Carolina Press, 1975; Richard Slotkin, *Regeneration through Violence: The Mythology of the American Frontier, 1600~1860*, Middletown, Conn.: Wesleyan University Press, 1973; Richard Slotkin, *The Fatal Environment: The Myth of the Frontier in the Age of Industrialization 1800~1890*, New York: Atheneum, 1985; Jane Thompkins, *Sensational Designs: The Cultural Work of American Fiction 1790~1860*, New York: Oxford University Press, 1985, Chapter 4, "No Apologies for the Iroquois"; David Leverenz, *Manhood and the American Renaissance*, Ithaca, N.Y.: Cornell University Press, 1989; David Leverenz, "The Last Real Man in America: From Natty Bumppo to Batman," *Fictions of Masculinity: Crossing Cultures, Crossing Sexualities*, ed. Peter Murphy, New York: New York University Press, 1994, pp. 21~53; Walter Benn Michaels, "The Vanishing American," *American Literary History*, 2, Summer 1990, pp. 220~41; Lora Romero, "Vanishing Americans: Gender, Empire and New Historicism," *American Literature*, 63

(September 1991), pp. 385~404. 미국적 자기 정체성의 신화로서 사냥꾼에 대해서는 다음을 보라. Slotkin, *Regeneration, passim*. 자기 정체성에 대한 미국인의 좀더 일반적인 관심에 대해서는, Kolodny, *Lay*, 71; Smith, *Virgin Land*, pp. 3~12 참조. Kolodny는 "주위 환경을 정식화하려는 그들의 의식적이고 단호한 투쟁이 19세기 미국인들의 저작을 특징 짓는다"라고 쓴다. Smith는 "독립전쟁 이전에 존 크레브쾨르는 미국인은 무엇인가,라는 질문을 하였다. 그리고 그 질문은 그의 시대부터 우리 시대까지 매 세대마다 되풀이되고 있다"고 쓴다. 그리고 Slotkin은 "새로운 국민성이 미국에서 창조되었다는 믿음, 새롭고 더 나은 인간 종족이 창조되었다는 믿음은 독립전쟁 이후 잭슨 시대 국민적 열기의 특징이다. 〔······〕 신대륙의 삶에서 개인적인 새 출발이라는 주제는 그 뿌리를 새로운 이미지 속에서의 자아의 재창조라는 꿈에 두고 있다. 이 전환, 혹은 자아의 창조, 혹은 출발은 인격적 성장의 핵심이다. 〔······〕 그러나 미국 사회에서 문명화와 국가 건설의 경험은 이 개별적 경험을 사회적인 것으로 만들었다. 모든 사람들은 개별적이든, 집단적이든 미국인이 되는 데 참여하였다." (Regeneration, 473.)

12 Cooper, *Pioneers*, pp. 20~21.
13 Cooper, *Pioneers*, p. 135.
14 Cooper, *Pioneers*, p. 112. 야생동물의 소유권의 역사는 다음을 보라. James A. Tober, *Who Owns the Wildlife? The Political Economy of Conservation in Nineteenth Century America*, Westport, Conn.: Greenwood, 1981.
15 Cooper, *Pioneers*, p. 246.
16 Geerat J. Vermeij, "The Biology of Human-Caused Extinction," *The Preservation of Species*, ed. Bryan G. Norton, Princeton: Princeton University Press, 1986, 31; W. B. King(compiler), "Endangered Birds of the World," in *ICBP Bird Red Data Book*, Washington, D. C.: Smithsonian Institution Press, 1981.
17 James Fenimore Cooper, *The Deerslayer; or The First Warpath*, New York: New American Library, 1963, p. 13.
18 Cooper, *The Deerslayer*, p. 48.
19 Cooper, *The Deerslayer*, pp. 77, 111~14.
20 Cooper, *The Deerslayer*, pp. 374~77, 12, 13. 동반자로서의 라이플에 대한 인용문은 Pioneers, 153을 보라.
21 Cooper, *The Deerslayer*, pp. 431~33.
22 남성다운 운동이자 오락으로서 사냥의 인기에 대해서는 다음을 보라. Elizabeth

Johns, *American Genre Painting: The Politics of Everyday Life*, New Haven: Yale University Press, 1991, Chapter Three, "From the Outer Verge of Our Civilization," 60~99; Thomas L. Altherr, "The American Hunter-Naturalist and the Development of the Code of Sportsmanship, "*Journal of Sport History*, 5, Spring 1978, esp. 10~13; John Richards Betts, America's Sporting Heritage: 1850~1950, *Reading*, Mass.: Addison-Wesley, 1974, pp. 232~43. Byrd는 "James Oliver Robertson, *American Myth, American Reality*, New York: Hill and Wang, 1980, pp. 137~39"에서 인용.

23 Daniel Boone에 대한 역사적 자료는 다음에서 인용. John Bakeless, *Daniel Boone: Master of the Wilderness*, 1939; reprint, Lincoln: University of Nebraska Press, 1989; John Filson, *The Discovery, Settlement and Present State of Kentucke: and an Essay Towards the Topography, and Natural History of that Important Country: To which is added, an Appendix, Containing, I. The Adventures of Col. Daniel Boon, One of the First Settlers, Comprehending Every Important Occurrence in the Political History of that Province; II. The Minutes of the Piankashaw Council, Held at Post St. Vincents, April 15, 1784; III. An Account of the Indian Nations Inhabiting within the Limits of the Thirteen United States, Their Manners and Customs, and Reflections on Their Origin; IV. The Stages and Distances between Philadelphia and the Falls of the Ohio; from Pittsburgh to Pensacola and Several Other Places: The Whole Illustrated by a New and Accurate Map of Kentucke and the Country Adjoining. Drawn from Actual Surveys*, 1784, reprinted in *The Discovery of Kentucke and the Adventures of Daniel Boon*, The Garland Library of Narratives of North American Indian Captivities, vol. 14, arranged and selected by Wilcomb E. Washburn, New York: Garland, 1978; Timothy Flint, *Biographical Memoir of Daniel Boone, The First Settler of Kentucky, Interspersed with Incidents in the Early Annals of the Country*, ed. James K. Folsom, 1833; reprint, New Haven, Conn.: College and University Press, 1967.

24 Filson, *Kentucke*, p. 54.
25 Bakeless, *Boone*, p. 63.
26 Filson, *Kentucke*, pp. 64~65.
27 Bakeless, *Boone*, pp. 124~40.

28 자연에 대한 이런 구별과 이중적인 의무에 대해서는 다음을 보라. Slotkin, *Regeneration*, p. 155. Slotkin은 John Filson이 쓴 Daniel Boone의 "전기"가 1784년 필슨의 켄터키주 토지 매매 광고에 딸린 부록이며, 이것이 서부 신화와 미국인의 영혼 속에 나타난 사냥꾼 영웅의 최초의 완전한 현현이라고 본다. "Narrative into Myth," pp. 268~312.

29 Theodore Roosevelt, *The Wilderness Hunter: An Account of the Big Game of the United States and Its Chase with Horse, Hound, and Rifle*, New York: G. P. Putnam's Sons, 1893, pp. 6, 8.

30 이 문장은 다음 책의 Roosevelt가 쓴 "첫 판에 붙이는 서문"에서 인용함. *The Master of Game*, ed. William Baillie-Grohman, London: Chatto and Windus, 1909, xxiii. 여기서 그는 또한 "근거 없는 사냥"과 몰이를 해서 잡는 옛 군주들의 "사치스럽고 나약한 인위적인" 사냥을 경멸하며 그들이 죽인 수많은 짐승의 수를 추적한다.

31 Thomas L. Altherrer, "The American Hunter-Naturalist and the Development of the Code of Sportsmanship," *Journal of Sport History*, 5, Spring, 1978, pp. 7~22.; John F. Reiger, *American Sportsman and the Origins of Conservation*, New York: Winchester, 1975. 자연에 대한 경외와 스포츠 사냥꾼에 대해서는 다음을 보라. *Governor's Symposium on North America's Hunting Heritage: Proceedings*, Minnetonka, Minn.: North American Hunting Club and Wildlife Forever, June 16~18, 1992. 유럽에서도 사냥에 대한 항의는 미국의 Ernest Thompson Seton의 경우처럼 개혁된 사냥꾼으로부터 온다. 가장 주목할 만한 이는 W. H. Bryden이다. 그는 "남아프리카의 큰 사냥감의 멸종"이라는 제목의 마지막 장에서 스포츠 사냥꾼들에 의한 파괴를 기록하고 있다. Florence Dixie, "The Horrors of Sport," *Westminster Review*, 137, 1892, pp. 49~52; *Killing for Sport: Essays by Various Authors*, ed. Henry Salt, London: G. Bell and Sons, 1914, with its introduction by George Bernard Shaw. 루스벨트와 자연 파괴자와의 투쟁에 관해서는 Theodore Roosevelt, "Nature Fakers," *Everybody's Magazine*, 17, September 1907; reprinted in Roosevelt, *Works*, 5, pp. 375~83 참조. 또 다음을 보라. Paul R. Cutright, *Theodore Roosevelt, The Naturalist*, New York: Harper and Brothers, 1956; R. L. Wilson, *Theodore Roosevelt, Outdoorsman*, New York: Winchester, 1971.

32 Annie Dillard, *Pilgrim at Tinker Creek*, New York: Harper's Magazine Press, 1974, p. 12.

33 D. H. Lawrence, *Studies in Classic American Literature*(1923; reprint, Garden City, N. Y.: Doubleday, 1951), pp. 72~73.

34 William Faulkner, "Delta Autumn," *The Portable Faulkner*, ed. Malcolm Cowley, New York: Viking, 1946, pp. 718~19.

35 James Dickey, *Deliverance*, New York: Houghton-Mifflin, 1970, pp. 149~59.

36 "Predatory," in *The Compact Edition of the Oxford English Dictionary*, Oxford: Oxford University Press, 1971, p. 2273.

37 James W. Messerschmidt, *Masculinities and Crime: Critique and Reconceptualization of Theory*, Lanham, Md.: Rowman and Littlefield, 1993, 1; Winifred Gallagher, "How We Become What We Are," *Atlantic Monthly*, September 1994, p. 48.

38 Elliot Leyton, *Compulsive Killers: The Story of Modern Multiple Murder*, New York: New York University Press, 1986, p. 31; reprinted in paperback as *Hunting Humans*.

39 Leyton, *Killers*, p. 15.
40 Leyton, *Killers*, p. 265.
41 Leyton, *Killers*, p. 16.
42 Leyton, *Killers*, pp. 36~72.
43 Leyton, *Killers*, p. 95.
44 Leyton, *Killers*, p. 81.

45 Carl Panzram의 저널에서 인용. Thomas E. Gaddis and James O. Long, Killer: *A Journal of murder*, New York: Macmillan, 1970, p. 12.

46 Leyton, *Killers*, p. 262; he is quoting sociologist Philip Abrams, *Historical Sociology*, Ithaca, N. Y.: Cornell University Press, 1982.

47 Susan Griffin, *Woman and Nature: The Roaring Inside Her*, New York: Harper and Row, 1978, pp. 103~104. 1971년에 쓴 강간에 관한 그녀의 초기 논문은 "Rape—The All-American Culture," 10(September 1971), pp. 26~35.

48 Andrée Collard, *The Rape of Nature*, Bloomington: Indiana University Press, 1989, p. 46. 또 다음을 보라. Merrit Clifton, "Killing the Female," *The Animals' Agenda*, 5, September 1990, p. 28. 그는 "여성을 강간하고 살해하는 것의 상징적 자리 속에서 대개의 사냥은 사냥꾼 자신의 자아 안에 있는 여성성을 죽이는 것이다"라고 주장한다. 강간에 대한 고전적인 페미니스트의 관점으로는 다음을 보라. Susan

Brownmiller, *Against Our Will*, New York: Simon and Schuster, 1975, p. 26. 여기서 그녀는 강간이 "모든 남자들이 모든 여성들을 공포의 상태에 남겨두려는 의식적인 왜소화의 기도"라고 주장한다. 또 다음을 보라. Andrea Dworkin, *Intercourse*, New York: Free Press, 1987. 성적 폭력과 권력에 대한 다른 연구로는 다음을 참조. Diana Scully, *Understanding Sexual Violence: A Study of Convicted Rapists*, Boston: Unwin Hyman, 1990, esp. pp. 128~29. 여기서 강간자의 행동은 "문화적 전형"을 따른다. Lloyd Vogelman, *The Sexual Face of Violence*, Johannesburg: Raven, 1989, esp. 33. 이 책은 권력과 복종에 관계된 "남성성에 대한 전형적인 개념"에 초점을 맞추고 있다. Carolyn J. Hursch, *The Trouble with Rape*, Chicago: Nelson-Hall, 1977; Diana E. H. Russell, *The Politics of Rape: The Victim's Perspective*, New York: Stein and Day, 1979, esp. 256. "강간은 전형적인 남성의 논리적 표출이다. 아직 문제로 비화하지 않은 것들은 정신치료, 수감 혹은 거세를 통해 해결해나가야 한다. 즉, 공격적이고 비인간적인 권력이 남성성의 특징이라고 하는 남성 우월성에 대한 문화적 수용태도를 공략해야 한다."

49 Mitchell, *Hunt*, p. 140.
50 Leyton, *Compulsive Killers*, pp. 269, 277, 287.
51 R. G. Sipes, "War, Sports and Aggression, *American Anthropologist*, p. 75 (1973): pp. 64~86.

9장 | 그 이방인 남자

1 *Eskimo Poems*, xxii.
2 Ortega y Gasset, *Meditations*, all quotes on pp. 49~50.
3 William Carlos Williams, *In the American Grain*(1925; reprint, New York : New Directions, 1953), p. 213.
4 Kerasote, *Bloodties*, p. 225.
5 Roy Blount, Jr., *Crackers: This Whole Many-Angled Thing of Jimmy, More Carters, Ominous Little Animals, Sad-Singing Women, My Daddy and Me*, New York: Knopf, 1980, p. 207.
6 최초 인용문의 출전은 Richard Nelson, *The Island Within*, San Francisco: North Point, 1989, p. 60; 두번째는 "The Gifts," in *On Nature: Nature, Landscape, and Natural History*, ed. Daniel Halpern, San Francisco: North Point, 1987,

p. 130이다.
7 Michael Meade, *Men and the Water of Life: Initiation and the Tempering of Men*, San Francisco: HarperSanFrancisco, 1993, pp. 23~26.
8 Richard Nelson, "Stalking the Sacred Game," in *Governor's Symposium on North America's Hunting Heritage, Proceedings*, pp. 22~32.
9 Joseph Campbell, *The Way of the Animal Powers*, vol.1, *Historical Atlas of World Mythology*, San Francisco: Harper and Row, 1983, pp. 65, 73~79.

찾아보기

ㄱ

가니메데스 193
가스코뉴 227
가웨인Gawain 296
갈라테이아 193
『강박적 살인』 461
『강철의 존』 19, 161
『개척자들』 409, 435
「겨울이야기」 302, 331
고르곤 41, 145
고트프리트 폰 슈트라스부르크Gottfried von Strassburg 248~49, 252, 298~99
과학적 캘비니즘calvinism 73
구문론syntax 47, 107, 258, 304, 400
『궁정식 연애의 기법』 319
그리핀, 수전Susan Griffin 466~67
그린 맨Green Man 114
길가메시 58, 165~67

ㄴ

나르키소스 177~78, 193
『남동아프리카에서의 여행과 모험』 374~75
『남성성과 범죄Masculinities and Crime』 458
『남아프리카 내륙에서의 5년간의 사냥꾼 생활』 368
『남아프리카의 사냥』 345
네안데르탈인 80
넬슨, 리처드Richard Nelson 370, 377, 506~507, 509, 521
노트케르 발불로Notker Balbulus 236~38
『니벨룽겐의 노래』 262

ㄷ

다트, 레이먼드Raymond Dart 70~78, 91~92
다프네 187~93, 195
단테A. Dante 316
달버그, 프랜시스Francis Dahlberg 96
델로스 섬 41, 134~35, 150~51
『델타 어텀Delta Autumn』 454
『동물의 땅』 368
『동물적 힘의 길The Way of Animal Power』 529
디아나 37, 182, 189, 193~200, 202, 206, 215, 218~19, 222, 227, 266, 277, 283, 318~19, 323~24
디오니소스 186, 193, 203~206, 209, 212, 215, 295, 325, 522
디키, 제임스James Dickey 455
『땅의 지형』 451
「뜻대로 하세요」 276, 301, 305, 328

ㄹ

라 파시에가 62~64, 68~69, 103
라스무센, 쿤드 요한 빅토르Knud Johan Victor Rasmussen 17~18
라스코 동굴 벽화 21, 528
런던, 잭Jack London 20, 363, 386, 491
레더스타킹Leatherstocking 28, 433~40, 442~43, 448, 451~52, 454
레비-스트로스 84, 156
레이턴, 엘리엇Elliot Leyton 461~62, 465~66
레토 119, 150
「로미오와 줄리엣」 301
롱사르, 장Jean Ronsard 320
루스벨트, 시어도어Theodore Roosebelt 28, 359, 361~63, 373, 395, 424, 448~50, 491~92, 530~31
르로이-구랭, 앙드레André Leroi-Gourhan 106~10
리드, 허버트Herbert Read 102
『리시스트라타』 195
리츠보, 해리엇Harriet Ritvo 368, 372
리케이오스Lykeios 151
릴케 48

ㅁ

마그달레니안Magdalenian 문화 80, 88, 104
마르스 193, 224, 227
마이나데스 193, 204
막스, 그루초Groucho Marx 503

매켄지, 존John MacKenzie 368
맬러리, 토머스Thomas Malory 247, 264
메로페 공주 132
메리 여왕 37
메서슈미트, 제임스James Messerschmidt 458
메일러, 노먼Norman Mailer 430~31
멜레아그로스 145, 190, 193, 195
멧돼지 사냥caza jabali 122, 146~48, 150, 306, 310, 391
모네조다로 281
모리스, 데즈먼드Desmond Morris 86
모어, 토머스 227, 529
몽테뉴Michel de Montaigne 326, 331~32
미첼, 존John Mitchell 409, 424~30, 432, 483

ㅂ

바이요 섬 50
『바카이』 203
바쿠스 177, 193
반스, 줄리아나Juliana Barnes 256, 258
배핀 섬 51
버로스, 에드거 라이스Edgar Rice Burroughs 20
『버지니아인』 363
버펄로 빌 코디 "Buffalo Bill" Cody 360, 373, 448
『벌거벗은 원숭이』 86
범포, 너대니얼Nathaniel Bumppo 434, 437

찾아보기 577

『법률학』 126
베누스 173, 193, 207, 215, 217~19, 224, 295, 301, 528
「베니스의 상인」 331
베르길리우스Vergilius 177, 213~15, 217, 220, 298
베르니니 190~91
『베어울프』 261
베이든-파월Bayden-Powell 357~58, 362~63, 387~88, 390, 492
베이컨Francis Bacon 242
벨레, 조아생 뒤Joachim Du Bellay 320
『변신이야기Metamorphoses』 187, 192~94, 199, 224
보스턴 사람들The Bostonians』 361
『보이 스카우팅』 357
부스, 필립Philip Booth 48
분 앤 크로켓Boon and Crockett 416, 449
분, 다니엘Daniel Boon 28, 443~49, 492
불굴의 사냥꾼Le veneur intrepide 244
브레인C. K. Brain 91~92
브르바, 엘리자베스Elisabeth Vrba 92
블라운트, 로이Roy Blount Jr. 392~93
블라이, 로버트Robert Bly 19, 161~64, 508
블롬, 리처드Richard Blome 258
「비너스와 아도니스」 313
빈포드, 루이스Lewis Binford 93~94

ㅅ

『사냥』 424

『사냥에 대하여』 120, 123, 151, 180, 529
『사냥의 고귀한 기술』 227
『사냥의 책』 253, 259
『사랑의 기술』 179~80, 183, 213
사이버네틱스 81
살라마치스Salamacis 193
살해자 원숭이killer ape 70, 72, 75, 87, 91
새먼스, 조세핀Josephine Salmons 70, 72
생태학적 니치 75
샤를 10세 243
샤를 6세 265
서머빌, 윌리엄William Somervile 242
서티스R. S. Surtees 350
『석방』 455
성 빅토르의 위그 260
『성 올번스의 책』 256
성 위베르 228~29, 231, 233, 260, 265, 267~68, 271
성-정치학sexual politics 98
성처녀 마리아 47
세바요, 호세 마리아José Maria Ceballo 64
세비야의 이시도르St. Isidore of Seville 184
셀러스, 프레더릭 코트니Frederick Courteney Selous 358, 368, 373~82, 384, 402, 492
셰퍼드, 폴Paul Shepard 57, 59, 104~106
소크라테스 120, 157~58, 207~209, 471
소포클레스Sophocles 159
『소피스테스』 158, 208
솔루트레안Solutrean 문화 80
스캐빈저scavenger 91~95, 505

스터브스, 조지George Stubbs 230
스톤, 로렌스Lawrence Stone 325
스트라본 121
스파르타 120, 140
스펜서, 에드먼드Edmund Spenser 207, 320
슬로킨, 리처드Richard Slotkin 447, 451
시네게티쿠스Cynegeticus 120
시링스 193
시턴, 어니스트 톰프슨Ernest Thompson Seton 357, 359, 450
신화소mythogram 107, 350
「실수 연발」 331
「심벨린Cymbeline」 234, 276
쉽먼, 팻Pat Shipman 94

ㅇ

아도니스 193, 215, 306~11, 314
아레투사 193
아르테미스 37, 40~41, 119, 134~37, 139~40, 145, 151, 195~98, 209, 212, 267, 295, 528
아리스토텔레스 21, 26, 38~39, 101
아리스토파네스 159, 195
아슈르바니팔 165
『아이네이스』 177, 213~14, 218
아이네이아스 140, 213~18, 220, 298~99
아퀴나스Thomas Aquinas 160
아킬레우스 145, 232~33
아탈란테 190, 193, 195

아폴로도로스 135
아폴론 40, 128, 135~36, 150~54, 156~57, 160, 164~65, 168~70, 187~93, 195~96, 205~206, 208~12, 216, 253, 312, 491, 522
「아폴론과 다프네」 190
『아프리카 노트와 회상』 374
『아프리카의 사냥 여행』 374
『아프리카의 사자 사냥꾼』 368
『아프리카 창세기』 76
악타이온 193~95, 198~99, 201~206, 208, 212, 217, 266, 268, 324, 496, 522
알타미라 99~100, 106, 110, 116
애비, 에드워드Edward Abbey 395
애투드, 마거릿Margaret Atwood 163~64
앤스로모르포anthromorpho 68
『앵글로 색슨 연대기』 238
야코부스Jacobus de Voraigne 265
억압된 것의 회귀the return of the repressed 210
에드워드 3세 241
에로스 184~86, 188, 191, 194, 207~208, 312~13, 319, 325, 468
에리만투스 145
에우리피데스Euripides 203
에코Echo 177, 193
엔키두 166~67
엘리자베스 1세 여왕 37, 240, 263, 279, 283, 311, 323, 347
엘 후요 88~90, 97~98
『여류의 편지Heroides』 139

『여성과 자연, 그녀 안에서의 포효』 466~67

『영국의 가족, 성 그리고 결혼 1500~1800』 325

오든Wystan Hugh Auden 392

오디세우스 41, 141~44, 151, 161~62, 165, 168~69, 178, 525

『오디세이아』 130, 134

오르테가 이 가세트, 호세José Ortega y Gasset 21, 38~39, 65~67, 160, 398, 493~94

오르페우스 193

오르핑갈릭Orpingalik 11, 17~18, 487

오리냑 문화 80

오리온 40~41, 43~44, 119, 128~38, 140, 145, 151, 153~54, 165~66, 169, 178, 195, 198, 205, 294~95, 457, 468, 491, 522

오비디우스Ovidius 136, 139, 173, 177, 179~84, 186~92, 194~95, 199, 213~15, 218~20, 224, 295, 306, 311~13

오스트랄로피테쿠스 59, 71~77, 79, 93

오스트랄로피테쿠스 아프리카누스(→오스트랄로피테쿠스)

오이노피온 132

올두바이 협곡 93

「올빼미와 나이팅게일」 327

와이엇, 토머스Thomas Wyatt 320

「왕실 사냥」 243

『왕의 방법론』 261, 265

『왕의 방법론과 여왕의 이성의 책Les Livres du Roy Modus et de la Royne Ratio』 261

요한 게오르크 1세 236

요한 게오르크 2세 236

우드크래프트 운동woodcraft movement 357

워프, 벤저민Benjamin Whorf 27

위스터, 오언Owen Wister 363

『윈저의 즐거운 아낙네들』 277, 293, 324, 331

윌리엄스, 윌리엄 카를로스William Carlos Williams 502

윌버, 리처드Richard P. Wilbur 222

유노 217, 224

유스타스 265~68, 271, 529

유피테르 193, 224

융, 카를Carl Gustav Jung 103, 508

일각고래Monodon monoceros 13~15, 44~46, 49, 53

잃어버린 고리missing link 71~72

잉간쿡 53

잉글턴, 테런스Terence Engleton 109

ㅈ

자기규정self-definition 41, 43

『자연의 사냥꾼이자 탐구자』 160

『자연의 제국』 368

잭 더 리퍼Jack the Ripper 462

『전쟁 속에서의 사냥』 387

제우스 119, 122, 128, 132, 135, 137, 140, 150, 152, 185~86, 195~96, 206, 278, 280~81, 295, 312, 522

제임스 1세 241~42
제임스, 헨리Henry James 361
존슨, 벤Ben Johnson 257
존 왕 272~73
직립한 야수erect predator 22

ㅊ

『채집자 여성Woman the Gatherer』 96
『천문학』 119
초서Geoffrey Chaucer 145, 227, 229, 240, 254~55, 260, 301

ㅋ

카롤루스 대제 236, 384, 491
카무틱 45
카슨, 킷Kit Carson 448
카이사르 165, 192, 262, 265, 318
카펠라누스, 안드레아스Andreas Capellanus 319
칸, 코펠리아Coppelia Kahn 326
칼라일, 토머스Carlyle Thomas 351
칼리마쿠스Callimachus 196
칼리스토 193, 195~96, 522
캐스케이드 레인지 219
『캔터베리 이야기』 229, 254, 301
캠벨, 조지프Joseph Campbell 57, 60, 96, 529
커밍, 고든Roualeyn Gordon Cumming 363, 368~73, 395, 401, 491
커스터George A. Custer 429

케러소트, 테드Ted Kerasote 95, 504~505, 509
케루노스 238, 280~82, 529
케이론 135, 145
케팔로스 193, 195
켄타우로스 135, 145
코빗, 윌리엄William Cobbett 351
콜라 델 카바요 99, 101, 110~13, 116
콜로드니, 아네트Annette Kolondny 451
콘케이, 마거릿Margaret Conkey 109
쿠알루필루이트 53
쿠퍼, 제임스 페니모어James Fenimore Cooper 409, 435, 437~40, 442~43, 447
쿵 부시맨 89~90
퀀Quorn 사냥개 346~47
큐레curée 250~51, 255
큐피드 173, 187~89, 206~208, 211~12, 214~15, 302, 309, 329
크로마뇽인 80, 111, 113
크로켓, 데이비드David Stern Crockett 420~24, 426, 429~30, 432, 439, 448~50, 461, 483, 491
크세노폰 120~21, 123~24, 126~28, 135, 145, 151, 165, 167, 180, 195, 206, 492, 529
큰곰자리 193
키르케 161~62, 193
키오스 섬 132, 134
키케로Cicero 160
키파리소스 193
키플링, 러디어드Rudyard Kipling 358

킨, 샘Sam Keen 67~68, 70

ㅌ
『타오르는 배짱: 남자 됨에 대하여』 67
타우루스(황소자리) 137
타웅 두개골 71
터너, 프레더릭 잭슨Frederick Jackson Turner 360
터버빌, 조지George Turberville 263~65
『톰 존스』 350
투르누스 218
「트로일러스와 크레시다」 232, 301
트롤롭, 앤서니Anthony Trollope 348
『트리스탄과 이졸데』 248, 252
티불루스 173, 176, 207

ㅍ
파스라, 장Jean Passerat 320
『파에톤: 델포이 신화와 그 근원에 대한 연구』 151
파커, 페스Fess Parker 420, 450
판Pan 193
페르세우스 41, 130, 145
페뷔, 가스통Gaston Phoebus 240, 253, 259, 261, 265, 274, 285
페긴 91
페트라르카F. Petrarca 316~19, 324~25
펜테우스Pentheus 193, 204~206, 212, 307, 325, 491
포레스터, 프랭크Frank Forester 442

포세이돈 132
포스트, 로렌스 반 데어Laurence van der Post 21
포크너, 윌리엄William Faulkner 28, 454~55
폰텐로즈, 조지프Joseph Fontenrose 151
폰 후미 13, 51~52
『폴리크라티쿠스』 257
폴리페모스 193
폴스타프John Falstaff 277~81, 324
푸아티에Diane de Poitiers 222, 283
푸이유, 자크 드Jacque de Foulioux 243
푸코 186, 208, 211, 296~97, 530
프랑수아 1세 41, 222, 243~45, 254, 288
「프랜시스 매컴버의 짧고 행복한 생애」 345, 387
프로이트 210, 307, 312, 382, 387, 391
프로크루스테스 73~74
프로크리스 193, 195
프로페르티우스Propertius 207
프루아사르, 장Jean Froissart 253
프리먼, 레슬리Leslie Freeman 88~91, 97, 101, 110~13
플라시두스 266, 529
플라톤 21, 38~39, 126~28, 131, 157~60, 167, 195, 206~208
피쿠스 193
피핀 왕 236~38
필딩, 헨리Henry Fielding 350

ㅎ

하드리아누스 267
『하울렛의 책』 256
해거드, 헨리 라이더Henry Rider Haggard 373
「햄릿」 296, 337
헉슬리Thomas Henry Huxley 157
「헛소동」 328, 331
헤라클레스 130, 145, 178, 197, 206
헤르메스 132, 161~62
헤른 278, 280~82
헤시오도스Hesiodos 119, 136
헥토르 232~33
헨리 1세 273
헨리 8세 243
헬리오스(태양) 133, 152~53
『혈연Bloddties』 504
호메로스 127, 130, 134, 141, 151, 154, 525
호모 사피엔스 79~80, 113
호모 사피엔스사피엔스 80
호모 에렉투스 80, 82~83, 86, 94~95
호모 하빌리스 80
호크, 테런스Terence Hawkes 107
『황금 전설』 265
『황야의 부름The Call of the Wild』 363
후투티 336~41
히드라 145
히아킨토스 193
히폴리투스Hyppolitus 193, 206, 215, 307